中国保险行业税收政策汇编

中国保险行业协会 编

中国财经出版传媒集团
经济科学出版社
Economic Science Press

图书在版编目（CIP）数据

中国保险行业税收政策汇编/中国保险行业协会编．
—北京：经济科学出版社，2018.11
ISBN 978－7－5141－9931－4

Ⅰ.①中… Ⅱ.①中… Ⅲ.①保险业－税收政策－汇编－中国 Ⅳ.①F812.423

中国版本图书馆 CIP 数据核字（2018）第 258079 号

责任编辑：宋　涛
责任校对：蒋子明
责任印制：李　鹏

中国保险行业税收政策汇编
中国保险行业协会　编
经济科学出版社出版、发行　新华书店经销
社址：北京市海淀区阜成路甲 28 号　邮编：100142
总编部电话：010－88191217　发行部电话：010－88191522
网址：www.esp.com.cn
电子邮件：esp@esp.com.cn
天猫网店：经济科学出版社旗舰店
网址：http://jjkxcbs.tmall.com
北京季蜂印刷有限公司印装
710×1000　16 开　38.25 印张　710000 字
2019 年 3 月第 1 版　2019 年 3 月第 1 次印刷
ISBN 978－7－5141－9931－4　定价：86.00 元
（图书出现印装问题，本社负责调换。电话：010－88191510）
（版权所有　侵权必究　打击盗版　举报热线：010－88191661
QQ：2242791300　营销中心电话：010－88191537
电子邮箱：dbts@esp.com.cn）

本书编委会

主　　任：邢　炜

副 主 任：王　敏

主　　编：张建龙　文启斯

编　　委：武传福　赵丹丹　苏冷莎

　　　　　魏云亮　朱超群　赵　颖

前　　言

党的十八届三中全会通过的《中共中央关于全面深化改革若干重大问题的决定》就深化财税体制改革做出了总体部署，提出"深化税收制度改革，完善地方税体系，逐步提高直接税比重"、"按照统一税制、公平税负、促进公平竞争的原则，加强对税收优惠特别是区域税收优惠政策的规范管理"。深化财税体制改革是一场关系我国国家治理现代化的深刻改革，特别是2016年全面推行的"营改增"改革，要确保所有行业税负只减不增。在当前结构性减税、进一步显著减轻企业税负的背景下，对现行的税收政策进行梳理，成为各行业的急需之举。

自1980年我国保险业复业以来，保险业税收政策整体上延续了逐步规范化、合理化的路径，税种、税目不断优化。近年来随着税制改革的推进，保险行业的税收政策发生了较多的变化，很多公司反映在现实工作中很难全面掌握现行的政策要求，在工作中难免出现遗漏。因此，为更好的全面落实相关的税收政策要求，为各保险公司提供一套全面、完整的保险行业税收政策工具书，由中国保险行业协会组织整理编纂了《中国保险行业税收政策汇编》（以下简称《汇编》）。

《汇编》是对保险行业现行的税收法规、公告、通知、解释等的汇总结集。全书共分为六章。第一章是总则，介绍了我国税收制度的构成；第二章至第五章按照税种分别介绍了增值税、企业所得税、个人所得税和印花税，为了查阅的方便，我们对税收政策按照相关性进行了归类，并按照时间倒序的方式排序；第六章是其他，主要介绍了增值税附加税、车船税、房产税等与保险行业相关的其他税种。

希望《汇编》能够为推动保险机构全面落实相关税收政策要求，

实现保险行业的合理化减税，进一步降低保险企业税负贡献力量。《汇编》在编写过程中得到了保险监管部门、保险公司相关人士的大力支持。在此，特别感谢给予《汇编》悉心指导的人保集团周厚杰先生；感谢对《汇编》提供宝贵建议和意见的人保集团、国寿集团、阳光集团、中华集团、农银人寿、中邮人寿、中英人寿等公司财会部门的相关人员；感谢德勤中国合伙人文启斯、俞娜及其团队成员在《汇编》编写工作中的辛勤付出。我们竭尽全力做好本书的编写工作，但是由于我们的水平限制，加上时间较为仓促，难免有疏漏之处，敬请各位批评指正。

千里之行，始于足下。《汇编》虽已印刷出版，但保险业的发展日新月异，保险行业税制改革的进程也不断推进，我们将随改革进程不断更新完善相关内容。

目 录

第1章 总则 ... 1

第2章 增值税 ... 3

《国家税务总局关于明确中外合作办学等若干增值税征管问题的公告》
（国家税务总局公告2018年第42号）... 3

《财政部 税务总局关于统一增值税小规模纳税人标准的通知》
（财税〔2018〕33号）... 5

《国家税务总局关于统一小规模纳税人标准等若干增值税问题的公告》
（国家税务总局公告2018年第18号）... 5

《国家税务总局关于增值税一般纳税人登记管理若干事项的公告》
（国家税务总局公告2018年第6号）... 8

《增值税一般纳税人登记管理办法》（国家税务总局令第43号）... 9

《财政部 税务总局关于租入固定资产进项税额抵扣等增值税政策的通知》
（财税〔2017〕90号）... 11

《财政部 税务总局关于资管产品增值税有关问题的通知》
（财税〔2017〕56号）... 14

《财政部 税务总局关于建筑服务等营改增试点政策的通知》
（财税〔2017〕58号）... 15

《财政部 税务总局关于支持小微企业融资有关税收政策的通知》
（财税〔2017〕77号）... 16

《财政部 税务总局关于延续支持农村金融发展有关税收政策的通知》
（财税〔2017〕44号）... 17

《财政部 国家税务总局关于延续并完善支持农村金融发展有关税收政策的通知》（财税〔2014〕102号）... 18

《国家税务总局关于进一步优化增值税 消费税有关涉税事项办理程序的公告》（国家税务总局公告2017年第36号）... 19

《财政部　国家税务总局关于资管产品增值税政策有关问题的补充通知》
　　（财税〔2017〕2号） ………………………………………… 23
《国家税务总局关于土地价款扣除时间等增值税征管问题的公告》
　　（国家税务总局公告2016年第86号） …………………………… 23
《财政部　国家税务总局关于明确金融　房地产开发　教育辅助服务等
　　增值税政策的通知》（财税〔2016〕140号） ………………… 25
《财政部　税务总局关于调整增值税税率的通知》
　　（财税〔2018〕32号） ………………………………………… 27
《关于〈国家税务总局关于调整增值税纳税申报有关
　　事项的公告〉的解读》 ………………………………………… 28
《国家税务总局关于调整增值税纳税申报有关事项的公告》
　　（国家税务总局公告2018年第17号） …………………………… 29
《国家税务总局关于调整增值税纳税申报有关事项的公告》
　　（国家税务总局公告2017年第53号） …………………………… 30
《国家税务总局关于调整增值税纳税申报有关事项的公告》
　　（国家税务总局公告2017年第19号） …………………………… 30
《国家税务总局关于调整增值税一般纳税人留抵税额申报口径的公告》
　　（国家税务总局公告2016年第75号） …………………………… 31
《国家税务总局关于调整增值税纳税申报有关事项的公告》
　　（国家税务总局公告2016年第27号） …………………………… 32
《国家税务总局关于全面推开营业税改征增值税试点后增值税纳税
　　申报有关事项的公告》（国家税务总局公告2016年第13号） … 33
《国家税务总局关于增值税发票开具有关问题的公告》
　　（国家税务总局公告2017年第16号） …………………………… 35
《国家税务总局关于走逃（失联）企业开具增值税专用发票认定处理
　　有关问题的公告》（国家税务总局公告2016年第76号） ……… 36
《国家税务总局关于纳税人转让不动产缴纳增值税差额扣除有关
　　问题的公告》（国家税务总局公告2016年第73号） …………… 37
《财政部　国家税务总局关于金融机构同业往来等增值税政策的
　　补充通知》（财税〔2016〕70号） ……………………………… 38
《国家税务总局关于营改增试点若干征管问题的公告》
　　（国家税务总局公告2016年第53号） …………………………… 39
《财政部　国家税务总局关于进一步明确全面推开营改增试点
　　金融业有关政策的通知》（财税〔2016〕46号） ……………… 43

目 录

《财政部 国家税务总局关于全面推开营业税改征增值税试点的通知》
（财税〔2016〕36 号） ………………………………………… 44

《财政部 国家税务总局关于进一步明确全面推开营改增试点有关再保险
不动产租赁和非学历教育等政策的通知》（财税〔2016〕68 号） …… 91

《财政部 海关总署 国家税务总局关于新型显示器件项目进口设备
增值税分期纳税政策的通知》（财关税〔2016〕30 号） ………… 92

《国家税务总局关于发布〈促进残疾人就业增值税优惠政策管理办法〉
的公告》（国家税务总局公告 2016 年第 33 号） ………………… 93

《财政部 国家税务总局关于促进残疾人就业增值税优惠政策的通知》
（财税〔2016〕52 号） ………………………………………… 95

《国家税务总局关于营业税改征增值税部分试点纳税人增值税纳税申报
有关事项调整的公告》（国家税务总局公告 2016 年第 30 号） ……… 97

《国家税务总局关于发布〈营业税改征增值税跨境应税行为增值税免税
管理办法（试行）〉的公告》（国家税务总局公告 2016 年第 29 号） …… 98

《财政部 国家税务总局关于进一步明确全面推开营改增试点有关劳务派遣
服务、收费公路通行费抵扣等政策的通知》（财税〔2016〕47 号） …… 105

《财政部 国家税务总局关于营改增后契税 房产税 土地增值税 个人
所得税计税依据问题的通知》（财税〔2016〕43 号） …………… 107

《财政部 国家税务总局关于营业税改征增值税试点若干政策的通知》
（财税〔2016〕39 号） ………………………………………… 108

《国家税务总局关于全面推开营业税改征增值税试点有关税收征收
管理事项的公告》（国家税务总局公告 2016 年第 23 号） ………… 110

《国家税务总局关于发布〈纳税人提供不动产经营租赁服务增值税征收
管理暂行办法〉的公告》（国家税务总局公告 2016 年第 16 号） …… 114

《国家税务总局关于发布〈不动产进项税额分期抵扣暂行办法〉的公告》
（国家税务总局公告 2016 年第 15 号） ………………………… 117

《国家税务总局关于发布〈纳税人转让不动产增值税征收管理暂行办法〉
的公告》（国家税务总局公告 2016 年第 14 号） ………………… 119

《关于印发〈增值税会计处理规定〉的通知》（财会〔2016〕22 号） …… 122

《国家税务总局关于营业税改征增值税试点期间有关增值税问题的公告》
（国家税务总局公告 2015 年第 90 号） ………………………… 130

《国家税务总局关于纳税人认定或登记为一般纳税人前进项税额抵扣
问题的公告》（国家税务总局公告 2015 年第 59 号） …………… 131

《国家税务总局关于简并增值税征收率有关问题的公告》
（国家税务总局公告 2014 年第 36 号） ················· 131
《财政部 国家税务总局关于简并增值税征收率政策的通知》
（财税〔2014〕57 号） ································· 132
《国家税务总局关于纳税人资产重组有关增值税问题的公告》
（国家税务总局公告 2013 年第 66 号） ················· 133
《国家税务总局关于纳税人资产重组增值税留抵税额处理有关问题的
公告》（国家税务总局公告 2012 年第 55 号） ············ 133
《国家税务总局关于纳税人资产重组有关增值税问题的公告》
（国家税务总局公告 2011 年第 13 号） ················· 134
《国家税务总局关于中央财政补贴增值税有关问题的公告》
（国家税务总局公告 2013 年第 3 号） ·················· 135
《财政部 国家税务总局关于增值税税控系统专用设备和技术维护费用
抵减增值税税额有关政策的通知》（财税〔2012〕15 号）···· 135
《国家税务总局关于一般纳税人销售自己使用过的固定资产增值税有关
问题的公告》（国家税务总局公告 2012 年第 1 号）········ 136
《国家税务总局关于未按期申报抵扣增值税扣税凭证有关问题的公告》
（国家税务总局公告 2011 年第 78 号） ················· 137
《国家税务总局关于增值税纳税义务发生时间有关问题的公告》
（国家税务总局公告 2011 年第 40 号） ················· 138
《国家税务总局关于折扣额抵减增值税应税销售额问题的通知》
（国税函〔2010〕56 号） ······························ 138
《国家税务总局关于调整增值税扣税凭证抵扣期限有关问题的通知》
（国税函〔2009〕617 号） ····························· 139
《财政部 国家税务总局关于固定资产进项税额抵扣问题的通知》
（财税〔2009〕113 号） ······························· 140
《国务院关于废止〈中华人民共和国营业税暂行条例〉和修改〈中华人民
共和国增值税暂行条例〉的决定》（中华人民共和国
国务院令第 691 号） ··································· 141
《关于修改〈中华人民共和国增值税暂行条例实施细则〉和
〈中华人民共和国营业税暂行条例实施细则〉的决定》
（中华人民共和国财政部令第 65 号） ··················· 148
《中华人民共和国增值税暂行条例实施细则》
（财政部、国家税务总局第 50 号令） ··················· 148

目 录

《国家税务总局关于异常增值税扣税凭证抵扣问题的通知》
（税总发〔2015〕148号） ·· 154

《财政部 税务总局关于简并增值税税率有关政策的通知》
（财税〔2017〕37号） ·· 155

《国家税务总局关于跨境应税行为免税备案等增值税问题的公告》
（国家税务总局公告2017年第30号） ·································· 157

《国家税务总局关于做好增值税电子普通发票推行所需税控设备管理
工作的通知》（税总函〔2017〕232号） ······························ 158

《国家税务总局关于进一步做好增值税电子普通发票推行工作的
指导意见》（税总发〔2017〕31号） ··································· 159

《国家税务总局关于进一步明确营改增有关征管问题的公告》
（国家税务总局公告2017年第11号） ·································· 160

《国家税务总局关于使用印有本单位名称的增值税普通发票（卷票）
有关问题的公告》（国家税务总局公告2017年第9号） ············ 162

《国家税务总局关于启用全国增值税发票查验平台的公告》
（国家税务总局公告2016年第87号） ·································· 163

《国家税务总局关于启用增值税普通发票（卷票）有关事项的公告》
（国家税务总局公告2016年第82号） ·································· 164

《国家税务总局关于调整增值税普通发票防伪措施有关事项的公告》
（国家税务总局公告2016年第68号） ·································· 165

《国家税务总局关于被盗、丢失增值税专用发票有关问题的公告》
（国家税务总局公告2016年第50号） ·································· 165

《国家税务总局关于红字增值税发票开具有关问题的公告》
（国家税务总局公告2016年第47号） ·································· 165

《财政部 国家税务总局关于部分营业税和增值税政策到期延续
问题的通知》（财税〔2016〕83号） ··································· 167

第3章 企业所得税 ·· 168

《国家税务总局关于发布修订后的〈企业所得税优惠政策事项办理办法〉
的公告》（国家税务总局公告2018年第23号） ······················· 168

《财政部 税务总局关于保险保障基金有关税收政策问题的通知》
（财税〔2018〕41号） ·· 170

《财政部 国家税务总局关于保险公司准备金支出企业所得税税前扣除
有关政策问题的通知》（财税〔2016〕114号） ······················ 171

《财政部　国家税务总局关于保险企业计提准备金有关税收处理问题的通知》（财税〔2015〕115号） ………………………… 173

《财政部　国家税务总局关于保险公司准备金支出企业所得税税前扣除有关政策问题的通知》（财税〔2012〕45号） ……………… 174

《财政部　国家税务总局关于保险公司农业巨灾风险准备金企业所得税税前扣除政策的通知》（财税〔2012〕23号） ……………… 176

《财政部　税务总局关于公益性捐赠支出企业所得税税前结转扣除有关政策的通知》（财税〔2018〕15号） ……………………… 176

《财政部　国家税务总局关于公益股权捐赠企业所得税政策问题的通知》（财税〔2016〕45号） ……………………………………… 177

《财政部　国家税务总局　民政部关于公益性捐赠税前扣除资格确认审批有关调整事项的通知》（财税〔2015〕141号） ………… 178

《财政部　国家税务总局　民政部关于公益性捐赠税前扣除有关问题的补充通知》（财税〔2010〕45号） ………………………… 179

《财政部　国家税务总局关于通过公益性群众团体的公益性捐赠税前扣除有关问题的通知》（财税〔2009〕124号） ……………… 181

《财政部　国家税务总局　民政部关于公益性捐赠税前扣除有关问题的通知》（财税〔2008〕160号） ……………………………… 183

《国家税务总局关于企业所得税资产损失资料留存备查有关事项的公告》（国家税务总局公告2018年第15号） ………………… 186

《国家税务总局关于企业因国务院决定事项形成的资产损失税前扣除问题的公告》（国家税务总局公告2014年第18号） ………… 186

《国家税务总局关于发布〈企业资产损失所得税税前扣除管理办法〉的公告》（国家税务总局公告2011年第25号） ……………… 187

《财政部　国家税务总局关于企业资产损失税前扣除政策的通知》（财税〔2009〕57号） ……………………………………………… 196

《关于企业委托境外研究开发费用税前加计扣除有关政策问题的通知》（财税〔2018〕64号） ………………………………………… 199

《国家税务总局关于研发费用税前加计扣除归集范围有关问题的公告》（国家税务总局公告2017年第40号） …………………… 200

《国家税务总局关于2016年度企业研究开发费用税前加计扣除政策企业所得税纳税申报问题的公告》（国家税务总局公告2017年第12号） ………………………………………………………… 203

目 录

《国家税务总局关于企业研究开发费用税前加计扣除政策有关问题的公告》
（国家税务总局公告 2015 年第 97 号） ………………………… 203

《财政部 国家税务总局 科技部关于完善研究开发费用税前加计扣除
政策的通知》（财税〔2015〕119 号） ………………………… 206

《国家税务总局关于发布〈特别纳税调查调整及相互协商程序管理
办法〉的公告》（国家税务总局公告 2017 年第 6 号） ………… 210

《财政部 税务总局关于广告费和业务宣传费支出税前扣除政策的通知》
（财税〔2017〕41 号） ………………………………………… 225

《国家税务总局关于发布〈中华人民共和国企业所得税年度纳税申报表
（A 类，2017 年版）〉的公告》（国家税务总局公告
2017 年第 54 号） ………………………………………………… 225

《国家税务总局关于企业所得税有关问题的公告》
（国家税务总局公告 2016 年第 80 号） ………………………… 226

《国家税务总局关于完善关联申报和同期资料管理有关事项的公告》
（国家税务总局公告 2016 年第 42 号） ………………………… 226

《国家税务总局关于开具〈中国税收居民身份证明〉有关事项的公告》
（国家税务总局公告 2016 年第 40 号） ………………………… 235

《财政部 国家税务总局关于完善股权激励和技术入股有关所得税政策的
通知》（财税〔2016〕101 号） ………………………………… 237

《国家税务总局关于我国居民企业实行股权激励计划有关企业所得税处理
问题的公告》（国家税务总局公告 2012 年第 18 号） ………… 240

《财政部 国家税务总局关于铁路债券利息收入所得税政策问题的通知》
（财税〔2016〕30 号） ………………………………………… 241

《财政部 国家税务总局关于 2014~2015 年铁路建设债券利息收入企业
所得税政策的通知》（财税〔2014〕2 号） …………………… 242

《财政部 国家税务总局关于铁路建设债券利息收入企业所得税政策的
通知》（财税〔2011〕99 号） ………………………………… 242

《国家税务总局关于做好居民企业报告境外投资和所得信息工作的
通知》（税总函〔2015〕327 号） ……………………………… 243

《国家税务总局关于许可使用权技术转让所得企业所得税有关问题的
公告》（国家税务总局公告 2015 年第 82 号） ………………… 244

《国家税务总局关于技术转让所得减免企业所得税有关问题的公告》
（国家税务总局公告 2013 年第 62 号） ………………………… 245

《财政部　国家税务总局关于居民企业技术转让有关企业所得税政策
　　问题的通知》（财税〔2010〕111 号） …………………………………… 246
《国家税务总局关于技术转让所得减免企业所得税有关问题的通知》
　　（国税函〔2009〕212 号） ………………………………………………… 247
《财政部　税务总局关于完善企业境外所得税收抵免政策问题的通知》
　　（财税〔2017〕84 号） ……………………………………………………… 248
《国家税务总局关于企业境外所得适用简易征收和饶让抵免的核准
　　事项取消后有关后续管理问题的公告》（国家税务总局公告 2015 年
　　第 70 号） …………………………………………………………………… 249
《国家税务总局关于发布〈企业境外所得税收抵免操作指南〉的公告》
　　（国家税务总局公告 2010 年第 1 号） …………………………………… 250
《财政部　国家税务总局关于企业境外所得税收抵免有关问题的通知》
　　（财税〔2009〕125 号） …………………………………………………… 275
《国家税务总局关于进一步完善固定资产加速折旧企业所得税政策有关
　　问题的公告》（国家税务总局公告 2015 年第 68 号） …………………… 279
《财政部　国家税务总局关于进一步完善固定资产加速折旧企业所得税
　　政策的通知》（财税〔2015〕106 号） …………………………………… 281
《国家税务总局关于固定资产加速折旧税收政策有关问题的公告》
　　（国家税务总局公告 2014 年第 64 号） …………………………………… 281
《财政部　国家税务总局关于完善固定资产加速折旧企业所得税
　　政策的通知》（财税〔2014〕75 号） ……………………………………… 284
《国家税务总局关于企业固定资产加速折旧所得税处理有关问题的通知》
　　（国税发〔2009〕81 号） …………………………………………………… 284
《国家税务总局关于促进残疾人就业税收优惠政策相关问题的公告》
　　（国家税务总局公告 2015 年第 55 号） …………………………………… 287
《国家税务总局关于促进残疾人就业税收优惠政策有关问题的公告》
　　（国家税务总局公告 2013 年第 78 号） …………………………………… 287
《财政部　国家税务总局关于安置残疾人员就业有关企业所得税优惠政策
　　问题的通知》（财税〔2009〕70 号） ……………………………………… 288
《国家税务总局关于企业重组业务企业所得税征收管理若干问题的
　　公告》（国家税务总局公告 2015 年第 48 号） …………………………… 289
《国家税务总局关于资产（股权）划转企业所得税征管问题的公告》
　　（国家税务总局公告 2015 年第 40 号） …………………………………… 292

目 录

《财政部　国家税务总局关于促进企业重组有关企业所得税处理问题的
　　通知》（财税〔2014〕109号） ················· 294
《国家税务总局关于发布〈企业重组业务企业所得税管理办法〉
　　的公告》（国家税务总局公告2010年第4号） ·········· 295
《财政部　国家税务总局关于企业重组业务企业所得税处理若干问题的
　　通知》（财税〔2009〕59号） ·················· 303
《国家税务总局关于企业工资薪金和职工福利费等支出税前扣除问题的
　　公告》（国家税务总局公告2015年第34号） ·········· 308
《国家税务总局关于税务机关代收工会经费企业所得税税前扣除凭据
　　问题的公告》（国家税务总局公告2011年第30号） ······ 309
《国家税务总局关于工会经费企业所得税税前扣除凭据问题的公告》
　　（国家税务总局公告2010年第24号） ·············· 309
《国家税务总局关于企业工资薪金及职工福利费扣除问题的通知》
　　（国税函〔2009〕3号） ····················· 310
《财政部　国家税务总局关于补充养老保险费　补充医疗保险费有关企业
　　所得税政策问题的通知》（财税〔2009〕27号） ········ 311
《国家税务总局关于非货币性资产投资企业所得税有关征管问题的
　　公告》（国家税务总局公告2015年第33号） ·········· 312
《财政部　国家税务总局关于非货币性资产投资企业所得税政策问题的
　　通知》（财税〔2014〕116号） ·················· 313
《财政部　国家税务总局关于中国（上海）自由贸易试验区内企业以
　　非货币性资产对外投资等资产重组行为有关企业所得税政策问题的
　　通知》（财税〔2013〕91号） ·················· 314
《国家税务总局关于金融企业涉农贷款和中小企业贷款损失税前扣除
　　问题的公告》（国家税务总局公告2015年第25号） ······ 315
《财政部　国家税务总局关于金融企业贷款损失准备金企业所得税税前
　　扣除有关政策的通知》（财税〔2015〕9号） ·········· 316
《财政部　国家税务总局关于金融企业涉农贷款和中小企业贷款损失准备
　　金税前扣除有关问题的通知》（财税〔2015〕3号） ······ 317
《国家税务总局关于居民企业报告境外投资和所得信息有关问题的
　　公告》（国家税务总局公告2014年第38号） ·········· 319
《国家税务总局关于企业所得税应纳税所得额若干问题的公告》
　　（国家税务总局公告2014年第29号） ·············· 320

《财政部　国家税务总局　证监会关于沪港股票市场交易互联互通机制试点有关税收政策的通知》（财税〔2014〕81号）……………… 322

《财政部　国家税务总局　证监会关于QFII和RQFII取得中国境内的股票等权益性投资资产转让所得暂免征收企业所得税问题的通知》（财税〔2014〕79号）…………………………………………… 324

《国家税务总局关于非居民企业所得税源泉扣缴有关问题的公告》（国家税务总局公告2017年第37号）……………………… 324

《国家税务总局关于修改〈非居民企业所得税核定征收管理办法〉等文件的公告》（国家税务总局公告2015年第22号）………… 329

《国家税务总局关于非居民企业股权转让适用特殊性税务处理有关问题的公告》（国家税务总局公告2013年第72号）……………… 330

《国家税务总局关于非居民企业所得税管理若干问题的公告》（国家税务总局公告2011年第24号）……………………………… 332

《国家税务总局关于企业混合性投资业务企业所得税处理问题的公告》（国家税务总局公告2013年第41号）…………………… 334

《国家税务总局关于企业政策性搬迁所得税有关问题的公告》（国家税务总局公告2013年第11号）……………………………… 335

《国家税务总局关于发布〈企业政策性搬迁所得税管理办法〉的公告》（国家税务总局公告2012年第40号）…………………… 335

《财政部　国家税务总局关于地方政府债券利息免征所得税问题的通知》（财税〔2013〕5号）……………………………………… 339

《国家税务总局关于印发〈跨地区经营汇总纳税企业所得税征收管理办法〉的公告》（国家税务总局公告2012年第57号）……… 340

《财政部　国家税务总局　中国人民银行关于印发〈跨省市总分机构企业所得税分配及预算管理办法〉的通知》（财预〔2012〕40号）…… 349

《国家税务总局关于企业所得税应纳税所得额若干税务处理问题的公告》（国家税务总局公告2012年第15号）……………… 354

《国家税务总局关于企业所得税若干问题的公告》（国家税务总局公告2011年第34号）………………………………………… 355

《国家税务总局关于贯彻落实企业所得税法若干税收问题的通知》（国税函〔2010〕79号）…………………………………… 357

《国家税务总局关于企业所得税若干税务事项衔接问题的通知》（国税函〔2009〕98号）……………………………………… 358

目　录

《国家税务总局关于企业所得税执行中若干税务处理问题的通知》
　　（国税函〔2009〕202号） ……………………………………………… 360

《国家税务总局关于确认企业所得税收入若干问题的通知》
　　（国税函〔2008〕875号） ……………………………………………… 361

《国家税务总局关于印发〈境外注册中资控股居民企业所得税管理
　　办法（试行）〉的公告》（国家税务总局公告2011年第45号） …… 363

《国家税务总局关于境外注册中资控股企业依据实际管理机构标准认定
　　为居民企业有关问题的通知》（国税发〔2009〕82号） …………… 368

《国家税务总局关于企业转让上市公司限售股有关所得税问题的公告》
　　（国家税务总局公告2011年第39号） ………………………………… 370

《国家税务总局关于企业国债投资业务企业所得税处理问题的公告》
　　（国家税务总局公告2011年第36号） ………………………………… 371

《财政部　国家税务总局关于专项用途财政性资金企业所得税处理
　　问题的通知》（财税〔2011〕70号） …………………………………… 373

《国家税务总局关于金融企业贷款利息收入确认问题的公告》
　　（国家税务总局公告2010年第23号） ………………………………… 373

《国家税务总局关于查增应纳税所得额弥补以前年度亏损处理问题的
　　公告》（国家税务总局公告2010年第20号） ………………………… 374

《国家税务总局关于企业取得财产转让等所得企业所得税处理问题的
　　公告》（国家税务总局公告2010年第19号） ………………………… 374

《国家税务总局关于融资性售后回租业务中承租方出售资产行为有关税收
　　问题的公告》（国家税务总局公告2010年第13号） ………………… 375

《国家税务总局关于取消合并纳税后以前年度尚未弥补亏损有关企业
　　所得税问题的公告》（国家税务总局公告2010年第7号） ………… 376

《国家税务总局关于企业股权投资损失所得税处理问题的公告》
　　（国家税务总局公告2010年第6号） …………………………………… 376

《国家税务总局关于企业向自然人借款的利息支出企业所得税税前扣除
　　问题的通知》（国税函〔2009〕777号） ……………………………… 377

《国家税务总局关于企业清算所得税有关问题的通知》
　　（国税函〔2009〕684号） ……………………………………………… 377

《国家税务总局关于印发〈中华人民共和国企业清算所得税申报表〉
　　的通知》（国税函〔2009〕388号） …………………………………… 378

《财政部　国家税务总局关于企业清算业务企业所得税处理若干
　　问题的通知》（财税〔2009〕60号） …………………………………… 378

《国家税务总局关于企业所得税核定征收若干问题的通知》
　　（国税函〔2009〕377号） ·· 379
《国家税务总局关于印发〈企业所得税核定征收办法〉（试行）
　　的通知》（国税发〔2008〕30号） ··· 380
《国家税务总局关于保险公司再保险业务赔款支出税前扣除问题的通知》
　　（国税函〔2009〕313号） ·· 381
《国家税务总局关于企业投资者投资未到位而发生的利息支出企业
　　所得税前扣除问题的批复》（国税函〔2009〕312号） ·············· 382
《国家税务总局关于印发〈企业所得税汇算清缴管理办法〉的通知》
　　（国税发〔2009〕79号） ·· 382
《国家税务总局关于印发〈特别纳税调整实施办法（试行）〉的通知》
　　（国税发〔2009〕2号） ·· 387
《财政部　国家税务总局关于企业手续费及佣金支出税前扣除政策的通知》
　　（财税〔2009〕29号） ··· 412
《国家税务总局关于企业处置资产所得税处理问题的通知》
　　（国税函〔2008〕828号） ·· 413
《国家税务总局关于母子公司间提供服务支付费用有关企业所得税
　　处理问题的通知》（国税发〔2008〕86号） ··························· 414
《财政部　国家税务总局关于企业所得税若干优惠政策的通知》
　　（财税〔2008〕1号） ·· 415
《财政部　国家税务总局关于财政性资金　行政事业性收费　政府性基金
　　有关企业所得税政策问题的通知》（财税〔2008〕151号） ········ 417
《财政部　国家税务总局关于企业关联方利息支出税前扣除标准有关
　　税收政策问题的通知》（财税〔2008〕121号） ······················ 418
《财政部　国家税务总局关于广告费和业务宣传费支出税前扣除政策的
　　通知》（财税〔2012〕48号） ··· 419
《财政部　税务总局　人力资源社会保障部　教育部关于支持和促进重点群
　　体创业就业税收政策有关问题的补充通知》（财税〔2015〕18号） ······ 419
《国家税务总局关于国寿投资控股有限公司相关税收问题的公告》
　　（国家税务总局公告2013年第2号） ···································· 420
《国家税务总局关于发布〈企业所得税税前扣除凭证管理办法〉的公告》
　　（国家税务总局公告2018年第28号） ·································· 421
《财政部　税务总局关于设备器具扣除有关企业所得税政策的通知》
　　（财税〔2018〕54号） ··· 424

目 录

《财政部 税务总局关于企业职工教育经费税前扣除政策的通知》
（财税〔2018〕51号） ………………………………………… 424

《中华人民共和国企业所得税法》 ……………………………… 425

《中华人民共和国企业所得税法实施条例》（中华人民共和国
国务院令第512号） ……………………………………………… 432

《全国人民代表大会常务委员会关于修改〈中华人民共和国企业
所得税法〉的决定》（中华人民共和国主席令第64号） ……… 451

第4章 个人所得税 ……………………………………………… 453

《中华人民共和国个人所得税法》（2018年修订）
（中华人民共和国主席令第9号） ……………………………… 453

《国务院 中华人民共和国个人所得税法实施条例》（国令第707号） … 459

《财政部 税务总局关于个人所得税法修改后有关优惠政策衔接
问题的通知》（财税〔2018〕164号） ………………………… 465

《国务院关于印发个人所得税专项附加扣除暂行办法的通知》
（国发〔2018〕41号） …………………………………………… 469

《国家税务总局关于个人所得税自行纳税申报有关问题的公告》
（国家税务总局公告2018年第62号） …………………………… 474

《国家税务总局关于发布〈个人所得税扣缴申报管理办法（试行）〉
的公告》（国家税务总局公告2018年第61号） ………………… 477

《国家税务总局关于发布〈个人所得税专项附加扣除操作办法
（试行）〉的公告》（国家税务总局公告2018年第60号） …… 481

《国家税务总局关于自然人纳税人识别号有关事项的公告》
（国家税务总局公告2018年第59号） …………………………… 486

《国家税务总局关于全面实施新个人所得税法若干征管衔接问题的公告》
（国家税务总局公告2018年第56号） …………………………… 487

《财政部 税务总局关于2018年第四季度个人所得税减除费用和税率
适用问题的通知》（财税〔2018〕98号） ……………………… 490

《财政部 税务总局 人力资源社会保障部 中国银行保险监督管理
委员会 证监会关于开展个人税收递延型商业养老保险
试点的通知》（财税〔2018〕22号） …………………………… 492

《国家税务总局关于推广实施商业健康保险个人所得税政策有关征管
问题的公告》（国家税务总局公告2017年第17号） …………… 495

《财政部　税务总局　保监会关于将商业健康保险个人所得税试点政策
　　推广到全国范围实施的通知》（财税〔2017〕39号） ·············· 496
《国家税务总局关于个人保险代理人税收征管有关问题的公告》
　　（国家税务总局公告2016年第45号） ························· 499
《财政部　国家税务总局关于完善股权激励和技术入股有关所得税政策的
　　通知》（财税〔2016〕101号） ································ 500
《国家税务总局关于股权奖励和转增股本个人所得税征管问题的公告》
　　（国家税务总局公告2015年第80号） ························· 503
《财政部　国家税务总局关于将国家自主创新示范区有关税收试点政策
　　推广到全国范围实施的通知》（财税〔2015〕116号） ·············· 504
《财政部　人力资源社会保障部　国家税务总局关于企业年金职业
　　年金个人所得税有关问题的通知》（财税〔2013〕103号） ·········· 506
《财政部　国家税务总局关于企业促销展业赠送礼品有关个人所得税
　　问题的通知》（财税〔2011〕50号） ··························· 508
《国家税务总局关于雇主为雇员承担全年一次性奖金部分税款有关个人
　　所得税计算方法问题的公告》（国家税务总局公告
　　2011年第28号） ·· 509
《国家税务总局关于股权激励有关个人所得税问题的通知》
　　（国税函〔2009〕461号） ··································· 511
《财政部　国家税务总局关于股票增值权所得和限制性股票所得征收
　　个人所得税有关问题的通知》（财税〔2009〕5号） ·············· 513
《国家税务总局关于明确个人所得税若干政策执行问题的通知》
　　（国税发〔2009〕121号） ··································· 514
《财政部　国家税务总局关于基本养老保险费　基本医疗保险费　失业
　　保险费　住房公积金有关个人所得税政策的通知》
　　（财税〔2006〕10号） ····································· 515
《国家税务总局关于印发〈个人所得税自行纳税申报办法（试行）〉
　　的通知》（国税发〔2006〕162号） ··························· 517
《国家税务总局关于个人股票期权所得缴纳个人所得税有关问题的
　　补充通知》（国税函〔2006〕902号） ·························· 523
《财政部　国家税务总局关于个人股票期权所得征收个人所得税问题的
　　通知》（财税〔2005〕35号） ································ 525
《国家税务总局关于调整个人取得全年一次性奖金等计算征收个人
　　所得税方法问题的通知》（国税发〔2005〕9号） ················ 528

目 录

《财政部 国家税务总局关于企业以免费旅游方式提供对营销人员个人
　　奖励有关个人所得税政策的通知》（财税〔2004〕11 号） …………… 529

《国家税务总局关于个人所得税若干政策问题的批复》
　　（国税函〔2002〕629 号） ……………………………………………… 530

《国家税务总局关于生活补助费范围确定问题的通知》
　　（国税发〔1998〕155 号） ……………………………………………… 531

《财政部 国家税务总局关于个人提供非有形商品推销代理等服务活动
　　取得收入征收营业税和个人所得税有关问题的通知》
　　（财税字〔1997〕第 103 号） …………………………………………… 532

《国家税务总局关于印发〈征收个人所得税若干问题的规定〉的通知》
　　（国税发〔1994〕89 号） ………………………………………………… 533

第 5 章 印花税 …………………………………………………………… 540

《财政部 税务总局关于对营业账簿减免印花税的通知》
　　（财税〔2018〕50 号） …………………………………………………… 540

《国家税务总局关于发布〈印花税管理规程（试行）〉的公告》
　　（国家税务总局公告 2016 年第 77 号） ………………………………… 540

《财政部 国家税务总局关于融资租赁合同有关印花税政策的通知》
　　（财税〔2015〕144 号） ………………………………………………… 544

《国家税务总局关于中国人寿保险（集团）公司重组过程中印花税
　　问题的通知》（国税函〔2004〕315 号） ……………………………… 544

《国家税务总局关于中国人民保险公司重组改制过程中有关印花税和
　　契税问题的通知》（国税函〔2003〕第 1027 号） …………………… 545

《国家税务局地方税管理司关于改变保险合同计税依据适用范围的批复》
　　（国税地函发〔1990〕20 号） …………………………………………… 546

《国家税务总局关于改变保险合同印花税计税办法的通知》
　　（国税函发〔1990〕428 号） …………………………………………… 546

《国家税务局关于对保险公司征收印花税有关问题的通知》
　　（国税地字〔1988〕第 37 号） ………………………………………… 546

《国家税务局关于对印花税暂行条例施行前书立、领受的凭证
　　贴花问题的规定》（国税地字〔1988〕第 13 号） …………………… 547

《国家税务总局关于资金账簿印花税问题的通知》
　　（国税发〔1994〕25 号） ………………………………………………… 547

— 15 —

《中华人民共和国印花税暂行条例施行细则》
（财税字〔1988〕第255号） ················· 548

第6章 其他 ································· 553
第1节 增值税附加税 ························ 553
《财政部　国家税务总局关于纳税人异地预缴增值税有关城市维护建设税和教育费附加政策问题的通知》（财税〔2016〕74号） ·········· 553

《财政部　国家税务总局关于对外资企业征收城市维护建设税和教育费附加有关问题的通知》（财税〔2010〕103号） ············· 554

《财政部　国家税务总局关于增值税　营业税　消费税实行先征后返等办法有关城建税和教育费附加政策的通知》
（财税〔2005〕72号） ······················ 554

《中华人民共和国城市维护建设税暂行条例》（国发〔1985〕19号） ······ 555

《财政部关于贯彻执行〈中华人民共和国城市维护建设税暂行条例〉几个具体问题的规定》（财税字〔1985〕第69号） ··········· 556

《征收教育费附加的暂行规定》（国发〔1986〕第50号） ············ 557

《国务院关于修改〈征收教育费附加的暂行规定〉的决定》（1990年6月7日中华人民共和国国务院令第60号发布） ···················· 558

《国务院关于修改〈征收教育费附加的暂行规定〉的决定》
（中华人民共和国国务院令第448号） ············· 559

第2节 房产税、契税、土地增值税和城镇土地使用税 ·········· 560
《国家税务总局关于营改增后土地增值税若干征管规定的公告》
（国家税务总局公告2016年第70号） ············· 561

《财政部　国家税务总局关于营改增后契税　房产税　土地增值税　个人所得税计税依据问题的通知》（财税〔2016〕43号） ·········· 562

《财政部　国家税务总局关于房产税城镇土地使用税有关问题的通知》
（财税〔2008〕152号） ···················· 563

《中华人民共和国城镇土地使用税暂行条例》（中华人民共和国国务院令第483号） ··························· 564

《中华人民共和国城镇土地使用税暂行条例》（国务院令第17号） ······ 566

《国家税务局关于检发〈关于土地使用税若干具体问题的解释和暂行规定〉的通知》（国税地字〔1988〕15号） ··········· 568

目 录

《财政部 税务总局关于印发〈关于房产税若干具体问题的解释和暂行规定〉〈关于车船使用税若干具体问题的解释和暂行规定〉的通知》（财税地字〔1986〕第8号） ………………………………… 571

《财政部关于对银行 保险系统征免房产税的通知》（财税字〔1987〕第36号） …………………………………………… 576

《中华人民共和国房产税暂行条例》（国发〔1986〕90号） ……… 577

第3节 车辆购置税 …………………………………………………… 578

《财政部 国家税务总局关于减征1.6升及以下排量乘用车车辆购置税的通知》（财税〔2016〕136号） ………………………… 578

第4节 车船税 ………………………………………………………… 579

《国家税务总局关于保险机构代收车船税开具增值税发票问题的公告》（国家税务总局公告2016年第51号） …………………… 579

《国家税务总局 中国保险监督管理委员会关于机动车车船税代收代缴有关事项的公告》（国家税务总局 中国保险监督管理委员会公告2011年第75号） ………………………………………………… 580

第5节 其他与保险公司有关的规定 ………………………………… 585

第1章 总　　则

税收，是国家为了实现其职能，凭借政治权利并按照法定标准，强制、无偿地参与社会产品或国民收入分配而取得财政收入的一种形式。

税法是国家制定的用以调整国家与纳税人之间在征纳税方面的权利与义务关系的法律规范的总称。

税收制度是指在既定的管理体制下设置的税种以及与这些税种的征收、管理有关的，具有法律效力的各级成文法律、行政法规、部门规章等的总和。

税收制度的内容主要有三个层次：一是不同的要素构成税种，构成税种的要素主要包括纳税人、征税对象、税目、税率、纳税环节、纳税期限、减税免税等；二是不同的税种构成税收制度。构成税收制度的具体税种，国与国之间差异较大，但一般都包括所得税（直接税），如企业所得税、个人所得税，也包括商品课税（间接税），如增值税、消费税及其他一些税种，如财产税（房地产税、车船税）、关税、社会保障税等；三是规范税款征收程序的法律法规，如税收征收管理法等。

目前，我国的税收分别由税务、海关等系统负责征收管理。

1. 根据第十三届全国人民代表大会第一次会议批准的《国务院机构改革方案》，其中"改革国税地税征管体制。将省级和省级以下国税地税机构合并，具体承担所辖区域内各项税收、非税收入征管等职责。国税地税机构合并后，实行以国家税务总局为主与省（区、市）人民政府双重领导管理体制"。因此，在机构改革方案指导下，全国各省（自治区、直辖市）级以及计划单列市国税局、地税局合并且统一挂牌。挂牌后的税务局将继续承担所辖区域内各项税收、非税收入的征管职责，包括曾经由国家税务局系统负责征收和管理的增值税、消费税、车辆购置税、各银行总行、各保险总公司集中缴纳的所得税、城市维护建设税、中央企业缴纳的所得税、中央与地方所属企业、事业单位组成的联营企业、股份制企业缴纳的所得税，地方银行、非银行金融企业缴纳的所得税、海洋石油企业缴纳的所得税、资源税、部分企业的企业所得税、证券交易税（开征之前为对证券交易征收的印花税）；以及曾经由地方税务局系统负责征收和管理的城市维护建设税（不包括上述由国家税务局系统负责征收管理的部分）、部分企业所得税、个人所得税、资源税、城镇土地使用税、耕地占用税、土地增值税、房产税、车船税、印花税、契税。

2. 海关系统负责征收和管理的项目有：关税，船舶吨税，同时负责代征进出口环节的增值税和消费税。

第 2 章 增 值 税

增值税是对在我国境内销售货物或者加工、修理修配劳务，销售服务、无形资产、不动产以及进口货物的单位和个人，就其销售货物、劳务、服务、无形资产、不动产的增值额和货物进口金额为计税依据而课征的一种流转税。

2016年3月23日，《财政部、国家税务总局关于全面推开营业税改征增值税试点的通知》（财税〔2016〕36号）发布，明确自2016年5月1日起，在全国范围内全面推开营业税改征增值税（以下称营改增）试点，建筑业、房地产业、金融业、生活服务业等全部营业税纳税人，纳入试点范围，由缴纳营业税改为缴纳增值税。现将有关规定列示如下（按时间先后）。

《国家税务总局关于明确中外合作办学等若干增值税征管问题的公告》

（国家税务总局公告2018年第42号）

现将中外合作办学等增值税征管问题公告如下：

一、境外教育机构与境内从事学历教育的学校开展中外合作办学，提供学历教育服务取得的收入免征增值税。中外合作办学，是指中外教育机构按照《中华人民共和国中外合作办学条例》（国务院令第372号）的有关规定，合作举办的以中国公民为主要招生对象的教育教学活动。上述"学历教育""从事学历教育的学校""提供学历教育服务取得的收入"的范围，按照《营业税改征增值税试点过渡政策的规定》（财税〔2016〕36号文件附件3）第一条第（八）项的有关规定执行。

二、航空运输销售代理企业提供境内机票代理服务，以取得的全部价款和价外费用，扣除向客户收取并支付给航空运输企业或其他航空运输销售代理企业的境内机票净结算款和相关费用后的余额为销售额。其中，支付给航空运输企业的款项，以国际航空运输协会（IATA）开账与结算计划（BSP）对账单或航空运输企业的签收单据为合法有效凭证；支付给其他航空运输销售代理企业的款项，以代理企业间的签收单据为合法有效凭证。航空运输销售代理企业就取得的全部价款和价外费用，向购买方开具行程单，或开具增值税普通发票。

三、纳税人通过省级土地行政主管部门设立的交易平台转让补充耕地指标，按照销售无形资产缴纳增值税，税率为6%。本公告所称补充耕地指标，是指根据《中华人民共和国土地管理法》及国务院土地行政主管部门《耕地占补平衡考核办法》的有关要求，经省级土地行政主管部门确认，用于耕地占补平衡的指标。

四、上市公司因实施重大资产重组形成的限售股，以及股票复牌首日至解禁日期间由上述股份孳生的送、转股，因重大资产重组停牌的，按照《国家税务总局关于营改增试点若干征管问题的公告》（国家税务总局公告2016年第53号）第五条第（三）项的规定确定买入价；在重大资产重组前已经暂停上市的，以上市公司完成资产重组后股票恢复上市首日的开盘价为买入价。

五、拍卖行受托拍卖取得的手续费或佣金收入，按照"经纪代理服务"缴纳增值税。《国家税务总局关于拍卖行取得的拍卖收入征收增值税、营业税有关问题的通知》（国税发［1999］40号）停止执行。

六、一般纳税人销售自产机器设备的同时提供安装服务，应分别核算机器设备和安装服务的销售额，安装服务可以按照甲供工程选择适用简易计税方法计税。

一般纳税人销售外购机器设备的同时提供安装服务，如果已经按照兼营的有关规定，分别核算机器设备和安装服务的销售额，安装服务可以按照甲供工程选择适用简易计税方法计税。

纳税人对安装运行后的机器设备提供的维护保养服务，按照"其他现代服务"缴纳增值税。

七、纳税人2016年5月1日前发生的营业税涉税业务，包括已经申报缴纳营业税或补缴营业税的业务，需要补开发票的，可以开具增值税普通发票。纳税人应完整保留相关资料备查。

本公告自发布之日起施行，《国家税务总局关于简并增值税征收率有关问题的公告》（国家税务总局公告2014年第36号）第二条和《国家税务总局关于进一步明确营改增有关征管问题的公告》（国家税务总局公告2017年第11号）第四条同时废止。此前已发生未处理的事项，按照本公告的规定执行。2016年

5月1日前,纳税人发生本公告第四条规定的应税行为,已缴纳营业税的,不再调整,未缴纳营业税的,比照本公告规定缴纳营业税。

特此公告。

《财政部 税务总局关于统一增值税小规模纳税人标准的通知》

(财税〔2018〕33号)

各省、自治区、直辖市、计划单列市财政厅(局)、国家税务局、地方税务局,新疆生产建设兵团财政局:

为完善增值税制度,进一步支持中小微企业发展,现将统一增值税小规模纳税人标准有关事项通知如下:

一、增值税小规模纳税人标准为年应征增值税销售额500万元及以下。

二、按照《中华人民共和国增值税暂行条例实施细则》第二十八条规定已登记为增值税一般纳税人的单位和个人,在2018年12月31日前,可转登记为小规模纳税人,其未抵扣的进项税额作转出处理。

三、本通知自2018年5月1日起执行。

《国家税务总局关于统一小规模纳税人标准等若干增值税问题的公告》

(国家税务总局公告2018年第18号)

现将统一小规模纳税人标准等若干增值税问题公告如下:

一、同时符合以下条件的一般纳税人,可选择按照《财政部、税务总局关于统一增值税小规模纳税人标准的通知》(财税〔2018〕33号)第二条的规定,转登记为小规模纳税人,或选择继续作为一般纳税人:

(一)根据《中华人民共和国增值税暂行条例》第十三条和《中华人民共和国增值税暂行条例实施细则》第二十八条的有关规定,登记为一般纳税人。

(二)转登记日前连续12个月(以1个月为1个纳税期,下同)或者连续4个季度(以1个季度为1个纳税期,下同)累计应征增值税销售额(以下称应税销售额)未超过500万元。

转登记日前经营期不满12个月或者4个季度的,按照月(季度)平均应税销售额估算上款规定的累计应税销售额。

应税销售额的具体范围，按照《增值税一般纳税人登记管理办法》（国家税务总局令第43号）和《国家税务总局关于增值税一般纳税人登记管理若干事项的公告》（国家税务总局公告2018年第6号）的有关规定执行。

二、符合本公告第一条规定的纳税人，向主管税务机关填报《一般纳税人转为小规模纳税人登记表》（表样见附件），并提供税务登记证件；已实行实名办税的纳税人，无需提供税务登记证件。主管税务机关根据下列情况分别作出处理：

（一）纳税人填报内容与税务登记、纳税申报信息一致的，主管税务机关当场办理。

（二）纳税人填报内容与税务登记、纳税申报信息不一致，或者不符合填列要求的，主管税务机关应当场告知纳税人需要补正的内容。

三、一般纳税人转登记为小规模纳税人（以下称转登记纳税人）后，自转登记日的下期起，按照简易计税方法计算缴纳增值税；转登记日当期仍按照一般纳税人的有关规定计算缴纳增值税。

四、转登记纳税人尚未申报抵扣的进项税额以及转登记日当期的期末留抵税额，计入"应交税费—待抵扣进项税额"核算。

尚未申报抵扣的进项税额计入"应交税费—待抵扣进项税额"时：

（一）转登记日当期已经取得的增值税专用发票、机动车销售统一发票、收费公路通行费增值税电子普通发票，应当已经通过增值税发票选择确认平台进行选择确认或认证后稽核比对相符；经稽核比对异常的，应当按照现行规定进行核查处理。已经取得的海关进口增值税专用缴款书，经稽核比对相符的，应当自行下载《海关进口增值税专用缴款书稽核结果通知书》；经稽核比对异常的，应当按照现行规定进行核查处理。

（二）转登记日当期尚未取得的增值税专用发票、机动车销售统一发票、收费公路通行费增值税电子普通发票，转登记纳税人在取得上述发票以后，应当持税控设备，由主管税务机关通过增值税发票选择确认平台（税务局端）为其办理选择确认。尚未取得的海关进口增值税专用缴款书，转登记纳税人在取得以后，经稽核比对相符的，应当由主管税务机关通过稽核系统为其下载《海关进口增值税专用缴款书稽核结果通知书》；经稽核比对异常的，应当按照现行规定进行核查处理。

五、转登记纳税人在一般纳税人期间销售或者购进的货物、劳务、服务、无形资产、不动产，自转登记日的下期起发生销售折让、中止或者退回的，调整转登记日当期的销项税额、进项税额和应纳税额。

（一）调整后的应纳税额小于转登记日当期申报的应纳税额形成的多缴税款，从发生销售折让、中止或者退回当期的应纳税额中抵减；不足抵减的，结转下期继续抵减。

（二）调整后的应纳税额大于转登记日当期申报的应纳税额形成的少缴税款，从"应交税费—待抵扣进项税额"中抵减；抵减后仍有余额的，计入发生销售折让、中止或者退回当期的应纳税额一并申报缴纳。

转登记纳税人因税务稽查、补充申报等原因，需要对一般纳税人期间的销项税额、进项税额和应纳税额进行调整的，按照上述规定处理。

转登记纳税人应准确核算"应交税费—待抵扣进项税额"的变动情况。

六、转登记纳税人可以继续使用现有税控设备开具增值税发票，不需要缴销税控设备和增值税发票。

转登记纳税人自转登记日的下期起，发生增值税应税销售行为，应当按照征收率开具增值税发票；转登记日前已作增值税专用发票票种核定的，继续通过增值税发票管理系统自行开具增值税专用发票；销售其取得的不动产，需要开具增值税专用发票的，应当按照有关规定向税务机关申请代开。

七、转登记纳税人在一般纳税人期间发生的增值税应税销售行为，未开具增值税发票需要补开的，应当按照原适用税率或者征收率补开增值税发票；发生销售折让、中止或者退回等情形，需要开具红字发票的，按照原蓝字发票记载的内容开具红字发票；开票有误需要重新开具的，先按照原蓝字发票记载的内容开具红字发票后，再重新开具正确的蓝字发票。

转登记纳税人发生上述行为，需要按照原适用税率开具增值税发票的，应当在互联网连接状态下开具。按照有关规定不使用网络办税的特定纳税人，可以通过离线方式开具增值税发票。

八、自转登记日的下期起连续不超过 12 个月或者连续不超过 4 个季度的经营期内，转登记纳税人应税销售额超过财政部、国家税务总局规定的小规模纳税人标准的，应当按照《增值税一般纳税人登记管理办法》（国家税务总局令第 43 号）的有关规定，向主管税务机关办理一般纳税人登记。

转登记纳税人按规定再次登记为一般纳税人后，不得再转登记为小规模纳税人。

九、一般纳税人在增值税税率调整前已按原适用税率开具的增值税发票，发生销售折让、中止或者退回等情形需要开具红字发票的，按照原适用税率开具红字发票；开票有误需要重新开具的，先按照原适用税率开具红字发票后，再重新开具正确的蓝字发票。

一般纳税人在增值税税率调整前未开具增值税发票的增值税应税销售行为，

需要补开增值税发票的,应当按照原适用税率补开。

增值税发票税控开票软件税率栏次默认显示调整后税率,一般纳税人发生上述行为可以手工选择原适用税率开具增值税发票。

十、国家税务总局在增值税发票管理系统中更新了《商品和服务税收分类编码表》,纳税人应当按照更新后的《商品和服务税收分类编码表》开具增值税发票。

转登记纳税人和一般纳税人应当及时完成增值税发票税控开票软件升级、税控设备变更发行和自身业务系统调整。

十一、本公告自2018年5月1日起施行。《国家税务总局关于增值税一般纳税人登记管理若干事项的公告》(国家税务总局公告2018年第6号)第七条同时废止。

特此公告。

附件:一般纳税人转为小规模纳税人登记表(略)

《国家税务总局关于增值税一般纳税人登记管理若干事项的公告》

(国家税务总局公告2018年第6号)①

为了贯彻实施《增值税一般纳税人登记管理办法》(国家税务总局令第43号,以下简称《办法》),现将有关事项公告如下:

一、《办法》第二条所称"经营期"是指在纳税人存续期内的连续经营期间,含未取得销售收入的月份或季度。

二、《办法》第二条所称"纳税申报销售额"是指纳税人自行申报的全部应征增值税销售额,其中包括免税销售额和税务机关代开发票销售额。"稽查查补销售额"和"纳税评估调整销售额"计入查补税款申报当月(或当季)的销售额,不计入税款所属期销售额。

三、《办法》第四条第二项所称的"其他个人"是指自然人。

四、《办法》第六条第一项所称的"固定生产经营场所"信息是指填写在《增值税一般纳税人登记表》"生产经营地址"栏次中的内容。

五、《办法》第六条第一项所称的"税务登记证件",包括纳税人领取的由工商行政管理部门或者其他主管部门核发的加载法人和其他组织统一社会信用

---

① 根据《国家税务总局关于统一小规模纳税人标准等若干增值税问题的公告》(国家税务总局公告2018年第18号),此文件第七条已被废止。

代码的相关证件。

六、《办法》第八条规定主管税务机关制作的《税务事项通知书》中，需告知纳税人的内容应当包括：纳税人年应税销售额已超过规定标准，应在收到《税务事项通知书》后 5 日内向税务机关办理增值税一般纳税人登记手续或者选择按照小规模纳税人纳税的手续；逾期未办理的，自通知时限期满的次月起按销售额依照增值税税率计算应纳税额，不得抵扣进项税额，直至纳税人办理相关手续为止。

七、纳税人兼有销售货物、提供加工修理修配劳务（以下称"应税货物及劳务"）和销售服务、无形资产、不动产（以下称"应税行为"）的，应税货物及劳务销售额与应税行为销售额分别计算，分别适用增值税一般纳税人登记标准，其中有一项销售额超过规定标准，就应当按照规定办理增值税一般纳税人登记相关手续。

八、经税务机关核对后退还纳税人留存的《增值税一般纳税人登记表》，可以作为证明纳税人成为增值税一般纳税人的凭据。

九、《办法》中所规定期限的最后一日是法定休假日的，以休假日期满的次日为期限的最后一日；在期限内有连续 3 日以上（含 3 日）法定休假日的，按休假日天数顺延。

十、本公告自 2018 年 2 月 1 日起施行。《国家税务总局关于明确〈增值税一般纳税人资格认定管理办法〉若干条款处理意见的通知》（国税函〔2010〕139 号）、《国家税务总局关于调整增值税一般纳税人管理有关事项的公告》（国家税务总局公告 2015 年第 18 号）、《国家税务总局关于"三证合一"登记制度改革涉及增值税一般纳税人管理有关事项的公告》（国家税务总局公告 2015 年第 74 号）、《国家税务总局关于全面推开营业税改征增值税试点有关税收征收管理事项的公告》（国家税务总局公告 2016 年第 23 号）第二条同时废止。

特此公告。

《增值税一般纳税人登记管理办法》

（国家税务总局令第 43 号）

《增值税一般纳税人登记管理办法》已经 2017 年 11 月 30 日国家税务总局 2017 年度第 2 次局务会议审议通过，现予公布，自 2018 年 2 月 1 日起施行。

附件：1. 增值税一般纳税人登记表（略）
　　　2. 选择按小规模纳税人纳税的情况说明（略）

增值税一般纳税人登记管理办法

第一条 为了做好增值税一般纳税人（以下简称"一般纳税人"）登记管理，根据《中华人民共和国增值税暂行条例》及其实施细则有关规定，制定本办法。

第二条 增值税纳税人（以下简称"纳税人"），年应税销售额超过财政部、国家税务总局规定的小规模纳税人标准（以下简称"规定标准"）的，除本办法第四条规定外，应当向主管税务机关办理一般纳税人登记。

本办法所称年应税销售额，是指纳税人在连续不超过12个月或四个季度的经营期内累计应征增值税销售额，包括纳税申报销售额、稽查查补销售额、纳税评估调整销售额。

销售服务、无形资产或者不动产（以下简称"应税行为"）有扣除项目的纳税人，其应税行为年应税销售额按未扣除之前的销售额计算。纳税人偶然发生的销售无形资产、转让不动产的销售额，不计入应税行为年应税销售额。

第三条 年应税销售额未超过规定标准的纳税人，会计核算健全，能够提供准确税务资料的，可以向主管税务机关办理一般纳税人登记。

本办法所称会计核算健全，是指能够按照国家统一的会计制度规定设置账簿，根据合法、有效凭证进行核算。

第四条 下列纳税人不办理一般纳税人登记：

（一）按照政策规定，选择按照小规模纳税人纳税的；

（二）年应税销售额超过规定标准的其他个人。

第五条 纳税人应当向其机构所在地主管税务机关办理一般纳税人登记手续。

第六条 纳税人办理一般纳税人登记的程序如下：

（一）纳税人向主管税务机关填报《增值税一般纳税人登记表》（附件1），如实填写固定生产经营场所等信息，并提供税务登记证件；

（二）纳税人填报内容与税务登记信息一致的，主管税务机关当场登记；

（三）纳税人填报内容与税务登记信息不一致，或者不符合填列要求的，税务机关应当场告知纳税人需要补正的内容。

第七条 年应税销售额超过规定标准的纳税人符合本办法第四条第一项规定的，应当向主管税务机关提交书面说明（附件2）。

第八条 纳税人在年应税销售额超过规定标准的月份（或季度）的所属申报期结束后15日内按照本办法第六条或者第七条的规定办理相关手续；未按规

定时限办理的,主管税务机关应当在规定时限结束后 5 日内制作《税务事项通知书》,告知纳税人应当在 5 日内向主管税务机关办理相关手续;逾期仍不办理的,次月起按销售额依照增值税税率计算应纳税额,不得抵扣进项税额,直至纳税人办理相关手续为止。

第九条 纳税人自一般纳税人生效之日起,按照增值税一般计税方法计算应纳税额,并可以按照规定领用增值税专用发票,财政部、国家税务总局另有规定的除外。

本办法所称的生效之日,是指纳税人办理登记的当月 1 日或者次月 1 日,由纳税人在办理登记手续时自行选择。

第十条 纳税人登记为一般纳税人后,不得转为小规模纳税人,国家税务总局另有规定的除外。

第十一条 主管税务机关应当加强对税收风险的管理。对税收遵从度低的一般纳税人,主管税务机关可以实行纳税辅导期管理,具体办法由国家税务总局另行制定。

第十二条 本办法自 2018 年 2 月 1 日起施行,《增值税一般纳税人资格认定管理办法》(国家税务总局令第 22 号公布)同时废止。

《财政部 税务总局关于租入固定资产进项税额抵扣等增值税政策的通知》

(财税〔2017〕90 号)

各省、自治区、直辖市、计划单列市财政厅(局)、国家税务局、地方税务局,新疆生产建设兵团财务局:

现将租入固定资产进项税额抵扣等增值税政策通知如下:

一、自 2018 年 1 月 1 日起,纳税人租入固定资产、不动产,既用于一般计税方法计税项目,又用于简易计税方法计税项目、免征增值税项目、集体福利或者个人消费的,其进项税额准予从销项税额中全额抵扣。

二、自 2018 年 1 月 1 日起,纳税人已售票但客户逾期未消费取得的运输逾期票证收入,按照"交通运输服务"缴纳增值税。纳税人为客户办理退票而向客户收取的退票费、手续费等收入,按照"其他现代服务"缴纳增值税。

三、自 2018 年 1 月 1 日起,航空运输销售代理企业提供境外航段机票代理服务,以取得的全部价款和价外费用,扣除向客户收取并支付给其他单位或者个人的境外航段机票结算款和相关费用后的余额为销售额。其中，支付给境内单位或者个人的款项，以发票或行程单为合法有效凭证；支付给境外单位或者个人的款项，以签收单据为合法有效凭证，税务机关对签收单据有疑义的，可以要求其提供境外公证机构的确认证明。

航空运输销售代理企业，是指根据《航空运输销售代理资质认可办法》取得中国航空运输协会颁发的"航空运输销售代理业务资质认可证书"，接受中国航空运输企业或通航中国的外国航空运输企业委托，依照双方签订的委托销售代理合同提供代理服务的企业。

四、自 2016 年 5 月 1 日至 2017 年 6 月 30 日，纳税人采取转包、出租、互换、转让、入股等方式将承包地流转给农业生产者用于农业生产，免征增值税。本通知下发前已征的增值税，可抵减以后月份应缴纳的增值税，或办理退税。

五、根据《财政部、税务总局关于资管产品增值税有关问题的通知》（财税〔2017〕56 号）有关规定，自 2018 年 1 月 1 日起，资管产品管理人运营资管产品提供的贷款服务、发生的部分金融商品转让业务，按照以下规定确定销售额：

（一）提供贷款服务，以 2018 年 1 月 1 日起产生的利息及利息性质的收入为销售额；

（二）转让 2017 年 12 月 31 日前取得的股票（不包括限售股）、债券、基金、非货物期货，可以选择按照实际买入价计算销售额，或者以 2017 年最后一个交易日的股票收盘价（2017 年最后一个交易日处于停牌期间的股票，为停牌前最后一个交易日收盘价）、债券估值（中债金融估值中心有限公司或中证指数有限公司提供的债券估值）、基金份额净值、非货物期货结算价格作为买入价计算销售额。

六、自 2018 年 1 月 1 日至 2019 年 12 月 31 日，纳税人为农户、小型企业、微型企业及个体工商户借款、发行债券提供融资担保取得的担保费收入，以及为上述融资担保（以下称"原担保"）提供再担保取得的再担保费收入，免征增值税。再担保合同对应多个原担保合同的，原担保合同应全部适用免征增值税政策。否则，再担保合同应按规定缴纳增值税。

纳税人应将相关免税证明材料留存备查，单独核算符合免税条件的融资担保费和再担保费收入，按现行规定向主管税务机关办理纳税申报；未单独核算的，不得免征增值税。

农户，是指长期（一年以上）居住在乡镇（不包括城关镇）行政管理区域内的住户，还包括长期居住在城关镇所辖行政村范围内的住户和户口不在本地而在本地居住一年以上的住户，国有农场的职工。位于乡镇（不包括城关镇）行政管理区域内和在城关镇所辖行政村范围内的国有经济的机关、团体、学校、企事业单位的集体户；有本地户口，但举家外出谋生一年以上的住户，无论是否保留承包耕地均不属于农户。农户以户为统计单位，既可以从事农业生产经营，也可以从事非农业生产经营。农户担保、再担保的判定应以原担保生效时的被担保人是否属于农户为准。

小型企业、微型企业，是指符合《中小企业划型标准规定》（工信部联企业〔2011〕300号）的小型企业和微型企业。其中，资产总额和从业人员指标均以原担保生效时的实际状态确定；营业收入指标以原担保生效前12个自然月的累计数确定，不满12个自然月的，按照以下公式计算：

营业收入（年）＝企业实际存续期间营业收入／企业实际存续月数×12

《财政部、税务总局关于全面推开营业税改征增值税试点的通知》（财税〔2016〕36号）附件3《营业税改征增值税试点过渡政策的规定》第一条第（二十四）款规定的中小企业信用担保增值税免税政策自2018年1月1日起停止执行。纳税人享受中小企业信用担保增值税免税政策在2017年12月31日前未满3年的，可以继续享受至3年期满为止。

七、自2018年1月1日起，纳税人支付的道路、桥、闸通行费，按照以下规定抵扣进项税额：

（一）纳税人支付的道路通行费，按照收费公路通行费增值税电子普通发票上注明的增值税额抵扣进项税额。

2018年1月1日至6月30日，纳税人支付的高速公路通行费，如暂未能取得收费公路通行费增值税电子普通发票，可凭取得的通行费发票（不含财政票据，下同）上注明的收费金额按照下列公式计算可抵扣的进项税额：

高速公路通行费可抵扣进项税额＝高速公路通行费发票上注明的金额÷（1＋3%）×3%

2018年1月1日至12月31日，纳税人支付的一级、二级公路通行费，如暂未能取得收费公路通行费增值税电子普通发票，可凭取得的通行费发票上注明的收费金额按照下列公式计算可抵扣进项税额：

一级、二级公路通行费可抵扣进项税额＝一级、二级公路通行费发票上注明的金额÷（1＋5%）×5%

（二）纳税人支付的桥、闸通行费，暂凭取得的通行费发票上注明的收费金额按照下列公式计算可抵扣的进项税额：

桥、闸通行费可抵扣进项税额＝桥、闸通行费发票上注明的金额÷（1＋5%）×5%

（三）本通知所称通行费，是指有关单位依法或者依规设立并收取的过路、过桥和过闸费用。

《财政部、国家税务总局关于收费公路通行费增值税抵扣有关问题的通知》（财税〔2016〕86 号）自 2018 年 1 月 1 日起停止执行。

八、自 2016 年 5 月 1 日起，社会团体收取的会费，免征增值税。本通知下发前已征的增值税，可抵减以后月份应缴纳的增值税，或办理退税。

社会团体，是指依照国家有关法律法规设立或登记并取得《社会团体法人登记证书》的非营利法人。会费，是指社会团体在国家法律法规、政策许可的范围内，依照社团章程的规定，收取的个人会员、单位会员和团体会员的会费。

社会团体开展经营服务性活动取得的其他收入，一律照章缴纳增值税。

《财政部 税务总局关于资管产品增值税有关问题的通知》

（财税〔2017〕56 号）

各省、自治区、直辖市、计划单列市财政厅（局）、国家税务局、地方税务局，新疆生产建设兵团财务局：

现将资管产品增值税有关问题通知如下：

一、资管产品管理人（以下称管理人）运营资管产品过程中发生的增值税应税行为（以下称资管产品运营业务），暂适用简易计税方法，按照 3% 的征收率缴纳增值税。

资管产品管理人，包括银行、信托公司、公募基金管理公司及其子公司、证券公司及其子公司、期货公司及其子公司、私募基金管理人、保险资产管理公司、专业保险资产管理机构、养老保险公司。

资管产品，包括银行理财产品、资金信托（包括集合资金信托、单一资金信托）、财产权信托、公开募集证券投资基金、特定客户资产管理计划、集合资产管理计划、定向资产管理计划、私募投资基金、债权投资计划、股权投资计划、股债结合型投资计划、资产支持计划、组合类保险资产管理产品、养老保障管理产品。

财政部和税务总局规定的其他资管产品管理人及资管产品。

二、管理人接受投资者委托或信托对受托资产提供的管理服务以及管理人发生的除本通知第一条规定的其他增值税应税行为（以下称其他业务），按照现行规定缴纳增值税。

三、管理人应分别核算资管产品运营业务和其他业务的销售额和增值税应纳税额。未分别核算的,资管产品运营业务不得适用本通知第一条规定。

四、管理人可选择分别或汇总核算资管产品运营业务销售额和增值税应纳税额。

五、管理人应按照规定的纳税期限,汇总申报缴纳资管产品运营业务和其他业务增值税。

六、本通知自 2018 年 1 月 1 日起施行。

对资管产品在 2018 年 1 月 1 日前运营过程中发生的增值税应税行为,未缴纳增值税的,不再缴纳;已缴纳增值税的,已纳税额从资管产品管理人以后月份的增值税应纳税额中抵减。

《财政部 税务总局关于建筑服务等营改增试点政策的通知》

(财税〔2017〕58 号)

各省、自治区、直辖市、计划单列市财政厅(局)、国家税务局、地方税务局,新疆生产建设兵团财务局:

现将营改增试点期间建筑服务等政策补充通知如下:

一、建筑工程总承包单位为房屋建筑的地基与基础、主体结构提供工程服务,建设单位自行采购全部或部分钢材、混凝土、砌体材料、预制构件的,适用简易计税方法计税。

地基与基础、主体结构的范围,按照《建筑工程施工质量验收统一标准》(GB50300-2013)附录 B《建筑工程的分部工程、分项工程划分》中的"地基与基础""主体结构"分部工程的范围执行。

二、《营业税改征增值税试点实施办法》(财税〔2016〕36 号印发)第四十五条第(二)项修改为"纳税人提供租赁服务采取预收款方式的,其纳税义务发生时间为收到预收款的当天"。

三、纳税人提供建筑服务取得预收款,应在收到预收款时,以取得的预收款扣除支付的分包款后的余额,按照本条第三款规定的预征率预缴增值税。

按照现行规定应在建筑服务发生地预缴增值税的项目,纳税人收到预收款时在建筑服务发生地预缴增值税。按照现行规定无需在建筑服务发生地预缴增值税的项目,纳税人收到预收款时在机构所在地预缴增值税。

适用一般计税方法计税的项目预征率为 2%,适用简易计税方法计税的项目预征率为3%。

四、纳税人采取转包、出租、互换、转让、入股等方式将承包地流转给农业生产者用于农业生产，免征增值税。

五、自2018年1月1日起，金融机构开展贴现、转贴现业务，以其实际持有票据期间取得的利息收入作为贷款服务销售额计算缴纳增值税。此前贴现机构已就贴现利息收入全额缴纳增值税的票据，转贴现机构转贴现利息收入继续免征增值税。

六、本通知除第五条外，自2017年7月1日起执行。《营业税改征增值税试点实施办法》（财税〔2016〕36号印发）第七条自2017年7月1日起废止。《营业税改征增值税试点过渡政策的规定》（财税〔2016〕36号）第一条第（二十三）项第4点自2018年1月1日起废止。

《财政部　税务总局关于支持小微企业融资有关税收政策的通知》

（财税〔2017〕77号）

各省、自治区、直辖市、计划单列市财政厅（局）、国家税务局、地方税务局，新疆生产建设兵团财务局：

为进一步加大对小微企业的支持力度，推动缓解融资难、融资贵，现将有关税收政策通知如下：

一、自2017年12月1日至2019年12月31日，对金融机构向农户、小型企业、微型企业及个体工商户发放小额贷款取得的利息收入，免征增值税。金融机构应将相关免税证明材料留存备查，单独核算符合免税条件的小额贷款利息收入，按现行规定向主管税务机构办理纳税申报；未单独核算的，不得免征增值税。《财政部、税务总局关于延续支持农村金融发展有关税收政策的通知》（财税〔2017〕44号）第一条相应废止。

二、自2018年1月1日至2020年12月31日，对金融机构与小型企业、微型企业签订的借款合同免征印花税。

三、本通知所称农户，是指长期（一年以上）居住在乡镇（不包括城关镇）行政管理区域内的住户，还包括长期居住在城关镇所辖行政村范围内的住户和户口不在本地而在本地居住一年以上的住户，国有农场的职工。位于乡镇（不包括城关镇）行政管理区域内和在城关镇所辖行政村范围内的国有经济的机关、团体、学校、企事业单位的集体户；有本地户口，但举家外出谋生一年以上的住户，无论是否保留承包耕地均不属于农户。农户以户为统计单位，既可以从事农业生产经营，也可以从事非农业生产经营。农户贷款的判定应以贷款发放时的借款人是否属于农户为准。

本通知所称小型企业、微型企业，是指符合《中小企业划型标准规定》（工信部联企业〔2011〕300号）的小型企业和微型企业。其中，资产总额和从业人员指标均以贷款发放时的实际状态确定；营业收入指标以贷款发放前12个自然月的累计数确定，不满12个自然月的，按照以下公式计算：

营业收入（年）=企业实际存续期间营业收入/企业实际存续月数×12

本通知所称小额贷款，是指单户授信小于100万元（含本数）的农户、小型企业、微型企业或个体工商户贷款；没有授信额度的，是指单户贷款合同金额且贷款余额在100万元（含本数）以下的贷款。

《财政部　税务总局关于延续支持农村金融发展有关税收政策的通知》

（财税〔2017〕44号）①

各省、自治区、直辖市、计划单列市财政厅（局）、国家税务局、地方税务局，新疆生产建设兵团财务局：

为继续支持农村金融发展，现就农村金融有关税收政策通知如下：

一、自2017年1月1日至2019年12月31日，对金融机构农户小额贷款的利息收入，免征增值税。

二、自2017年1月1日至2019年12月31日，对金融机构农户小额贷款的利息收入，在计算应纳税所得额时，按90%计入收入总额。

三、自2017年1月1日至2019年12月31日，对保险公司为种植业、养殖业提供保险业务取得的保费收入，在计算应纳税所得额时，按90%计入收入总额。

四、本通知所称农户，是指长期（一年以上）居住在乡镇（不包括城关镇）行政管理区域内的住户，还包括长期居住在城关镇所辖行政村范围内的住户和户口不在本地而在本地居住一年以上的住户，国有农场的职工和农村个体工商户。位于乡镇（不包括城关镇）行政管理区域内和在城关镇所辖行政村范围内的国有经济的机关、团体、学校、企事业单位的集体户；有本地户口，但举家外出谋生一年以上的住户，无论是否保留承包耕地均不属于农户。农户以

---

① 根据《关于支持小微企业融资有关税收政策的通知》（财税〔2017〕77号），此文件第一条已被废止。

户为统计单位,既可以从事农业生产经营,也可以从事非农业生产经营。农户贷款的判定应以贷款发放时的承贷主体是否属于农户为准。

本通知所称小额贷款,是指单笔且该农户贷款余额总额在 10 万元(含本数)以下的贷款。

本通知所称保费收入,是指原保险保费收入加上分保费收入减去分出保费后的余额。

五、金融机构应对符合条件的农户小额贷款利息收入进行单独核算,不能单独核算的不得适用本通知第一条、第二条规定的优惠政策。

六、本通知印发之日前已征的增值税,可抵减纳税人以后月份应缴纳的增值税或予以退还。

《财政部 国家税务总局关于延续并完善支持农村金融发展有关税收政策的通知》

(财税〔2014〕102 号)

各省、自治区、直辖市、计划单列市财政厅(局)、国家税务局、地方税务局,新疆生产建设兵团财务局:

为继续支持农村金融发展,解决农民贷款难问题,经国务院批准,现就农村金融有关税收政策通知如下:

一、自 2014 年 1 月 1 日至 2016 年 12 月 31 日,对金融机构农户小额贷款的利息收入,免征营业税。

二、自 2014 年 1 月 1 日至 2016 年 12 月 31 日,对金融机构农户小额贷款的利息收入,在计算应纳税所得额时,按 90% 计入收入总额。

三、自 2014 年 1 月 1 日至 2016 年 12 月 31 日,对保险公司为种植业、养殖业提供保险业务取得的保费收入,在计算应纳税所得额时,按 90% 计入收入总额。

四、本通知所称农户,是指长期(一年以上)居住在乡镇(不包括城关镇)行政管理区域内的住户,还包括长期居住在城关镇所辖行政村范围内的住户和户口不在本地而在本地居住一年以上的住户,国有农场的职工和农村个体工商户。位于乡镇(不包括城关镇)行政管理区域内和在城关镇所辖行政村范围内的国有经济的机关、团体、学校、企事业单位的集体户;有本地户口,但举家外出谋生一年以上的住户,无论是否保留承包耕地均不属于农户。农户以户为统计单位,既可以从事农业生产经营,也可以从事非农业生产经营。农户贷款的判定应以贷款发放时的承贷主体是否属于农户为准。

本通知所称小额贷款,是指单笔且该户贷款余额总额在 10 万元(含)以下贷款。

本通知所称保费收入,是指原保险保费收入加上分保费收入减去分出保费后的余额。

五、金融机构应对符合条件的农户小额贷款利息收入进行单独核算,不能单独核算的不得适用本通知第一条、第二条规定的优惠政策。

《国家税务总局关于进一步优化增值税 消费税有关涉税事项办理程序的公告》

(国家税务总局公告 2017 年第 36 号)①

为贯彻落实国务院关于简政放权、放管结合、优化服务的要求,现将增值税、消费税部分涉税事项办理问题公告如下:

一、自 2018 年 1 月 1 日起,逾期增值税扣税凭证继续抵扣事项由省国税局核准。允许继续抵扣的客观原因类型及报送资料等要求,按照修改后的《国家税务总局关于逾期增值税扣税凭证抵扣问题的公告》(国家税务总局公告 2011 年第 50 号)执行。

各省国税局应在修改后的国家税务总局公告 2011 年第 50 号附件《逾期增值税扣税凭证抵扣管理办法》(以下简称《管理办法》)相关规定基础上,按照进一步深化税务系统"放管服"改革、优化税收环境的要求,以方便纳税人、利于税收管理为原则,进一步细化流程、明确时限、简化资料、改进服务。

二、自 2017 年 11 月 1 日起,纳税人同时申请汇总缴纳增值税和消费税的,在汇总纳税申请资料中予以说明即可,不需要就增值税、消费税分别报送申请资料。

三、对《国家税务总局关于逾期增值税扣税凭证抵扣问题的公告》(国家税务总局公告 2011 年第 50 号)作如下修改:

(一)第一条第一款修改为:"增值税一般纳税人发生真实交易但由于客观原因造成增值税扣税凭证(包括增值税专用发票、海关进口增值税专用缴款书和机动车销售统一发票)未能按照规定期限办理认证、确认或者稽核比对的,

---

① 根据《国家税务总局关于修改部分税收规范性文件的公告》(国家税务总局公告 2018 年第 31 号),此文件中的"国税局"修改为"税务局"。

经主管税务机关核实、逐级上报，由省国税局认证并稽核比对后，对比对相符的增值税扣税凭证，允许纳税人继续抵扣其进项税额"。

（二）删去第一条第三款："本公告所称增值税扣税凭证，包括增值税专用发票、海关进口增值税专用缴款书和公路内河货物运输业统一发票"。

（三）将《管理办法》第四条第二款修改为："主管税务机关核实无误后，应向上级税务机关上报，并将增值税扣税凭证逾期情况说明、第三方证明或说明、逾期增值税扣税凭证电子信息、逾期增值税扣税凭证复印件逐级上报至省国税局"。

（四）将《管理办法》第五条修改为："省国税局对上报的资料进行案头复核，并对逾期增值税扣税凭证信息进行认证、稽核比对，对资料符合条件、稽核比对结果相符的，允许纳税人继续抵扣逾期增值税扣税凭证上所注明或计算的税额"。

上述修改自 2018 年 1 月 1 日起施行。《国家税务总局关于逾期增值税扣税凭证抵扣问题的公告》（国家税务总局公告 2011 年第 50 号）根据本公告作相应修改，个别文字进行调整，重新公布。

国家税务总局关于逾期增值税扣税凭证抵扣问题的公告
（2011 年 9 月 14 日国家税务总局公告 2011 年第 50 号公布，根据 2017 年 10 月 13 日《国家税务总局关于进一步优化增值税、消费税有关涉税事项办理程序的公告》修正）[①]

为保障纳税人合法权益，经国务院批准，现将 2007 年 1 月 1 日以后开具的增值税扣税凭证未能按照规定期限办理认证或者稽核比对（以下简称逾期）抵扣问题公告如下：

一、增值税一般纳税人发生真实交易但由于客观原因造成增值税扣税凭证（包括增值税专用发票、海关进口增值税专用缴款书和机动车销售统一发票）未能按照规定期限办理认证、确认或者稽核比对的，经主管税务机关核实、逐级上报，由省国税局认证并稽核比对后，对比对相符的增值税扣税凭证，允许纳税人继续抵扣其进项税额。

增值税一般纳税人由于除本公告第二条规定以外的其他原因造成增值税扣税凭证逾期的，仍应按照增值税扣税凭证抵扣期限有关规定执行。

---

① 根据《国家税务总局关于修改部分税收规范性文件的公告》（国家税务总局公告 2018 年第 31 号），此文件中的"国税局"修改为"税务局"。

二、客观原因包括如下类型：

（一）因自然灾害、社会突发事件等不可抗力因素造成增值税扣税凭证逾期；

（二）增值税扣税凭证被盗、抢，或者因邮寄丢失、误递导致逾期；

（三）有关司法、行政机关在办理业务或者检查中，扣押增值税扣税凭证，纳税人不能正常履行申报义务，或者税务机关信息系统、网络故障，未能及时处理纳税人网上认证数据等导致增值税扣税凭证逾期；

（四）买卖双方因经济纠纷，未能及时传递增值税扣税凭证，或者纳税人变更纳税地点，注销旧户和重新办理税务登记的时间过长，导致增值税扣税凭证逾期；

（五）由于企业办税人员伤亡、突发危重疾病或者擅自离职，未能办理交接手续，导致增值税扣税凭证逾期；

（六）国家税务总局规定的其他情形。

三、增值税一般纳税人因客观原因造成增值税扣税凭证逾期的，可按照本公告附件《逾期增值税扣税凭证抵扣管理办法》的规定，申请办理逾期抵扣手续。

四、本公告自 2011 年 10 月 1 日起执行。

特此公告。

逾期增值税扣税凭证抵扣管理办法①

一、增值税一般纳税人发生真实交易但由于客观原因造成增值税扣税凭证逾期的，可向主管税务机关申请办理逾期抵扣。

二、纳税人申请办理逾期抵扣时，应报送如下资料：

（一）《逾期增值税扣税凭证抵扣申请单》；

（二）增值税扣税凭证逾期情况说明。纳税人应详细说明未能按期办理认证、确认或者稽核比对的原因，并加盖企业公章。其中，对客观原因不涉及第三方的，纳税人应说明的情况具体为：发生自然灾害、社会突发事件等不可抗力原因的，纳税人应详细说明自然灾害或者社会突发事件发生的时间、影响地区、对纳税人生产经营的实际影响等；纳税人变更纳税地点，注销旧户和重新办理税务登记的时间过长，导致增值税扣税凭证逾期的，纳税人应详细说明办理搬迁时间、注销旧户和注册新户的时间、搬出及搬入地点等；

---

① 根据《国家税务总局关于修改部分税收规范性文件的公告》（国家税务总局公告 2018 年第 31 号），此文件中的"国税局"修改为"税务局"。

企业办税人员擅自离职，未办理交接手续的，纳税人应详细说明事情经过、办税人员姓名、离职时间等，并提供解除劳动关系合同及企业内部相关处理决定。

（三）客观原因涉及第三方的，应提供第三方证明或说明。具体为：企业办税人员伤亡或者突发危重疾病的，应提供公安机关、交通管理部门或者医院证明；有关司法、行政机关在办理业务或者检查中，扣押增值税扣税凭证，导致纳税人不能正常履行申报义务的，应提供相关司法、行政机关证明；增值税扣税凭证被盗、抢的，应提供公安机关证明；买卖双方因经济纠纷，未能及时传递增值税扣税凭证的，应提供卖方出具的情况说明；邮寄丢失或者误递导致增值税扣税凭证逾期的，应提供邮政单位出具的说明。

（四）逾期增值税扣税凭证电子信息；

（五）逾期增值税扣税凭证复印件（复印件必须整洁、清晰，在凭证备注栏注明"与原件一致"并加盖企业公章，增值税专用发票复印件必须裁剪成与原票大小一致）。

三、由于税务机关自身原因造成纳税人增值税扣税凭证逾期的，主管税务机关应在上报文件中说明相关情况。具体为，税务机关信息系统或者网络故障，未能及时处理纳税人网上认证数据的，主管税务机关应详细说明信息系统或网络故障出现、持续的时间，故障原因及表现等。

四、主管税务机关应认真核实纳税人所报资料，重点核查纳税人所报送资料是否齐全、交易是否真实发生、造成增值税扣税凭证逾期的原因是否属于客观原因、第三方证明或说明所述时间是否具有逻辑性、资料信息是否一致、增值税扣税凭证复印件与原件是否一致等。

主管税务机关核实无误后，应向上级税务机关上报，并将增值税扣税凭证逾期情况说明、第三方证明或说明、逾期增值税扣税凭证电子信息、逾期增值税扣税凭证复印件逐级上报至省国税局。

五、省国税局对上报的资料进行案头复核，并对逾期增值税扣税凭证信息进行认证、稽核比对，对资料符合条件、稽核比对结果相符的，允许纳税人继续抵扣逾期增值税扣税凭证上所注明或计算的税额。

六、主管税务机关可定期或者不定期对已抵扣逾期增值税扣税凭证进项税额的纳税人进行复查，发现纳税人提供虚假信息，存在弄虚作假行为的，应责令纳税人将已抵扣进项税额转出，并按《中华人民共和国税收征收管理法》的有关规定进行处罚。

《财政部　国家税务总局关于资管产品增值税政策有关问题的补充通知》

（财税〔2017〕2号）

各省、自治区、直辖市、计划单列市财政厅（局）、国家税务局，地方税务局，新疆生产建设兵团财务局：

现就《财政部、国家税务总局关于明确金融　房地产开发　教育辅助服务等增值税政策的通知》（财税〔2016〕140号）第四条规定的"资管产品运营过程中发生的增值税应税行为，以资管产品管理人为增值税纳税人"问题补充通知如下：

2017年7月1日（含）以后，资管产品运营过程中发生的增值税应税行为，以资管产品管理人为增值税纳税人，按照现行规定缴纳增值税。

对资管产品在2017年7月1日前运营过程中发生的增值税应税行为，未缴纳增值税的，不再缴纳；已缴纳增值税的，已纳税额从资管产品管理人以后月份的增值税应纳税额中抵减。

资管产品运营过程中发生增值税应税行为的具体征收管理办法，由国家税务总局另行制定。

《国家税务总局关于土地价款扣除时间等增值税征管问题的公告》

（国家税务总局公告2016年第86号）

为细化落实《财政部、国家税务总局关于明确金融　房地产开发　教育辅助服务等增值税政策的通知》（财税〔2016〕140号）和进一步明确营改增试点运行中反映的操作问题，现将有关事项公告如下：

一、房地产开发企业向政府部门支付的土地价款，以及向其他单位或个人支付的拆迁补偿费用，按照财税〔2016〕140号文件第七、八条规定，允许在计算销售额时扣除但未扣除的，从2016年12月（税款所属期）起按照现行规定计算扣除。

二、财税〔2016〕140号文件第九、十、十一、十四、十五、十六条明确的税目适用问题，按以下方式处理：

（一）不涉及税率适用问题的不调整申报；

（二）纳税人原适用的税率高于财税〔2016〕140号文件所明确税目对应税率的，多申报的销项税额可以抵减以后月份的销项税额；

（三）纳税人原适用的税率低于财税〔2016〕140号文件所明确税目对应税率的，不调整申报，并从2016年12月（税款所属期）起按照财税〔2016〕140号文件执行。

纳税人已就相关业务向购买方开具增值税专用发票的，应将增值税专用发票收回并重新开具；无法收回的不再调整。

三、财税〔2016〕140号文件第十八条规定的"此前已征的应予免征或不征的增值税，可抵减纳税人以后月份应缴纳的增值税"，按以下方式处理：

（一）应予免征或不征增值税业务已按照一般计税方法缴纳增值税的，以该业务对应的销项税额抵减以后月份的销项税额，同时按照现行规定计算不得从销项税额中抵扣的进项税额；

（二）应予免征或不征增值税业务已按照简易计税方法缴纳增值税的，以该业务对应的增值税应纳税额抵减以后月份的增值税应纳税额。

纳税人已就应予免征或不征增值税业务向购买方开具增值税专用发票的，应将增值税专用发票收回后方可享受免征或不征增值税政策。

四、保险公司开展共保业务时，按照以下规定开具增值税发票：

（一）主承保人与投保人签订保险合同并全额收取保费，然后再与其他共保人签订共保协议并支付共保保费的，由主承保人向投保人全额开具发票，其他共保人向主承保人开具发票；

（二）主承保人和其他共保人共同与投保人签订保险合同并分别收取保费的，由主承保人和其他共保人分别就各自获得的保费收入向投保人开具发票。

五、《国家税务总局关于发布〈房地产开发企业销售自行开发的房地产项目增值税征收管理暂行办法〉的公告》（国家税务总局公告2016年第18号）第五条中，"当期销售房地产项目建筑面积""房地产项目可供销售建筑面积"，是指计容积率地上建筑面积，不包括地下车位建筑面积。

六、纳税人办理无偿赠与或受赠不动产免征增值税的手续，按照《国家税务总局关于进一步简化和规范个人无偿赠与或受赠不动产免征营业税、个人所得税所需证明资料的公告》（国家税务总局公告2015年第75号，以下称《公告》）的规定执行。《公告》第一条第（四）项第2目"经公证的能够证明有权继承或接受遗赠的证明资料原件及复印件"，修改为"有权继承或接受遗赠的证明资料原件及复印件"。

七、纳税人出租不动产，租赁合同中约定免租期的，不属于《营业税改征增值税试点实施办法》（财税〔2016〕36号文件印发）第十四条规定的视同销售服务。

本公告自发布之日起施行。

特此公告。

《财政部　国家税务总局关于明确金融　房地产开发教育辅助服务等增值税政策的通知》

（财税〔2016〕140号）

各省、自治区、直辖市、计划单列市财政厅（局）、国家税务局，地方税务局，新疆生产建设兵团财务局：

现将营改增试点期间有关金融、房地产开发、教育辅助服务等政策补充通知如下：

一、《销售服务、无形资产、不动产注释》（财税〔2016〕36号）第一条第（五）项第1点所称"保本收益、报酬、资金占用费、补偿金"，是指合同中明确承诺到期本金可全部收回的投资收益。金融商品持有期间（含到期）取得的非保本的上述收益，不属于利息或利息性质的收入，不征收增值税。

二、纳税人购入基金、信托、理财产品等各类资产管理产品持有至到期，不属于《销售服务、无形资产、不动产注释》（财税〔2016〕36号）第一条第（五）项第4点所称的金融商品转让。

三、证券公司、保险公司、金融租赁公司、证券基金管理公司、证券投资基金以及其他经人民银行、银监会、证监会、保监会批准成立且经营金融保险业务的机构发放贷款后，自结息日起90天内发生的应收未收利息按现行规定缴纳增值税，自结息日起90天后发生的应收未收利息暂不缴纳增值税，待实际收到利息时按规定缴纳增值税。

四、资管产品运营过程中发生的增值税应税行为，以资管产品管理人为增值税纳税人。

五、纳税人2016年1~4月转让金融商品出现的负差，可结转下一纳税期，与2016年5~12月转让金融商品销售额相抵。

六、《财政部、国家税务总局关于全面推开营业税改征增值税试点的通知》（财税〔2016〕36号）所称"人民银行、银监会或者商务部批准"、"商务部授权的省级商务主管部门和国家经济技术开发区批准"从事融资租赁业务（含融资性售后回租业务）的试点纳税人（含试点纳税人中的一般纳税人），包括经上述部门备案从事融资租赁业务的试点纳税人。

七、《营业税改征增值税试点有关事项的规定》（财税〔2016〕36号）第一条第（三）项第10点中"向政府部门支付的土地价款"，包括土地受让人向政府部门支付的征地和拆迁补偿费用、土地前期开发费用和土地出让收益等。

房地产开发企业中的一般纳税人销售其开发的房地产项目（选择简易计税方法的房地产老项目除外），在取得土地时向其他单位或个人支付的拆迁补偿费用也允许在计算销售额时扣除。纳税人按上述规定扣除拆迁补偿费用时，应提供拆迁协议、拆迁双方支付和取得拆迁补偿费用凭证等能够证明拆迁补偿费用真实性的材料。

八、房地产开发企业（包括多个房地产开发企业组成的联合体）受让土地向政府部门支付土地价款后，设立项目公司对该受让土地进行开发，同时符合下列条件的，可由项目公司按规定扣除房地产开发企业向政府部门支付的土地价款。

（一）房地产开发企业、项目公司、政府部门三方签订变更协议或补充合同，将土地受让人变更为项目公司；

（二）政府部门出让土地的用途、规划等条件不变的情况下，签署变更协议或补充合同时，土地价款总额不变；

（三）项目公司的全部股权由受让土地的房地产开发企业持有。

九、提供餐饮服务的纳税人销售的外卖食品，按照"餐饮服务"缴纳增值税。

十、宾馆、旅馆、旅社、度假村和其他经营性住宿场所提供会议场地及配套服务的活动，按照"会议展览服务"缴纳增值税。

十一、纳税人在游览场所经营索道、摆渡车、电瓶车、游船等取得的收入，按照"文化体育服务"缴纳增值税。

十二、非企业性单位中的一般纳税人提供的研发和技术服务、信息技术服务、鉴证咨询服务，以及销售技术、著作权等无形资产，可以选择简易计税方法按照3%征收率计算缴纳增值税。

非企业性单位中的一般纳税人提供《营业税改征增值税试点过渡政策的规定》（财税〔2016〕36号）第一条第（二十六）项中的"技术转让、技术开发和与之相关的技术咨询、技术服务"，可以参照上述规定，选择简易计税方法按照3%征收率计算缴纳增值税。

十三、一般纳税人提供教育辅助服务，可以选择简易计税方法按照3%征收率计算缴纳增值税。

十四、纳税人提供武装守护押运服务，按照"安全保护服务"缴纳增值税。

十五、物业服务企业为业主提供的装修服务，按照"建筑服务"缴纳增值税。

十六、纳税人将建筑施工设备出租给他人使用并配备操作人员的，按照"建筑服务"缴纳增值税。

十七、自 2017 年 1 月 1 日起，生产企业销售自产的海洋工程结构物，或者融资租赁企业及其设立的项目子公司、金融租赁公司及其设立的项目子公司购买并以融资租赁方式出租的国内生产企业生产的海洋工程结构物，应按规定缴纳增值税，不再适用《财政部、国家税务总局关于出口货物劳务增值税和消费税政策的通知》（财税〔2012〕39 号）或者《财政部、国家税务总局关于在全国开展融资租赁货物出口退税政策试点的通知》（财税〔2014〕62 号）规定的增值税出口退税政策，但购买方或者承租方为按实物征收增值税的中外合作油（气）田开采企业的除外。

2017 年 1 月 1 日前签订的海洋工程结构物销售合同或者融资租赁合同，在合同到期前，可继续按现行相关出口退税政策执行。

十八、本通知除第十七条规定的政策外，其他均自 2016 年 5 月 1 日起执行。此前已征的应予免征或不征的增值税，可抵减纳税人以后月份应缴纳的增值税。

《财政部　税务总局关于调整增值税税率的通知》

（财税〔2018〕32 号）

各省、自治区、直辖市、计划单列市财政厅（局）、国家税务局、地方税务局，新疆生产建设兵团财政局：

为完善增值税制度，现将调整增值税税率有关政策通知如下：

一、纳税人发生增值税应税销售行为或者进口货物，原适用 17% 和 11% 税率的，税率分别调整为 16%、10%。

二、纳税人购进农产品，原适用 11% 扣除率的，扣除率调整为 10%。

三、纳税人购进用于生产销售或委托加工 16% 税率货物的农产品，按照 12% 的扣除率计算进项税额。

四、原适用 17% 税率且出口退税率为 17% 的出口货物，出口退税率调整至 16%。原适用 11% 税率且出口退税率为 11% 的出口货物、跨境应税行为，出口退税率调整至 10%。

五、外贸企业 2018 年 7 月 31 日前出口的第四条所涉货物、销售的第四条所涉跨境应税行为，购进时已按调整前税率征收增值税的，执行调整前的出口退税率；购进时已按调整后税率征收增值税的，执行调整后的出口退税率。生产企业 2018 年 7 月 31 日前出口的第四条所涉货物、销售的第四条所涉跨境应税行为，执行调整前的出口退税率。

调整出口货物退税率的执行时间及出口货物的时间，以出口货物报关单上注明的出口日期为准，调整跨境应税行为退税率的执行时间及销售跨境应税行为的时间，以出口发票的开具日期为准。

六、本通知自 2018 年 5 月 1 日起执行。此前有关规定与本通知规定的增值税税率、扣除率、出口退税率不一致的，以本通知为准。

七、各地要高度重视增值税税率调整工作，做好实施前的各项准备以及实施过程中的监测分析、宣传解释等工作，确保增值税税率调整工作平稳、有序推进。如遇问题，请及时上报财政部和税务总局。

《关于〈国家税务总局关于调整增值税纳税申报有关事项的公告〉的解读》

为配合增值税税率调整，国家税务总局制发《国家税务总局关于调整增值税纳税申报有关事项的公告》（以下简称公告），现将公告解读如下：

一、增值税纳税申报表调整情况

公告的主要内容，一是将《国家税务总局关于调整增值税纳税申报有关事项的公告》（国家税务总局公告 2017 年第 19 号）附件 1 中的《增值税纳税申报表附列资料（一）》（本期销售情况明细）中的第 1 栏、第 2 栏、第 4a 栏、第 4b 栏项目名称分别调整为"16% 税率的货物及加工修理修配劳务""16% 税率的服务、不动产和无形资产""10% 税率的货物及加工修理修配劳务""10% 税率的服务、不动产和无形资产"。同时，第 3 栏"13% 税率"相关列次不再填写。二是将《国家税务总局关于全面推开营业税改征增值税试点后增值税纳税申报有关事项的公告》（国家税务总局公告 2016 年第 13 号）附件 1 中的《增值税纳税申报表附列资料（三）》（服务、不动产和无形资产扣除项目明细）中的第 1 栏、第 2 栏项目名称分别调整为"16% 税率的项目""10% 税率的项目"。

二、增值税纳税申报表填写说明的调整情况

（一）纳税人申报适用 17%、11% 的原增值税税率应税项目时，按照申报表调整前后的对应关系，分别填写相关栏次。

（二）在国家税务总局公告 2017 年第 19 号附件 1 中的《增值税纳税申报表附列资料（一）》（本期销售情况明细）填写说明第（二）项"各列说明"中第 14 列"扣除后""销项（应纳）税额"的表述中增加以下内容：

第 2 行、第 4b 行 14 列公式为：若本行第 12 列为 0，则该行次第 14 列等于第 10 列。若本行第 12 列不为 0，则仍按照第 14 列所列公式计算。计算后的结果与纳税人实际计提销项税额有差异的，按实际填写。

《国家税务总局关于调整增值税纳税申报有关事项的公告》

（国家税务总局公告 2018 年第 17 号）

为做好增值税税率调整工作，国家税务总局对增值税纳税申报有关事项进行了明确，现公告如下：

一、将《国家税务总局关于调整增值税纳税申报有关事项的公告》（国家税务总局公告 2017 年第 19 号）附件 1 中的《增值税纳税申报表附列资料（一）》（本期销售情况明细）中的第 1 栏、第 2 栏、第 4a 栏、第 4b 栏项目名称分别调整为"16% 税率的货物及加工修理修配劳务""16% 税率的服务、不动产和无形资产""10% 税率的货物及加工修理修配劳务""10% 税率的服务、不动产和无形资产"。同时，第 3 栏"13% 税率"相关列次不再填写。调整后的表式见附件 1。

本公告施行后，纳税人申报适用 17%、11% 的原增值税税率应税项目时，按照申报表调整前后的对应关系，分别填写相关栏次。

二、将《国家税务总局关于全面推开营业税改征增值税试点后增值税纳税申报有关事项的公告》（国家税务总局公告 2016 年第 13 号）附件 1 中的《增值税纳税申报表附列资料（三）》（服务、不动产和无形资产扣除项目明细）中的第 1 栏、第 2 栏项目名称分别调整为"16% 税率的项目""10% 税率的项目"。调整后的表式见附件 2。

三、在国家税务总局公告 2016 年第 13 号附件 2《〈增值税纳税申报表（一般纳税人适用）〉及其附列资料填写说明》中的《增值税纳税申报表附列资料（一）》（本期销售情况明细）填写说明第（二）项"各列说明"中第 14 列"扣除后""销项（应纳）税额"的表述中增加以下内容：

第 2 行、第 4b 行 14 列公式为：若本行第 12 列为 0，则该行次第 14 列等于第 10 列。若本行第 12 列不为 0，则仍按照第 14 列所列公式计算。计算后的结果与纳税人实际计提销项税额有差异的，按实际填写。

四、本公告自 2018 年 6 月 1 日起施行。国家税务总局公告 2017 年第 19 号附件 1 中的《增值税纳税申报表附列资料（一）》（本期销售情况明细）和国家税务总局公告 2016 年第 13 号附件 1 中的《增值税纳税申报表附列资料（三）》（服务、不动产和无形资产扣除项目明细）同时废止。

特此公告。

附件：1.《增值税纳税申报表附列资料（一）》（本期销售情况明细）（略）

2.《增值税纳税申报表附列资料（三）》（服务、不动产和无形资产扣除项目明细）（略）

《国家税务总局关于调整增值税纳税申报有关事项的公告》

（国家税务总局公告 2017 年第 53 号）

为贯彻落实《国家税务总局关于进一步深化税务系统"放管服"改革 优化税收环境的若干意见》（税总发〔2017〕101 号）精神，进一步优化纳税服务，减轻纳税人负担，国家税务总局对增值税纳税申报有关事项进行了调整，现公告如下：

一、废止《国家税务总局关于全面推开营业税改征增值税试点后增值税纳税申报有关事项的公告》（国家税务总局公告 2016 年第 13 号）附件 1《固定资产（不含不动产）进项税额抵扣情况表》。

二、废止《国家税务总局关于调整增值税纳税申报有关事项的公告》（国家税务总局公告 2016 年第 27 号）附件 1《本期抵扣进项税额结构明细表》。

三、本公告自 2018 年 2 月 1 日起施行。

特此公告。

《国家税务总局关于调整增值税纳税申报有关事项的公告》

（国家税务总局公告 2017 年第 19 号）①

为配合增值税税率的简并，国家税务总局对增值税纳税申报有关事项进行

---

① 根据《国家税务总局关于调整增值税纳税申报有关事项的公告》（国家税务总局公告 2018 年第 17 号），此文件中附件 1 已被调整（详见国家税务总局公告 2018 年第 17 号），附件 1 中的《增值税纳税申报表附列资料（一）》（本期销售情况明细）已被废止。

了调整，现公告如下：

一、将《国家税务总局关于全面推开营业税改征增值税试点后增值税纳税申报有关事项的公告》（国家税务总局公告 2016 年第 13 号）附件 1《增值税纳税申报表附列资料（一）》（本期销售情况明细）中的"11% 税率"栏次调整为两栏，分别为"11% 税率的货物及加工修理修配劳务"和"11% 税率的服务、不动产和无形资产"，调整后的表式见附件 1，所涉及的填写说明调整内容见附件 3。

二、将国家税务总局公告 2016 年第 13 号附件 1《增值税纳税申报表附列资料（二）》（本期进项税额明细）中的第 8 栏"其他"栏次调整为两栏，分别为"加计扣除农产品进项税额"和"其他"，调整后的表式见附件 2，所涉及的填写说明调整内容见附件 3。

三、本公告自 2017 年 8 月 1 日起施行。国家税务总局公告 2016 年第 13 号附件 1 中的《增值税纳税申报表附列资料（一）》（本期销售情况明细）和《增值税纳税申报表附列资料（二）》（本期进项税额明细）同时废止。

特此公告。

附件：1.《增值税纳税申报表附列资料（一）》（本期销售情况明细）（略）
2.《增值税纳税申报表附列资料（二）》（本期进项税额明细）（略）
3. 关于《增值税纳税申报表（一般纳税人适用）》及其附列资料填写说明的调整事项（略）

《国家税务总局关于调整增值税一般纳税人留抵税额申报口径的公告》

（国家税务总局公告 2016 年第 75 号）

现将增值税一般纳税人留抵税额有关申报口径公告如下：

一、《国家税务总局关于全面推开营业税改征增值税试点后增值税纳税申报有关事项的公告》（国家税务总局公告 2016 年第 13 号）附件 1《增值税纳税申报表（一般纳税人适用）》（以下称"申报表主表"）第 13 栏"上期留抵税额""一般项目"列"本年累计"和第 20 栏"期末留抵税额""一般项目"列"本年累计"栏次停止使用，不再填报数据。

二、本公告发布前，申报表主表第 20 栏"期末留抵税额""一般项目"列"本年累计"中有余额的增值税一般纳税人，在本公告发布之日起的第一个纳税申报期，将余额一次性转入第 13 栏"上期留抵税额""一般项目"列"本月数"中。

三、本公告自 2016 年 12 月 1 日起施行。

特此公告。

《国家税务总局关于调整增值税纳税申报有关事项的公告》

（国家税务总局公告 2016 年第 27 号）①

为配合全面推开营业税改征增值税试点工作顺利实施，国家税务总局对增值税纳税申报有关事项进行了调整，现公告如下：

一、对《国家税务总局关于全面推开营业税改征增值税试点后增值税纳税申报有关事项的公告》（国家税务总局公告 2016 年第 13 号）附件 1 中《本期抵扣进项税额结构明细表》进行调整，调整后的表式见附件 1，填写说明见附件 2。

二、对国家税务总局公告 2016 年第 13 号附件 3《增值税纳税申报表（小规模纳税人适用）》及其附列资料进行调整，调整后的表式见附件 3，填写说明见附件 4。

三、增值税一般纳税人支付道路、桥、闸通行费，按照政策规定，以取得的通行费发票（不含财政票据）上注明的收费金额计算的可抵扣进项税额，填入国家税务总局公告 2016 年第 13 号附件 1 中《增值税纳税申报表附列资料（二）》（本期进项税额明细）第 8 栏"其他"。

四、本公告自 2016 年 6 月 1 日起施行。国家税务总局公告 2016 年第 13 号附件 1 中《本期抵扣进项税额结构明细表》、附件 2 中《本期抵扣进项税额结构明细表》填写说明、附件 3、附件 4 内容同时废止。

特此公告。

附件：1. 本期抵扣进项税额结构明细表（略）

2.《本期抵扣进项税额结构明细表》填写说明（略）

3.《增值税纳税申报表（小规模纳税人适用）》及其附列资料（略）

4.《增值税纳税申报表（小规模纳税人适用）》及其附列资料填写说明（略）

---

① 根据《国家税务总局关于调整增值税纳税申报有关事项的公告》（国家税务总局公告 2017 年第 53 号），此文件中附件 1《本期抵扣进项税额结构明细表》已被废止。

第2章 增值税

《国家税务总局关于全面推开营业税改征增值税试点后增值税纳税申报有关事项的公告》

（国家税务总局公告2016年第13号）[①]

为保障全面推开营业税改征增值税改革试点工作顺利实施，现将增值税纳税申报有关事项公告如下：

一、中华人民共和国境内增值税纳税人均应按照本公告的规定进行增值税纳税申报。

二、纳税申报资料

纳税申报资料包括纳税申报表及其附列资料和纳税申报其他资料。

（一）纳税申报表及其附列资料

1.增值税一般纳税人（以下简称一般纳税人）纳税申报表及其附列资料包括：

（1）《增值税纳税申报表（一般纳税人适用）》。

（2）《增值税纳税申报表附列资料（一）》（本期销售情况明细）。

（3）《增值税纳税申报表附列资料（二）》（本期进项税额明细）。

（4）《增值税纳税申报表附列资料（三）》（服务、不动产和无形资产扣除项目明细）。

一般纳税人销售服务、不动产和无形资产，在确定服务、不动产和无形资产销售额时，按照有关规定可以从取得的全部价款和价外费用中扣除价款的，需填报《增值税纳税申报表附列资料（三）》。其他情况不填写该附列

[①] 根据《国家税务总局关于调整增值税纳税申报有关事项的公告》（国家税务总局公告2016年第27号），此文件附件1附件3已被调整（详见国家税务总局公告2016年第27号），附件1中《本期抵扣进项税额结构明细表》、附件2中《本期抵扣进项税额结构明细表》填写说明、附件3、附件4内容已被废止。

根据《国家税务总局关于调整增值税纳税申报有关事项的公告》（国家税务总局公告2017年第19号），此文件中附件1已被调整（详见国家税务总局公告2017年第19号），附件1中的《增值税纳税申报表附列资料（一）》（本期销售情况明细）和《增值税纳税申报表附列资料（二）》（本期进项税额明细）已被废止。

根据《国家税务总局关于调整增值税纳税申报有关事项的公告》（国家税务总局公告2017年第53号），此文件中附件1《固定资产（不含不动产）进项税额抵扣情况表》已被废止。

根据《国家税务总局关于调整增值税纳税申报有关事项的公告》（国家税务总局公告2018年第17号），此文件中附件1、附件2已被调整（详见国家税务总局公告2018年第17号），附件1中的《增值税纳税申报表附列资料（三）》（服务、不动产和无形资产扣除项目明细）已被废止。

根据《国家税务总局关于修改部分税收规范性文件的公告》（国家税务总局公告2018年第31号），此文件中的"国家税务局""国税机关"修改为"税务局""税务机关"。

资料。

(5)《增值税纳税申报表附列资料（四）》（税额抵减情况表）。

(6)《增值税纳税申报表附列资料（五）》（不动产分期抵扣计算表）。

(7)《固定资产（不含不动产）进项税额抵扣情况表》。

(8)《本期抵扣进项税额结构明细表》。

(9)《增值税减免税申报明细表》。

2. 增值税小规模纳税人（以下简称小规模纳税人）纳税申报表及其附列资料包括：

(1)《增值税纳税申报表（小规模纳税人适用)》。

(2)《增值税纳税申报表（小规模纳税人适用）附列资料》。

小规模纳税人销售服务，在确定服务销售额时，按照有关规定可以从取得的全部价款和价外费用中扣除价款的，需填报《增值税纳税申报表（小规模纳税人适用）附列资料》。其他情况不填写该附列资料。

(3)《增值税减免税申报明细表》。

3. 上述纳税申报表及其附列资料表样和填写说明详见附件1至附件4。

（二）纳税申报其他资料

1. 已开具的税控机动车销售统一发票和普通发票的存根联。

2. 符合抵扣条件且在本期申报抵扣的增值税专用发票（含税控机动车销售统一发票）的抵扣联。

3. 符合抵扣条件且在本期申报抵扣的海关进口增值税专用缴款书、购进农产品取得的普通发票的复印件。

4. 符合抵扣条件且在本期申报抵扣的税收完税凭证及其清单，书面合同、付款证明和境外单位的对账单或者发票。

5. 已开具的农产品收购凭证的存根联或报查联。

6. 纳税人销售服务、不动产和无形资产，在确定服务、不动产和无形资产销售额时，按照有关规定从取得的全部价款和价外费用中扣除价款的合法凭证及其清单。

7. 主管税务机关规定的其他资料。

（三）纳税申报表及其附列资料为必报资料。纳税申报其他资料的报备要求由各省、自治区、直辖市和计划单列市国家税务局确定。

三、纳税人跨县（市）提供建筑服务、房地产开发企业预售自行开发的房地产项目、纳税人出租与机构所在地不在同一县（市）的不动产，按规定需要在项目所在地或不动产所在地主管国税机关预缴税款的，需填写《增值税预缴税款表》，表样及填写说明详见附件5至附件6。

四、主管税务机关应做好增值税纳税申报的宣传和辅导工作。

五、本公告自 2016 年 6 月 1 日起施行。《国家税务总局关于调整增值税纳税申报有关事项的公告》（国家税务总局公告 2012 年第 31 号）、《国家税务总局关于营业税改征增值税总分机构试点纳税人增值税纳税申报有关事项的公告》（国家税务总局公告 2013 年第 22 号）、《国家税务总局关于调整增值税纳税申报有关事项的公告》（国家税务总局公告 2013 年第 32 号）、《国家税务总局关于铁路运输和邮政业营业税改征增值税后纳税申报有关事项的公告》（国家税务总局公告 2014 年第 7 号）、《国家税务总局关于调整增值税纳税申报有关事项的公告》（国家税务总局公告 2014 年第 45 号）、《国家税务总局关于调整增值税纳税申报有关事项的公告》（国家税务总局公告 2014 年第 58 号）、《国家税务总局关于调整增值税纳税申报有关事项的公告》（国家税务总局公告 2014 年第 69 号）、《国家税务总局关于调整增值税纳税申报有关事项的公告》（国家税务总局公告 2015 年第 23 号）同时废止。

特此公告。

附件：1.《增值税纳税申报表（一般纳税人适用）》及其附列资料（略）

2.《增值税纳税申报表（一般纳税人适用）》及其附列资料填写说明（略）

3.《增值税纳税申报表（小规模纳税人适用）》及其附列资料（略）

4.《增值税纳税申报表（小规模纳税人适用）》及其附列资料填写说明（略）

5.《增值税预缴税款表》（略）

6.《增值税预缴税款表》填写说明（略）

《国家税务总局关于增值税发票开具有关问题的公告》

（国家税务总局公告 2017 年第 16 号）

为进一步加强增值税发票管理，保障全面推开营业税改征增值税试点工作顺利实施，保护纳税人合法权益，营造健康公平的税收环境，现将增值税发票开具有关问题公告如下：

一、自 2017 年 7 月 1 日起，购买方为企业的，索取增值税普通发票时，应向销售方提供纳税人识别号或统一社会信用代码；销售方为其开具增值税普通发票时，应在"购买方纳税人识别号"栏填写购买方的纳税人识别号或统一社会信用代码。不符合规定的发票，不得作为税收凭证。

本公告所称企业，包括公司、非公司制企业法人、企业分支机构、个人独资企业、合伙企业和其他企业。

二、销售方开具增值税发票时，发票内容应按照实际销售情况如实开具，不得根据购买方要求填开与实际交易不符的内容。销售方开具发票时，通过销售平台系统与增值税发票税控系统后台对接，导入相关信息开票的，系统导入的开票数据内容应与实际交易相符，如不相符应及时修改完善销售平台系统。

特此公告。

《国家税务总局关于走逃（失联）企业开具增值税专用发票认定处理有关问题的公告》

（国家税务总局公告2016年第76号）

为进一步加强增值税专用发票管理，有效防范税收风险，根据《中华人民共和国增值税暂行条例》有关规定，现将走逃（失联）企业开具增值税专用发票认定处理的有关问题公告如下：

一、走逃（失联）企业的判定

走逃（失联）企业，是指不履行税收义务并脱离税务机关监管的企业。

根据税务登记管理有关规定，税务机关通过实地调查、电话查询、涉税事项办理核查以及其他征管手段，仍对企业和企业相关人员查无下落的，或虽然可以联系到企业代理记账、报税人员等，但其并不知情也不能联系到企业实际控制人的，可以判定该企业为走逃（失联）企业。

二、走逃（失联）企业开具增值税专用发票的处理

（一）走逃（失联）企业存续经营期间发生下列情形之一的，所对应属期开具的增值税专用发票列入异常增值税扣税凭证（以下简称"异常凭证"）范围。

1. 商贸企业购进、销售货物名称严重背离的；生产企业无实际生产加工能力且无委托加工，或生产能耗与销售情况严重不符，或购进货物并不能直接生产其销售的货物且无委托加工的。

2. 直接走逃失踪不纳税申报，或虽然申报但通过填列增值税纳税申报表相关栏次，规避税务机关审核比对，进行虚假申报的。

（二）增值税一般纳税人取得异常凭证，尚未申报抵扣或申报出口退税的，暂不允许抵扣或办理退税；已经申报抵扣的，一律先作进项税额转出；已经办

理出口退税的，税务机关可按照异常凭证所涉及的退税额对该企业其他已审核通过的应退税款暂缓办理出口退税，无其他应退税款或应退税款小于涉及退税额的，可由出口企业提供差额部分的担保。经核实，符合现行增值税进项税额抵扣或出口退税相关规定的，企业可继续申报抵扣，或解除担保并继续办理出口退税。

（三）异常凭证由开具方主管税务机关推送至接受方所在地税务机关进行处理，具体操作规程另行明确。

本公告自发布之日起施行。

特此公告。

《国家税务总局关于纳税人转让不动产缴纳增值税差额扣除有关问题的公告》

（国家税务总局公告2016年第73号）

现将纳税人转让不动产缴纳增值税差额扣除有关问题公告如下：

一、纳税人转让不动产，按照有关规定差额缴纳增值税的，如因丢失等原因无法提供取得不动产时的发票，可向税务机关提供其他能证明契税计税金额的完税凭证等资料，进行差额扣除。

二、纳税人以契税计税金额进行差额扣除的，按照下列公式计算增值税应纳税额：

（一）2016年4月30日及以前缴纳契税的

增值税应纳税额 = [全部交易价格(含增值税) − 契税计税金额(含营业税)] ÷ (1 + 5%) × 5%

（二）2016年5月1日及以后缴纳契税的

增值税应纳税额 = [全部交易价格(含增值税) ÷ (1 + 5%) − 契税计税金额(不含增值税)] × 5%

三、纳税人同时保留取得不动产时的发票和其他能证明契税计税金额的完税凭证等资料的，应当凭发票进行差额扣除。

本公告自发布之日起施行。此前已发生未处理的事项，按照本公告的规定执行。

特此公告。

《财政部　国家税务总局关于金融机构同业往来等增值税政策的补充通知》

(财税〔2016〕70号)

各省、自治区、直辖市、计划单列市财政厅（局）、国家税务局、地方税务局，新疆生产建设兵团财务局：

经研究，现将营改增试点期间有关金融业政策补充通知如下：

一、金融机构开展下列业务取得的利息收入，属于《营业税改征增值税试点过渡政策的规定》（财税〔2016〕36号，以下简称《过渡政策的规定》）第一条第（二十三）项所称的金融同业往来利息收入：

（一）同业存款。

同业存款，是指金融机构之间开展的同业资金存入与存出业务，其中资金存入方仅为具有吸收存款资格的金融机构。

（二）同业借款。

同业借款，是指法律法规赋予此项业务范围的金融机构开展的同业资金借出和借入业务。此条款所称"法律法规赋予此项业务范围的金融机构"主要是指农村信用社之间以及在金融机构营业执照列示的业务范围中有反映为"向金融机构借款"业务的金融机构。

（三）同业代付。

同业代付，是指商业银行（受托方）接受金融机构（委托方）的委托向企业客户付款，委托方在约定还款日偿还代付款项本息的资金融通行为。

（四）买断式买入返售金融商品。

买断式买入返售金融商品，是指金融商品持有人（正回购方）将债券等金融商品卖给债券购买方（逆回购方）的同时，交易双方约定在未来某一日期，正回购方再以约定价格从逆回购方买回相等数量同种债券等金融商品的交易行为。

（五）持有金融债券。

金融债券，是指依法在中华人民共和国境内设立的金融机构法人在全国银行间和交易所债券市场发行的、按约定还本付息的有价证券。

（六）同业存单。

同业存单，是指银行业存款类金融机构法人在全国银行间市场上发行的记账式定期存款凭证。

二、商业银行购买央行票据、与央行开展货币掉期和货币互存等业务属于

《过渡政策的规定》第一条第（二十三）款第 1 项所称的金融机构与人民银行所发生的资金往来业务。

三、境内银行与其境外的总机构、母公司之间，以及境内银行与其境外的分支机构、全资子公司之间的资金往来业务属于《过渡政策的规定》第一条第（二十三）款第 2 项所称的银行联行往来业务。

四、人民币合格境外投资者（RQFII）委托境内公司在我国从事证券买卖业务，以及经人民银行认可的境外机构投资银行间本币市场取得的收入属于《过渡政策的规定》第一条第（二十二）款所称的金融商品转让收入。

银行间本币市场包括货币市场、债券市场以及衍生品市场。

五、本通知自 2016 年 5 月 1 日起执行。

《国家税务总局关于营改增试点若干征管问题的公告》

（国家税务总局公告 2016 年第 53 号）[①]

根据《财政部、国家税务总局关于全面推开营业税改征增值税试点的通知》（财税〔2016〕36 号），现将营改增试点有关征管问题公告如下：

一、境外单位或者个人发生的下列行为不属于在境内销售服务或者无形资产：

（一）为出境的函件、包裹在境外提供的邮政服务、收派服务；

（二）向境内单位或者个人提供的工程施工地点在境外的建筑服务、工程监理服务；

（三）向境内单位或者个人提供的工程、矿产资源在境外的工程勘察勘探服务；

（四）向境内单位或者个人提供的会议展览地点在境外的会议展览服务。

二、其他个人采取一次性收取租金的形式出租不动产，取得的租金收入可在租金对应的租赁期内平均分摊，分摊后的月租金收入不超过 3 万元的，可享受小微企业免征增值税优惠政策。

三、单用途商业预付卡（以下简称"单用途卡"）业务按照以下规定执行：

（一）单用途卡发卡企业或者售卡企业（以下统称"售卡方"）销售单用途卡，或者接受单用途卡持卡人充值取得的预收资金，不缴纳增值税。售卡方可按照本公告第九条的规定，向购卡人、充值人开具增值税普通发票，不得开具

---

① 根据《国家税务总局关于修改部分税收规范性文件的公告》（国家税务总局公告 2018 年第 31 号），此文件中的"国税局、国税机关"修改为"税务局、税务机关"。

增值税专用发票。

单用途卡，是指发卡企业按照国家有关规定发行的，仅限于在本企业、本企业所属集团或者同一品牌特许经营体系内兑付货物或者服务的预付凭证。

发卡企业，是指按照国家有关规定发行单用途卡的企业。售卡企业，是指集团发卡企业或者品牌发卡企业指定的，承担单用途卡销售、充值、挂失、换卡、退卡等相关业务的本集团或同一品牌特许经营体系内的企业。

（二）售卡方因发行或者销售单用途卡并办理相关资金收付结算业务取得的手续费、结算费、服务费、管理费等收入，应按照现行规定缴纳增值税。

（三）持卡人使用单用途卡购买货物或服务时，货物或者服务的销售方应按照现行规定缴纳增值税，且不得向持卡人开具增值税发票。

（四）销售方与售卡方不是同一个纳税人的，销售方在收到售卡方结算的销售款时，应向售卡方开具增值税普通发票，并在备注栏注明"收到预付卡结算款"，不得开具增值税专用发票。

售卡方从销售方取得的增值税普通发票，作为其销售单用途卡或接受单用途卡充值取得预收资金不缴纳增值税的凭证，留存备查。

四、支付机构预付卡（以下称"多用途卡"）业务按照以下规定执行：

（一）支付机构销售多用途卡取得的等值人民币资金，或者接受多用途卡持卡人充值取得的充值资金，不缴纳增值税。支付机构可按照本公告第九条的规定，向购卡人、充值人开具增值税普通发票，不得开具增值税专用发票。

支付机构，是指取得中国人民银行核发的《支付业务许可证》，获准办理"预付卡发行与受理"业务的发卡机构和获准办理"预付卡受理"业务的受理机构。

多用途卡，是指发卡机构以特定载体和形式发行的，可在发卡机构之外购买货物或服务的预付价值。

（二）支付机构因发行或者受理多用途卡并办理相关资金收付结算业务取得的手续费、结算费、服务费、管理费等收入，应按照现行规定缴纳增值税。

（三）持卡人使用多用途卡，向与支付机构签署合作协议的特约商户购买货物或服务，特约商户应按照现行规定缴纳增值税，且不得向持卡人开具增值税发票。

（四）特约商户收到支付机构结算的销售款时，应向支付机构开具增值税普通发票，并在备注栏注明"收到预付卡结算款"，不得开具增值税专用发票。

支付机构从特约商户取得的增值税普通发票，作为其销售多用途卡或接受多用途卡充值取得预收资金不缴纳增值税的凭证，留存备查。

五、单位将其持有的限售股在解禁流通后对外转让的，按照以下规定确定买入价：

（一）上市公司实施股权分置改革时，在股票复牌之前形成的原非流通股股份，以及股票复牌首日至解禁日期间由上述股份滋生的送、转股，以该上市公司完成股权分置改革后股票复牌首日的开盘价为买入价。

（二）公司首次公开发行股票并上市形成的限售股，以及上市首日至解禁日期间由上述股份滋生的送、转股，以该上市公司股票首次公开发行（IPO）的发行价为买入价。

（三）因上市公司实施重大资产重组形成的限售股，以及股票复牌首日至解禁日期间由上述股份滋生的送、转股，以该上市公司因重大资产重组股票停牌前一交易日的收盘价为买入价。

六、银行提供贷款服务按期计收利息的，结息日当日计收的全部利息收入，均应计入结息日所属期的销售额，按照现行规定计算缴纳增值税。

七、按照《中华人民共和国增值税暂行条例》《营业税改征增值税试点实施办法》《中华人民共和国消费税暂行条例》及相关文件规定，以1个季度为纳税期限的增值税纳税人，其取得的全部增值税应税收入、消费税应税收入，均可以1个季度为纳税期限。

八、《纳税人跨县（市、区）提供建筑服务增值税征收管理暂行办法》（国家税务总局公告2016年第17号发布）第七条规定调整为：

纳税人跨县（市、区）提供建筑服务，在向建筑服务发生地主管国税机关预缴税款时，需填报《增值税预缴税款表》，并出示以下资料：

（一）与发包方签订的建筑合同复印件（加盖纳税人公章）；

（二）与分包方签订的分包合同复印件（加盖纳税人公章）；

（三）从分包方取得的发票复印件（加盖纳税人公章）。

九、《国家税务总局关于全面推开营业税改征增值税试点有关税收征收管理事项的公告》（国家税务总局公告2016年第23号）附件《商品和服务税收分类与编码（试行）》中的分类编码调整以下内容，纳税人应将增值税税控开票软件升级到最新版本（V2.0.11）：

（一）3010203"水路运输期租业务"下分设301020301"水路旅客运输期租业务"和301020302"水路货物运输期租业务"；3010204"水路运输程租业务"下设301020401"水路旅客运输程租业务"和301020402"水路货物运输程租业务"；301030103"航空运输湿租业务"下设30103010301"航空旅客运输湿租业务"和30103010302"航空货物运输湿租业务"。

（二）30105"无运输工具承运业务"下新增3010502"无运输工具承运陆路运输业务"、3010503"无运输工具承运水路运输服务"、3010504"无运输工具承运航空运输服务"、3010505"无运输工具承运管道运输服务"和 3010506 "无运输工具承运联运运输服务"。

停用编码 3010501"无船承运"。

（三）301"交通运输服务"下新增 30106"联运服务"，用于利用多种运输工具载运旅客、货物的业务活动。

30106"联运服务"下新增 3010601"旅客联运服务"和 3010602"货物联运服务"。

（四）30199"其他运输服务"下新增 3019901"其他旅客运输服务"和 3019902"其他货物运输服务"。

（五）30401"研发和技术服务"下新增 3040105"专业技术服务"。

停止使用编码 304010403"专业技术服务"。

（六）304050202"不动产经营租赁"下新增 30405020204"商业营业用房经营租赁服务"。

（七）3040801"企业管理服务"下新增 304080101"物业管理服务"和 304080199"其他企业管理服务"。

（八）3040802"经纪代理服务"下新增 304080204"人力资源外包服务"。

（九）3040803"人力资源服务"下新增 304080301"劳务派遣服务"和 304080399"其他人力资源服务"。

（十）30601"贷款服务"下新增 3060110"客户贷款"，用于向企业、个人等客户发放贷款以及票据贴现的情况；3060110"客户贷款"下新增 306011001"企业贷款"、306011002"个人贷款"、306011003"票据贴现"。

（十一）增加 6"未发生销售行为的不征税项目"，用于纳税人收取款项但未发生销售货物、应税劳务、服务、无形资产或不动产的情形。

"未发生销售行为的不征税项目"下设 601"预付卡销售和充值"、602"销售自行开发的房地产项目预收款"、603"已申报缴纳营业税未开票补开票"。

使用"未发生销售行为的不征税项目"编码，发票税率栏应填写"不征税"，不得开具增值税专用发票。

十、本公告自 2016 年 9 月 1 日起施行，此前已发生未处理的事项，按照本公告规定执行。2016 年 5 月 1 日前，纳税人发生本公告第二、五、六条规定的应税行为，此前未处理的，比照本公告规定缴纳营业税。

特此公告。

《财政部　国家税务总局关于进一步明确全面推开营改增试点金融业有关政策的通知》

(财税〔2016〕46号)

各省、自治区、直辖市、计划单列市财政厅（局）、国家税务局、地方税务局，新疆生产建设兵团财务局：

经研究，现将营改增试点期间有关金融业政策补充通知如下：

一、金融机构开展下列业务取得的利息收入，属于《营业税改征增值税试点过渡政策的规定》（财税〔2016〕36号，以下简称《过渡政策的规定》）第一条第（二十三）项所称的金融同业往来利息收入：

（一）质押式买入返售金融商品。

质押式买入返售金融商品，是指交易双方进行的以债券等金融商品为权利质押的一种短期资金融通业务。

（二）持有政策性金融债券。

政策性金融债券，是指开发性、政策性金融机构发行的债券。

二、《过渡政策的规定》第一条第（二十一）项中，享受免征增值税的一年期及以上返还本利的人身保险包括其他年金保险，其他年金保险是指养老年金以外的年金保险。

三、农村信用社、村镇银行、农村资金互助社、由银行业机构全资发起设立的贷款公司、法人机构在县（县级市、区、旗）及县以下地区的农村合作银行和农村商业银行提供金融服务收入，可以选择适用简易计税方法按照3%的征收率计算缴纳增值税。

村镇银行，是指经中国银行业监督管理委员会依据有关法律、法规批准，由境内外金融机构、境内非金融机构企业法人、境内自然人出资，在农村地区设立的主要为当地农民、农业和农村经济发展提供金融服务的银行业金融机构。

农村资金互助社，是指经银行业监督管理机构批准，由乡（镇）、行政村农民和农村小企业自愿入股组成，为社员提供存款、贷款、结算等业务的社区互助性银行业金融机构。

由银行业机构全资发起设立的贷款公司，是指经中国银行业监督管理委员会依据有关法律、法规批准，由境内商业银行或农村合作银行在农村地区设立的专门为县域农民、农业和农村经济发展提供贷款服务的非银行业金融机构。

县（县级市、区、旗），不包括直辖市和地级市所辖城区。

四、对中国农业银行纳入"三农金融事业部"改革试点的各省、自治区、直辖市、计划单列市分行下辖的县域支行和新疆生产建设兵团分行下辖的县域支行（也称县事业部），提供农户贷款、农村企业和农村各类组织贷款（具体贷款业务清单见附件）取得的利息收入，可以选择适用简易计税方法按照3%的征收率计算缴纳增值税。

农户贷款，是指金融机构发放给农户的贷款，但不包括按照《过渡政策的规定》第一条第（十九）项规定的免征增值税的农户小额贷款。

农户，是指《过渡政策的规定》第一条第（十九）项所称的农户。

农村企业和农村各类组织贷款，是指金融机构发放给注册在农村地区的企业及各类组织的贷款。

五、本通知自2016年5月1日起执行。

《财政部　国家税务总局关于全面推开营业税改征增值税试点的通知》

（财税〔2016〕36号）[①]

各省、自治区、直辖市、计划单列市财政厅（局）、国家税务局、地方税务局，新疆生产建设兵团财务局：

经国务院批准，自2016年5月1日起，在全国范围内全面推开营业税改征增值税（以下称营改增）试点，建筑业、房地产业、金融业、生活服务业等全部营业税纳税人，纳入试点范围，由缴纳营业税改为缴纳增值税。现将《营业税改征增值税试点实施办法》、《营业税改征增值税试点有关事项的规定》、《营业税改征增值税试点过渡政策的规定》和《跨境应税行为适用增值税零税率和免税政策的规定》印发你们，请遵照执行。

本通知附件规定的内容，除另有规定执行时间外，自2016年5月1日起执行。《财政部 国家税务总局关于将铁路运输和邮政业纳入营业税改征增值税试点的通知》（财税〔2013〕106号）、《财政部 国家税务总局关于铁路运输和邮政业营业税改征增值税试点有关政策的补充通知》（财税〔2013〕121号）、

[①] 根据《关于建筑服务等营改增试点政策的通知》（财税〔2017〕58号），《营业税改征增值税试点实施办法》中第四十五条第（二）项修改为"纳税人提供租赁服务采取预收款方式的，其纳税义务发生时间为收到预收款的当天"；《营业税改征增值税试点实施办法》第七条自2017年7月1日起废止；《营业税改征增值税试点过渡政策的规定》第一条第（二十三）项第4点自2018年1月1日起废止。

根据《关于租入固定资产进项税额抵扣等增值税政策的通知》（财税〔2017〕90号），此文件附件3《营业税改征增值税试点过渡政策的规定》第一条第（二十四）款规定的中小企业信用担保增值税免税政策自2018年1月1日起停止执行。

《财政部 国家税务总局关于将电信业纳入营业税改征增值税试点的通知》（财税〔2014〕43号）、《财政部 国家税务总局关于国际水路运输增值税零税率政策的补充通知》（财税〔2014〕50号）和《财政部 国家税务总局关于影视等出口服务适用增值税零税率政策的通知》（财税〔2015〕118号），除另有规定的条款外，相应废止。

各地要高度重视营改增试点工作，切实加强试点工作的组织领导，周密安排，明确责任，采取各种有效措施，做好试点前的各项准备以及试点过程中的监测分析和宣传解释等工作，确保改革的平稳、有序、顺利进行。遇到问题请及时向财政部和国家税务总局反映。

附件：1. 营业税改征增值税试点实施办法
2. 营业税改征增值税试点有关事项的规定
3. 营业税改征增值税试点过渡政策的规定
4. 跨境应税行为适用增值税零税率和免税政策的规定

附件1

营业税改征增值税试点实施办法

第一章　纳税人和扣缴义务人

第一条　在中华人民共和国境内（以下称境内）销售服务、无形资产或者不动产（以下称应税行为）的单位和个人，为增值税纳税人，应当按照本办法缴纳增值税，不缴纳营业税。

单位，是指企业、行政单位、事业单位、军事单位、社会团体及其他单位。

个人，是指个体工商户和其他个人。

第二条　单位以承包、承租、挂靠方式经营的，承包人、承租人、挂靠人（以下统称承包人）以发包人、出租人、被挂靠人（以下统称发包人）名义对外经营并由发包人承担相关法律责任的，以该发包人为纳税人。否则，以承包人为纳税人。

第三条　纳税人分为一般纳税人和小规模纳税人。

应税行为的年应征增值税销售额（以下称应税销售额）超过财政部和国家税务总局规定标准的纳税人为一般纳税人，未超过规定标准的纳税人为小规模纳税人。

年应税销售额超过规定标准的其他个人不属于一般纳税人。年应税销售额超过规定标准但不经常发生应税行为的单位和个体工商户可选择按照小规模纳税人纳税。

第四条　年应税销售额未超过规定标准的纳税人，会计核算健全，能够提供准确税务资料的，可以向主管税务机关办理一般纳税人资格登记，成为一般纳税人。

会计核算健全，是指能够按照国家统一的会计制度规定设置账簿，根据合法、有效凭证核算。

第五条　符合一般纳税人条件的纳税人应当向主管税务机关办理一般纳税人资格登记。具体登记办法由国家税务总局制定。

除国家税务总局另有规定外，一经登记为一般纳税人后，不得转为小规模纳税人。

第六条　中华人民共和国境外（以下称境外）单位或者个人在境内发生应税行为，在境内未设有经营机构的，以购买方为增值税扣缴义务人。财政部和国家税务总局另有规定的除外。

第七条　两个或者两个以上的纳税人，经财政部和国家税务总局批准可以视为一个纳税人合并纳税。具体办法由财政部和国家税务总局另行制定。

第八条　纳税人应当按照国家统一的会计制度进行增值税会计核算。

第二章　征税范围

第九条　应税行为的具体范围，按照本办法所附的《销售服务、无形资产、不动产注释》执行。

第十条　销售服务、无形资产或者不动产，是指有偿提供服务、有偿转让无形资产或者不动产，但属于下列非经营活动的情形除外：

（一）行政单位收取的同时满足以下条件的政府性基金或者行政事业性收费。

1. 由国务院或者财政部批准设立的政府性基金，由国务院或者省级人民政府及其财政、价格主管部门批准设立的行政事业性收费；

2. 收取时开具省级以上（含省级）财政部门监（印）制的财政票据；

3. 所收款项全额上缴财政。

（二）单位或者个体工商户聘用的员工为本单位或者雇主提供取得工资的服务。

（三）单位或者个体工商户为聘用的员工提供服务。

（四）财政部和国家税务总局规定的其他情形。

第十一条　有偿，是指取得货币、货物或者其他经济利益。

第十二条 在境内销售服务、无形资产或者不动产，是指：

（一）服务（租赁不动产除外）或者无形资产（自然资源使用权除外）的销售方或者购买方在境内；

（二）所销售或者租赁的不动产在境内；

（三）所销售自然资源使用权的自然资源在境内；

（四）财政部和国家税务总局规定的其他情形。

第十三条 下列情形不属于在境内销售服务或者无形资产：

（一）境外单位或者个人向境内单位或者个人销售完全在境外发生的服务。

（二）境外单位或者个人向境内单位或者个人销售完全在境外使用的无形资产。

（三）境外单位或者个人向境内单位或者个人出租完全在境外使用的有形动产。

（四）财政部和国家税务总局规定的其他情形。

第十四条 下列情形视同销售服务、无形资产或者不动产：

（一）单位或者个体工商户向其他单位或者个人无偿提供服务，但用于公益事业或者以社会公众为对象的除外。

（二）单位或者个人向其他单位或者个人无偿转让无形资产或者不动产，但用于公益事业或者以社会公众为对象的除外。

（三）财政部和国家税务总局规定的其他情形。

第三章 税率和征收率

第十五条 增值税税率：

（一）纳税人发生应税行为，除本条第（二）项、第（三）项、第（四）项规定外，税率为6%。

（二）提供交通运输、邮政、基础电信、建筑、不动产租赁服务，销售不动产，转让土地使用权，税率为11%。

（三）提供有形动产租赁服务，税率为17%。

（四）境内单位和个人发生的跨境应税行为，税率为零。具体范围由财政部和国家税务总局另行规定。

第十六条 增值税征收率为3%，财政部和国家税务总局另有规定的除外。

第四章 应纳税额的计算

第一节 一般性规定

第十七条 增值税的计税方法，包括一般计税方法和简易计税方法。

第十八条　一般纳税人发生应税行为适用一般计税方法计税。

一般纳税人发生财政部和国家税务总局规定的特定应税行为，可以选择适用简易计税方法计税，但一经选择，36个月内不得变更。

第十九条　小规模纳税人发生应税行为适用简易计税方法计税。

第二十条　境外单位或者个人在境内发生应税行为，在境内未设有经营机构的，扣缴义务人按照下列公式计算应扣缴税额：

$$应扣缴税额 = 购买方支付的价款 \div (1 + 税率) \times 税率$$

第二节　一般计税方法

第二十一条　一般计税方法的应纳税额，是指当期销项税额抵扣当期进项税额后的余额。应纳税额计算公式：

$$应纳税额 = 当期销项税额 - 当期进项税额$$

当期销项税额小于当期进项税额不足抵扣时，其不足部分可以结转下期继续抵扣。

第二十二条　销项税额，是指纳税人发生应税行为按照销售额和增值税税率计算并收取的增值税额。销项税额计算公式：

$$销项税额 = 销售额 \times 税率$$

第二十三条　一般计税方法的销售额不包括销项税额，纳税人采用销售额和销项税额合并定价方法的，按照下列公式计算销售额：

$$销售额 = 含税销售额 \div (1 + 税率)$$

第二十四条　进项税额，是指纳税人购进货物、加工修理修配劳务、服务、无形资产或者不动产，支付或者负担的增值税额。

第二十五条　下列进项税额准予从销项税额中抵扣：

（一）从销售方取得的增值税专用发票（含税控机动车销售统一发票，下同）上注明的增值税额。

（二）从海关取得的海关进口增值税专用缴款书上注明的增值税额。

（三）购进农产品，除取得增值税专用发票或者海关进口增值税专用缴款书外，按照农产品收购发票或者销售发票上注明的农产品买价和13%的扣除率计算的进项税额。计算公式为：

$$进项税额 = 买价 \times 扣除率$$

买价，是指纳税人购进农产品在农产品收购发票或者销售发票上注明的价款和按照规定缴纳的烟叶税。

购进农产品，按照《农产品增值税进项税额核定扣除试点实施办法》抵扣进项税额的除外。

（四）从境外单位或者个人购进服务、无形资产或者不动产，自税务机关或者扣缴义务人取得的解缴税款的完税凭证上注明的增值税额。

第二十六条　纳税人取得的增值税扣税凭证不符合法律、行政法规或者国家税务总局有关规定的，其进项税额不得从销项税额中抵扣。

增值税扣税凭证，是指增值税专用发票、海关进口增值税专用缴款书、农产品收购发票、农产品销售发票和完税凭证。

纳税人凭完税凭证抵扣进项税额的，应当具备书面合同、付款证明和境外单位的对账单或者发票。资料不全的，其进项税额不得从销项税额中抵扣。

第二十七条　下列项目的进项税额不得从销项税额中抵扣：

（一）用于简易计税方法计税项目、免征增值税项目、集体福利或者个人消费的购进货物、加工修理修配劳务、服务、无形资产和不动产。其中涉及的固定资产、无形资产、不动产，仅指专用于上述项目的固定资产、无形资产（不包括其他权益性无形资产）、不动产。纳税人的交际应酬消费属于个人消费。

（二）非正常损失的购进货物，以及相关的加工修理修配劳务和交通运输服务。

（三）非正常损失的在产品、产成品所耗用的购进货物（不包括固定资产）、加工修理修配劳务和交通运输服务。

（四）非正常损失的不动产，以及该不动产所耗用的购进货物、设计服务和建筑服务。

（五）非正常损失的不动产在建工程所耗用的购进货物、设计服务和建筑服务。

纳税人新建、改建、扩建、修缮、装饰不动产，均属于不动产在建工程。

（六）购进的旅客运输服务、贷款服务、餐饮服务、居民日常服务和娱乐服务。

（七）财政部和国家税务总局规定的其他情形。

本条第（四）项、第（五）项所称货物，是指构成不动产实体的材料和设备，包括建筑装饰材料和给排水、采暖、卫生、通风、照明、通讯、煤气、消防、中央空调、电梯、电气、智能化楼宇设备及配套设施。

第二十八条　不动产、无形资产的具体范围，按照本办法所附的《销售服务、无形资产或者不动产注释》执行。

固定资产，是指使用期限超过12个月的机器、机械、运输工具以及其他与生产经营有关的设备、工具、器具等有形动产。

非正常损失，是指因管理不善造成货物被盗、丢失、霉烂变质，以及因违反法律法规造成货物或者不动产被依法没收、销毁、拆除的情形。

第二十九条 适用一般计税方法的纳税人，兼营简易计税方法计税项目、免征增值税项目而无法划分不得抵扣的进项税额，按照下列公式计算不得抵扣的进项税额：

不得抵扣的进项税额＝当期无法划分的全部进项税额×（当期简易计税方法计税项目销售额＋免征增值税项目销售额）÷当期全部销售额

主管税务机关可以按照上述公式依据年度数据对不得抵扣的进项税额进行清算。

第三十条 已抵扣进项税额的购进货物（不含固定资产）、劳务、服务，发生本办法第二十七条规定情形（简易计税方法计税项目、免征增值税项目除外）的，应当将该进项税额从当期进项税额中扣减；无法确定该进项税额的，按照当期实际成本计算应扣减的进项税额。

第三十一条 已抵扣进项税额的固定资产、无形资产或者不动产，发生本办法第二十七条规定情形的，按照下列公式计算不得抵扣的进项税额：

不得抵扣的进项税额＝固定资产、无形资产或者不动产净值×适用税率

固定资产、无形资产或者不动产净值，是指纳税人根据财务会计制度计提折旧或摊销后的余额。

第三十二条 纳税人适用一般计税方法计税的，因销售折让、中止或者退回而退还给购买方的增值税额，应当从当期的销项税额中扣减；因销售折让、中止或者退回而收回的增值税额，应当从当期的进项税额中扣减。

第三十三条 有下列情形之一者，应当按照销售额和增值税税率计算应纳税额，不得抵扣进项税额，也不得使用增值税专用发票：

（一）一般纳税人会计核算不健全，或者不能够提供准确税务资料的。

（二）应当办理一般纳税人资格登记而未办理的。

第三节 简易计税方法

第三十四条 简易计税方法的应纳税额，是指按照销售额和增值税征收率计算的增值税额，不得抵扣进项税额。应纳税额计算公式：

应纳税额＝销售额×征收率

第三十五条 简易计税方法的销售额不包括其应纳税额，纳税人采用销售额和应纳税额合并定价方法的，按照下列公式计算销售额：

销售额＝含税销售额÷（1＋征收率）

第三十六条 纳税人适用简易计税方法计税的，因销售折让、中止或者退

回而退还给购买方的销售额,应当从当期销售额中扣减。扣减当期销售额后仍有余额造成多缴的税款,可以从以后的应纳税额中扣减。

第四节 销售额的确定

第三十七条 销售额,是指纳税人发生应税行为取得的全部价款和价外费用,财政部和国家税务总局另有规定的除外。

价外费用,是指价外收取的各种性质的收费,但不包括以下项目:

(一)代为收取并符合本办法第十条规定的政府性基金或者行政事业性收费。

(二)以委托方名义开具发票代委托方收取的款项。

第三十八条 销售额以人民币计算。

纳税人按照人民币以外的货币结算销售额的,应当折合成人民币计算,折合率可以选择销售额发生的当天或者当月1日的人民币汇率中间价。纳税人应当在事先确定采用何种折合率,确定后12个月内不得变更。

第三十九条 纳税人兼营销售货物、劳务、服务、无形资产或者不动产,适用不同税率或者征收率的,应当分别核算适用不同税率或者征收率的销售额;未分别核算的,从高适用税率。

第四十条 一项销售行为如果既涉及服务又涉及货物,为混合销售。从事货物的生产、批发或者零售的单位和个体工商户的混合销售行为,按照销售货物缴纳增值税;其他单位和个体工商户的混合销售行为,按照销售服务缴纳增值税。

本条所称从事货物的生产、批发或者零售的单位和个体工商户,包括以从事货物的生产、批发或者零售为主,并兼营销售服务的单位和个体工商户在内。

第四十一条 纳税人兼营免税、减税项目的,应当分别核算免税、减税项目的销售额;未分别核算的,不得免税、减税。

第四十二条 纳税人发生应税行为,开具增值税专用发票后,发生开票有误或者销售折让、中止、退回等情形的,应当按照国家税务总局的规定开具红字增值税专用发票;未按照规定开具红字增值税专用发票的,不得按照本办法第三十二条和第三十六条的规定扣减销项税额或者销售额。

第四十三条 纳税人发生应税行为,将价款和折扣额在同一张发票上分别注明的,以折扣后的价款为销售额;未在同一张发票上分别注明的,以价款为销售额,不得扣减折扣额。

第四十四条 纳税人发生应税行为价格明显偏低或者偏高且不具有合理商业目的的,或者发生本办法第十四条所列行为而无销售额的,主管税务机关有权按照下列顺序确定销售额：

（一）按照纳税人最近时期销售同类服务、无形资产或者不动产的平均价格确定。

（二）按照其他纳税人最近时期销售同类服务、无形资产或者不动产的平均价格确定。

（三）按照组成计税价格确定。组成计税价格的公式为：

$$组成计税价格 = 成本 \times (1 + 成本利润率)$$

成本利润率由国家税务总局确定。

不具有合理商业目的，是指以谋取税收利益为主要目的，通过人为安排，减少、免除、推迟缴纳增值税税款，或者增加退还增值税税款。

第五章　纳税义务、扣缴义务发生时间和纳税地点

第四十五条　增值税纳税义务、扣缴义务发生时间为：

（一）纳税人发生应税行为并收讫销售款项或者取得索取销售款项凭据的当天；先开具发票的，为开具发票的当天。

收讫销售款项，是指纳税人销售服务、无形资产、不动产过程中或者完成后收到款项。

取得索取销售款项凭据的当天，是指书面合同确定的付款日期；未签订书面合同或者书面合同未确定付款日期的，为服务、无形资产转让完成的当天或者不动产权属变更的当天。

（二）纳税人提供建筑服务、租赁服务采取预收款方式的，其纳税义务发生时间为收到预收款的当天。

（三）纳税人从事金融商品转让的，为金融商品所有权转移的当天。

（四）纳税人发生本办法第十四条规定情形的，其纳税义务发生时间为服务、无形资产转让完成的当天或者不动产权属变更的当天。

（五）增值税扣缴义务发生时间为纳税人增值税纳税义务发生的当天。

第四十六条　增值税纳税地点为：

（一）固定业户应当向其机构所在地或者居住地主管税务机关申报纳税。总机构和分支机构不在同一县（市）的，应当分别向各自所在地的主管税务机关申报纳税；经财政部和国家税务总局或者其授权的财政和税务机关批准，可以由总机构汇总向总机构所在地的主管税务机关申报纳税。

（二）非固定业户应当向应税行为发生地主管税务机关申报纳税；未申报纳税的，由其机构所在地或者居住地主管税务机关补征税款。

（三）其他个人提供建筑服务，销售或者租赁不动产，转让自然资源使用权，

应向建筑服务发生地、不动产所在地、自然资源所在地主管税务机关申报纳税。

（四）扣缴义务人应当向其机构所在地或者居住地主管税务机关申报缴纳扣缴的税款。

第四十七条　增值税的纳税期限分别为1日、3日、5日、10日、15日、1个月或者1个季度。纳税人的具体纳税期限，由主管税务机关根据纳税人应纳税额的大小分别核定。以1个季度为纳税期限的规定适用于小规模纳税人、银行、财务公司、信托投资公司、信用社，以及财政部和国家税务总局规定的其他纳税人。不能按照固定期限纳税的，可以按次纳税。

纳税人以1个月或者1个季度为1个纳税期的，自期满之日起15日内申报纳税；以1日、3日、5日、10日或者15日为1个纳税期的，自期满之日起5日内预缴税款，于次月1日起15日内申报纳税并结清上月应纳税款。

扣缴义务人解缴税款的期限，按照前两款规定执行。

第六章　税收减免的处理

第四十八条　纳税人发生应税行为适用免税、减税规定的，可以放弃免税、减税，依照本办法的规定缴纳增值税。放弃免税、减税后，36个月内不得再申请免税、减税。

纳税人发生应税行为同时适用免税和零税率规定的，纳税人可以选择适用免税或者零税率。

第四十九条　个人发生应税行为的销售额未达到增值税起征点的，免征增值税；达到起征点的，全额计算缴纳增值税。

增值税起征点不适用于登记为一般纳税人的个体工商户。

第五十条　增值税起征点幅度如下：

（一）按期纳税的，为月销售额5000～20000元（含本数）。

（二）按次纳税的，为每次（日）销售额300～500元（含本数）。

起征点的调整由财政部和国家税务总局规定。省、自治区、直辖市财政厅（局）和国家税务局应当在规定的幅度内，根据实际情况确定本地区适用的起征点，并报财政部和国家税务总局备案。

对增值税小规模纳税人中月销售额未达到2万元的企业或非企业性单位，免征增值税。2017年12月31日前，对月销售额2万元（含本数）至3万元的增值税小规模纳税人，免征增值税。

第七章　征收管理

第五十一条　营业税改征的增值税，由国家税务局负责征收。纳税人销售取得的不动产和其他个人出租不动产的增值税，国家税务局暂委托地方税务局代为征收。

第五十二条 纳税人发生适用零税率的应税行为，应当按期向主管税务机关申报办理退（免）税，具体办法由财政部和国家税务总局制定。

第五十三条 纳税人发生应税行为，应当向索取增值税专用发票的购买方开具增值税专用发票，并在增值税专用发票上分别注明销售额和销项税额。

属于下列情形之一的，不得开具增值税专用发票：

（一）向消费者个人销售服务、无形资产或者不动产。

（二）适用免征增值税规定的应税行为。

第五十四条 小规模纳税人发生应税行为，购买方索取增值税专用发票的，可以向主管税务机关申请代开。

第五十五条 纳税人增值税的征收管理，按照本办法和《中华人民共和国税收征收管理法》及现行增值税征收管理有关规定执行。

附：

销售服务、无形资产、不动产注释

一、销售服务

销售服务，是指提供交通运输服务、邮政服务、电信服务、建筑服务、金融服务、现代服务、生活服务。

（一）交通运输服务。

交通运输服务，是指利用运输工具将货物或者旅客送达目的地，使其空间位置得到转移的业务活动。包括陆路运输服务、水路运输服务、航空运输服务和管道运输服务。

1. 陆路运输服务。

陆路运输服务，是指通过陆路（地上或者地下）运送货物或者旅客的运输业务活动，包括铁路运输服务和其他陆路运输服务。

（1）铁路运输服务，是指通过铁路运送货物或者旅客的运输业务活动。

（2）其他陆路运输服务，是指铁路运输以外的陆路运输业务活动。包括公路运输、缆车运输、索道运输、地铁运输、城市轻轨运输等。

出租车公司向使用本公司自有出租车的出租车司机收取的管理费用，按照陆路运输服务缴纳增值税。

2. 水路运输服务。

水路运输服务，是指通过江、河、湖、川等天然、人工水道或者海洋航道运送货物或者旅客的运输业务活动。

水路运输的程租、期租业务，属于水路运输服务。

程租业务，是指运输企业为租船人完成某一特定航次的运输任务并收取租赁费的业务。

期租业务，是指运输企业将配备有操作人员的船舶承租给他人使用一定期限，承租期内听候承租方调遣，不论是否经营，均按天向承租方收取租赁费，发生的固定费用均由船东负担的业务。

3. 航空运输服务。

航空运输服务，是指通过空中航线运送货物或者旅客的运输业务活动。

航空运输的湿租业务，属于航空运输服务。

湿租业务，是指航空运输企业将配备有机组人员的飞机承租给他人使用一定期限，承租期内听候承租方调遣，不论是否经营，均按一定标准向承租方收取租赁费，发生的固定费用均由承租方承担的业务。

航天运输服务，按照航空运输服务缴纳增值税。

航天运输服务，是指利用火箭等载体将卫星、空间探测器等空间飞行器发射到空间轨道的业务活动。

4. 管道运输服务。

管道运输服务，是指通过管道设施输送气体、液体、固体物质的运输业务活动。

无运输工具承运业务，按照交通运输服务缴纳增值税。

无运输工具承运业务，是指经营者以承运人身份与托运人签订运输服务合同，收取运费并承担承运人责任，然后委托实际承运人完成运输服务的经营活动。

（二）邮政服务。

邮政服务，是指中国邮政集团公司及其所属邮政企业提供邮件寄递、邮政汇兑和机要通信等邮政基本服务的业务活动。包括邮政普遍服务、邮政特殊服务和其他邮政服务。

1. 邮政普遍服务。

邮政普遍服务，是指函件、包裹等邮件寄递，以及邮票发行、报刊发行和邮政汇兑等业务活动。

函件，是指信函、印刷品、邮资封片卡、无名址函件和邮政小包等。

包裹，是指按照封装上的名址递送给特定个人或者单位的独立封装的物品，其重量不超过五十千克，任何一边的尺寸不超过一百五十厘米，长、宽、高合计不超过三百厘米。

2. 邮政特殊服务。

邮政特殊服务，是指义务兵平常信函、机要通信、盲人读物和革命烈士遗物的寄递等业务活动。

3. 其他邮政服务。

其他邮政服务，是指邮册等邮品销售、邮政代理等业务活动。

（三）电信服务。

电信服务，是指利用有线、无线的电磁系统或者光电系统等各种通信网络资源，提供语音通话服务，传送、发射、接收或者应用图像、短信等电子数据和信息的业务活动。包括基础电信服务和增值电信服务。

1. 基础电信服务。

基础电信服务，是指利用固网、移动网、卫星、互联网，提供语音通话服务的业务活动，以及出租或者出售带宽、波长等网络元素的业务活动。

2. 增值电信服务。

增值电信服务，是指利用固网、移动网、卫星、互联网、有线电视网络，提供短信和彩信服务、电子数据和信息的传输及应用服务、互联网接入服务等业务活动。

卫星电视信号落地转接服务，按照增值电信服务缴纳增值税。

（四）建筑服务。

建筑服务，是指各类建筑物、构筑物及其附属设施的建造、修缮、装饰，线路、管道、设备、设施等的安装以及其他工程作业的业务活动。包括工程服务、安装服务、修缮服务、装饰服务和其他建筑服务。

1. 工程服务。

工程服务，是指新建、改建各种建筑物、构筑物的工程作业，包括与建筑物相连的各种设备或者支柱、操作平台的安装或者装设工程作业，以及各种窑炉和金属结构工程作业。

2. 安装服务。

安装服务，是指生产设备、动力设备、起重设备、运输设备、传动设备、医疗实验设备以及其他各种设备、设施的装配、安置工程作业，包括与被安装设备相连的工作台、梯子、栏杆的装设工程作业，以及被安装设备的绝缘、防腐、保温、油漆等工程作业。

固定电话、有线电视、宽带、水、电、燃气、暖气等经营者向用户收取的安装费、初装费、开户费、扩容费以及类似收费，按照安装服务缴纳增值税。

3. 修缮服务。

修缮服务，是指对建筑物、构筑物进行修补、加固、养护、改善，使之恢复原来的使用价值或者延长其使用期限的工程作业。

4. 装饰服务。

装饰服务，是指对建筑物、构筑物进行修饰装修，使之美观或者具有特定用途的工程作业。

5. 其他建筑服务。

其他建筑服务，是指上列工程作业之外的各种工程作业服务，如钻井（打井）、拆除建筑物或者构筑物、平整土地、园林绿化、疏浚（不包括航道疏浚）、建筑物平移、搭脚手架、爆破、矿山穿孔、表面附着物（包括岩层、土层、沙层等）剥离和清理等工程作业。

（五）金融服务。

金融服务，是指经营金融保险的业务活动。包括贷款服务、直接收费金融服务、保险服务和金融商品转让。

1. 贷款服务。

贷款，是指将资金贷与他人使用而取得利息收入的业务活动。

各种占用、拆借资金取得的收入，包括金融商品持有期间（含到期）利息（保本收益、报酬、资金占用费、补偿金等）收入、信用卡透支利息收入、买入返售金融商品利息收入、融资融券收取的利息收入，以及融资性售后回租、押汇、罚息、票据贴现、转贷等业务取得的利息及利息性质的收入，按照贷款服务缴纳增值税。

融资性售后回租，是指承租方以融资为目的，将资产出售给从事融资性售后回租业务的企业后，从事融资性售后回租业务的企业将该资产出租给承租方的业务活动。

以货币资金投资收取的固定利润或者保底利润，按照贷款服务缴纳增值税。

2. 直接收费金融服务。

直接收费金融服务，是指为货币资金融通及其他金融业务提供相关服务并且收取费用的业务活动。包括提供货币兑换、账户管理、电子银行、信用卡、信用证、财务担保、资产管理、信托管理、基金管理、金融交易场所（平台）管理、资金结算、资金清算、金融支付等服务。

3. 保险服务。

保险服务，是指投保人根据合同约定，向保险人支付保险费，保险人对于合同约定的可能发生的事故因其发生所造成的财产损失承担赔偿保险金责任，或者当被保险人死亡、伤残、疾病或者达到合同约定的年龄、期限等条件时承担给付保险金责任的商业保险行为。包括人身保险服务和财产保险服务。

人身保险服务，是指以人的寿命和身体为保险标的的保险业务活动。

财产保险服务,是指以财产及其有关利益为保险标的的保险业务活动。

4. 金融商品转让。

金融商品转让,是指转让外汇、有价证券、非货物期货和其他金融商品所有权的业务活动。

其他金融商品转让包括基金、信托、理财产品等各类资产管理产品和各种金融衍生品的转让。

(六)现代服务。

现代服务,是指围绕制造业、文化产业、现代物流产业等提供技术性、知识性服务的业务活动。包括研发和技术服务、信息技术服务、文化创意服务、物流辅助服务、租赁服务、鉴证咨询服务、广播影视服务、商务辅助服务和其他现代服务。

1. 研发和技术服务。

研发和技术服务,包括研发服务、合同能源管理服务、工程勘察勘探服务、专业技术服务。

(1)研发服务,也称技术开发服务,是指就新技术、新产品、新工艺或者新材料及其系统进行研究与试验开发的业务活动。

(2)合同能源管理服务,是指节能服务公司与用能单位以契约形式约定节能目标,节能服务公司提供必要的服务,用能单位以节能效果支付节能服务公司投入及其合理报酬的业务活动。

(3)工程勘察勘探服务,是指在采矿、工程施工前后,对地形、地质构造、地下资源蕴藏情况进行实地调查的业务活动。

(4)专业技术服务,是指气象服务、地震服务、海洋服务、测绘服务、城市规划、环境与生态监测服务等专项技术服务。

2. 信息技术服务。

信息技术服务,是指利用计算机、通信网络等技术对信息进行生产、收集、处理、加工、存储、运输、检索和利用,并提供信息服务的业务活动。包括软件服务、电路设计及测试服务、信息系统服务、业务流程管理服务和信息系统增值服务。

(1)软件服务,是指提供软件开发服务、软件维护服务、软件测试服务的业务活动。

(2)电路设计及测试服务,是指提供集成电路和电子电路产品设计、测试及相关技术支持服务的业务活动。

(3)信息系统服务,是指提供信息系统集成、网络管理、网站内容维护、桌面管理与维护、信息系统应用、基础信息技术管理平台整合、信息技术基础设施管理、数据中心、托管中心、信息安全服务、在线杀毒、虚拟主机等业务活动。包括网站对非自有的网络游戏提供的网络运营服务。

(4) 业务流程管理服务,是指依托信息技术提供的人力资源管理、财务经济管理、审计管理、税务管理、物流信息管理、经营信息管理和呼叫中心等服务的活动。

(5) 信息系统增值服务,是指利用信息系统资源为用户附加提供的信息技术服务。包括数据处理、分析和整合、数据库管理、数据备份、数据存储、容灾服务、电子商务平台等。

3. 文化创意服务。

文化创意服务,包括设计服务、知识产权服务、广告服务和会议展览服务。

(1) 设计服务,是指把计划、规划、设想通过文字、语言、图画、声音、视觉等形式传递出来的业务活动。包括工业设计、内部管理设计、业务运作设计、供应链设计、造型设计、服装设计、环境设计、平面设计、包装设计、动漫设计、网游设计、展示设计、网站设计、机械设计、工程设计、广告设计、创意策划、文印晒图等。

(2) 知识产权服务,是指处理知识产权事务的业务活动。包括对专利、商标、著作权、软件、集成电路布图设计的登记、鉴定、评估、认证、检索服务。

(3) 广告服务,是指利用图书、报纸、杂志、广播、电视、电影、幻灯、路牌、招贴、橱窗、霓虹灯、灯箱、互联网等各种形式为客户的商品、经营服务项目、文体节目或者通告、声明等委托事项进行宣传和提供相关服务的业务活动。包括广告代理和广告的发布、播映、宣传、展示等。

(4) 会议展览服务,是指为商品流通、促销、展示、经贸洽谈、民间交流、企业沟通、国际往来等举办或者组织安排的各类展览和会议的业务活动。

4. 物流辅助服务。

物流辅助服务,包括航空服务、港口码头服务、货运客运场站服务、打捞救助服务、装卸搬运服务、仓储服务和收派服务。

(1) 航空服务,包括航空地面服务和通用航空服务。

航空地面服务,是指航空公司、飞机场、民航管理局、航站等向在境内航行或者在境内机场停留的境内外飞机或者其他飞行器提供的导航等劳务性地面服务的业务活动。包括旅客安全检查服务、停机坪管理服务、机场候机厅管理服务、飞机清洗消毒服务、空中飞行管理服务、飞机起降服务、飞行通讯服务、地面信号服务、飞机安全服务、飞机跑道管理服务、空中交通管理服务等。

通用航空服务,是指为专业工作提供飞行服务的业务活动,包括航空摄影、航空培训、航空测量、航空勘探、航空护林、航空吊挂播洒、航空降雨、航空气象探测、航空海洋监测、航空科学实验等。

（2）港口码头服务，是指港务船舶调度服务、船舶通讯服务、航道管理服务、航道疏浚服务、灯塔管理服务、航标管理服务、船舶引航服务、理货服务、系解缆服务、停泊和移泊服务、海上船舶溢油清除服务、水上交通管理服务、船只专业清洗消毒检测服务和防止船只漏油服务等为船只提供服务的业务活动。

港口设施经营人收取的港口设施保安费按照港口码头服务缴纳增值税。

（3）货运客运场站服务，是指货运客运场站提供货物配载服务、运输组织服务、中转换乘服务、车辆调度服务、票务服务、货物打包整理、铁路线路使用服务、加挂铁路客车服务、铁路行包专列发送服务、铁路到达和中转服务、铁路车辆编解服务、车辆挂运服务、铁路接触网服务、铁路机车牵引服务等业务活动。

（4）打捞救助服务，是指提供船舶人员救助、船舶财产救助、水上救助和沉船沉物打捞服务的业务活动。

（5）装卸搬运服务，是指使用装卸搬运工具或者人力、畜力将货物在运输工具之间、装卸现场之间或者运输工具与装卸现场之间进行装卸和搬运的业务活动。

（6）仓储服务，是指利用仓库、货场或者其他场所代客贮放、保管货物的业务活动。

（7）收派服务，是指接受寄件人委托，在承诺的时限内完成函件和包裹的收件、分拣、派送服务的业务活动。

收件服务，是指从寄件人收取函件和包裹，并运送到服务提供方同城的集散中心的业务活动。

分拣服务，是指服务提供方在其集散中心对函件和包裹进行归类、分发的业务活动。

派送服务，是指服务提供方从其集散中心将函件和包裹送达同城的收件人的业务活动。

5. 租赁服务。

租赁服务，包括融资租赁服务和经营租赁服务。

（1）融资租赁服务，是指具有融资性质和所有权转移特点的租赁活动。即出租人根据承租人所要求的规格、型号、性能等条件购入有形动产或者不动产租赁给承租人，合同期内租赁物所有权属于出租人，承租人只拥有使用权，合同期满付清租金后，承租人有权按照残值购入租赁物，以拥有其所有权。不论出租人是否将租赁物销售给承租人，均属于融资租赁。

按照标的物的不同，融资租赁服务可分为有形动产融资租赁服务和不动产融资租赁服务。

融资性售后回租不按照本税目缴纳增值税。

(2) 经营租赁服务,是指在约定时间内将有形动产或者不动产转让他人使用且租赁物所有权不变更的业务活动。

按照标的物的不同,经营租赁服务可分为有形动产经营租赁服务和不动产经营租赁服务。

将建筑物、构筑物等不动产或者飞机、车辆等有形动产的广告位出租给其他单位或者个人用于发布广告,按照经营租赁服务缴纳增值税。

车辆停放服务、道路通行服务(包括过路费、过桥费、过闸费等)等按照不动产经营租赁服务缴纳增值税。

水路运输的光租业务、航空运输的干租业务,属于经营租赁。

光租业务,是指运输企业将船舶在约定的时间内出租给他人使用,不配备操作人员,不承担运输过程中发生的各项费用,只收取固定租赁费的业务活动。

干租业务,是指航空运输企业将飞机在约定的时间内出租给他人使用,不配备机组人员,不承担运输过程中发生的各项费用,只收取固定租赁费的业务活动。

6. 鉴证咨询服务。

鉴证咨询服务,包括认证服务、鉴证服务和咨询服务。

(1) 认证服务,是指具有专业资质的单位利用检测、检验、计量等技术,证明产品、服务、管理体系符合相关技术规范、相关技术规范的强制性要求或者标准的业务活动。

(2) 鉴证服务,是指具有专业资质的单位受托对相关事项进行鉴证,发表具有证明力的意见的业务活动。包括会计鉴证、税务鉴证、法律鉴证、职业技能鉴定、工程造价鉴证、工程监理、资产评估、环境评估、房地产土地评估、建筑图纸审核、医疗事故鉴定等。

(3) 咨询服务,是指提供信息、建议、策划、顾问等服务的活动。包括金融、软件、技术、财务、税收、法律、内部管理、业务运作、流程管理、健康等方面的咨询。

翻译服务和市场调查服务按照咨询服务缴纳增值税。

7. 广播影视服务。

广播影视服务,包括广播影视节目(作品)的制作服务、发行服务和播映(含放映,下同)服务。

(1) 广播影视节目(作品)制作服务,是指进行专题(特别节目)、专栏、综艺、体育、动画片、广播剧、电视剧、电影等广播影视节目和作品制作的服务。具体包括与广播影视节目和作品相关的策划、采编、拍摄、录音、音视频文字图片素材制作、场景布置、后期的剪辑、翻译（编译）、字幕制作、片头、片尾、片花制作、特效制作、影片修复、编目和确权等业务活动。

（2）广播影视节目（作品）发行服务，是指以分账、买断、委托等方式，向影院、电台、电视台、网站等单位和个人发行广播影视节目（作品）以及转让体育赛事等活动的报道及播映权的业务活动。

（3）广播影视节目（作品）播映服务，是指在影院、剧院、录像厅及其他场所播映广播影视节目（作品），以及通过电台、电视台、卫星通信、互联网、有线电视等无线或者有线装置播映广播影视节目（作品）的业务活动。

8. 商务辅助服务。

商务辅助服务，包括企业管理服务、经纪代理服务、人力资源服务、安全保护服务。

（1）企业管理服务，是指提供总部管理、投资与资产管理、市场管理、物业管理、日常综合管理等服务的业务活动。

（2）经纪代理服务，是指各类经纪、中介、代理服务。包括金融代理、知识产权代理、货物运输代理、代理报关、法律代理、房地产中介、职业中介、婚姻中介、代理记账、拍卖等。

货物运输代理服务，是指接受货物收货人、发货人、船舶所有人、船舶承租人或者船舶经营人的委托，以委托人的名义，为委托人办理货物运输、装卸、仓储和船舶进出港口、引航、靠泊等相关手续的业务活动。

代理报关服务，是指接受进出口货物的收、发货人委托，代为办理报关手续的业务活动。

（3）人力资源服务，是指提供公共就业、劳务派遣、人才委托招聘、劳动力外包等服务的业务活动。

（4）安全保护服务，是指提供保护人身安全和财产安全，维护社会治安等的业务活动。包括场所住宅保安、特种保安、安全系统监控以及其他安保服务。

9. 其他现代服务。

其他现代服务，是指除研发和技术服务、信息技术服务、文化创意服务、物流辅助服务、租赁服务、鉴证咨询服务、广播影视服务和商务辅助服务以外的现代服务。

（七）生活服务。

生活服务，是指为满足城乡居民日常生活需求提供的各类服务活动。包括文化体育服务、教育医疗服务、旅游娱乐服务、餐饮住宿服务、居民日常服务和其他生活服务。

1. 文化体育服务。

文化体育服务,包括文化服务和体育服务。

(1) 文化服务,是指为满足社会公众文化生活需求提供的各种服务。包括:文艺创作、文艺表演、文化比赛,图书馆的图书和资料借阅,档案馆的档案管理,文物及非物质遗产保护,组织举办宗教活动、科技活动、文化活动,提供游览场所。

(2) 体育服务,是指组织举办体育比赛、体育表演、体育活动,以及提供体育训练、体育指导、体育管理的业务活动。

2. 教育医疗服务。

教育医疗服务,包括教育服务和医疗服务。

(1) 教育服务,是指提供学历教育服务、非学历教育服务、教育辅助服务的业务活动。

学历教育服务,是指根据教育行政管理部门确定或者认可的招生和教学计划组织教学,并颁发相应学历证书的业务活动。包括初等教育、初级中等教育、高级中等教育、高等教育等。

非学历教育服务,包括学前教育、各类培训、演讲、讲座、报告会等。

教育辅助服务,包括教育测评、考试、招生等服务。

(2) 医疗服务,是指提供医学检查、诊断、治疗、康复、预防、保健、接生、计划生育、防疫服务等方面的服务,以及与这些服务有关的提供药品、医用材料器具、救护车、病房住宿和伙食的业务。

3. 旅游娱乐服务。

旅游娱乐服务,包括旅游服务和娱乐服务。

(1) 旅游服务,是指根据旅游者的要求,组织安排交通、游览、住宿、餐饮、购物、文娱、商务等服务的业务活动。

(2) 娱乐服务,是指为娱乐活动同时提供场所和服务的业务。

具体包括:歌厅、舞厅、夜总会、酒吧、台球、高尔夫球、保龄球、游艺(包括射击、狩猎、跑马、游戏机、蹦极、卡丁车、热气球、动力伞、射箭、飞镖)。

4. 餐饮住宿服务。

餐饮住宿服务,包括餐饮服务和住宿服务。

(1) 餐饮服务,是指通过同时提供饮食和饮食场所的方式为消费者提供饮食消费服务的业务活动。

(2) 住宿服务,是指提供住宿场所及配套服务等的活动。包括宾馆、旅馆、旅社、度假村和其他经营性住宿场所提供的住宿服务。

5. 居民日常服务。

居民日常服务，是指主要为满足居民个人及其家庭日常生活需求提供的服务，包括市容市政管理、家政、婚庆、养老、殡葬、照料和护理、救助救济、美容美发、按摩、桑拿、氧吧、足疗、沐浴、洗染、摄影扩印等服务。

6. 其他生活服务。

其他生活服务，是指除文化体育服务、教育医疗服务、旅游娱乐服务、餐饮住宿服务和居民日常服务之外的生活服务。

二、销售无形资产

销售无形资产，是指转让无形资产所有权或者使用权的业务活动。无形资产，是指不具实物形态，但能带来经济利益的资产，包括技术、商标、著作权、商誉、自然资源使用权和其他权益性无形资产。

技术，包括专利技术和非专利技术。

自然资源使用权，包括土地使用权、海域使用权、探矿权、采矿权、取水权和其他自然资源使用权。

其他权益性无形资产，包括基础设施资产经营权、公共事业特许权、配额、经营权（包括特许经营权、连锁经营权、其他经营权）、经销权、分销权、代理权、会员权、席位权、网络游戏虚拟道具、域名、名称权、肖像权、冠名权、转会费等。

三、销售不动产

销售不动产，是指转让不动产所有权的业务活动。不动产，是指不能移动或者移动后会引起性质、形状改变的财产，包括建筑物、构筑物等。

建筑物，包括住宅、商业营业用房、办公楼等可供居住、工作或者进行其他活动的建造物。

构筑物，包括道路、桥梁、隧道、水坝等建造物。

转让建筑物有限产权或者永久使用权的，转让在建的建筑物或者构筑物所有权的，以及在转让建筑物或者构筑物时一并转让其所占土地的使用权的，按照销售不动产缴纳增值税。

附件2：

营业税改征增值税试点有关事项的规定

一、营改增试点期间，试点纳税人［指按照《营业税改征增值税试点实施办法》（以下称《试点实施办法》）缴纳增值税的纳税人］有关政策

（一）兼营。

试点纳税人销售货物、加工修理修配劳务、服务、无形资产或者不动产适用不同税率或者征收率的，应当分别核算适用不同税率或者征收率的销售额，未分别核算销售额的，按照以下方法适用税率或者征收率：

1. 兼有不同税率的销售货物、加工修理修配劳务、服务、无形资产或者不动产，从高适用税率。

2. 兼有不同征收率的销售货物、加工修理修配劳务、服务、无形资产或者不动产，从高适用征收率。

3. 兼有不同税率和征收率的销售货物、加工修理修配劳务、服务、无形资产或者不动产，从高适用税率。

（二）不征收增值税项目。

1. 根据国家指令无偿提供的铁路运输服务、航空运输服务，属于《试点实施办法》第十四条规定的用于公益事业的服务。

2. 存款利息。

3. 被保险人获得的保险赔付。

4. 房地产主管部门或者其指定机构、公积金管理中心、开发企业以及物业管理单位代收的住宅专项维修资金。

5. 在资产重组过程中，通过合并、分立、出售、置换等方式，将全部或者部分实物资产以及与其相关联的债权、负债和劳动力一并转让给其他单位和个人，其中涉及的不动产、土地使用权转让行为。

（三）销售额。

1. 贷款服务，以提供贷款服务取得的全部利息及利息性质的收入为销售额。

2. 直接收费金融服务，以提供直接收费金融服务收取的手续费、佣金、酬金、管理费、服务费、经手费、开户费、过户费、结算费、转托管费等各类费用为销售额。

3. 金融商品转让，按照卖出价扣除买入价后的余额为销售额。

转让金融商品出现的正负差，按盈亏相抵后的余额为销售额。若相抵后出现负差，可结转下一纳税期与下期转让金融商品销售额相抵，但年末时仍出现负差的，不得转入下一个会计年度。

金融商品的买入价，可以选择按照加权平均法或者移动加权平均法进行核算，选择后36个月内不得变更。

金融商品转让，不得开具增值税专用发票。

4. 经纪代理服务，以取得的全部价款和价外费用，扣除向委托方收取并代为支付的政府性基金或者行政事业性收费后的余额为销售额。向委托方收取的政府性基金或者行政事业性收费，不得开具增值税专用发票。

5. 融资租赁和融资性售后回租业务。

（1）经人民银行、银监会或者商务部批准从事融资租赁业务的试点纳税人，提供融资租赁服务，以取得的全部价款和价外费用，扣除支付的借款利息（包括外汇借款和人民币借款利息）、发行债券利息和车辆购置税后的余额为销售额。

（2）经人民银行、银监会或者商务部批准从事融资租赁业务的试点纳税人，提供融资性售后回租服务，以取得的全部价款和价外费用（不含本金），扣除对外支付的借款利息（包括外汇借款和人民币借款利息）、发行债券利息后的余额作为销售额。

（3）试点纳税人根据2016年4月30日前签订的有形动产融资性售后回租合同，在合同到期前提供的有形动产融资性售后回租服务，可继续按照有形动产融资租赁服务缴纳增值税。

继续按照有形动产融资租赁服务缴纳增值税的试点纳税人，经人民银行、银监会或者商务部批准从事融资租赁业务的，根据2016年4月30日前签订的有形动产融资性售后回租合同，在合同到期前提供的有形动产融资性售后回租服务，可以选择以下方法之一计算销售额：

①以向承租方收取的全部价款和价外费用，扣除向承租方收取的价款本金，以及对外支付的借款利息（包括外汇借款和人民币借款利息）、发行债券利息后的余额为销售额。

纳税人提供有形动产融资性售后回租服务，计算当期销售额时可以扣除的价款本金，为书面合同约定的当期应当收取的本金。无书面合同或者书面合同没有约定的，为当期实际收取的本金。

试点纳税人提供有形动产融资性售后回租服务，向承租方收取的有形动产价款本金，不得开具增值税专用发票，可以开具普通发票。

②以向承租方收取的全部价款和价外费用，扣除支付的借款利息（包括外汇借款和人民币借款利息）、发行债券利息后的余额为销售额。

（4）经商务部授权的省级商务主管部门和国家经济技术开发区批准的从事融资租赁业务的试点纳税人，2016年5月1日后实收资本达到1.7亿元的，从达到标准的当月起按照上述第（1）、（2）、（3）点规定执行；2016年5月1日后实收资本未达到1.7亿元但注册资本达到1.7亿元的，在2016年7月31日前仍可按照上述第（1）、（2）、（3）点规定执行，2016年8月1日后开展的融资租赁业务和融资性售后回租业务不得按照上述第（1）、（2）、（3）点规定执行。

6. 航空运输企业的销售额，不包括代收的机场建设费和代售其他航空运输企业客票而代收转付的价款。

7. 试点纳税人中的一般纳税人（以下称一般纳税人）提供客运场站服务，以其取得的全部价款和价外费用，扣除支付给承运方运费后的余额为销售额。

8. 试点纳税人提供旅游服务，可以选择以取得的全部价款和价外费用，扣除向旅游服务购买方收取并支付给其他单位或者个人的住宿费、餐饮费、交通费、签证费、门票费和支付给其他接团旅游企业的旅游费用后的余额为销售额。

选择上述办法计算销售额的试点纳税人，向旅游服务购买方收取并支付的上述费用，不得开具增值税专用发票，可以开具普通发票。

9. 试点纳税人提供建筑服务适用简易计税方法的，以取得的全部价款和价外费用扣除支付的分包款后的余额为销售额。

10. 房地产开发企业中的一般纳税人销售其开发的房地产项目（选择简易计税方法的房地产老项目除外），以取得的全部价款和价外费用，扣除受让土地时向政府部门支付的土地价款后的余额为销售额。

房地产老项目，是指《建筑工程施工许可证》注明的合同开工日期在2016年4月30日前的房地产项目。

11. 试点纳税人按照上述4～10款的规定从全部价款和价外费用中扣除的价款，应当取得符合法律、行政法规和国家税务总局规定的有效凭证。否则，不得扣除。

上述凭证是指：

（1）支付给境内单位或者个人的款项，以发票为合法有效凭证。

（2）支付给境外单位或者个人的款项，以该单位或者个人的签收单据为合法有效凭证，税务机关对签收单据有疑议的，可以要求其提供境外公证机构的确认证明。

（3）缴纳的税款，以完税凭证为合法有效凭证。

（4）扣除的政府性基金、行政事业性收费或者向政府支付的土地价款，以省级以上（含省级）财政部门监（印）制的财政票据为合法有效凭证。

（5）国家税务总局规定的其他凭证。

纳税人取得的上述凭证属于增值税扣税凭证的，其进项税额不得从销项税额中抵扣。

（四）进项税额。

1. 适用一般计税方法的试点纳税人，2016年5月1日后取得并在会计制度上按固定资产核算的不动产或者2016年5月1日后取得的不动产在建工程，其进项税额应自取得之日起分2年从销项税额中抵扣，第一年抵扣比例为60%，第二年抵扣比例为 40%。

取得不动产,包括以直接购买、接受捐赠、接受投资入股、自建以及抵债等各种形式取得不动产,不包括房地产开发企业自行开发的房地产项目。

融资租入的不动产以及在施工现场修建的临时建筑物、构筑物,其进项税额不适用上述分 2 年抵扣的规定。

2. 按照《试点实施办法》第二十七条第(一)项规定不得抵扣且未抵扣进项税额的固定资产、无形资产、不动产,发生用途改变,用于允许抵扣进项税额的应税项目,可在用途改变的次月按照下列公式计算可以抵扣的进项税额:

可以抵扣的进项税额 = 固定资产、无形资产、不动产净值/(1 + 适用税率) × 适用税率

上述可以抵扣的进项税额应取得合法有效的增值税扣税凭证。

3. 纳税人接受贷款服务向贷款方支付的与该笔贷款直接相关的投融资顾问费、手续费、咨询费等费用,其进项税额不得从销项税额中抵扣。

(五)一般纳税人资格登记。

《试点实施办法》第三条规定的年应税销售额标准为 500 万元(含本数)。财政部和国家税务总局可以对年应税销售额标准进行调整。

(六)计税方法。

一般纳税人发生下列应税行为可以选择适用简易计税方法计税:

1. 公共交通运输服务。

公共交通运输服务,包括轮客渡、公交客运、地铁、城市轻轨、出租车、长途客运、班车。

班车,是指按固定路线、固定时间运营并在固定站点停靠的运送旅客的陆路运输服务。

2. 经认定的动漫企业为开发动漫产品提供的动漫脚本编撰、形象设计、背景设计、动画设计、分镜、动画制作、摄制、描线、上色、画面合成、配音、配乐、音效合成、剪辑、字幕制作、压缩转码(面向网络动漫、手机动漫格式适配)服务,以及在境内转让动漫版权(包括动漫品牌、形象或者内容的授权及再授权)。

动漫企业和自主开发、生产动漫产品的认定标准和认定程序,按照《文化部 财政部 国家税务总局关于印发〈动漫企业认定管理办法(试行)〉的通知》(文市发〔2008〕51 号)的规定执行。

3. 电影放映服务、仓储服务、装卸搬运服务、收派服务和文化体育服务。

4. 以纳入营改增试点之日前取得的有形动产为标的物提供的经营租赁服务。

5. 在纳入营改增试点之日前签订的尚未执行完毕的有形动产租赁合同。

（七）建筑服务。

1. 一般纳税人以清包工方式提供的建筑服务，可以选择适用简易计税方法计税。

以清包工方式提供建筑服务，是指施工方不采购建筑工程所需的材料或只采购辅助材料，并收取人工费、管理费或者其他费用的建筑服务。

2. 一般纳税人为甲供工程提供的建筑服务，可以选择适用简易计税方法计税。

甲供工程，是指全部或部分设备、材料、动力由工程发包方自行采购的建筑工程。

3. 一般纳税人为建筑工程老项目提供的建筑服务，可以选择适用简易计税方法计税。

建筑工程老项目，是指：

（1）《建筑工程施工许可证》注明的合同开工日期在2016年4月30日前的建筑工程项目；

（2）未取得《建筑工程施工许可证》的，建筑工程承包合同注明的开工日期在2016年4月30日前的建筑工程项目。

4. 一般纳税人跨县（市）提供建筑服务，适用一般计税方法计税的，应以取得的全部价款和价外费用为销售额计算应纳税额。纳税人应以取得的全部价款和价外费用扣除支付的分包款后的余额，按照2%的预征率在建筑服务发生地预缴税款后，向机构所在地主管税务机关进行纳税申报。

5. 一般纳税人跨县（市）提供建筑服务，选择适用简易计税方法计税的，应以取得的全部价款和价外费用扣除支付的分包款后的余额为销售额，按照3%的征收率计算应纳税额。纳税人应按照上述计税方法在建筑服务发生地预缴税款后，向机构所在地主管税务机关进行纳税申报。

6. 试点纳税人中的小规模纳税人（以下称小规模纳税人）跨县（市）提供建筑服务，应以取得的全部价款和价外费用扣除支付的分包款后的余额为销售额，按照3%的征收率计算应纳税额。纳税人应按照上述计税方法在建筑服务发生地预缴税款后，向机构所在地主管税务机关进行纳税申报。

（八）销售不动产。

1. 一般纳税人销售其2016年4月30日前取得（不含自建）的不动产，可以选择适用简易计税方法，以取得的全部价款和价外费用减去该项不动产购置原价或者取得不动产时的作价后的余额为销售额，按照5%的征收率计算应纳税额。纳税人应按照上述计税方法在不动产所在地预缴税款后，向机构所在地主管税务机关进行纳税申报。

2. 一般纳税人销售其 2016 年 4 月 30 日前自建的不动产，可以选择适用简易计税方法，以取得的全部价款和价外费用为销售额，按照 5% 的征收率计算应纳税额。纳税人应按照上述计税方法在不动产所在地预缴税款后，向机构所在地主管税务机关进行纳税申报。

3. 一般纳税人销售其 2016 年 5 月 1 日后取得（不含自建）的不动产，应适用一般计税方法，以取得的全部价款和价外费用为销售额计算应纳税额。纳税人应以取得的全部价款和价外费用减去该项不动产购置原价或者取得不动产时的作价后的余额，按照 5% 的预征率在不动产所在地预缴税款后，向机构所在地主管税务机关进行纳税申报。

4. 一般纳税人销售其 2016 年 5 月 1 日后自建的不动产，应适用一般计税方法，以取得的全部价款和价外费用为销售额计算应纳税额。纳税人应以取得的全部价款和价外费用，按照 5% 的预征率在不动产所在地预缴税款后，向机构所在地主管税务机关进行纳税申报。

5. 小规模纳税人销售其取得（不含自建）的不动产（不含个体工商户销售购买的住房和其他个人销售不动产），应以取得的全部价款和价外费用减去该项不动产购置原价或者取得不动产时的作价后的余额为销售额，按照 5% 的征收率计算应纳税额。纳税人应按照上述计税方法在不动产所在地预缴税款后，向机构所在地主管税务机关进行纳税申报。

6. 小规模纳税人销售其自建的不动产，应以取得的全部价款和价外费用为销售额，按照 5% 的征收率计算应纳税额。纳税人应按照上述计税方法在不动产所在地预缴税款后，向机构所在地主管税务机关进行纳税申报。

7. 房地产开发企业中的一般纳税人，销售自行开发的房地产老项目，可以选择适用简易计税方法按照 5% 的征收率计税。

8. 房地产开发企业中的小规模纳税人，销售自行开发的房地产项目，按照 5% 的征收率计税。

9. 房地产开发企业采取预收款方式销售所开发的房地产项目，在收到预收款时按照 3% 的预征率预缴增值税。

10. 个体工商户销售购买的住房，应按照附件 3《营业税改征增值税试点过渡政策的规定》第五条的规定征免增值税。纳税人应按照上述计税方法在不动产所在地预缴税款后，向机构所在地主管税务机关进行纳税申报。

11. 其他个人销售其取得（不含自建）的不动产（不含其购买的住房），应以取得的全部价款和价外费用减去该项不动产购置原价或者取得不动产时的作价后的余额为销售额，按照 5% 的征收率计算应纳税额。

（九）不动产经营租赁服务。

1. 一般纳税人出租其2016年4月30日前取得的不动产，可以选择适用简易计税方法，按照5%的征收率计算应纳税额。纳税人出租其2016年4月30日前取得的与机构所在地不在同一县（市）的不动产，应按照上述计税方法在不动产所在地预缴税款后，向机构所在地主管税务机关进行纳税申报。

2. 公路经营企业中的一般纳税人收取试点前开工的高速公路的车辆通行费，可以选择适用简易计税方法，减按3%的征收率计算应纳税额。

试点前开工的高速公路，是指相关施工许可证明上注明的合同开工日期在2016年4月30日前的高速公路。

3. 一般纳税人出租其2016年5月1日后取得的、与机构所在地不在同一县（市）的不动产，应按照3%的预征率在不动产所在地预缴税款后，向机构所在地主管税务机关进行纳税申报。

4. 小规模纳税人出租其取得的不动产（不含个人出租住房），应按照5%的征收率计算应纳税额。纳税人出租与机构所在地不在同一县（市）的不动产，应按照上述计税方法在不动产所在地预缴税款后，向机构所在地主管税务机关进行纳税申报。

5. 其他个人出租其取得的不动产（不含住房），应按照5%的征收率计算应纳税额。

6. 个人出租住房，应按照5%的征收率减按1.5%计算应纳税额。

（十）一般纳税人销售其2016年4月30日前取得的不动产（不含自建），适用一般计税方法计税的，以取得的全部价款和价外费用为销售额计算应纳税额。上述纳税人应以取得的全部价款和价外费用减去该项不动产购置原价或者取得不动产时的作价后的余额，按照5%的预征率在不动产所在地预缴税款后，向机构所在地主管税务机关进行纳税申报。

房地产开发企业中的一般纳税人销售房地产老项目，以及一般纳税人出租其2016年4月30日前取得的不动产，适用一般计税方法计税的，应以取得的全部价款和价外费用，按照3%的预征率在不动产所在地预缴税款后，向机构所在地主管税务机关进行纳税申报。

一般纳税人销售其2016年4月30日前自建的不动产，适用一般计税方法计税的，应以取得的全部价款和价外费用为销售额计算应纳税额。纳税人应以取得的全部价款和价外费用，按照5%的预征率在不动产所在地预缴税款后，向机构所在地主管税务机关进行纳税申报。

（十一）一般纳税人跨省（自治区、直辖市或者计划单列市）提供建筑服务或者销售、出租取得的与机构所在地不在同一省（自治区、直辖市或者计划单列市）的不动产，在机构所在地申报纳税时，计算的应纳税额小于已预缴税额，且差额较大的，由国家税务总局通知建筑服务发生地或者不动产所在地省级税务机关，在一定时期内暂停预缴增值税。

（十二）纳税地点。

属于固定业户的试点纳税人，总分支机构不在同一县（市），但在同一省（自治区、直辖市、计划单列市）范围内的，经省（自治区、直辖市、计划单列市）财政厅（局）和国家税务局批准，可以由总机构汇总向总机构所在地的主管税务机关申报缴纳增值税。

（十三）试点前发生的业务。

1. 试点纳税人发生应税行为，按照国家有关营业税政策规定差额征收营业税的，因取得的全部价款和价外费用不足以抵减允许扣除项目金额，截至纳入营改增试点之日前尚未扣除的部分，不得在计算试点纳税人增值税应税销售额时抵减，应当向原主管地税机关申请退还营业税。

2. 试点纳税人发生应税行为，在纳入营改增试点之日前已缴纳营业税，营改增试点后因发生退款减除营业额的，应当向原主管地税机关申请退还已缴纳的营业税。

3. 试点纳税人纳入营改增试点之日前发生的应税行为，因税收检查等原因需要补缴税款的，应按照营业税政策规定补缴营业税。

（十四）销售使用过的固定资产。

一般纳税人销售自己使用过的、纳入营改增试点之日前取得的固定资产，按照现行旧货相关增值税政策执行。

使用过的固定资产，是指纳税人符合《试点实施办法》第二十八条规定并根据财务会计制度已经计提折旧的固定资产。

（十五）扣缴增值税适用税率。

境内的购买方为境外单位和个人扣缴增值税的，按照适用税率扣缴增值税。

（十六）其他规定。

1. 试点纳税人销售电信服务时，附带赠送用户识别卡、电信终端等货物或者电信服务的，应将其取得的全部价款和价外费用进行分别核算，按各自适用的税率计算缴纳增值税。

2. 油气田企业发生应税行为，适用《试点实施办法》规定的增值税税率，不再适用《财政部 国家税务总局关于印发〈油气田企业增值税管理办法〉的通知》（财税〔2009〕8号）规定的增值税税率。

二、原增值税纳税人［指按照《中华人民共和国增值税暂行条例》（国务

院令第 538 号）（以下称《增值税暂行条例》）缴纳增值税的纳税人〕有关政策

（一）进项税额。

1. 原增值税一般纳税人购进服务、无形资产或者不动产，取得的增值税专用发票上注明的增值税额为进项税额，准予从销项税额中抵扣。

2016 年 5 月 1 日后取得并在会计制度上按固定资产核算的不动产或者 2016 年 5 月 1 日后取得的不动产在建工程，其进项税额应自取得之日起分 2 年从销项税额中抵扣，第一年抵扣比例为 60%，第二年抵扣比例为 40%。

融资租入的不动产以及在施工现场修建的临时建筑物、构筑物，其进项税额不适用上述分 2 年抵扣的规定。

2. 原增值税一般纳税人自用的应征消费税的摩托车、汽车、游艇，其进项税额准予从销项税额中抵扣。

3. 原增值税一般纳税人从境外单位或者个人购进服务、无形资产或者不动产，按照规定应当扣缴增值税的，准予从销项税额中抵扣的进项税额为自税务机关或者扣缴义务人取得的解缴税款的完税凭证上注明的增值税额。

纳税人凭完税凭证抵扣进项税额的，应当具备书面合同、付款证明和境外单位的对账单或者发票。资料不全的，其进项税额不得从销项税额中抵扣。

4. 原增值税一般纳税人购进货物或者接受加工修理修配劳务，用于《销售服务、无形资产或者不动产注释》所列项目的，不属于《增值税暂行条例》第十条所称的用于非增值税应税项目，其进项税额准予从销项税额中抵扣。

5. 原增值税一般纳税人购进服务、无形资产或者不动产，下列项目的进项税额不得从销项税额中抵扣：

（1）用于简易计税方法计税项目、免征增值税项目、集体福利或者个人消费。其中涉及的无形资产、不动产，仅指专用于上述项目的无形资产（不包括其他权益性无形资产）、不动产。

纳税人的交际应酬消费属于个人消费。

（2）非正常损失的购进货物，以及相关的加工修理修配劳务和交通运输服务。

（3）非正常损失的在产品、产成品所耗用的购进货物（不包括固定资产）、加工修理修配劳务和交通运输服务。

（4）非正常损失的不动产，以及该不动产所耗用的购进货物、设计服务和建筑服务。

（5）非正常损失的不动产在建工程所耗用的购进货物、设计服务和建筑服务。

纳税人新建、改建、扩建、修缮、装饰不动产，均属于不动产在建工程。

（6）购进的旅客运输服务、贷款服务、餐饮服务、居民日常服务和娱乐服务。

（7）财政部和国家税务总局规定的其他情形。

上述第（4）点、第（5）点所称货物，是指构成不动产实体的材料和设备，包括建筑装饰材料和给排水、采暖、卫生、通风、照明、通讯、煤气、消防、中央空调、电梯、电气、智能化楼宇设备及配套设施。

纳税人接受贷款服务向贷款方支付的与该笔贷款直接相关的投融资顾问费、手续费、咨询费等费用，其进项税额不得从销项税额中抵扣。

6. 已抵扣进项税额的购进服务，发生上述第5点规定情形（简易计税方法计税项目、免征增值税项目除外）的，应当将该进项税额从当期进项税额中扣减；无法确定该进项税额的，按照当期实际成本计算应扣减的进项税额。

7. 已抵扣进项税额的无形资产或者不动产，发生上述第5点规定情形的，按照下列公式计算不得抵扣的进项税额：

$$不得抵扣的进项税额 = 无形资产或者不动产净值 \times 适用税率$$

8. 按照《增值税暂行条例》第十条和上述第5点不得抵扣且未抵扣进项税额的固定资产、无形资产、不动产，发生用途改变，用于允许抵扣进项税额的应税项目，可在用途改变的次月按照下列公式，依据合法有效的增值税扣税凭证，计算可以抵扣的进项税额：

$$可以抵扣的进项税额 = 固定资产、无形资产、不动产净值/(1+适用税率) \times 适用税率$$

上述可以抵扣的进项税额应取得合法有效的增值税扣税凭证。

（二）增值税期末留抵税额。

原增值税一般纳税人兼有销售服务、无形资产或者不动产的，截止到纳入营改增试点之日前的增值税期末留抵税额，不得从销售服务、无形资产或者不动产的销项税额中抵扣。

（三）混合销售。

一项销售行为如果既涉及货物又涉及服务，为混合销售。从事货物的生产、批发或者零售的单位和个体工商户的混合销售行为，按照销售货物缴纳增值税；其他单位和个体工商户的混合销售行为，按照销售服务缴纳增值税。

上述从事货物的生产、批发或者零售的单位和个体工商户，包括以从事货物的生产、批发或者零售为主，并兼营销售服务的单位和个体工商户在内。

附件3：

营业税改征增值税试点过渡政策的规定

一、下列项目免征增值税
（一）托儿所、幼儿园提供的保育和教育服务。

托儿所、幼儿园，是指经县级以上教育部门审批成立、取得办园许可证的实施0～6岁学前教育的机构，包括公办和民办的托儿所、幼儿园、学前班、幼儿班、保育院、幼儿院。

公办托儿所、幼儿园免征增值税的收入是指，在省级财政部门和价格主管部门审核报省级人民政府批准的收费标准以内收取的教育费、保育费。

民办托儿所、幼儿园免征增值税的收入是指，在报经当地有关部门备案并公示的收费标准范围内收取的教育费、保育费。

超过规定收费标准的收费，以开办实验班、特色班和兴趣班等为由另外收取的费用以及与幼儿入园挂钩的赞助费、支教费等超过规定范围的收入，不属于免征增值税的收入。

（二）养老机构提供的养老服务。

养老机构，是指依照民政部《养老机构设立许可办法》（民政部令第48号）设立并依法办理登记的为老年人提供集中居住和照料服务的各类养老机构；养老服务，是指上述养老机构按照民政部《养老机构管理办法》（民政部令第49号）的规定，为收住的老年人提供的生活照料、康复护理、精神慰藉、文化娱乐等服务。

（三）残疾人福利机构提供的育养服务。
（四）婚姻介绍服务。
（五）殡葬服务。

殡葬服务，是指收费标准由各地价格主管部门会同有关部门核定，或者实行政府指导价管理的遗体接运（含抬尸、消毒）、遗体整容、遗体防腐、存放（含冷藏）、火化、骨灰寄存、吊唁设施设备租赁、墓穴租赁及管理等服务。

（六）残疾人员本人为社会提供的服务。
（七）医疗机构提供的医疗服务。

医疗机构，是指依据国务院《医疗机构管理条例》（国务院令第149号）及卫生部《医疗机构管理条例实施细则》（卫生部令第35号）的规定，经登记取得《医疗机构执业许可证》的机构，以及军队、武警部队各级各类医疗机构。具体包括：各级各类医院、门诊部（所）、社区卫生服务中心（站）、急救中心（站）、城乡卫生院、护理院（所）、疗养院、临床检验中心，各级政府及有关部门举办的卫生防疫站（疾病控制中心）、各种专科疾病防治站（所），各级政府举办的妇幼保健所（站）、母婴保健机构、儿童保健机构，各级政府举办的血站（血液中心）等医疗机构。

本项所称的医疗服务，是指医疗机构按照不高于地（市）级以上价格主管部门会同同级卫生主管部门及其他相关部门制定的医疗服务指导价格（包括政府指导价和按照规定由供需双方协商确定的价格等）为就医者提供《全国医疗服务价格项目规范》所列的各项服务，以及医疗机构向社会提供卫生防疫、卫生检疫的服务。

（八）从事学历教育的学校提供的教育服务。

1. 学历教育，是指受教育者经过国家教育考试或者国家规定的其他入学方式，进入国家有关部门批准的学校或者其他教育机构学习，获得国家承认的学历证书的教育形式。具体包括：

（1）初等教育：普通小学、成人小学。

（2）初级中等教育：普通初中、职业初中、成人初中。

（3）高级中等教育：普通高中、成人高中和中等职业学校（包括普通中专、成人中专、职业高中、技工学校）。

（4）高等教育：普通本专科、成人本专科、网络本专科、研究生（博士、硕士）、高等教育自学考试、高等教育学历文凭考试。

2. 从事学历教育的学校，是指：

（1）普通学校。

（2）经地（市）级以上人民政府或者同级政府的教育行政部门批准成立、国家承认其学员学历的各类学校。

（3）经省级及以上人力资源社会保障行政部门批准成立的技工学校、高级技工学校。

（4）经省级人民政府批准成立的技师学院。

上述学校均包括符合规定的从事学历教育的民办学校，但不包括职业培训机构等国家不承认学历的教育机构。

3. 提供教育服务免征增值税的收入，是指对列入规定招生计划的在籍学生提供学历教育服务取得的收入，具体包括：经有关部门审核批准并按规定标准收取的学费、住宿费、课本费、作业本费、考试报名费收入，以及学校食堂提供餐饮服务取得的伙食费收入。除此之外的收入，包括学校以各种名义收取的赞助费、择校费等，不属于免征增值税的范围。

学校食堂是指依照《学校食堂与学生集体用餐卫生管理规定》（教育部令

第 14 号）管理的学校食堂。

（九）学生勤工俭学提供的服务。

（十）农业机耕、排灌、病虫害防治、植物保护、农牧保险以及相关技术培训业务，家禽、牲畜、水生动物的配种和疾病防治。

农业机耕，是指在农业、林业、牧业中使用农业机械进行耕作（包括耕耘、种植、收割、脱粒、植物保护等）的业务；排灌，是指对农田进行灌溉或者排涝的业务；病虫害防治，是指从事农业、林业、牧业、渔业的病虫害测报和防治的业务；农牧保险，是指为种植业、养殖业、牧业种植和饲养的动植物提供保险的业务；相关技术培训，是指与农业机耕、排灌、病虫害防治、植物保护业务相关以及为使农民获得农牧保险知识的技术培训业务；家禽、牲畜、水生动物的配种和疾病防治业务的免税范围，包括与该项服务有关的提供药品和医疗用具的业务。

（十一）纪念馆、博物馆、文化馆、文物保护单位管理机构、美术馆、展览馆、书画院、图书馆在自己的场所提供文化体育服务取得的第一道门票收入。

（十二）寺院、宫观、清真寺和教堂举办文化、宗教活动的门票收入。

（十三）行政单位之外的其他单位收取的符合《试点实施办法》第十条规定条件的政府性基金和行政事业性收费。

（十四）个人转让著作权。

（十五）个人销售自建自用住房。

（十六）2018 年 12 月 31 日前，公共租赁住房经营管理单位出租公共租赁住房。

公共租赁住房，是指纳入省、自治区、直辖市、计划单列市人民政府及新疆生产建设兵团批准的公共租赁住房发展规划和年度计划，并按照《关于加快发展公共租赁住房的指导意见》（建保〔2010〕87 号）和市、县人民政府制定的具体管理办法进行管理的公共租赁住房。

（十七）台湾航运公司、航空公司从事海峡两岸海上直航、空中直航业务在大陆取得的运输收入。

台湾航运公司，是指取得交通运输部颁发的"台湾海峡两岸间水路运输许可证"且该许可证上注明的公司登记地址在台湾的航运公司。

台湾航空公司，是指取得中国民用航空局颁发的"经营许可"或者依据《海峡两岸空运协议》和《海峡两岸空运补充协议》规定，批准经营两岸旅客、货物和邮件不定期（包机）运输业务，且公司登记地址在台湾的航空公司。

（十八）纳税人提供的直接或者间接国际货物运输代理服务。

1. 纳税人提供直接或者间接国际货物运输代理服务，向委托方收取的全部国际货物运输代理服务收入,以及向国际运输承运人支付的国际运输费用,必须通过金融机构进行结算。

2. 纳税人为大陆与香港、澳门、台湾地区之间的货物运输提供的货物运输代理服务参照国际货物运输代理服务有关规定执行。

3. 委托方索取发票的,纳税人应当就国际货物运输代理服务收入向委托方全额开具增值税普通发票。

(十九)以下利息收入。

1. 2016年12月31日前,金融机构农户小额贷款。

小额贷款,是指单笔且该农户贷款余额总额在10万元(含本数)以下的贷款。

所称农户,是指长期(一年以上)居住在乡镇(不包括城关镇)行政管理区域内的住户,还包括长期居住在城关镇所辖行政村范围内的住户和户口不在本地而在本地居住一年以上的住户,国有农场的职工和农村个体工商户。位于乡镇(不包括城关镇)行政管理区域内和在城关镇所辖行政村范围内的国有经济的机关、团体、学校、企事业单位的集体户;有本地户口,但举家外出谋生一年以上的住户,无论是否保留承包耕地均不属于农户。农户以户为统计单位,既可以从事农业生产经营,也可以从事非农业生产经营。农户贷款的判定应以贷款发放时的承贷主体是否属于农户为准。

2. 国家助学贷款。

3. 国债、地方政府债。

4. 人民银行对金融机构的贷款。

5. 住房公积金管理中心用住房公积金在指定的委托银行发放的个人住房贷款。

6. 外汇管理部门在从事国家外汇储备经营过程中,委托金融机构发放的外汇贷款。

7. 统借统还业务中,企业集团或企业集团中的核心企业以及集团所属财务公司按不高于支付给金融机构的借款利率水平或者支付的债券票面利率水平,向企业集团或者集团内下属单位收取的利息。

统借方向资金使用单位收取的利息,高于支付给金融机构借款利率水平或者支付的债券票面利率水平的,应全额缴纳增值税。

统借统还业务,是指:

(1)企业集团或者企业集团中的核心企业向金融机构借款或对外发行债券取得资金后,将所借资金分拨给下属单位(包括独立核算单位和非独立核算单位,下同),并向下属单位收取用于归还金融机构或债券购买方本息的业务。

（2）企业集团向金融机构借款或对外发行债券取得资金后，由集团所属财务公司与企业集团或者集团内下属单位签订统借统还贷款合同并分拨资金，并向企业集团或者集团内下属单位收取本息，再转付企业集团，由企业集团统一归还金融机构或债券购买方的业务。

（二十）被撤销金融机构以货物、不动产、无形资产、有价证券、票据等财产清偿债务。

被撤销金融机构，是指经人民银行、银监会依法决定撤销的金融机构及其分设于各地的分支机构，包括被依法撤销的商业银行、信托投资公司、财务公司、金融租赁公司、城市信用社和农村信用社。除另有规定外，被撤销金融机构所属、附属企业，不享受被撤销金融机构增值税免税政策。

（二十一）保险公司开办的一年期以上人身保险产品取得的保费收入。

一年期以上人身保险，是指保险期间为一年期及以上返还本利的人寿保险、养老年金保险，以及保险期间为一年期及以上的健康保险。

人寿保险，是指以人的寿命为保险标的的人身保险。

养老年金保险，是指以养老保障为目的，以被保险人生存为给付保险金条件，并按约定的时间间隔分期给付生存保险金的人身保险。养老年金保险应当同时符合下列条件：

1. 保险合同约定给付被保险人生存保险金的年龄不得小于国家规定的退休年龄。

2. 相邻两次给付的时间间隔不得超过一年。

健康保险，是指以因健康原因导致损失为给付保险金条件的人身保险。

上述免税政策实行备案管理，具体备案管理办法按照《国家税务总局关于一年期以上返还性人身保险产品免征营业税审批事项取消后有关管理问题的公告》（国家税务总局公告2015年第65号）规定执行。

（二十二）下列金融商品转让收入。

1. 合格境外投资者（QFII）委托境内公司在我国从事证券买卖业务。
2. 香港市场投资者（包括单位和个人）通过沪港通买卖上海证券交易所上市A股。
3. 对香港市场投资者（包括单位和个人）通过基金互认买卖内地基金份额。
4. 证券投资基金（封闭式证券投资基金，开放式证券投资基金）管理人运用基金买卖股票、债券。
5. 个人从事金融商品转让业务。

（二十三）金融同业往来利息收入。

1. 金融机构与人民银行所发生的资金往来业务。包括人民银行对一般金融机构贷款，以及人民银行对商业银行的再贴现等。

2. 银行联行往来业务。同一银行系统内部不同行、处之间所发生的资金账务往来业务。

3. 金融机构间的资金往来业务。是指经人民银行批准，进入全国银行间同业拆借市场的金融机构之间通过全国统一的同业拆借网络进行的短期（一年以下含一年）无担保资金融通行为。

4. 金融机构之间开展的转贴现业务。

金融机构是指：

（1）银行：包括人民银行、商业银行、政策性银行。

（2）信用合作社。

（3）证券公司。

（4）金融租赁公司、证券基金管理公司、财务公司、信托投资公司、证券投资基金。

（5）保险公司。

（6）其他经人民银行、银监会、证监会、保监会批准成立且经营金融保险业务的机构等。

（二十四）同时符合下列条件的担保机构从事中小企业信用担保或者再担保业务取得的收入（不含信用评级、咨询、培训等收入）3年内免征增值税：

1. 已取得监管部门颁发的融资性担保机构经营许可证，依法登记注册为企（事）业法人，实收资本超过2000万元。

2. 平均年担保费率不超过银行同期贷款基准利率的50%。平均年担保费率＝本期担保费收入/（期初担保余额＋本期增加担保金额）×100%。

3. 连续合规经营2年以上，资金主要用于担保业务，具备健全的内部管理制度和为中小企业提供担保的能力，经营业绩突出，对受保项目具有完善的事前评估、事中监控、事后追偿与处置机制。

4. 为中小企业提供的累计担保贷款额占其两年累计担保业务总额的80%以上，单笔800万元以下的累计担保贷款额占其累计担保业务总额的50%以上。

5. 对单个受保企业提供的担保余额不超过担保机构实收资本总额的10%，且平均单笔担保责任金额最多不超过3000万元人民币。

6. 担保责任余额不低于其净资产的3倍，且代偿率不超过2%。

担保机构免征增值税政策采取备案管理方式。符合条件的担保机构应到所在地县（市）主管税务机关和同级中小企业管理部门履行规定的备案手续，自完成备案手续之日起，享受3年免征增值税政策。3年免税期满后，符合条件的担保机构可按规定程序办理备案手续后继续享受该项政策。

具体备案管理办法按照《国家税务总局关于中小企业信用担保机构免征营业税审批事项取消后有关管理问题的公告》（国家税务总局公告2015年第69号）规定执行，其中税务机关的备案管理部门统一调整为县（市）级国家税务局。

（二十五）国家商品储备管理单位及其直属企业承担商品储备任务，从中央或者地方财政取得的利息补贴收入和价差补贴收入。

国家商品储备管理单位及其直属企业，是指接受中央、省、市、县四级政府有关部门（或者政府指定管理单位）委托，承担粮（含大豆）、食用油、棉、糖、肉、盐（限于中央储备）等6种商品储备任务，并按有关政策收储、销售上述6种储备商品，取得财政储备经费或者补贴的商品储备企业。利息补贴收入，是指国家商品储备管理单位及其直属企业因承担上述商品储备任务从金融机构贷款，并从中央或者地方财政取得的用于偿还贷款利息的贴息收入。价差补贴收入包括销售价差补贴收入和轮换价差补贴收入。销售价差补贴收入，是指按照中央或者地方政府指令销售上述储备商品时，由于销售收入小于库存成本而从中央或者地方财政获得的全额价差补贴收入。轮换价差补贴收入，是指根据要求定期组织政策性储备商品轮换而从中央或者地方财政取得的商品新陈品质价差补贴收入。

（二十六）纳税人提供技术转让、技术开发和与之相关的技术咨询、技术服务。

1. 技术转让、技术开发，是指《销售服务、无形资产、不动产注释》中"转让技术"、"研发服务"范围内的业务活动。技术咨询，是指就特定技术项目提供可行性论证、技术预测、专题技术调查、分析评价报告等业务活动。

与技术转让、技术开发相关的技术咨询、技术服务，是指转让方（或者受托方）根据技术转让或者开发合同的规定，为帮助受让方（或者委托方）掌握所转让（或者委托开发）的技术，而提供的技术咨询、技术服务业务，且这部分技术咨询、技术服务的价款与技术转让或者技术开发的价款应当在同一张发票上开具。

2. 备案程序。试点纳税人申请免征增值税时，须持技术转让、开发的书面合同，到纳税人所在地省级科技主管部门进行认定，并持有关的书面合同和科技主管部门审核意见证明文件报主管税务机关备查。

（二十七）同时符合下列条件的合同能源管理服务：

1. 节能服务公司实施合同能源管理项目相关技术，应当符合国家质量监督检验检疫总局和国家标准化管理委员会发布的《合同能源管理技术通则》（GB/T24915－2010）规定的技术要求。

2. 节能服务公司与用能企业签订节能效益分享型合同，其合同格式和内容，符合《中华人民共和国合同法》和《合同能源管理技术通则》（GB/T24915-2010）等规定。

（二十八）2017年12月31日前，科普单位的门票收入，以及县级及以上党政部门和科协开展科普活动的门票收入。

科普单位，是指科技馆、自然博物馆，对公众开放的天文馆（站、台）、气象台（站）、地震台（站），以及高等院校、科研机构对公众开放的科普基地。

科普活动，是指利用各种传媒以浅显的、让公众易于理解、接受和参与的方式，向普通大众介绍自然科学和社会科学知识，推广科学技术的应用，倡导科学方法，传播科学思想，弘扬科学精神的活动。

（二十九）政府举办的从事学历教育的高等、中等和初等学校（不含下属单位），举办进修班、培训班取得的全部归该学校所有的收入。

全部归该学校所有，是指举办进修班、培训班取得的全部收入进入该学校统一账户，并纳入预算全额上缴财政专户管理，同时由该学校对有关票据进行统一管理和开具。

举办进修班、培训班取得的收入进入该学校下属部门自行开设账户的，不予免征增值税。

（三十）政府举办的职业学校设立的主要为在校学生提供实习场所、并由学校出资自办、由学校负责经营管理、经营收入归学校所有的企业，从事《销售服务、无形资产或者不动产注释》中"现代服务"（不含融资租赁服务、广告服务和其他现代服务）、"生活服务"（不含文化体育服务、其他生活服务和桑拿、氧吧）业务活动取得的收入。

（三十一）家政服务企业由员工制家政服务员提供家政服务取得的收入。

家政服务企业，是指在企业营业执照的规定经营范围中包括家政服务内容的企业。

员工制家政服务员，是指同时符合下列3个条件的家政服务员：

1. 依法与家政服务企业签订半年及半年以上的劳动合同或者服务协议，且在该企业实际上岗工作。

2. 家政服务企业为其按月足额缴纳了企业所在地人民政府根据国家政策规定的基本养老保险、基本医疗保险、工伤保险、失业保险等社会保险。对已享受新型农村养老保险和新型农村合作医疗等社会保险或者下岗职工原单位继续为其缴纳社会保险的家政服务员，如果本人书面提出不再缴纳企业所在地人民政府根据国家政策规定的相应的社会保险，并出具其所在乡镇或者原单位开具的已缴纳相关保险的证明，可视同家政服务企业已为其按月足额缴纳了相应的社会保险。

3. 家政服务企业通过金融机构向其实际支付不低于企业所在地适用的经省级人民政府批准的最低工资标准的工资。

（三十二）福利彩票、体育彩票的发行收入。

（三十三）军队空余房产租赁收入。

（三十四）为了配合国家住房制度改革，企业、行政事业单位按房改成本价、标准价出售住房取得的收入。

（三十五）将土地使用权转让给农业生产者用于农业生产。

（三十六）涉及家庭财产分割的个人无偿转让不动产、土地使用权。

家庭财产分割，包括下列情形：离婚财产分割；无偿赠与配偶、父母、子女、祖父母、外祖父母、孙子女、外孙子女、兄弟姐妹；无偿赠与对其承担直接抚养或者赡养义务的抚养人或者赡养人；房屋产权所有人死亡，法定继承人、遗嘱继承人或者受遗赠人依法取得房屋产权。

（三十七）土地所有者出让土地使用权和土地使用者将土地使用权归还给土地所有者。

（三十八）县级以上地方人民政府或自然资源行政主管部门出让、转让或收回自然资源使用权（不含土地使用权）。

（三十九）随军家属就业。

1. 为安置随军家属就业而新开办的企业，自领取税务登记证之日起，其提供的应税服务3年内免征增值税。

享受税收优惠政策的企业，随军家属必须占企业总人数的60%（含）以上，并有军（含）以上政治和后勤机关出具的证明。

2. 从事个体经营的随军家属，自办理税务登记事项之日起，其提供的应税服务3年内免征增值税。

随军家属必须有师以上政治机关出具的可以表明其身份的证明。

按照上述规定，每一名随军家属可以享受一次免税政策。

（四十）军队转业干部就业。

1. 从事个体经营的军队转业干部，自领取税务登记证之日起，其提供的应税服务3年内免征增值税。

2. 为安置自主择业的军队转业干部就业而新开办的企业，凡安置自主择业的军队转业干部占企业总人数60%（含）以上的，自领取税务登记证之日起，其提供的应税服务3年内免征增值税。

享受上述优惠政策的自主择业的军队转业干部必须持有师以上部队颁发的

转业证件。

二、增值税即征即退

（一）一般纳税人提供管道运输服务，对其增值税实际税负超过3%的部分实行增值税即征即退政策。

（二）经人民银行、银监会或者商务部批准从事融资租赁业务的试点纳税人中的一般纳税人，提供有形动产融资租赁服务和有形动产融资性售后回租服务，对其增值税实际税负超过3%的部分实行增值税即征即退政策。商务部授权的省级商务主管部门和国家经济技术开发区批准的从事融资租赁业务和融资性售后回租业务的试点纳税人中的一般纳税人，2016年5月1日后实收资本达到1.7亿元的，从达到标准的当月起按照上述规定执行；2016年5月1日后实收资本未达到1.7亿元但注册资本达到1.7亿元的，在2016年7月31日前仍可按照上述规定执行，2016年8月1日后开展的有形动产融资租赁业务和有形动产融资性售后回租业务不得按照上述规定执行。

（三）本规定所称增值税实际税负，是指纳税人当期提供应税服务实际缴纳的增值税额占纳税人当期提供应税服务取得的全部价款和价外费用的比例。

三、扣减增值税规定

（一）退役士兵创业就业。

1. 对自主就业退役士兵从事个体经营的，在3年内按每户每年8000元为限额依次扣减其当年实际应缴纳的增值税、城市维护建设税、教育费附加、地方教育附加和个人所得税。限额标准最高可上浮20%，各省、自治区、直辖市人民政府可根据本地区实际情况在此幅度内确定具体限额标准，并报财政部和国家税务总局备案。

纳税人年度应缴纳税款小于上述扣减限额的，以其实际缴纳的税款为限；大于上述扣减限额的，应以上述扣减限额为限。纳税人的实际经营期不足一年的，应当以实际月份换算其减免税限额。换算公式为：减免税限额＝年度减免税限额÷12×实际经营月数。

纳税人在享受税收优惠政策的当月，持《中国人民解放军义务兵退出现役证》或《中国人民解放军士官退出现役证》以及税务机关要求的相关材料向主管税务机关备案。

2. 对商贸企业、服务型企业、劳动就业服务企业中的加工型企业和街道社区具有加工性质的小型企业实体，在新增加的岗位中，当年新招用自主就业退役士兵，与其签订1年以上期限劳动合同并依法缴纳社会保险费的，在3年内按实际招用人数予以定额依次扣减增值税、城市维护建设税、教育费附加、地方教育附加和企业所得税优惠。定额标准为每人每年4000元，最高可上浮

50%，各省、自治区、直辖市人民政府可根据本地区实际情况在此幅度内确定具体定额标准，并报财政部和国家税务总局备案。

本条所称服务型企业是指从事《销售服务、无形资产、不动产注释》中"不动产租赁服务"、"商务辅助服务"（不含货物运输代理和代理报关服务）、"生活服务"（不含文化体育服务）范围内业务活动的企业以及按照《民办非企业单位登记管理暂行条例》（国务院令第251号）登记成立的民办非企业单位。

纳税人按企业招用人数和签订的劳动合同时间核定企业减免税总额，在核定减免税总额内每月依次扣减增值税、城市维护建设税、教育费附加和地方教育附加。纳税人实际应缴纳的增值税、城市维护建设税、教育费附加和地方教育附加小于核定减免税总额的，以实际应缴纳的增值税、城市维护建设税、教育费附加和地方教育附加为限；实际应缴纳的增值税、城市维护建设税、教育费附加和地方教育附加大于核定减免税总额的，以核定减免税总额为限。

纳税年度终了，如果企业实际减免的增值税、城市维护建设税、教育费附加和地方教育附加小于核定的减免税总额，企业在企业所得税汇算清缴时扣减企业所得税。当年扣减不足的，不再结转以后年度扣减。

计算公式为：企业减免税总额 = $\sum$ 每名自主就业退役士兵本年度在本企业工作月份 ÷ 12 × 定额标准。

企业自招用自主就业退役士兵的次月起享受税收优惠政策，并于享受税收优惠政策的当月，持下列材料向主管税务机关备案：

（1）新招用自主就业退役士兵的《中国人民解放军义务兵退出现役证》或《中国人民解放军士官退出现役证》。

（2）企业与新招用自主就业退役士兵签订的劳动合同（副本），企业为职工缴纳的社会保险费记录。

（3）自主就业退役士兵本年度在企业工作时间表。

（4）主管税务机关要求的其他相关材料。

3. 上述所称自主就业退役士兵是指依照《退役士兵安置条例》（国务院、中央军委令第608号）的规定退出现役并按自主就业方式安置的退役士兵。

4. 上述税收优惠政策的执行期限为2016年5月1日至2016年12月31日，纳税人在2016年12月31日未享受满3年的，可继续享受至3年期满为止。

按照《财政部　国家税务总局　民政部关于调整完善扶持自主就业退役士兵创业就业有关税收政策的通知》（财税〔2014〕42号）规定享受营业税优惠政策的纳税人，自2016年5月1日起按照上述规定享受增值税优惠政策，在2016年12月31日未享受满3年的，可继续享受至3年期满为止。

《财政部　国家税务总局关于将铁路运输和邮政业纳入营业税改征增值税试

点的通知》（财税〔2013〕106 号）附件 3 第一条第（十二）项城镇退役士兵就业免征增值税政策，自 2014 年 7 月 1 日起停止执行。在 2014 年 6 月 30 日未享受满 3 年的，可继续享受至 3 年期满为止。

（二）重点群体创业就业。

1. 对持《就业创业证》（注明"自主创业税收政策"或"毕业年度内自主创业税收政策"）或 2015 年 1 月 27 日前取得的《就业失业登记证》（注明"自主创业税收政策"或附着《高校毕业生自主创业证》）的人员从事个体经营的，在 3 年内按每户每年 8000 元为限额依次扣减其当年实际应缴纳的增值税、城市维护建设税、教育费附加、地方教育附加和个人所得税。限额标准最高可上浮 20%，各省、自治区、直辖市人民政府可根据本地区实际情况在此幅度内确定具体限额标准，并报财政部和国家税务总局备案。

纳税人年度应缴纳税款小于上述扣减限额的，以其实际缴纳的税款为限；大于上述扣减限额的，应以上述扣减限额为限。

上述人员是指：

（1）在人力资源社会保障部门公共就业服务机构登记失业半年以上的人员。

（2）零就业家庭、享受城市居民最低生活保障家庭劳动年龄内的登记失业人员。

（3）毕业年度内高校毕业生。高校毕业生是指实施高等学历教育的普通高等学校、成人高等学校毕业的学生；毕业年度是指毕业所在自然年，即 1 月 1 日至 12 月 31 日。

2. 对商贸企业、服务型企业、劳动就业服务企业中的加工型企业和街道社区具有加工性质的小型企业实体，在新增加的岗位中，当年新招用在人力资源社会保障部门公共就业服务机构登记失业半年以上且持《就业创业证》或 2015 年 1 月 27 日前取得的《就业失业登记证》（注明"企业吸纳税收政策"）人员，与其签订 1 年以上期限劳动合同并依法缴纳社会保险费的，在 3 年内按实际招用人数予以定额依次扣减增值税、城市维护建设税、教育费附加、地方教育附加和企业所得税优惠。定额标准为每人每年 4000 元，最高可上浮 30%，各省、自治区、直辖市人民政府可根据本地区实际情况在此幅度内确定具体定额标准，并报财政部和国家税务总局备案。

按上述标准计算的税收扣减额应在企业当年实际应缴纳的增值税、城市维护建设税、教育费附加、地方教育附加和企业所得税税额中扣减，当年扣减不足的，不得结转下年使用。

本条所称服务型企业是指从事《销售服务、无形资产、不动产注释》中

"不动产租赁服务"、"商务辅助服务"（不含货物运输代理和代理报关服务）、"生活服务"（不含文化体育服务）范围内业务活动的企业以及按照《民办非企业单位登记管理暂行条例》（国务院令第251号）登记成立的民办非企业单位。

3. 享受上述优惠政策的人员按以下规定申领《就业创业证》：

（1）按照《就业服务与就业管理规定》（劳动和社会保障部令第28号）第六十三条的规定，在法定劳动年龄内，有劳动能力，有就业要求，处于无业状态的城镇常住人员，在公共就业服务机构进行失业登记，申领《就业创业证》。其中，农村进城务工人员和其他非本地户籍人员在常住地稳定就业满6个月的，失业后可以在常住地登记。

（2）零就业家庭凭社区出具的证明，城镇低保家庭凭低保证明，在公共就业服务机构登记失业，申领《就业创业证》。

（3）毕业年度内高校毕业生在校期间凭学生证向公共就业服务机构按规定申领《就业创业证》，或委托所在高校就业指导中心向公共就业服务机构按规定代为其申领《就业创业证》；毕业年度内高校毕业生离校后直接向公共就业服务机构按规定申领《就业创业证》。

（4）上述人员申领相关凭证后，由就业和创业地人力资源社会保障部门对人员范围、就业失业状态、已享受政策情况进行核实，在《就业创业证》上注明"自主创业税收政策"、"毕业年度内自主创业税收政策"或"企业吸纳税收政策"字样，同时符合自主创业和企业吸纳税收政策条件的，可同时加注；主管税务机关在《就业创业证》上加盖戳记，注明减免税所属时间。

4. 上述税收优惠政策的执行期限为2016年5月1日至2016年12月31日，纳税人在2016年12月31日未享受满3年的，可继续享受至3年期满为止。

按照《财政部　国家税务总局　人力资源社会保障部关于继续实施支持和促进重点群体创业就业有关税收政策的通知》（财税〔2014〕39号）规定享受营业税优惠政策的纳税人，自2016年5月1日起按照上述规定享受增值税优惠政策，在2016年12月31日未享受满3年的，可继续享受至3年期满为止。

《财政部　国家税务总局关于将铁路运输和邮政业纳入营业税改征增值税试点的通知》（财税〔2013〕106号）附件3第一条第（十三）项失业人员就业增值税优惠政策，自2014年1月1日起停止执行。在2013年12月31日未享受满3年的，可继续享受至3年期满为止。

四、金融企业发放贷款后，自结息日起90天内发生的应收未收利息按现行规定缴纳增值税，自结息日起90天后发生的应收未收利息暂不缴纳增值税，待实际收到利息时按规定缴纳增值税。

上述所称金融企业，是指银行（包括国有、集体、股份制、合资、外资银行以及其他所有制形式的银行)、城市信用社、农村信用社、信托投资公司、财务公司。

五、个人将购买不足 2 年的住房对外销售的,按照 5% 的征收率全额缴纳增值税;个人将购买 2 年以上(含 2 年)的住房对外销售的,免征增值税。上述政策适用于北京市、上海市、广州市和深圳市之外的地区。

个人将购买不足 2 年的住房对外销售的,按照 5% 的征收率全额缴纳增值税;个人将购买 2 年以上(含 2 年)的非普通住房对外销售的,以销售收入减去购买住房价款后的差额按照 5% 的征收率缴纳增值税;个人将购买 2 年以上(含 2 年)的普通住房对外销售的,免征增值税。上述政策仅适用于北京市、上海市、广州市和深圳市。

办理免税的具体程序、购买房屋的时间、开具发票、非购买形式取得住房行为及其他相关税收管理规定,按照《国务院办公厅转发建设部等部门关于做好稳定住房价格工作意见的通知》(国办发〔2005〕26 号)、《国家税务总局 财政部 建设部关于加强房地产税收管理的通知》(国税发〔2005〕89 号)和《国家税务总局关于房地产税收政策执行中几个具体问题的通知》(国税发〔2005〕172 号)的有关规定执行。

六、上述增值税优惠政策除已规定期限的项目和第五条政策外,其他均在营改增试点期间执行。如果试点纳税人在纳入营改增试点之日前已经按照有关政策规定享受了营业税税收优惠,在剩余税收优惠政策期限内,按照本规定享受有关增值税优惠。

附件 4:

跨境应税行为适用增值税零税率和免税政策的规定

一、中华人民共和国境内(以下称境内)的单位和个人销售的下列服务和无形资产,适用增值税零税率:

(一)国际运输服务。

国际运输服务,是指:

1. 在境内载运旅客或者货物出境。
2. 在境外载运旅客或者货物入境。
3. 在境外载运旅客或者货物。

(二)航天运输服务。

(三)向境外单位提供的完全在境外消费的下列服务:

1. 研发服务。

2. 合同能源管理服务。

3. 设计服务。

4. 广播影视节目（作品）的制作和发行服务。

5. 软件服务。

6. 电路设计及测试服务。

7. 信息系统服务。

8. 业务流程管理服务。

9. 离岸服务外包业务。

离岸服务外包业务，包括信息技术外包服务（ITO）、技术性业务流程外包服务（BPO）、技术性知识流程外包服务（KPO），其所涉及的具体业务活动，按照《销售服务、无形资产、不动产注释》相对应的业务活动执行。

10. 转让技术。

（四）财政部和国家税务总局规定的其他服务。

二、境内的单位和个人销售的下列服务和无形资产免征增值税，但财政部和国家税务总局规定适用增值税零税率的除外：

（一）下列服务：

1. 工程项目在境外的建筑服务。

2. 工程项目在境外的工程监理服务。

3. 工程、矿产资源在境外的工程勘察勘探服务。

4. 会议展览地点在境外的会议展览服务。

5. 存储地点在境外的仓储服务。

6. 标的物在境外使用的有形动产租赁服务。

7. 在境外提供的广播影视节目（作品）的播映服务。

8. 在境外提供的文化体育服务、教育医疗服务、旅游服务。

（二）为出口货物提供的邮政服务、收派服务、保险服务。

为出口货物提供的保险服务，包括出口货物保险和出口信用保险。

（三）向境外单位提供的完全在境外消费的下列服务和无形资产：

1. 电信服务。

2. 知识产权服务。

3. 物流辅助服务（仓储服务、收派服务除外）。

4. 鉴证咨询服务。

5. 专业技术服务。

6. 商务辅助服务。

7. 广告投放地在境外的广告服务。

8. 无形资产。

（四）以无运输工具承运方式提供的国际运输服务。

（五）为境外单位之间的货币资金融通及其他金融业务提供的直接收费金融服务，且该服务与境内的货物、无形资产和不动产无关。

（六）财政部和国家税务总局规定的其他服务。

三、按照国家有关规定应取得相关资质的国际运输服务项目，纳税人取得相关资质的，适用增值税零税率政策，未取得的，适用增值税免税政策。

境内的单位或个人提供程租服务，如果租赁的交通工具用于国际运输服务和港澳台运输服务，由出租方按规定申请适用增值税零税率。

境内的单位和个人向境内单位或个人提供期租、湿租服务，如果承租方利用租赁的交通工具向其他单位或个人提供国际运输服务和港澳台运输服务，由承租方适用增值税零税率。境内的单位或个人向境外单位或个人提供期租、湿租服务，由出租方适用增值税零税率。

境内单位和个人以无运输工具承运方式提供的国际运输服务，由境内实际承运人适用增值税零税率；无运输工具承运业务的经营者适用增值税免税政策。

四、境内的单位和个人提供适用增值税零税率的服务或者无形资产，如果属于适用简易计税方法的，实行免征增值税办法。如果属于适用增值税一般计税方法的，生产企业实行免抵退税办法，外贸企业外购服务或者无形资产出口实行免退税办法，外贸企业直接将服务或自行研发的无形资产出口，视同生产企业连同其出口货物统一实行免抵退税办法。

服务和无形资产的退税率为其按照《试点实施办法》第十五条第（一）至（三）项规定适用的增值税税率。实行退（免）税办法的服务和无形资产，如果主管税务机关认定出口价格偏高的，有权按照核定的出口价格计算退（免）税，核定的出口价格低于外贸企业购进价格的，低于部分对应的进项税额不予退税，转入成本。

五、境内的单位和个人销售适用增值税零税率的服务或无形资产的，可以放弃适用增值税零税率，选择免税或按规定缴纳增值税。放弃适用增值税零税率后，36个月内不得再申请适用增值税零税率。

六、境内的单位和个人销售适用增值税零税率的服务或无形资产，按月向主管退税的税务机关申报办理增值税退（免）税手续。具体管理办法由国家税务总局商财政部另行制定。

七、本规定所称完全在境外消费，是指：

（一）服务的实际接受方在境外，且与境内的货物和不动产无关。

（二）无形资产完全在境外使用，且与境内的货物和不动产无关。

（三）财政部和国家税务总局规定的其他情形。

八、境内单位和个人发生的与香港、澳门、台湾有关的应税行为，除本文另有规定外，参照上述规定执行。

九、2016年4月30日前签订的合同，符合《财政部 国家税务总局关于将铁路运输和邮政业纳入营业税改征增值税试点的通知》（财税〔2013〕106号）附件4和《财政部 国家税务总局关于影视等出口服务适用增值税零税率政策的通知》（财税〔2015〕118号）规定的零税率或者免税政策条件的，在合同到期前可以继续享受零税率或者免税政策。

《财政部 国家税务总局关于进一步明确全面推开营改增试点有关再保险 不动产租赁和非学历教育等政策的通知》

（财税〔2016〕68号）

各省、自治区、直辖市、计划单列市财政厅（局）、国家税务局、地方税务局，新疆生产建设兵团财务局：

经研究，现将营改增试点期间有关再保险、不动产租赁和非学历教育等政策补充通知如下：

一、再保险服务

（一）境内保险公司向境外保险公司提供的完全在境外消费的再保险服务，免征增值税。

（二）试点纳税人提供再保险服务（境内保险公司向境外保险公司提供的再保险服务除外），实行与原保险服务一致的增值税政策。再保险合同对应多个原保险合同的，所有原保险合同均适用免征增值税政策时，该再保险合同适用免征增值税政策。否则，该再保险合同应按规定缴纳增值税。

原保险服务，是指保险分出方与投保人之间直接签订保险合同而建立保险关系的业务活动。

二、不动产经营租赁服务

1. 房地产开发企业中的一般纳税人，出租自行开发的房地产老项目，可以选择适用简易计税方法，按照5%的征收率计算应纳税额。纳税人出租自行开发的房地产老项目与其机构所在地不在同一县（市）的，应按照上述计税方法在不动产所在地预缴税款后，向机构所在地主管税务机关进行纳税申报。

房地产开发企业中的一般纳税人,出租其 2016 年 5 月 1 日后自行开发的与机构所在地不在同一县(市)的房地产项目,应按照 3% 预征率在不动产所在地预缴税款后,向机构所在地主管税务机关进行纳税申报。

2. 房地产开发企业中的小规模纳税人,出租自行开发的房地产项目,按照 5% 的征收率计算应纳税额。纳税人出租自行开发的房地产项目与其机构所在地不在同一县(市)的,应按照上述计税方法在不动产所在地预缴税款后,向机构所在地主管税务机关进行纳税申报。

三、一般纳税人提供非学历教育服务,可以选择适用简易计税方法按照 3% 征收率计算应纳税额。

四、纳税人提供安全保护服务,比照劳务派遣服务政策执行。

五、各党派、共青团、工会、妇联、中科协、青联、台联、侨联收取党费、团费、会费,以及政府间国际组织收取会费,属于非经营活动,不征收增值税。

六、本通知自 2016 年 5 月 1 日起执行。

《财政部 海关总署 国家税务总局关于新型显示器件项目进口设备增值税分期纳税政策的通知》

(财关税〔2016〕30 号)

各省、自治区、直辖市、计划单列市财政厅(局)、国家税务局,新疆生产建设兵团财务局,海关总署广东分署、各直属海关,财政部驻各省、自治区、直辖市、计划单列市财政监察专员办事处:

为落实中央经济工作会议有关精神,推进新常态下信息技术产业实体经济发展,促进产业结构优化升级,支持国内新型显示器件生产企业降低税费成本,更好地参与国际竞争,经国务院批准,现将新型显示器件项目进口设备增值税分期纳税的有关政策通知如下:

一、对新型显示器件项目于 2015 年 1 月 1 日至 2018 年 12 月 31 日期间进口的关键新设备,准予在首台设备进口之后的 6 年(连续 72 个月)期限内,分期缴纳进口环节增值税,6 年内每年(连续 12 个月)依次缴纳进口环节增值税总额的 0%、20%、20%、20%、20%、20%,期间允许企业缴纳税款超过上述比例。

二、新型显示器件生产企业在分期纳税期间,按海关事务担保的规定,对未缴纳的税款提供海关认可的银行保证金或银行保函形式的税款担保,不予征收缓税利息和滞纳金。

三、对企业已经缴纳的进口环节增值税不予退还。

四、上述分期纳税有关政策的具体操作办法依照《关于新型显示器件项目进口设备增值税分期纳税的暂行规定》（见附件）执行。

附件：关于新型显示器件项目进口设备增值税分期纳税的暂行规定（略）

《国家税务总局关于发布〈促进残疾人就业增值税优惠政策管理办法〉的公告》

（国家税务总局公告 2016 年第 33 号）

为规范和完善促进残疾人就业增值税优惠政策管理，国家税务总局制定了《促进残疾人就业增值税优惠政策管理办法》，现予以公布，自 2016 年 5 月 1 日起施行。

特此公告。

附件：安置残疾人纳税人申请增值税退税声明（略）

促进残疾人就业增值税优惠政策管理办法[①]

第一条 为加强促进残疾人就业增值税优惠政策管理，根据《财政部、国家税务总局关于促进残疾人就业增值税优惠政策的通知》（财税〔2016〕52 号）、《国家税务总局关于发布〈税收减免管理办法〉的公告》（国家税务总局公告 2015 年第 43 号）及有关规定，制定本办法。

第二条 纳税人享受安置残疾人增值税即征即退优惠政策，适用本办法规定。

本办法所指纳税人，是指安置残疾人的单位和个体工商户。

第三条 纳税人首次申请享受税收优惠政策，应向主管税务机关提供以下备案资料：

（一）《税务资格备案表》。

（二）安置的残疾人的《中华人民共和国残疾人证》或者《中华人民共和国残疾军人证（1 至 8 级）》复印件，注明与原件一致，并逐页加盖公章。安置精神残疾人的，提供精神残疾人同意就业的书面声明以及其法定监护人签字或印章的证明精神残疾人具有劳动条件和劳动意愿的书面材料。

[①] 根据《国家税务总局关于修改部分税收规范性文件的公告》（国家税务总局公告 2018 年第 31 号），此文件中的"国家税务局"修改为"税务局"。

（三）安置的残疾人的身份证明复印件，注明与原件一致，并逐页加盖公章。

第四条　主管税务机关受理备案后，应将全部《中华人民共和国残疾人证》或者《中华人民共和国残疾军人证（1 至 8 级）》信息以及所安置残疾人的身份证明信息录入征管系统。

第五条　纳税人提供的备案资料发生变化的，应于发生变化之日起 15 日内就变化情况向主管税务机关办理备案。

第六条　纳税人申请退还增值税时，需报送如下资料：

（一）《退（抵）税申请审批表》。

（二）《安置残疾人纳税人申请增值税退税声明》（见附件）。

（三）当期为残疾人缴纳社会保险费凭证的复印件及由纳税人加盖公章确认的注明缴纳人员、缴纳金额、缴纳期间的明细表。

（四）当期由银行等金融机构或纳税人加盖公章的按月为残疾人支付工资的清单。

特殊教育学校举办的企业，申请退还增值税时，不提供资料（三）和资料（四）。

第七条　纳税人申请享受税收优惠政策，应对报送资料的真实性和合法性承担法律责任。主管税务机关对纳税人提供资料的完整性和增值税退税额计算的准确性进行审核。

第八条　主管税务机关受理退税申请后，查询纳税人的纳税信用等级，对符合信用条件的，审核计算应退增值税额，并按规定办理退税。

第九条　纳税人本期应退增值税额按以下公式计算：

本期应退增值税额 = 本期所含月份每月应退增值税额之和

月应退增值税额 = 纳税人本月安置残疾人员人数 × 本月月最低工资标准的 4 倍

月最低工资标准，是指纳税人所在区县（含县级市、旗）适用的经省（含自治区、直辖市、计划单列市）人民政府批准的月最低工资标准。

纳税人本期已缴增值税额小于本期应退税额不足退还的，可在本年度内以前纳税期已缴增值税额扣除已退增值税额的余额中退还，仍不足退还的可结转本年度内以后纳税期退还。年度已缴增值税额小于或等于年度应退税额的，退税额为年度已缴增值税额；年度已缴增值税额大于年度应退税额的，退税额为年度应退税额。年度已缴增值税额不足退还的，不得结转以后年度退还。

第十条　纳税人新安置的残疾人从签订劳动合同并缴纳社会保险的次月起计算，其他职工从录用的次月起计算；安置的残疾人和其他职工减少的，从减少当月计算。

第十一条　主管税务机关应于每年 2 月底之前，在其网站或办税服务厅，将本地区上一年度享受安置残疾人增值税优惠政策的纳税人信息，按下列项目予以公示：纳税人名称、纳税人识别号、法人代表、计算退税的残疾人职工人次等。

第十二条　享受促进残疾人就业增值税优惠政策的纳税人，对能证明或印证符合政策规定条件的相关材料负有留存备查义务。纳税人在税务机关后续管理中不能提供相关材料的，不得继续享受优惠政策。税务机关应追缴其相应纳税期内已享受的增值税退税，并依照税收征管法及其实施细则的有关规定处理。

第十三条　各地税务机关要加强税收优惠政策落实情况的后续管理，对纳税人进行定期或不定期检查。检查发现纳税人不符合财税〔2016〕52 号文件规定的，按有关规定予以处理。

第十四条　本办法实施前已办理税收优惠资格备案的纳税人，主管税务机关应检查其已备案资料是否满足本办法第三条规定，残疾人信息是否已按第四条规定录入信息系统，如有缺失，应要求纳税人补充报送备案资料，补录信息。

第十五条　各省、自治区、直辖市和计划单列市国家税务局，应定期或不定期在征管系统中对残疾人信息进行比对，发现异常的，按相关规定处理。

第十六条　本办法自 2016 年 5 月 1 日起施行。

《财政部　国家税务总局关于促进残疾人就业增值税优惠政策的通知》

（财税〔2016〕52 号）

各省、自治区、直辖市、计划单列市财政厅（局）、国家税务局，新疆生产建设兵团财务局：

为继续发挥税收政策促进残疾人就业的作用，进一步保障残疾人权益，经国务院批准，决定对促进残疾人就业的增值税政策进行调整完善。现将有关政策通知如下：

一、对安置残疾人的单位和个体工商户（以下称纳税人），实行由税务机关按纳税人安置残疾人的人数，限额即征即退增值税的办法。

安置的每位残疾人每月可退还的增值税具体限额，由县级以上税务机关根据纳税人所在区县（含县级市、旗，下同）适用的经省（含自治区、直辖市、计划单列市，下同）人民政府批准的月最低工资标准的 4 倍确定。

二、享受税收优惠政策的条件

（一）纳税人（除盲人按摩机构外）月安置的残疾人占在职职工人数的比例不低于25%（含25%），并且安置的残疾人人数不少于10人（含10人）；

盲人按摩机构月安置的残疾人占在职职工人数的比例不低于25%（含25%），并且安置的残疾人人数不少于5人（含5人）。

（二）依法与安置的每位残疾人签订了一年以上（含一年）的劳动合同或服务协议。

（三）为安置的每位残疾人按月足额缴纳了基本养老保险、基本医疗保险、失业保险、工伤保险和生育保险等社会保险。

（四）通过银行等金融机构向安置的每位残疾人，按月支付了不低于纳税人所在区县适用的经省人民政府批准的月最低工资标准的工资。

三、《财政部、国家税务总局关于教育税收政策的通知》（财税〔2004〕39号）第一条第7项规定的特殊教育学校举办的企业，只要符合本通知第二条第（一）项第一款规定的条件，即可享受本通知第一条规定的增值税优惠政策。这类企业在计算残疾人人数时可将在企业上岗工作的特殊教育学校的全日制在校学生计算在内，在计算企业在职职工人数时也要将上述学生计算在内。

四、纳税人中纳税信用等级为税务机关评定的C级或D级的，不得享受本通知第一条、第三条规定的政策。

五、纳税人按照纳税期限向主管国税机关申请退还增值税。本纳税期已交增值税额不足退还的，可在本纳税年度内以前纳税期已交增值税扣除已退增值税的余额中退还，仍不足退还的可结转本纳税年度内以后纳税期退还，但不得结转以后年度退还。纳税期限不为按月的，只能对其符合条件的月份退还增值税。

六、本通知第一条规定的增值税优惠政策仅适用于生产销售货物，提供加工、修理修配劳务，以及提供营改增现代服务和生活服务税目（不含文化体育服务和娱乐服务）范围的服务取得的收入之和，占其增值税收入的比例达到50%的纳税人，但不适用于上述纳税人直接销售外购货物（包括商品批发和零售）以及销售委托加工的货物取得的收入。

纳税人应当分别核算上述享受税收优惠政策和不得享受税收优惠政策业务的销售额，不能分别核算的，不得享受本通知规定的优惠政策。

七、如果既适用促进残疾人就业增值税优惠政策，又适用重点群体、退役士兵、随军家属、军转干部等支持就业的增值税优惠政策的，纳税人可自行选择适用的优惠政策，但不能累加执行。一经选定，36个月内不得变更。

八、残疾人个人提供的加工、修理修配劳务，免征增值税。

九、税务机关发现已享受本通知增值税优惠政策的纳税人,存在不符合本通知第二条、第三条规定条件,或者采用伪造或重复使用残疾人证、残疾军人证等手段骗取本通知规定的增值税优惠的,应将纳税人发生上述违法违规行为的纳税期内按本通知已享受到的退税全额追缴入库,并自发现当月起36个月内停止其享受本通知规定的各项税收优惠。

十、本通知有关定义

(一)残疾人,是指法定劳动年龄内,持有《中华人民共和国残疾人证》或者《中华人民共和国残疾军人证(1至8级)》的自然人,包括具有劳动条件和劳动意愿的精神残疾人。

(二)残疾人个人,是指自然人。

(三)在职职工人数,是指与纳税人建立劳动关系并依法签订劳动合同或者服务协议的雇员人数。

(四)特殊教育学校举办的企业,是指特殊教育学校主要为在校学生提供实习场所、并由学校出资自办、由学校负责经营管理、经营收入全部归学校所有的企业。

十一、本通知规定的增值税优惠政策的具体征收管理办法,由国家税务总局制定。

十二、本通知自2016年5月1日起执行,《财政部、国家税务总局关于促进残疾人就业税收优惠政策的通知》(财税〔2007〕92号)、《财政部、国家税务总局关于将铁路运输和邮政业纳入营业税改征增值税试点的通知》(财税〔2013〕106号)附件3第二条第(二)项同时废止。纳税人2016年5月1日前执行财税〔2007〕92号和财税〔2013〕106号文件发生的应退未退的增值税余额,可按照本通知第五条规定执行。

《国家税务总局关于营业税改征增值税部分试点纳税人增值税纳税申报有关事项调整的公告》

(国家税务总局公告2016年第30号)

为配合全面推开营业税改征增值税试点工作,国家税务总局对增值税纳税申报有关事项进行了调整,现公告如下:

一、在增值税纳税申报其他资料中增加《营改增税负分析测算明细表》(表式见附件1),由从事建筑、房地产、金融或生活服务等经营业务的增值税一般纳税人在办理增值税纳税申报时填报,具体名单由主管税务机关确定。

二、本公告自 2016 年 6 月 1 日起施行。

特此公告。

附件：1. 营改增税负分析测算明细表（略）

　　　2.《营改增税负分析测算明细表》填写说明（略）

　　　3. 营改增试点应税项目明细表（略）

《国家税务总局关于发布〈营业税改征增值税跨境应税行为增值税免税管理办法（试行）〉的公告》

（国家税务总局公告 2016 年第 29 号）[①]

国家税务总局制定了《营业税改征增值税跨境应税行为增值税免税管理办法（试行）》，现予以公布，自 2016 年 5 月 1 日起施行。《国家税务总局关于重新发布〈营业税改征增值税跨境应税服务增值税免税管理办法（试行）〉的公告》（国家税务总局公告 2014 年第 49 号）同时废止。

特此公告。

营业税改征增值税跨境应税行为增值税免税管理办法（试行）

第一条　中华人民共和国境内（以下简称境内）的单位和个人（以下称纳税人）发生跨境应税行为，适用本办法。

第二条　下列跨境应税行为免征增值税：

（一）工程项目在境外的建筑服务。

工程总承包方和工程分包方为施工地点在境外的工程项目提供的建筑服务，均属于工程项目在境外的建筑服务。

（二）工程项目在境外的工程监理服务。

（三）工程、矿产资源在境外的工程勘察勘探服务。

（四）会议展览地点在境外的会议展览服务。

为客户参加在境外举办的会议、展览而提供的组织安排服务，属于会议展览地点在境外的会议展览服务。

（五）存储地点在境外的仓储服务。

---

① 根据《国家税务总局关于修改部分税收规范性文件的公告》（国家税务总局公告 2018 年第 31 号），此文件中的"国税局、国税机关"修改为"税务局、税务机关"。

（六）标的物在境外使用的有形动产租赁服务。

（七）在境外提供的广播影视节目（作品）的播映服务。

在境外提供的广播影视节目（作品）播映服务，是指在境外的影院、剧院、录像厅及其他场所播映广播影视节目（作品）。

通过境内的电台、电视台、卫星通信、互联网、有线电视等无线或者有线装置向境外播映广播影视节目（作品），不属于在境外提供的广播影视节目（作品）播映服务。

（八）在境外提供的文化体育服务、教育医疗服务、旅游服务。

在境外提供的文化体育服务和教育医疗服务，是指纳税人在境外现场提供的文化体育服务和教育医疗服务。

为参加在境外举办的科技活动、文化活动、文化演出、文化比赛、体育比赛、体育表演、体育活动而提供的组织安排服务，属于在境外提供的文化体育服务。

通过境内的电台、电视台、卫星通信、互联网、有线电视等媒体向境外单位或个人提供的文化体育服务或教育医疗服务，不属于在境外提供的文化体育服务、教育医疗服务。

（九）为出口货物提供的邮政服务、收派服务、保险服务。

1. 为出口货物提供的邮政服务，是指：

（1）寄递函件、包裹等邮件出境。

（2）向境外发行邮票。

（3）出口邮册等邮品。

2. 为出口货物提供的收派服务，是指为出境的函件、包裹提供的收件、分拣、派送服务。

纳税人为出口货物提供收派服务，免税销售额为其向寄件人收取的全部价款和价外费用。

3. 为出口货物提供的保险服务，包括出口货物保险和出口信用保险。

（十）向境外单位销售的完全在境外消费的电信服务。

纳税人向境外单位或者个人提供的电信服务，通过境外电信单位结算费用的，服务接受方为境外电信单位，属于完全在境外消费的电信服务。

（十一）向境外单位销售的完全在境外消费的知识产权服务。

服务实际接受方为境内单位或者个人的知识产权服务，不属于完全在境外消费的知识产权服务。

（十二）向境外单位销售的完全在境外消费的物流辅助服务（仓储服务、收派服务除外）。

境外单位从事国际运输和港澳台运输业务经停我国机场、码头、车站、领空、内河、海域时,纳税人向其提供的航空地面服务、港口码头服务、货运客运站场服务、打捞救助服务、装卸搬运服务,属于完全在境外消费的物流辅助服务。

(十三)向境外单位销售的完全在境外消费的鉴证咨询服务。

下列情形不属于完全在境外消费的鉴证咨询服务:

1. 服务的实际接受方为境内单位或者个人。

2. 对境内的货物或不动产进行的认证服务、鉴证服务和咨询服务。

(十四)向境外单位销售的完全在境外消费的专业技术服务。

下列情形不属于完全在境外消费的专业技术服务:

1. 服务的实际接受方为境内单位或者个人。

2. 对境内的天气情况、地震情况、海洋情况、环境和生态情况进行的气象服务、地震服务、海洋服务、环境和生态监测服务。

3. 为境内的地形地貌、地质构造、水文、矿藏等进行的测绘服务。

4. 为境内的城、乡、镇提供的城市规划服务。

(十五)向境外单位销售的完全在境外消费的商务辅助服务。

1. 纳税人向境外单位提供的代理报关服务和货物运输代理服务,属于完全在境外消费的代理报关服务和货物运输代理服务。

2. 纳税人向境外单位提供的外派海员服务,属于完全在境外消费的人力资源服务。外派海员服务,是指境内单位派出属于本单位员工的海员,为境外单位在境外提供的船舶驾驶和船舶管理等服务。

3. 纳税人以对外劳务合作方式,向境外单位提供的完全在境外发生的人力资源服务,属于完全在境外消费的人力资源服务。对外劳务合作,是指境内单位与境外单位签订劳务合作合同,按照合同约定组织和协助中国公民赴境外工作的活动。

4. 下列情形不属于完全在境外消费的商务辅助服务:

(1)服务的实际接受方为境内单位或者个人。

(2)对境内不动产的投资与资产管理服务、物业管理服务、房地产中介服务。

(3)拍卖境内货物或不动产过程中提供的经纪代理服务。

(4)为境内货物或不动产的物权纠纷提供的法律代理服务。

(5)为境内货物或不动产提供的安全保护服务。

(十六)向境外单位销售的广告投放地在境外的广告服务。

广告投放地在境外的广告服务,是指为在境外发布的广告提供的广告服务。

(十七)向境外单位销售的完全在境外消费的无形资产(技术除外)。

下列情形不属于向境外单位销售的完全在境外消费的无形资产：

1. 无形资产未完全在境外使用。
2. 所转让的自然资源使用权与境内自然资源相关。
3. 所转让的基础设施资产经营权、公共事业特许权与境内货物或不动产相关。
4. 向境外单位转让在境内销售货物、应税劳务、服务、无形资产或不动产的配额、经营权、经销权、分销权、代理权。

（十八）为境外单位之间的货币资金融通及其他金融业务提供的直接收费金融服务，且该服务与境内的货物、无形资产和不动产无关。为境外单位之间、境外单位和个人之间的外币、人民币资金往来提供的资金清算、资金结算、金融支付、账户管理服务，属于为境外单位之间的货币资金融通及其他金融业务提供的直接收费金融服务。

（十九）属于以下情形的国际运输服务：

1. 以无运输工具承运方式提供的国际运输服务。
2. 以水路运输方式提供国际运输服务但未取得《国际船舶运输经营许可证》的。
3. 以公路运输方式提供国际运输服务但未取得《道路运输经营许可证》或者《国际汽车运输行车许可证》，或者《道路运输经营许可证》的经营范围未包括"国际运输"的。
4. 以航空运输方式提供国际运输服务但未取得《公共航空运输企业经营许可证》，或者其经营范围未包括"国际航空客货邮运输业务"的。
5. 以航空运输方式提供国际运输服务但未持有《通用航空经营许可证》，或者其经营范围未包括"公务飞行"的。

（二十）符合零税率政策但适用简易计税方法或声明放弃适用零税率选择免税的下列应税行为：

1. 国际运输服务。
2. 航天运输服务。
3. 向境外单位提供的完全在境外消费的下列服务：
（1）研发服务；
（2）合同能源管理服务；
（3）设计服务；
（4）广播影视节目（作品）的制作和发行服务；
（5）软件服务；
（6）电路设计及测试服务；

（7）信息系统服务；

（8）业务流程管理服务；

（9）离岸服务外包业务。

4.向境外单位转让完全在境外消费的技术。

第三条 纳税人向国内海关特殊监管区域内的单位或者个人销售服务、无形资产，不属于跨境应税行为，应照章征收增值税。

第四条 2016年4月30日前签订的合同，符合《财政部国家税务总局关于将铁路运输和邮政业纳入营业税改征增值税试点的通知》（财税〔2013〕106号）附件4和《财政部国家税务总局关于影视等出口服务适用增值税零税率政策的通知》（财税〔2015〕118号）规定的免税政策条件的，在合同到期前可以继续享受免税政策。

第五条 纳税人发生本办法第二条所列跨境应税行为，除第（九）项、第（二十）项外，必须签订跨境销售服务或无形资产书面合同。否则，不予免征增值税。

纳税人向外国航空运输企业提供空中飞行管理服务，以中国民用航空局下发的航班计划或者中国民用航空局清算中心临时来华飞行记录，为跨境销售服务书面合同。

纳税人向外国航空运输企业提供物流辅助服务（除空中飞行管理服务外），与经中国民用航空局批准设立的外国航空运输企业常驻代表机构签订的书面合同，属于与服务接受方签订跨境销售服务书面合同。外国航空运输企业临时来华飞行，未签订跨境服务书面合同的，以中国民用航空局清算中心临时来华飞行记录为跨境销售服务书面合同。

施工地点在境外的工程项目，工程分包方应提供工程项目在境外的证明、与发包方签订的建筑合同原件及复印件等资料，作为跨境销售服务书面合同。

第六条 纳税人向境外单位销售服务或无形资产，按本办法规定免征增值税的，该项销售服务或无形资产的全部收入应从境外取得，否则，不予免征增值税。

下列情形视同从境外取得收入：

（一）纳税人向外国航空运输企业提供物流辅助服务，从中国民用航空局清算中心、中国航空结算有限责任公司或者经中国民用航空局批准设立的外国航空运输企业常驻代表机构取得的收入。

（二）纳税人与境外关联单位发生跨境应税行为，从境内第三方结算公司取得的收入。上述所称第三方结算公司，是指承担跨国企业集团内部成员单位资金集中运营管理职能的资金结算公司，包括财务公司、资金池、资金结算中心等。

（三）纳税人向外国船舶运输企业提供物流辅助服务，通过外国船舶运输企业指定的境内代理公司结算取得的收入。

（四）国家税务总局规定的其他情形。

第七条 纳税人发生跨境应税行为免征增值税的，应单独核算跨境应税行为的销售额，准确计算不得抵扣的进项税额，其免税收入不得开具增值税专用发票。

纳税人为出口货物提供收派服务，按照下列公式计算不得抵扣的进项税额：

不得抵扣的进项税额＝当期无法划分的全部进项税额×（当期简易计税
　　　　方法计税项目销售额＋免征增值税项目销售额－
　　　　为出口货物提供收派服务支付给境外合作方的费用）÷
　　　　当期全部销售额

第八条 纳税人发生免征增值税跨境应税行为，除提供第二条第（二十）项所列服务外，应在首次享受免税的纳税申报期内或在各省、自治区、直辖市和计划单列市国家税务局规定的申报征期后的其他期限内，到主管税务机关办理跨境应税行为免税备案手续，同时提交以下备案材料：

（一）《跨境应税行为免税备案表》（附件1）；

（二）本办法第五条规定的跨境销售服务或无形资产的合同原件及复印件；

（三）提供本办法第二条第（一）项至第（八）项和第（十六）项服务，应提交服务地点在境外的证明材料原件及复印件；

（四）提供本办法第二条规定的国际运输服务，应提交实际发生相关业务的证明材料；

（五）向境外单位销售服务或无形资产，应提交服务或无形资产购买方的机构所在地在境外的证明材料；

（六）国家税务总局规定的其他资料。

第九条 纳税人发生第二条第（二十）项所列应税行为的，应在首次享受免税的纳税申报期内或在各省、自治区、直辖市和计划单列市国家税务局规定的申报征期后的其他期限内，到主管税务机关办理跨境应税行为免税备案手续，同时提交以下备案材料：

（一）已向办理增值税免抵退税或免退税的主管税务机关备案的《放弃适用增值税零税率声明》（附件2）；

（二）该项应税行为享受零税率到主管税务机关办理增值税免抵退税或免退税申报时需报送的材料和原始凭证。

第十条 按照本办法第八条规定提交备案的跨境销售服务或无形资产合同

原件为外文的，应提供中文翻译件并由法定代表人（负责人）签字或者单位盖章。

纳税人无法提供本办法第八条规定的境外资料原件的，可只提供复印件，注明"复印件与原件一致"字样，并由法定代表人（负责人）签字或者单位盖章；境外资料原件为外文的，应提供中文翻译件并由法定代表人（负责人）签字或者单位盖章。

主管税务机关对提交的境外证明材料有明显疑义的，可以要求纳税人提供境外公证部门出具的证明材料。

第十一条　纳税人办理跨境应税行为免税备案手续时，主管税务机关应当根据以下情况分别做出处理：

（一）备案材料存在错误的，应当告知并允许纳税人更正。

（二）备案材料不齐全或者不符合规定形式的，应当场一次性告知纳税人补正。

（三）备案材料齐全、符合规定形式的，或者纳税人按照税务机关的要求提交全部补正备案材料的，应当受理纳税人的备案，并将有关资料原件退还纳税人。

（四）按照税务机关的要求补正后的备案材料仍不符合本办法第八、九、十条规定的，应当对纳税人的本次跨境应税行为免税备案不予受理，并将所有报送材料退还纳税人。

第十二条　主管税务机关受理或者不予受理纳税人跨境应税行为免税备案，应当出具加盖本机关专用印章和注明日期的书面凭证。

第十三条　原签订的跨境销售服务或无形资产合同发生变更，或者跨境销售服务或无形资产的有关情况发生变化，变化后仍属于本办法第二条规定的免税范围的，纳税人应向主管税务机关重新办理跨境应税行为免税备案手续。

第十四条　纳税人应当完整保存本办法第八、九、十条要求的各项材料。纳税人在税务机关后续管理中不能提供上述材料的，不得享受本办法规定的免税政策，对已享受的减免税款应予补缴，并依照《中华人民共和国税收征收管理法》的有关规定处理。

第十五条　纳税人发生跨境应税行为享受免税的，应当按规定进行纳税申报。纳税人享受免税到期或实际经营情况不再符合本办法规定的免税条件的，应当停止享受免税，并按照规定申报纳税。

第十六条　纳税人发生实际经营情况不符合本办法规定的免税条件、采用欺骗手段获取免税，或者享受减免税条件发生变化未及时向税务机关报告，以及未按照本办法规定履行相关程序自行减免税的，税务机关依照《中华人民共和国税收征收管理法》有关规定予以处理。

第十七条 税务机关应高度重视跨境应税行为增值税免税管理工作，针对纳税人的备案材料，采取案头分析、日常检查、重点稽查等方式，加强对纳税人业务真实性的核实，发现问题的，按照现行有关规定处理。

第十八条 纳税人发生的与香港、澳门、台湾省有关的应税行为，参照本办法执行。

第十九条 本办法自2016年5月1日起施行。此前，纳税人发生符合本办法第四条规定的免税跨境应税行为，已办理免税备案手续的，不再重新办理免税备案手续。纳税人发生符合本办法第二条和第四条规定的免税跨境应税行为，未办理免税备案手续但已进行免税申报的，按照本办法规定补办备案手续；未进行免税申报的，按照本办法规定办理跨境服务备案手续后，可以申请退还已缴税款或者抵减以后的应纳税额；已开具增值税专用发票的，应将全部联次追回后方可办理跨境应税行为免税备案手续。

《财政部 国家税务总局关于进一步明确全面推开营改增试点有关劳务派遣服务、收费公路通行费抵扣等政策的通知》

（财税〔2016〕47号）

各省、自治区、直辖市、计划单列市财政厅（局）、国家税务局、地方税务局，新疆生产建设兵团财务局：

经研究，现将营改增试点期间劳务派遣服务等政策补充通知如下：

一、劳务派遣服务政策

一般纳税人提供劳务派遣服务，可以按照《财政部、国家税务总局关于全面推开营业税改征增值税试点的通知》（财税〔2016〕36号）的有关规定，以取得的全部价款和价外费用为销售额，按照一般计税方法计算缴纳增值税；也可以选择差额纳税，以取得的全部价款和价外费用，扣除代用工单位支付给劳务派遣员工的工资、福利和为其办理社会保险及住房公积金后的余额为销售额，按照简易计税方法依5%的征收率计算缴纳增值税。

小规模纳税人提供劳务派遣服务，可以按照《财政部、国家税务总局关于全面推开营业税改征增值税试点的通知》（财税〔2016〕36号）的有关规定，以取得的全部价款和价外费用为销售额，按照简易计税方法依3%的征收率计算缴纳增值税；也可以选择差额纳税，以取得的全部价款和价外费用，扣除代用工单位支付给劳务派遣员工的工资、福利和为其办理社会保险及住房公积金后的余额为销售额,按照简易计税方法依5%的征收率计算缴纳增值税。

选择差额纳税的纳税人,向用工单位收取用于支付给劳务派遣员工工资、福利和为其办理社会保险及住房公积金的费用,不得开具增值税专用发票,可以开具普通发票。

劳务派遣服务,是指劳务派遣公司为了满足用工单位对于各类灵活用工的需求,将员工派遣至用工单位,接受用工单位管理并为其工作的服务。

二、收费公路通行费抵扣及征收政策

(一) 2016年5月1日至7月31日,一般纳税人支付的道路、桥、闸通行费,暂凭取得的通行费发票(不含财政票据,下同)上注明的收费金额按照下列公式计算可抵扣的进项税额:

$$高速公路通行费可抵扣进项税额 = 高速公路通行费发票上注明的金额 \div (1 + 3\%) \times 3\%$$

$$一级公路、二级公路、桥、闸通行费可抵扣进项税额 = 一级公路、二级公路、桥、闸通行费发票上注明的金额 \div (1 + 5\%) \times 5\%$$

通行费,是指有关单位依法或者依规设立并收取的过路、过桥和过闸费用。

(二) 一般纳税人收取试点前开工的一级公路、二级公路、桥、闸通行费,可以选择适用简易计税方法,按照5%的征收率计算缴纳增值税。

试点前开工,是指相关施工许可证注明的合同开工日期在2016年4月30日前。

三、其他政策

(一) 纳税人提供人力资源外包服务,按照经纪代理服务缴纳增值税,其销售额不包括受客户单位委托代为向客户单位员工发放的工资和代理缴纳的社会保险、住房公积金。向委托方收取并代为发放的工资和代理缴纳的社会保险、住房公积金,不得开具增值税专用发票,可以开具普通发票。

一般纳税人提供人力资源外包服务,可以选择适用简易计税方法,按照5%的征收率计算缴纳增值税。

(二) 纳税人以经营租赁方式将土地出租给他人使用,按照不动产经营租赁服务缴纳增值税。

纳税人转让2016年4月30日前取得的土地使用权,可以选择适用简易计税方法,以取得的全部价款和价外费用减去取得该土地使用权的原价后的余额为销售额,按照5%的征收率计算缴纳增值税。

(三) 一般纳税人2016年4月30日前签订的不动产融资租赁合同,或以2016年4月30日前取得的不动产提供的融资租赁服务,可以选择适用简易计税方法,按照5%的征收率计算缴纳增值税。

（四）一般纳税人提供管道运输服务和有形动产融资租赁服务，按照《营业税改征增值税试点过渡政策的规定》（财税〔2013〕106 号）第二条有关规定适用的增值税实际税负超过3%部分即征即退政策，在 2016 年 1 月 1 日至 4 月 30 日期间继续执行。

四、本通知规定的内容，除另有规定执行时间外，自 2016 年 5 月 1 日起执行。

《财政部　国家税务总局关于营改增后契税　房产税土地增值税　个人所得税计税依据问题的通知》

（财税〔2016〕43 号）

各省、自治区、直辖市、计划单列市财政厅（局）、地方税务局，西藏、宁夏、青海省（自治区）国家税务局，新疆生产建设兵团财务局：

经研究，现将营业税改征增值税后契税、房产税、土地增值税、个人所得税计税依据有关问题明确如下：

一、计征契税的成交价格不含增值税。

二、房产出租的，计征房产税的租金收入不含增值税。

三、土地增值税纳税人转让房地产取得的收入为不含增值税收入。
《中华人民共和国土地增值税暂行条例》等规定的土地增值税扣除项目涉及的增值税进项税额，允许在销项税额中计算抵扣的，不计入扣除项目，不允许在销项税额中计算抵扣的，可以计入扣除项目。

四、个人转让房屋的个人所得税应税收入不含增值税，其取得房屋时所支付价款中包含的增值税计入财产原值，计算转让所得时可扣除的税费不包括本次转让缴纳的增值税。

个人出租房屋的个人所得税应税收入不含增值税，计算房屋出租所得可扣除的税费不包括本次出租缴纳的增值税。个人转租房屋的，其向房屋出租方支付的租金及增值税额，在计算转租所得时予以扣除。

五、免征增值税的，确定计税依据时，成交价格、租金收入、转让房地产取得的收入不扣减增值税额。

六、在计征上述税种时，税务机关核定的计税价格或收入不含增值税。

本通知自 2016 年 5 月 1 日起执行。

《财政部 国家税务总局关于营业税改征增值税试点若干政策的通知》

(财税〔2016〕39号)

各省、自治区、直辖市、国家税务局、计划单列市财政厅（局）、地方税务局，新疆生产建设兵团财务局：

现将营业税改征增值税试点若干政策明确如下：

一、中国联合网络通信集团有限公司、中国移动通信集团公司、中国电信集团公司及其成员单位通过手机短信公益特服号为公益性机构接受捐款，以其取得的全部价款和价外费用，扣除支付给公益性机构捐款后的余额为销售额。其接受的捐款，不得开具增值税专用发票。

二、代收代付的证券公司资金交收违约垫付资金利息、中国证券登记结算公司的销售额，不包括以下资金项目：按规定提取的证券结算风险基金、结算过程中代收代付的资金交收违约罚息。

三、中国农业发展银行总行及其各分支机构提供涉农贷款取得的利息收入，可以选择适用简易计税方法按照3%的征收率计算缴纳增值税。

四、中国海洋石油总公司及所属单位海上自营油田开采的原油、天然气，停止按实物征收增值税，改为按照《增值税暂行条例》及其实施细则缴纳增值税。

五、中国船级社在美国享受同、美国ABS船级社在非营利宗旨不变、免税待遇的前提下，在中国境内提供的船检服务免征增值税。

六、青藏铁路公司提供的铁路运输服务免征增值税。

七、中国邮政集团公司及其所属邮政企业提供的邮政普遍服务和邮政特殊服务，免征增值税。

八、2016年12月31日前，中和农信项目管理有限公司和中国扶贫基金会举办的农户自立服务社（中心）以及中和农信项目管理有限公司独资成立的小额贷款公司从事农户小额贷款取得的利息收入，免征增值税。

所称小额贷款，是指单笔且该农户贷款余额总额在10万元（含）以下的贷款。

所称农户，是指长期（一年以上）居住在乡镇（不包括城关镇）行政管理区域内的住户，还包括长期居住在城关镇所辖行政村范围内的住户和户口不在本地而在本地居住一年以上的住户，国有农场的职工和农村个体工商户。位于乡镇（不包括城关镇）行政管理区域内和在城关镇所辖行政村范围内的国有经济的机关、团体、学校、企事业单位的集体户、有本地户口,但举家外出谋生一年以上的住户,无论是否保留承包耕地均不属于农户。农户以户为统计单位,既可以从事农业生产经营,也可以从事非农业生产经营。农户贷款的判定应以贷款发放时的承贷主体是否属于农户为准。

九、中国信达资产管理股份有限公司、中国华融资产管理股份有限公司、中国长城资产管理公司和中国东方资产管理公司及各自经批准分设于各地的分支机构(以下称资产公司),在收购、承接和处置剩余政策性剥离不良资产和改制银行剥离不良资产过程中开展的以下业务,免征增值税:

(一)接受相关国有银行的不良债权,借款方以货物、无形资产、不动产、票据以及利用该货物、转让该货物、有价证券和票据、无形资产、不动产、有价证券、抵充贷款本息的,资产公司销售、不动产从事的融资租赁业务。

(二)接受相关国有银行的不良债权取得的利息。

(三)资产公司所属的投资咨询类公司,为本公司收购、承接、处置不良资产而提供的资产、项目评估和审计服务。

中国长城资产管理公司和中国东方资产管理公司如经国务院批准改制后,继承其权利、义务的主体及其分支机构处置剩余政策性剥离不良资产和改制银行剥离不良资产,比照上述政策执行。

上述政策性剥离不良资产,是指资产公司按照国务院规定的范围和额度,以账面价值进行收购的相关国有银行的不良资产。

上述改制银行剥离不良资产,是指资产公司按照《中国银行和中国建设银行改制过程中可疑类贷款处置管理办法》(财金〔2004〕53号)、《中国工商银行改制过程中可疑类贷款处置管理办法》(银发〔2005〕148号)规定及中国交通银行股份制改造时国务院确定的不良资产的范围和额度收购的不良资产。

上述处置不良资产,是指资产公司按照有关法律、资产重组、债转股、证券化、行政法规,为使不良资产的价值得到实现而采取的债权转移的措施,具体包括运用出售、置换、方法对贷款及其抵押品进行处置。

资产公司(含中国长城资产管理公司和中国东方资产管理公司如经国务院批准改制后继承其权利、承接、义务的主体)除收购、处置本通知规定的政策性剥离不良资产和改制银行剥离不良资产业务外,从事其他经营业务应一律依法纳税。

除另有规定者外,资产公司所属、附属企业,不得享受资产公司免征增值税的政策。

十、全国社会保障基金投资管理人运用全国社会保障基金买卖证券投资基金、全国社会保障基金理事会、股票、债券取得的金融商品转让收入,免征增值税。

十一、对下列国际航运保险业务免征增值税：

1. 注册在上海、天津的保险企业从事国际航运保险业务；

2. 注册在深圳市的保险企业向注册在前海深港现代服务业合作区的企业提供国际航运保险业务；

3. 注册在平潭的保险企业向注册在平潭的企业提供国际航运保险业务。

上述政策除已规定期限的外，其他均在营业税改征增值税试点期间执行。

本通知自 2016 年 5 月 1 日起执行。

《国家税务总局关于全面推开营业税改征增值税试点有关税收征收管理事项的公告》

（国家税务总局公告 2016 年第 23 号）[①]

为保障全面推开营业税改征增值税（以下简称营改增）试点工作顺利实施，现将有关税收征收管理事项公告如下：

一、纳税申报期

（一）2016 年 5 月 1 日新纳入营改增试点范围的纳税人（以下简称试点纳税人），2016 年 6 月增值税纳税申报期延长至 2016 年 6 月 27 日。

（二）根据工作实际情况，省、自治区、直辖市和计划单列市国家税务局（以下简称省国税局）可以适当延长 2015 年度企业所得税汇算清缴时间，但最长不得超过 2016 年 6 月 30 日。

（三）实行按季申报的原营业税纳税人，2016 年 5 月申报期内，向主管地税机关申报税款所属期为 4 月份的营业税；2016 年 7 月申报期内，向主管国税机关申报税款所属期为 5 月、6 月的增值税。

二、增值税一般纳税人资格登记[②]

（一）试点纳税人应按照本公告规定办理增值税一般纳税人资格登记。

（二）除本公告第二条第（三）项规定的情形外，营改增试点实施前（以下简称试点实施前）销售服务、无形资产或者不动产（以下简称应税行为）的

[①] 根据《国家税务总局关于修改部分税收规范性文件的公告》（国家税务总局公告 2018 年第 31 号），文件中的"国税机关、地税机关"修改为"税务机关"。

根据《国家税务总局关于增值税发票管理若干事项的公告》（国家税务总局公告 2017 年第 45 号），此文件的附件《商品和服务税收分类与编码（试行）》已被废止。

[②] 根据《国家税务总局关于增值税一般纳税人登记管理若干事项的公告》（国家税务总局公告 2018 年第 6 号），第二条已被废止。

年应税销售额超过 500 万元的试点纳税人，应向主管国税机关办理增值税一般纳税人资格登记手续。

试点纳税人试点实施前的应税行为年应税销售额按以下公式换算：

应税行为年应税销售额＝连续不超过 12 个月应税行为营业额合计÷(1＋3%)

按照现行营业税规定差额征收营业税的试点纳税人，其应税行为营业额按未扣除之前的营业额计算。

试点实施前，试点纳税人偶然发生的转让不动产的营业额，不计入应税行为年应税销售额。

（三）试点实施前已取得增值税一般纳税人资格并兼有应税行为的试点纳税人，不需要重新办理增值税一般纳税人资格登记手续，由主管国税机关制作、送达《税务事项通知书》，告知纳税人。

（四）试点实施前应税行为年应税销售额未超过 500 万元的试点纳税人，会计核算健全，能够提供准确税务资料的，也可以向主管国税机关办理增值税一般纳税人资格登记。

（五）试点实施前，试点纳税人增值税一般纳税人资格登记可由省国税局按照本公告及相关规定采取预登记措施。

（六）试点实施后，符合条件的试点纳税人应当按照《增值税一般纳税人资格认定管理办法》（国家税务总局令第 22 号）、《国家税务总局关于调整增值税一般纳税人管理有关事项的公告》（国家税务总局公告 2015 年第 18 号）及相关规定，办理增值税一般纳税人资格登记。按照营改增有关规定，应税行为有扣除项目的试点纳税人，其应税行为年应税销售额按未扣除之前的销售额计算。

增值税小规模纳税人偶然发生的转让不动产的销售额，不计入应税行为年应税销售额。

（七）试点纳税人兼有销售货物、提供加工修理修配劳务和应税行为的，应税货物及劳务销售额与应税行为销售额分别计算，分别适用增值税一般纳税人资格登记标准。

兼有销售货物、提供加工修理修配劳务和应税行为，年应税销售额超过财政部、国家税务总局规定标准且不经常发生销售货物、提供加工修理修配劳务和应税行为的单位和个体工商户可选择按照小规模纳税人纳税。

（八）试点纳税人在办理增值税一般纳税人资格登记后，发生增值税偷税、骗取出口退税和虚开增值税扣税凭证等行为的，主管国税机关可以对其实行 6 个月的纳税辅导期管理。

三、发票使用

（一）增值税一般纳税人销售货物、提供加工修理修配劳务和应税行为，使用增值税发票管理新系统（以下简称新系统）开具增值税专用发票、增值税普通发票、机动车销售统一发票、增值税电子普通发票。

（二）增值税小规模纳税人销售货物、提供加工修理修配劳务月销售额超过3万元（按季纳税9万元），或者销售服务、无形资产月销售额超过3万元（按季纳税9万元），使用新系统开具增值税普通发票、机动车销售统一发票、增值税电子普通发票。

（三）增值税普通发票（卷式）启用前，纳税人可通过新系统使用国税机关发放的现有卷式发票。①

（四）门票、过路（过桥）费发票、定额发票、客运发票和二手车销售统一发票继续使用。

（五）采取汇总纳税的金融机构，省、自治区所辖地市以下分支机构可以使用地市级机构统一领取的增值税专用发票、增值税普通发票、增值税电子普通发票；直辖市、计划单列市所辖区县及以下分支机构可以使用直辖市、计划单列市机构统一领取的增值税专用发票、增值税普通发票、增值税电子普通发票。

（六）国税机关、地税机关使用新系统代开增值税专用发票和增值税普通发票。代开增值税专用发票使用六联票，代开增值税普通发票使用五联票。

（七）自2016年5月1日起，地税机关不再向试点纳税人发放发票。试点纳税人已领取地税机关印制的发票以及印有本单位名称的发票，可继续使用至2016年6月30日，特殊情况经省国税局确定，可适当延长使用期限，最迟不超过2016年8月31日。

纳税人在地税机关已申报营业税未开具发票，2016年5月1日以后需要补开发票的，可于2016年12月31日前开具增值税普通发票（税务总局另有规定的除外）。②

四、增值税发票开具

（一）税务总局编写了《商品和服务税收分类与编码（试行）》（以下简称编码，见附件），并在新系统中增加了编码相关功能。自2016年5月1日起，纳入新系统推行范围的试点纳税人及新办增值税纳税人，应使用新系统选择相应的编码开具增值税发票。北京市、上海市、江苏省和广东省已使用编码的纳税人，应于5月1日前完成开票软件升级。5月1日前已使用新系统的纳税人，应于8月1日前完成开票软件升级。

（二）按照现行政策规定适用差额征税办法缴纳增值税，且不得全额开具

---

①② 根据《国家税务总局关于修改部分税收规范性文件的公告》（国家税务总局公告2018年第31号），此条款删除。

增值税发票的（财政部、税务总局另有规定的除外），纳税人自行开具或者税务机关代开增值税发票时，通过新系统中差额征税开票功能，录入含税销售额（或含税评估额）和扣除额，系统自动计算税额和不含税金额，备注栏自动打印"差额征税"字样，发票开具不应与其他应税行为混开。

（三）提供建筑服务，纳税人自行开具或者税务机关代开增值税发票时，应在发票的备注栏注明建筑服务发生地县（市、区）名称及项目名称。

（四）销售不动产，纳税人自行开具或者税务机关代开增值税发票时，应在发票"货物或应税劳务、服务名称"栏填写不动产名称及房屋产权证书号码（无房屋产权证书的可不填写），"单位"栏填写面积单位，备注栏注明不动产的详细地址。

（五）出租不动产，纳税人自行开具或者税务机关代开增值税发票时，应在备注栏注明不动产的详细地址。

（六）个人出租住房适用优惠政策减按1.5%征收，纳税人自行开具或者税务机关代开增值税发票时，通过新系统中征收率减按1.5%征收开票功能，录入含税销售额，系统自动计算税额和不含税金额，发票开具不应与其他应税行为混开。

（七）税务机关代开增值税发票时，"销售方开户行及账号"栏填写税收完税凭证字轨及号码或系统税票号码（免税代开增值税普通发票可不填写）。

（八）国税机关为跨县（市、区）提供不动产经营租赁服务、建筑服务的小规模纳税人（不包括其他个人），代开增值税发票时，在发票备注栏中自动打印"YD"字样。

五、扩大取消增值税发票认证的纳税人范围

（一）纳税信用B级增值税一般纳税人取得销售方使用新系统开具的增值税发票（包括增值税专用发票、货物运输业增值税专用发票、机动车销售统一发票，下同），可以不再进行扫描认证，登录本省增值税发票查询平台，查询、选择用于申报抵扣或者出口退税的增值税发票信息，未查询到对应发票信息的，仍可进行扫描认证。

（二）2016年5月1日新纳入营改增试点的增值税一般纳税人，2016年5月至7月期间不需进行增值税发票认证，登录本省增值税发票查询平台，查询、选择用于申报抵扣或者出口退税的增值税发票信息，未查询到对应发票信息的，可进行扫描认证。2016年8月起按照纳税信用级别分别适用发票认证的有关规定。

六、其他纳税事项

（一）原以地市一级机构汇总缴纳营业税的金融机构，营改增后继续以地市一级机构汇总缴纳增值税。

同一省（自治区、直辖市、计划单列市）范围内的金融机构，经省（自治区、直辖市、计划单列市）国家税务局和财政厅（局）批准，可以由总机构汇总向总机构所在地的主管国税机关申报缴纳增值税。

（二）增值税小规模纳税人应分别核算销售货物，提供加工、修理修配劳务的销售额，和销售服务、无形资产的销售额。增值税小规模纳税人销售货物，提供加工、修理修配劳务月销售额不超过3万元（按季纳税9万元），销售服务、无形资产月销售额不超过3万元（按季纳税9万元）的，自2016年5月1日起至2017年12月31日，可分别享受小微企业暂免征收增值税优惠政策。

（三）按季纳税申报的增值税小规模纳税人，实际经营期不足一个季度的，以实际经营月份计算当期可享受小微企业免征增值税政策的销售额度。

按照本公告第一条第（三）项规定，按季纳税的试点增值税小规模纳税人，2016年7月纳税申报时，申报的2016年5月、6月增值税应税销售额中，销售货物、提供加工、修理修配劳务的销售额不超过6万元，销售服务、无形资产的销售额不超过6万元的，可分别享受小微企业暂免征收增值税优惠政策。

（四）其他个人采取预收款形式出租不动产，取得的预收租金收入，可在预收款对应的租赁期内平均分摊，分摊后的月租金收入不超过3万元的，可享受小微企业免征增值税优惠政策。

七、本公告自2016年5月1日起施行，《国家税务总局关于使用新版不动产销售统一发票和新版建筑业统一发票有关问题的通知》（国税发〔2006〕173号）、《国家税务总局关于营业税改征增值税试点增值税一般纳税人资格认定有关事项的公告》（国家税务总局公告2013年第75号）、《国家税务总局关于开展商品和服务税收分类与编码试点工作的通知》（税总函〔2016〕56号）同时废止。

特此公告。

《国家税务总局关于发布〈纳税人提供不动产经营租赁服务增值税征收管理暂行办法〉的公告》

（国家税务总局公告2016年第16号）①

国家税务总局制定了《纳税人提供不动产经营租赁服务增值税征收管理暂

---

① 根据《国家税务总局关于修改部分税收规范性文件的公告》（国家税务总局公告2018年第31号），全文中"地税机关""国税机关""国家税务局"的内容修改为"税务机关"。

行办法》，现予以公布，自 2016 年 5 月 1 日起施行。

特此公告。

纳税人提供不动产经营租赁服务增值税征收管理暂行办法

第一条 根据《财政部、国家税务总局关于全面推开营业税改征增值税试点的通知》（财税〔2016〕36 号）及现行增值税有关规定，制定本办法。

第二条 纳税人以经营租赁方式出租其取得的不动产（以下简称出租不动产），适用本办法。

取得的不动产，包括以直接购买、接受捐赠、接受投资入股、自建以及抵债等各种形式取得的不动产。

纳税人提供道路通行服务不适用本办法。

第三条 一般纳税人出租不动产，按照以下规定缴纳增值税：

（一）一般纳税人出租其 2016 年 4 月 30 日前取得的不动产，可以选择适用简易计税方法，按照 5% 的征收率计算应纳税额。

不动产所在地与机构所在地不在同一县（市、区）的，纳税人应按照上述计税方法向不动产所在地主管国税机关预缴税款，向机构所在地主管国税机关申报纳税。

不动产所在地与机构所在地在同一县（市、区）的，纳税人向机构所在地主管国税机关申报纳税。

（二）一般纳税人出租其 2016 年 5 月 1 日后取得的不动产，适用一般计税方法计税。

不动产所在地与机构所在地不在同一县（市、区）的，纳税人应按照 3% 的预征率向不动产所在地主管国税机关预缴税款，向机构所在地主管国税机关申报纳税。

不动产所在地与机构所在地在同一县（市、区）的，纳税人应向机构所在地主管国税机关申报纳税。

一般纳税人出租其 2016 年 4 月 30 日前取得的不动产适用一般计税方法计税的，按照上述规定执行。

第四条 小规模纳税人出租不动产，按照以下规定缴纳增值税：

（一）单位和个体工商户出租不动产（不含个体工商户出租住房），按照 5% 的征收率计算应纳税额。个体工商户出租住房，按照 5% 的征收率减按 1.5% 计算应纳税额。

不动产所在地与机构所在地不在同一县（市、区）的，纳税人应按照上述计税方法向不动产所在地主管国税机关预缴税款，向机构所在地主管国税机关申报纳税。

不动产所在地与机构所在地在同一县（市、区）的，纳税人应向机构所在地主管国税机关申报纳税。

（二）其他个人出租不动产（不含住房），按照5%的征收率计算应纳税额，向不动产所在地主管地税机关申报纳税。其他个人出租住房，按照5%的征收率减按1.5%计算应纳税额，向不动产所在地主管地税机关申报纳税。

第五条　纳税人出租的不动产所在地与其机构所在地在同一直辖市或计划单列市但不在同一县（市、区）的，由直辖市或计划单列市国家税务局决定是否在不动产所在地预缴税款。

第六条　纳税人出租不动产，按照本办法规定需要预缴税款的，应在取得租金的次月纳税申报期或不动产所在地主管国税机关核定的纳税期限预缴税款。

第七条　预缴税款的计算

（一）纳税人出租不动产适用一般计税方法计税的，按照以下公式计算应预缴税款：

$$应预缴税款 = 含税销售额 \div (1 + 11\%) \times 3\%$$

（二）纳税人出租不动产适用简易计税方法计税的，除个人出租住房外，按照以下公式计算应预缴税款：

$$应预缴税款 = 含税销售额 \div (1 + 5\%) \times 5\%$$

（三）个体工商户出租住房，按照以下公式计算应预缴税款：

$$应预缴税款 = 含税销售额 \div (1 + 5\%) \times 1.5\%$$

第八条　其他个人出租不动产，按照以下公式计算应纳税款：

（一）出租住房：

$$应纳税款 = 含税销售额 \div (1 + 5\%) \times 1.5\%$$

（二）出租非住房：

$$应纳税款 = 含税销售额 \div (1 + 5\%) \times 5\%$$

第九条　单位和个体工商户出租不动产，按照本办法规定向不动产所在地主管国税机关预缴税款时，应填写《增值税预缴税款表》。

第十条　单位和个体工商户出租不动产，向不动产所在地主管国税机关预缴的增值税款，可以在当期增值税应纳税额中抵减，抵减不完的，结转下期继续抵减。

纳税人以预缴税款抵减应纳税额，应以完税凭证作为合法有效凭证。

第十一条　小规模纳税人中的单位和个体工商户出租不动产，不能自行开具增值税发票的，可向不动产所在地主管国税机关申请代开增值税发票。

其他个人出租不动产，可向不动产所在地主管地税机关申请代开增值税发票。

第十二条　纳税人向其他个人出租不动产，不得开具或申请代开增值税专用发票。

第十三条　纳税人出租不动产，按照本办法规定应向不动产所在地主管国税机关预缴税款而自应当预缴之月起超过6个月没有预缴税款的，由机构所在地主管国税机关按照《中华人民共和国税收征收管理法》及相关规定进行处理。

纳税人出租不动产，未按照本办法规定缴纳税款的，由主管税务机关按照《中华人民共和国税收征收管理法》及相关规定进行处理。

《国家税务总局关于发布〈不动产进项税额分期抵扣暂行办法〉的公告》

（国家税务总局公告2016年第15号）

国家税务总局制定了《不动产进项税额分期抵扣暂行办法》，现予以公布，自2016年5月1日起施行。

特此公告。

不动产进项税额分期抵扣暂行办法

第一条　根据《财政部、国家税务总局关于全面推开营业税改征增值税试点的通知》（财税〔2016〕36号）及现行增值税有关规定，制定本办法。

第二条　增值税一般纳税人（以下称纳税人）2016年5月1日后取得并在会计制度上按固定资产核算的不动产，以及2016年5月1日后发生的不动产在建工程，其进项税额应按照本办法有关规定分2年从销项税额中抵扣，第一年抵扣比例为60%，第二年抵扣比例为40%。

取得的不动产，包括以直接购买、接受捐赠、接受投资入股以及抵债等各种形式取得的不动产。

纳税人新建、改建、扩建、修缮、装饰不动产，属于不动产在建工程。

房地产开发企业自行开发的房地产项目，融资租入的不动产，以及在施工现场修建的临时建筑物、构筑物，其进项税额不适用上述分2年抵扣的规定。

第三条　纳税人2016年5月1日后购进货物和设计服务、建筑服务，用于新建不动产，或者用于改建、扩建、修缮、装饰不动产并增加不动产原值超过50%的，其进项税额依照本办法有关规定分2年从销项税额中抵扣。

不动产原值，是指取得不动产时的购置原价或作价。

上述分2年从销项税额中抵扣的购进货物，是指构成不动产实体的材料和设备，包括建筑装饰材料和给排水、采暖、卫生、通风、照明、通讯、煤气、消防、中央空调、电梯、电气、智能化楼宇设备及配套设施。

第四条　纳税人按照本办法规定从销项税额中抵扣进项税额，应取得2016年5月1日后开具的合法有效的增值税扣税凭证。

上述进项税额中，60%的部分于取得扣税凭证的当期从销项税额中抵扣；40%的部分为待抵扣进项税额，于取得扣税凭证的当月起第13个月从销项税额中抵扣。

第五条　购进时已全额抵扣进项税额的货物和服务，转用于不动产在建工程的，其已抵扣进项税额的40%部分，应于转用的当期从进项税额中扣减，计入待抵扣进项税额，并于转用的当月起第13个月从销项税额中抵扣。

第六条　纳税人销售其取得的不动产或者不动产在建工程时，尚未抵扣完毕的待抵扣进项税额，允许于销售的当期从销项税额中抵扣。

第七条　已抵扣进项税额的不动产，发生非正常损失，或者改变用途，专用于简易计税方法计税项目、免征增值税项目、集体福利或者个人消费的，按照下列公式计算不得抵扣的进项税额：

$$不得抵扣的进项税额 = （已抵扣进项税额 + 待抵扣进项税额）\times 不动产净值率$$

$$不动产净值率 = （不动产净值 \div 不动产原值）\times 100\%$$

不得抵扣的进项税额小于或等于该不动产已抵扣进项税额的，应于该不动产改变用途的当期，将不得抵扣的进项税额从进项税额中扣减。

不得抵扣的进项税额大于该不动产已抵扣进项税额的，应于该不动产改变用途的当期，将已抵扣进项税额从进项税额中扣减，并从该不动产待抵扣进项税额中扣减不得抵扣进项税额与已抵扣进项税额的差额。

第八条　不动产在建工程发生非正常损失的，其所耗用的购进货物、设计服务和建筑服务已抵扣的进项税额应于当期全部转出；其待抵扣进项税额不得抵扣。

第九条　按照规定不得抵扣进项税额的不动产，发生用途改变，用于允许抵扣进项税额项目的，按照下列公式在改变用途的次月计算可抵扣进项税额。

$$可抵扣进项税额 = 增值税扣税凭证注明或计算的进项税额 \times 不动产净值率$$

依照本条规定计算的可抵扣进项税额，应取得2016年5月1日后开具的合法有效的增值税扣税凭证。

按照本条规定计算的可抵扣进项税额，60%的部分于改变用途的次月从销项税额中抵扣，40%的部分为待抵扣进项税额，于改变用途的次月起第13个月从销项税额中抵扣。

第十条　纳税人注销税务登记时，其尚未抵扣完毕的待抵扣进项税额于注销清算的当期从销项税额中抵扣。

第十一条　待抵扣进项税额记入"应交税金—待抵扣进项税额"科目核算，并于可抵扣当期转入"应交税金—应交增值税（进项税额）"科目。

对不同的不动产和不动产在建工程，纳税人应分别核算其待抵扣进项税额。

第十二条　纳税人分期抵扣不动产的进项税额，应据实填报增值税纳税申报表附列资料。

第十三条　纳税人应建立不动产和不动产在建工程台账，分别记录并归集不动产和不动产在建工程的成本、费用、扣税凭证及进项税额抵扣情况，留存备查。

用于简易计税方法计税项目、免征增值税项目、集体福利或者个人消费的不动产和不动产在建工程，也应在纳税人建立的台账中记录。

第十四条　纳税人未按照本办法有关规定抵扣不动产和不动产在建工程进项税额的，主管税务机关应按照《中华人民共和国税收征收管理法》及有关规定进行处理。

《国家税务总局关于发布〈纳税人转让不动产增值税征收管理暂行办法〉的公告》

（国家税务总局公告2016年第14号）[①]

国家税务总局制定了《纳税人转让不动产增值税征收管理暂行办法》，现予以公布，自2016年5月1日起施行。

特此公告。

纳税人转让不动产增值税征收管理暂行办法

第一条　根据《财政部、国家税务总局关于全面推开营业税改征增值税试

[①] 根据《国家税务总局关于修改部分税收规范性文件的公告》（国家税务总局公告2018年第31号），全文中"地税机关""国税机关"的内容修改为"税务机关"。

点的通知》（财税〔2016〕36号）及现行增值税有关规定，制定本办法。

第二条　纳税人转让其取得的不动产，适用本办法。

本办法所称取得的不动产，包括以直接购买、接受捐赠、接受投资入股、自建以及抵债等各种形式取得的不动产。

房地产开发企业销售自行开发的房地产项目不适用本办法。

第三条　一般纳税人转让其取得的不动产，按照以下规定缴纳增值税：

（一）一般纳税人转让其2016年4月30日前取得（不含自建）的不动产，可以选择适用简易计税方法计税，以取得的全部价款和价外费用扣除不动产购置原价或者取得不动产时的作价后的余额为销售额，按照5%的征收率计算应纳税额。纳税人应按照上述计税方法向不动产所在地主管地税机关预缴税款，向机构所在地主管国税机关申报纳税。

（二）一般纳税人转让其2016年4月30日前自建的不动产，可以选择适用简易计税方法计税，以取得的全部价款和价外费用为销售额，按照5%的征收率计算应纳税额。纳税人应按照上述计税方法向不动产所在地主管地税机关预缴税款，向机构所在地主管国税机关申报纳税。

（三）一般纳税人转让其2016年4月30日前取得（不含自建）的不动产，选择适用一般计税方法计税的，以取得的全部价款和价外费用为销售额计算应纳税额。纳税人应以取得的全部价款和价外费用扣除不动产购置原价或者取得不动产时的作价后的余额，按照5%的预征率向不动产所在地主管地税机关预缴税款，向机构所在地主管国税机关申报纳税。

（四）一般纳税人转让其2016年4月30日前自建的不动产，选择适用一般计税方法计税的，以取得的全部价款和价外费用为销售额计算应纳税额。纳税人应以取得的全部价款和价外费用，按照5%的预征率向不动产所在地主管地税机关预缴税款，向机构所在地主管国税机关申报纳税。

（五）一般纳税人转让其2016年5月1日后取得（不含自建）的不动产，适用一般计税方法，以取得的全部价款和价外费用为销售额计算应纳税额。纳税人应以取得的全部价款和价外费用扣除不动产购置原价或者取得不动产时的作价后的余额，按照5%的预征率向不动产所在地主管地税机关预缴税款，向机构所在地主管国税机关申报纳税。

（六）一般纳税人转让其2016年5月1日后自建的不动产，适用一般计税方法，以取得的全部价款和价外费用为销售额计算应纳税额。纳税人应以取得的全部价款和价外费用，按照5%的预征率向不动产所在地主管地税机关预缴税款，向机构所在地主管国税机关申报纳税。

第四条　小规模纳税人转让其取得的不动产，除个人转让其购买的住房外，按照以下规定缴纳增值税：

（一）小规模纳税人转让其取得（不含自建）的不动产，以取得的全部价款和价外费用扣除不动产购置原价或者取得不动产时的作价后的余额为销售额，按照5%的征收率计算应纳税额。

（二）小规模纳税人转让其自建的不动产，以取得的全部价款和价外费用为销售额，按照5%的征收率计算应纳税额。

除其他个人之外的小规模纳税人，应按照本条规定的计税方法向不动产所在地主管地税机关预缴税款，向机构所在地主管国税机关申报纳税；其他个人按照本条规定的计税方法向不动产所在地主管地税机关申报纳税。

第五条 个人转让其购买的住房，按照以下规定缴纳增值税：

（一）个人转让其购买的住房，按照有关规定全额缴纳增值税的，以取得的全部价款和价外费用为销售额，按照5%的征收率计算应纳税额。

（二）个人转让其购买的住房，按照有关规定差额缴纳增值税的，以取得的全部价款和价外费用扣除购买住房价款后的余额为销售额，按照5%的征收率计算应纳税额。

个体工商户应按照本条规定的计税方法向住房所在地主管地税机关预缴税款，向机构所在地主管国税机关申报纳税；其他个人应按照本条规定的计税方法向住房所在地主管地税机关申报纳税。

第六条 其他个人以外的纳税人转让其取得的不动产，区分以下情形计算应向不动产所在地主管地税机关预缴的税款：

（一）以转让不动产取得的全部价款和价外费用作为预缴税款计算依据的，计算公式为：

$$应预缴税款 = 全部价款和价外费用 \div (1+5\%) \times 5\%$$

（二）以转让不动产取得的全部价款和价外费用扣除不动产购置原价或者取得不动产时的作价后的余额作为预缴税款计算依据的，计算公式为：

$$应预缴税款 = (全部价款和价外费用 - 不动产购置原价或者取得不动产时的作价) \div (1+5\%) \times 5\%$$

第七条 其他个人转让其取得的不动产，按照本办法第六条规定的计算方法计算应纳税额并向不动产所在地主管地税机关申报纳税。

第八条 纳税人按规定从取得的全部价款和价外费用中扣除不动产购置原价或者取得不动产时的作价的，应当取得符合法律、行政法规和国家税务总局规定的合法有效凭证。否则，不得扣除。

上述凭证是指：

（一）税务部门监制的发票。

（二）法院判决书、裁定书、调解书，以及仲裁裁决书、公证债权文书。

（三）国家税务总局规定的其他凭证。

第九条 纳税人转让其取得的不动产，向不动产所在地主管地税机关预缴的增值税税款，可以在当期增值税应纳税额中抵减，抵减不完的，结转下期继续抵减。

纳税人以预缴税款抵减应纳税额，应以完税凭证作为合法有效凭证。

第十条 小规模纳税人转让其取得的不动产，不能自行开具增值税发票的，可向不动产所在地主管地税机关申请代开。

第十一条 纳税人向其他个人转让其取得的不动产，不得开具或申请代开增值税专用发票。

第十二条 纳税人转让不动产，按照本办法规定应向不动产所在地主管地税机关预缴税款而自应当预缴之月起超过6个月没有预缴税款的，由机构所在地主管国税机关按照《中华人民共和国税收征收管理法》及相关规定进行处理。

纳税人转让不动产，未按照本办法规定缴纳税款的，由主管税务机关按照《中华人民共和国税收征收管理法》及相关规定进行处理。

《关于印发〈增值税会计处理规定〉的通知》

（财会〔2016〕22号）

国务院有关部委，有关中央管理企业，各省、自治区、直辖市、计划单列市财政厅（局），新疆生产建设兵团财务局，财政部驻各省、自治区、直辖市、计划单列市财政监察专员办事处：

为进一步规范增值税会计处理，促进《关于全面推开营业税改征增值税试点的通知》（财税〔2016〕36号）的贯彻落实，我们制定了《增值税会计处理规定》，现印发给你们，请遵照执行。

增值税会计处理规定

根据《中华人民共和国增值税暂行条例》和《关于全面推开营业税改征增值税试点的通知》（财税〔2016〕36号）等有关规定，现对增值税有关会计处理规定如下：

一、会计科目及专栏设置

增值税一般纳税人应当在"应交税费"科目下设置"应交增值税"、"未交增值税"、"预交增值税"、"待抵扣进项税额"、"待认证进项税额"、"待转销项税额"、"增值税留抵税额"、"简易计税"、"转让金融商品应交增值税"、"代扣代交增值税"等明细科目。

（一）增值税一般纳税人应在"应交增值税"明细账内设置"进项税额"、"销项税额抵减"、"已交税金"、"转出未交增值税"、"减免税款"、"出口抵减内销产品应纳税额"、"销项税额"、"出口退税"、"进项税额转出"、"转出多交增值税"等专栏。其中：

1."进项税额"专栏，记录一般纳税人购进货物、加工修理修配劳务、服务、无形资产或不动产而支付或负担的、准予从当期销项税额中抵扣的增值税额；

2."销项税额抵减"专栏，记录一般纳税人按照现行增值税制度规定因扣减销售额而减少的销项税额；

3."已交税金"专栏，记录一般纳税人当月已交纳的应交增值税额；

4."转出未交增值税"和"转出多交增值税"专栏，分别记录一般纳税人月度终了转出当月应交未交或多交的增值税额；

5."减免税款"专栏，记录一般纳税人按现行增值税制度规定准予减免的增值税额；

6."出口抵减内销产品应纳税额"专栏，记录实行"免、抵、退"办法的一般纳税人按规定计算的出口货物的进项税抵减内销产品的应纳税额；

7."销项税额"专栏，记录一般纳税人销售货物、加工修理修配劳务、服务、无形资产或不动产应收取的增值税额；

8."出口退税"专栏，记录一般纳税人出口货物、加工修理修配劳务、服务、无形资产按规定退回的增值税额；

9."进项税额转出"专栏，记录一般纳税人购进货物、加工修理修配劳务、服务、无形资产或不动产等发生非正常损失以及其他原因而不应从销项税额中抵扣、按规定转出的进项税额。

（二）"未交增值税"明细科目，核算一般纳税人月度终了从"应交增值税"或"预交增值税"明细科目转入当月应交未交、多交或预缴的增值税额，以及当月交纳以前期间未交的增值税额。

（三）"预交增值税"明细科目，核算一般纳税人转让不动产、提供不动产经营租赁服务、提供建筑服务、采用预收款方式销售自行开发的房地产项目等，以及其他按现行增值税制度规定应预缴的增值税额。

（四）"待抵扣进项税额"明细科目，核算一般纳税人已取得增值税扣税凭证并经税务机关认证，按照现行增值税制度规定准予以后期间从销项税额中抵扣的进项税额。包括：一般纳税人自 2016 年 5 月 1 日后取得并按固定资产核算的不动产或者 2016 年 5 月 1 日后取得的不动产在建工程，按现行增值税制度规定准予以后期间从销项税额中抵扣的进项税额；实行纳税辅导期管理的一般纳税人取得的尚未交叉稽核比对的增值税扣税凭证上注明或计算的进项税额。

（五）"待认证进项税额"明细科目，核算一般纳税人由于未经税务机关认证而不得从当期销项税额中抵扣的进项税额。包括：一般纳税人已取得增值税扣税凭证、按照现行增值税制度规定准予从销项税额中抵扣，但尚未经税务机关认证的进项税额；一般纳税人已申请稽核但尚未取得稽核相符结果的海关缴款书进项税额。

（六）"待转销项税额"明细科目，核算一般纳税人销售货物、加工修理修配劳务、服务、无形资产或不动产，已确认相关收入（或利得）但尚未发生增值税纳税义务而需于以后期间确认为销项税额的增值税额。

（七）"增值税留抵税额"明细科目，核算兼有销售服务、无形资产或者不动产的原增值税一般纳税人，截止到纳入营改增试点之日前的增值税期末留抵税额按照现行增值税制度规定不得从销售服务、无形资产或不动产的销项税额中抵扣的增值税留抵税额。

（八）"简易计税"明细科目，核算一般纳税人采用简易计税方法发生的增值税计提、扣减、预缴、缴纳等业务。

（九）"转让金融商品应交增值税"明细科目，核算增值税纳税人转让金融商品发生的增值税额。

（十）"代扣代交增值税"明细科目，核算纳税人购进在境内未设经营机构的境外单位或个人在境内的应税行为代扣代缴的增值税。

小规模纳税人只需在"应交税费"科目下设置"应交增值税"明细科目，不需要设置上述专栏及除"转让金融商品应交增值税"、"代扣代交增值税"外的明细科目。

二、账务处理

（一）取得资产或接受劳务等业务的账务处理。

1. 采购等业务进项税额允许抵扣的账务处理。一般纳税人购进货物、加工修理修配劳务、服务、无形资产或不动产，按应计入相关成本费用或资产的金额，借记"在途物资"或"原材料"、"库存商品"、"生产成本"、"无形资产"、"固定资产"、"管理费用"等科目，按当月已认证的可抵扣增值税额，借记"应交税费——应交增值税（进项税额）"科目，按当月未认证的可抵扣增值税额，借记"应交税费——待认证进项税额"科目，按应付或实际支付的金额，贷记"应付账款"、"应付票据"、"银行存款"等科目。发生退货的，如原增值税专用发票已做认证,应根据税务机关开具的红字增值税专用发票做相反的会计分录;如原增值税专用发票未做认证,应将发票退回并做相反的会计分录。

2. 采购等业务进项税额不得抵扣的账务处理。一般纳税人购进货物、加工修理修配劳务、服务、无形资产或不动产,用于简易计税方法计税项目、免征增值税项目、集体福利或个人消费等,其进项税额按照现行增值税制度规定不得从销项税额中抵扣的,取得增值税专用发票时,应借记相关成本费用或资产科目,借记"应交税费——待认证进项税额"科目,贷记"银行存款"、"应付账款"等科目,经税务机关认证后,应借记相关成本费用或资产科目,贷记"应交税费——应交增值税(进项税额转出)"科目。

3. 购进不动产或不动产在建工程按规定进项税额分年抵扣的账务处理。一般纳税人自2016年5月1日后取得并按固定资产核算的不动产或者2016年5月1日后取得的不动产在建工程,其进项税额按现行增值税制度规定自取得之日起分2年从销项税额中抵扣的,应当按取得成本,借记"固定资产"、"在建工程"等科目,按当期可抵扣的增值税额,借记"应交税费——应交增值税(进项税额)"科目,按以后期间可抵扣的增值税额,借记"应交税费——待抵扣进项税额"科目,按应付或实际支付的金额,贷记"应付账款"、"应付票据"、"银行存款"等科目。尚未抵扣的进项税额待以后期间允许抵扣时,按允许抵扣的金额,借记"应交税费——应交增值税(进项税额)"科目,贷记"应交税费——待抵扣进项税额"科目。

4. 货物等已验收入库但尚未取得增值税扣税凭证的账务处理。一般纳税人购进的货物等已到达并验收入库,但尚未收到增值税扣税凭证并未付款的,应在月末按货物清单或相关合同协议上的价格暂估入账,不需要将增值税的进项税额暂估入账。下月初,用红字冲销原暂估入账金额,待取得相关增值税扣税凭证并经认证后,按应计入相关成本费用或资产的金额,借记"原材料"、"库存商品"、"固定资产"、"无形资产"等科目,按可抵扣的增值税额,借记"应交税费——应交增值税(进项税额)"科目,按应付金额,贷记"应付账款"等科目。

5. 小规模纳税人采购等业务的账务处理。小规模纳税人购买物资、服务、无形资产或不动产,取得增值税专用发票上注明的增值税应计入相关成本费用或资产,不通过"应交税费——应交增值税"科目核算。

6. 购买方作为扣缴义务人的账务处理。按照现行增值税制度规定,境外单位或个人在境内发生应税行为,在境内未设有经营机构的,以购买方为增值税扣缴义务人。境内一般纳税人购进服务、无形资产或不动产,按应计入相关成本费用或资产的金额，借记"生产成本"、"无形资产"、"固定资产"、"管理费用"等科目，按可抵扣的增值税额，借记"应交税费——应交增值税（进项税额）"科目（小规模纳税人应借记相关成本费用或资产科目），按应付或实际支付的金额，贷记"应付账款"等科目，按应代扣代缴的增值税额，贷记"应交税费——代扣代交增值税"科目。实际缴纳代扣代缴增值税时，按代扣代缴的增值税额，借记"应交税费——代扣代交增值税"科目，贷记"银行存款"科目。

(二) 销售等业务的账务处理。

1. 销售业务的账务处理。企业销售货物、加工修理修配劳务、服务、无形资产或不动产，应当按应收或已收的金额，借记"应收账款"、"应收票据"、"银行存款"等科目，按取得的收入金额，贷记"主营业务收入"、"其他业务收入"、"固定资产清理"、"工程结算"等科目，按现行增值税制度规定计算的销项税额（或采用简易计税方法计算的应纳增值税额），贷记"应交税费——应交增值税（销项税额）"或"应交税费——简易计税"科目（小规模纳税人应贷记"应交税费——应交增值税"科目）。发生销售退回的，应根据按规定开具的红字增值税专用发票做相反的会计分录。

按照国家统一的会计制度确认收入或利得的时点早于按照增值税制度确认增值税纳税义务发生时点的，应将相关销项税额计入"应交税费——待转销项税额"科目，待实际发生纳税义务时再转入"应交税费——应交增值税（销项税额）"或"应交税费——简易计税"科目。

按照增值税制度确认增值税纳税义务发生时点早于按照国家统一的会计制度确认收入或利得的时点的，应将应纳增值税额，借记"应收账款"科目，贷记"应交税费——应交增值税（销项税额）"或"应交税费——简易计税"科目，按照国家统一的会计制度确认收入或利得时，应按扣除增值税销项税额后的金额确认收入。

2. 视同销售的账务处理。企业发生税法上视同销售的行为，应当按照企业会计准则制度相关规定进行相应的会计处理，并按照现行增值税制度规定计算的销项税额（或采用简易计税方法计算的应纳增值税额），借记"应付职工薪酬"、"利润分配"等科目，贷记"应交税费——应交增值税（销项税额）"或"应交税费——简易计税"科目（小规模纳税人应计入"应交税费——应交增值税"科目）。

3. 全面试行营业税改征增值税前已确认收入，此后产生增值税纳税义务的账务处理。企业营业税改征增值税前已确认收入，但因未产生营业税纳税义务而未计提营业税的，在达到增值税纳税义务时点时，企业应在确认应交增值税销项税额的同时冲减当期收入；已经计提营业税且未缴纳的，在达到增值税纳税义务时点时，应借记"应交税费——应交营业税"、"应交税费——应交城市维护建设税"、"应交税费——应交教育费附加"等科目，贷记"主营业务收入"科目，并根据调整后的收入计算确定计入"应交税费——待转销项税额"科目的金额，同时冲减收入。

全面试行营业税改征增值税后，"营业税金及附加"科目名称调整为"税金及附加"科目，该科目核算企业经营活动发生的消费税、城市维护建设税、资源税、教育费附加及房产税、城镇土地使用税、车船税、印花税等相关税费；利润表中的"营业税金及附加"项目调整为"税金及附加"项目。

（三）差额征税的账务处理。

1. 企业发生相关成本费用允许扣减销售额的账务处理。按现行增值税制度规定企业发生相关成本费用允许扣减销售额的，发生成本费用时，按应付或实际支付的金额，借记"主营业务成本"、"存货"、"工程施工"等科目，贷记"应付账款"、"应付票据"、"银行存款"等科目。待取得合规增值税扣税凭证且纳税义务发生时，按照允许抵扣的税额，借记"应交税费——应交增值税（销项税额抵减）"或"应交税费——简易计税"科目（小规模纳税人应借记"应交税费——应交增值税"科目），贷记"主营业务成本"、"存货"、"工程施工"等科目。

2. 金融商品转让按规定以盈亏相抵后的余额作为销售额的账务处理。金融商品实际转让月末，如产生转让收益，则按应纳税额借记"投资收益"等科目，贷记"应交税费——转让金融商品应交增值税"科目；如产生转让损失，则按可结转下月抵扣税额，借记"应交税费——转让金融商品应交增值税"科目，贷记"投资收益"等科目。交纳增值税时，应借记"应交税费——转让金融商品应交增值税"科目，贷记"银行存款"科目。年末，本科目如有借方余额，则借记"投资收益"等科目，贷记"应交税费——转让金融商品应交增值税"科目。

（四）出口退税的账务处理。

为核算纳税人出口货物应收取的出口退税款，设置"应收出口退税款"科目，该科目借方反映销售出口货物按规定向税务机关申报应退回的增值税、消费税等，贷方反映实际收到的出口货物应退回的增值税、消费税等。期末借方余额，反映尚未收到的应退税额。

1. 未实行"免、抵、退"办法的一般纳税人出口货物按规定退税的，按规定计算的应收出口退税额，借记"应收出口退税款"科目，贷记"应交税费——应交增值税（出口退税）"科目，收到出口退税时，借记"银行存款"科目，贷记"应收出口退税款"科目；退税额低于购进时取得的增值税专用发票上的增值税额的差额,借记"主营业务成本"科目,贷记"应交税费——应交增值税(进项税额转出)"科目。

2. 实行"免、抵、退"办法的一般纳税人出口货物,在货物出口销售后结转产品销售成本时,按规定计算的退税额低于购进时取得的增值税专用发票上的增值税额的差额,借记"主营业务成本"科目,贷记"应交税费——应交增值税(进项税额转出)"科目;按规定计算的当期出口货物的进项税抵减内销产品的应纳税额,借记"应交税费——应交增值税(出口抵减内销产品应纳税额)"科目,贷记"应交税费——应交增值税(出口退税)"科目。在规定期限内,内销产品的应纳税额不足以抵减出口货物的进项税额,不足部分按有关税法规定给予退税的,应在实际收到退税款时,借记"银行存款"科目,贷记"应交税费——应交增值税(出口退税)"科目。

(五)进项税额抵扣情况发生改变的账务处理。

因发生非正常损失或改变用途等,原已计入进项税额、待抵扣进项税额或待认证进项税额,但按现行增值税制度规定不得从销项税额中抵扣的,借记"待处理财产损溢"、"应付职工薪酬"、"固定资产"、"无形资产"等科目,贷记"应交税费——应交增值税(进项税额转出)"、"应交税费——待抵扣进项税额"或"应交税费——待认证进项税额"科目;原不得抵扣且未抵扣进项税额的固定资产、无形资产等,因改变用途等用于允许抵扣进项税额的应税项目的,应按允许抵扣的进项税额,借记"应交税费——应交增值税(进项税额)"科目,贷记"固定资产"、"无形资产"等科目。固定资产、无形资产等经上述调整后,应按调整后的账面价值在剩余尚可使用寿命内计提折旧或摊销。

一般纳税人购进时已全额计提进项税额的货物或服务等转用于不动产在建工程的,对于结转以后期间的进项税额,应借记"应交税费——待抵扣进项税额"科目,贷记"应交税费——应交增值税(进项税额转出)"科目。

(六)月末转出多交增值税和未交增值税的账务处理。

月度终了,企业应当将当月应交未交或多交的增值税自"应交增值税"明细科目转入"未交增值税"明细科目。对于当月应交未交的增值税,借记"应交税费——应交增值税(转出未交增值税)"科目,贷记"应交税费——未交增值税"科目;对于当月多交的增值税,借记"应交税费——未交增值税"科目,贷记"应交税费——应交增值税(转出多交增值税)"科目。

(七)交纳增值税的账务处理。

1. 交纳当月应交增值税的账务处理。企业交纳当月应交的增值税,借记"应交税费——应交增值税(已交税金)"科目(小规模纳税人应借记"应交税费——应交增值税"科目),贷记"银行存款"科目。

2. 交纳以前期间未交增值税的账务处理。企业交纳以前期间未交的增值税，借记"应交税费——未交增值税"科目，贷记"银行存款"科目。

3. 预缴增值税的账务处理。企业预缴增值税时，借记"应交税费——预交增值税"科目，贷记"银行存款"科目。月末，企业应将"预交增值税"明细科目余额转入"未交增值税"明细科目，借记"应交税费——未交增值税"科目，贷记"应交税费——预交增值税"科目。房地产开发企业等在预缴增值税后，应直至纳税义务发生时方可从"应交税费——预交增值税"科目结转至"应交税费——未交增值税"科目。

4. 减免增值税的账务处理。对于当期直接减免的增值税，借记"应交税费——应交增值税（减免税款）"科目，贷记损益类相关科目。

（八）增值税期末留抵税额的账务处理。

纳入营改增试点当月月初，原增值税一般纳税人应按不得从销售服务、无形资产或不动产的销项税额中抵扣的增值税留抵税额，借记"应交税费——增值税留抵税额"科目，贷记"应交税费——应交增值税（进项税额转出）"科目。待以后期间允许抵扣时，按允许抵扣的金额，借记"应交税费——应交增值税（进项税额）"科目，贷记"应交税费——增值税留抵税额"科目。

（九）增值税税控系统专用设备和技术维护费用抵减增值税额的账务处理。

按现行增值税制度规定，企业初次购买增值税税控系统专用设备支付的费用以及缴纳的技术维护费允许在增值税应纳税额中全额抵减的，按规定抵减的增值税应纳税额，借记"应交税费——应交增值税（减免税款）"科目（小规模纳税人应借记"应交税费——应交增值税"科目），贷记"管理费用"等科目。

（十）关于小微企业免征增值税的会计处理规定。

小微企业在取得销售收入时，应当按照税法的规定计算应交增值税，并确认为应交税费，在达到增值税制度规定的免征增值税条件时，将有关应交增值税转入当期损益。

三、财务报表相关项目列示

"应交税费"科目下的"应交增值税"、"未交增值税"、"待抵扣进项税额"、"待认证进项税额"、"增值税留抵税额"等明细科目期末借方余额应根据情况，在资产负债表中的"其他流动资产"或"其他非流动资产"项目列示；"应交税费——待转销项税额"等科目期末贷方余额应根据情况，在资产负债表中的"其他流动负债"或"其他非流动负债"项目列示；"应交税费"科目下的"未交增值税"、"简易计税"、"转让金融商品应交增值税"、"代扣代交增值税"等科目期末贷方余额应在资产负债表中的"应交税费"项目列示。

四、附则

本规定自发布之日起施行，国家统一的会计制度中相关规定与本规定不一致的，应按本规定执行。2016年5月1日至本规定施行之间发生的交易由于本规定而影响资产、负债等金额的，应按本规定调整。《营业税改征增值税试点有关企业会计处理规定》（财会〔2012〕13号）及《关于小微企业免征增值税和营业税的会计处理规定》（财会〔2013〕24号）等原有关增值税会计处理的规定同时废止。

《国家税务总局关于营业税改征增值税试点期间有关增值税问题的公告》

（国家税务总局公告2015年第90号）

为统一政策执行口径，现将营业税改征增值税试点期间有关增值税问题公告如下：

一、蜂窝数字移动通信用塔（杆），属于《固定资产分类与代码》（GB/T 14885-1994）中的"其他通讯设备"（代码699），其增值税进项税额可以按照现行规定从销项税额中抵扣。

二、纳税人销售自己使用过的固定资产，适用简易办法依照3%征收率减按2%征收增值税政策的，可以放弃减税，按照简易办法依照3%征收率缴纳增值税，并可以开具增值税专用发票。

三、纳税人提供有形动产融资性售后回租服务，计算当期销售额时可以扣除的有形动产价款本金，为书面合同约定的当期应当收取的本金。无书面合同或者书面合同没有约定的，为当期实际收取的本金。

四、提供有形动产融资租赁服务的纳税人，以保理方式将融资租赁合同项下未到期应收租金的债权转让给银行等金融机构，不改变其与承租方之间的融资租赁关系，应继续按照现行规定缴纳增值税，并向承租方开具发票。

五、纳税人通过蜂窝数字移动通信用塔（杆）及配套设施，为电信企业提供的基站天线、馈线及设备环境控制、动环监控、防雷消防、运行维护等塔类站址管理业务，按照"信息技术基础设施管理服务"缴纳增值税。

纳税人通过楼宇、隧道等室内通信分布系统，为电信企业提供的语音通话和移动互联网等无线信号室分系统传输服务，分别按照基础电信服务和增值电信服务缴纳增值税。

本公告自2016年2月1日起施行，此前未处理的事项，按本公告规定执行。

特此公告。

《国家税务总局关于纳税人认定或登记为一般纳税人前进项税额抵扣问题的公告》

(国家税务总局公告2015年第59号)

现将纳税人认定或登记为一般纳税人前进项税额抵扣问题公告如下:

一、纳税人自办理税务登记至认定或登记为一般纳税人期间,未取得生产经营收入,未按照销售额和征收率简易计算应纳税额申报缴纳增值税的,其在此期间取得的增值税扣税凭证,可以在认定或登记为一般纳税人后抵扣进项税额。

二、上述增值税扣税凭证按照现行规定无法办理认证或者稽核比对的,按照以下规定处理:

(一)购买方纳税人取得的增值税专用发票,按照《国家税务总局关于推行增值税发票系统升级版有关问题的公告》(国家税务总局公告2014年第73号)规定的程序,由销售方纳税人开具红字增值税专用发票后重新开具蓝字增值税专用发票。

购买方纳税人按照国家税务总局公告2014年第73号规定填开《开具红字增值税专用发票信息表》或《开具红字货物运输业增值税专用发票信息表》时,选择"所购货物或劳务、服务不属于增值税扣税项目范围"或"所购服务不属于增值税扣税项目范围"。

(二)纳税人取得的海关进口增值税专用缴款书,按照《国家税务总局关于逾期增值税扣税凭证抵扣问题的公告》(国家税务总局公告2011年第50号)规定的程序,经国家税务总局稽核比对相符后抵扣进项税额。

三、本公告自发布之日起施行。此前未处理的事项,按照本公告规定执行。

特此公告。

《国家税务总局关于简并增值税征收率有关问题的公告》

(国家税务总局公告2014年第36号)①

根据国务院简并和统一增值税征收率的决定,现将有关问题公告如下:

一、将《国家税务总局关于固定业户临时外出经营有关增值税专用发票管

---

① 根据《国家税务总局关于明确中外合作办学等若干增值税征管问题的公告》(国家税务总局公告2018年第42号),此文件第二条已被废止。

理问题的通知》（国税发〔1995〕87号）中"经营地税务机关按6%的征收率征税"，修改为"经营地税务机关按3%的征收率征税"。

二、将《国家税务总局关于拍卖行取得的拍卖收入征收增值税、营业税有关问题的通知》（国税发〔1999〕40号）第一条中"按照4%的征收率征收增值税"，修改为"按照3%的征收率征收增值税"。

三、将《国家税务总局关于增值税简易征收政策有关管理问题的通知》（国税函〔2009〕90号）第一条第（一）项中"按简易办法依4%征收率减半征收增值税政策"，修改为"按简易办法依3%征收率减按2%征收增值税政策"。

四、将《国家税务总局关于供应非临床用血增值税政策问题的批复》（国税函〔2009〕456号）第二条中"按照简易办法依照6%征收率计算应纳税额"，修改为"按照简易办法依照3%征收率计算应纳税额"。

五、将《国家税务总局关于一般纳税人销售自己使用过的固定资产增值税有关问题的公告》（国家税务总局公告2012年第1号）中"可按简易办法依4%征收率减半征收增值税"，修改为"可按简易办法依3%征收率减按2%征收增值税"。

六、纳税人适用按照简易办法依3%征收率减按2%征收增值税政策的，按下列公式确定销售额和应纳税额：

$$销售额 = 含税销售额/(1+3\%)$$
$$应纳税额 = 销售额 \times 2\%$$

《国家税务总局关于增值税简易征收政策有关管理问题的通知》（国税函〔2009〕90号）第四条第（一）项废止。

七、本公告自2014年7月1日起施行。

特此公告。

《财政部 国家税务总局关于简并增值税征收率政策的通知》

（财税〔2014〕57号）

各省、自治区、直辖市、计划单列市财政厅（局）、国家税务局，新疆生产建设兵团财务局：

为进一步规范税制、公平税负，经国务院批准，决定简并和统一增值税征收率，将6%和4%的增值税征收率统一调整为3%。现将有关事项通知如下：

一、《财政部、国家税务总局关于部分货物适用增值税低税率和简易办法征收增值税政策的通知》（财税〔2009〕9号）第二条第（一）项和第（二）项中"按照简易办法依照 4% 征收率减半征收增值税"调整为"按照简易办法依照 3% 征收率减按 2% 征收增值税"。

《财政部、国家税务总局关于全国实施增值税转型改革若干问题的通知》(财税〔2008〕170 号)第四条第(二)项和第(三)项中"按照 4% 征收率减半征收增值税"调整为"按照简易办法依照 3% 征收率减按 2% 征收增值税"。

二、财税〔2009〕9 号文件第二条第(三)项和第三条"依照 6% 征收率"调整为"依照 3% 征收率"。

三、财税〔2009〕9 号文件第二条第(四)项"依照 4% 征收率"调整为"依照 3% 征收率"。

四、本通知自 2014 年 7 月 1 日起执行。

《国家税务总局关于纳税人资产重组有关增值税问题的公告》

(国家税务总局公告 2013 年第 66 号)

现将纳税人资产重组有关增值税问题公告如下:

纳税人在资产重组过程中,通过合并、分立、出售、置换等方式,将全部或者部分实物资产以及与其相关联的债权、负债经多次转让后,最终的受让方与劳动力接收方为同一单位和个人的,仍适用《国家税务总局关于纳税人资产重组有关增值税问题的公告》(国家税务总局公告 2011 年第 13 号)的相关规定,其中货物的多次转让行为均不征收增值税。资产的出让方需将资产重组方案等文件资料报其主管税务机关。

本公告自 2013 年 12 月 1 日起施行。纳税人此前已发生并处理的事项,不再做调整;未处理的,按本公告规定执行。

特此公告。

《国家税务总局关于纳税人资产重组增值税留抵税额处理有关问题的公告》

(国家税务总局公告 2012 年第 55 号)

现将纳税人资产重组中增值税留抵税额处理有关问题公告如下:

一、增值税一般纳税人(以下称"原纳税人")在资产重组过程中,将全部资产、负债和劳动力一并转让给其他增值税一般纳税人(以下称"新纳税人"),并按程序办理注销税务登记的,其在办理注销登记前尚未抵扣的进项税额可结转至新纳税人处继续抵扣。

二、原纳税人主管税务机关应认真核查纳税人资产重组相关资料,核实原纳税人在办理注销税务登记前尚未抵扣的进项税额,填写《增值税一般纳税人资产重组进项留抵税额转移单》(见附件)。

《增值税一般纳税人资产重组进项留抵税额转移单》一式三份,原纳税人主管税务机关留存一份,交纳税人一份,传递新纳税人主管税务机关一份。

三、新纳税人主管税务机关应将原纳税人主管税务机关传递来的《增值税一般纳税人资产重组进项留抵税额转移单》与纳税人报送资料进行认真核对,对原纳税人尚未抵扣的进项税额,在确认无误后,允许新纳税人继续申报抵扣。

本公告自 2013 年 1 月 1 日起施行。

特此公告。

附件:增值税一般纳税人资产重组进项留抵税额转移单[①](略)

《国家税务总局关于纳税人资产重组有关增值税问题的公告》

(国家税务总局公告 2011 年第 13 号)

根据《中华人民共和国增值税暂行条例》及其实施细则的有关规定,现将纳税人资产重组有关增值税问题公告如下:

纳税人在资产重组过程中,通过合并、分立、出售、置换等方式,将全部或者部分实物资产以及与其相关联的债权、负债和劳动力一并转让给其他单位和个人,不属于增值税的征税范围,其中涉及的货物转让,不征收增值税。

本公告自 2011 年 3 月 1 日起执行。此前未作处理的,按照本公告的规定执行。《国家税务总局关于转让企业全部产权不征收增值税问题的批复》(国税函〔2002〕420 号)、《国家税务总局关于纳税人资产重组有关增值税政策问题的批复》(国税函〔2009〕585 号)、《国家税务总局关于中国直播卫星有限公司转让全部产权有关增值税问题的通知》(国税函〔2010〕350 号)同时废止。

特此公告。

---

① 根据《国家税务总局关于修改部分税收规范性文件的公告》(国家税务总局公告 2018 年第 31 号),附件 1《增值税一般纳税人资产重组进项留抵税额转移单》(编号:×××县(市、区)国税资产重组留抵通知××号)修改为(编号:×××县(市、区)税务资产重组留抵通知××号)。

《国家税务总局关于中央财政补贴增值税有关问题的公告》

（国家税务总局公告2013年第3号）

现将中央财政补贴增值税有关问题公告如下：

按照现行增值税政策，纳税人取得的中央财政补贴，不属于增值税应税收入，不征收增值税。

本公告自2013年2月1日起施行。此前已发生未处理的，按本公告规定执行。

特此公告。

《财政部 国家税务总局关于增值税税控系统专用设备和技术维护费用抵减增值税税额有关政策的通知》

（财税〔2012〕15号）

各省、自治区、直辖市、计划单列市财政厅（局）、国家税务局，新疆生产建设兵团财务局：

为减轻纳税人负担，经国务院批准，自2011年12月1日起，增值税纳税人购买增值税税控系统专用设备支付的费用以及缴纳的技术维护费（以下称二项费用）可在增值税应纳税额中全额抵减。现将有关政策通知如下：

一、增值税纳税人2011年12月1日（含，下同）以后初次购买增值税税控系统专用设备（包括分开票机）支付的费用，可凭购买增值税税控系统专用设备取得的增值税专用发票，在增值税应纳税额中全额抵减（抵减额为价税合计额），不足抵减的可结转下期继续抵减。增值税纳税人非初次购买增值税税控系统专用设备支付的费用，由其自行负担，不得在增值税应纳税额中抵减。

增值税税控系统包括：增值税防伪税控系统、货物运输业增值税专用发票税控系统、机动车销售统一发票税控系统和公路、内河货物运输业发票税控系统。

增值税防伪税控系统的专用设备包括金税卡、IC卡、读卡器或金税盘和报税盘；货物运输业增值税专用发票税控系统专用设备包括税控盘和报税盘；机动车销售统一发票税控系统和公路、内河货物运输业发票税控系统专用设备包括税控盘和传输盘。

二、增值税纳税人2011年12月1日以后缴纳的技术维护费（不含补缴的2011年11月30日以前的技术维护费），可凭技术维护服务单位开具的技术维护费发票，在增值税应纳税额中全额抵减，不足抵减的可结转下期继续抵减。技术维护费按照价格主管部门核定的标准执行。

三、增值税一般纳税人支付的二项费用在增值税应纳税额中全额抵减的，其增值税专用发票不作为增值税抵扣凭证，其进项税额不得从销项税额中抵扣。

四、纳税人购买的增值税税控系统专用设备自购买之日起3年内因质量问题无法正常使用的，由专用设备供应商负责免费维修，无法维修的免费更换。

五、纳税人在填写纳税申报表时，对可在增值税应纳税额中全额抵减的增值税税控系统专用设备费用以及技术维护费，应按以下要求填报：

增值税一般纳税人将抵减金额填入《增值税纳税申报表（适用于增值税一般纳税人）》第23栏"应纳税额减征额"。当本期减征额小于或等于第19栏"应纳税额"与第21栏"简易征收办法计算的应纳税额"之和时，按本期减征额实际填写；当本期减征额大于第19栏"应纳税额"与第21栏"简易征收办法计算的应纳税额"之和时，按本期第19栏与第21栏之和填写，本期减征额不足抵减部分结转下期继续抵减。

小规模纳税人将抵减金额填入《增值税纳税申报表（适用于小规模纳税人）》第11栏"本期应纳税额减征额"。当本期减征额小于或等于第10栏"本期应纳税额"时，按本期减征额实际填写；当本期减征额大于第10栏"本期应纳税额"时，按本期第10栏填写，本期减征额不足抵减部分结转下期继续抵减。

六、主管税务机关要加强纳税申报环节的审核，对于纳税人申报抵减税款的，应重点审核其是否重复抵减以及抵减金额是否正确。

七、税务机关要加强对纳税人的宣传辅导，确保该项政策措施落实到位。

《国家税务总局关于一般纳税人销售自己使用过的固定资产增值税有关问题的公告》

（国家税务总局公告2012年第1号）

现将增值税一般纳税人销售自己使用过的固定资产有关增值税问题公告如下：

增值税一般纳税人销售自己使用过的固定资产，属于以下两种情形的，可按简易办法依4%征收率减半征收增值税，同时不得开具增值税专用发票：

一、纳税人购进或者自制固定资产时为小规模纳税人，认定为一般纳税人后销售该固定资产。

二、增值税一般纳税人发生按简易办法征收增值税应税行为，销售其按照规定不得抵扣且未抵扣进项税额的固定资产。

本公告自 2012 年 2 月 1 日起施行。此前已发生并已经征税的事项，不再调整；此前已发生未处理的，按本公告规定执行。

特此公告。

《国家税务总局关于未按期申报抵扣增值税扣税凭证有关问题的公告》

（国家税务总局公告 2011 年第 78 号）①

为解决增值税一般纳税人增值税扣税凭证因客观原因未按期申报抵扣增值税进项税额问题，现将有关规定公告如下：

一、增值税一般纳税人取得的增值税扣税凭证已认证或已采集上报信息但未按照规定期限申报抵扣；实行纳税辅导期管理的增值税一般纳税人以及实行海关进口增值税专用缴款书"先比对后抵扣"管理办法的增值税一般纳税人，取得的增值税扣税凭证稽核比对结果相符但未按规定期限申报抵扣，属于发生真实交易且符合本公告第二条规定的客观原因的，经主管税务机关审核，允许纳税人继续申报抵扣其进项税额。

本公告所称增值税扣税凭证，包括增值税专用发票（含货物运输业增值税专用发票）、海关进口增值税专用缴款书和公路内河货物运输业统一发票。

增值税一般纳税人除本公告第二条规定以外的其他原因造成增值税扣税凭证未按期申报抵扣的，仍按照现行增值税扣税凭证申报抵扣有关规定执行。

二、客观原因包括如下类型：

（一）因自然灾害、社会突发事件等不可抗力原因造成增值税扣税凭证未按期申报抵扣；

（二）有关司法、行政机关在办理业务或者检查中，扣押、封存纳税人账簿资料，导致纳税人未能按期办理申报手续；

（三）税务机关信息系统、网络故障，导致纳税人未能及时取得认证结果通知书或稽核结果通知书，未能及时办理申报抵扣；

---

① 根据《国家税务总局关于修改部分税收规范性文件的公告》（国家税务总局公告 2018 年第 31 号），附表 3《未按期申报抵扣增值税扣税凭证允许继续抵扣通知单》（编号：×××县（市、区）国税局抵扣通知××号）（×××国家税务局印章）修改为（编号：×××县（市、区）税务局抵扣通知××号）（×××税务局印章）。

（四）由于企业办税人员伤亡、突发危重疾病或者擅自离职，未能办理交接手续，导致未能按期申报抵扣；

（五）国家税务总局规定的其他情形。

三、增值税一般纳税人发生符合本公告规定未按期申报抵扣的增值税扣税凭证，可按照本公告附件《未按期申报抵扣增值税扣税凭证抵扣管理办法》的规定，申请办理抵扣手续。

四、增值税一般纳税人取得 2007 年 1 月 1 日以后开具，本公告施行前发生的未按期申报抵扣增值税扣税凭证，可在 2012 年 6 月 30 日前按本公告规定申请办理，逾期不再受理。

五、本公告自 2012 年 1 月 1 日起施行。

特此公告。

《国家税务总局关于增值税纳税义务发生时间有关问题的公告》

（国家税务总局公告 2011 年第 40 号）

根据《中华人民共和国增值税暂行条例》及其实施细则的有关规定，现就增值税纳税义务发生时间有关问题公告如下：

纳税人生产经营活动中采取直接收款方式销售货物，已将货物移送对方并暂估销售收入入账，但既未取得销售款或取得索取销售款凭据也未开具销售发票的，其增值税纳税义务发生时间为取得销售款或取得索取销售款凭据的当天；先开具发票的，为开具发票的当天。

本公告自 2011 年 8 月 1 日起施行。纳税人此前对发生上述情况进行增值税纳税申报的，可向主管税务机关申请，按本公告规定做纳税调整。

特此公告。

《国家税务总局关于折扣额抵减增值税应税销售额问题的通知》

（国税函〔2010〕56 号）

各省、自治区、直辖市和计划单列市国家税务局：

近有部分地区反映，纳税人采取折扣方式销售货物，虽在同一发票上注明了销售额和折扣额，却将折扣额填写在发票的备注栏，是否允许抵减销售额的问题。经研究，现将有关问题进一步明确如下：

《国家税务总局关于印发〈增值税若干具体问题的规定〉的通知》(国税发〔1993〕154号)第二条第(二)项规定:"纳税人采取折扣方式销售货物,如果销售额和折扣额在同一张发票上分别注明的,可按折扣后的销售额征收增值税"。纳税人采取折扣方式销售货物,销售额和折扣额在同一张发票上分别注明是指销售额和折扣额在同一张发票上的"金额"栏分别注明的,可按折扣后的销售额征收增值税。未在同一张发票"金额"栏注明折扣额,而仅在发票的"备注"栏注明折扣额的,折扣额不得从销售额中减除。

《国家税务总局关于调整增值税扣税凭证抵扣期限有关问题的通知》

(国税函〔2009〕617号)

各省、自治区、直辖市和计划单列市国家税务局:

2003年以来,国家税务总局对增值税专用发票等扣税凭证陆续实行了90日申报抵扣期限的管理措施,对于提高增值税征管信息系统的运行质量、督促纳税人及时申报起到了积极作用。近来,部分纳税人及税务机关反映目前的90日申报抵扣期限较短,部分纳税人因扣税凭证逾期申报导致进项税额无法抵扣。为合理解决纳税人的实际问题,加强税收征管,经研究,现就有关问题通知如下:

一、增值税一般纳税人取得2010年1月1日以后开具的增值税专用发票、公路内河货物运输业统一发票和机动车销售统一发票,应在开具之日起180日内到税务机关办理认证,并在认证通过的次月申报期内,向主管税务机关申报抵扣进项税额。

二、实行海关进口增值税专用缴款书(以下简称海关缴款书)"先比对后抵扣"管理办法的增值税一般纳税人取得2010年1月1日以后开具的海关缴款书,应在开具之日起180日内向主管税务机关报送《海关完税凭证抵扣清单》(包括纸质资料和电子数据)申请稽核比对。

未实行海关缴款书"先比对后抵扣"管理办法的增值税一般纳税人取得2010年1月1日以后开具的海关缴款书,应在开具之日起180日后的第一个纳税申报期结束以前,向主管税务机关申报抵扣进项税额。

三、增值税一般纳税人取得2010年1月1日以后开具的增值税专用发票、公路内河货物运输业统一发票、机动车销售统一发票以及海关缴款书,未在规定期限内到税务机关办理认证、申报抵扣或者申请稽核比对的,不得作为合法的增值税扣税凭证,不得计算进项税额抵扣。

四、增值税一般纳税人丢失已开具的增值税专用发票,应在本通知第一条规定期限内,按照《国家税务总局关于修订〈增值税专用发票使用规定〉的通知》(国税发〔2006〕156号)第二十八条及相关规定办理。

增值税一般纳税人丢失海关缴款书,应在本通知第二条规定期限内,凭报关地海关出具的相关已完税证明,向主管税务机关提出抵扣申请。主管税务机关受理申请后,应当进行审核,并将纳税人提供的海关缴款书电子数据纳入稽核系统进行比对。稽核比对无误后,方可允许计算进项税额抵扣。

五、本通知自2010年1月1日起执行。纳税人取得2009年12月31日以前开具的增值税扣税凭证,仍按原规定执行。

《国家税务总局关于增值税一般纳税人取得防伪税控系统开具的增值税专用发票进项税额抵扣问题的通知》(国税发〔2003〕17号)第一条、《国家税务总局关于加强货物运输业税收征收管理的通知》(国税发〔2003〕121号)附件2《运输发票增值税抵扣管理试行办法》第五条、《国家税务总局关于加强货物运输业税收征收管理有关问题的通知》(国税发明电〔2003〕55号)第十条、《国家税务总局关于加强海关进口增值税专用缴款书和废旧物资发票管理有关问题的通知》(国税函〔2004〕128号)附件1《海关进口增值税专用缴款书稽核办法》第三条、《国家税务总局关于货物运输业若干税收问题的通知》(国税发〔2004〕88号)第十条第(三)款、《国家税务总局关于增值税一般纳税人取得海关进口增值税专用缴款书抵扣进项税额问题的通知》(国税发〔2004〕148号)第二条、第三条、第四条、《国家税务总局关于推行机动车销售统一发票税控系统有关工作的紧急通知》(国税发〔2008〕117号)第五条、《国家税务总局关于部分地区试行海关进口增值税专用缴款书"先比对后抵扣"管理办法的通知》(国税函〔2009〕83号)第一条规定同时废止。

六、各地应认真做好本通知的落实与宣传工作,执行中发现问题,应及时上报国家税务总局(货物和劳务税司)。

《财政部 国家税务总局关于固定资产进项税额抵扣问题的通知》

(财税〔2009〕113号)

各省、自治区、直辖市、计划单列市财政厅(局)、国家税务总局、地方税务局、新疆生产建设兵团财务局:

增值税转型改革实施后,一些地区反映固定资产增值税进项税额抵扣范围不够明确。为解决执行中存在的问题,经研究,现将有关问题通知如下:

《中华人民共和国增值税暂行条例实施细则》第二十三条第二款所称建筑

物，是指供人们在其内生产、生活和其他活动的房屋或者场所，具体为《固定资产分类与代码》（GB/T14885-1994）中代码前两位为"02"的房屋；所称构筑物，是指人们不在其内生产、生活的人工建造物，具体为《固定资产分类与代码》（GB/T14885-1994）中代码前两位为"03"的构筑物；所称其他土地附着物，是指矿产资源及土地上生长的植物。

《固定资产分类与代码》（GB/T14885-1994）电子版可在财政部或国家税务总局网站查询。

以建筑物或者构筑物为载体的附属设备和配套设施，无论在会计处理上是否单独记账与核算，均应作为建筑物或者构筑物的组成部分，其进项税额不得在销项税额中抵扣。附属设备和配套设施是指：给排水、采暖、卫生、通风、照明、通讯、煤气、消防、中央空调、电梯、电气、智能化楼宇设备和配套设施。

《国务院关于废止〈中华人民共和国营业税暂行条例〉和修改〈中华人民共和国增值税暂行条例〉的决定》

（中华人民共和国国务院令第691号）

《国务院关于废止〈中华人民共和国营业税暂行条例〉和修改〈中华人民共和国增值税暂行条例〉的决定》已经2017年10月30日国务院第191次常务会议通过，现予公布，自公布之日起施行。

总理　李克强

2017年11月19日

国务院关于废止《中华人民共和国营业税暂行条例》和修改《中华人民共和国增值税暂行条例》的决定

国务院决定废止《中华人民共和国营业税暂行条例》，同时对《中华人民共和国增值税暂行条例》作如下修改：

一、将第一条修改为："在中华人民共和国境内销售货物或者加工、修理修配劳务（以下简称劳务），销售服务、无形资产、不动产以及进口货物的单位和个人，为增值税的纳税人，应当依照本条例缴纳增值税。"

二、将第二条第一款修改为："增值税税率：

（一）纳税人销售货物、劳务、有形动产租赁服务或者进口货物，除本条第二项、第四项、第五项另有规定外，税率为17%。

（二）纳税人销售交通运输、邮政、基础电信、建筑、不动产租赁服务，销售不动产，转让土地使用权，销售或者进口下列货物，税率为11%：

1. 粮食等农产品、食用植物油、食用盐；

2. 自来水、暖气、冷气、热水、煤气、石油液化气、天然气、二甲醚、沼气、居民用煤炭制品；

3. 图书、报纸、杂志、音像制品、电子出版物；

4. 饲料、化肥、农药、农机、农膜；

5. 国务院规定的其他货物。

（三）纳税人销售服务、无形资产，除本条第一项、第二项、第五项另有规定外，税率为6%。

（四）纳税人出口货物，税率为零；但是，国务院另有规定的除外。

（五）境内单位和个人跨境销售国务院规定范围内的服务、无形资产，税率为零。"

三、将第四条第一款中的"销售货物或者提供应税劳务（以下简称销售货物或者应税劳务）"修改为"销售货物、劳务、服务、无形资产、不动产（以下统称应税销售行为）"；将第五条、第六条第一款、第七条、第十一条第一款、第十九条第一款第一项中的"销售货物或者应税劳务"修改为"发生应税销售行为"。

四、将第八条第一款中的"购进货物或者接受应税劳务（以下简称购进货物或者应税劳务）"、第九条中的"购进货物或者应税劳务"修改为"购进货物、劳务、服务、无形资产、不动产"。

将第八条第二款第三项中的"按照农产品收购发票或者销售发票上注明的农产品买价和13%的扣除率计算的进项税额"修改为"按照农产品收购发票或者销售发票上注明的农产品买价和11%的扣除率计算的进项税额，国务院另有规定的除外"。

删去第八条第二款第四项，增加一项，作为第四项："（四）自境外单位或者个人购进劳务、服务、无形资产或者境内的不动产，从税务机关或者扣缴义务人取得的代扣代缴税款的完税凭证上注明的增值税额。"

五、将第十条修改为："下列项目的进项税额不得从销项税额中抵扣：

（一）用于简易计税方法计税项目、免征增值税项目、集体福利或者个人消费的购进货物、劳务、服务、无形资产和不动产；

（二）非正常损失的购进货物，以及相关的劳务和交通运输服务；

（三）非正常损失的在产品、产成品所耗用的购进货物（不包括固定资产)、劳务和交通运输服务；

（四）国务院规定的其他项目。"

六、将第十二条修改为："小规模纳税人增值税征收率为3%，国务院另有规定的除外。"

七、将第二十一条第一款和第二款第二项中的"销售货物或者应税劳务"修改为"发生应税销售行为"；将第二款第一项修改为："（一）应税销售行为的购买方为消费者个人的"；删去第二款第三项。

八、将第二十二条第一款第二项修改为："（二）固定业户到外县（市）销售货物或者劳务，应当向其机构所在地的主管税务机关报告外出经营事项，并向其机构所在地的主管税务机关申报纳税；未报告的，应当向销售地或者劳务发生地的主管税务机关申报纳税；未向销售地或者劳务发生地的主管税务机关申报纳税的，由其机构所在地的主管税务机关补征税款"；将第一款第三项中的"销售货物或者应税劳务"修改为"销售货物或者劳务"。

九、在第二十五条第一款中的"具体办法由国务院财政、税务主管部门制定"之前增加"境内单位和个人跨境销售服务和无形资产适用退（免）税规定的，应当按期向主管税务机关申报办理退（免）税"。

十、增加一条，作为第二十七条："纳税人缴纳增值税的有关事项，国务院或者国务院财政、税务主管部门经国务院同意另有规定的，依照其规定。"

此外，还对个别条文作了文字修改。

本决定自公布之日起施行。

《中华人民共和国增值税暂行条例》根据本决定作相应修改并对条文序号作相应调整，重新公布。

中华人民共和国增值税暂行条例

（1993年12月13日中华人民共和国国务院令第134号公布
2008年11月5日国务院第34次常务会议修订通过
根据2016年2月6日《国务院关于修改部分行政法规的决定》
第一次修订　根据2017年11月19日《国务院关于废止
〈中华人民共和国营业税暂行条例〉和修改
〈中华人民共和国增值税暂行条例〉的决定》第二次修订）

第一条　在中华人民共和国境内销售货物或者加工、修理修配劳务（以下简称劳务），销售服务、无形资产、不动产以及进口货物的单位和个人，为增值税的纳税人，应当依照本条例缴纳增值税。

第二条 增值税税率：

（一）纳税人销售货物、劳务、有形动产租赁服务或者进口货物，除本条第二项、第四项、第五项另有规定外，税率为17%。

（二）纳税人销售交通运输、邮政、基础电信、建筑、不动产租赁服务，销售不动产，转让土地使用权，销售或者进口下列货物，税率为11%：

1. 粮食等农产品、食用植物油、食用盐；

2. 自来水、暖气、冷气、热水、煤气、石油液化气、天然气、二甲醚、沼气、居民用煤炭制品；

3. 图书、报纸、杂志、音像制品、电子出版物；

4. 饲料、化肥、农药、农机、农膜；

5. 国务院规定的其他货物。

（三）纳税人销售服务、无形资产，除本条第一项、第二项、第五项另有规定外，税率为6%。

（四）纳税人出口货物，税率为零；但是，国务院另有规定的除外。

（五）境内单位和个人跨境销售国务院规定范围内的服务、无形资产，税率为零。

税率的调整，由国务院决定。

第三条 纳税人兼营不同税率的项目，应当分别核算不同税率项目的销售额；未分别核算销售额的，从高适用税率。

第四条 除本条例第十一条规定外，纳税人销售货物、劳务、服务、无形资产、不动产（以下统称应税销售行为），应纳税额为当期销项税额抵扣当期进项税额后的余额。应纳税额计算公式：

$$应纳税额 = 当期销项税额 - 当期进项税额$$

当期销项税额小于当期进项税额不足抵扣时，其不足部分可以结转下期继续抵扣。

第五条 纳税人发生应税销售行为，按照销售额和本条例第二条规定的税率计算收取的增值税额，为销项税额。销项税额计算公式：

$$销项税额 = 销售额 \times 税率$$

第六条 销售额为纳税人发生应税销售行为收取的全部价款和价外费用，但是不包括收取的销项税额。

销售额以人民币计算。纳税人以人民币以外的货币结算销售额的，应当折合成人民币计算。

第七条 纳税人发生应税销售行为的价格明显偏低并无正当理由的，由主管税务机关核定其销售额。

第八条　纳税人购进货物、劳务、服务、无形资产、不动产支付或者负担的增值税额，为进项税额。

下列进项税额准予从销项税额中抵扣：

（一）从销售方取得的增值税专用发票上注明的增值税额。

（二）从海关取得的海关进口增值税专用缴款书上注明的增值税额。

（三）购进农产品，除取得增值税专用发票或者海关进口增值税专用缴款书外，按照农产品收购发票或者销售发票上注明的农产品买价和11%的扣除率计算的进项税额，国务院另有规定的除外。进项税额计算公式：

$$进项税额 = 买价 \times 扣除率$$

（四）自境外单位或者个人购进劳务、服务、无形资产或者境内的不动产，从税务机关或者扣缴义务人取得的代扣代缴税款的完税凭证上注明的增值税额。

准予抵扣的项目和扣除率的调整，由国务院决定。

第九条　纳税人购进货物、劳务、服务、无形资产、不动产，取得的增值税扣税凭证不符合法律、行政法规或者国务院税务主管部门有关规定的，其进项税额不得从销项税额中抵扣。

第十条　下列项目的进项税额不得从销项税额中抵扣：

（一）用于简易计税方法计税项目、免征增值税项目、集体福利或者个人消费的购进货物、劳务、服务、无形资产和不动产；

（二）非正常损失的购进货物，以及相关的劳务和交通运输服务；

（三）非正常损失的在产品、产成品所耗用的购进货物（不包括固定资产）、劳务和交通运输服务；

（四）国务院规定的其他项目。

第十一条　小规模纳税人发生应税销售行为，实行按照销售额和征收率计算应纳税额的简易办法，并不得抵扣进项税额。应纳税额计算公式：

$$应纳税额 = 销售额 \times 征收率$$

小规模纳税人的标准由国务院财政、税务主管部门规定。

第十二条　小规模纳税人增值税征收率为3%，国务院另有规定的除外。

第十三条　小规模纳税人以外的纳税人应当向主管税务机关办理登记。具体登记办法由国务院税务主管部门制定。

小规模纳税人会计核算健全，能够提供准确税务资料的，可以向主管税务机关办理登记，不作为小规模纳税人，依照本条例有关规定计算应纳税额。

第十四条　纳税人进口货物，按照组成计税价格和本条例第二条规定的税率计算应纳税额。组成计税价格和应纳税额计算公式：

$$组成计税价格 = 关税完税价格 + 关税 + 消费税$$

应纳税额 = 组成计税价格 × 税率

第十五条　下列项目免征增值税：

（一）农业生产者销售的自产农产品；

（二）避孕药品和用具；

（三）古旧图书；

（四）直接用于科学研究、科学试验和教学的进口仪器、设备；

（五）外国政府、国际组织无偿援助的进口物资和设备；

（六）由残疾人的组织直接进口供残疾人专用的物品；

（七）销售的自己使用过的物品。

除前款规定外，增值税的免税、减税项目由国务院规定。任何地区、部门均不得规定免税、减税项目。

第十六条　纳税人兼营免税、减税项目的，应当分别核算免税、减税项目的销售额；未分别核算销售额的，不得免税、减税。

第十七条　纳税人销售额未达到国务院财政、税务主管部门规定的增值税起征点的，免征增值税；达到起征点的，依照本条例规定全额计算缴纳增值税。

第十八条　中华人民共和国境外的单位或者个人在境内销售劳务，在境内未设有经营机构的，以其境内代理人为扣缴义务人；在境内没有代理人的，以购买方为扣缴义务人。

第十九条　增值税纳税义务发生时间：

（一）发生应税销售行为，为收讫销售款项或者取得索取销售款项凭据的当天；先开具发票的，为开具发票的当天。

（二）进口货物，为报关进口的当天。

增值税扣缴义务发生时间为纳税人增值税纳税义务发生的当天。

第二十条　增值税由税务机关征收，进口货物的增值税由海关代征。

个人携带或者邮寄进境自用物品的增值税，连同关税一并计征。具体办法由国务院关税税则委员会会同有关部门制定。

第二十一条　纳税人发生应税销售行为，应当向索取增值税专用发票的购买方开具增值税专用发票，并在增值税专用发票上分别注明销售额和销项税额。

属于下列情形之一的，不得开具增值税专用发票：

（一）应税销售行为的购买方为消费者个人的；

（二）发生应税销售行为适用免税规定的。

第二十二条　增值税纳税地点：

（一）固定业户应当向其机构所在地的主管税务机关申报纳税。总机构和分支机构不在同一县（市）的，应当分别向各自所在地的主管税务机关申报纳税；经国务院财政、税务主管部门或者其授权的财政、税务机关批准，可以由总机构汇总向总机构所在地的主管税务机关申报纳税。

（二）固定业户到外县（市）销售货物或者劳务，应当向其机构所在地的主管税务机关报告外出经营事项，并向其机构所在地的主管税务机关申报纳税；未报告的，应当向销售地或者劳务发生地的主管税务机关申报纳税；未向销售地或者劳务发生地的主管税务机关申报纳税的，由其机构所在地的主管税务机关补征税款。

（三）非固定业户销售货物或者劳务，应当向销售地或者劳务发生地的主管税务机关申报纳税；未向销售地或者劳务发生地的主管税务机关申报纳税的，由其机构所在地或者居住地的主管税务机关补征税款。

（四）进口货物，应当向报关地海关申报纳税。

扣缴义务人应当向其机构所在地或者居住地的主管税务机关申报缴纳其扣缴的税款。

第二十三条　增值税的纳税期限分别为1日、3日、5日、10日、15日、1个月或者1个季度。纳税人的具体纳税期限，由主管税务机关根据纳税人应纳税额的大小分别核定；不能按照固定期限纳税的，可以按次纳税。

纳税人以1个月或者1个季度为1个纳税期的，自期满之日起15日内申报纳税；以1日、3日、5日、10日或者15日为1个纳税期的，自期满之日起5日内预缴税款，于次月1日起15日内申报纳税并结清上月应纳税款。

扣缴义务人解缴税款的期限，依照前两款规定执行。

第二十四条　纳税人进口货物，应当自海关填发海关进口增值税专用缴款书之日起15日内缴纳税款。

第二十五条　纳税人出口货物适用退（免）税规定的，应当向海关办理出口手续，凭出口报关单等有关凭证，在规定的出口退（免）税申报期内按月向主管税务机关申报办理该项出口货物的退（免）税；境内单位和个人跨境销售服务和无形资产适用退（免）税规定的，应当按期向主管税务机关申报办理退（免）税。具体办法由国务院财政、税务主管部门制定。

出口货物办理退税后发生退货或者退关的，纳税人应当依法补缴已退的税款。

第二十六条　增值税的征收管理，依照《中华人民共和国税收征收管理法》及本条例有关规定执行。

第二十七条　纳税人缴纳增值税的有关事项，国务院或者国务院财政、税务主管部门经国务院同意另有规定的，依照其规定。

第二十八条　本条例自2009年1月1日起施行。

《关于修改〈中华人民共和国增值税暂行条例实施细则〉和〈中华人民共和国营业税暂行条例实施细则〉的决定》

(中华人民共和国财政部令第65号)

《关于修改〈中华人民共和国增值税暂行条例实施细则〉和〈中华人民共和国营业税暂行条例实施细则〉的决定》已经财政部、国家税务总局审议通过，现予公布，自2011年11月1日起施行。

关于修改《中华人民共和国增值税暂行条例实施细则》和《中华人民共和国营业税暂行条例实施细则》的决定

为了贯彻落实国务院关于支持小型和微型企业发展的要求，财政部、国家税务总局决定对《中华人民共和国增值税暂行条例实施细则》和《中华人民共和国营业税暂行条例实施细则》的部分条款予以修改。

一、将《中华人民共和国增值税暂行条例实施细则》第三十七条第二款修改为："增值税起征点的幅度规定如下：
（一）销售货物的，为月销售额5000～20000元；
（二）销售应税劳务的，为月销售额5000～20000元；
（三）按次纳税的，为每次（日）销售额300～500元。"

二、将《中华人民共和国营业税暂行条例实施细则》第二十三条第三款修改为："营业税起征点的幅度规定如下：
（一）按期纳税的，为月营业额5000～20000元；
（二）按次纳税的，为每次（日）营业额300～500元。"

本决定自2011年11月1日起施行。

《中华人民共和国增值税暂行条例实施细则》和《中华人民共和国营业税暂行条例实施细则》根据本决定作相应修改，重新公布。

附件：1. 中华人民共和国增值税暂行条例实施细则
2. 中华人民共和国营业税暂行条例实施细则（略）

《中华人民共和国增值税暂行条例实施细则》

(财政部、国家税务总局第50号令)

第一条 根据《中华人民共和国增值税暂行条例》（以下简称条例），制定本细则。

第二条　条例第一条所称货物，是指有形动产，包括电力、热力、气体在内。

条例第一条所称加工，是指受托加工货物，即委托方提供原料及主要材料，受托方按照委托方的要求，制造货物并收取加工费的业务。

条例第一条所称修理修配，是指受托对损伤和丧失功能的货物进行修复，使其恢复原状和功能的业务。

第三条　条例第一条所称销售货物，是指有偿转让货物的所有权。

条例第一条所称提供加工、修理修配劳务（以下称应税劳务），是指有偿提供加工、修理修配劳务。单位或者个体工商户聘用的员工为本单位或者雇主提供加工、修理修配劳务，不包括在内。

本细则所称有偿，是指从购买方取得货币、货物或者其他经济利益。

第四条　单位或者个体工商户的下列行为，视同销售货物：

（一）将货物交付其他单位或者个人代销；

（二）销售代销货物；

（三）设有两个以上机构并实行统一核算的纳税人，将货物从一个机构移送其他机构用于销售，但相关机构设在同一县（市）的除外；

（四）将自产或者委托加工的货物用于非增值税应税项目；

（五）将自产、委托加工的货物用于集体福利或者个人消费；

（六）将自产、委托加工或者购进的货物作为投资，提供给其他单位或者个体工商户；

（七）将自产、委托加工或者购进的货物分配给股东或者投资者；

（八）将自产、委托加工或者购进的货物无偿赠送其他单位或者个人。

第五条　一项销售行为如果既涉及货物又涉及非增值税应税劳务，为混合销售行为。除本细则第六条的规定外，从事货物的生产、批发或者零售的企业、企业性单位和个体工商户的混合销售行为，视为销售货物，应当缴纳增值税；其他单位和个人的混合销售行为，视为销售非增值税应税劳务，不缴纳增值税。

本条第一款所称非增值税应税劳务，是指属于应缴营业税的交通运输业、建筑业、金融保险业、邮电通信业、文化体育业、娱乐业、服务业税目征收范围的劳务。

本条第一款所称从事货物的生产、批发或者零售的企业、企业性单位和个体工商户，包括以从事货物的生产、批发或者零售为主，并兼营非增值税应税劳务的单位和个体工商户在内。

第六条　纳税人的下列混合销售行为，应当分别核算货物的销售额和非增值税应税劳务的营业额,并根据其销售货物的销售额计算缴纳增值税,非增值税应税劳务的营业额不缴纳增值税;未分别核算的,由主管税务机关核定其货物的销售额:

(一)销售自产货物并同时提供建筑业劳务的行为;

(二)财政部、国家税务总局规定的其他情形。

第七条 纳税人兼营非增值税应税项目的,应分别核算货物或者应税劳务的销售额和非增值税应税项目的营业额;未分别核算的,由主管税务机关核定货物或者应税劳务的销售额。

第八条 条例第一条所称在中华人民共和国境内(以下简称境内)销售货物或者提供加工、修理修配劳务,是指:

(一)销售货物的起运地或者所在地在境内;

(二)提供的应税劳务发生在境内。

第九条 条例第一条所称单位,是指企业、行政单位、事业单位、军事单位、社会团体及其他单位。

条例第一条所称个人,是指个体工商户和其他个人。

第十条 单位租赁或者承包给其他单位或者个人经营的,以承租人或者承包人为纳税人。

第十一条 小规模纳税人以外的纳税人(以下称一般纳税人)因销售货物退回或者折让而退还给购买方的增值税额,应从发生销售货物退回或者折让当期的销项税额中扣减;因购进货物退出或者折让而收回的增值税额,应从发生购进货物退出或者折让当期的进项税额中扣减。

一般纳税人销售货物或者应税劳务,开具增值税专用发票后,发生销售货物退回或者折让、开票有误等情形,应按国家税务总局的规定开具红字增值税专用发票。未按规定开具红字增值税专用发票的,增值税额不得从销项税额中扣减。

第十二条 条例第六条第一款所称价外费用,包括价外向购买方收取的手续费、补贴、基金、集资费、返还利润、奖励费、违约金、滞纳金、延期付款利息、赔偿金、代收款项、代垫款项、包装费、包装物租金、储备费、优质费、运输装卸费以及其他各种性质的价外收费。但下列项目不包括在内:

(一)受托加工应征消费税的消费品所代收代缴的消费税;

(二)同时符合以下条件的代垫运输费用:

1. 承运部门的运输费用发票开具给购买方的;

2. 纳税人将该项发票转交给购买方的。

(三)同时符合以下条件代为收取的政府性基金或者行政事业性收费:

1. 由国务院或者财政部批准设立的政府性基金,由国务院或者省级人民政府及其财政、价格主管部门批准设立的行政事业性收费;

2. 收取时开具省级以上财政部门印制的财政票据;

3. 所收款项全额上缴财政。

(四)销售货物的同时代办保险等而向购买方收取的保险费,以及向购买方收取的代购买方缴纳的车辆购置税、车辆牌照费。

第十三条　混合销售行为依照本细则第五条规定应当缴纳增值税的,其销售额为货物的销售额与非增值税应税劳务营业额的合计。

第十四条　一般纳税人销售货物或者应税劳务,采用销售额和销项税额合并定价方法的,按下列公式计算销售额:

$$销售额 = 含税销售额 \div (1 + 税率)$$

第十五条　纳税人按人民币以外的货币结算销售额的,其销售额的人民币折合率可以选择销售额发生的当天或者当月1日的人民币汇率中间价。纳税人应在事先确定采用何种折合率,确定后1年内不得变更。

第十六条　纳税人有条例第七条所称价格明显偏低并无正当理由或者有本细则第四条所列视同销售货物行为而无销售额者,按下列顺序确定销售额:

(一)按纳税人最近时期同类货物的平均销售价格确定;

(二)按其他纳税人最近时期同类货物的平均销售价格确定;

(三)按组成计税价格确定。组成计税价格的公式为:

$$组成计税价格 = 成本 \times (1 + 成本利润率)$$

属于应征消费税的货物,其组成计税价格中应加计消费税额。

公式中的成本是指:销售自产货物的为实际生产成本,销售外购货物的为实际采购成本。公式中的成本利润率由国家税务总局确定。

第十七条　条例第八条第二款第(三)项所称买价,包括纳税人购进农产品在农产品收购发票或者销售发票上注明的价款和按规定缴纳的烟叶税。

第十八条　条例第八条第二款第(四)项所称运输费用金额,是指运输费用结算单据上注明的运输费用(包括铁路临管线及铁路专线运输费用)、建设基金,不包括装卸费、保险费等其他杂费。

第十九条　条例第九条所称增值税扣税凭证,是指增值税专用发票、海关进口增值税专用缴款书、农产品收购发票和农产品销售发票以及运输费用结算单据。

第二十条　混合销售行为依照本细则第五条规定应当缴纳增值税的,该混合销售行为所涉及的非增值税应税劳务所用购进货物的进项税额,符合条例第八条规定的,准予从销项税额中抵扣。

第二十一条 条例第十条第（一）项所称购进货物，不包括既用于增值税应税项目（不含免征增值税项目）也用于非增值税应税项目、免征增值税（以下简称免税）项目、集体福利或者个人消费的固定资产。

前款所称固定资产，是指使用期限超过12个月的机器、机械、运输工具以及其他与生产经营有关的设备、工具、器具等。

第二十二条 条例第十条第（一）项所称个人消费包括纳税人的交际应酬消费。

第二十三条 条例第十条第（一）项和本细则所称非增值税应税项目，是指提供非增值税应税劳务、转让无形资产、销售不动产和不动产在建工程。

前款所称不动产是指不能移动或者移动后会引起性质、形状改变的财产，包括建筑物、构筑物和其他土地附着物。

纳税人新建、改建、扩建、修缮、装饰不动产，均属于不动产在建工程。

第二十四条 条例第十条第（二）项所称非正常损失，是指因管理不善造成被盗、丢失、霉烂变质的损失。

第二十五条 纳税人自用的应征消费税的摩托车、汽车、游艇，其进项税额不得从销项税额中抵扣。

第二十六条 一般纳税人兼营免税项目或者非增值税应税劳务而无法划分不得抵扣的进项税额的，按下列公式计算不得抵扣的进项税额：

不得抵扣的进项税额 = 当月无法划分的全部进项税额 × 当月免税项目销售额、非增值税应税劳务营业额合计 ÷ 当月全部销售额、营业额合计

第二十七条 已抵扣进项税额的购进货物或者应税劳务，发生条例第十条规定的情形的（免税项目、非增值税应税劳务除外），应当将该项购进货物或者应税劳务的进项税额从当期的进项税额中扣减；无法确定该项进项税额的，按当期实际成本计算应扣减的进项税额。

第二十八条 条例第十一条所称小规模纳税人的标准为：

（一）从事货物生产或者提供应税劳务的纳税人，以及以从事货物生产或者提供应税劳务为主，并兼营货物批发或者零售的纳税人，年应征增值税销售额（以下简称应税销售额）在50万元以下（含本数，下同）的；

（二）除本条第一款第（一）项规定以外的纳税人，年应税销售额在80万元以下的。

本条第一款所称以从事货物生产或者提供应税劳务为主，是指纳税人的年货物生产或者提供应税劳务的销售额占年应税销售额的比重在50%以上。

第二十九条 年应税销售额超过小规模纳税人标准的其他个人按小规模纳

税人纳税；非企业性单位、不经常发生应税行为的企业可选择按小规模纳税人纳税。

第三十条　小规模纳税人的销售额不包括其应纳税额。

小规模纳税人销售货物或者应税劳务采用销售额和应纳税额合并定价方法的，按下列公式计算销售额：

$$销售额 = 含税销售额 \div (1 + 征收率)$$

第三十一条　小规模纳税人因销售货物退回或者折让退还给购买方的销售额，应从发生销售货物退回或者折让当期的销售额中扣减。

第三十二条　条例第十三条和本细则所称会计核算健全，是指能够按照国家统一的会计制度规定设置账簿，根据合法、有效凭证核算。

第三十三条　除国家税务总局另有规定外，纳税人一经认定为一般纳税人后，不得转为小规模纳税人。

第三十四条　有下列情形之一者，应按销售额依照增值税税率计算应纳税额，不得抵扣进项税额，也不得使用增值税专用发票：

（一）一般纳税人会计核算不健全，或者不能够提供准确税务资料的；

（二）除本细则第二十九条规定外，纳税人销售额超过小规模纳税人标准，未申请办理一般纳税人认定手续的。

第三十五条　条例第十五条规定的部分免税项目的范围，限定如下：

（一）第一款第（一）项所称农业，是指种植业、养殖业、林业、牧业、水产业。

农业生产者，包括从事农业生产的单位和个人。

农产品，是指初级农产品，具体范围由财政部、国家税务总局确定。

（二）第一款第（三）项所称古旧图书，是指向社会收购的古书和旧书。

（三）第一款第（七）项所称自己使用过的物品，是指其他个人自己使用过的物品。

第三十六条　纳税人销售货物或者应税劳务适用免税规定的，可以放弃免税，依照条例的规定缴纳增值税。放弃免税后，36个月内不得再申请免税。

第三十七条　增值税起征点的适用范围限于个人。

增值税起征点的幅度规定如下：

（一）销售货物的，为月销售额2000～5000元；

（二）销售应税劳务的，为月销售额1500～3000元；

（三）按次纳税的，为每次（日）销售额150～200元。

前款所称销售额，是指本细则第三十条第一款所称小规模纳税人的销售额。

省、自治区、直辖市财政厅（局）和国家税务局应在规定的幅度内，根据实际情况确定本地区适用的起征点,并报财政部、国家税务总局备案。

第三十八条 条例第十九条第一款第(一)项规定的收讫销售款项或者取得索取销售款项凭据的当天,按销售结算方式的不同,具体为:

(一)采取直接收款方式销售货物,不论货物是否发出,均为收到销售款或者取得索取销售款凭据的当天;

(二)采取托收承付和委托银行收款方式销售货物,为发出货物并办妥托收手续的当天;

(三)采取赊销和分期收款方式销售货物,为书面合同约定的收款日期的当天,无书面合同的或者书面合同没有约定收款日期的,为货物发出的当天;

(四)采取预收货款方式销售货物,为货物发出的当天,但生产销售生产工期超过12个月的大型机械设备、船舶、飞机等货物,为收到预收款或者书面合同约定的收款日期的当天;

(五)委托其他纳税人代销货物,为收到代销单位的代销清单或者收到全部或者部分货款的当天。未收到代销清单及货款的,为发出代销货物满180天的当天;

(六)销售应税劳务,为提供劳务同时收讫销售款或者取得索取销售款的凭据的当天;

(七)纳税人发生本细则第四条第(三)项至第(八)项所列视同销售货物行为,为货物移送的当天。

第三十九条 条例第二十三条以1个季度为纳税期限的规定仅适用于小规模纳税人。小规模纳税人的具体纳税期限,由主管税务机关根据其应纳税额的大小分别核定。

第四十条 本细则自2009年1月1日起施行。

《国家税务总局关于异常增值税扣税凭证抵扣问题的通知》

(税总发〔2015〕148号)

各省、自治区、直辖市和计划单列市国家税务局:

为进一步加强增值税扣税凭证管理,有效防范税收风险,根据《中华人民共和国增值税暂行条例》有关规定,现将异常增值税扣税凭证抵扣有关问题通知如下:

一、税收风险分析评估中,主管税务机关发现增值税一般纳税人(以下简称纳税人)存在购进、销售货物(服务)品名明显背离,虚假填列纳税申报表特定项目以规避税务机关审核比对等异常情形的,应及时约谈纳税人。

因电话、地址等税务登记信息虚假无法联系或两次约谈不到的,纳税人主动联系主管税务机关之前,主管税务机关可通过增值税发票系统升级版暂停该纳税人开具发票,并将其取得和开具的增值税发票列入异常增值税扣税凭证(以下简称异常凭证)范围,录入增值税抵扣凭证审核检查系统。

二、主管税务机关应对纳税人取得的异常凭证进行调查核实。尚未申报抵扣的异常凭证,暂不允许抵扣,经主管税务机关核实后,符合现行增值税进项税抵扣规定的,应当允许纳税人继续申报抵扣。

已经申报抵扣的异常凭证,经主管税务机关核实后,凡不符合现行增值税进项税抵扣规定的,一律作进项税转出。

三、本通知自印发之日起执行。

《财政部 税务总局关于简并增值税税率有关政策的通知》

(财税〔2017〕37号)

各省、自治区、直辖市、计划单列市财政厅(局)、国家税务局、地方税务局,新疆生产建设兵团财务局:

自2017年7月1日起,简并增值税税率结构,取消13%的增值税税率。现将有关政策通知如下:

一、纳税人销售或者进口下列货物,税率为11%:

农产品(含粮食)、自来水、暖气、石油液化气、天然气、食用植物油、冷气、热水、煤气、居民用煤炭制品、食用盐、农机、饲料、农药、农膜、化肥、沼气、二甲醚、图书、报纸、杂志、音像制品、电子出版物。

上述货物的具体范围见本通知附件1。

二、纳税人购进农产品,按下列规定抵扣进项税额:

(一)除本条第(二)项规定外,纳税人购进农产品,取得一般纳税人开具的增值税专用发票或海关进口增值税专用缴款书的,以增值税专用发票或海关进口增值税专用缴款书上注明的增值税额为进项税额;从按照简易计税方法依照3%征收率计算缴纳增值税的小规模纳税人取得增值税专用发票的,以增值税专用发票上注明的金额和11%的扣除率计算进项税额;取得(开具)农产品销售发票或收购发票的,以农产品销售发票或收购发票上注明的农产品买价和11%的扣除率计算进项税额。

(二)营业税改征增值税试点期间,纳税人购进用于生产销售或委托受托加工 17% 税率货物的农产品维持原扣除力度不变。

（三）继续推进农产品增值税进项税额核定扣除试点，纳税人购进农产品进项税额已实行核定扣除的，仍按照《财政部、国家税务总局关于在部分行业试行农产品增值税进项税额核定扣除办法的通知》（财税〔2012〕38 号）、《财政部 国家税务总局关于扩大农产品增值税进项税额核定扣除试点行业范围的通知》（财税〔2013〕57 号）执行。其中，《农产品增值税进项税额核定扣除试点实施办法》（财税〔2012〕38 号印发）第四条第（二）项规定的扣除率调整为 11%；第（三）项规定的扣除率调整为按本条第（一）项、第（二）项规定执行。

（四）纳税人从批发、零售环节购进适用免征增值税政策的蔬菜、部分鲜活肉蛋而取得的普通发票，不得作为计算抵扣进项税额的凭证。

（五）纳税人购进农产品既用于生产销售或委托受托加工 17% 税率货物又用于生产销售其他货物服务的，应当分别核算用于生产销售或委托受托加工 17% 税率货物和其他货物服务的农产品进项税额。未分别核算的，统一以增值税专用发票或海关进口增值税专用缴款书上注明的增值税额为进项税额，或以农产品收购发票或销售发票上注明的农产品买价和 11% 的扣除率计算进项税额。

（六）《中华人民共和国增值税暂行条例》第八条第二款第（三）项和本通知所称销售发票，是指农业生产者销售自产农产品适用免征增值税政策而开具的普通发票。

三、本通知附件 2 所列货物的出口退税率调整为 11%。出口货物适用的出口退税率，以出口货物报关单上注明的出口日期界定。

外贸企业 2017 年 8 月 31 日前出口本通知附件 2 所列货物，购进时已按 13% 税率征收增值税的，执行 13% 出口退税率；购进时已按 11% 税率征收增值税的，执行 11% 出口退税率。生产企业 2017 年 8 月 31 日前出口本通知附件 2 所列货物，执行 13% 出口退税率。出口货物的时间，按照出口货物报关单上注明的出口日期执行。

四、本通知自 2017 年 7 月 1 日起执行。此前有关规定与本通知规定的增值税税率、扣除率、相关货物具体范围不一致的，以本通知为准。《财政部、国家税务总局关于免征部分鲜活肉蛋产品流通环节增值税政策的通知》（财税〔2012〕75 号）第三条同时废止。

五、各地要高度重视简并增值税税率工作，切实加强组织领导，周密安排，明确责任。做好实施前的各项准备以及实施过程中的监测分析、宣传解释等工作，确保简并增值税税率平稳、有序推进。遇到问题请及时向财政部和税务总局反映。

附件：1. 适用11%增值税税率货物范围注释（略）
2. 出口退税率调整产品清单（略）

《国家税务总局关于跨境应税行为免税备案等增值税问题的公告》

（国家税务总局公告2017年第30号）①

现将跨境应税行为免税备案等增值税问题公告如下：

一、纳税人发生跨境应税行为，按照《国家税务总局关于发布〈营业税改征增值税跨境应税行为增值税免税管理办法（试行）〉的公告》（国家税务总局公告2016年第29号）的规定办理免税备案手续后发生的相同跨境应税行为，不再办理备案手续。纳税人应当完整保存相关免税证明材料备查。纳税人在税务机关后续管理中不能提供上述材料的，不得享受相关免税政策，对已享受的减免税款应予补缴，并依照《中华人民共和国税收征收管理法》的有关规定处理。

二、纳税人以承运人身份与托运人签订运输服务合同，收取运费并承担承运人责任，然后委托实际承运人完成全部或部分运输服务时，自行采购并交给实际承运人使用的成品油和支付的道路、桥、闸通行费，同时符合下列条件的，其进项税额准予从销项税额中抵扣：

（一）成品油和道路、桥、闸通行费，应用于纳税人委托实际承运人完成的运输服务；

（二）取得的增值税扣税凭证符合现行规定。

三、其他个人委托房屋中介、住房租赁企业等单位出租不动产，需要向承租方开具增值税发票的，可以由受托单位代其向主管税务机关按规定申请代开增值税发票。

四、自2018年1月1日起，金融机构开展贴现、转贴现业务需要就贴现利息开具发票的，由贴现机构按照票据贴现利息全额向贴现人开具增值税普通发票，转贴现机构按照转贴现利息全额向贴现机构开具增值税普通发票。

五、本公告除第四条外，自2017年9月1日起施行，此前已发生未处理的事项，按照本公告规定执行。

特此公告。

---

① 根据《国家税务总局关于修改部分税收规范性文件的公告》（国家税务总局公告2018年第31号），文中的"地税机关"修改为"税务机关"。

《国家税务总局关于做好增值税电子普通发票推行所需税控设备管理工作的通知》

(税总函〔2017〕232号)

各省、自治区、直辖市和计划单列市国家税务局：

　　为全面落实《国家税务总局关于进一步做好增值税电子普通发票推行工作的指导意见》(税总发〔2017〕31号)，进一步加强对增值税税控系统服务单位(以下简称"服务单位")的监督管理，积极推进增值税电子普通发票所需税控设备管理工作，现将有关事宜通知如下：

　　一、推行增值税电子普通发票所需的税控服务器和税控盘组等设备(以下简称"其他税控设备")的发售、S/N号录入、发行、安装、调试、技术支持等相关事项按照增值税税控专用设备的相关规定进行管理。各地税务机关应在3个工作日内为纳税人或其书面委托的电子发票服务商办理税控专用设备和其他税控设备的录入、发行等事宜，不得限定是否本省购买等附加条件，不得以任何理由推诿、拖延或拒绝。纳税人或其书面委托的电子发票服务商可以直接向服务单位总部购买税控专用设备和其他税控设备，无需经其他单位确认。服务单位不得以任何理由推诿、拖延或者拒绝向纳税人或其书面委托的电子发票服务商发售税控专用设备和其他税控设备。

　　二、主管国税机关应建立增值税电子普通发票税控设备监督管理工作制度，设立"增值税电子普通发票税控设备监督管理工作台账"，参照《增值税税控系统安装使用告知书》《增值税税控系统技术服务协议》《增值税税控系统安装单》等文书(复印件留存备查)准确记录相关时间。通过对税控专用设备和其他税控设备申请领购时间、领购完毕时间、录入完毕时间、发行完毕时间的及时记录，进行全流程监控管理，保障纳税人及时开具增值税电子普通发票。

　　三、各级国税机关要加强对服务单位的监督管理，严格按照《国家税务总局关于印发〈增值税税控系统服务单位监督管理办法〉的通知》(税总发〔2015〕118号，以下简称"监管办法")的规定落实税控专用设备和其他税控设备发售的具体要求，督促服务单位在接到申请后3~5个工作日内向纳税人或其书面委托的电子发票服务商发售税控专用设备和其他税控设备。如发现未按时发售、安装、调试等问题可依据监管办法第四章"违约责任"相关条款进行处罚，视情形严重程度可暂停其服务资格1~3个月。

　　四、税务总局将对各省国税局服务单位监督管理工作情况进行不定期抽查，对监管不力的单位将进行通报批评。2017年9月30日前,请各省国税局将本通知的落实情况通过FTP指定目录(FTP:/center/货物和劳务税司/税控稽核处/电子发票税控管理工作)上报税务总局(货物和劳务税司)。

《国家税务总局关于进一步做好增值税电子普通发票推行工作的指导意见》

(税总发〔2017〕31号)

各省、自治区、直辖市和计划单列市国家税务局:

为适应经济社会发展和税收现代化建设需要,满足纳税人使用增值税电子普通发票的需求,自2015年12月1日起税务总局推行了通过增值税发票管理新系统(以下简称"新系统")开具的增值税电子普通发票。为进一步做好增值税电子普通发票推行工作,现提出以下意见:

一、高度重视电子发票推行工作

推行通过新系统开具的增值税电子普通发票,对降低纳税人经营成本,节约社会资源,方便纳税人发票使用,营造健康公平的税收环境起到了重要作用。各地国税机关要高度重视电子发票推行工作,精心组织,扎实推进,满足纳税人开具使用电子发票的合理需求。

二、坚持问题导向,重点行业重点推行

各地国税机关要认真总结前期推行增值税电子普通发票的情况,做好分析评估工作,坚持问题导向原则,重点在电商、电信、金融、快递、公用事业等有特殊需求的纳税人中推行使用电子发票。

三、规范电子发票服务平台建设

电子发票服务平台以纳税人自建为主,也可由第三方建设提供服务平台。电子发票服务平台应免费提供电子发票版式文件的生成、打印、查询和交付等基础服务。

税务总局负责统一制定电子发票服务平台的技术标准和管理制度,建设对服务平台进行监督管理的税务监管平台。电子发票服务平台必须遵循统一的技术标准和管理制度。平台建设的技术方案和管理方案应报国税机关备案。

四、做好纳税人的宣传辅导工作

各地国税机关要利用多种渠道,切实做好纳税人的宣传辅导工作。增值税电子普通发票的开票方和受票方需要纸质发票的,可以自行打印增值税电子普通发票的版式文件,其法律效力、基本用途、基本使用规定等与税务机关监制的增值税普通发票相同。购买方向开具增值税电子普通发票的纳税人当场索取纸质普通发票的，纳税人应当免费提供电子发票版式文件打印服务。对于拒绝提供免费打印服务或者纸质发票的，主管国税务机关应当及时予以纠正。

五、规范电子发票编码规则及发票赋码流程

各地国税机关应严格按照《国家税务总局关于推行通过增值税电子发票系统开具的增值税电子普通发票有关问题的公告》（国家税务总局公告2015年第84号）规定的发票编码规则编制增值税电子普通发票的发票代码，通过金税三期核心征管系统将电子发票的号段同步至新系统，通过新系统最终赋予纳税人。

六、简化税控专用设备发行流程

各地国税机关要进一步简化税控专用设备发行流程，及时为使用电子发票的纳税人或其书面委托的单位办理税控专用设备发行，提高办税效率。

七、加强对服务单位的监督管理

各地国税机关应严格按照税务总局对纳税人税控装置安装服务提出的工作要求，加强对服务单位的监督管理，督促其提高服务水平和服务质量。税务机关及税务干部要严格执行廉政规定，不得违反纪律参与、干预、引导纳税人选择服务单位。税务机关要及时处理回应纳税人投诉，对存在问题的服务单位责令其立即纠正，并限期整改。

税控专用设备销售单位应保障税控专用设备的及时供应，不得以任何理由推诿、拖延或者拒绝使用电子发票的纳税人购买税控专用设备的要求。

八、落实主体责任，加强部门协作配合

各地国税机关要将推行工作做实做细，加强部门协作配合，形成工作合力。按照新系统推行到哪里、主体责任就要落实到哪里的原则，货物劳务税部门要落实好发票管理、系统推行中的主体责任，实行专人专岗、责任到人。征管科技、电子税务等部门要加强协作配合，共同保障推行工作平稳顺利。

《国家税务总局关于进一步明确营改增有关征管问题的公告》

（国家税务总局公告2017年第11号）①

为进一步明确营改增试点运行中反映的有关征管问题，现将有关事项公告如下：

一、纳税人销售活动板房、机器设备、钢结构件等自产货物的同时提供建

---

① 根据《国家税务总局关于明确中外合作办学等若干增值税征管问题的公告》（国家税务总局公告2018年第42号），此文件第四条已被废止。

筑、安装服务，不属于《营业税改征增值税试点实施办法》（财税〔2016〕36号文件印发）第四十条规定的混合销售，应分别核算货物和建筑服务的销售额，分别适用不同的税率或者征收率。

二、建筑企业与发包方签订建筑合同后，以内部授权或者三方协议等方式，授权集团内其他纳税人（以下称"第三方"）为发包方提供建筑服务，并由第三方直接与发包方结算工程款的，由第三方缴纳增值税并向发包方开具增值税发票，与发包方签订建筑合同的建筑企业不缴纳增值税。发包方可凭实际提供建筑服务的纳税人开具的增值税专用发票抵扣进项税额。

三、纳税人在同一地级行政区范围内跨县（市、区）提供建筑服务，不适用《纳税人跨县（市、区）提供建筑服务增值税征收管理暂行办法》（国家税务总局公告2016年第17号印发）。

四、一般纳税人销售电梯的同时提供安装服务，其安装服务可以按照甲供工程选择适用简易计税方法计税。

纳税人对安装运行后的电梯提供的维护保养服务，按照"其他现代服务"缴纳增值税。

五、纳税人提供植物养护服务，按照"其他生活服务"缴纳增值税。

六、发卡机构、清算机构和收单机构提供银行卡跨机构资金清算服务，按照以下规定执行：

（一）发卡机构以其向收单机构收取的发卡行服务费为销售额，并按照此销售额向清算机构开具增值税发票。

（二）清算机构以其向发卡机构、收单机构收取的网络服务费为销售额，并按照发卡机构支付的网络服务费向发卡机构开具增值税发票，按照收单机构支付的网络服务费向收单机构开具增值税发票。

清算机构从发卡机构取得的增值税发票上记载的发卡行服务费，一并计入清算机构的销售额，并由清算机构按照此销售额向收单机构开具增值税发票。

（三）收单机构以其向商户收取的收单服务费为销售额，并按照此销售额向商户开具增值税发票。

七、纳税人2016年5月1日前发生的营业税涉税业务，需要补开发票的，可于2017年12月31日前开具增值税普通发票（税务总局另有规定的除外）。

八、实行实名办税的地区，已由税务机关现场采集法定代表人（业主、负责人）实名信息的纳税人，申请增值税专用发票最高开票限额不超过十万元的，主管税务机关应自受理申请之日起2个工作日内办结，有条件的主管税务机关即时办结。即时办结的，直接出具和送达《准予税务行政许可决定书》，不再出具《税务行政许可受理通知书》。

九、自 2017 年 6 月 1 日起，将建筑业纳入增值税小规模纳税人自行开具增值税专用发票试点范围。月销售额超过 3 万元（或季销售额超过 9 万元）的建筑业增值税小规模纳税人（以下称"自开发票试点纳税人"）提供建筑服务、销售货物或发生其他增值税应税行为，需要开具增值税专用发票的，通过增值税发票管理新系统自行开具。

自开发票试点纳税人销售其取得的不动产，需要开具增值税专用发票的，仍须向税务机关申请代开。

自开发票试点纳税人所开具的增值税专用发票应缴纳的税款，应在规定的纳税申报期内，向主管税务机关申报纳税。在填写增值税纳税申报表时，应将当期开具增值税专用发票的销售额，按照3%和5%的征收率，分别填写在《增值税纳税申报表》（小规模纳税人适用）第 2 栏和第 5 栏"税务机关代开的增值税专用发票不含税销售额"的"本期数"相应栏次中。

十、自 2017 年 7 月 1 日起，增值税一般纳税人取得的 2017 年 7 月 1 日及以后开具的增值税专用发票和机动车销售统一发票，应自开具之日起 360 日内认证或登录增值税发票选择确认平台进行确认，并在规定的纳税申报期内，向主管税务机关申报抵扣进项税额。

增值税一般纳税人取得的 2017 年 7 月 1 日及以后开具的海关进口增值税专用缴款书，应自开具之日起 360 日内向主管税务机关报送《海关完税凭证抵扣清单》，申请稽核比对。

纳税人取得的 2017 年 6 月 30 日前开具的增值税扣税凭证，仍按《国家税务总局关于调整增值税扣税凭证抵扣期限有关问题的通知》（国税函〔2009〕617 号）执行。

除本公告第九条和第十条以外，其他条款自 2017 年 5 月 1 日起施行。此前已发生未处理的事项，按照本公告规定执行。

特此公告。

《国家税务总局关于使用印有本单位名称的增值税普通发票（卷票）有关问题的公告》

（国家税务总局公告2017年第9号）

为进一步规范增值税发票管理，优化纳税服务，保障全面推开营业税改征增值税试点工作顺利实施，现将使用印有本单位名称的增值税普通发票（卷票）有关问题公告如下：

一、纳税人可按照《中华人民共和国发票管理办法》及其实施细则要求，书面向税务机关要求使用印有本单位名称的增值税普通发票（卷票），税务机关按规定确认印有该单位名称发票的种类和数量。纳税人通过增值税发票管理新系统开具印有本单位名称的增值税普通发票（卷票）。

二、印有本单位名称的增值税普通发票（卷票），由税务总局统一招标采购的增值税普通发票（卷票）中标厂商印制，其式样、规格、联次和防伪措施等与原有增值税普通发票（卷票）一致，并加印企业发票专用章。

三、印有本单位名称的增值税普通发票（卷票）发票代码及号码按照《国家税务总局关于启用增值税普通发票（卷票）有关事项的公告》（国家税务总局公告2016年第82号）规定的编码规则编制。发票代码的第8~10位代表批次，由省税务机关在501~999范围内统一编制。

四、使用印有本单位名称的增值税普通发票（卷票）的企业，按照《国家税务总局　财政部关于冠名发票印制费结算问题的通知》（税总发〔2013〕53号）规定，与发票印制企业直接结算印制费用。

本公告自2017年7月1日起施行。

特此公告。

《国家税务总局关于启用全国增值税发票查验平台的公告》

（国家税务总局公告2016年第87号）

为进一步优化纳税服务，加强发票管理，税务总局依托增值税发票管理新系统（以下简称"新系统"）开发了增值税发票查验平台。经过前期试点，系统运行平稳，税务总局决定启用全国增值税发票查验平台。现将有关事项公告如下：

取得增值税发票的单位和个人可登录全国增值税发票查验平台（https：//inv-veri.chinatax.gov.cn），对新系统开具的增值税专用发票、增值税普通发票、机动车销售统一发票和增值税电子普通发票的发票信息进行查验。单位和个人通过网页浏览器首次登录平台时，应下载安装根证书文件，查看平台提供的发票查验操作说明。

各级税务机关要通过多种渠道做好增值税发票查验工作的宣传辅导，采取有效措施，保证增值税发票查验工作的顺利实施。

本公告自2017年1月1日起实施。

特此公告。

《国家税务总局关于启用增值税普通发票（卷票）有关事项的公告》

（国家税务总局公告 2016 年第 82 号）

为了满足纳税人发票使用需要，税务总局决定自 2017 年 1 月 1 日起启用增值税普通发票（卷票），现将有关事项公告如下：

一、增值税普通发票（卷票）规格、联次及防伪措施

增值税普通发票（卷票）分为两种规格：57mm×177.8mm、76mm×177.8mm，均为单联。增值税普通发票（卷票）的防伪措施为光变油墨防伪（详见附件 1）。

二、增值税普通发票（卷票）代码及号码

增值税普通发票（卷票）的发票代码为 12 位，编码规则：第 1 位为 0，第 2~5 位代表省、自治区、直辖市和计划单列市，第 6~7 位代表年度，第 8~10 位代表批次，第 11~12 位代表票种和规格，其中 06 代表 57mm×177.8mm 增值税普通发票（卷票）、07 代表 76mm×177.8mm 增值税普通发票（卷票）。

增值税普通发票（卷票）的发票号码为 8 位，按年度、分批次编制。

三、增值税普通发票（卷票）内容

增值税普通发票（卷票）的基本内容包括：发票名称、发票监制章、发票联、税徽、发票代码、发票号码、机打号码、机器编号、销售方名称及纳税人识别号、开票日期、收款员、购买方名称及纳税人识别号、项目、单价、数量、金额、合计金额（小写）、合计金额（大写）、校验码、二维码区等。增值税普通发票（卷票）票样见附件 2。

四、其他事项

（一）增值税普通发票（卷票）由纳税人自愿选择使用，重点在生活性服务业纳税人中推广使用。

（二）增值税普通发票（卷票）的真伪鉴别按照《中华人民共和国发票管理办法实施细则》第三十三条有关规定执行。

本公告自 2017 年 1 月 1 日起实施。

特此公告。

附件：1. 增值税普通发票（卷票）防伪措施的说明（略）
      2. 增值税普通发票（卷票）票样（略）

《国家税务总局关于调整增值税普通发票防伪措施有关事项的公告》

（国家税务总局公告 2016 年第 68 号）

税务总局决定调整增值税普通发票防伪措施，自 2016 年第四季度起印制的增值税普通发票采用新的防伪措施。现将有关事项公告如下：

调整后的增值税普通发票的防伪措施为灰变红防伪油墨（详见附件）。增值税普通发票各联次颜色：第一联为蓝色，第二联为棕色，第三联为绿色，第四联为紫色，第五联为粉红色。

税务机关库存和纳税人尚未使用的增值税普通发票可以继续使用。

本公告自发布之日起实施。

特此公告。

附件：增值税普通发票防伪措施的说明（略）

《国家税务总局关于被盗、丢失增值税专用发票有关问题的公告》

（国家税务总局公告 2016 年第 50 号）

为方便纳税人，税务总局决定取消纳税人的增值税专用发票发生被盗、丢失时必须统一在《中国税务报》上刊登"遗失声明"的规定。

本公告自发布之日起施行。《国家税务总局关于被盗、丢失增值税专用发票的处理意见的通知》（国税函〔1995〕292 号）同时废止。

特此公告。

《国家税务总局关于红字增值税发票开具有关问题的公告》

（国家税务总局公告 2016 年第 47 号）

为进一步规范纳税人开具增值税发票管理，现将红字发票开具有关问题公告如下：

一、增值税一般纳税人开具增值税专用发票（以下简称"专用发票"）后，发生销货退回、开票有误、应税服务中止等情形但不符合发票作废条件，或者因销货部分退回及发生销售折让，需要开具红字专用发票的，按以下方法处理：

（一）购买方取得专用发票已用于申报抵扣的，购买方可在增值税发票管理新系统(以下简称"新系统")中填开并上传《开具红字增值税专用发票信息表》(以下简称《信息表》,详见附件),在填开《信息表》时不填写相对应的蓝字专用发票信息,应暂依《信息表》所列增值税税额从当期进项税额中转出,待取得销售方开具的红字专用发票后,与《信息表》一并作为记账凭证。

购买方取得专用发票未用于申报抵扣、但发票联或抵扣联无法退回的,购买方填开《信息表》时应填写相对应的蓝字专用发票信息。

销售方开具专用发票尚未交付购买方,以及购买方未用于申报抵扣并将发票联及抵扣联退回的,销售方可在新系统中填开并上传《信息表》。销售方填开《信息表》时应填写相对应的蓝字专用发票信息。

(二)主管税务机关通过网络接收纳税人上传的《信息表》,系统自动校验通过后,生成带有"红字发票信息表编号"的《信息表》,并将信息同步至纳税人端系统中。

(三)销售方凭税务机关系统校验通过的《信息表》开具红字专用发票,在新系统中以销项负数开具。红字专用发票应与《信息表》一一对应。

(四)纳税人也可凭《信息表》电子信息或纸质资料到税务机关对《信息表》内容进行系统校验。

二、税务机关为小规模纳税人代开专用发票,需要开具红字专用发票的,按照一般纳税人开具红字专用发票的方法处理。

三、纳税人需要开具红字增值税普通发票的,可以在所对应的蓝字发票金额范围内开具多份红字发票。红字机动车销售统一发票需与原蓝字机动车销售统一发票一一对应。

四、按照《国家税务总局关于纳税人认定或登记为一般纳税人前进项税额抵扣问题的公告》(国家税务总局公告2015年第59号)的规定,需要开具红字专用发票的,按照本公告规定执行。

五、本公告自2016年8月1日起施行,《国家税务总局关于推行增值税发票系统升级版有关问题的公告》(国家税务总局公告2014年第73号)第四条、附件1、附件2和《国家税务总局关于全面推行增值税发票系统升级版有关问题的公告》(国家税务总局公告2015年第19号)第五条、附件1、附件2同时废止。此前未处理的事项,按照本公告规定执行。

特此公告。

附件:开具红字增值税专用发票信息表(略)

《财政部　国家税务总局关于部分营业税和增值税政策到期延续问题的通知》

(财税〔2016〕83号)

各省、自治区、直辖市、计划单列市财政厅（局）、国家税务局、地方税务局，新疆生产建设兵团财务局：

经国务院批准，现对继续执行农村金融、"三农"事业部涉农贷款、邮政代办金融保险和新疆国际大巴扎项目有关税收政策通知如下：

一、《财政部、国家税务总局关于农村金融有关税收政策的通知》（财税〔2010〕4号）第三条规定的"对农村信用社、村镇银行、农村资金互助社、由银行业机构全资发起设立的贷款公司、法人机构所在地在县（含县级市、区、旗）及县以下地区的农村合作银行和农村商业银行的金融保险业收入减按3%的税率征收营业税"政策的执行期限延长至2016年4月30日。

二、《财政部、国家税务总局关于中国农业银行三农金融事业部涉农贷款营业税优惠政策的通知》（财税〔2015〕67号）的执行期限延长至2016年4月30日。

三、自2016年1月1日起，中国邮政集团公司及其所属邮政企业为金融机构代办金融保险业务取得的代理收入，在营改增试点期间免征增值税。

四、自2016年1月1日至2016年4月30日，新疆国际大巴扎物业服务有限公司和新疆国际大巴扎文化旅游产业有限公司从事与新疆国际大巴扎项目有关的营业税应税业务，免征营业税；自2016年5月1日至2016年12月31日，对上述营改增应税业务，免征增值税。

五、文到之日前，已征的按照本通知规定应予免征的营业税，予以退还；已征的应予免征的增值税，可抵减纳税人以后月份应缴纳的增值税或予以退还。

第3章　企业所得税

企业所得税的纳税义务人，是指在中华人民共和国境内的企业和其他取得收入的组织。《企业所得税法》第一条规定，除个人独资企业、合伙企业不适用企业所得税外，凡在我国境内，企业和其他取得收入的组织为企业所得税的纳税人，依照本法规定缴纳企业所得税。

企业所得税的征税对象，是指企业的生产经营所得、其他所得和精算所得。

企业所得税实行比例税率。现行规定是：

1. 基本税率为25%。适用于居民企业和在中国境内设有机构、场所且所得与机构、场所有关联的非居民企业。

2. 低税率为20%。适用于在中国境内未设立机构、场所的，或者虽设立机构、场所但取得的所得与其所设机构、场所没有实际联系的非居民企业。

应纳税所得额是企业所得税的计税依据，按照企业所得税法的规定，应纳税所得额为企业每一个纳税年度的收入总额，减除不征税收入、免税收入、各项扣除以及允许弥补的以前年度亏损后的余额。

现将企业所得税有关规定列示如下（按时间先后）。

《国家税务总局关于发布修订后的〈企业所得税优惠政策事项办理办法〉的公告》

（国家税务总局公告2018年第23号）

为优化税收环境，有效落实企业所得税各项优惠政策，根据《国家税务总局关于进一步深化税务系统"放管服"改革优化税收环境的若干意见》（税总发〔2017〕101号）有关精神，现将修订后的《企业所得税优惠政策事项办理办法》予以发布。

特此公告。

附件：企业所得税优惠事项管理目录（2017年版）（略）

企业所得税优惠政策事项办理办法

第一条 为落实国务院简政放权、放管结合、优化服务要求，规范企业所得税优惠政策事项（以下简称"优惠事项"）办理，根据《中华人民共和国企业所得税法》（以下简称"企业所得税法"）及其实施条例、《中华人民共和国税收征收管理法》（以下简称"税收征管法"）及其实施细则，制定本办法。

第二条 本办法所称优惠事项是指企业所得税法规定的优惠事项，以及国务院和民族自治地方根据企业所得税法授权制定的企业所得税优惠事项。包括免税收入、减计收入、加计扣除、加速折旧、所得减免、抵扣应纳税所得额、减低税率、税额抵免等。

第三条 优惠事项的名称、政策概述、主要政策依据、主要留存备查资料、享受优惠时间、后续管理要求等，见本公告附件《企业所得税优惠事项管理目录（2017年版）》（以下简称《目录》）。

《目录》由税务总局编制、更新。

第四条 企业享受优惠事项采取"自行判别、申报享受、相关资料留存备查"的办理方式。企业应当根据经营情况以及相关税收规定自行判断是否符合优惠事项规定的条件，符合条件的可以按照《目录》列示的时间自行计算减免税额，并通过填报企业所得税纳税申报表享受税收优惠。同时，按照本办法的规定归集和留存相关资料备查。

第五条 本办法所称留存备查资料是指与企业享受优惠事项有关的合同、协议、凭证、证书、文件、账册、说明等资料。留存备查资料分为主要留存备查资料和其他留存备查资料两类。主要留存备查资料由企业按照《目录》列示的资料清单准备，其他留存备查资料由企业根据享受优惠事项情况自行补充准备。

第六条 企业享受优惠事项的，应当在完成年度汇算清缴后，将留存备查资料归集齐全并整理完成，以备税务机关核查。

第七条 企业同时享受多项优惠事项或者享受的优惠事项按照规定分项目进行核算的，应当按照优惠事项或者项目分别归集留存备查资料。

第八条 设有非法人分支机构的居民企业以及实行汇总纳税的非居民企业机构、场所享受优惠事项的，由居民企业的总机构以及汇总纳税的主要机构、场所负责统一归集并留存备查资料。分支机构以及被汇总纳税的非居民企业机构、场所按照规定可独立享受优惠事项的，由分支机构以及被汇总纳税的非居民企业机构、场所负责归集并留存备查资料，同时分支机构以及被汇总纳税的非居民企业机构、场所应在当完成年度汇算清缴后将留存的备查资料清单送总机构以及汇总纳税的主要机构、场所汇总。

第九条　企业对优惠事项留存备查资料的真实性、合法性承担法律责任。

第十条　企业留存备查资料应从企业享受优惠事项当年的企业所得税汇算清缴期结束次日起保留 10 年。

第十一条　税务机关应当严格按照本办法规定的方式管理优惠事项，严禁擅自改变优惠事项的管理方式。

第十二条　企业享受优惠事项后，税务机关将适时开展后续管理。在后续管理时，企业应当根据税务机关管理服务的需要，按照规定的期限和方式提供留存备查资料，以证实享受优惠事项符合条件。其中，享受集成电路生产企业、集成电路设计企业、软件企业、国家规划布局内的重点软件企业和集成电路设计企业等优惠事项的企业，应当在完成年度汇算清缴后，按照《目录》"后续管理要求"项目中列示的清单向税务机关提交资料。

第十三条　企业享受优惠事项后发现其不符合优惠事项规定条件的，应当依法及时自行调整并补缴税款及滞纳金。

第十四条　企业未能按照税务机关要求提供留存备查资料，或者提供的留存备查资料与实际生产经营情况、财务核算情况、相关技术领域、产业、目录、资格证书等不符，无法证实符合优惠事项规定条件的，或者存在弄虚作假情况的，税务机关将依法追缴其已享受的企业所得税优惠，并按照税收征管法等相关规定处理。

第十五条　本办法适用于 2017 年度企业所得税汇算清缴及以后年度企业所得税优惠事项办理工作。《国家税务总局关于发布〈企业所得税优惠政策事项办理办法〉的公告》（国家税务总局公告 2015 年第 76 号）同时废止。

《财政部　税务总局关于保险保障基金有关税收政策问题的通知》

（财税〔2018〕41 号）

各省、自治区、直辖市、计划单列市财政厅（局）、国家税务局、地方税务局，新疆生产建设兵团财政局：

为支持保险保障基金发展，增强行业经营风险防范能力，现将保险保障基金有关税收政策事项明确如下：

一、对中国保险保障基金有限责任公司（以下简称保险保障基金公司）根据《保险保障基金管理办法》取得的下列收入，免征企业所得税：

1. 境内保险公司依法缴纳的保险保障基金；

2. 依法从撤销或破产保险公司清算财产中获得的受偿收入和向有关责任方追偿所得，以及依法从保险公司风险处置中获得的财产转让所得；

3. 接受捐赠收入；

4. 银行存款利息收入；

5. 购买政府债券、中央银行、中央企业和中央级金融机构发行债券的利息收入；

6. 国务院批准的其他资金运用取得的收入。

二、对保险保障基金公司下列应税凭证，免征印花税：

1. 新设立的资金账簿；

2. 在对保险公司进行风险处置和破产救助过程中签订的产权转移书据；

3. 在对保险公司进行风险处置过程中与中国人民银行签订的再贷款合同；

4. 以保险保障基金自有财产和接收的受偿资产与保险公司签订的财产保险合同。

对与保险保障基金公司签订上述产权转移书据或应税合同的其他当事人照章征收印花税。

三、本通知自 2018 年 1 月 1 日起至 2020 年 12 月 31 日止执行。《财政部、国家税务总局关于保险保障基金有关税收政策问题的通知》（财税〔2016〕10 号）同时废止。

《财政部　国家税务总局关于保险公司准备金支出企业所得税税前扣除有关政策问题的通知》

（财税〔2016〕114 号）

各省、自治区、直辖市、计划单列市财政厅（局）、国家税务局、地方税务局，新疆生产建设兵团财务局：

根据《中华人民共和国企业所得税法》和《中华人民共和国企业所得税法实施条例》的有关规定，现就保险公司准备金支出企业所得税税前扣除有关问题明确如下：

一、保险公司按下列规定缴纳的保险保障基金，准予据实税前扣除：

1. 非投资型财产保险业务，不得超过保费收入的 0.8%；投资型财产保险业务，有保证收益的，不得超过业务收入的 0.08%，无保证收益的，不得超过业务收入的 0.05%。

2. 有保证收益的人寿保险业务，不得超过业务收入的 0.15%；无保证收益的人寿保险业务，不得超过业务收入的 0.05%。

3. 短期健康保险业务，不得超过保费收入的 0.8%；长期健康保险业务，不得超过保费收入的 0.15%。

4. 非投资型意外伤害保险业务，不得超过保费收入的 0.8%；投资型意外伤害保险业务，有保证收益的，不得超过业务收入的 0.08%，无保证收益的，不得超过业务收入的 0.05%。

保险保障基金，是指按照《中华人民共和国保险法》和《保险保障基金管理办法》规定缴纳形成的，在规定情形下用于救助保单持有人、保单受让公司或者处置保险业风险的非政府性行业风险救助基金。

保费收入，是指投保人按照保险合同约定，向保险公司支付的保险费。

业务收入，是指投保人按照保险合同约定，为购买相应的保险产品支付给保险公司的全部金额。

非投资型财产保险业务，是指仅具有保险保障功能而不具有投资理财功能的财产保险业务。

投资型财产保险业务，是指兼具有保险保障与投资理财功能的财产保险业务。

有保证收益，是指保险产品在投资收益方面提供固定收益或最低收益保障。

无保证收益，是指保险产品在投资收益方面不提供收益保证，投保人承担全部投资风险。

二、保险公司有下列情形之一的，其缴纳的保险保障基金不得在税前扣除：

1. 财产保险公司的保险保障基金余额达到公司总资产 6% 的。
2. 人身保险公司的保险保障基金余额达到公司总资产 1% 的。

三、保险公司按国务院财政部门的相关规定提取的未到期责任准备金、寿险责任准备金、长期健康险责任准备金、已发生已报案未决赔款准备金和已发生未报案未决赔款准备金，准予在税前扣除。

1. 未到期责任准备金、寿险责任准备金、长期健康险责任准备金依据经中国保监会核准任职资格的精算师或出具专项审计报告的中介机构确定的金额提取。

未到期责任准备金，是指保险人为尚未终止的非寿险保险责任提取的准备金。

寿险责任准备金，是指保险人为尚未终止的人寿保险责任提取的准备金。

长期健康险责任准备金，是指保险人为尚未终止的长期健康保险责任提取的准备金。

2. 已发生已报案未决赔款准备金，按最高不超过当期已经提出的保险赔款或者给付金额的 100% 提取；已发生未报案未决赔款准备金按不超过当年实际赔款支出额的 8% 提取。

已发生已报案未决赔款准备金，是指保险人为非寿险保险事故已经发生并已向保险人提出索赔、尚未结案的赔案提取的准备金。

已发生未报案未决赔款准备金，是指保险人为非寿险保险事故已经发生、尚未向保险人提出索赔的赔案提取的准备金。

四、保险公司经营财政给予保费补贴的农业保险，按不超过财政部门规定的农业保险大灾风险准备金（简称大灾准备金）计提比例，计提的大灾准备金，准予在企业所得税前据实扣除。具体计算公式如下：

本年度扣除的大灾准备金＝本年度保费收入×规定比例－
上年度已在税前扣除的大灾准备
金结存余额

按上述公式计算的数额如为负数，应调增当年应纳税所得额。

财政给予保费补贴的农业保险，是指各级财政按照中央财政农业保险保费补贴政策规定给予保费补贴的种植业、养殖业、林业等农业保险。

规定比例，是指按照《财政部关于印发〈农业保险大灾风险准备金管理办法〉的通知》（财金〔2013〕129 号）确定的计提比例。

五、保险公司实际发生的各种保险赔款、给付，应首先冲抵按规定提取的准备金，不足冲抵部分，准予在当年税前扣除。

六、本通知自 2016 年 1 月 1 日至 2020 年 12 月 31 日执行。

《财政部 国家税务总局关于保险企业计提准备金有关税收处理问题的通知》

（财税〔2015〕115 号）

各省、自治区、直辖市、计划单列市财政厅（局）、国家税务局、地方税务局，新疆生产建设兵团财务局：

按照《中华人民共和国企业所得税法》及其实施条例有关规定，现就保险企业在执行财政部企业会计规定过程中有关计提准备金的税收处理事项明确如下：

一、保险企业执行财政部《保险合同相关会计处理规定》后，其提取的未到期责任准备金、寿险责任准备金、长期健康险责任准备金、已发生已报告未决赔款准备金和已发生未报告未决赔款准备金，应按照《财政部、国家税务总局关于保险公司准备金支出企业所得税税前扣除有关政策问题的通知》（财税〔2012〕45号）规定计算并准予在企业所得税税前扣除。

二、保险企业因执行财政部企业会计规定计提的准备金与之前执行中国保险业监督管理委员会有关监管规定计提的准备金形成的差额，应计入保险企业应纳税所得额。凡上述准备金差额尚未进行税务处理的，可分10年均匀计入2015年及以后年度应纳税所得额；已进行税务处理的不再分期计入以后年度应纳税所得额。

请遵照执行。

《财政部 国家税务总局关于保险公司准备金支出企业所得税税前扣除有关政策问题的通知》

（财税〔2012〕45号）

各省、自治区、直辖市、计划单列市财政厅（局）、国家税务局、地方税务局，新疆生产建设兵团财务局：

根据《中华人民共和国企业所得税法》和《中华人民共和国企业所得税法实施条例》（国务院令第512号）的有关规定，现就保险公司准备金支出企业所得税税前扣除有关问题明确如下：

一、保险公司按下列规定缴纳的保险保障基金，准予据实税前扣除：

1. 非投资型财产保险业务，不得超过保费收入的0.8%；投资型财产保险业务，有保证收益的，不得超过业务收入的0.08%，无保证收益的，不得超过业务收入的0.05%。

2. 有保证收益的人寿保险业务，不得超过业务收入的0.15%；无保证收益的人寿保险业务，不得超过业务收入的0.05%。

3. 短期健康保险业务，不得超过保费收入的0.8%；长期健康保险业务，不得超过保费收入的0.15%。

4. 非投资型意外伤害保险业务，不得超过保费收入的0.8%；投资型意外伤害保险业务，有保证收益的，不得超过业务收入的0.08%，无保证收益的，不得超过业务收入的0.05%。

保险保障基金，是指按照《中华人民共和国保险法》和《保险保障基金管理办法》（保监会、财政部、人民银行令2008年第2号）规定缴纳形成的，在规定情形下用于救助保单持有人、保单受让公司或者处置保险业风险的非政府性行业风险救助基金。

保费收入，是指投保人按照保险合同约定，向保险公司支付的保险费。

业务收入，是指投保人按照保险合同约定，为购买相应的保险产品支付给保险公司的全部金额。

非投资型财产保险业务，是指仅具有保险保障功能而不具有投资理财功能的财产保险业务。

投资型财产保险业务，是指兼具保险保障与投资理财功能的财产保险业务。

有保证收益，是指保险产品在投资收益方面提供固定收益或最低收益保障。

无保证收益，是指保险产品在投资收益方面不提供收益保证，投保人承担全部投资风险。

二、保险公司有下列情形之一的，其缴纳的保险保障基金不得在税前扣除：

1. 财产保险公司的保险保障基金余额达到公司总资产6%的。
2. 人身保险公司的保险保障基金余额达到公司总资产1%的。

三、保险公司按国务院财政部门的相关规定提取的未到期责任准备金、寿险责任准备金、长期健康险责任准备金、已发生已报案未决赔款准备金和已发生未报案未决赔款准备金，准予在税前扣除。

1. 未到期责任准备金、寿险责任准备金、长期健康险责任准备金依据经中国保监会核准任职资格的精算师或出具专项审计报告的中介机构确定的金额提取。

未到期责任准备金，是指保险人为尚未终止的非寿险保险责任提取的准备金。

寿险责任准备金，是指保险人为尚未终止的人寿保险责任提取的准备金。

长期健康险责任准备金，是指保险人为尚未终止的长期健康保险责任提取的准备金。

2. 已发生已报案未决赔款准备金，按最高不超过当期已经提出的保险赔款或者给付金额的100%提取；已发生未报案未决赔款准备金按不超过当年实际赔款支出额的8%提取。

已发生已报案未决赔款准备金，是指保险人为非寿险保险事故已经发生并已向保险人提出索赔、尚未结案的赔案提取的准备金。

已发生未报案未决赔款准备金，是指保险人为非寿险保险事故已经发生、尚未向保险人提出索赔的赔案提取的准备金。

四、保险公司实际发生的各种保险赔款、给付，应首先冲抵按规定提取的准备金，不足冲抵部分，准予在当年税前扣除。

五、本通知自 2011 年 1 月 1 日至 2015 年 12 月 31 日执行。

《财政部 国家税务总局关于保险公司农业巨灾风险准备金企业所得税税前扣除政策的通知》

(财税〔2012〕23 号)

各省、自治区、直辖市、计划单列市财政厅（局）、国家税务局、地方税务局，新疆生产建设兵团财务局：

为积极支持解决"三农"问题，促进保险公司拓展农业保险业务，提高农业巨灾发生后恢复生产能力，根据《中华人民共和国企业所得税法》和《中华人民共和国企业所得税法实施条例》的有关规定，现对保险公司计提农业保险巨灾风险准备金企业所得税税前扣除问题通知如下：

一、保险公司经营财政给予保费补贴的种植业险种（以下简称补贴险种）的，按不超过补贴险种当年保费收入 25% 的比例计提的巨灾风险准备金，准予在企业所得税前据实扣除。具体计算公式如下：

本年度扣除的巨灾风险准备金 = 本年度保费收入 × 25% − 上年度已在税前扣除的巨灾风险准备金结存余额

按上述公式计算的数额如为负数，应调增当年应纳税所得额。

二、补贴险种是指各级财政部门根据财政部关于种植业保险保费补贴管理的相关规定确定，且各级财政部门补贴比例之和不低于保费 60% 的种植业险种。

三、保险公司应当按专款专用原则建立健全巨灾风险准备金管理使用制度。在向主管税务机关报送企业所得税纳税申报表时，同时附送巨灾风险准备金提取、使用情况的说明和报表。

四、本通知自 2011 年 1 月 1 日起至 2015 年 12 月 31 日止执行。

《财政部 税务总局关于公益性捐赠支出企业所得税税前结转扣除有关政策的通知》

(财税〔2018〕15 号)

各省、自治区、直辖市、计划单列市财政厅（局）、国家税务局、地方税务局，新疆生产建设兵团财政局：

根据《中华人民共和国企业所得税法》和《中华人民共和国企业所得税法实施条例》的有关规定,现就公益性捐赠支出企业所得税税前结转扣除有关政策通知如下:

一、企业通过公益性社会组织或者县级(含县级)以上人民政府及其组成部门和直属机构,用于慈善活动、公益事业的捐赠支出,在年度利润总额12%以内的部分,准予在计算应纳税所得额时扣除;超过年度利润总额12%的部分,准予结转以后三年内在计算应纳税所得额时扣除。

本条所称公益性社会组织,应当依法取得公益性捐赠税前扣除资格。

本条所称年度利润总额,是指企业依照国家统一会计制度的规定计算的大于零的数额。

二、企业当年发生及以前年度结转的公益性捐赠支出,准予在当年税前扣除的部分,不能超过企业当年年度利润总额的12%。

三、企业发生的公益性捐赠支出未在当年税前扣除的部分,准予向以后年度结转扣除,但结转年限自捐赠发生年度的次年起计算最长不得超过三年。

四、企业在对公益性捐赠支出计算扣除时,应先扣除以前年度结转的捐赠支出,再扣除当年发生的捐赠支出。

五、本通知自2017年1月1日起执行。2016年9月1日至2016年12月31日发生的公益性捐赠支出未在2016年税前扣除的部分,可按本通知执行。

《财政部 国家税务总局关于公益股权捐赠企业所得税政策问题的通知》

(财税〔2016〕45号)

各省、自治区、直辖市、计划单列市财政厅(局)、国家税务局、地方税务局,新疆生产建设兵团财务局:

为支持和鼓励公益事业发展,根据《中华人民共和国企业所得税法》及其实施条例有关规定,经国务院批准,现将股权捐赠企业所得税政策问题通知如下:

一、企业向公益性社会团体实施的股权捐赠,应按规定视同转让股权,股权转让收入额以企业所捐赠股权取得时的历史成本确定。

前款所称的股权,是指企业持有的其他企业的股权、上市公司股票等。

二、企业实施股权捐赠后,以其股权历史成本为依据确定捐赠额,并依此按照企业所得税法有关规定在所得税前予以扣除。公益性社会团体接受股权捐赠后，应按照捐赠企业提供的股权历史成本开具捐赠票据。

三、本通知所称公益性社会团体，是指注册在中华人民共和国境内，以发展公益事业为宗旨、且不以营利为目的，并经确定为具有接受捐赠税前扣除资格的基金会、慈善组织等公益性社会团体。

四、本通知所称股权捐赠行为，是指企业向中华人民共和国境内公益性社会团体实施的股权捐赠行为。企业向中华人民共和国境外的社会组织或团体实施的股权捐赠行为不适用本通知规定。

五、本通知自2016年1月1日起执行。

本通知发布前企业尚未进行税收处理的股权捐赠行为，符合本通知规定条件的可比照本通知执行，已经进行相关税收处理的不再进行税收调整。

请遵照执行。

《财政部　国家税务总局　民政部关于公益性捐赠税前扣除资格确认审批有关调整事项的通知》

（财税〔2015〕141号）

各省、自治区、直辖市、计划单列市财政厅（局）、国家税务局、地方税务局、民政厅（局）：

按照《国务院关于取消非行政许可审批事项的决定》（国发〔2015〕27号）精神，"公益性捐赠税前扣除资格确认"作为非行政许可审批事项予以取消。为做好公益性捐赠税前扣除资格后续管理工作，现将有关调整事项通知如下：

一、为简化工作程序、减轻社会组织负担，合理调整公益性社会团体捐赠税前扣除资格确认程序，对社会组织报送捐赠税前扣除资格申请报告和相关材料的环节予以取消，即《财政部、国家税务总局、民政部关于公益性捐赠税前扣除有关问题的通知》（财税〔2008〕160号）第六条、第七条停止执行，改由财政、税务、民政等部门结合社会组织登记注册、公益活动情况联合确认公益性捐赠税前扣除资格，并以公告形式发布名单。

二、公益性社会团体捐赠税前扣除资格确认程序按以下规定执行：

（一）对在民政部登记设立的社会组织，由民政部在登记注册环节会同财政部、国家税务总局对其公益性进行联合确认，对符合公益性社会团体条件的社会组织，财政部、国家税务总局、民政部联合发布公告，明确其公益性捐赠税前扣除资格。

（二）对在民政部登记注册且已经运行的社会组织，由财政部、国家税务总局和民政部结合社会组织公益活动情况和年度检查、评估等情况，对符合公益性社会团体条件的社会组织联合发布公告，明确其公益性捐赠税前扣除资格。

（三）在省级和省级以下民政部门登记注册的社会组织，由省级相关部门参照本条第一项、第二项执行。

三、按照"放管结合"的要求，财政、税务、民政等部门要加强公益性社会团体的后续管理，建立信息公开制度，加大对公益性社会团体的监督检查及违规处罚的力度。在社会组织监督检查或税务检查中，发现不符合条件的公益性社会团体，取消其公益性捐赠税前扣除资格，并向社会公告；建立公益性社会团体信息公开制度，公益性社会团体必须及时公开接受捐赠收入和支出情况，加强社会监督。

四、各级财政、税务、民政部门应加强沟通合作，建立部门会商、协调机制，切实将取消公益性捐赠税前扣除资格确认审批事项落实到位。

以上通知，请遵照执行。

《财政部　国家税务总局　民政部关于公益性捐赠税前扣除有关问题的补充通知》

（财税〔2010〕45号）

各省、自治区、直辖市、计划单列市财政厅（局）、国家税务局、地方税务局、民政厅（局），新疆生产建设兵团财务局、民政局：

为进一步规范公益性捐赠税前扣除政策，加强税收征管，根据《财政部、国家税务总局、民政部关于公益性捐赠税前扣除有关问题的通知》（财税〔2008〕160号）的有关规定，现将公益性捐赠税前扣除有关问题补充通知如下：

一、企业或个人通过获得公益性捐赠税前扣除资格的公益性社会团体或县级以上人民政府及其组成部门和直属机构，用于公益事业的捐赠支出，可以按规定进行所得税税前扣除。

县级以上人民政府及其组成部门和直属机构的公益性捐赠税前扣除资格不需要认定。

二、在财税〔2008〕160号文件下发之前已经获得公益性捐赠税前扣除资格的公益性社会团体，必须按规定的条件和程序重新提出申请，通过认定后才能获得公益性捐赠税前扣除资格。

符合财税〔2008〕160号文件第四条规定的基金会、慈善组织等公益性社会团体，应同时向财政、税务、民政部门提出申请，并分别报送财税〔2008〕

160 号文件第七条规定的材料。

民政部门负责对公益性社会团体资格进行初步审查，财政、税务部门会同民政部门对公益性捐赠税前扣除资格联合进行审核确认。

三、对获得公益性捐赠税前扣除资格的公益性社会团体，由财政部、国家税务总局和民政部以及省、自治区、直辖市、计划单列市财政、税务和民政部门每年分别联合公布名单。名单应当包括当年继续获得公益性捐赠税前扣除资格和新获得公益性捐赠税前扣除资格的公益性社会团体。

企业或个人在名单所属年度内向名单内的公益性社会团体进行的公益性捐赠支出，可按规定进行税前扣除。

四、2008 年 1 月 1 日以后成立的基金会，在首次获得公益性捐赠税前扣除资格后，原始基金的捐赠人在基金会首次获得公益性捐赠税前扣除资格的当年进行所得税汇算清缴时，可按规定进行税前扣除。

五、对于通过公益性社会团体发生的公益性捐赠支出，企业或个人应提供省级以上（含省级）财政部门印制并加盖接受捐赠单位印章的公益性捐赠票据，或加盖接受捐赠单位印章的《非税收入一般缴款书》收据联，方可按规定进行税前扣除。

对于通过公益性社会团体发生的公益性捐赠支出，主管税务机关应对照财政、税务、民政部门联合公布的名单予以办理，即接受捐赠的公益性社会团体位于名单内的，企业或个人在名单所属年度向名单内的公益性社会团体进行的公益性捐赠支出可按规定进行税前扣除；接受捐赠的公益性社会团体不在名单内，或虽在名单内但企业或个人发生的公益性捐赠支出不属于名单所属年度的，不得扣除。

六、对已经获得公益性捐赠税前扣除资格的公益性社会团体，其年度检查连续两年基本合格视同为财税〔2008〕160 号文件第十条规定的年度检查不合格，应取消公益性捐赠税前扣除资格。

七、获得公益性捐赠税前扣除资格的公益性社会团体，发现其不再符合财税〔2008〕160 号文件第四条规定条件之一，或存在财税〔2008〕160 号文件第十条规定情形之一的，应自发现之日起 15 日内向主管税务机关报告，主管税务机关可暂时明确其获得资格的次年内企业或个人向该公益性社会团体的公益性捐赠支出，不得税前扣除。同时，提请审核确认其公益性捐赠税前扣除资格的财政、税务、民政部门明确其获得资格的次年不具有公益性捐赠税前扣除资格。

税务机关在日常管理过程中，发现公益性社会团体不再符合财税〔2008〕160 号文件第四条规定条件之一，或存在财税〔2008〕160 号文件第十条规定情形之一的,也按上述规定处理。

《财政部 国家税务总局关于通过公益性群众团体的公益性捐赠税前扣除有关问题的通知》

(财税〔2009〕124号)

各省、自治区、直辖市、计划单列市财政厅(局)、国家税务局、地方税务局,新疆生产建设兵团财务局:

为贯彻落实《中华人民共和国企业所得税法》和《中华人民共和国个人所得税法》,现对企业和个人通过依照《社会团体登记管理条例》规定不需进行社团登记的人民团体以及经国务院批准免予登记的社会团体(以下统称群众团体)的公益性捐赠所得税税前扣除有关问题明确如下:

一、企业通过公益性群众团体用于公益事业的捐赠支出,在年度利润总额12%以内的部分,准予在计算应纳税所得额时扣除。年度利润总额,是指企业依照国家统一会计制度的规定计算的大于零的数额。

二、个人通过公益性群众团体向公益事业的捐赠支出,按照现行税收法律、行政法规及相关政策规定准予在所得税税前扣除。

三、本通知第一条和第二条所称的公益事业,是指《中华人民共和国公益事业捐赠法》规定的下列事项:

(一)救助灾害、救济贫困、扶助残疾人等困难的社会群体和个人的活动;

(二)教育、科学、文化、卫生、体育事业;

(三)环境保护、社会公共设施建设;

(四)促进社会发展和进步的其他社会公共和福利事业。

四、本通知第一条和第二条所称的公益性群众团体,是指同时符合以下条件的群众团体:

(一)符合《中华人民共和国企业所得税法实施条例》第五十二条第(一)项至第(八)项规定的条件;

(二)县级以上各级机构编制部门直接管理其机构编制;

(三)对接受捐赠的收入以及用捐赠收入进行的支出单独进行核算,且申请前连续3年接受捐赠的总收入中用于公益事业的支出比例不低于70%。

五、符合本通知第四条规定的公益性群众团体,可按程序申请公益性捐赠税前扣除资格。

(一)由中央机构编制部门直接管理其机构编制的群众团体,向财政部、国家税务总局提出申请；

（二）由县级以上地方各级机构编制部门直接管理其机构编制的群众团体，向省、自治区、直辖市和计划单列市财政、税务部门提出申请；

（三）对符合条件的公益性群众团体，按照上述管理权限，由财政部、国家税务总局和省、自治区、直辖市、计划单列市财政、税务部门分别每年联合公布名单。名单应当包括继续获得公益性捐赠税前扣除资格和新获得公益性捐赠税前扣除资格的群众团体，企业和个人在名单所属年度内向名单内的群众团体进行的公益性捐赠支出，可以按规定进行税前扣除。

六、申请公益性捐赠税前扣除资格的群众团体，需报送以下材料：

（一）申请报告；

（二）县级以上各级党委、政府或机构编制部门印发的"三定"规定；

（三）组织章程；

（四）申请前相应年度的受赠资金来源、使用情况，财务报告，公益活动的明细，注册会计师的审计报告或注册税务师的鉴证报告。

七、公益性群众团体在接受捐赠时，应按照行政管理级次分别使用由财政部或省、自治区、直辖市财政部门印制的公益性捐赠票据或者《非税收入一般缴款书》收据联，并加盖本单位的印章；对个人索取捐赠票据的，应予以开具。

八、公益性群众团体接受捐赠的资产价值，按以下原则确认：

（一）接受捐赠的货币性资产，应当按照实际收到的金额计算；

（二）接受捐赠的非货币性资产，应当以其公允价值计算。捐赠方在向公益性群众团体捐赠时，应当提供注明捐赠非货币性资产公允价值的证明，如果不能提供上述证明，公益性群众团体不得向其开具公益性捐赠票据或者《非税收入一般缴款书》收据联。

九、对存在以下情形之一的公益性群众团体，应取消其公益性捐赠税前扣除资格：

（一）前3年接受捐赠的总收入中用于公益事业的支出比例低于70%的；

（二）在申请公益性捐赠税前扣除资格时有弄虚作假行为的；

（三）存在逃避缴纳税款行为或为他人逃避缴纳税款提供便利的；

（四）存在违反该组织章程的活动，或者接受的捐赠款项用于组织章程规定用途之外的支出等情况的；

（五）受到行政处罚的。

被取消公益性捐赠税前扣除资格的公益性群众团体，存在本条第一款第（二）项、第（三）项、第（四）项、第（五）项情形的，3年内不得重新申请公益性捐赠税前扣除资格。

对存在本条第一款第（三）项、第（四）项情形的公益性群众团体，应对其接受捐赠收入和其他各项收入依法补征企业所得税。

十、对于通过公益性群众团体发生的公益性捐赠支出，主管税务机关应对照财政、税务部门联合发布的名单，接受捐赠的群众团体位于名单内，则企业或个人在名单所属年度发生的公益性捐赠支出可按规定进行税前扣除；接受捐赠的群众团体不在名单内，或虽在名单内但企业或个人发生的公益性捐赠支出不属于名单所属年度的，不得扣除。

十一、获得公益性捐赠税前扣除资格的公益性群众团体，应自不符合本通知第四条规定条件之一或存在本通知第九条规定情形之一之日起15日内向主管税务机关报告，主管税务机关可暂时明确其获得资格的次年内企业向该群众团体的公益性捐赠支出，不得税前扣除，同时提请财政部、国家税务总局或省级财政、税务部门明确其获得资格的次年不具有公益性捐赠税前扣除资格。

十二、本通知从2008年1月1日起执行。本通知发布前已经取得和未取得公益性捐赠税前扣除资格的群众团体，均应按本通知规定提出申请。

《财政部　国家税务总局　民政部关于公益性捐赠税前扣除有关问题的通知》

（财税〔2008〕160号）

各省、自治区、直辖市、计划单列市财政厅（局）、国家税务局、地方税务局、民政厅（局），新疆生产建设兵团财务局、民政局：

为贯彻落实《中华人民共和国企业所得税法》和《中华人民共和国个人所得税法》，现对公益性捐赠所得税税前扣除有关问题明确如下：

一、企业通过公益性社会团体或者县级以上人民政府及其部门，用于公益事业的捐赠支出，在年度利润总额12%以内的部分，准予在计算应纳税所得额时扣除。年度利润总额，是指企业依照国家统一会计制度的规定计算的大于零的数额。

二、个人通过社会团体、国家机关向公益事业的捐赠支出，按照现行税收法律、行政法规及相关政策规定准予在所得税税前扣除。

三、本通知第一条所称的用于公益事业的捐赠支出，是指《中华人民共和国公益事业捐赠法》规定的向公益事业的捐赠支出，具体范围包括：

（一）救助灾害、救济贫困、扶助残疾人等困难的社会群体和个人的活动；

（二）教育、科学、文化、卫生、体育事业；

(三) 环境保护、社会公共设施建设；

(四) 促进社会发展和进步的其他社会公共和福利事业。

四、本通知第一条所称的公益性社会团体和第二条所称的社会团体均指依据国务院发布的《基金会管理条例》和《社会团体登记管理条例》的规定，经民政部门依法登记，符合以下条件的基金会、慈善组织等公益性社会团体：

(一) 符合《中华人民共和国企业所得税法实施条例》第五十二条第 (一) 项到第 (八) 项规定的条件；

(二) 申请前 3 年内未受到行政处罚；

(三) 基金会在民政部门依法登记 3 年以上 (含 3 年) 的，应当在申请前连续 2 年年度检查合格，或最近 1 年年度检查合格且社会组织评估等级在 3A 以上 (含 3A)，登记 3 年以下 1 年以上 (含 1 年) 的，应当在申请前 1 年年度检查合格或社会组织评估等级在 3A 以上 (含 3A)，登记 1 年以下的基金会具备本款第 (一) 项、第 (二) 项规定的条件；

(四) 公益性社会团体 (不含基金会) 在民政部门依法登记 3 年以上，净资产不低于登记的活动资金数额，申请前连续 2 年年度检查合格，或最近 1 年年度检查合格且社会组织评估等级在 3A 以上 (含 3A)，申请前连续 3 年每年用于公益活动的支出不低于上年总收入的 70% (含 70%)，同时需达到当年总支出的 50% 以上 (含 50%)。

前款所称年度检查合格是指民政部门对基金会、公益性社会团体 (不含基金会) 进行年度检查，作出年度检查合格的结论；社会组织评估等级在 3A 以上 (含 3A) 是指社会组织在民政部门主导的社会组织评估中被评为 3A、4A、5A 级别，且评估结果在有效期内。

五、本通知第一条所称的县级以上人民政府及其部门和第二条所称的国家机关均指县级 (含县级，下同) 以上人民政府及其组成部门和直属机构。

六、符合本通知第四条规定的基金会、慈善组织等公益性社会团体，可按程序申请公益性捐赠税前扣除资格。

(一) 经民政部批准成立的公益性社会团体，可分别向财政部、国家税务总局、民政部提出申请；

(二) 经省级民政部门批准成立的基金会，可分别向省级财政、税务 (国、地税，下同)、民政部门提出申请。经地方县级以上人民政府民政部门批准成立的公益性社会团体 (不含基金会)，可分别向省、自治区、直辖市和计划单列市财政、税务、民政部门提出申请；

(三) 民政部门负责对公益性社会团体的资格进行初步审核，财政、税务部门会同民政部门对公益性社会团体的捐赠税前扣除资格联合进行审核确认；

（四）对符合条件的公益性社会团体，按照上述管理权限，由财政部、国家税务总局和民政部及省、自治区、直辖市和计划单列市财政、税务和民政部门分别定期予以公布。

七、申请捐赠税前扣除资格的公益性社会团体，需报送以下材料：

（一）申请报告；

（二）民政部或地方县级以上人民政府民政部门颁发的登记证书复印件；

（三）组织章程；

（四）申请前相应年度的资金来源、使用情况，财务报告，公益活动的明细，注册会计师的审计报告；

（五）民政部门出具的申请前相应年度的年度检查结论、社会组织评估结论。

八、公益性社会团体和县级以上人民政府及其组成部门和直属机构在接受捐赠时，应按照行政管理级次分别使用由财政部或省、自治区、直辖市财政部门印制的公益性捐赠票据，并加盖本单位的印章；对个人索取捐赠票据的，应予以开具。

新设立的基金会在申请获得捐赠税前扣除资格后，原始基金的捐赠人可凭捐赠票据依法享受税前扣除。

九、公益性社会团体和县级以上人民政府及其组成部门和直属机构在接受捐赠时，捐赠资产的价值，按以下原则确认：

（一）接受捐赠的货币性资产，应当按照实际收到的金额计算；

（二）接受捐赠的非货币性资产，应当以其公允价值计算。捐赠方在向公益性社会团体和县级以上人民政府及其组成部门和直属机构捐赠时，应当提供注明捐赠非货币性资产公允价值的证明，如果不能提供上述证明，公益性社会团体和县级以上人民政府及其组成部门和直属机构不得向其开具公益性捐赠票据。

十、存在以下情形之一的公益性社会团体，应取消公益性捐赠税前扣除资格：

（一）年度检查不合格或最近一次社会组织评估等级低于3A的；

（二）在申请公益性捐赠税前扣除资格时有弄虚作假行为的；

（三）存在偷税行为或为他人偷税提供便利的；

（四）存在违反该组织章程的活动，或者接受的捐赠款项用于组织章程规定用途之外的支出等情况的；

（五）受到行政处罚的。

被取消公益性捐赠税前扣除资格的公益性社会团体，存在本条第一款第

(一)项情形的,1年内不得重新申请公益性捐赠税前扣除资格,存在第(二)项、第(三)项、第(四)项、第(五)项情形的,3年内不得重新申请公益性捐赠税前扣除资格。

对本条第一款第(三)项、第(四)项情形,应对其接受捐赠收入和其他各项收入依法补征企业所得税。

十一、本通知从2008年1月1日起执行。本通知发布前已经取得和未取得捐赠税前扣除资格的公益性社会团体,均应按本通知的规定提出申请。《财政部、国家税务总局关于公益救济性捐赠税前扣除政策及相关管理问题的通知》(财税〔2007〕6号)停止执行。

《国家税务总局关于企业所得税资产损失资料留存备查有关事项的公告》

(国家税务总局公告2018年第15号)

为了进一步深化税务系统"放管服"改革,简化企业纳税申报资料报送,减轻企业办税负担,现就企业所得税资产损失资料留存备查有关事项公告如下:

一、企业向税务机关申报扣除资产损失,仅需填报企业所得税年度纳税申报表《资产损失税前扣除及纳税调整明细表》,不再报送资产损失相关资料。相关资料由企业留存备查。

二、企业应当完整保存资产损失相关资料,保证资料的真实性、合法性。

三、本公告规定适用于2017年度及以后年度企业所得税汇算清缴。《国家税务总局关于发布〈企业资产损失所得税税前扣除管理办法〉的公告》(国家税务总局公告2011年第25号)第四条、第七条、第八条、第十三条有关资产损失证据资料、会计核算资料、纳税资料等相关资料报送的内容同时废止。

特此公告。

《国家税务总局关于企业因国务院决定事项形成的资产损失税前扣除问题的公告》

(国家税务总局公告2014年第18号)

为贯彻落实《国务院关于取消和下放一批行政审批项目的决定》(国发〔2013〕44号),现对企业因国务院决定事项形成的资产损失税前扣除问题公告如下：

一、自国发〔2013〕44号文件发布之日起，企业因国务院决定事项形成的资产损失，不再上报国家税务总局审核。国家税务总局公告2011年第25号发布的《企业资产损失所得税税前扣除管理办法》第十二条同时废止。

二、企业因国务院决定事项形成的资产损失，应以专项申报的方式向主管税务机关申报扣除。专项申报扣除的有关事项，按照国家税务总局公告2011年第25号规定执行。

三、本公告适用于2013年度及以后年度企业所得税申报。

特此公告。

《国家税务总局关于发布〈企业资产损失所得税税前扣除管理办法〉的公告》

（国家税务总局公告2011年第25号）①

现将《企业资产损失所得税税前扣除管理办法》予以发布，自2011年1月1日起施行。

特此公告。

企业资产损失所得税税前扣除管理办法

第一章 总 则

第一条 根据《中华人民共和国企业所得税法》（以下简称企业所得税法）及其实施条例、《中华人民共和国税收征收管理法》（以下简称征管法）及其实施细则、《财政部国家税务总局关于企业资产损失税前扣除政策的通知》（财税〔2009〕57号）（以下简称《通知》）的规定，制定本办法。

第二条 本办法所称资产是指企业拥有或者控制的、用于经营管理活动相

---

① 根据《国家税务总局关于企业因国务院决定事项形成的资产损失税前扣除问题的公告》（国家税务总局公告2014年第18号），此文件中的第十二条已被废止。

根据《国家税务总局关于企业所得税资产损失资料留存备查有关事项的公告》（国家税务总局公告2018年第15号），此文件中第四条、第七条、第八条、第十三条有关资产损失证据资料、会计核算资料、纳税资料等相关资料报送的内容已被废止。

根据《国家税务总局关于修改部分税收规范性文件的公告》（国家税务总局公告2018年第31号），文件中的"国家税务总局、地方税务总局"修改为"税务局"。

关的资产，包括现金、银行存款、应收及预付款项（包括应收票据、各类垫款、企业之间往来款项）等货币性资产，存货、固定资产、无形资产、在建工程、生产性生物资产等非货币性资产，以及债权性投资和股权（权益）性投资。

第三条　准予在企业所得税税前扣除的资产损失，是指企业在实际处置、转让上述资产过程中发生的合理损失（以下简称实际资产损失），以及企业虽未实际处置、转让上述资产，但符合《通知》和本办法规定条件计算确认的损失（以下简称法定资产损失）。

第四条　企业实际资产损失，应当在其实际发生且会计上已作损失处理的年度申报扣除；法定资产损失，应当在企业向主管税务机关提供证据资料证明该项资产已符合法定资产损失确认条件，且会计上已作损失处理的年度申报扣除。

第五条　企业发生的资产损失，应按规定的程序和要求向主管税务机关申报后方能在税前扣除。未经申报的损失，不得在税前扣除。

第六条　企业以前年度发生的资产损失未能在当年税前扣除的，可以按照本办法的规定，向税务机关说明并进行专项申报扣除。其中，属于实际资产损失，准予追补至该项损失发生年度扣除，其追补确认期限一般不得超过五年，但因计划经济体制转轨过程中遗留的资产损失、企业重组上市过程中因权属不清出现争议而未能及时扣除的资产损失、因承担国家政策性任务而形成的资产损失以及政策定性不明确而形成资产损失等特殊原因形成的资产损失，其追补确认期限经国家税务总局批准后可适当延长。属于法定资产损失，应在申报年度扣除。

企业因以前年度实际资产损失未在税前扣除而多缴的企业所得税税款，可在追补确认年度企业所得税应纳税款中予以抵扣，不足抵扣的，向以后年度递延抵扣。

企业实际资产损失发生年度扣除追补确认的损失后出现亏损的，应先调整资产损失发生年度的亏损额，再按弥补亏损的原则计算以后年度多缴的企业所得税税款，并按前款办法进行税务处理。

第二章　申报管理

第七条　企业在进行企业所得税年度汇算清缴申报时，可将资产损失申报材料和纳税资料作为企业所得税年度纳税申报表的附件一并向税务机关报送。

第八条　企业资产损失按其申报内容和要求的不同，分为清单申报和专项申报两种申报形式。其中，属于清单申报的资产损失，企业可按会计核算科目进行归类、汇总，然后再将汇总清单报送税务机关，有关会计核算资料和纳税资料留存备查；属于专项申报的资产损失，企业应逐项（或逐笔）报送申请报告，同时附送会计核算资料及其他相关的纳税资料。

企业在申报资产损失税前扣除过程中不符合上述要求的，税务机关应当要求其改正，企业拒绝改正的，税务机关有权不予受理。

第九条　下列资产损失，应以清单申报的方式向税务机关申报扣除：

（一）企业在正常经营管理活动中，按照公允价格销售、转让、变卖非货币资产的损失；

（二）企业各项存货发生的正常损耗；

（三）企业固定资产达到或超过使用年限而正常报废清理的损失；

（四）企业生产性生物资产达到或超过使用年限而正常死亡发生的资产损失；

（五）企业按照市场公平交易原则，通过各种交易场所、市场等买卖债券、股票、期货、基金以及金融衍生产品等发生的损失。

第十条　前条以外的资产损失，应以专项申报的方式向税务机关申报扣除。企业无法准确判别是否属于清单申报扣除的资产损失，可以采取专项申报的形式申报扣除。

第十一条　在中国境内跨地区经营的汇总纳税企业发生的资产损失，应按以下规定申报扣除：

（一）总机构及其分支机构发生的资产损失，除应按专项申报和清单申报的有关规定，各自向当地主管税务机关申报外，各分支机构同时还应上报总机构；

（二）总机构对各分支机构上报的资产损失，除税务机关另有规定外，应以清单申报的形式向当地主管税务机关进行申报；

（三）总机构将跨地区分支机构所属资产捆绑打包转让所发生的资产损失，由总机构向当地主管税务机关进行专项申报。

第十二条　企业因国务院决定事项形成的资产损失，应向国家税务总局提供有关资料。国家税务总局审核有关情况后，将损失情况通知相关税务机关。企业应按本办法的要求进行专项申报。

第十三条　属于专项申报的资产损失，企业因特殊原因不能在规定的时限内报送相关资料的，可以向主管税务机关提出申请，经主管税务机关同意后，可适当延期申报。

第十四条　企业应当建立健全资产损失内部核销管理制度，及时收集、整理、编制、审核、申报、保存资产损失税前扣除证据材料，方便税务机关检查。

第十五条　税务机关应按分项建档、分级管理的原则，建立企业资产损失税前扣除管理台账和纳税档案，及时进行评估。对资产损失金额较大或经评估后发现不符合资产损失税前扣除规定、或存有疑点、异常情况的资产损失，应及时进行核查。对有证据证明申报扣除的资产损失不真实、不合法的，应依法作出税收处理。

第三章　资产损失确认证据

第十六条　企业资产损失相关的证据包括具有法律效力的外部证据和特定事项的企业内部证据。

第十七条　具有法律效力的外部证据，是指司法机关、行政机关、专业技术鉴定部门等依法出具的与本企业资产损失相关的具有法律效力的书面文件，主要包括：

（一）司法机关的判决或者裁定；
（二）公安机关的立案结案证明、回复；
（三）工商部门出具的注销、吊销及停业证明；
（四）企业的破产清算公告或清偿文件；
（五）行政机关的公文；
（六）专业技术部门的鉴定报告；
（七）具有法定资质的中介机构的经济鉴定证明；
（八）仲裁机构的仲裁文书；
（九）保险公司对投保资产出具的出险调查单、理赔计算单等保险单据；
（十）符合法律规定的其他证据。

第十八条　特定事项的企业内部证据，是指会计核算制度健全、内部控制制度完善的企业，对各项资产发生毁损、报废、盘亏、死亡、变质等内部证明或承担责任的声明，主要包括：

（一）有关会计核算资料和原始凭证；
（二）资产盘点表；
（三）相关经济行为的业务合同；
（四）企业内部技术鉴定部门的鉴定文件或资料；
（五）企业内部核批文件及有关情况说明；
（六）对责任人由于经营管理责任造成损失的责任认定及赔偿情况说明；
（七）法定代表人、企业负责人和企业财务负责人对特定事项真实性承担法律责任的声明。

第四章　货币资产损失的确认

第十九条　企业货币资产损失包括现金损失、银行存款损失和应收及预付款项损失等。

第二十条 现金损失应依据以下证据材料确认：

（一）现金保管人确认的现金盘点表（包括倒推至基准日的记录）；

（二）现金保管人对于短缺的说明及相关核准文件；

（三）对责任人由于管理责任造成损失的责任认定及赔偿情况的说明；

（四）涉及刑事犯罪的，应有司法机关出具的相关材料；

（五）金融机构出具的假币收缴证明。

第二十一条 企业因金融机构清算而发生的存款类资产损失应依据以下证据材料确认：

（一）企业存款类资产的原始凭据；

（二）金融机构破产、清算的法律文件；

（三）金融机构清算后剩余资产分配情况资料。

金融机构应清算而未清算超过三年的，企业可将该款项确认为资产损失，但应有法院或破产清算管理人出具的未完成清算证明。

第二十二条 企业应收及预付款项坏账损失应依据以下相关证据材料确认：

（一）相关事项合同、协议或说明；

（二）属于债务人破产清算的，应有人民法院的破产、清算公告；

（三）属于诉讼案件的，应出具人民法院的判决书或裁决书或仲裁机构的仲裁书，或者被法院裁定终（中）止执行的法律文书；

（四）属于债务人停止营业的，应有工商部门注销、吊销营业执照证明；

（五）属于债务人死亡、失踪的，应有公安机关等有关部门对债务人个人的死亡、失踪证明；

（六）属于债务重组的，应有债务重组协议及其债务人重组收益纳税情况说明；

（七）属于自然灾害、战争等不可抗力而无法收回的，应有债务人受灾情况说明以及放弃债权申明。

第二十三条 企业逾期三年以上的应收款项在会计上已作为损失处理的，可以作为坏账损失，但应说明情况，并出具专项报告。

第二十四条 企业逾期一年以上，单笔数额不超过五万或者不超过企业年度收入总额万分之一的应收款项，会计上已经作为损失处理的，可以作为坏账损失，但应说明情况，并出具专项报告。

第五章 非货币资产损失的确认

第二十五条 企业非货币资产损失包括存货损失、固定资产损失、无形资产损失、在建工程损失、生产性生物资产损失等。

第二十六条　存货盘亏损失，为其盘亏金额扣除责任人赔偿后的余额，应依据以下证据材料确认：

（一）存货计税成本确定依据；

（二）企业内部有关责任认定、责任人赔偿说明和内部核批文件；

（三）存货盘点表；

（四）存货保管人对于盘亏的情况说明。

第二十七条　存货报废、毁损或变质损失，为其计税成本扣除残值及责任人赔偿后的余额，应依据以下证据材料确认：

（一）存货计税成本的确定依据；

（二）企业内部关于存货报废、毁损、变质、残值情况说明及核销资料；

（三）涉及责任人赔偿的，应当有赔偿情况说明；

（四）该项损失数额较大的（指占企业该类资产计税成本10%以上，或减少当年应纳税所得、增加亏损10%以上，下同），应有专业技术鉴定意见或法定资质中介机构出具的专项报告等。

第二十八条　存货被盗损失，为其计税成本扣除保险理赔以及责任人赔偿后的余额，应依据以下证据材料确认：

（一）存货计税成本的确定依据；

（二）向公安机关的报案记录；

（三）涉及责任人和保险公司赔偿的，应有赔偿情况说明等。

第二十九条　固定资产盘亏、丢失损失，为其账面净值扣除责任人赔偿后的余额，应依据以下证据材料确认：

（一）企业内部有关责任认定和核销资料；

（二）固定资产盘点表；

（三）固定资产的计税基础相关资料；

（四）固定资产盘亏、丢失情况说明；

（五）损失金额较大的，应有专业技术鉴定报告或法定资质中介机构出具的专项报告等。

第三十条　固定资产报废、毁损损失，为其账面净值扣除残值和责任人赔偿后的余额，应依据以下证据材料确认：

（一）固定资产的计税基础相关资料；

（二）企业内部有关责任认定和核销资料；

（三）企业内部有关部门出具的鉴定材料；

（四）涉及责任赔偿的，应当有赔偿情况的说明；

（五）损失金额较大的或自然灾害等不可抗力原因造成固定资产毁损、报废的，应有专业技术鉴定意见或法定资质中介机构出具的专项报告等。

第三十一条　固定资产被盗损失，为其账面净值扣除责任人赔偿后的余额，应依据以下证据材料确认：

（一）固定资产计税基础相关资料；

（二）公安机关的报案记录，公安机关立案、破案和结案的证明材料；

（三）涉及责任赔偿的，应有赔偿责任的认定及赔偿情况的说明等。

第三十二条　在建工程停建、报废损失，为其工程项目投资账面价值扣除残值后的余额，应依据以下证据材料确认：

（一）工程项目投资账面价值确定依据；

（二）工程项目停建原因说明及相关材料；

（三）因质量原因停建、报废的工程项目和因自然灾害和意外事故停建、报废的工程项目，应出具专业技术鉴定意见和责任认定、赔偿情况的说明等。

第三十三条　工程物资发生损失，可比照本办法存货损失的规定确认。

第三十四条　生产性生物资产盘亏损失，为其账面净值扣除责任人赔偿后的余额，应依据以下证据材料确认：

（一）生产性生物资产盘点表；

（二）生产性生物资产盘亏情况说明；

（三）生产性生物资产损失金额较大的，企业应有专业技术鉴定意见和责任认定、赔偿情况的说明等。

第三十五条　因森林病虫害、疫情、死亡而产生的生产性生物资产损失，为其账面净值扣除残值、保险赔偿和责任人赔偿后的余额，应依据以下证据材料确认：

（一）损失情况说明；

（二）责任认定及其赔偿情况的说明；

（三）损失金额较大的，应有专业技术鉴定意见。

第三十六条　对被盗伐、被盗、丢失而产生的生产性生物资产损失，为其账面净值扣除保险赔偿以及责任人赔偿后的余额，应依据以下证据材料确认：

（一）生产性生物资产被盗后，向公安机关的报案记录或公安机关立案、破案和结案的证明材料；

（二）责任认定及其赔偿情况的说明。

第三十七条　企业由于未能按期赎回抵押资产，使抵押资产被拍卖或变卖，其账面净值大于变卖价值的差额，可认定为资产损失，按以下证据材料确认：

（一）抵押合同或协议书；

（二）拍卖或变卖证明、清单；
（三）会计核算资料等其他相关证据材料。

第三十八条 被其他新技术所代替或已经超过法律保护期限，已经丧失使用价值和转让价值，尚未摊销的无形资产损失，应提交以下证据备案：

（一）会计核算资料；
（二）企业内部核批文件及有关情况说明；
（三）技术鉴定意见和企业法定代表人、主要负责人和财务负责人签章证实无形资产已无使用价值或转让价值的书面申明；
（四）无形资产的法律保护期限文件。

第六章　投资损失的确认

第三十九条 企业投资损失包括债权性投资损失和股权（权益）性投资损失。

第四十条 企业债权投资损失应依据投资的原始凭证、合同或协议、会计核算资料等相关证据材料确认。下列情况债权投资损失的，还应出具相关证据材料：

（一）债务人或担保人依法被宣告破产、关闭、被解散或撤销、被吊销营业执照、失踪或者死亡等，应出具资产清偿证明或者遗产清偿证明。无法出具资产清偿证明或者遗产清偿证明，且上述事项超过三年以上的，或债权投资（包括信用卡透支和助学贷款）余额在三百万元以下的，应出具对应的债务人和担保人破产、关闭、解散证明、撤销文件、工商行政管理部门注销证明或查询证明以及追索记录等（包括司法追索、电话追索、信件追索和上门追索等原始记录）；

（二）债务人遭受重大自然灾害或意外事故，企业对其资产进行清偿和对担保人进行追偿后，未能收回的债权，应出具债务人遭受重大自然灾害或意外事故证明、保险赔偿证明、资产清偿证明等；

（三）债务人因承担法律责任，其资产不足归还所借债务，又无其他债务承担者的，应出具法院裁定证明和资产清偿证明；

（四）债务人和担保人不能偿还到期债务，企业提出诉讼或仲裁的，经人民法院对债务人和担保人强制执行，债务人和担保人均无资产可执行，人民法院裁定终结或终止（中止）执行的，应出具人民法院裁定文书；

（五）债务人和担保人不能偿还到期债务，企业提出诉讼后被驳回起诉的、人民法院不予受理或不予支持的，或经仲裁机构裁决免除（或部分免除）债务人责任，经追偿后无法收回的债权，应提交法院驳回起诉的证明，或法院不予

受理或不予支持证明,或仲裁机构裁决免除债务人责任的文书;

(六)经国务院专案批准核销的债权,应提供国务院批准文件或经国务院同意后由国务院有关部门批准的文件。

第四十一条 企业股权投资损失应依据以下相关证据材料确认:

(一)股权投资计税基础证明材料;

(二)被投资企业破产公告、破产清偿文件;

(三)工商行政管理部门注销、吊销被投资单位营业执照文件;

(四)政府有关部门对被投资单位的行政处理决定文件;

(五)被投资企业终止经营、停止交易的法律或其他证明文件;

(六)被投资企业资产处置方案、成交及入账材料;

(七)企业法定代表人、主要负责人和财务负责人签章证实有关投资(权益)性损失的书面申明;

(八)会计核算资料等其他相关证据材料。

第四十二条 被投资企业依法宣告破产、关闭、解散或撤销、吊销营业执照、停止生产经营活动、失踪等,应出具资产清偿证明或者遗产清偿证明。

上述事项超过三年以上且未能完成清算的,应出具被投资企业破产、关闭、解散或撤销、吊销等的证明以及不能清算的原因说明。

第四十三条 企业委托金融机构向其他单位贷款,或委托其他经营机构进行理财,到期不能收回贷款或理财款项,按照本办法第六章有关规定进行处理。

第四十四条 企业对外提供与本企业生产经营活动有关的担保,因被担保人不能按期偿还债务而承担连带责任,经追索,被担保人无偿还能力,对无法追回的金额,比照本办法规定的应收款项损失进行处理。

与本企业生产经营活动有关的担保是指企业对外提供的与本企业应税收入、投资、融资、材料采购、产品销售等生产经营活动相关的担保。

第四十五条 企业按独立交易原则向关联企业转让资产而发生的损失,或向关联企业提供借款、担保而形成的债权损失,准予扣除,但企业应作专项说明,同时出具中介机构出具的专项报告及其相关的证明材料。

第四十六条 下列股权和债权不得作为损失在税前扣除:

(一)债务人或者担保人有经济偿还能力,未按期偿还的企业债权;

(二)违反法律、法规的规定,以各种形式、借口逃废或悬空的企业债权;

(三)行政干预逃废或悬空的企业债权;

(四)企业未向债务人和担保人追偿的债权;

(五)企业发生非经营活动的债权;

(六)其他不应当核销的企业债权和股权。

第七章 其他资产损失的确认

第四十七条 企业将不同类别的资产捆绑（打包），以拍卖、询价、竞争性谈判、招标等市场方式出售，其出售价格低于计税成本的差额，可以作为资产损失并准予在税前申报扣除，但应出具资产处置方案、各类资产作价依据、出售过程的情况说明、出售合同或协议、成交及入账证明、资产计税基础等确定依据。

第四十八条 企业正常经营业务因内部控制制度不健全而出现操作不当、不规范或因业务创新但政策不明确、不配套等原因形成的资产损失，应由企业承担的金额，可以作为资产损失并准予在税前申报扣除，但应出具损失原因证明材料或业务监管部门定性证明、损失专项说明。

第四十九条 企业因刑事案件原因形成的损失，应由企业承担的金额，或经公安机关立案侦查两年以上仍未追回的金额，可以作为资产损失并准予在税前申报扣除，但应出具公安机关、人民检察院的立案侦查情况或人民法院的判决书等损失原因证明材料。

第八章 附　　则

第五十条 本办法没有涉及的资产损失事项，只要符合企业所得税法及其实施条例等法律、法规规定的，也可以向税务机关申报扣除。

第五十一条 省、自治区、直辖市和计划单列市国家税务局、地方税务局可以根据本办法制定具体实施办法。

第五十二条 本办法自 2011 年 1 月 1 日起施行，《国家税务总局关于印发〈企业资产损失税前扣除管理办法〉的通知》（国税发〔2009〕88 号）、《国家税务总局关于企业以前年度未扣除资产损失企业所得税处理问题的通知》（国税函〔2009〕772 号）、《国家税务总局关于电信企业坏账损失税前扣除问题的通知》（国税函〔2010〕196 号）同时废止。本办法生效之日前尚未进行税务处理的资产损失事项，也应按本办法执行。

《财政部　国家税务总局关于企业资产损失税前扣除政策的通知》

（财税〔2009〕57 号）

各省、自治区、直辖市、计划单列市财政厅（局）、国家税务局、地方税务局，新疆生产建设兵团财务局：

根据《中华人民共和国企业所得税法》和《中华人民共和国企业所得税法

实施条例》（国务院令第 512 号）的有关规定，现就企业资产损失在计算企业所得税应纳税所得额时的扣除政策通知如下：

一、本通知所称资产损失，是指企业在生产经营活动中实际发生的、与取得应税收入有关的资产损失，包括现金损失，存款损失，坏账损失，贷款损失，股权投资损失，固定资产和存货的盘亏、毁损、报废、被盗损失，自然灾害等不可抗力因素造成的损失以及其他损失。

二、企业清查出的现金短缺减除责任人赔偿后的余额，作为现金损失在计算应纳税所得额时扣除。

三、企业将货币性资金存入法定具有吸收存款职能的机构，因该机构依法破产、清算，或者政府责令停业、关闭等原因，确实不能收回的部分，作为存款损失在计算应纳税所得额时扣除。

四、企业除贷款类债权外的应收、预付账款符合下列条件之一的，减除可收回金额后确认的无法收回的应收、预付款项，可以作为坏账损失在计算应纳税所得额时扣除：

（一）债务人依法宣告破产、关闭、解散、被撤销，或者被依法注销、吊销营业执照，其清算财产不足清偿的；

（二）债务人死亡，或者依法被宣告失踪、死亡，其财产或者遗产不足清偿的；

（三）债务人逾期 3 年以上未清偿，且有确凿证据证明已无力清偿债务的；

（四）与债务人达成债务重组协议或法院批准破产重整计划后，无法追偿的；

（五）因自然灾害、战争等不可抗力导致无法收回的；

（六）国务院财政、税务主管部门规定的其他条件。

五、企业经采取所有可能的措施和实施必要的程序之后，符合下列条件之一的贷款类债权，可以作为贷款损失在计算应纳税所得额时扣除：

（一）借款人和担保人依法宣告破产、关闭、解散、被撤销，并终止法人资格，或者已完全停止经营活动，被依法注销、吊销营业执照，对借款人和担保人进行追偿后，未能收回的债权；

（二）借款人死亡，或者依法被宣告失踪、死亡，依法对其财产或者遗产进行清偿，并对担保人进行追偿后，未能收回的债权；

（三）借款人遭受重大自然灾害或者意外事故，损失巨大且不能获得保险补偿，或者以保险赔偿后，确实无力偿还部分或者全部债务，对借款人财产进行清偿和对担保人进行追偿后，未能收回的债权；

（四）借款人触犯刑律，依法受到制裁，其财产不足归还所借债务，又无其他债务承担者，经追偿后确实无法收回的债权；

（五）由于借款人和担保人不能偿还到期债务，企业诉诸法律，经法院对借款人和担保人强制执行，借款人和担保人均无财产可执行，法院裁定执行程序终结或终止（中止）后，仍无法收回的债权；

（六）由于借款人和担保人不能偿还到期债务，企业诉诸法律后，经法院调解或经债权人会议通过，与借款人和担保人达成和解协议或重整协议，在借款人和担保人履行完还款义务后，无法追偿的剩余债权；

（七）由于上述（一）至（六）项原因借款人不能偿还到期债务，企业依法取得抵债资产，抵债金额小于贷款本息的差额，经追偿后仍无法收回的债权；

（八）开立信用证、办理承兑汇票、开具保函等发生垫款时，凡开证申请人和保证人由于上述（一）至（七）项原因，无法偿还垫款，金融企业经追偿后仍无法收回的垫款；

（九）银行卡持卡人和担保人由于上述（一）至（七）项原因，未能还清透支款项，金融企业经追偿后仍无法收回的透支款项；

（十）助学贷款逾期后，在金融企业确定的有效追索期限内，依法处置助学贷款抵押物（质押物），并向担保人追索连带责任后，仍无法收回的贷款；

（十一）经国务院专案批准核销的贷款类债权；

（十二）国务院财政、税务主管部门规定的其他条件。

六、企业的股权投资符合下列条件之一的，减除可收回金额后确认的无法收回的股权投资，可以作为股权投资损失在计算应纳税所得额时扣除：

（一）被投资方依法宣告破产、关闭、解散、被撤销，或者被依法注销、吊销营业执照的；

（二）被投资方财务状况严重恶化，累计发生巨额亏损，已连续停止经营3年以上，且无重新恢复经营改组计划的；

（三）对被投资方不具有控制权，投资期限届满或者投资期限已超过10年，且被投资单位因连续3年经营亏损导致资不抵债的；

（四）被投资方财务状况严重恶化，累计发生巨额亏损，已完成清算或清算期超过3年以上的；

（五）国务院财政、税务主管部门规定的其他条件。

七、对企业盘亏的固定资产或存货，以该固定资产的账面净值或存货的成本减除责任人赔偿后的余额，作为固定资产或存货盘亏损失在计算应纳税所得额时扣除。

八、对企业毁损、报废的固定资产或存货，以该固定资产的账面净值或存货的成本减除残值、保险赔款和责任人赔偿后的余额，作为固定资产或存货毁损、报废损失在计算应纳税所得额时扣除。

九、对企业被盗的固定资产或存货，以该固定资产的账面净值或存货的成本减除保险赔款和责任人赔偿后的余额,作为固定资产或存货被盗损失在计算应纳税所得额时扣除。

十、企业因存货盘亏、毁损、报废、被盗等原因不得从增值税销项税额中抵扣的进项税额,可以与存货损失一起在计算应纳税所得额时扣除。

十一、企业在计算应纳税所得额时已经扣除的资产损失,在以后纳税年度全部或者部分收回时,其收回部分应当作为收入计入收回当期的应纳税所得额。

十二、企业境内、境外营业机构发生的资产损失应分开核算,对境外营业机构由于发生资产损失而产生的亏损,不得在计算境内应纳税所得额时扣除。

十三、企业对其扣除的各项资产损失,应当提供能够证明资产损失确属已实际发生的合法证据,包括具有法律效力的外部证据、具有法定资质的中介机构的经济鉴证证明、具有法定资质的专业机构的技术鉴定证明等。

十四、本通知自 2008 年 1 月 1 日起执行。

《关于企业委托境外研究开发费用税前加计扣除有关政策问题的通知》

(财税〔2018〕64 号)

各省、自治区、直辖市、计划单列市财政厅(局)、科技厅(局),国家税务总局各省、自治区、直辖市、计划单列市税务局,新疆生产建设兵团财政局、科技局:

为进一步激励企业加大研发投入,加强创新能力开放合作,现就企业委托境外进行研发活动发生的研究开发费用(以下简称研发费用)企业所得税前加计扣除有关政策问题通知如下:

一、委托境外进行研发活动所发生的费用,按照费用实际发生额的 80% 计入委托方的委托境外研发费用。委托境外研发费用不超过境内符合条件的研发费用三分之二的部分,可以按规定在企业所得税前加计扣除。

上述费用实际发生额应按照独立交易原则确定。委托方与受托方存在关联关系的,受托方应向委托方提供研发项目费用支出明细情况。

二、委托境外进行研发活动应签订技术开发合同,并由委托方到科技行政主管部门进行登记。相关事项按技术合同认定登记管理办法及技术合同认定规则执行。

三、企业应在年度申报享受优惠时,按照《国家税务总局关于发布修订后的〈企业所得税优惠政策事项办理办法〉的公告》(国家税务总局公告 2018 年第 23 号)的规定办理有关手续,并留存备查以下资料:

(一)企业委托研发项目计划书和企业有权部门立项的决议文件;

（二）委托研究开发专门机构或项目组的编制情况和研发人员名单；

（三）经科技行政主管部门登记的委托境外研发合同；

（四）"研发支出"辅助账及汇总表；

（五）委托境外研发银行支付凭证和受托方开具的收款凭据；

（六）当年委托研发项目的进展情况等资料。

企业如果已取得地市级（含）以上科技行政主管部门出具的鉴定意见，应作为资料留存备查。

四、企业对委托境外研发费用以及留存备查资料的真实性、合法性承担法律责任。

五、委托境外研发费用加计扣除其他政策口径和管理要求按照《财政部 国家税务总局 科技部关于完善研究开发费用税前加计扣除政策的通知》（财税〔2015〕119号）、《财政部 税务总局 科技部关于提高科技型中小企业研究开发费用税前加计扣除比例的通知》（财税〔2017〕34号）、《国家税务总局关于企业研究开发费用税前加计扣除政策有关问题的公告》（国家税务总局公告2015年第97号）等文件规定执行。

六、本通知所称委托境外进行研发活动不包括委托境外个人进行的研发活动。

七、本通知自2018年1月1日起执行。财税〔2015〕119号文件第二条中"企业委托境外机构或个人进行研发活动所发生的费用，不得加计扣除"的规定同时废止。

《国家税务总局关于研发费用税前加计扣除归集范围有关问题的公告》

（国家税务总局公告2017年第40号）

为进一步做好研发费用税前加计扣除优惠政策的贯彻落实工作，切实解决政策落实过程中存在的问题，根据《财政部、国家税务总局、科技部关于完善研究开发费用税前加计扣除政策的通知》（财税〔2015〕119号）及《国家税务总局关于企业研究开发费用税前加计扣除政策有关问题的公告》（国家税务总局公告2015年第97号）等文件的规定，现就研发费用税前加计扣除归集范围有关问题公告如下：

一、人员人工费用

指直接从事研发活动人员的工资薪金、基本养老保险费、基本医疗保险费、失业保险费、工伤保险费、生育保险费和住房公积金，以及外聘研发人员的劳务费用。

（一）直接从事研发活动人员包括研究人员、技术人员、辅助人员。研究人员是指主要从事研究开发项目的专业人员；技术人员是指具有工程技术、自然科学和生命科学中一个或一个以上领域的技术知识和经验，在研究人员指导下参与研发工作的人员；辅助人员是指参与研究开发活动的技工。外聘研发人员是指与本企业或劳务派遣企业签订劳务用工协议（合同）和临时聘用的研究人员、技术人员、辅助人员。

接受劳务派遣的企业按照协议（合同）约定支付给劳务派遣企业，且由劳务派遣企业实际支付给外聘研发人员的工资薪金等费用，属于外聘研发人员的劳务费用。

（二）工资薪金包括按规定可以在税前扣除的对研发人员股权激励的支出。

（三）直接从事研发活动的人员、外聘研发人员同时从事非研发活动的，企业应对其人员活动情况做必要记录，并将其实际发生的相关费用按实际工时占比等合理方法在研发费用和生产经营费用间分配，未分配的不得加计扣除。

二、直接投入费用

指研发活动直接消耗的材料、燃料和动力费用；用于中间试验和产品试制的模具、工艺装备开发及制造费，不构成固定资产的样品、样机及一般测试手段购置费，试制产品的检验费；用于研发活动的仪器、设备的运行维护、调整、检验、维修等费用，以及通过经营租赁方式租入的用于研发活动的仪器、设备租赁费。

（一）以经营租赁方式租入的用于研发活动的仪器、设备，同时用于非研发活动的，企业应对其仪器设备使用情况做必要记录，并将其实际发生的租赁费按实际工时占比等合理方法在研发费用和生产经营费用间分配，未分配的不得加计扣除。

（二）企业研发活动直接形成产品或作为组成部分形成的产品对外销售的，研发费用中对应的材料费用不得加计扣除。

产品销售与对应的材料费用发生在不同纳税年度且材料费用已计入研发费用的，可在销售当年以对应的材料费用发生额直接冲减当年的研发费用，不足冲减的，结转以后年度继续冲减。

三、折旧费用

指用于研发活动的仪器、设备的折旧费。

（一）用于研发活动的仪器、设备，同时用于非研发活动的，企业应对其仪器设备使用情况做必要记录，并将其实际发生的折旧费按实际工时占比等合理方法在研发费用和生产经营费用间分配，未分配的不得加计扣除。

（二）企业用于研发活动的仪器、设备，符合税法规定且选择加速折旧优惠政策的，在享受研发费用税前加计扣除政策时，就税前扣除的折旧部分计算加计扣除。

四、无形资产摊销费用

指用于研发活动的软件、专利权、非专利技术（包括许可证、专有技术、设计和计算方法等）的摊销费用。

（一）用于研发活动的无形资产，同时用于非研发活动的，企业应对其无形资产使用情况做必要记录，并将其实际发生的摊销费按实际工时占比等合理方法在研发费用和生产经营费用间分配，未分配的不得加计扣除。

（二）用于研发活动的无形资产，符合税法规定且选择缩短摊销年限的，在享受研发费用税前加计扣除政策时，就税前扣除的摊销部分计算加计扣除。

五、新产品设计费、新工艺规程制定费、新药研制的临床试验费、勘探开发技术的现场试验费

指企业在新产品设计、新工艺规程制定、新药研制的临床试验、勘探开发技术的现场试验过程中发生的与开展该项活动有关的各类费用。

六、其他相关费用

指与研发活动直接相关的其他费用，如技术图书资料费、资料翻译费、专家咨询费、高新科技研发保险费，研发成果的检索、分析、评议、论证、鉴定、评审、评估、验收费用，知识产权的申请费、注册费、代理费、差旅费、会议费，职工福利费、补充养老保险费、补充医疗保险费。此类费用总额不得超过可加计扣除研发费用总额的10%。

七、其他事项

（一）企业取得的政府补助，会计处理时采用直接冲减研发费用方法且税务处理时未将其确认为应税收入的，应按冲减后的余额计算加计扣除金额。

（二）企业取得研发过程中形成的下脚料、残次品、中间试制品等特殊收入，在计算确认收入当年的加计扣除研发费用时，应从已归集研发费用中扣减该特殊收入，不足扣减的，加计扣除研发费用按零计算。

（三）企业开展研发活动中实际发生的研发费用形成无形资产的，其资本化的时点与会计处理保持一致。

（四）失败的研发活动所发生的研发费用可享受税前加计扣除政策。

（五）国家税务总局公告2015年第97号第三条所称"研发活动发生费用"是指委托方实际支付给受托方的费用。无论委托方是否享受研发费用税前加计扣除政策，受托方均不得加计扣除。

委托方委托关联方开展研发活动的，受托方需向委托方提供研发过程中实际发生的研发项目费用支出明细情况。

八、执行时间和适用对象

本公告适用于2017年度及以后年度汇算清缴。以前年度已经进行税务处理

的不再调整。涉及追溯享受优惠政策情形的，按照本公告的规定执行。科技型中小企业研发费用加计扣除事项按照本公告执行。

国家税务总局公告 2015 年第 97 号第一条、第二条第（一）项、第二条第（二）项、第二条第（四）项同时废止。

《国家税务总局关于 2016 年度企业研究开发费用税前加计扣除政策企业所得税纳税申报问题的公告》

（国家税务总局公告 2017 年第 12 号）

为有效落实《国家税务总局关于企业研究开发费用税前加计扣除政策有关问题的公告》（国家税务总局公告 2015 年第 97 号，以下简称"97 号公告"）规定，现就 2016 年度企业研究开发费用税前加计扣除企业所得税年度纳税申报问题公告如下：

一、企业享受研究开发费用税前加计扣除政策的，在年度纳税申报时，应当按照 97 号公告第六条第（一）项规定，附报《研发项目可加计扣除研究开发费用情况归集表》（以下简称《情况归集表》）。

二、企业享受研究开发费用税前加计扣除政策的，在填报《中华人民共和国企业所得税年度纳税申报表（A 类，2014 年版）》之《研发费用加计扣除优惠明细表》（A107014）时，仅填写第 10 行第 19 列"本年研发费用加计扣除额合计"，数据来源为《情况归集表》序号 11"十一、当期实际加计扣除总额"行次填写的"发生额"。

三、本公告适用于 2016 年度企业所得税汇算清缴。

特此公告。

《国家税务总局关于企业研究开发费用税前加计扣除政策有关问题的公告》

（国家税务总局公告 2015 年第 97 号）

根据《中华人民共和国企业所得税法》及其实施条例（以下简称税法）、《财政部、国家税务总局、科技部关于完善研究开发费用税前加计扣除政策的通知》（财税〔2015〕119 号，以下简称《通知》）规定，现就落实完善研究开发费用（以下简称研发费用）税前加计扣除政策有关问题公告如下：

一、研究开发人员范围①

企业直接从事研发活动人员包括研究人员、技术人员、辅助人员。研究人员是指主要从事研究开发项目的专业人员；技术人员是指具有工程技术、自然科学和生命科学中一个或一个以上领域的技术知识和经验，在研究人员指导下参与研发工作的人员；辅助人员是指参与研究开发活动的技工。

企业外聘研发人员是指与本企业签订劳务用工协议（合同）和临时聘用的研究人员、技术人员、辅助人员。

二、研发费用归集②

（一）加速折旧费用的归集

企业用于研发活动的仪器、设备，符合税法规定且选择加速折旧优惠政策的，在享受研发费用税前加计扣除时，就已经进行会计处理计算的折旧、费用的部分加计扣除，但不得超过按税法规定计算的金额。

（二）多用途对象费用的归集

企业从事研发活动的人员和用于研发活动的仪器、设备、无形资产，同时从事或用于非研发活动的，应对其人员活动及仪器设备、无形资产使用情况做必要记录，并将其实际发生的相关费用按实际工时占比等合理方法在研发费用和生产经营费用间分配，未分配的不得加计扣除。

（三）其他相关费用的归集与限额计算

企业在一个纳税年度内进行多项研发活动的，应按照不同研发项目分别归集可加计扣除的研发费用。在计算每个项目其他相关费用的限额时应当按照以下公式计算：

其他相关费用限额 =《通知》第一条第一项允许加计扣除的研发费用中的第 1 项至第 5 项的费用之和 $\times 10\% / (1 - 10\%)$

当其他相关费用实际发生数小于限额时，按实际发生数计算税前加计扣除数额；当其他相关费用实际发生数大于限额时，按限额计算税前加计扣除数额。

（四）特殊收入的扣减

企业在计算加计扣除的研发费用时，应扣减已按《通知》规定归集计入研发费用，但在当期取得的研发过程中形成的下脚料、残次品、中间试制品等特殊收入；不足扣减的，允许加计扣除的研发费用按零计算。

企业研发活动直接形成产品或作为组成部分形成的产品对外销售的，研发

---

① 根据《国家税务总局关于研发费用税前加计扣除归集范围有关问题的公告》（国家税务总局公告 2017 年第 40 号），第一条已废止。
② 根据《国家税务总局关于研发费用税前加计扣除归集范围有关问题的公告》（国家税务总局公告 2017 年第 40 号），第二条第（一）项、第二条第（二）项、第二条第（四）项已被废止。

费用中对应的材料费用不得加计扣除。

（五）财政性资金的处理

企业取得作为不征税收入处理的财政性资金用于研发活动所形成的费用或无形资产，不得计算加计扣除或摊销。

（六）不允许加计扣除的费用

法律、行政法规和国务院财税主管部门规定不允许企业所得税前扣除的费用和支出项目不得计算加计扣除。

已计入无形资产但不属于《通知》中允许加计扣除研发费用范围的，企业摊销时不得计算加计扣除。

三、委托研发

企业委托外部机构或个人开展研发活动发生的费用，可按规定税前扣除；加计扣除时按照研发活动发生费用的 80% 作为加计扣除基数。委托个人研发的，应凭个人出具的发票等合法有效凭证在税前加计扣除。

企业委托境外研发所发生的费用不得加计扣除，其中受托研发的境外机构是指依照外国和地区（含港澳台）法律成立的企业和其他取得收入的组织。受托研发的境外个人是指外籍（含港澳台）个人。

四、不适用加计扣除政策行业的判定

《通知》中不适用税前加计扣除政策行业的企业，是指以《通知》所列行业业务为主营业务，其研发费用发生当年的主营业务收入占企业按税法第六条规定计算的收入总额减除不征税收入和投资收益的余额 50%（不含）以上的企业。

五、核算要求

企业应按照国家财务会计制度要求，对研发支出进行会计处理。研发项目立项时应设置研发支出辅助账，由企业留存备查；年末汇总分析填报研发支出辅助账汇总表，并在报送《年度财务会计报告》的同时随附注一并报送主管税务机关。研发支出辅助账、研发支出辅助账汇总表可参照本公告所附样式（见附件）编制。

六、申报及备案管理

（一）企业年度纳税申报时，根据研发支出辅助账汇总表填报研发项目可加计扣除研发费用情况归集表（见附件），在年度纳税申报时随申报表一并报送。

（二）研发费用加计扣除实行备案管理，除"备案资料"和"主要留存备查资料"按照本公告规定执行外，其他备案管理要求按照《国家税务总局关于发布〈企业所得税优惠政策事项办理办法〉的公告》（国家税务总局公告 2015 年第 76 号）的规定执行。

（三）企业应当不迟于年度汇算清缴纳税申报时，向税务机关报送《企业所得税优惠事项备案表》和研发项目文件完成备案，并将下列资料留存备查：

1. 自主、委托、合作研究开发项目计划书和企业有权部门关于自主、委托、合作研究开发项目立项的决议文件；

2. 自主、委托、合作研究开发专门机构或项目组的编制情况和研发人员名单；

3. 经科技行政主管部门登记的委托、合作研究开发项目的合同；

4. 从事研发活动的人员和用于研发活动的仪器、设备、无形资产的费用分配说明（包括工作使用情况记录）；

5. 集中研发项目研发费决算表、集中研发项目费用分摊明细情况表和实际分享收益比例等资料；

6. "研发支出"辅助账；

7. 企业如果已取得地市级（含）以上科技行政主管部门出具的鉴定意见，应作为资料留存备查；

8. 省税务机关规定的其他资料。

七、后续管理与核查

税务机关应加强对享受研发费用加计扣除优惠企业的后续管理和监督检查。每年汇算清缴期结束后应开展核查，核查面不得低于享受该优惠企业户数的20%。省级税务机关可根据实际情况制订具体核查办法或工作措施。

八、执行时间

本公告适用于2016年度及以后年度企业所得税汇算清缴。

特此公告。

附件：1. 自主研发"研发支出"辅助账（略）
2. 委托研发"研发支出"辅助账（略）
3. 合作研发"研发支出"辅助账（略）
4. 集中研发"研发支出"辅助账（略）
5. "研发支出"辅助账汇总表（略）
6. 研发项目可加计扣除研究开发费用情况归集表（略）

《财政部 国家税务总局 科技部关于完善研究开发费用税前加计扣除政策的通知》

（财税〔2015〕119号）[①]

各省、自治区、直辖市、计划单列市财政厅（局）、国家税务局、地方税务局、

[①] 根据《关于企业委托境外研究开发费用税前加计扣除有关政策问题的通知》（财税〔2018〕64号），此文件第二条中"企业委托境外机构或个人进行研发活动所发生的费用，不得加计扣除"的规定已被废止。

科技厅（局），新疆生产建设兵团财务局、科技局：

根据《中华人民共和国企业所得税法》及其实施条例有关规定，为进一步贯彻落实《中共中央　国务院关于深化体制机制改革加快实施创新驱动发展战略的若干意见》精神，更好地鼓励企业开展研究开发活动（以下简称研发活动）和规范企业研究开发费用（以下简称研发费用）加计扣除优惠政策执行，现就企业研发费用税前加计扣除有关问题通知如下：

一、研发活动及研发费用归集范围

本通知所称研发活动，是指企业为获得科学与技术新知识，创造性运用科学技术新知识，或实质性改进技术、产品（服务）、工艺而持续进行的具有明确目标的系统性活动。

（一）允许加计扣除的研发费用。

企业开展研发活动中实际发生的研发费用，未形成无形资产计入当期损益的，在按规定据实扣除的基础上，按照本年度实际发生额的50%，从本年度应纳税所得额中扣除；形成无形资产的，按照无形资产成本的150%在税前摊销。研发费用的具体范围包括：

1. 人员人工费用。

直接从事研发活动人员的工资薪金、基本养老保险费、基本医疗保险费、失业保险费、工伤保险费、生育保险费和住房公积金，以及外聘研发人员的劳务费用。

2. 直接投入费用。

（1）研发活动直接消耗的材料、燃料和动力费用。

（2）用于中间试验和产品试制的模具、工艺装备开发及制造费，不构成固定资产的样品、样机及一般测试手段购置费，试制产品的检验费。

（3）用于研发活动的仪器、设备的运行维护、调整、检验、维修等费用，以及通过经营租赁方式租入的用于研发活动的仪器、设备租赁费。

3. 折旧费用。

用于研发活动的仪器、设备的折旧费。

4. 无形资产摊销。

用于研发活动的软件、专利权、非专利技术（包括许可证、专有技术、设计和计算方法等）的摊销费用。

5. 新产品设计费、新工艺规程制定费、新药研制的临床试验费、勘探开发技术的现场试验费。

6. 其他相关费用。

与研发活动直接相关的其他费用，如技术图书资料费、资料翻译费、专家咨询费、高新科技研发保险费，研发成果的检索、分析、评议、论证、鉴定、评审、评估、验收费用，知识产权的申请费、注册费、代理费，差旅费、会议费等。此项费用总额不得超过可加计扣除研发费用总额的10%。

7. 财政部和国家税务总局规定的其他费用。

（二）下列活动不适用税前加计扣除政策。

1. 企业产品（服务）的常规性升级。

2. 对某项科研成果的直接应用，如直接采用公开的新工艺、材料、装置、产品、服务或知识等。

3. 企业在商品化后为顾客提供的技术支持活动。

4. 对现存产品、服务、技术、材料或工艺流程进行的重复或简单改变。

5. 市场调查研究、效率调查或管理研究。

6. 作为工业（服务）流程环节或常规的质量控制、测试分析、维修维护。

7. 社会科学、艺术或人文学方面的研究。

二、特别事项的处理

1. 企业委托外部机构或个人进行研发活动所发生的费用，按照费用实际发生额的80%计入委托方研发费用并计算加计扣除，受托方不得再进行加计扣除。委托外部研究开发费用实际发生额应按照独立交易原则确定。

委托方与受托方存在关联关系的，受托方应向委托方提供研发项目费用支出明细情况。

企业委托境外机构或个人进行研发活动所发生的费用，不得加计扣除。

2. 企业共同合作开发的项目，由合作各方就自身实际承担的研发费用分别计算加计扣除。

3. 企业集团根据生产经营和科技开发的实际情况，对技术要求高、投资数额大，需要集中研发的项目，其实际发生的研发费用，可以按照权利和义务相一致、费用支出和收益分享相配比的原则，合理确定研发费用的分摊方法，在受益成员企业间进行分摊，由相关成员企业分别计算加计扣除。

4. 企业为获得创新性、创意性、突破性的产品进行创意设计活动而发生的相关费用，可按照本通知规定进行税前加计扣除。

创意设计活动是指多媒体软件、动漫游戏软件开发，数字动漫、游戏设计制作；房屋建筑工程设计（绿色建筑评价标准为三星）、风景园林工程专项设计；工业设计、多媒体设计、动漫及衍生产品设计、模型设计等。

三、会计核算与管理

1. 企业应按照国家财务会计制度要求，对研发支出进行会计处理；同时，对享受加计扣除的研发费用按研发项目设置辅助账，准确归集核算当年可加计扣除的各项研发费用实际发生额。企业在一个纳税年度内进行多项研发活动的，应按照不同研发项目分别归集可加计扣除的研发费用。

2. 企业应对研发费用和生产经营费用分别核算，准确、合理归集各项费用支出，对划分不清的，不得实行加计扣除。

四、不适用税前加计扣除政策的行业

1. 烟草制造业。
2. 住宿和餐饮业。
3. 批发和零售业。
4. 房地产业。
5. 租赁和商务服务业。
6. 娱乐业。
7. 财政部和国家税务总局规定的其他行业。

上述行业以《国民经济行业分类与代码（GB/4754-2011）》为准，并随之更新。

五、管理事项及征管要求

1. 本通知适用于会计核算健全、实行查账征收并能够准确归集研发费用的居民企业。

2. 企业研发费用各项目的实际发生额归集不准确、汇总额计算不准确的，税务机关有权对其税前扣除额或加计扣除额进行合理调整。

3. 税务机关对企业享受加计扣除优惠的研发项目有异议的，可以转请地市级（含）以上科技行政主管部门出具鉴定意见，科技部门应及时回复意见。企业承担省部级（含）以上科研项目的，以及以前年度已鉴定的跨年度研发项目，不再需要鉴定。

4. 企业符合本通知规定的研发费用加计扣除条件而在2016年1月1日以后未及时享受该项税收优惠的，可以追溯享受并履行备案手续，追溯期限最长为3年。

5. 税务部门应加强研发费用加计扣除优惠政策的后续管理，定期开展核查，年度核查面不得低于20%。

六、执行时间

本通知自2016年1月1日起执行。《国家税务总局关于印发〈企业研究开发费用税前扣除管理办法（试行）〉的通知》（国税发〔2008〕116号）和《财政部、国家税务总局关于研究开发费用税前加计扣除有关政策问题的通知》（财税〔2013〕70号）同时废止。

《国家税务总局关于发布〈特别纳税调查调整及相互协商程序管理办法〉的公告》

(国家税务总局公告2017年第6号)①

为深入贯彻落实《深化国税、地税征管体制改革方案》,进一步完善特别纳税调查调整及相互协商程序管理工作,积极应用税基侵蚀和利润转移(BEPS)行动计划成果,有效执行我国对外签署的避免双重征税协定、协议或者安排,根据《中华人民共和国企业所得税法》及其实施条例、《中华人民共和国税收征收管理法》及其实施细则的有关规定,国家税务总局制定了《特别纳税调查调整及相互协商程序管理办法》,现予以发布,自2017年5月1日起施行。

特此公告。

附件:1. 特别纳税调整自行缴纳税款表(略)
2. 关联关系认定表(略)
3. 关联交易认定表(略)
4. 特别纳税调查结论通知书(略)
5. 协商内容记录(略)
6. 特别纳税调查初步调整通知书(略)
7. 特别纳税调查调整通知书(略)
8. 启动特别纳税调整相互协商程序申请表(略)
9. 特别纳税调整相互协商协议补(退)税款通知书(略)

特别纳税调查调整及相互协商程序管理办法

第一条 根据《中华人民共和国企业所得税法》(以下简称企业所得税法)及其实施条例、《中华人民共和国税收征收管理法》(以下简称税收征管法)及其实施细则以及我国对外签署的避免双重征税协定、协议或者安排(以下简称税收协定)的有关规定,制定本办法。

第二条 税务机关以风险管理为导向,构建和完善关联交易利润水平监控管理指标体系,加强对企业利润水平的监控,通过特别纳税调整监控管理和特别纳税调查调整,促进企业税法遵从。

---

① 根据《国家税务总局关于公布全文失效废止和部分条款失效废止的税收规范性文件目录的公告》(国家税务总局公告2018年第33号),此文件中的第四十一条第二款已被废止。

第三条 税务机关通过关联申报审核、同期资料管理和利润水平监控等手段，对企业实施特别纳税调整监控管理，发现企业存在特别纳税调整风险的，可以向企业送达《税务事项通知书》，提示其存在的税收风险。

企业收到特别纳税调整风险提示或者发现自身存在特别纳税调整风险的，可以自行调整补税。企业自行调整补税的，应当填报《特别纳税调整自行缴纳税款表》。

企业自行调整补税的，税务机关仍可按照有关规定实施特别纳税调查调整。

企业要求税务机关确认关联交易定价原则和方法等特别纳税调整事项的，税务机关应当启动特别纳税调查程序。

第四条 税务机关实施特别纳税调查，应当重点关注具有以下风险特征的企业：

（一）关联交易金额较大或者类型较多；

（二）存在长期亏损、微利或者跳跃性盈利；

（三）低于同行业利润水平；

（四）利润水平与其所承担的功能风险不相匹配，或者分享的收益与分摊的成本不相配比；

（五）与低税国家（地区）关联方发生关联交易；

（六）未按照规定进行关联申报或者准备同期资料；

（七）从其关联方接受的债权性投资与权益性投资的比例超过规定标准；

（八）由居民企业，或者由居民企业和中国居民控制的设立在实际税负低于12.5%的国家（地区）的企业，并非由于合理的经营需要而对利润不作分配或者减少分配；

（九）实施其他不具有合理商业目的的税收筹划或者安排。

第五条 税务机关应当向已确定立案调查的企业送达《税务检查通知书（一）》。被立案调查企业为非居民企业的，税务机关可以委托境内关联方或者与调查有关的境内企业送达《税务检查通知书（一）》。

经预备会谈与税务机关达成一致意见，已向税务机关提交《预约定价安排谈签意向书》，并申请预约定价安排追溯适用以前年度的企业，或者已向税务机关提交《预约定价安排续签申请书》的企业，可以暂不作为特别纳税调整的调查对象。预约定价安排未涉及的年度和关联交易除外。

第六条 税务机关实施特别纳税调查时，可以要求被调查企业及其关联方，或者与调查有关的其他企业提供相关资料：

（一）要求被调查企业及其关联方，或者与调查有关的其他企业提供相关资料的，应当向该企业送达《税务事项通知书》，该企业在境外的，税务机关可以委托境内关联方或者与调查有关的境内企业向该企业送达《税务事项通知书》；

（二）需要到被调查企业的关联方或者与调查有关的其他企业调查取证的，应当向该企业送达《税务检查通知书（二）》。

第七条　被调查企业及其关联方以及与调查有关的其他企业应当按照税务机关要求提供真实、完整的相关资料：

（一）提供由自身保管的书证原件。原本、正本和副本均属于书证的原件。提供原件确有困难的，可以提供与原件核对无误的复印件、照片、节录本等复制件。提供方应当在复制件上注明"与原件核对无误，原件存于我处"，并由提供方签章；

（二）提供由有关方保管的书证原件复制件、影印件或者抄录件的，提供方应当在复制件、影印件或者抄录件上注明"与原件核对无误"，并注明出处，由该有关方及提供方签章；

（三）提供外文书证或者外文视听资料的，应当附送中文译本。提供方应当对中文译本的准确性和完整性负责；

（四）提供境外相关资料的，应当说明来源。税务机关对境外资料真实性和完整性有疑义的，可以要求企业提供公证机构的证明。

第八条　税务机关实施特别纳税调查时，应当按照法定权限和程序进行，可以采用实地调查、检查纸质或者电子数据资料、调取账簿、询问、查询存款账户或者储蓄存款、发函协查、国际税收信息交换、异地协查等方式，收集能够证明案件事实的证据材料。收集证据材料过程中，可以记录、录音、录像、照相和复制，录音、录像、照相前应当告知被取证方。记录内容应当由两名以上调查人员签字，并经被取证方核实签章确认。被取证方拒绝签章的，税务机关调查人员（两名以上）应当注明。

第九条　以电子数据证明案件事实的，税务机关可以采取以下方式进行取证：

（一）要求提供方将电子数据打印成纸质资料，在纸质资料上注明数据出处、打印场所，并注明"与电子数据核对无误"，由提供方签章；

（二）采用有形载体形式固定电子数据，由调查人员与提供方指定人员一起将电子数据复制到只读存储介质上并封存。在封存包装物上注明电子数据名称、数据来源、制作方法、制作时间、制作人、文件格式及大小等，并注明"与原始载体记载的电子数据核对无误"，由提供方签章。

第十条　税务机关需要将以前年度的账簿、会计凭证、财务会计报告和其他有关资料调回检查的，应当按照税收征管法及其实施细则有关规定，向被调查企业送达《调取账簿资料通知书》，填写《调取账簿资料清单》交其核对后签章确认。调回资料应当妥善保管，并在法定时限内完整退还。

第十一条 税务机关需要采用询问方式收集证据材料的，应当由两名以上调查人员实施询问，并制作《询问（调查）笔录》。

第十二条 需要被调查当事人、证人陈述或者提供证言的，应当事先告知其不如实陈述或者提供虚假证言应当承担的法律责任。被调查当事人、证人可以采取书面或者口头方式陈述或者提供证言，以口头方式陈述或者提供证言的，调查人员可以笔录、录音、录像。笔录应当使用能够长期保持字迹的书写工具书写，也可使用计算机记录并打印，陈述或者证言应当由被调查当事人、证人逐页签章。

陈述或者证言中应当写明被调查当事人、证人的姓名、工作单位、联系方式等基本信息，注明出具日期，并附居民身份证复印件等身份证明材料。

被调查当事人、证人口头提出变更陈述或者证言的，调查人员应当就变更部分重新制作笔录，注明原因，由被调查当事人、证人逐页签章。被调查当事人、证人变更书面陈述或者证言的，不退回原件。

第十三条 税务机关应当结合被调查企业年度关联业务往来报告表和相关资料，对其与关联方的关联关系以及关联交易金额进行确认，填制《关联关系认定表》和《关联交易认定表》，并由被调查企业确认签章。被调查企业拒绝确认的，税务机关调查人员（两名以上）应当注明。

第十四条 被调查企业不提供特别纳税调查相关资料，或者提供虚假、不完整资料的，由税务机关责令限期改正，逾期仍未改正的，税务机关按照税收征管法及其实施细则有关规定进行处理，并依法核定其应纳税所得额。

第十五条 税务机关实施转让定价调查时，应当进行可比性分析，可比性分析一般包括以下五个方面。税务机关可以根据案件情况选择具体分析内容：

（一）交易资产或者劳务特性，包括有形资产的物理特性、质量、数量等；无形资产的类型、交易形式、保护程度、期限、预期收益等；劳务的性质和内容；金融资产的特性、内容、风险管理等；

（二）交易各方执行的功能、承担的风险和使用的资产。功能包括研发、设计、采购、加工、装配、制造、维修、分销、营销、广告、存货管理、物流、仓储、融资、管理、财务、会计、法律及人力资源管理等；风险包括投资风险、研发风险、采购风险、生产风险、市场风险、管理风险及财务风险等；资产包括有形资产、无形资产、金融资产等；

（三）合同条款，包括交易标的、交易数量、交易价格、收付款方式和条件、交货条件、售后服务范围和条件、提供附加劳务的约定、变更或者修改合同内容的权利、合同有效期、终止或者续签合同的权利等。合同条款分析应当关注企业执行合同的能力与行为，以及关联方之间签署合同条款的可信度等；

（四）经济环境，包括行业概况、地理区域、市场规模、市场层级、市场占有率、市场竞争程度、消费者购买力、商品或者劳务可替代性、生产要素价格、运输成本、政府管制，以及成本节约、市场溢价等地域特殊因素；

（五）经营策略，包括创新和开发、多元化经营、协同效应、风险规避及市场占有策略等。

第十六条　税务机关应当在可比性分析的基础上，选择合理的转让定价方法，对企业关联交易进行分析评估。转让定价方法包括可比非受控价格法、再销售价格法、成本加成法、交易净利润法、利润分割法及其他符合独立交易原则的方法。

第十七条　可比非受控价格法以非关联方之间进行的与关联交易相同或者类似业务活动所收取的价格作为关联交易的公平成交价格。可比非受控价格法可以适用于所有类型的关联交易。

可比非受控价格法的可比性分析，应当按照不同交易类型，特别考察关联交易与非关联交易中交易资产或者劳务的特性、合同条款、经济环境和经营策略上的差异：

（一）有形资产使用权或者所有权的转让，包括：

1. 转让过程，包括交易时间与地点、交货条件、交货手续、支付条件、交易数量、售后服务等；

2. 转让环节，包括出厂环节、批发环节、零售环节、出口环节等；

3. 转让环境，包括民族风俗、消费者偏好、政局稳定程度以及财政、税收、外汇政策等；

4. 有形资产的性能、规格、型号、结构、类型、折旧方法等；

5. 提供使用权的时间、期限、地点、费用收取标准等；

6. 资产所有者对资产的投资支出、维修费用等。

（二）金融资产的转让，包括金融资产的实际持有期限、流动性、安全性、收益性。其中，股权转让交易的分析内容包括公司性质、业务结构、资产构成、所属行业、行业周期、经营模式、企业规模、资产配置和使用情况、企业所处经营阶段、成长性、经营风险、财务风险、交易时间、地理区域、股权关系、历史与未来经营情况、商誉、税收利益、流动性、经济趋势、宏观政策、企业收入和成本结构及其他因素。

（三）无形资产使用权或者所有权的转让，包括：

1. 无形资产的类别、用途、适用行业、预期收益；

2. 无形资产的开发投资、转让条件、独占程度、可替代性、受有关国家法律保护的程度及期限、地理位置、使用年限、研发阶段、维护改良及更新的权利、受让成本和费用、功能风险情况、摊销方法以及其他影响其价值发生实质变动的特殊因素等。

（四）资金融通，包括融资的金额、币种、期限、担保、融资人的资信、还款方式、计息方法等；

（五）劳务交易，包括劳务性质、技术要求、专业水准、承担责任、付款条件和方式、直接和间接成本等。

关联交易与非关联交易在以上方面存在重大差异的，应当就该差异对价格的影响进行合理调整，无法合理调整的，应当选择其他合理的转让定价方法。

第十八条 再销售价格法以关联方购进商品再销售给非关联方的价格减去可比非关联交易毛利后的金额作为关联方购进商品的公平成交价格。其计算公式如下：

公平成交价格 = 再销售给非关联方的价格 × （1 - 可比非关联交易毛利率）

可比非关联交易毛利率 = 可比非关联交易毛利 / 可比非关联交易收入净额 × 100%

再销售价格法一般适用于再销售者未对商品进行改变外形、性能、结构或者更换商标等实质性增值加工的简单加工或者单纯购销业务。

再销售价格法的可比性分析，应当特别考察关联交易与非关联交易中企业执行的功能、承担的风险、使用的资产和合同条款上的差异，以及影响毛利率的其他因素，具体包括营销、分销、产品保障及服务功能，存货风险，机器、设备的价值及使用年限，无形资产的使用及价值，有价值的营销型无形资产，批发或者零售环节，商业经验，会计处理及管理效率等。

关联交易与非关联交易在以上方面存在重大差异的，应当就该差异对毛利率的影响进行合理调整，无法合理调整的，应当选择其他合理的转让定价方法。

第十九条 成本加成法以关联交易发生的合理成本加上可比非关联交易毛利后的金额作为关联交易的公平成交价格。其计算公式如下：

公平成交价格 = 关联交易发生的合理成本 × （1 + 可比非关联交易成本加成率）

可比非关联交易成本加成率 = 可比非关联交易毛利 / 可比非关联交易成本 × 100%

成本加成法一般适用于有形资产使用权或者所有权的转让、资金融通、劳务交易等关联交易。

成本加成法的可比性分析，应当特别考察关联交易与非关联交易中企业执行的功能、承担的风险、使用的资产和合同条款上的差异，以及影响成本加成率的其他因素，具体包括制造、加工、安装及测试功能，市场及汇兑风险，机器、设备的价值及使用年限,无形资产的使用及价值,商业经验,会计处理,生产及管理效率等。

关联交易与非关联交易在以上方面存在重大差异的,应当就该差异对成本加成率的影响进行合理调整,无法合理调整的,应当选择其他合理的转让定价方法。

第二十条 交易净利润法以可比非关联交易的利润指标确定关联交易的利润。利润指标包括息税前利润率、完全成本加成率、资产收益率、贝里比率等。具体计算公式如下:

(一)息税前利润率 = 息税前利润/营业收入 × 100%

(二)完全成本加成率 = 息税前利润/完全成本 × 100%

(三)资产收益率 = 息税前利润/[(年初资产总额 + 年末资产总额)/2] × 100%

(四)贝里比率 = 毛利/(营业费用 + 管理费用) × 100%

利润指标的选取应当反映交易各方执行的功能、承担的风险和使用的资产。利润指标的计算以企业会计处理为基础,必要时可以对指标口径进行合理调整。

交易净利润法一般适用于不拥有重大价值无形资产企业的有形资产使用权或者所有权的转让和受让、无形资产使用权受让以及劳务交易等关联交易。

交易净利润法的可比性分析,应当特别考察关联交易与非关联交易中企业执行的功能、承担的风险和使用的资产,经济环境上的差异,以及影响利润的其他因素,具体包括行业和市场情况,经营规模,经济周期和产品生命周期,收入、成本、费用和资产在各交易间的分配,会计处理及经营管理效率等。

关联交易与非关联交易在以上方面存在重大差异的,应当就该差异对利润的影响进行合理调整,无法合理调整的,应当选择其他合理的转让定价方法。

第二十一条 利润分割法根据企业与其关联方对关联交易合并利润(实际或者预计)的贡献计算各自应当分配的利润额。利润分割法主要包括一般利润分割法和剩余利润分割法。

一般利润分割法通常根据关联交易各方所执行的功能、承担的风险和使用的资产,采用符合独立交易原则的利润分割方式,确定各方应当取得的合理利润;当难以获取可比交易信息但能合理确定合并利润时,可以结合实际情况考虑与价值贡献相关的收入、成本、费用、资产、雇员人数等因素,分析关联交易各方对价值做出的贡献,将利润在各方之间进行分配。

剩余利润分割法将关联交易各方的合并利润减去分配给各方的常规利润后的余额作为剩余利润,再根据各方对剩余利润的贡献程度进行分配。

利润分割法一般适用于企业及其关联方均对利润创造具有独特贡献,业务高度整合且难以单独评估各方交易结果的关联交易。利润分割法的适用应当体现利润应在经济活动发生地和价值创造地征税的基本原则。

利润分割法的可比性分析，应当特别考察关联交易各方执行的功能、承担的风险和使用的资产，收入、成本、费用和资产在各方之间的分配，成本节约、市场溢价等地域特殊因素，以及其他价值贡献因素，确定各方对剩余利润贡献所使用的信息和假设条件的可靠性等。

第二十二条　其他符合独立交易原则的方法包括成本法、市场法和收益法等资产评估方法，以及其他能够反映利润与经济活动发生地和价值创造地相匹配原则的方法。

成本法是以替代或者重置原则为基础，通过在当前市场价格下创造一项相似资产所发生的支出确定评估标的价值的评估方法。成本法适用于能够被替代的资产价值评估。

市场法是利用市场上相同或者相似资产的近期交易价格，经过直接比较或者类比分析以确定评估标的价值的评估方法。市场法适用于在市场上能找到与评估标的相同或者相似的非关联可比交易信息时的资产价值评估。

收益法是通过评估标的未来预期收益现值来确定其价值的评估方法。收益法适用于企业整体资产和可预期未来收益的单项资产评估。

第二十三条　税务机关分析评估被调查企业关联交易时，应当在分析评估交易各方功能风险的基础上，选择功能相对简单的一方作为被测试对象。

第二十四条　税务机关在进行可比性分析时，优先使用公开信息，也可以使用非公开信息。

第二十五条　税务机关分析评估被调查企业关联交易是否符合独立交易原则时，可以根据实际情况选择算术平均法、加权平均法或者四分位法等统计方法，逐年分别或者多年度平均计算可比企业利润或者价格的平均值或者四分位区间。

税务机关应当按照可比利润水平或者可比价格对被调查企业各年度关联交易进行逐年测试调整。

税务机关采用四分位法分析评估企业利润水平时，企业实际利润水平低于可比企业利润率区间中位值的，原则上应当按照不低于中位值进行调整。

第二十六条　税务机关分析评估被调查企业为其关联方提供的来料加工业务，在可比企业不是相同业务模式，且业务模式的差异会对利润水平产生影响的情况下，应当对业务模式的差异进行调整，还原其不作价的来料和设备价值。企业提供真实完整的来料加工产品整体价值链相关资料，能够反映各关联方总体利润水平的，税务机关可以就被调查企业与可比企业因料件还原产生的资金占用差异进行可比性调整，利润水平调整幅度超过10%的，应当重新选择可比企业。

除本条第一款外，对因营运资本占用不同产生的利润差异不作调整。

第二十七条　税务机关分析评估被调查企业关联交易是否符合独立交易原则时，选取的可比企业与被调查企业处于不同经济环境的，应当分析成本节约、市场溢价等地域特殊因素，并选择合理的转让定价方法确定地域特殊因素对利润的贡献。

第二十八条　企业为境外关联方从事来料加工或者进料加工等单一生产业务，或者从事分销、合约研发业务，原则上应当保持合理的利润水平。

上述企业如出现亏损，无论是否达到《国家税务总局关于完善关联申报和同期资料管理有关事项的公告》（国家税务总局公告2016年第42号）中的同期资料准备标准，均应当就亏损年度准备同期资料本地文档。税务机关应当重点审核上述企业的本地文档，加强监控管理。

上述企业承担由于决策失误、开工不足、产品滞销、研发失败等原因造成的应当由关联方承担的风险和损失的，税务机关可以实施特别纳税调整。

第二十九条　税务机关对关联交易进行调查分析时，应当确定企业所获得的收益与其执行的功能或者承担的风险是否匹配。

企业与其关联方之间隐匿关联交易直接或者间接导致国家总体税收收入减少的，税务机关可以通过还原隐匿交易实施特别纳税调整。

企业与其关联方之间抵销关联交易直接或者间接导致国家总体税收收入减少的，税务机关可以通过还原抵销交易实施特别纳税调整。

第三十条　判定企业及其关联方对无形资产价值的贡献程度及相应的收益分配时，应当全面分析企业所属企业集团的全球营运流程，充分考虑各方在无形资产开发、价值提升、维护、保护、应用和推广中的价值贡献，无形资产价值的实现方式，无形资产与集团内其他业务的功能、风险和资产的相互作用。

企业仅拥有无形资产所有权而未对无形资产价值做出贡献的，不应当参与无形资产收益分配。无形资产形成和使用过程中，仅提供资金而未实际执行相关功能和承担相应风险的，应当仅获得合理的资金成本回报。

第三十一条　企业与其关联方转让或者受让无形资产使用权而收取或者支付的特许权使用费，应当根据下列情形适时调整，未适时调整的，税务机关可以实施特别纳税调整：

（一）无形资产价值发生根本性变化；

（二）按照营业常规，非关联方之间的可比交易应当存在特许权使用费调整机制；

（三）无形资产使用过程中，企业及其关联方执行的功能、承担的风险或者使用的资产发生变化；

（四）企业及其关联方对无形资产进行后续开发、价值提升、维护、保护、应用和推广做出贡献而未得到合理补偿。

第三十二条 企业与其关联方转让或者受让无形资产使用权而收取或者支付的特许权使用费，应当与无形资产为企业或者其关联方带来的经济利益相匹配。与经济利益不匹配而减少企业或者其关联方应纳税收入或者所得额的，税务机关可以实施特别纳税调整。未带来经济利益，且不符合独立交易原则的，税务机关可以按照已税前扣除的金额全额实施特别纳税调整。

企业向仅拥有无形资产所有权而未对其价值创造做出贡献的关联方支付特许权使用费，不符合独立交易原则的，税务机关可以按照已税前扣除的金额全额实施特别纳税调整。

第三十三条 企业以融资上市为主要目的在境外成立控股公司或者融资公司，仅因融资上市活动所产生的附带利益向境外关联方支付特许权使用费，不符合独立交易原则的，税务机关可以按照已税前扣除的金额全额实施特别纳税调整。

第三十四条 企业与其关联方发生劳务交易支付或者收取价款不符合独立交易原则而减少企业或者其关联方应纳税收入或者所得额的，税务机关可以实施特别纳税调整。

符合独立交易原则的关联劳务交易应当是受益性劳务交易，并且按照非关联方在相同或者类似情形下的营业常规和公平成交价格进行定价。受益性劳务是指能够为劳务接受方带来直接或者间接经济利益，且非关联方在相同或者类似情形下，愿意购买或者愿意自行实施的劳务活动。

第三十五条 企业向其关联方支付非受益性劳务的价款，税务机关可以按照已税前扣除的金额全额实施特别纳税调整。非受益性劳务主要包括以下情形：

（一）劳务接受方从其关联方接受的，已经购买或者自行实施的劳务活动；

（二）劳务接受方从其关联方接受的，为保障劳务接受方的直接或者间接投资方的投资利益而实施的控制、管理和监督等劳务活动。该劳务活动主要包括：

1. 董事会活动、股东会活动、监事会活动和发行股票等服务于股东的活动；

2. 与劳务接受方的直接或者间接投资方、集团总部和区域总部的经营报告或者财务报告编制及分析有关的活动；

3. 与劳务接受方的直接或者间接投资方、集团总部和区域总部的经营及资本运作有关的筹资活动；

4. 为集团决策、监管、控制、遵从需要所实施的财务、税务、人事、法务等活动；

5. 其他类似情形。

（三）劳务接受方从其关联方接受的，并非针对其具体实施的，只是因附属于企业集团而获得额外收益的劳务活动。该劳务活动主要包括：

1. 为劳务接受方带来资源整合效应和规模效应的法律形式改变、债务重组、股权收购、资产收购、合并、分立等集团重组活动；

2. 由于企业集团信用评级提高，为劳务接受方带来融资成本下降等利益的相关活动；

3. 其他类似情形。

（四）劳务接受方从其关联方接受的，已经在其他关联交易中给予补偿的劳务活动。该劳务活动主要包括：

1. 从特许权使用费支付中给予补偿的与专利权或者非专利技术相关的服务；

2. 从贷款利息支付中给予补偿的与贷款相关的服务；

3. 其他类似情形。

（五）与劳务接受方执行的功能和承担的风险无关，或者不符合劳务接受方经营需要的关联劳务活动；

（六）其他不能为劳务接受方带来直接或者间接经济利益，或者非关联方不愿意购买或者不愿意自行实施的关联劳务活动。

第三十六条　企业接受或者提供的受益性劳务应当充分考虑劳务的具体内容和特性，劳务提供方的功能、风险、成本和费用，劳务接受方的受益情况、市场环境、交易双方的财务状况，以及可比交易的定价情况等因素，按照本办法的有关规定选择合理的转让定价方法，并遵循以下原则：

（一）关联劳务能够分别按照各劳务接受方、劳务项目为核算单位归集相关劳务成本费用的，应当以劳务接受方、劳务项目合理的成本费用为基础，确定交易价格；

（二）关联劳务不能分别按照各劳务接受方、劳务项目为核算单位归集相关劳务成本费用的，应当采用合理标准和比例向各劳务接受方分配，并以分配的成本费用为基础，确定交易价格。分配标准应当根据劳务性质合理确定，可以根据实际情况采用营业收入、营运资产、人员数量、人员工资、设备使用量、数据流量、工作时间以及其他合理指标，分配结果应当与劳务接受方的受益程度相匹配。非受益性劳务的相关成本费用支出不得计入分配基数。

第三十七条　企业向未执行功能、承担风险，无实质性经营活动的境外关联方支付费用，不符合独立交易原则的，税务机关可以按照已税前扣除的金额全额实施特别纳税调整。

第三十八条 实际税负相同的境内关联方之间的交易，只要该交易没有直接或者间接导致国家总体税收收入的减少，原则上不作特别纳税调整。

第三十九条 经调查，税务机关未发现企业存在特别纳税调整问题的，应当作出特别纳税调查结论，并向企业送达《特别纳税调查结论通知书》。

第四十条 经调查，税务机关发现企业存在特别纳税调整问题的，应当按照以下程序实施调整：

（一）在测算、论证、可比性分析的基础上，拟定特别纳税调查调整方案；

（二）根据拟定调整方案与企业协商谈判，双方均应当指定主谈人，调查人员应当做好《协商内容记录》，并由双方主谈人签字确认。企业拒签的，税务机关调查人员（两名以上）应当注明。企业拒绝协商谈判的，税务机关向企业送达《特别纳税调查初步调整通知书》；

（三）协商谈判过程中，企业对拟定调整方案有异议的，应当在税务机关规定的期限内进一步提供相关资料。税务机关收到资料后，应当认真审议，并作出审议结论。根据审议结论，需要进行特别纳税调整的，税务机关应当形成初步调整方案，向企业送达《特别纳税调查初步调整通知书》；

（四）企业收到《特别纳税调查初步调整通知书》后有异议的，应当自收到通知书之日起7日内书面提出。税务机关收到企业意见后，应当再次协商、审议。根据审议结论，需要进行特别纳税调整，并形成最终调整方案的，税务机关应当向企业送达《特别纳税调查调整通知书》；

（五）企业收到《特别纳税调查初步调整通知书》后，在规定期限内未提出异议的，或者提出异议后又拒绝协商的，或者虽提出异议但经税务机关审议后不予采纳的，税务机关应当以初步调整方案作为最终调整方案，向企业送达《特别纳税调查调整通知书》。

第四十一条 企业收到《特别纳税调查调整通知书》后有异议的，可以在依照《特别纳税调查调整通知书》缴纳或者解缴税款、利息、滞纳金或者提供相应的担保后，依法申请行政复议。

企业收到国家税务局送达的《特别纳税调查调整通知书》后有异议的，向其上一级国家税务局申请行政复议；企业收到地方税务局送达的《特别纳税调查调整通知书》后有异议的，可以选择向其上一级地方税务局或者本级人民政府申请行政复议。

对行政复议决定不服的，可以依法向人民法院提起行政诉讼。

第四十二条 税务机关对企业实施特别纳税调整，涉及企业向境外关联方支付利息、租金、特许权使用费的，除另有规定外，不调整已扣缴的税款。

第四十三条 企业可以在《特别纳税调查调整通知书》送达前自行缴纳税款。企业自行缴纳税款的，应当填报《特别纳税调整自行缴纳税款表》。

第四十四条 税务机关对企业实施特别纳税调整的，应当根据企业所得税法及其实施条例的有关规定对2008年1月1日以后发生交易补征的企业所得税按日加收利息。

特别纳税调查调整补缴的税款，应当按照应补缴税款所属年度的先后顺序确定补缴税款的所属年度，以入库日为截止日，分别计算应加收的利息额：

（一）企业在《特别纳税调查调整通知书》送达前缴纳或者送达后补缴税款的，应当自税款所属纳税年度的次年6月1日起至缴纳或者补缴税款之日止计算加收利息。企业超过《特别纳税调查调整通知书》补缴税款期限仍未缴纳税款的，应当自补缴税款期限届满次日起按照税收征管法及其实施细则的有关规定加收滞纳金，在加收滞纳金期间不再加收利息；

（二）利率按照税款所属纳税年度12月31日公布的与补税期间同期的中国人民银行人民币贷款基准利率（以下简称基准利率）加5个百分点计算，并按照一年365天折算日利息率；

（三）企业按照有关规定提供同期资料及有关资料的，或者按照有关规定不需要准备同期资料但根据税务机关要求提供其他相关资料的，可以只按照基准利率加收利息。

经税务机关调查，企业实际关联交易额达到准备同期资料标准，但未按照规定向税务机关提供同期资料的，税务机关补征税款加收利息，适用本条第二款第二项规定。

第四十五条 企业自行调整补税且主动提供同期资料等有关资料，或者按照有关规定不需要准备同期资料但根据税务机关要求提供其他相关资料的，其2008年1月1日以后发生交易的自行调整补税按照基准利率加收利息。

第四十六条 被调查企业在税务机关实施特别纳税调查调整期间申请变更经营地址或者注销税务登记的，税务机关在调查结案前原则上不予办理税务变更、注销手续。

第四十七条 根据我国对外签署的税收协定的有关规定，国家税务总局可以依据企业申请或者税收协定缔约对方税务主管当局请求启动相互协商程序，与税收协定缔约对方税务主管当局开展协商谈判，避免或者消除由特别纳税调整事项引起的国际重复征税。

相互协商内容包括：

（一）双边或者多边预约定价安排的谈签；

（二）税收协定缔约一方实施特别纳税调查调整引起另一方相应调整的协

商谈判。

第四十八条 企业申请启动相互协商程序的,应当在税收协定规定期限内,向国家税务总局书面提交《启动特别纳税调整相互协商程序申请表》和特别纳税调整事项的有关说明。企业当面报送上述资料的,以报送日期为申请日期;邮寄报送的,以国家税务总局收到上述资料的日期为申请日期。

国家税务总局收到企业提交的上述资料后,认为符合税收协定有关规定的,可以启动相互协商程序;认为资料不全的,可以要求企业补充提供资料。

第四十九条 税收协定缔约对方税务主管当局请求启动相互协商程序的,国家税务总局收到正式来函后,认为符合税收协定有关规定的,可以启动相互协商程序。

国家税务总局认为税收协定缔约对方税务主管当局提供的资料不完整、事实不清晰的,可以要求对方补充提供资料,或者通过主管税务机关要求涉及的境内企业协助核实。

第五十条 国家税务总局决定启动相互协商程序的,应当书面通知省税务机关,并告知税收协定缔约对方税务主管当局。负责特别纳税调整事项的主管税务机关应当在收到书面通知后15个工作日内,向企业送达启动相互协商程序的《税务事项通知书》。

第五十一条 在相互协商过程中,税务机关可以要求企业进一步补充提供资料,企业应当在规定的时限内提交。

第五十二条 有下列情形之一的,国家税务总局可以拒绝企业申请或者税收协定缔约对方税务主管当局启动相互协商程序的请求:

(一)企业或者其关联方不属于税收协定任一缔约方的税收居民;

(二)申请或者请求不属于特别纳税调整事项;

(三)申请或者请求明显缺乏事实或者法律依据;

(四)申请不符合税收协定有关规定;

(五)特别纳税调整案件尚未结案或者虽然已经结案但是企业尚未缴纳应纳税款。

第五十三条 有下列情形之一的,国家税务总局可以暂停相互协商程序:

(一)企业申请暂停相互协商程序;

(二)税收协定缔约对方税务主管当局请求暂停相互协商程序;

(三)申请必须以另一被调查企业的调查调整结果为依据,而另一被调查企业尚未结束调查调整程序;

(四)其他导致相互协商程序暂停的情形。

第五十四条 有下列情形之一的,国家税务总局可以终止相互协商程序:

（一）企业或者其关联方不提供与案件有关的必要资料，或者提供虚假、不完整资料，或者存在其他不配合的情形；

（二）企业申请撤回或者终止相互协商程序；

（三）税收协定缔约对方税务主管当局撤回或者终止相互协商程序；

（四）其他导致相互协商程序终止的情形。

第五十五条　国家税务总局决定暂停或者终止相互协商程序的，应当书面通知省税务机关。负责特别纳税调整事项的主管税务机关应当在收到书面通知后15个工作日内，向企业送达暂停或者终止相互协商程序的《税务事项通知书》。

第五十六条　国家税务总局与税收协定缔约对方税务主管当局签署相互协商协议后，应当书面通知省税务机关，附送相互协商协议。负责特别纳税调整事项的主管税务机关应当在收到书面通知后15个工作日内，向企业送达《税务事项通知书》，附送相互协商协议。需要补（退）税的，应当附送《特别纳税调整相互协商协议补（退）税款通知书》或者《预约定价安排补（退）税款通知书》，并监控执行补（退）税款情况。

应纳税收入或者所得额以外币计算的，应当按照相互协商协议送达企业之日上月最后一日人民币汇率中间价折合成人民币，计算应补缴或者应退还的税款。

补缴税款应当加收利息的，按照《中华人民共和国企业所得税法实施条例》第一百二十二条规定的人民币贷款基准利率执行。

第五十七条　各级税务机关应当对税收协定缔约对方税务主管当局、企业或者其扣缴义务人、代理人等在相互协商中提供的有关资料保密。

第五十八条　企业或者其扣缴义务人、代理人等在相互协商中弄虚作假，或者有其他违法行为的，税务机关应当按照税收征管法及其实施细则的有关规定处理。

第五十九条　企业按照本办法规定向国家税务总局提起相互协商申请的，提交的资料应当同时采用中文和英文文本，企业向税收协定缔约双方税务主管当局提交资料内容应当保持一致。

第六十条　涉及税收协定条款解释或者执行的相互协商程序，按照《国家税务总局关于发布〈税收协定相互协商程序实施办法〉的公告》（国家税务总局公告2013年第56号）的有关规定执行。

第六十一条　本办法施行前已受理但尚未达成一致的相互协商案件，适用本办法的规定。

第六十二条　本办法自2017年5月1日起施行。《特别纳税调整实施办法（试行）》（国税发〔2009〕2号文件印发）第四章、第五章、第十一章和第十二章,《国家税务总局关于加强转让定价跟踪管理有关问题的通知》(国税函〔2009〕188号),《国家税务总局关于强化跨境关联交易监控和调查的通知》(国税函〔2009〕363号),《国家税务总局关于特别纳税调整监控管理有关问题的公告》(国家税务总局公告2014年第54号),《国家税务总局关于企业向境外关联方支付费用有关企业所得税问题的公告》(国家税务总局公告2015年第16号)同时废止。

《财政部 税务总局关于广告费和业务宣传费支出税前扣除政策的通知》

(财税〔2017〕41号)

各省、自治区、直辖市、计划单列市财政厅(局)、国家税务局、地方税务局,新疆生产建设兵团财务局:

根据《中华人民共和国企业所得税法实施条例》(国务院令第512号)第四十四条规定,现就有关广告费和业务宣传费支出税前扣除政策通知如下:

一、对化妆品制造或销售、医药制造和饮料制造(不含酒类制造)企业发生的广告费和业务宣传费支出,不超过当年销售(营业)收入30%的部分,准予扣除;超过部分,准予在以后纳税年度结转扣除。

二、对签订广告费和业务宣传费分摊协议(以下简称分摊协议)的关联企业,其中一方发生的不超过当年销售(营业)收入税前扣除限额比例内的广告费和业务宣传费支出可以在本企业扣除,也可以将其中的部分或全部按照分摊协议归集至另一方扣除。另一方在计算本企业广告费和业务宣传费支出企业所得税税前扣除限额时,可将按照上述办法归集至本企业的广告费和业务宣传费不计算在内。

三、烟草企业的烟草广告费和业务宣传费支出,一律不得在计算应纳税所得额时扣除。

四、本通知自2016年1月1日起至2020年12月31日止执行。

《国家税务总局关于发布〈中华人民共和国企业所得税年度纳税申报表(A类,2017年版)〉的公告》

(国家税务总局公告2017年第54号)

为贯彻落实《中华人民共和国企业所得税法》及有关政策,现将《中华人民共和国企业所得税年度纳税申报表（A 类，2017 年版）》予以发布，适用于 2017 年度及以后年度企业所得税汇算清缴纳税申报。《国家税务总局关于发布〈中华人民共和国企业所得税年度纳税申报表（A 类，2014 年版）〉的公告》（国家税务总局公告 2014 年第 63 号）、《国家税务总局关于修改企业所得税年度纳税申报表（A 类，2014 年版）部分申报表的公告》（国家税务总局公告 2016 年第 3 号）同时废止。

特此公告。

附件：中华人民共和国企业所得税年度纳税申报表（A 类，2017 年版）（略）

《国家税务总局关于企业所得税有关问题的公告》

（国家税务总局公告 2016 年第 80 号）

根据《中华人民共和国企业所得税法》及其实施条例有关规定，现对企业所得税有关问题公告如下：

一、关于企业差旅费中人身意外保险费支出税前扣除问题

企业职工因公出差乘坐交通工具发生的人身意外保险费支出，准予企业在计算应纳税所得额时扣除。

二、企业移送资产所得税处理问题

企业发生《国家税务总局关于企业处置资产所得税处理问题的通知》（国税函〔2008〕828 号）第二条规定情形的，除另有规定外，应按照被移送资产的公允价值确定销售收入。

三、施行时间

本公告适用于 2016 年度及以后年度企业所得税汇算清缴。

《国家税务总局关于企业处置资产所得税处理问题的通知》（国税函〔2008〕828 号）第三条同时废止。

特此公告。

《国家税务总局关于完善关联申报和同期资料管理有关事项的公告》

（国家税务总局公告 2016 年第 42 号）

为进一步完善关联申报和同期资料管理，根据《中华人民共和国企业所得税法》（以下简称企业所得税法）及其实施条例、《中华人民共和国税收征收管

理法》（以下简称税收征管法）及其实施细则的有关规定，现就有关问题公告如下：

一、实行查账征收的居民企业和在中国境内设立机构、场所并据实申报缴纳企业所得税的非居民企业向税务机关报送年度企业所得税纳税申报表时，应当就其与关联方之间的业务往来进行关联申报，附送《中华人民共和国企业年度关联业务往来报告表（2016年版）》。

二、企业与其他企业、组织或者个人具有下列关系之一的，构成本公告所称关联关系：

（一）一方直接或者间接持有另一方的股份总和达到25%以上；双方直接或者间接同为第三方所持有的股份达到25%以上。

如果一方通过中间方对另一方间接持有股份，只要其对中间方持股比例达到25%以上，则其对另一方的持股比例按照中间方对另一方的持股比例计算。

两个以上具有夫妻、直系血亲、兄弟姐妹以及其他抚养、赡养关系的自然人共同持股同一企业，在判定关联关系时持股比例合并计算。

（二）双方存在持股关系或者同为第三方持股，虽持股比例未达到本条第（一）项规定，但双方之间借贷资金总额占任一方实收资本比例达到50%以上，或者一方全部借贷资金总额的10%以上由另一方担保（与独立金融机构之间的借贷或者担保除外）。

借贷资金总额占实收资本比例＝年度加权平均借贷资金/年度加权平均实收资本，其中：

年度加权平均借贷资金＝i笔借入或者贷出资金账面金额×i笔借入或者贷出资金年度实际占用天数/365

年度加权平均实收资本＝i笔实收资本账面金额×i笔实收资本年度实际占用天数/365

（三）双方存在持股关系或者同为第三方持股，虽持股比例未达到本条第（一）项规定，但一方的生产经营活动必须由另一方提供专利权、非专利技术、商标权、著作权等特许权才能正常进行。

（四）双方存在持股关系或者同为第三方持股，虽持股比例未达到本条第（一）项规定，但一方的购买、销售、接受劳务、提供劳务等经营活动由另一方控制。

上述控制是指一方有权决定另一方的财务和经营政策，并能据以从另一方的经营活动中获取利益。

（五）一方半数以上董事或者半数以上高级管理人员（包括上市公司董事会秘书、经理、副经理、财务负责人和公司章程规定的其他人员）由另一方任命或者委派，或者同时担任另一方的董事或者高级管理人员；或者双方各自半数以上董事或者半数以上高级管理人员同为第三方任命或者委派。

（六）具有夫妻、直系血亲、兄弟姐妹以及其他抚养、赡养关系的两个自然人分别与双方具有本条第（一）至（五）项关系之一。

（七）双方在实质上具有其他共同利益。

除本条第（二）项规定外，上述关联关系年度内发生变化的，关联关系按照实际存续期间认定。

三、仅因国家持股或者由国有资产管理部门委派董事、高级管理人员而存在本公告第二条第（一）至（五）项关系的，不构成本公告所称关联关系。

四、关联交易主要包括：

（一）有形资产使用权或者所有权的转让。有形资产包括商品、产品、房屋建筑物、交通工具、机器设备、工具器具等。

（二）金融资产的转让。金融资产包括应收账款、应收票据、其他应收款项、股权投资、债权投资和衍生金融工具形成的资产等。

（三）无形资产使用权或者所有权的转让。无形资产包括专利权、非专利技术、商业秘密、商标权、品牌、客户名单、销售渠道、特许经营权、政府许可、著作权等。

（四）资金融通。资金包括各类长短期借贷资金（含集团资金池）、担保费、各类应计息预付款和延期收付款等。

（五）劳务交易。劳务包括市场调查、营销策划、代理、设计、咨询、行政管理、技术服务、合约研发、维修、法律服务、财务管理、审计、招聘、培训、集中采购等。

五、存在下列情形之一的居民企业，应当在报送年度关联业务往来报告表时，填报国别报告：

（一）该居民企业为跨国企业集团的最终控股企业，且其上一会计年度合并财务报表中的各类收入金额合计超过55亿元。

最终控股企业是指能够合并其所属跨国企业集团所有成员实体财务报表的，且不能被其他企业纳入合并财务报表的企业。

成员实体应当包括：

1. 实际已被纳入跨国企业集团合并财务报表的任一实体。

2. 跨国企业集团持有该实体股权且按公开证券市场交易要求应被纳入但实际未被纳入跨国企业集团合并财务报表的任一实体。

3. 仅由于业务规模或者重要性程度而未被纳入跨国企业集团合并财务报表的任一实体。

4. 独立核算并编制财务报表的常设机构。

(二) 该居民企业被跨国企业集团指定为国别报告的报送企业。

国别报告主要披露最终控股企业所属跨国企业集团所有成员实体的全球所得、税收和业务活动的国别分布情况。

六、最终控股企业为中国居民企业的跨国企业集团，其信息涉及国家安全的，可以按照国家有关规定，豁免填报部分或者全部国别报告。

七、税务机关可以按照我国对外签订的协定、协议或者安排实施国别报告的信息交换。

八、企业虽不属于本公告第五条规定填报国别报告的范围，但其所属跨国企业集团按照其他国家有关规定应当准备国别报告，且符合下列条件之一的，税务机关可以在实施特别纳税调查时要求企业提供国别报告：

(一) 跨国企业集团未向任何国家提供国别报告。

(二) 虽然跨国企业集团已向其他国家提供国别报告，但我国与该国尚未建立国别报告信息交换机制。

(三) 虽然跨国企业集团已向其他国家提供国别报告，且我国与该国已建立国别报告信息交换机制，但国别报告实际未成功交换至我国。

九、企业在规定期限内报送年度关联业务往来报告表确有困难，需要延期的，应当按照税收征管法及其实施细则的有关规定办理。

十、企业应当依据企业所得税法实施条例第一百一十四条的规定，按纳税年度准备并按税务机关要求提供其关联交易的同期资料。

同期资料包括主体文档、本地文档和特殊事项文档。

十一、符合下列条件之一的企业，应当准备主体文档：

(一) 年度发生跨境关联交易，且合并该企业财务报表的最终控股企业所属企业集团已准备主体文档。

(二) 年度关联交易总额超过10亿元。

十二、主体文档主要披露最终控股企业所属企业集团的全球业务整体情况，包括以下内容：

(一) 组织架构

以图表形式说明企业集团的全球组织架构、股权结构和所有成员实体的地理分布。成员实体是指企业集团内任一营运实体，包括公司制企业、合伙企业和常设机构等。

(二) 企业集团业务

1. 企业集团业务描述，包括利润的重要价值贡献因素。

2. 企业集团营业收入前五位以及占营业收入超过5%的产品或者劳务的供

应链及其主要市场地域分布情况。供应链情况可以采用图表形式进行说明。

3. 企业集团除研发外的重要关联劳务及简要说明，说明内容包括主要劳务提供方提供劳务的胜任能力、分配劳务成本以及确定关联劳务价格的转让定价政策。

4. 企业集团内各成员实体主要价值贡献分析，包括执行的关键功能、承担的重大风险，以及使用的重要资产。

5. 企业集团会计年度内发生的业务重组，产业结构调整，集团内企业功能、风险或者资产的转移。

6. 企业集团会计年度内发生的企业法律形式改变、债务重组、股权收购、资产收购、合并、分立等。

（三）无形资产

1. 企业集团开发、应用无形资产及确定无形资产所有权归属的整体战略，包括主要研发机构所在地和研发管理活动发生地及其主要功能、风险、资产和人员情况。

2. 企业集团对转让定价安排有显著影响的无形资产或者无形资产组合，以及对应的无形资产所有权人。

3. 企业集团内各成员实体与其关联方的无形资产重要协议清单，重要协议包括成本分摊协议、主要研发服务协议和许可协议等。

4. 企业集团内与研发活动及无形资产相关的转让定价政策。

5. 企业集团会计年度内重要无形资产所有权和使用权关联转让情况，包括转让涉及的企业、国家以及转让价格等。

（四）融资活动

1. 企业集团内部各关联方之间的融资安排以及与非关联方的主要融资安排。

2. 企业集团内提供集中融资功能的成员实体情况，包括其注册地和实际管理机构所在地。

3. 企业集团内部各关联方之间融资安排的总体转让定价政策。

（五）财务与税务状况

1. 企业集团最近一个会计年度的合并财务报表。

2. 企业集团内各成员实体签订的单边预约定价安排、双边预约定价安排以及涉及国家之间所得分配的其他税收裁定的清单及简要说明。

3. 报送国别报告的企业名称及其所在地。

十三、年度关联交易金额符合下列条件之一的企业，应当准备本地文档：

（一）有形资产所有权转让金额（来料加工业务按照年度进出口报关价格

计算）超过 2 亿元。

（二）金融资产转让金额超过 1 亿元。

（三）无形资产所有权转让金额超过 1 亿元。

（四）其他关联交易金额合计超过 4000 万元。

十四、本地文档主要披露企业关联交易的详细信息，包括以下内容：

（一）企业概况

1. 组织结构，包括企业各职能部门的设置、职责范围和雇员数量等。

2. 管理架构，包括企业各级管理层的汇报对象以及汇报对象主要办公所在地等。

3. 业务描述，包括企业所属行业的发展概况、产业政策、行业限制等影响企业和行业的主要经济和法律问题，主要竞争者等。

4. 经营策略，包括企业各部门、各环节的业务流程，运营模式，价值贡献因素等。

5. 财务数据，包括企业不同类型业务及产品的收入、成本、费用及利润。

6. 涉及本企业或者对本企业产生影响的重组或者无形资产转让情况，以及对本企业的影响分析。

（二）关联关系

1. 关联方信息，包括直接或者间接拥有企业股权的关联方，以及与企业发生交易的关联方，内容涵盖关联方名称、法定代表人、高级管理人员的构成情况、注册地址、实际经营地址，以及关联个人的姓名、国籍、居住地等情况。

2. 上述关联方适用的具有所得税性质的税种、税率及相应可享受的税收优惠。

3. 本会计年度内，企业关联关系的变化情况。

（三）关联交易

1. 关联交易概况

（1）关联交易描述和明细，包括关联交易相关合同或者协议副本及其执行情况的说明，交易标的的特性，关联交易的类型、参与方、时间、金额、结算货币、交易条件、贸易形式，以及关联交易与非关联交易业务的异同等。

（2）关联交易流程，包括关联交易的信息流、物流和资金流，与非关联交易业务流程的异同。

（3）功能风险描述，包括企业及其关联方在各类关联交易中执行的功能、承担的风险和使用的资产。

（4）交易定价影响要素，包括关联交易涉及的无形资产及其影响，成本节约、市场溢价等地域特殊因素。地域特殊因素应从劳动力成本、环境成本、市场规模、市场竞争程度、消费者购买力、商品或者劳务的可替代性、政府管制等方面进行分析。

（5）关联交易数据，包括各关联方、各类关联交易涉及的交易金额。分别披露关联交易和非关联交易的收入、成本、费用和利润，不能直接归集的，按照合理比例划分，并说明该划分比例的依据。

2. 价值链分析

（1）企业集团内业务流、物流和资金流，包括商品、劳务或者其他交易标的从设计、开发、生产制造、营销、销售、交货、结算、消费、售后服务、循环利用等各环节及其参与方。

（2）上述各环节参与方最近会计年度的财务报表。

（3）地域特殊因素对企业创造价值贡献的计量及其归属。

（4）企业集团利润在全球价值链条中的分配原则和分配结果。

3. 对外投资

（1）对外投资基本信息，包括对外投资项目的投资地区、金额、主营业务及战略规划。

（2）对外投资项目概况，包括对外投资项目的股权架构、组织结构，高级管理人员的雇佣方式，项目决策权限的归属。

（3）对外投资项目数据，包括对外投资项目的营运数据。

4. 关联股权转让

（1）股权转让概况，包括转让背景、参与方、时间、价格、支付方式，以及影响股权转让的其他因素。

（2）股权转让标的的相关信息，包括股权转让标的所在地，出让方获取该股权的时间、方式和成本，股权转让收益等信息。

（3）尽职调查报告或者资产评估报告等与股权转让相关的其他信息。

5. 关联劳务

（1）关联劳务概况，包括劳务提供方和接受方，劳务的具体内容、特性、开展方式、定价原则、支付形式，以及劳务发生后各方受益情况等。

（2）劳务成本费用的归集方法、项目、金额、分配标准、计算过程及结果等。

（3）企业及其所属企业集团与非关联方存在相同或者类似劳务交易的，还应当详细说明关联劳务与非关联劳务在定价原则和交易结果上的异同。

6. 与企业关联交易直接相关的，中国以外其他国家税务主管当局签订的预约定价安排和作出的其他税收裁定。

（四）可比性分析

1. 可比性分析考虑的因素，包括交易资产或者劳务特性、交易各方功能、风险和资产、合同条款、经济环境、经营策略等。

2. 可比企业执行的功能、承担的风险以及使用的资产等相关信息。

3. 可比对象搜索方法、信息来源、选择条件及理由。

4. 所选取的内部或者外部可比非受控交易信息和可比企业的财务信息。

5. 可比数据的差异调整及理由。

（五）转让定价方法的选择和使用

1. 被测试方的选择及理由。

2. 转让定价方法的选用及理由，无论选择何种转让定价方法，均须说明企业对集团整体利润或者剩余利润所做的贡献。

3. 确定可比非关联交易价格或者利润的过程中所做的假设和判断。

4. 运用合理的转让定价方法和可比性分析结果，确定可比非关联交易价格或者利润。

5. 其他支持所选用转让定价方法的资料。

6. 关联交易定价是否符合独立交易原则的分析及结论。

十五、特殊事项文档包括成本分摊协议特殊事项文档和资本弱化特殊事项文档。

企业签订或者执行成本分摊协议的，应当准备成本分摊协议特殊事项文档。

企业关联债资比例超过标准比例需要说明符合独立交易原则的，应当准备资本弱化特殊事项文档。

十六、成本分摊协议特殊事项文档包括以下内容：

（一）成本分摊协议副本。

（二）各参与方之间达成的为实施成本分摊协议的其他协议。

（三）非参与方使用协议成果的情况、支付的金额和形式，以及支付金额在参与方之间的分配方式。

（四）本年度成本分摊协议的参与方加入或者退出的情况，包括加入或者退出的参与方名称、所在国家和关联关系，加入支付或者退出补偿的金额及形式。

（五）成本分摊协议的变更或者终止情况，包括变更或者终止的原因、对已形成协议成果的处理或者分配。

（六）本年度按照成本分摊协议发生的成本总额及构成情况。

（七）本年度各参与方成本分摊的情况，包括成本支付的金额、形式和对象，作出或者接受补偿支付的金额、形式和对象。

（八）本年度协议预期收益与实际收益的比较以及由此作出的调整。

（九）预期收益的计算，包括计量参数的选取、计算方法和改变理由。

十七、资本弱化特殊事项文档包括以下内容：

（一）企业偿债能力和举债能力分析。

（二）企业集团举债能力及融资结构情况分析。

（三）企业注册资本等权益投资的变动情况说明。

（四）关联债权投资的性质、目的及取得时的市场状况。

（五）关联债权投资的货币种类、金额、利率、期限及融资条件。

（六）非关联方是否能够并且愿意接受上述融资条件、融资金额及利率。

（七）企业为取得债权性投资而提供的抵押品情况及条件。

（八）担保人状况及担保条件。

（九）同类同期贷款的利率情况及融资条件。

（十）可转换公司债券的转换条件。

（十一）其他能够证明符合独立交易原则的资料。

十八、企业执行预约定价安排的，可以不准备预约定价安排涉及关联交易的本地文档和特殊事项文档，且关联交易金额不计入本公告第十三条规定的关联交易金额范围。

企业仅与境内关联方发生关联交易的，可以不准备主体文档、本地文档和特殊事项文档。

十九、主体文档应当在企业集团最终控股企业会计年度终了之日起 12 个月内准备完毕；本地文档和特殊事项文档应当在关联交易发生年度次年 6 月 30 日之前准备完毕。同期资料应当自税务机关要求之日起 30 日内提供。

二十、企业因不可抗力无法按期提供同期资料的，应当在不可抗力消除后 30 日内提供同期资料。

二十一、同期资料应当使用中文，并标明引用信息资料的出处来源。

二十二、同期资料应当加盖企业印章，并由法定代表人或者法定代表人授权的代表签章。

二十三、企业合并、分立的，应当由合并、分立后的企业保存同期资料。

二十四、同期资料应当自税务机关要求的准备完毕之日起保存 10 年。

二十五、企业依照有关规定进行关联申报、提供同期资料及有关资料的，税务机关实施特别纳税调查补征税款时，可以依据企业所得税法实施条例第一百二十二条的规定，按照税款所属纳税年度中国人民银行公布的与补税期间同期的人民币贷款基准利率加收利息。

二十六、涉及港澳台地区的，参照本公告相关规定处理。

二十七、本公告适用于 2016 年及以后的会计年度。《特别纳税调整实施办法（试行）》（国税发〔2009〕2 号文件印发）第二章、第三章、第七十四条和第八十九条、《中华人民共和国企业年度关联业务往来报告表》（国税发〔2008〕114 号文件印发）同时废止。

特此公告。

附件：1. 中华人民共和国企业年度关联业务往来报告表（2016 年版）（略）
   2.《中华人民共和国企业年度关联业务往来报告表（2016 年版）》填报说明（略）

《国家税务总局关于开具〈中国税收居民身份证明〉有关事项的公告》

（国家税务总局公告 2016 年第 40 号）[①]

根据《中华人民共和国税收征收管理法》及其实施细则、《中华人民共和国企业所得税法》及其实施条例、《中华人民共和国个人所得税法》及其实施条例以及相关法律法规，为服务企业和个人开展对外投资、经营和提供劳务活动，便利《中国税收居民身份证明》（以下简称《税收居民证明》，见附件 1）开具，现就有关事项公告如下：

一、企业或者个人（以下统称申请人）为享受中国政府对外签署的税收协定（含与香港、澳门和台湾签署的税收安排或者协议）、航空协定税收条款、海运协定税收条款、汽车运输协定税收条款、互免国际运输收入税收协议或者换函（以下统称税收协定）待遇，可以向税务机关申请开具《税收居民证明》。

二、申请人向主管其所得税的县国家税务局、地方税务局（以下统称主管税务机关）申请开具《税收居民证明》。

中国居民企业的境内、外分支机构应当通过其总机构向总机构主管税务机关提出申请。合伙企业应当以其中国居民合伙人作为申请人，向中国居民合伙人主管税务机关提出申请。

三、申请人可以就其构成中国税收居民的任一公历年度申请开具《税收居民证明》。

四、申请人申请开具《税收居民证明》应当提交以下申请表和资料：

[①] 根据《国家税务总局关于修改部分税收规范性文件的公告》（国家税务总局公告 2018 年第 31 号），第二条中的"国家税务局、地方税务局（以下统称主管税务机关）"修改为"主管税务机关"。

（一）《中国税收居民身份证明》申请表（见附件2）；

（二）与拟享受税收协定待遇的收入有关的合同、协议、董事会或者股东会决议、支付凭证等证明资料；

（三）申请人为个人且在中国境内有住所的，提供因户籍、家庭、经济利益关系而在中国境内习惯性居住的证明材料，证明材料包括申请人身份信息、说明材料或者其他材料；

（四）申请人为个人且无住所、在中国境内居住满一年的，提供在中国境内实际居住时间的相关证明材料，证明材料包括护照信息、说明材料或者其他材料；

（五）境内、外分支机构通过其总机构提出申请时，还需提供总分机构的登记注册情况；

（六）以合伙企业的中国居民合伙人提出申请时，还需提供合伙企业登记注册情况。

上述填报或报送的资料应当采用中文文本。相关资料原件为外文文本的，应当同时提供中文译本。申请人可以向主管税务机关提交上述资料的复印件，但是应当在复印件上加盖申请人印章或签章，并按照主管税务机关要求报验原件。

五、申请人提交资料齐全的，主管税务机关应当按规定当场受理；资料不齐全的，主管税务机关不予受理，并一次性告知申请人应补正内容。

六、主管税务机关根据《中华人民共和国企业所得税法》及其实施条例、《中华人民共和国个人所得税法》及其实施条例等规定，结合纳税人登记注册、在中国境内住所及居住时间等情况对居民身份进行判定。

七、主管税务机关在受理申请之日起10个工作日内，由负责人签发《税收居民证明》并加盖公章或者将不予开具的理由书面告知申请人。

主管税务机关无法准确判断居民身份的，应当及时报告上级税务机关。需要报告上级税务机关的，主管税务机关应当在受理申请之日起20个工作日内办结。

八、主管税务机关或者上级税务机关根据申请人提交资料无法作出判断的，可以要求申请人补充提供相关资料，需要补充的内容应当一次性书面告知。申请人补充资料的时间不计入上述工作时限。

九、主管税务机关对开具的《税收居民证明》进行统一编号，编号格式为：税务机构代码（前7位）+年份（4位）+顺序号（5位）。"年份"为开具《税收居民证明》的公历年度，"顺序号"为本年度主管税务机关开具的自然顺序号。

十、缔约对方税务主管当局对《税收居民证明》样式有特殊要求的，申请人应当提供书面说明以及《税收居民证明》样式，主管税务机关可以按照上述规定予以办理。

十一、各地税务机关可以进一步拓展或者优化服务方式，提高信息化水平和办理时效，为申请人享受税收协定待遇提供便利。各地税务机关要加强对开具《税收居民证明》的申请人来源于境外所得的税收管理，帮助其降低税收风险。

十二、本公告自 2016 年 10 月 1 日起施行。《国家税务总局关于做好〈中国税收居民身份证明〉开具工作的通知》（国税函〔2008〕829 号）、《国家税务总局关于做好〈中国税收居民身份证明〉开具工作的补充通知》（国税函〔2010〕218 号）、《国家税务总局关于印发〈境外注册中资控股居民企业所得税管理办法（试行）〉的公告》（国家税务总局公告 2011 年第 45 号）第二十八条同时废止。

特此公告。

附件：1. 中国税收居民身份证明（略）
　　　2.《中国税收居民身份证明》申请表（略）

《财政部　国家税务总局关于完善股权激励和技术入股有关所得税政策的通知》

（财税〔2016〕101 号）

各省、自治区、直辖市、计划单列市财政厅（局）、国家税务局、地方税务局，新疆生产建设兵团财务局：

为支持国家大众创业、万众创新战略的实施，促进我国经济结构转型升级，经国务院批准，现就完善股权激励和技术入股有关所得税政策通知如下：

一、对符合条件的非上市公司股票期权、股权期权、限制性股票和股权奖励实行递延纳税政策

（一）非上市公司授予本公司员工的股票期权、股权期权、限制性股票和股权奖励，符合规定条件的，经向主管税务机关备案，可实行递延纳税政策，即员工在取得股权激励时可暂不纳税，递延至转让该股权时纳税；股权转让时，按照股权转让收入减除股权取得成本以及合理税费后的差额，适用"财产转让所得"项目，按照 20% 的税率计算缴纳个人所得税。

股权转让时，股票（权）期权取得成本按行权价确定，限制性股票取得成

本按实际出资额确定，股权奖励取得成本为零。

（二）享受递延纳税政策的非上市公司股权激励（包括股票期权、股权期权、限制性股票和股权奖励，下同）须同时满足以下条件：

1. 属于境内居民企业的股权激励计划。

2. 股权激励计划经公司董事会、股东（大）会审议通过。未设股东（大）会的国有单位，经上级主管部门审核批准。股权激励计划应列明激励目的、对象、标的、有效期、各类价格的确定方法、激励对象获取权益的条件、程序等。

3. 激励标的应为境内居民企业的本公司股权。股权奖励的标的可以是技术成果投资入股到其他境内居民企业所取得的股权。激励标的股票（权）包括通过增发、大股东直接让渡以及法律法规允许的其他合理方式授予激励对象的股票（权）。

4. 激励对象应为公司董事会或股东（大）会决定的技术骨干和高级管理人员，激励对象人数累计不得超过本公司最近6个月在职职工平均人数的30%。

5. 股票（权）期权自授予日起应持有满3年，且自行权日起持有满1年；限制性股票自授予日起应持有满3年，且解禁后持有满1年；股权奖励自获得奖励之日起应持有满3年。上述时间条件须在股权激励计划中列明。

6. 股票（权）期权自授予日至行权日的时间不得超过10年。

7. 实施股权奖励的公司及其奖励股权标的公司所属行业均不属于《股权奖励税收优惠政策限制性行业目录》范围（见附件）。公司所属行业按公司上一纳税年度主营业务收入占比最高的行业确定。

（三）本通知所称股票（权）期权是指公司给予激励对象在一定期限内以事先约定的价格购买本公司股票（权）的权利；所称限制性股票是指公司按照预先确定的条件授予激励对象一定数量的本公司股权，激励对象只有工作年限或业绩目标符合股权激励计划规定条件的才可以处置该股权；所称股权奖励是指企业无偿授予激励对象一定份额的股权或一定数量的股份。

（四）股权激励计划所列内容不同时满足第一条第（二）款规定的全部条件，或递延纳税期间公司情况发生变化，不再符合第一条第（二）款第4至6项条件的，不得享受递延纳税优惠，应按规定计算缴纳个人所得税。

二、对上市公司股票期权、限制性股票和股权奖励适当延长纳税期限

（一）上市公司授予个人的股票期权、限制性股票和股权奖励，经向主管税务机关备案，个人可自股票期权行权、限制性股票解禁或取得股权奖励之日起，在不超过12个月的期限内缴纳个人所得税。《财政部、国家税务总局关于上市公司高管人员股票期权所得缴纳个人所得税有关问题的通知》（财税〔2009〕40号）自本通知施行之日起废止。

（二）上市公司股票期权、限制性股票应纳税款的计算，继续按照《财政部、国家税务总局关于个人股票期权所得征收个人所得税问题的通知》（财税〔2005〕35号）、《财政部、国家税务总局关于股票增值权所得和限制性股票所得征收个人所得税有关问题的通知》（财税〔2009〕5号）、《国家税务总局关于股权激励有关个人所得税问题的通知》（国税函〔2009〕461号）等相关规定执行。股权奖励应纳税款的计算比照上述规定执行。

三、对技术成果投资入股实施选择性税收优惠政策

（一）企业或个人以技术成果投资入股到境内居民企业，被投资企业支付的对价全部为股票（权）的，企业或个人可选择继续按现行有关税收政策执行，也可选择适用递延纳税优惠政策。

选择技术成果投资入股递延纳税政策的，经向主管税务机关备案，投资入股当期可暂不纳税，允许递延至转让股权时，按股权转让收入减去技术成果原值和合理税费后的差额计算缴纳所得税。

（二）企业或个人选择适用上述任一项政策，均允许被投资企业按技术成果投资入股时的评估值入账并在企业所得税前摊销扣除。

（三）技术成果是指专利技术（含国防专利）、计算机软件著作权、集成电路布图设计专有权、植物新品种权、生物医药新品种，以及科技部、财政部、国家税务总局确定的其他技术成果。

（四）技术成果投资入股，是指纳税人将技术成果所有权让渡给被投资企业、取得该企业股票（权）的行为。

四、相关政策

（一）个人从任职受雇企业以低于公平市场价格取得股票（权）的，凡不符合递延纳税条件，应在获得股票（权）时，对实际出资额低于公平市场价格的差额，按照"工资、薪金所得"项目，参照《财政部、国家税务总局关于个人股票期权所得征收个人所得税问题的通知》（财税〔2005〕35号）有关规定计算缴纳个人所得税。

（二）个人因股权激励、技术成果投资入股取得股权后，非上市公司在境内上市的，处置递延纳税的股权时，按照现行限售股有关征税规定执行。

（三）个人转让股权时，视同享受递延纳税优惠政策的股权优先转让。递延纳税的股权成本按照加权平均法计算，不与其他方式取得的股权成本合并计算。

（四）持有递延纳税的股权期间，因该股权产生的转增股本收入，以及以该递延纳税的股权再进行非货币性资产投资的，应在当期缴纳税款。

（五）全国中小企业股份转让系统挂牌公司按照本通知第一条规定执行。

适用本通知第二条规定的上市公司是指其股票在上海证券交易所、深圳证券交易所上市交易的股份有限公司。

五、配套管理措施

（一）对股权激励或技术成果投资入股选择适用递延纳税政策的，企业应在规定期限内到主管税务机关办理备案手续。未办理备案手续的，不得享受本通知规定的递延纳税优惠政策。

（二）企业实施股权激励或个人以技术成果投资入股，以实施股权激励或取得技术成果的企业为个人所得税扣缴义务人。递延纳税期间，扣缴义务人应在每个纳税年度终了后向主管税务机关报告递延纳税有关情况。

（三）工商部门应将企业股权变更信息及时与税务部门共享，暂不具备联网实时共享信息条件的，工商部门应在股权变更登记3个工作日内将信息与税务部门共享。

六、本通知自2016年9月1日起施行。

中关村国家自主创新示范区2016年1月1日至8月31日之间发生的尚未纳税的股权奖励事项，符合本通知规定的相关条件的，可按本通知有关政策执行。

《国家税务总局关于我国居民企业实行股权激励计划有关企业所得税处理问题的公告》

（国家税务总局公告2012年第18号）

为推进我国资本市场改革，促进企业建立健全激励与约束机制，根据国务院证券管理委员会发布的《上市公司股权激励管理办法（试行）》（证监公司字〔2005〕151号，以下简称《管理办法》）的规定，一些在我国境内上市的居民企业（以下简称上市公司），为其职工建立了股权激励计划。根据《中华人民共和国企业所得税法》及其实施条例（以下简称税法）的有关规定，现就上市公司实施股权激励计划有关企业所得税处理问题，公告如下：

一、本公告所称股权激励，是指《管理办法》中规定的上市公司以本公司股票为标的，对其董事、监事、高级管理人员及其他员工（以下简称激励对象）进行的长期性激励。股权激励实行方式包括授予限制性股票、股票期权以及其他法律法规规定的方式。

限制性股票，是指《管理办法》中规定的激励对象按照股权激励计划规定的条件，从上市公司获得的一定数量的本公司股票。

股票期权，是指《管理办法》中规定的上市公司按照股权激励计划授予激励对象在未来一定期限内，以预先确定的价格和条件购买本公司一定数量股票的权利。

二、上市公司依照《管理办法》要求建立职工股权激励计划，并按我国企业会计准则的有关规定，在股权激励计划授予激励对象时，按照该股票的公允价格及数量，计算确定作为上市公司相关年度的成本或费用，作为换取激励对象提供服务的对价。上述企业建立的职工股权激励计划，其企业所得税的处理，按以下规定执行：

（一）对股权激励计划实行后立即可以行权的，上市公司可以根据实际行权时该股票的公允价格与激励对象实际行权支付价格的差额和数量，计算确定作为当年上市公司工资薪金支出，依照税法规定进行税前扣除。

（二）对股权激励计划实行后，需待一定服务年限或者达到规定业绩条件（以下简称等待期）方可行权的，上市公司等待期内会计上计算确认的相关成本费用，不得在对应年度计算缴纳企业所得税时扣除。在股权激励计划可行权后，上市公司方可根据该股票实际行权时的公允价格与当年激励对象实际行权支付价格的差额及数量，计算确定作为当年上市公司工资薪金支出，依照税法规定进行税前扣除。

（三）本条所指股票实际行权时的公允价格，以实际行权日该股票的收盘价格确定。

三、在我国境外上市的居民企业和非上市公司，凡比照《管理办法》的规定建立职工股权激励计划，且在企业会计处理上，也按我国会计准则的有关规定处理的，其股权激励计划有关企业所得税处理问题，可以按照上述规定执行。

四、本公告自 2012 年 7 月 1 日起施行。

特此公告。

《财政部 国家税务总局关于铁路债券利息收入所得税政策问题的通知》

（财税〔2016〕30 号）

各省、自治区、直辖市、计划单列市财政厅（局）、国家税务局、地方税务局，新疆生产建设兵团财务局：

经国务院批准，现就投资者取得中国铁路总公司发行的铁路债券利息收入有关所得税政策通知如下：

一、对企业投资者持有 2016~2018 年发行的铁路债券取得的利息收入，减半征收企业所得税。

二、对个人投资持有 2016~2018 年发行的铁路债券取得的利息收入，减按 50% 计入应纳税所得额计算征收个人所得税。税款由兑付机构在向个人投资者兑付利息时代扣代缴。

三、铁路债券是指以中国铁路总公司为发行和偿还主体的债券，包括中国铁路建设债券、中期票据、短期融资券等债务融资工具。

请遵照执行。

《财政部　国家税务总局关于 2014~2015 年铁路建设债券利息收入企业所得税政策的通知》

（财税〔2014〕2 号）

各省、自治区、直辖市、计划单列市财政厅（局）、国家税务局、地方税务局，新疆生产建设兵团财务局：

根据《研究"十二五"后三年铁路建设总体安排有关问题的会议纪要》（国阅〔2012〕80 号）和《国务院关于组建中国铁路总公司有关问题的批复》（国函〔2013〕47 号），现就企业取得中国铁路建设债券利息收入有关企业所得税政策通知如下：

一、对企业持有 2014 年和 2015 年发行的中国铁路建设债券取得的利息收入，减半征收企业所得税。

二、中国铁路建设债券是指经国家发展改革委核准，以中国铁路总公司为发行和偿还主体的债券。

请遵照执行。

《财政部　国家税务总局关于铁路建设债券利息收入企业所得税政策的通知》

（财税〔2011〕99 号）

各省、自治区、直辖市、计划单列市财政厅（局）、国家税务局、地方税务局，新疆生产建设兵团财务局：

经国务院批准，现就企业取得中国铁路建设债券利息收入有关企业所得

政策通知如下:

一、对企业持有 2011~2013 年发行的中国铁路建设债券取得的利息收入,减半征收企业所得税。

二、中国铁路建设债券是指经国家发展改革委核准,以铁道部为发行和偿还主体的债券。

请遵照执行。

《国家税务总局关于做好居民企业报告境外投资和所得信息工作的通知》

(税总函〔2015〕327 号)

各省、自治区、直辖市和计划单列市国家税务局、地方税务局:

为贯彻落实《国家税务总局关于居民企业报告境外投资和所得信息有关问题的公告》(国家税务总局公告 2014 年第 38 号,以下简称《公告》)要求,提高信息申报质量,现就有关填报口径及工作要求通知如下:

一、在《公告》实施前,企业已按照《国家税务总局关于印发〈中华人民共和国企业年度关联业务往来报告表〉的通知》(国税发〔2008〕114 号)的规定填报有关对外投资信息,且未发生变化的,在《公告》实施后可不再重复报送。

二、企业按照《公告》第二条第(二)款规定应该报送的年度独立财务报表包括按照中国会计制度规定需要编报的主表及相关附表,以及会计报表附注、财务情况说明书、审计报告等附属资料。

三、《受控外国企业信息报告表》第六项受控外国企业利润分配项下有关栏目填表说明如下:

(一)可分配利润总额栏按照受控外国企业当年度独立资产负债表未分配利润期末余额与当年实际分配数额之和填报。

(二)以前年度已视同分配额栏按照以前年度已视同分配金额扣除该视同分配金额的实际分配额后的余额填报。计算结果为负数的,填报零。

(三)本年度分配额超出以前年度已视同分配额的数额栏按照本年度分配额与以前年度已视同分配额之差填报。计算结果为负数的,填报零。

(四)各可抵免外国税额栏按照前面一栏相应利润额依据《财政部、国家税务总局关于企业境外所得税收抵免有关问题的通知(财税〔2009〕125 号)》及有关文件规定计算的可抵免境外所得税税额填报。

四、各主管税务机关应按照《国家税务总局关于落实"一带一路"发展战

略要求 做好税收服务与管理工作的通知》（税总发〔2015〕60号）的要求，做好信息填报辅导工作，为企业遵从提供方便。同时，结合企业所得税年度汇算清缴，注意将企业报告的境外投资和所得信息与企业所得税年度申报信息衔接、比对，督促纳税人及时、准确履行申报义务。

《国家税务总局关于许可使用权技术转让所得企业所得税有关问题的公告》

（国家税务总局公告2015年第82号）

根据《中华人民共和国企业所得税法》及其实施条例、《财政部、国家税务总局关于将国家自主创新示范区有关税收试点政策推广到全国范围实施的通知》（财税〔2015〕116号）规定，现就许可使用权技术转让所得企业所得税有关问题公告如下：

一、自2015年10月1日起，全国范围内的居民企业转让5年（含，下同）以上非独占许可使用权取得的技术转让所得，纳入享受企业所得税优惠的技术转让所得范围。居民企业的年度技术转让所得不超过500万元的部分，免征企业所得税；超过500万元的部分，减半征收企业所得税。

所称技术包括专利（含国防专利）、计算机软件著作权、集成电路布图设计专有权、植物新品种权、生物医药新品种，以及财政部和国家税务总局确定的其他技术。其中，专利是指法律授予独占权的发明、实用新型以及非简单改变产品图案和形状的外观设计。

二、企业转让符合条件的5年以上非独占许可使用权的技术，限于其拥有所有权的技术。技术所有权的权属由国务院行政主管部门确定。其中，专利由国家知识产权局确定权属；国防专利由总装备部确定权属；计算机软件著作权由国家版权局确定权属；集成电路布图设计专有权由国家知识产权局确定权属；植物新品种权由农业部确定权属；生物医药新品种由国家食品药品监督管理总局确定权属。

三、符合条件的5年以上非独占许可使用权技术转让所得应按以下方法计算：

技术转让所得＝技术转让收入－无形资产摊销费用－相关税费－应分摊期间费用

技术转让收入是指转让方履行技术转让合同后获得的价款，不包括销售或转让设备、仪器、零部件、原材料等非技术性收入。不属于与技术转让项目密不可分的技术咨询、服务、培训等收入，不得计入技术转让收入。技术许可使用权转让收入，应按转让协议约定的许可使用权人应付许可使用权使用费的日期确认收入的实现。

无形资产摊销费用是指该无形资产按税法规定当年计算摊销的费用。涉及自用和对外许可使用的，应按照受益原则合理划分。

相关税费是指技术转让过程中实际发生的有关税费，包括除企业所得税和允许抵扣的增值税以外的各项税金及其附加、合同签订费用、律师费等相关费用。

应分摊期间费用（不含无形资产摊销费用和相关税费）是指技术转让按照当年销售收入占比分摊的期间费用。

四、企业享受技术转让所得企业所得税优惠的其他相关问题，仍按照《国家税务总局关于技术转让所得减免企业所得税有关问题的通知》（国税函〔2009〕212号）、《财政部、国家税务总局关于居民企业技术转让有关企业所得税政策问题的通知》（财税〔2010〕111号）、《国家税务总局关于技术转让所得减免企业所得税有关问题的公告》（国家税务总局公告2013年第62号）规定执行。

五、本公告自2015年10月1日起施行。本公告实施之日起，企业转让5年以上非独占许可使用权确认的技术转让收入，按本公告执行。

特此公告。

《国家税务总局关于技术转让所得减免企业所得税有关问题的公告》

（国家税务总局公告2013年第62号）

为加强技术转让所得减免企业所得税的征收管理，现将《国家税务总局关于技术转让所得减免企业所得税有关问题的通知》（国税函〔2009〕212号）中技术转让收入计算的有关问题，公告如下：

一、可以计入技术转让收入的技术咨询、技术服务、技术培训收入，是指转让方为使受让方掌握所转让的技术投入使用、实现产业化而提供的必要的技术咨询、技术服务、技术培训所产生的收入，并应同时符合以下条件：

（一）在技术转让合同中约定的与该技术转让相关的技术咨询、技术服务、技术培训；

（二）技术咨询、技术服务、技术培训收入与该技术转让项目收入一并收取价款。

二、本公告自 2013 年 11 月 1 日起施行。此前已进行企业所得税处理的相关业务，不作纳税调整。

《财政部 国家税务总局关于居民企业技术转让有关企业所得税政策问题的通知》

(财税〔2010〕111 号)

各省、自治区、直辖市、计划单列市财政厅（局）、国家税务局、地方税务局，新疆生产建设兵团财务局：

根据《中华人民共和国企业所得税法》（以下简称企业所得税法）及《中华人民共和国企业所得税法实施条例》（国务院令第 512 号，以下简称实施条例）的有关规定，现就符合条件的技术转让所得减免企业所得税有关问题通知如下：

一、技术转让的范围，包括居民企业转让专利技术、计算机软件著作权、集成电路布图设计权、植物新品种、生物医药新品种，以及财政部和国家税务总局确定的其他技术。

其中：专利技术，是指法律授予独占权的发明、实用新型和非简单改变产品图案的外观设计。

二、本通知所称技术转让，是指居民企业转让其拥有符合本通知第一条规定技术的所有权或 5 年以上（含 5 年）全球独占许可使用权的行为。

三、技术转让应签订技术转让合同。其中，境内的技术转让须经省级以上（含省级）科技部门认定登记，跨境的技术转让须经省级以上（含省级）商务部门认定登记，涉及财政经费支持产生技术的转让，需省级以上（含省级）科技部门审批。

居民企业技术出口应由有关部门按照商务部、科技部发布的《中国禁止出口限制出口技术目录》（商务部、科技部令 2008 年第 12 号）进行审查。居民企业取得禁止出口和限制出口技术转让所得，不享受技术转让减免企业所得税优惠政策。

四、居民企业从直接或间接持有股权之和达到 100% 的关联方取得的技术转让所得，不享受技术转让减免企业所得税优惠政策。

五、本通知自 2008 年 1 月 1 日起执行。

《国家税务总局关于技术转让所得减免企业所得税有关问题的通知》

(国税函〔2009〕212号)

各省、自治区、直辖市和计划单列市国家税务局、地方税务局:

根据《中华人民共和国企业所得税法》(以下简称企业所得税法)及其实施条例和相关规定,现就符合条件的技术转让所得减免企业所得税有关问题通知如下:

一、根据企业所得税法第二十七条第(四)项规定,享受减免企业所得税优惠的技术转让应符合以下条件:

(一)享受优惠的技术转让主体是企业所得税法规定的居民企业;

(二)技术转让属于财政部、国家税务总局规定的范围;

(三)境内技术转让经省级以上科技部门认定;

(四)向境外转让技术经省级以上商务部门认定;

(五)国务院税务主管部门规定的其他条件。

二、符合条件的技术转让所得应按以下方法计算:

技术转让所得=技术转让收入-技术转让成本-相关税费

技术转让收入是指当事人履行技术转让合同后获得的价款,不包括销售或转让设备、仪器、零部件、原材料等非技术性收入。不属于与技术转让项目密不可分的技术咨询、技术服务、技术培训等收入,不得计入技术转让收入。

技术转让成本是指转让的无形资产的净值,即该无形资产的计税基础减除在资产使用期间按照规定计算的摊销扣除额后的余额。

相关税费是指技术转让过程中实际发生的有关税费,包括除企业所得税和允许抵扣的增值税以外的各项税金及其附加、合同签订费用、律师费等相关费用及其他支出。

三、享受技术转让所得减免企业所得税优惠的企业,应单独计算技术转让所得,并合理分摊企业的期间费用;没有单独计算的,不得享受技术转让所得企业所得税优惠。

四、企业发生技术转让,应在纳税年度终了后至报送年度纳税申报表以前,向主管税务机关办理减免税备案手续。①

---

① 根据《国家税务总局关于公布失效废止的税务部门规章和税收规范性文件目录的决定》(国家税务总局令第42号),废止第四条。

（一）企业发生境内技术转让，向主管税务机关备案时应报送以下资料：

1. 技术转让合同（副本）；
2. 省级以上科技部门出具的技术合同登记证明；
3. 技术转让所得归集、分摊、计算的相关资料；
4. 实际缴纳相关税费的证明资料；
5. 主管税务机关要求提供的其他资料。

（二）企业向境外转让技术，向主管税务机关备案时应报送以下资料：

1. 技术出口合同（副本）；
2. 省级以上商务部门出具的技术出口合同登记证书或技术出口许可证；
3. 技术出口合同数据表；
4. 技术转让所得归集、分摊、计算的相关资料；
5. 实际缴纳相关税费的证明资料；
6. 主管税务机关要求提供的其他资料。

五、本通知自 2008 年 1 月 1 日起执行。

《财政部 税务总局关于完善企业境外所得税收抵免政策问题的通知》

（财税〔2017〕84 号）

各省、自治区、直辖市、计划单列市财政厅（局）、国家税务局、地方税务局，新疆生产建设兵团财务局：

根据《中华人民共和国企业所得税法》及其实施条例和《财政部、国家税务总局关于企业境外所得税收抵免有关问题的通知》（财税〔2009〕125 号）的有关规定，现就完善我国企业境外所得税收抵免政策问题通知如下：

一、企业可以选择按国（地区）别分别计算（即"分国（地区）不分项"），或者不按国（地区）别汇总计算（即"不分国（地区）不分项"）其来源于境外的应纳税所得额，并按照财税〔2009〕125 号文件第八条规定的税率，分别计算其可抵免境外所得税税额和抵免限额。上述方式一经选择，5 年内不得改变。

企业选择采用不同于以前年度的方式（以下简称新方式）计算可抵免境外所得税税额和抵免限额时，对该企业以前年度按照财税〔2009〕125 号文件规定没有抵免完的余额，可在税法规定结转的剩余年限内，按新方式计算的抵免限额中继续结转抵免。

二、企业在境外取得的股息所得，在按规定计算该企业境外股息所得的可抵免所得税额和抵免限额时，由该企业直接或者间接持有 20% 以上股份的外国企业，限于按照财税〔2009〕125 号文件第六条规定的持股方式确定的五层外国企业，即：

第一层：企业直接持有 20% 以上股份的外国企业；

第二层至第五层：单一上一层外国企业直接持有 20% 以上股份，且由该企业直接持有或通过一个或多个符合财税〔2009〕125 号文件第六条规定持股方式的外国企业间接持有总和达到 20% 以上股份的外国企业。

三、企业境外所得税收抵免的其他事项，按照财税〔2009〕125 号文件的有关规定执行。

四、本通知自 2017 年 1 月 1 日起执行。

《国家税务总局关于企业境外所得适用简易征收和饶让抵免的核准事项取消后有关后续管理问题的公告》

（国家税务总局公告 2015 年第 70 号）

根据《国家税务总局关于公布已取消的 22 项税务非行政许可审批事项的公告》（国家税务总局公告 2015 年第 58 号），为加强后续管理，经商财政部同意，现就"企业境外所得适用简易征收和饶让抵免的核准"审批事项取消后有关管理问题公告如下：

一、企业境外所得符合《财政部、国家税务总局关于企业境外所得税收抵免有关问题的通知》（财税〔2009〕125 号）第十条第（一）项和第（二）项规定情形的，可以采取简易办法对境外所得已纳税额计算抵免。企业在年度汇算清缴期内，应向主管税务机关报送备案资料，备案资料的具体内容按照《国家税务总局关于发布〈企业境外所得税收抵免操作指南〉的公告》（国家税务总局公告 2010 年第 1 号）第 30 条的规定执行。

二、本公告自公布之日起施行。《财政部、国家税务总局关于企业境外所得税收抵免有关问题的通知》（财税〔2009〕125 号）第十条中"经企业申请，主管税务机关核准"的规定同时废止。

特此公告。

《国家税务总局关于发布〈企业境外所得税收抵免操作指南〉的公告》

(国家税务总局公告 2010 年第 1 号)①

根据《中华人民共和国企业所得税法》(以下简称企业所得税法)、《中华人民共和国企业所得税法实施条例》(以下简称实施条例)及《财政部 国家税务总局关于企业境外所得税收抵免有关问题的通知》(财税〔2009〕125 号,以下简称《通知》)的有关规定,现将《企业境外所得税收抵免操作指南》予以发布,于 2010 年 1 月 1 日起施行。

2008、2009 年度尚未进行境外税收抵免处理的,可按本公告计算抵免。

特此公告。

附件:企业境外所得税收抵免操作指南

《企业境外所得税收抵免操作指南》

目录

第一条　关于适用范围
第二条　关于境外所得税额抵免计算的基本项目
第三条　关于境外应纳税所得额的计算
第四条　关于可予抵免境外所得税额的确认
第五条　关于境外所得间接负担税额的计算
第六条　关于适用间接抵免的外国企业持股比例的计算
第七条　关于税收饶让抵免的应纳税额的确定
第八条　关于抵免限额的计算
第九条　关于实际抵免境外税额的计算
第十条　关于简易办法计算抵免
第十一条　关于境外分支机构与我国对应纳税年度的确定
第十二条　关于境外所得税抵免时应纳所得税额的计算
第十三条　关于不具有独立纳税地位的定义

---

① 根据《国家税务总局关于公布失效废止的税务部门规章和税收规范性文件目录的决定》(国家税务总局令第 42 号),废止 "22. 我国企业所得税法目前尚未单方面规定税收饶让抵免,……,经企业主管税务机关确认,可在其申报境外所得税额时视为已缴税额(参见示例六)。"中"经企业主管税务机关确认"的内容。

第十四条　关于来源于港、澳、台地区的所得
第十五条　关于税收协定优先原则的适用
第十六条　关于执行日期
附件
附示例

《通知》第一条　关于适用范围

居民企业以及非居民企业在中国境内设立的机构、场所（以下统称企业）依照企业所得税法第二十三条、第二十四条的有关规定，应在其应纳税额中抵免在境外缴纳的所得税额的，适用本通知。

1. 可以适用境外（包括港澳台地区，以下同）所得税收抵免的纳税人包括两类：

（1）根据企业所得税法第二十三条关于境外税额直接抵免和第二十四条关于境外税额间接抵免的规定，居民企业（包括按境外法律设立但实际管理机构在中国，被判定为中国税收居民的企业）可以就其取得的境外所得直接缴纳和间接负担的境外企业所得税性质的税额进行抵免。

（2）根据企业所得税法第二十三条的规定，非居民企业（外国企业）在中国境内设立的机构（场所）可以就其取得的发生在境外、但与其有实际联系的所得直接缴纳的境外企业所得税性质的税额进行抵免。

为缓解由于国家间对所得来源地判定标准的重叠而产生的国际重复征税，我国税法对非居民企业在中国境内分支机构取得的发生于境外的所得所缴纳的境外税额，给予了与居民企业类似的税额抵免待遇。对此类非居民给予的境外税额抵免仅涉及直接抵免。

所谓实际联系是指，据以取得所得的权利、财产或服务活动由非居民企业在中国境内的分支机构拥有、控制或实施，如外国银行在中国境内分行以其可支配的资金向中国境外贷款，境外借款人就该笔贷款向其支付的利息，即属于发生在境外与该分行有实际联系的所得。

2. 境外税额抵免分为直接抵免和间接抵免。

直接抵免是指，企业直接作为纳税人就其境外所得在境外缴纳的所得税额在我国应纳税额中抵免。直接抵免主要适用于企业就来源于境外的营业利润所得在境外所缴纳的企业所得税，以及就来源于或发生于境外的股息、红利等权益性投资所得、利息、租金、特许权使用费、财产转让等所得在境外被源泉扣缴的预提所得税。

间接抵免是指，境外企业就分配股息前的利润缴纳的外国所得税额中由我国居民企业就该项分得的股息性质的所得间接负担的部分，在我国的应纳税额

中抵免。例如我国居民企业（母公司）的境外子公司在所在国（地区）缴纳企业所得税后，将税后利润的一部分作为股息、红利分配给该母公司，子公司在境外就其应税所得实际缴纳的企业所得税税额中按母公司所得股息占全部税后利润之比的部分即属于该母公司间接负担的境外企业所得税额。间接抵免的适用范围为居民企业从其符合《通知》第五、六条规定的境外子公司取得的股息、红利等权益性投资收益所得。

《通知》第二条　关于境外所得税额抵免计算的基本项目

企业应按照企业所得税法及其实施条例、税收协定以及通知的规定，准确计算下列当期与抵免境外所得税有关的项目后，确定当期实际可抵免分国（地区）别的境外所得税税额和抵免限额：

（一）境内所得的应纳税所得额（以下称境内应纳税所得额）和分国（地区）别的境外所得的应纳税所得额（以下称境外应纳税所得额）；

（二）分国（地区）别的可抵免境外所得税税额；

（三）分国（地区）别的境外所得税的抵免限额。

企业不能准确计算上述项目实际可抵免分国（地区）别的境外所得税税额的，在相应国家（地区）缴纳的税收均不得在该企业当期应纳税额中抵免，也不得结转以后年度抵免。

3. 企业取得境外所得，其在中国境外已经实际直接缴纳和间接负担的企业所得税性质的税额，进行境外税额抵免计算的基本项目包括：境内、境外所得分国别（地区）的应纳税所得额、可抵免税额、抵免限额和实际抵免税额。不能按照有关税收法律法规准确计算实际可抵免的境外分国别（地区）的所得税税额的，不应给予税收抵免。

《通知》第三条　关于境外应纳税所得额的计算

第三条　第一款

企业应就其按照实施条例第七条规定确定的中国境外所得（境外税前所得），按以下规定计算实施条例第七十八条规定的境外应纳税所得额。

4. 根据实施条例第七条规定确定的境外所得，在计算适用境外税额直接抵免的应纳税所得额时，应为将该项境外所得直接缴纳的境外所得税额还原计算后的境外税前所得；上述直接缴纳税额还原后的所得中属于股息、红利所得的，在计算适用境外税额间接抵免的境外所得时，应再将该项境外所得间接负担的税额还原计算，即该境外股息、红利所得应为境外股息、红利税后净所得与就该项所得直接缴纳和间接负担的税额之和（参见示例七）。

对上述税额还原后的境外税前所得，应再就计算企业应纳税所得总额时已按税法规定扣除的有关成本费用中与境外所得有关的部分进行对应调整扣除后，计算为境外应纳税所得额。

第三条 第一款 第（一）项

（一）居民企业在境外投资设立不具有独立纳税地位的分支机构，其来源于境外的所得，以境外收入总额扣除与取得境外收入有关的各项合理支出后的余额为应纳税所得额。各项收入、支出按企业所得税法及其实施条例的有关规定确定。

居民企业在境外设立不具有独立纳税地位的分支机构取得的各项境外所得，无论是否汇回中国境内，均应计入该企业所属纳税年度的境外应纳税所得额。

5. 本项规定了境外分支机构应纳税所得额的计算。以上所称不具有独立纳税地位含义参见《通知》第十三条规定。

6. 由于分支机构不具有分配利润职能，因此，境外分支机构取得的各项所得，不论是否汇回境内，均应当计入所属年度的企业应纳税所得额。

7. 境外分支机构确认应纳税所得额时的各项收入与支出标准，须符合我国企业所得税法相关规定。

8. 根据实施条例第二十七条规定，确定与取得境外收入有关的合理的支出，应主要考察发生支出的确认和分摊方法是否符合一般经营常规和我国税收法律规定的基本原则。企业已在计算应纳税所得总额时扣除的，但属于应由各分支机构合理分摊的总部管理费等有关成本费用应做出合理的对应调整分摊。

境外分支机构合理支出范围通常包括境外分支机构发生的人员工资、资产折旧、利息、相关税费和应分摊的总机构用于管理分支机构的管理费用等。

第三条 第一款 第（二）项

（二）居民企业应就其来源于境外的股息、红利等权益性投资收益，以及利息、租金、特许权使用费、转让财产等收入，扣除按照企业所得税法及实施条例等规定计算的与取得该项收入有关的各项合理支出后的余额为应纳税所得额。来源于境外的股息、红利等权益性投资收益，应按被投资方作出利润分配决定的日期确认收入实现；来源于境外的利息、租金、特许权使用费、转让财产等收入，应按有关合同约定应付交易对价款的日期确认收入实现。

9. 从境外收到的股息、红利、利息等境外投资性所得一般表现为毛所得，应对在计算企业总所得额时已做统一扣除的成本费用中与境外所得有关的部分，在该境外所得中对应调整扣除后，才能作为计算境外税额抵免限额的境外应纳税所得额（参见示例一）。在就境外所得计算应对应调整扣除的有关成本费用时，应对如下成本费用（但不限于）予以特别注意：

（1）股息、红利，应对应调整扣除与境外投资业务有关的项目研究、融资成本和管理费用；

（2）利息，应对应调整扣除为取得该项利息而发生的相应的融资成本和相关费用；

（3）租金，属于融资租赁业务的，应对应调整扣除其融资成本；属于经营租赁业务的，应对应调整扣除租赁物相应的折旧或折耗；

（4）特许权使用费，应对应调整扣除提供特许使用的资产的研发、摊销等费用；

（5）财产转让，应对应调整扣除被转让财产的成本净值和相关费用。

涉及上述所得应纳税所得额中应包含的已间接负担税额的具体还原计算将在《通知》第五条、第六条项下说明。

10. 企业应根据实施条例第二章第二节中关于收入确认时间的规定确认境外所得的实现年度及其税额抵免年度。

（1）企业来源于境外的股息、红利等权益性投资收益所得，若实际收到所得的日期与境外被投资方作出利润分配决定的日期不在同一纳税年度的，应按被投资方作出利润分配日所在的纳税年度确认境外所得。

企业来源于境外的利息、租金、特许权使用费、转让财产等收入，若未能在合同约定的付款日期当年收到上述所得，仍应按合同约定付款日期所属的纳税年度确认境外所得。

（2）属于企业所得税法第四十五条以及实施条例第一百一十七条和第一百一十八条规定情形的，应按照有关法律法规的规定确定境外所得的实现年度。

（3）企业收到某一纳税年度的境外所得已纳税凭证时，凡是迟于次年5月31日汇算清缴终止日的，可以对该所得境外税额抵免追溯计算。

第三条 第一款 第（三）项

（三）非居民企业在境内设立机构、场所的，应就其发生在境外但与境内所设机构、场所有实际联系的各项应税所得，比照上述第（二）项的规定计算相应的应纳税所得额。

11. 非居民企业在中国境内设立机构、场所，在享受境外税额抵免时，也应就其发生在境外但与境内所设机构、场所有实际联系的各项应税所得，按企业所得税法和实施条例及《通知》、《指南》等相关税收法规规定计算境外所得的应纳税所得额。

第三条 第一款 第（四）项

（四）在计算境外应纳税所得额时，企业为取得境内、境外所得而在境内、境外发生的共同支出，与取得境外应税所得有关的、合理的部分，应在境内、境外（分国（地区）别，下同）应税所得之间，按照合理比例进行分摊后扣除。

12. 本项所称共同支出，是指与取得境外所得有关但未直接计入境外所得应纳税所得额的成本费用支出，通常包括未直接计入境外所得的营业费用、管理费用和财务费用等支出。

企业应对在计算总所得额时已统一归集并扣除的共同费用，按境外每一国（地区）别数额占企业全部数额的下列一种比例或几种比例的综合比例，在每一国别的境外所得中对应调整扣除，计算来自每一国别的应纳税所得额。

（1）资产比例；

（2）收入比例；

（3）员工工资支出比例；

（4）其他合理比例。

上述分摊比例确定后应报送主管税务机关备案；无合理原因不得改变。

第三条　第一款　第（五）项

（五）在汇总计算境外应纳税所得额时，企业在境外同一国家（地区）设立不具有独立纳税地位的分支机构，按照企业所得税法及实施条例的有关规定计算的亏损，不得抵减其境内或他国（地区）的应纳税所得额，但可以用同一国家（地区）其他项目或以后年度的所得按规定弥补。

13. 本项基于分国不分项计算抵免的原则及其要求，对在不同国家的分支机构发生的亏损不得相互弥补做出了规定，以避免出现同一笔亏损重复弥补或须进行繁复的还原弥补、还原抵免的现象。

14. 企业在同一纳税年度的境内外所得加总为正数的，其境外分支机构发生的亏损，由于上述结转弥补的限制而发生的未予弥补的部分（以下称为非实际亏损额），今后在该分支机构的结转弥补期限不受5年期限制（参见示例二）。即：

（1）如果企业当期境内外所得盈利额与亏损额加总后和为零或正数，则其当年度境外分支机构的非实际亏损额可无限期向后结转弥补；

（2）如果企业当期境内外所得盈利额与亏损额加总后和为负数，则以境外分支机构的亏损额超过企业盈利额部分的实际亏损额，按企业所得税法第十八条规定的期限进行亏损弥补，未超过企业盈利额部分的非实际亏损额仍可无限期向后结转弥补。

企业应对境外分支机构的实际亏损额与非实际亏损额不同的结转弥补情况做好记录。

《通知》第四条　关于可予抵免境外所得税额的确认

可抵免境外所得税税额，是指企业来源于中国境外的所得依照中国境外税收法律以及相关规定应当缴纳并已实际缴纳的企业所得税性质的税款。但不包括：

（一）按照境外所得税法律及相关规定属于错缴或错征的境外所得税税款；

（二）按照税收协定规定不应征收的境外所得税税款；

（三）因少缴或迟缴境外所得税而追加的利息、滞纳金或罚款；

（四）境外所得税纳税人或者其利害关系人从境外征税主体得到实际返还或补偿的境外所得税税款；

（五）按照我国企业所得税法及其实施条例规定，已经免征我国企业所得税的境外所得负担的境外所得税税款；

（六）按照国务院财政、税务主管部门有关规定已经从企业境外应纳税所得额中扣除的境外所得税税款。

15. 可抵免的境外所得税税额的基本条件为：

（1）企业来源于中国境外的所得依照中国境外税收法律以及相关规定计算而缴纳的税额；

（2）缴纳的属于企业所得税性质的税额，而不拘泥于名称。在不同的国家，对于企业所得税的称呼有着不同的表述，如法人所得税、公司所得税等。判定是否属于企业所得税性质的税额，主要看其是否是针对企业净所得征收的税额；

（3）限于企业应当缴纳且已实际缴纳的税额。税收抵免旨在解决重复征税问题，仅限于企业应当缴纳且已实际缴纳的税额（除另有饶让抵免或其他规定外）。

（4）可抵免的企业所得税税额，若是税收协定非适用所得税项目，或来自非协定国家的所得，无法判定是否属于对企业征收的所得税税额的，应层报国家税务总局裁定。

16. 不应作为可抵免境外所得税税额的情形分析：

（1）本条第一项规定是指，属于境外所得税法律及相关规定适用错误而且企业不应缴纳而错缴的税额，企业应向境外税务机关申请予以退还，而不应作为境外已交税额向中国申请抵免企业所得税。

（2）本条第二项规定是指，根据中国政府与其他国家（地区）政府签订的税收协定（或安排）的规定不属于对方国家的应税项目，却被对方国家（地区）就其征收的企业所得税，对此，企业应向征税国家申请退还不应征收的税额；该项税额还应包括，企业就境外所得在来源国纳税时适用税率高于税收协定限定税率所多缴纳的所得税税额。

（3）本条第四项规定是指，如果有关国家为了实现特定目标而规定不同形式和程度的税收优惠，并采取征收后由政府予以返还或补偿方式退还的已缴税额,对此,企业应从其境外所得可抵免税额中剔除该相应部分。

(4)本条第五项规定是指,如果我国税收法律法规做出对某项境外所得给予免税优惠规定,企业取得免征我国企业所得税的境外所得的,该项所得的应纳税所得额及其缴纳的境外所得税额均应从计算境外所得税额抵免的境外应纳税所得额和境外已纳税额中减除。

(5)本条第六项规定是指,如果我国税法规定就一项境外所得的已纳所得税额仅作为费用从该项境外所得额中扣除的,就该项所得及其缴纳的境外税额不应再纳入境外税额抵免计算。

17. 企业取得的境外所得已直接缴纳和间接负担的税额为人民币以外货币的,在以人民币计算可予抵免的境外税额时,凡企业记账本位币为人民币的,应按企业就该项境外所得记入账内时使用的人民币汇率进行换算;凡企业以人民币以外其他货币作为记账本位币的,应统一按实现该项境外所得对应的我国纳税年度最后一日的人民币汇率中间价进行换算。

《通知》第五条　关于境外所得间接负担税额的计算

居民企业在按照企业所得税法第二十四条规定用境外所得间接负担的税额进行税收抵免时,其取得的境外投资收益实际间接负担的税额,是指根据直接或者间接持股方式合计持股20%以上(含20%,下同)的规定层级的外国企业股份,由此应分得的股息、红利等权益性投资收益中,从最低一层外国企业起逐层计算的属于由上一层企业负担的税额,其计算公式如下:

本层企业所纳税额属于由一家上一层企业负担的税额 =（本层企业就利润和投资收益所实际缴纳的税额 + 符合本通知规定的由本层企业间接负担的税额）× 本层企业向一家上一层企业分配的股息（红利）÷ 本层企业所得税后利润额。

18. 本条规定了境外所得间接负担的符合《通知》第六条规定条件的下层企业税额的计算方式及公式(参见示例三),公式中:

(1)本层企业是指实际分配股息(红利)的境外被投资企业;

(2)本层企业就利润和投资收益所实际缴纳的税额是指,本层企业按所在国税法就利润缴纳的企业所得税和在被投资方所在国就分得的股息等权益性投资收益被源泉扣缴的预提所得税;

(3)符合《通知》规定的由本层企业间接负担的税额是指该层企业由于从下一层企业分回股息(红利)而间接负担的由下一层企业就其利润缴纳的企业所得税税额;

(4)本层企业向一家上一层企业分配的股息(红利)是指该层企业向上一层企业实际分配的扣缴预提所得税前的股息(红利)数额;

(5)本层企业所得税后利润额是指该层企业实现的利润总额减去就其利润

实际缴纳的企业所得税后的余额；

19. 每一层企业从其持股的下一层企业在一个年度中分得的股息（红利），若是由该下一层企业不同年度的税后未分配利润组成，则应按该股息（红利）对应的每一年度未分配利润，分别计算就该项分配利润所间接负担的税额；按各年度计算的间接负担税额之和，即为取得股息（红利）的企业该一个年度中分得的股息（红利）所得所间接负担的所得税额。

20. 境外第二层及以下层级企业归属不同国家的，在计算居民企业负担境外税额时，均以境外第一层企业所在国（地区）为国别划分进行归集计算，而不论该第一层企业的下层企业归属何国（地区）。

《通知》第六条　关于适用间接抵免的外国企业持股比例的计算

除国务院财政、税务主管部门另有规定外，按照实施条例第八十条规定由居民企业直接或者间接持有20%以上股份的外国企业，限于符合以下持股方式的三层外国企业：

第一层：单一居民企业直接持有20%以上股份的外国企业；

第二层：单一第一层外国企业直接持有20%以上股份，且由单一居民企业直接持有或通过一个或多个符合本条规定持股条件的外国企业间接持有总和达到20%以上股份的外国企业；

第三层：单一第二层外国企业直接持有20%以上股份，且由单一居民企业直接持有或通过一个或多个符合本条规定持股条件的外国企业间接持有总和达到20%以上股份的外国企业。

21. 本条所述符合规定的"持股条件"是指，各层企业直接持股、间接持股以及为计算居民企业间接持股总和比例的每一个单一持股，均应达到20%的持股比例（参见示例四、五）。

《通知》第七条　关于税收饶让抵免的应纳税额的确定

居民企业从与我国政府订立税收协定（或安排）的国家（地区）取得的所得，按照该国（地区）税收法律享受了免税或减税待遇，且该免税或减税的数额按照税收协定规定应视同已缴税额在中国的应纳税额中抵免的，该免税或减税数额可作为企业实际缴纳的境外所得税额用于办理税收抵免。

22. 我国企业所得税法目前尚未单方面规定税收饶让抵免，但我国与有关国家签订的税收协定规定有税收饶让抵免安排，本条对此进行了重申。居民企业从与我国订立税收协定（或安排）的对方国家取得所得，并按该国税收法律享受了免税或减税待遇，且该所得已享受的免税或减税数额按照税收协定（或安排）规定应视同已缴税额在我国应纳税额中抵免的，经企业主管税务机关确认，可在其申报境外所得税额时视为已缴税额（参见示例六）。

23. 税收饶让抵免应区别下列情况进行计算：

（1）税收协定规定定率饶让抵免的，饶让抵免税额为按该定率计算的应纳境外所得税额超过实际缴纳的境外所得税额的数额；

（2）税收协定规定列举一国税收优惠额给予饶让抵免的，饶让抵免税额为按协定国家（地区）税收法律规定税率计算的应纳所得税额超过实际缴纳税额的数额，即实际税收优惠额。

24. 境外所得采用《通知》第十条规定的简易办法计算抵免额的，不适用饶让抵免。

25. 企业取得的境外所得根据来源国税收法律法规不判定为所在国应税所得，而按中国税收法律法规规定属于应税所得的，不属于税收饶让抵免范畴，应全额按中国税收法律法规规定缴纳企业所得税。

《通知》第八条　关于抵免限额的计算

企业应按照企业所得税法及其实施条例和本通知的有关规定分国（地区）别计算境外税额的抵免限额。

某国（地区）所得税抵免限额＝中国境内、境外所得依照企业所得税法及实施条例的规定计算的应纳税总额×来源于某国（地区）的应纳税所得额÷中国境内、境外应纳税所得总额。

据以计算上述公式中"中国境内、境外所得依照企业所得税法及实施条例的规定计算的应纳税总额"的税率，除国务院财政、税务主管部门另有规定外，应为企业所得税法第四条第一款规定的税率。

企业按照企业所得税法及其实施条例和本通知的有关规定计算的当期境内、境外应纳税所得总额小于零的，应以零计算当期境内、境外应纳税所得总额，其当期境外所得税的抵免限额也为零。

26. 中国境内外所得依照企业所得税法及实施条例的规定计算的应纳税总额的税率是25%，即使企业境内所得按税收法规规定享受企业所得税优惠的，在进行境外所得税额抵免限额计算中的中国境内、外所得应纳税总额所适用的税率也应为25%。今后若国务院财政、税务主管部门规定境外所得与境内所得享受相同企业所得税优惠政策的，应按有关优惠政策的适用税率或税收负担率计算其应纳税总额和抵免限额；简便计算，也可以按该境外应纳税所得额直接乘以其实际适用的税率或税收负担率得出抵免限额（参见示例七）。

27. 若企业境内所得为亏损，境外所得为盈利，且企业已使用同期境外盈利全部或部分弥补了境内亏损，则境内已用境外盈利弥补的亏损不得再用以后年度境内盈利重复弥补。由此，在计算境外所得抵免限额时，形成当期境内、外应纳税所得总额小于零的，应以零计算当期境内、外应纳税所得总额，其当期境外所得税的抵免限额也为零。上述境外盈利在境外已纳的可予抵免但未能抵免的税额可以在以后5个纳税年度内进行结转抵免（参见示例八）。

28. 如果企业境内为亏损，境外盈利分别来自多个国家，则弥补境内亏损时，企业可以自行选择弥补境内亏损的境外所得来源国家（地区）顺序。

《通知》第九条　关于实际抵免境外税额的计算

在计算实际应抵免的境外已缴纳和间接负担的所得税税额时，企业在境外一国（地区）当年缴纳和间接负担的符合规定的所得税税额低于所计算的该国（地区）抵免限额的，应以该项税额作为境外所得税抵免额从企业应纳税总额中据实抵免；超过抵免限额的，当年应以抵免限额作为境外所得税抵免额进行抵免，超过抵免限额的余额允许从次年起在连续五个纳税年度内，用每年度抵免限额抵免当年应抵税额后的余额进行抵补。

29. 本条规定了企业在境外一国（地区）当年缴纳和间接负担的符合规定的企业所得税税额的具体抵免方法，即企业每年应分国（地区）别在抵免限额内据实抵免境外所得税额，超过抵免限额的部分可在以后连续5个纳税年度延续抵免；企业当年境外一国（地区）可抵免税额中既有属于当年已直接缴纳或间接负担的境外所得税额，又有以前年度结转的未逾期可抵免税额时，应首先抵免当年已直接缴纳或间接负担的境外所得税额后，抵免限额有余额的，可再抵免以前年度结转的未逾期可抵免税额，仍抵免不足的，继续向以后年度结转（参见示例九）。

30. 企业申报抵免境外所得税收（包括按照《通知》第十条规定的简易办法进行的抵免）时应向其主管税务机关提交如下书面资料：

（1）与境外所得相关的完税证明或纳税凭证（原件或复印件）。

（2）不同类型的境外所得申报税收抵免还需分别提供：

①取得境外分支机构的营业利润所得需提供境外分支机构会计报表；境外分支机构所得依照中国境内企业所得税法及实施条例的规定计算的应纳税额的计算过程及说明资料；具有资质的机构出具的有关分支机构审计报告等；

②取得境外股息、红利所得需提供集团组织架构图；被投资公司章程复印件；境外企业有权决定利润分配的机构作出的决定书等；

③取得境外利息、租金、特许权使用费、转让财产等所得需提供依照中国境内企业所得税法及实施条例规定计算的应纳税额的资料及计算过程；项目合同复印件等。

（3）申请享受税收饶让抵免的还需提供：

①本企业及其直接或间接控制的外国企业在境外所获免税及减税的依据及证明或有关审计报告披露该企业享受的优惠政策的复印件；

②企业在其直接或间接控制的外国企业的参股比例等情况的证明复印件；

③间接抵免税额或者饶让抵免税额的计算过程；

④由本企业直接或间接控制的外国企业的财务会计资料。

（4）采用简易办法计算抵免限额的还需提供：

①取得境外分支机构的营业利润所得需提供企业申请及有关情况说明；来源国（地区）政府机关核发的具有纳税性质的凭证和证明复印件；

②取得符合境外税额间接抵免条件的股息所得需提供企业申请及有关情况说明；符合企业所得税法第二十四条条件的有关股权证明的文件或凭证复印件。

（5）主管税务机关要求提供的其他资料。

以上提交备案资料使用非中文的，企业应同时提交中文译本复印件。

上述资料已向税务机关提供的，可不再提供；上述资料若有变更的，须重新提供；复印件须注明与原件一致，译本须注明与原本无异义，并加盖企业公章。

31. 税务机关、企业在年度企业所得税汇算清缴时，应对结转以后年度抵免的境外所得税额分国别（地区）建立台账管理，准确填写逐年抵免情况。

（1）台账表式：

境外所得税额结转抵免管理台账

企业名称：
所得来源国别（地区）：   金额单位：人民币（列至角分）

行次	本年度未抵免税额		五年期结转抵扣额及余额							
	税额所属年度	未抵免额	第一年		第二年		第三年		第四年	第五年
			抵免额	余额	抵免额	余额	抵免额	余额	抵免额	余额	抵免额	不得再结转额
1										
2										
3										
4										
5										

（2）管理台账的编制说明：

填报以前年度境外所得已纳税额未抵免部分的结转、抵扣情况。

①按分国不分项填报结转抵扣额的境外所得税在各年的抵扣情况；

②本年度未抵免税额：填报税额所属年度未抵免结转以后年度抵扣的税额；

③五年结转抵扣额：填报按规定用本期税额扣除限额的余额抵扣以前年度结转的税额及抵扣后的余额。

《通知》第十条　关于简易办法计算抵免

（一）企业从境外取得营业利润所得以及符合境外税额间接抵免条件的股息所得，虽有所得来源国（地区）政府机关核发的具有纳税性质的凭证或证明，但因客观原因无法真实、准确地确认应当缴纳并已经实际缴纳的境外所得税税额的，除就该所得直接缴纳及间接负担的税额在所得来源国（地区）的实际有效税率低于我国企业所得税法第四条第一款规定税率50%以上的外，可按境外应纳税所得额的12.5%作为抵免限额，企业按该国（地区）税务机关或政府机关核发具有纳税性质凭证或证明的金额，其不超过抵免限额的部分，准予抵免；超过的部分不得抵免。

属于本款规定以外的股息、利息、租金、特许权使用费、转让财产等投资性所得，均应按本通知的其他规定计算境外税额抵免。

（二）企业从境外取得营业利润所得以及符合境外税额间接抵免条件的股息所得，凡就该所得缴纳及间接负担的税额在所得来源国（地区）的法定税率且其实际有效税率明显高于我国的，可直接以按本通知规定计算的境外应纳税所得额和我国企业所得税法规定的税率计算的抵免限额作为可抵免的已在境外实际缴纳的企业所得税税额。具体国家（地区）名单见附件。财政部、国家税务总局可根据实际情况适时对名单进行调整。

属于本款规定以外的股息、利息、租金、特许权使用费、转让财产等投资性所得，均应按本通知的其他规定计算境外税额抵免。

32. 采用简易办法也须遵循"分国不分项"原则。

33. 本条第一项中"从所得来源国（地区）政府机关取得具有纳税性质的凭证或证明"是指向境外所在国家政府实际缴纳了具有综合税额（含企业所得税）性质的款项的有效凭证。

34. 本条第二项中"实际有效税率"是指实际缴纳或负担的企业所得税税额与应纳税所得额的比率。

法定税率且实际有效税率明显高于我国（税率）的国家，由财政部和国家税务总局列名单公布；各地税务机关不能自行作出判定，发现名单所列国家抵免异常的，应立即向国家税务总局报告。

35. 本条第一项和第二项中"属于本款规定以外的股息、利息、租金、特许权使用费、转让财产等投资性所得"是指，居民企业从境外未达到直接持股20%条件的境外子公司取得的股息所得，以及取得利息、租金、特许权使用费、转让财产等所得，向所得来源国直接缴纳的预提所得税额，应按《通知》有关

第3章 企业所得税

直接抵免的规定正常计算抵免。

《通知》第十一条 关于境外分支机构与我国对应纳税年度的确定

企业在境外投资设立不具有独立纳税地位的分支机构，其计算生产、经营所得的纳税年度与我国规定的纳税年度不一致的，与我国纳税年度当年度相对应的境外纳税年度，应为在我国有关纳税年度中任何一日结束的境外纳税年度。

企业取得上款以外的境外所得实际缴纳或间接负担的境外所得税，应在该项境外所得实现日所在的我国对应纳税年度的应纳税额中计算抵免。

36. 企业就其在境外设立的不具有独立纳税地位的分支机构每一纳税年度的营业利润，计入企业当年度应纳税所得总额时，如果分支机构所在国纳税年度的规定与我国规定的纳税年度不一致的，在确定该分支机构境外某一年度的税额如何对应我国纳税年度进行抵免时，境外分支机构按所在国规定计算生产经营所得的纳税年度与其境内总机构纳税年度相对应的纳税年度，应为该境外分支机构所在国纳税年度结束日所在的我国纳税年度（参见示例十）。

37. 企业取得境外股息所得实现日为被投资方做出利润分配决定的日期，不论该利润分配是否包括以前年度未分配利润，均应作为该股息所得实现日所在的我国纳税年度所得计算抵免（参见示例十一）。

《通知》第十二条 关于境外所得税抵免时应纳所得税额的计算

企业抵免境外所得税额后实际应纳所得税额的计算公式为：

企业实际应纳所得税额＝企业境内外所得应纳税总额－企业所得税减免、抵免优惠税额－境外所得税抵免额。

38. 公式中抵免优惠税额是指按企业所得税法第三十四条规定，企业购置用于环境保护、节能节水、安全生产等专用设备的投资额，可以按一定比例实行税额抵免。

境外所得税抵免额是指按照《通知》和《指南》计算的境外所得税额在抵免限额内实际可以抵免的税额。

《通知》第十三条 关于不具有独立纳税地位的定义

本通知所称不具有独立纳税地位，是指根据企业设立地法律不具有独立法人地位或者按照税收协定规定不认定为对方国家（地区）的税收居民。

39. 企业居民身份的判定，一般以国内法为准。如果一个企业同时被中国和其他国家认定为居民（即双重居民），应按中国与该国之间税收协定（或安排）的规定执行。

40. 不具有独立纳税地位的境外分支机构特别包括企业在境外设立的分公司、代表处、办事处、联络处，以及在境外提供劳务、被劳务发生地国家（地区）认定为负有企业所得税纳税义务的营业机构和场所等。

《通知》第十四条 关于来源于港、澳、台地区的所得

企业取得来源于中国香港、澳门、台湾地区的应税所得，参照本通知执行。

《通知》第十五条 关于税收协定优先原则的适用

中华人民共和国政府同外国政府订立的有关税收的协定与本通知有不同规定的，依照协定的规定办理。

41. 本条所称有关税收的协定包括，内地与中国香港、澳门地区等签订的相关税收安排。

《通知》第十六条 关于执行日期

本通知自 2008 年 1 月 1 日起执行。

42. 《通知》虽然于 2009 年 12 月发布，但仍属于对执行企业所得税法及实施条例的解释，因此，与企业所得税法及实施条例的执行日期一致。

《通知》附件：法定税率明显高于我国的境外所得来源国（地区）名单

美国、阿根廷、布隆迪、喀麦隆、古巴、法国、日本、摩洛哥、巴基斯坦、赞比亚、科威特、孟加拉国、叙利亚、约旦、老挝。

43. 此类国家（地区）名单，由财政部和国家税务总局适时调整。

附示例

示例一：来源于境外利息收入的应纳税所得额的计算

中国 A 银行向甲国某企业贷出 500 万元，合同约定的利率为 5%。2009 年 A 银行收到甲国企业就应付利息 25 万元扣除已在甲国扣缴的预提所得税 2.5 万元（预提所得税税率为 10%）后的 22.5 万元税后利息。A 银行应纳税所得总额为 1000 万元，已在应纳税所得总额中扣除的该笔境外贷款的融资成本为本金的 4%。分析并计算该银行应纳税所得总额中境外利息收入的应纳税所得额：

来源于境外利息收入的应纳税所得额，应为已缴纳境外预提所得税前的就合同约定的利息收入总额，再对应调整扣除相关筹资成本费用等。

境外利息收入总额 = 税后利息 22.5 + 已扣除税额 2.5 = 25 万元

对应调整扣除相关成本费用后的应纳税所得额 = 25 − 500 × 4% = 5 万元

该境外利息收入用于计算境外税额抵免限额的应纳税所得额为 5 万元，应纳税所得总额仍为 1000 万元不变。

示例二：境外分支机构亏损的弥补

中国居民 A 企业 2008 年度境内外净所得为 160 万元。其中，境内所得的应纳税所得额为 300 万元；设在甲国的分支机构当年度应纳税所得额为 100 万元；设在乙国的分支机构当年度应纳税所得额为 −300 万元；A 企业当年度从乙国取得利息所得的应纳税所得额为 60 万元。调整计算该企业当年度境内、外所得的应纳税所得额如下：

(1) A 企业当年度境内外净所得为 160 万元,但依据境外亏损不得在境内或他国盈利中抵减的规定,其发生在乙国分支机构的当年度亏损额 300 万元,仅可以用从该国取得的利息 60 万元弥补,未能弥补的非实际亏损额 240 万元,不得从当年度企业其他盈利中弥补。因此,相应调整后 A 企业当年境内、外应纳税所得额为:

境内应纳税所得额 = 300 万元;

甲国应纳税所得额 = 100 万元;

乙国应纳税所得额 = -240 万元;

A 企业当年度应纳税所得总额 = 400 万元。

(2) A 企业当年度境外乙国未弥补的非实际亏损共 240 万元,允许 A 企业以其来自乙国以后年度的所得无限期结转弥补。

示例三:间接抵免负担税额的计算

以示例五中居民企业 A 集团公司组织架构(如图一所示)及其对符合间接抵免持股条件的判定结果为例,对 A 公司于 2010 年初申报的 2009 年度符合条件的各层公司生产经营及分配股息情况,计算 A 公司可进入抵免(参见例五分析)的间接负担的境外所得税额如下:

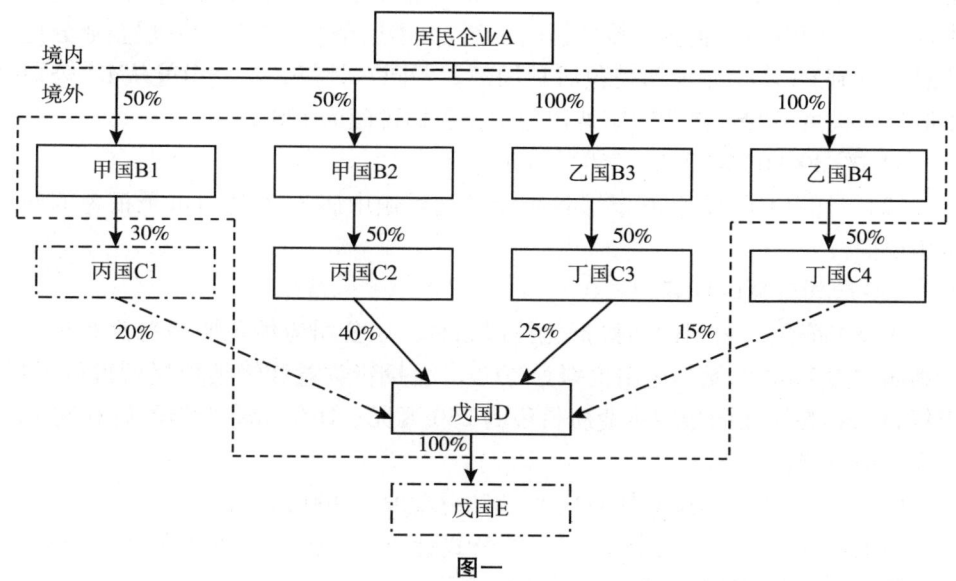

图一

(1) 计算甲国 B1 及其下层各企业已纳税额中属于 A 公司可予抵免的间接负担税额:

①C1 公司及其对 D 公司 20% 持股税额的计算

由于 C1 不符合 A 公司的间接抵免条件，因此，其就利润所纳税额及其按持有 D 公司 20% 股份而分得股息直接缴纳的预提所得税及该股息所包含的 D 公司税额，均不应计算为由 A 公司可予抵免的间接负担税额。

②B1 公司税额的计算

B1 公司符合 A 公司的间接抵免持股条件。B1 公司应纳税所得总额为 1000 万元（假设该"应纳税所得总额"中在 B1 公司所在国计算税额抵免时已包含投资收益还原计算的间接税额，下同），其中来自 C1 公司的投资收益为 300 万元，按 10% 缴纳 C1 公司所在国预提所得税额为 30 万元（300 万×10%），无符合抵免条件的间接税额；

B1 公司适用税率为 30%，其当年在所在国按该国境外税收抵免规定计算后实际缴纳所在国所得税额为 210 万元；B1 公司当年税前利润为 1000 万元，则其当年税后利润为 760 万元（税前利润 1000 万 − 实际缴纳所在国税额 210 万 − 缴纳预提税额 30 万），且全部分配；

B1 公司向 A 公司按其持股比例 50% 分配股息 380 万元；

将上述数据代入《通知》第五条公式（即：本层企业所纳税额属于由一家上一层企业负担的税额 = 本层企业就利润和投资收益所实际缴纳的税额 + 符合本通知规定的由本层企业间接负担的税额）×本层企业向一家上一层企业分配的股息（红利）÷本层企业所得税后利润额，下同）计算，A 公司就从 B1 公司分得股息间接负担的可在我国应纳税额中抵免的税额为 120 万元：

(210 + 30 + 0) × (380 ÷ 760) = 120 万元

（2）计算甲国 B2 及其下层各企业已纳税额中属于 A 公司可予抵免的间接负担税额：

①D 公司税额的计算

D 公司符合 A 公司的间接抵免持股条件。D 公司应纳税所得总额和税前会计利润均为 1250 万元，适用税率为 20%，无投资收益和缴纳预提所得税项目。当年 D 公司在所在国缴纳企业所得税为 250 万元；D 公司将当年税后利润 1000 万元全部分配；

D 公司向 C2 公司按其持股比例 40% 分配股息 400 万元；

将上述数据代入《通知》第五条公式计算，D 公司已纳税额属于可由 C2 公司就分得股息间接负担的税额为 100 万元：

(250 + 0 + 0) × (400 ÷ 1000) = 100 万元

②C2 公司税额的计算

C2 公司符合 A 公司的间接抵免持股条件。C2 公司应纳税所得总额为

2000万元；其中从D公司分得股息400万元，按10%缴纳D公司所在国预提所得税额为40万元（400万×10%），符合条件的间接负担下层公司税额100万元；

C2公司适用税率为25%，假设其当年享受直接和间接抵免后实际缴纳所在国所得税额为360万元；当年税前利润为2000万元，则其税后利润为1600万元（2000万−360万−40万）；

C2公司将当年税后利润的一半用于分配，C2公司向B2公司按其持股比例50%分配股息400万元（1600万×50%×50%）；同时，将该公司2008年未分配税后利润1600万元（实际缴纳所得税额为400万元，且无投资收益和缴纳预提所得税项目）一并分配，向B2公司按其持股比例50%分配股息800万元（1600万×50%）；

C2公司向B2公司按其持股比例分配股息1200万元；

将上述数据代入《通知》第五条公式计算，C2公司已纳税额属于可由B2公司就2009年度分得股息间接负担的税额共计为325万元，其中以2009年度利润分配股息间接负担的税额125万元 [（360+40+100）×（400÷1600）=125万元]；以2008年度利润分配股息间接负担的税额200万元 [（400+0+0）×（800÷1600）=200万元]。

③B2公司税额的计算

B2公司符合A公司的间接抵免持股条件。B2公司应纳税所得总额为5000万元，其中来自C2公司的投资收益为1200万元，按10%缴纳C2公司所在国预提所得税额为120万元（1200万×10%），符合条件的间接负担下层公司税额325万元；

B2公司适用税率为30%，假设其当年享受直接和间接抵免后实际缴纳所在国所得税额为1140万元；当年税前利润为5000万元，则其税后利润为3740万元（5000万−1140万−120万），且全部分配；

B2公司向A公司按其持股比例50%分配股息1870万元；

将上述数据代入《通知》第五条公式计算，A公司就从B2公司分得股息间接负担的可在我国应纳税额中抵免的税额为792.5万元：

（1140+120+325）×（1870÷3740）=792.5万元

（3）计算乙国B3及其下层各企业已纳税额中属于A公司可予抵免的间接负担税额：

①D公司税额的计算

D公司符合A公司的间接抵免持股条件。D公司应纳税所得总额为1250万元，适用税率为20%，无投资收益和缴纳预提所得税项目。当年D公司在所在国缴纳企业所得税为 250 万元；D 公司将当年税后利润 1000 万元全部分配；

D 公司向 C3 公司按其持股比例 25% 分配股息 250 万元；

将上述数据代入《通知》第五条公式计算，D 公司已纳税额属于可由 C3 公司就分得股息间接负担的税额为 62.5 万元：

(250 + 0 + 0) × (250 ÷ 1000) = 62.5 万元

②C3 公司税额的计算

C3 公司符合 A 公司的间接抵免持股条件。C3 公司应纳税所得总额为 1000 万元；其中从 D 公司分得股息 250 万元，按 10% 缴纳 D 公司所在国预提所得税额为 25 万元（250 万 × 10%），符合条件的间接负担下层公司税额 62.5 万元；

C3 公司适用税率为 30%，假设其当年享受直接和间接抵免后实际缴纳所在国所得税额为 245 万元；当年税前利润为 1000 万元，则其税后利润为 730 万元（1000 万 - 245 万 - 25 万），且全部分配；

C3 公司向 B3 公司按其持股比例 50% 分配股息 365 万元；

将上述数据代入《通知》第五条公式计算，C3 公司已纳税额属于可由 B3 公司就分得股息间接负担的税额为 166.25 万元：

(245 + 25 + 62.5) × (365 ÷ 730) = 166.25 万元

③B3 公司税额的计算

B3 公司符合 A 公司的间接抵免持股条件。B3 公司应纳税所得总额为 2000 万元，其中来自 C3 公司的投资收益为 365 万元，按 10% 缴纳 C3 公司所在国预提所得税额为 36.5 万元（365 万 × 10%），符合条件的间接负担下层公司税额 166.25 万元；

B3 公司适用税率为 30%，假设其当年享受直接和间接抵免后实际缴纳所在国所得税额为 463.5 万元；当年税前利润为 2000 万元，则其税后利润为 1500 万元（2000 万 - 463.5 万 - 36.5 万），且全部分配；

B3 公司向 A 公司按其持股比例 100% 分配股息 1500 万元。

将上述数据代入《通知》第五条公式计算，A 公司就从 B3 公司分得股息间接负担的可在我国应纳税额中抵免的税额为 666.25 万元：

(463.5 + 36.5 + 166.25) × (1500 ÷ 1500) = 666.25 万元

(4) 计算乙国 B4 及其下层各企业已纳税额中属于 A 公司可予抵免的间接负担税额：

①D 公司税额的计算

D 公司被 C4 公司持有的 15% 股份不符合 A 公司享受间接抵免的持股比例条件，因此，其所纳税额中属于该 15% 股息负担的部分不能通过 C4 等公司计入A公司可予抵免的间接负担税额。

②C4公司税额的计算

C4公司符合A公司的间接抵免持股条件。C4公司应纳税所得总额为1000万元；其中从D公司分得股息150万元，其按10%直接缴纳D公司所在国的预提所得税额15万元（150万×10%）属于可计算A公司间接抵免的税额，无符合条件的间接负担税额；

C4公司适用税率为25%，假设其当年享受直接和间接抵免后实际缴纳所在国所得税额为235万元；当年税前利润为1000万元，则其税后利润为750万元（1000万-235万-15万），且全部分配；

C4公司向B4公司按其持股比例50%分配股息375万元；

将上述数据代入《通知》第五条公式计算，C4公司已纳税额属于可由B4公司就分得股息间接负担的税额为125万元：

（235+15+0）×（375÷750）=125万元

③B4公司税额的计算

B4公司符合A公司的间接抵免持股条件。B4公司应纳税所得总额为2000万元，其中来自C4公司的投资收益为375万元，按10%缴纳C4公司所在国预提所得税额为37.5万元（375万×10%），符合条件的间接负担下层公司税额125万元；

B4公司适用税率为30%，假设其当年享受直接和间接抵免后实际缴纳所在国所得税额为462.5万元；当年税前利润为2000万元，则其税后利润为1500万元（2000万-462.5万-37.5万），且全部分配；

B4公司向A公司按其持股比例100%分配股息1500万元；

将将上述数据代入《通知》第五条公式计算，A公司就从B4公司分得股息间接负担的可在我国应纳税额中抵免的税额为625万元：

（462.5+37.5+125）×（1500÷1500）=625万元

（5）上述计算后，A公司可适用间接抵免的境外所得及间接负担的境外已纳税额分国为：

①可适用间接抵免的境外所得（含直接所缴预提所得税但未含间接负担的税额）为5250万元，其中：

来自甲国的境外所得为2250万元（B1股息380万+B2股息1870万）；

来自乙国的境外所得为3000万元（B3股息1500万+B4股息1500万）；

②可抵免的间接负担境外已纳税额为2203.75万元，其中：

来自甲国的可抵免间接负担境外已纳税额为912.5万元（间接负担B1税额120万+间接负担B2税额792.5万）；

来自乙国的可抵免间接负担境外已纳税额为 1291.25 万元（间接负担 B3 税额 666.25 万 + 间接负担 B4 税额 625 万）

（6）计算 A 公司可适用抵免的全部境外所得税额为：

①假设上项境外所得在来源国均按 10% 税率直接缴纳境外预提所得税合计为 525 万元，其中：

缴纳甲国预提所得税为 225 万元（2250 万 × 10%）；

缴纳乙国预提所得税为 300 万元（3000 万 × 10%）；

②来自甲乙两国所得的全部可抵免税额分别为：

甲国：直接缴纳 225 万元 + 间接负担 912.5 万元 = 1137.5 万元

乙国：直接缴纳 300 万元 + 间接负担 1291.25 万元 = 1591.25 万元

示例四：二层持股条件的判定

中国居民 A 企业直接持有甲国 B 企业 20% 股份，直接持有乙国 C 企业 16% 股份，并且 B 企业直接持有 C 企业 20% 股份，如下图所示：

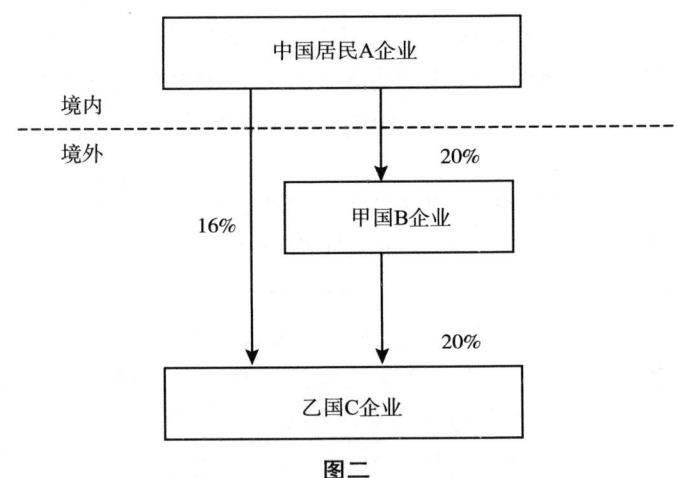

图二

分析：

（1）中国居民 A 企业直接持有甲国 B 企业 20% 股份，满足直接持股 20%（含 20%）的条件。

（2）中国居民 A 企业直接持有乙国 C 企业 16% 股份，间接持有乙国 C 企业股份 = 20% × 20% = 4%，由于 A 企业直接持有 C 企业的股份不足 20%，故不能计入 A 企业对 C 企业直接持股或间接持股的总和比例之中。因此，C 企业未满足居民企业通过一个或多个符合规定持股条件的外国企业间接持有总和达到 20% 以上股份的外国企业的规定。

示例五：多层持股条件的综合判定

中国居民企业 A 分别控股了四家公司甲国 B1、甲国 B2、乙国 B3、乙国 B4，持股比例分别为 50%、50%、100%、100%；B1 持有丙国 C1 公司 30% 股份，B2 持有丙国 C2 公司 50% 股份，B3 持有丁国 C3 公司 50% 股份，B4 持有丁国 C4 公司 50% 股份；C1、C2、C3、C4 分别持有戊国 D 公司 20%、40%、25%、15% 股份；D 公司持有戊国 E 公司 100% 股份。图示如下：

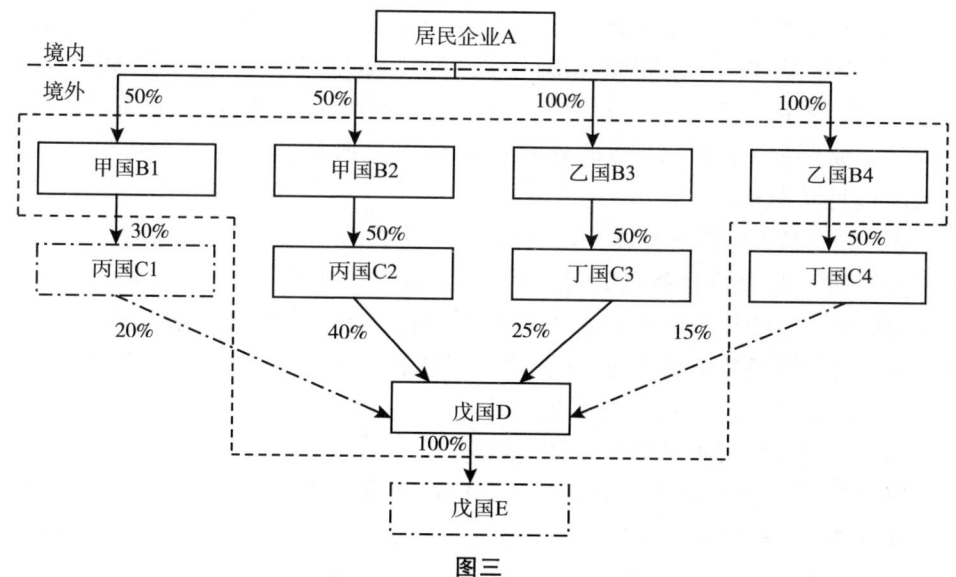

图三

注：···虚线内为判定符合间接持股条件的公司及可就分配的股息计算间接抵免税额的所持股份。

（1）B 层各公司间接抵免持股条件的判定：

B1、B2、B3、B4 公司分别直接被 A 公司控股 50%、50%、100%、100%，均符合间接抵免第一层公司的持股条件。

（2）C 层各公司间接抵免持股条件的判定：

①C1 公司虽然被符合条件的上一层公司 B1 控股 30%，但仅受居民企业 A 间接控股 15%（50%×30%），因此，属于不符合间接抵免持股条件的公司（但如果协定的规定为 10%，则符合间接抵免条件）；

②C2 公司被符合条件的上一层公司 B2 控股 50%，且被居民企业 A 间接控股达到 25%（50%×50%），因此，属于符合间接抵免持股条件的公司；

③C3 公司被符合条件的上一层公司 B3 控股 50%，且被居民企业 A 间接控股达到 50%（100%×50%），因此，属于符合间接抵免持股条件的公司；

④C4 公司情形与 C3 公司相同，属于符合间接抵免持股条件的公司。

(3) D公司间接抵免持股条件的判定：

①虽然D公司被C1控股达到了20%，但由于C1属于不符合持股条件的公司，所以，C1对D公司的20%持股也不得再计入D公司间接抵免持股条件的范围，来源于D公司20%部分的所得的已纳税额不能进入居民企业A的抵免范畴；

②D公司被C2控股达到40%，但被A通过符合条件的B2、C2间接持股仅10%，未达到20%，因此，还不能由此判定D是否符合间接抵免条件；

③D公司被C3控股达到25%，且由A通过符合条件的B3、C3间接控股达12.5%（100%×50%×25%），加上A通过B2、C2的间接控股10%，间接控股总和达到22.5%。因此，D公司符合间接抵免条件，其所纳税额中属于向C2和C3公司分配的65%股息所负担的部分，可进入A公司的间接抵免范畴。

④D公司被C4控股15%，虽然C4自身为符合持股条件的公司，但其对D公司的持股不符合直接控股达20%的持股条件。因此，该C4公司对D公司15%的持股，不能计入居民企业A对D公司符合条件的间接持股总和之中；同时，D公司所纳税额中属于向C4公司按其持股15%分配的股息所负担的部分，也不能进入居民企业A的间接抵免范畴。

(4) E公司间接抵免持股条件的判定：

居民企业A通过其他公司对E的间接控制由于超过了三层（居民企业A→B2（B3）→C2（C3）→D→E，E公司处于向下四层），因此，E公司不能纳入A公司的间接抵免范畴；即使D公司和E公司在戊国实行集团合并（汇总）纳税，D公司就E公司所得所汇总缴纳的税额部分，也须在计算A公司间接负担税额时在D公司合并（汇总）税额中扣除。

示例六：税收饶让抵免的计算

中国居民企业A公司，在甲国投资设立了B公司，甲国政府为鼓励境外投资，对B公司第一个获利年度实施了企业所得税免税。按甲国的税法规定，企业所得税税率为20%。A公司获得了B公司免税年度分得的利润2000万元。根据中国和甲国政府签订税收协定规定，中国居民从甲国取得的所得，按照协定规定在甲国缴纳的税额可以在对居民征收的中国税收中抵免。所缴纳的税额包括假如没有按照该缔约国给予减免税或其他税收优惠而本应缴纳的税额。所缴纳的甲国税收应包括相当于所放弃的甲国税收的数额。计算如下：

A公司在计算缴纳企业所得税时，B公司的免税额＝2000×20%＝400万元，应计算为由A公司抵免的间接负担的境外税额。

示例七：抵免限额的计算

以示例三中对居民企业 A 公司已确定的可予计算间接抵免的境外所得及税额为例，假设 A 公司申报的境内外所得总额为 15796.25 万元，其中取得境外股息所得为 5250 万元（已还原向境外直接缴纳 10% 的预提所得税 525 万元，但未含应还原计算的境外间接负担的税额，见示例三），其中甲国 2250 万元，乙国 3000 万元；同时假设 A 公司用于管理四个 B 子公司的管理费合计为 433.75 万元，其中用于甲国 B1、B2 公司的管理费用为 184.5 万元，用于乙国 B3、B4 公司的管理费用为 249.25 万元。应在计算来自两个国家四个 B 子公司的股息应纳税所得时对应调整扣除（参见《通知》第三条项下释义）。

分析：

（1）境外股息所得应为境外股息净所得与境外直接缴纳税额和间接缴纳税额之和 7453.75 万元（5250 万 +2203.75 万），其中：

来源于甲国股息所得 3162.5 万元（2250 万 +912.5 万）；

来源于乙国股息所得 4291.25 万元（3000 万 +1291.25 万）；

（2）境外股息所得对应调整扣除相关管理费后的应纳税所得额为 7020 万元（7453.75 万 -433.75 万），其中：

来源于甲国股息所得对应调整后应纳税所得额为 2978 万元（3162.5 万 -184.5 万）；

来源于乙国股息所得对应调整后应纳税所得额为 4042 万元（4291.25 万 -249.25 万）。

（3）境外间接负担税额还原计算后境内、外应纳税所得总额为：

已还原直接税额的境内外所得总额 + 可予计算抵免的间接税额 = 15796.25 + 2203.75 = 18000 万元；

（4）企业应纳税总额为：

应纳税所得总额 × 适用税率 = 18000 × 25% = 4500 万元；

（5）计算抵免限额为：

①来源于甲国所得的抵免限额为：

应纳税总额 × 甲国的应纳税所得额 ÷ 中国境内、境外应纳税所得总额 = 4500 × 2978 ÷ 18000 = 744.5 万元

②来源于乙国所得的抵免限额为：

应纳税总额 × 乙国的应纳税所得额 ÷ 中国境内、境外应纳税所得总额 = 4500 × 4042 ÷ 18000 = 1010.5 万元

示例八：境外盈利弥补境内亏损时，境外已缴税额的处理

表一   金额单位：万元

项目	境内企业	境外营业机构	境外已纳税额	抵免限额	结转以后年度抵免余额
税率	25%	30%	—	—	—
第一年利润	-100	100	30	0	30
第二年利润	100	100	30	25	35

分析：

第一年：应纳税所得额 = -100 + 100 = 0，抵免限额为 0，境外已缴税额结转下一年度抵补余额为 30 万元。

第二年：应纳税所得额 = 100 + 100 = 200 万元

当年境外所得税税额 = 30 万元

抵免限额 = 200 × 25% × (100 ÷ 200) = 25 万元（< 30 万元）

实际抵免境外所得税额 = 25 万元

留待以后结转抵免税额 = 30 - 25 + 30 = 35 万元

示例九：实际抵免境外税额的计算

以示例三对 A 公司计算的可抵免境外负担税额及示例七对其计算的境外所得应纳税总额和境外税额抵免限额为例，计算其当年度可实际抵免的境外税额。

（1）甲国

可抵免境外税额 = 直接税额 225 万 + 间接负担税额 912.5 万 = 1137.5 万元；

抵免限额 = 744.5 万元（< 1137.5 万元）；

当年可实际抵免税额 = 744.5 万元；

可结转的当年度未抵免税额 = 1137.5 - 744.5 = 393 万元；

（2）乙国

可抵免境外税额 = 直接税额 300 万 + 间接负担税额 1291.25 万 = 1591.25 万元；

抵免限额 = 1010.5 万元（< 1591.25 万元）；

当年可实际抵免税额 = 1010.5 万元；

可结转的当年度未抵免税额 = 1591.25 - 1010.5 = 580.75 万元；

（3）当年度可实际抵免税额合计 = 744.5 + 1010.5 = 1755 万元；

再以此例按《通知》第十二条所列公式计算 A 公司 2010 年抵免境外所得税后应纳所得税额为（假设 A 公司没有适用税法规定的有关设备投资抵免税额等优惠）：

境内外应纳所得税总额 − 当年可实际抵免

境外税额 = 18000 × 25% − 1755 = 2745 万元

示例十：境外分支机构纳税年度的判定

某居民企业在 A 国的分公司，按 A 国法律规定，计算当期利润年度为每年 10 月 1 日至次年 9 月 30 日。

分析：

该分公司按 A 国规定计算 2009 年 10 月 1 日至次年 9 月 30 日期间（即 A 国 2009/2010 年度）的营业利润及其已纳税额，应在我国 2010 年度计算纳税及境外税额抵免。

示例十一：境外股息所得在我国计算抵免的时间

某居民企业的境外子公司于 2010 年 5 月 1 日股东会决定，将分别属于 2007 年、2008 年的未分配利润共计 2000 万元分配。

分析：

该 2000 万元均属于该居民企业 2010 年取得的股息，就该股息被扣缴的预提所得税以及该股息间接负担的由境外子公司就其 2008 年、2009 年度利润缴纳的境外所得税，均应按规定的适用条件在该居民企业 2010 年应纳我国企业所得税中计算抵免。（可参见例三中"C2 公司税额的计算"）

《财政部　国家税务总局关于企业境外所得税收抵免有关问题的通知》

（财税〔2009〕125 号）

各省、自治区、直辖市、计划单列市财政厅（局）、国家税务局、地方税务局，新疆生产建设兵团财务局：

根据《中华人民共和国企业所得税法》（以下简称企业所得税法）及《中华人民共和国企业所得税法实施条例》（以下简称实施条例）的有关规定，现就企业取得境外所得计征企业所得税时抵免境外已纳或负担所得税额的有关问题通知如下：

一、居民企业以及非居民企业在中国境内设立的机构、场所（以下统称企业）依照企业所得税法第二十三条、第二十四条的有关规定，应在其应纳税额中抵免在境外缴纳的所得税额的，适用本通知。

二、企业应按照企业所得税法及其实施条例、税收协定以及本通知的规定，准确计算下列当期与抵免境外所得税有关的项目后，确定当期实际可抵免分国

（地区）别的境外所得税税额和抵免限额：

（一）境内所得的应纳税所得额（以下称境内应纳税所得额）和分国（地区）别的境外所得的应纳税所得额（以下称境外应纳税所得额）；

（二）分国（地区）别的可抵免境外所得税税额；

（三）分国（地区）别的境外所得税的抵免限额。

企业不能准确计算上述项目实际可抵免分国（地区）别的境外所得税税额的，在相应国家（地区）缴纳的税收均不得在该企业当期应纳税额中抵免，也不得结转以后年度抵免。

三、企业应就其按照实施条例第七条规定确定的中国境外所得（境外税前所得），按以下规定计算实施条例第七十八条规定的境外应纳税所得额：

（一）居民企业在境外投资设立不具有独立纳税地位的分支机构，其来源于境外的所得，以境外收入总额扣除与取得境外收入有关的各项合理支出后的余额为应纳税所得额。各项收入、支出按企业所得税法及实施条例的有关规定确定。

居民企业在境外设立不具有独立纳税地位的分支机构取得的各项境外所得，无论是否汇回中国境内，均应计入该企业所属纳税年度的境外应纳税所得额。

（二）居民企业应就其来源于境外的股息、红利等权益性投资收益，以及利息、租金、特许权使用费、转让财产等收入，扣除按照企业所得税法及实施条例等规定计算的与取得该项收入有关的各项合理支出后的余额为应纳税所得额。来源于境外的股息、红利等权益性投资收益，应按被投资方作出利润分配决定的日期确认收入实现；来源于境外的利息、租金、特许权使用费、转让财产等收入，应按有关合同约定应付交易对价款的日期确认收入实现。

（三）非居民企业在境内设立机构、场所的，应就其发生在境外但与境内所设机构、场所有实际联系的各项应税所得，比照上述第（二）项的规定计算相应的应纳税所得额。

（四）在计算境外应纳税所得额时，企业为取得境内、外所得而在境内、境外发生的共同支出，与取得境外应税所得有关的、合理的部分，应在境内、境外（分国（地区）别，下同）应税所得之间，按照合理比例进行分摊后扣除。

（五）在汇总计算境外应纳税所得额时，企业在境外同一国家（地区）设立不具有独立纳税地位的分支机构，按照企业所得税法及实施条例的有关规定计算的亏损，不得抵减其境内或他国（地区）的应纳税所得额，但可以用同一国家（地区）其他项目或以后年度的所得按规定弥补。

四、可抵免境外所得税税额，是指企业来源于中国境外的所得依照中国境外税收法律以及相关规定应当缴纳并已实际缴纳的企业所得税性质的税款。但不包括：

（一）按照境外所得税法律及相关规定属于错缴或错征的境外所得税税款；

（二）按照税收协定规定不应征收的境外所得税税款；

（三）因少缴或迟缴境外所得税而追加的利息、滞纳金或罚款；

（四）境外所得税纳税人或者其利害关系人从境外征税主体得到实际返还或补偿的境外所得税税款；

（五）按照我国企业所得税法及其实施条例规定，已经免征我国企业所得税的境外所得负担的境外所得税税款；

（六）按照国务院财政、税务主管部门有关规定已经从企业境外应纳税所得额中扣除的境外所得税税款。

五、居民企业在按照企业所得税法第二十四条规定用境外所得间接负担的税额进行税收抵免时，其取得的境外投资收益实际间接负担的税额，是指根据直接或者间接持股方式合计持股20%以上（含20%，下同）的规定层级的外国企业股份，由此应分得的股息、红利等权益性投资收益中，从最低一层外国企业起逐层计算的属于由上一层企业负担的税额，其计算公式如下：

本层企业所纳税额属于由一家上一层企业负担的税额=（本层企业就利润和投资收益所实际缴纳的税额+符合本通知规定的由本层企业间接负担的税额）×本层企业向一家上一层企业分配的股息（红利）÷本层企业所得税后利润额。

六、除国务院财政、税务主管部门另有规定外，按照实施条例第八十条规定由居民企业直接或者间接持有20%以上股份的外国企业，限于符合以下持股方式的三层外国企业：

第一层：单一居民企业直接持有20%以上股份的外国企业；

第二层：单一第一层外国企业直接持有20%以上股份，且由单一居民企业直接持有或通过一个或多个符合本条规定持股条件的外国企业间接持有总和达到20%以上股份的外国企业；

第三层：单一第二层外国企业直接持有20%以上股份，且由单一居民企业直接持有或通过一个或多个符合本条规定持股条件的外国企业间接持有总和达到20%以上股份的外国企业。

七、居民企业从与我国政府订立税收协定（或安排）的国家（地区）取得的所得，按照该国（地区）税收法律享受了免税或减税待遇，且该免税或减税的数额按照税收协定规定应视同已缴税额在中国的应纳税额中抵免的，该免税或减税数额可作为企业实际缴纳的境外所得税额用于办理税收抵免。

八、企业应按照企业所得税法及其实施条例和本通知的有关规定分国(地区)别计算境外税额的抵免限额。

某国(地区)所得税抵免限额＝中国境内、境外所得依照企业所得税法及实施条例的规定计算的应纳税总额×来源于某国(地区)的应纳税所得额÷中国境内、境外应纳税所得总额。

据以计算上述公式中"中国境内、境外所得依照企业所得税法及实施条例的规定计算的应纳税总额"的税率,除国务院财政、税务主管部门另有规定外,应为企业所得税法第四条第一款规定的税率。

企业按照企业所得税法及其实施条例和本通知的有关规定计算的当期境内、境外应纳税所得总额小于零的,应以零计算当期境内、境外应纳税所得总额,其当期境外所得税的抵免限额也为零。

九、在计算实际应抵免的境外已缴纳和间接负担的所得税税额时,企业在境外一国(地区)当年缴纳和间接负担的符合规定的所得税税额低于所计算的该国(地区)抵免限额的,应以该项税额作为境外所得税抵免额从企业应纳税总额中据实抵免;超过抵免限额的,当年应以抵免限额作为境外所得税抵免额进行抵免,超过抵免限额的余额允许从次年起在连续五个纳税年度内,用每年度抵免限额抵免当年应抵税额后的余额进行抵补。

十、属于下列情形的,经企业申请,主管税务机关核准,可以采取简易办法对境外所得已纳税额计算抵免①:

(一)企业从境外取得营业利润所得以及符合境外税额间接抵免条件的股息所得,虽有所得来源国(地区)政府机关核发的具有纳税性质的凭证或证明,但因客观原因无法真实、准确地确认应当缴纳并已经实际缴纳的境外所得税税额的,除就该所得直接缴纳及间接负担的税额在所得来源国(地区)的实际有效税率低于我国企业所得税法第四条第一款规定税率50%以上的外,可按境外应纳税所得额的12.5%作为抵免限额,企业按该国(地区)税务机关或政府机关核发具有纳税性质凭证或证明的金额,其不超过抵免限额的部分,准予抵免;超过的部分不得抵免。

属于本款规定以外的股息、利息、租金、特许权使用费、转让财产等投资性所得,均应按本通知的其他规定计算境外税额抵免。

(二)企业从境外取得营业利润所得以及符合境外税额间接抵免条件的股

---

① 根据《国家税务总局关于企业境外所得适用简易征收和饶让抵免的核准事项取消后有关后续管理问题的公告》(国家税务总局公告2015年第70号),此文件中第十条中"经企业申请,主管税务机关核准"的规定已被废止。

息所得，凡就该所得缴纳及间接负担的税额在所得来源国（地区）的法定税率且其实际有效税率明显高于我国的，可直接以按本通知规定计算的境外应纳税所得额和我国企业所得税法规定的税率计算的抵免限额作为可抵免的已在境外实际缴纳的企业所得税税额。具体国家（地区）名单见附件。财政部、国家税务总局可根据实际情况适时对名单进行调整。

属于本款规定以外的股息、利息、租金、特许权使用费、转让财产等投资性所得，均应按本通知的其他规定计算境外税额抵免。

十一、企业在境外投资设立不具有独立纳税地位的分支机构，其计算生产、经营所得的纳税年度与我国规定的纳税年度不一致的，与我国纳税年度当年度相对应的境外纳税年度，应为在我国有关纳税年度中任何一日结束的境外纳税年度。

企业取得上款以外的境外所得实际缴纳或间接负担的境外所得税，应在该项境外所得实现日所在的我国对应纳税年度的应纳税额中计算抵免。

十二、企业抵免境外所得税额后实际应纳所得税额的计算公式为：

企业实际应纳所得税额＝企业境内外所得应纳税总额－企业所得税减免、抵免优惠税额－境外所得税抵免额。

十三、本通知所称不具有独立纳税地位，是指根据企业设立地法律不具有独立法人地位或者按照税收协定规定不认定为对方国家（地区）的税收居民。

十四、企业取得来源于中国香港、澳门、台湾地区的应税所得，参照本通知执行。

十五、中华人民共和国政府同外国政府订立的有关税收的协定与本通知有不同规定的，依照协定的规定办理。

十六、本通知自 2008 年 1 月 1 日起执行。

《国家税务总局关于进一步完善固定资产加速折旧企业所得税政策有关问题的公告》

（国家税务总局公告 2015 年第 68 号）

为落实国务院扩大固定资产加速折旧优惠范围的决定，根据《中华人民共和国企业所得税法》（以下简称企业所得税法）及其实施条例（以下简称实施条例）、《财政部、国家税务总局关于进一步完善固定资产加速折旧企业所得税政策的通知》（财税〔2015〕106 号）规定，现就进一步完善固定资产加速折旧企业所得税政策有关问题公告如下：

一、对轻工、纺织、机械、汽车等四个领域重点行业（以下简称四个领域重点行业）企业2015年1月1日后新购进的固定资产（包括自行建造，下同），允许缩短折旧年限或采取加速折旧方法。

四个领域重点行业按照财税〔2015〕106号附件"轻工、纺织、机械、汽车四个领域重点行业范围"确定。今后国家有关部门更新国民经济行业分类与代码，从其规定。

四个领域重点行业企业是指以上述行业业务为主营业务，其固定资产投入使用当年的主营业务收入占企业收入总额50%（不含）以上的企业。所称收入总额，是指企业所得税法第六条规定的收入总额。

二、对四个领域重点行业小型微利企业2015年1月1日后新购进的研发和生产经营共用的仪器、设备，单位价值不超过100万元（含）的，允许在计算应纳税所得额时一次性全额扣除；单位价值超过100万元的，允许缩短折旧年限或采取加速折旧方法。

用于研发活动的仪器、设备范围口径，按照《国家税务总局关于印发〈企业研究开发费用税前扣除管理办法（试行）〉的通知》（国税发〔2008〕116号）或《科学技术部　财政部、国家税务总局关于印发〈高新技术企业认定管理工作指引〉的通知》（国科发火〔2008〕362号）规定执行。

小型微利企业，是指企业所得税法第二十八条规定的小型微利企业。

三、企业按本公告第一条、第二条规定缩短折旧年限的，对其购置的新固定资产，最低折旧年限不得低于实施条例第六十条规定的折旧年限的60%；对其购置的已使用过的固定资产，最低折旧年限不得低于实施条例规定的最低折旧年限减去已使用年限后剩余年限的60%。最低折旧年限一经确定，不得改变。

四、企业按本公告第一条、第二条规定采取加速折旧方法的，可以采用双倍余额递减法或者年数总和法。加速折旧方法一经确定，不得改变。

双倍余额递减法或者年数总和法，按照《国家税务总局关于固定资产加速折旧所得税处理有关问题的通知》（国税发〔2009〕81号）第四条的规定执行。

五、企业的固定资产既符合本公告优惠政策条件，又符合《国家税务总局关于企业固定资产加速折旧所得税处理有关问题的通知》（国税发〔2009〕81号）、《财政部、国家税务总局关于进一步鼓励软件产业和集成电路产业发展企业所得税政策的通知》（财税〔2012〕27号）中有关加速折旧优惠政策条件，可由企业选择其中一项加速折旧优惠政策执行，且一经选择，不得改变。

六、企业应将购进固定资产的发票、记账凭证等有关资料留存备查，并建立台账，准确反映税法与会计差异情况。

七、本公告适用于2015年及以后纳税年度。企业2015年前3季度按本公告规定未能享受加速折旧优惠的,可将前3季度应享受的加速折旧部分,在2015年第4季度企业所得税预缴申报时享受,或者在2015年度企业所得税汇算清缴时统一享受。

特此公告。

《财政部 国家税务总局关于进一步完善固定资产加速折旧企业所得税政策的通知》

(财税〔2015〕106号)

各省、自治区、直辖市、计划单列市财政厅(局)、国家税务局、地方税务局,新疆生产建设兵团财务局:

根据国务院常务会议的有关决定精神,现就有关固定资产加速折旧企业所得税政策问题通知如下:

一、对轻工、纺织、机械、汽车等四个领域重点行业(具体范围见附件)的企业2015年1月1日后新购进的固定资产,可由企业选择缩短折旧年限或采取加速折旧的方法。

二、对上述行业的小型微利企业2015年1月1日后新购进的研发和生产经营共用的仪器、设备,单位价值不超过100万元的,允许一次性计入当期成本费用在计算应纳税所得额时扣除,不再分年度计算折旧;单位价值超过100万元的,可由企业选择缩短折旧年限或采取加速折旧的方法。

三、企业按本通知第一条、第二条规定缩短折旧年限的,最低折旧年限不得低于企业所得税法实施条例第六十条规定折旧年限的60%;采取加速折旧方法的,可采取双倍余额递减法或者年数总和法。

按照企业所得税法及其实施条例有关规定,企业根据自身生产经营需要,也可选择不实行加速折旧政策。

四、本通知自2015年1月1日起执行。2015年前3季度按本通知规定未能计算办理的,统一在2015年第4季度预缴申报时享受优惠或2015年度汇算清缴时办理。

《国家税务总局关于固定资产加速折旧税收政策有关问题的公告》

(国家税务总局公告2014年第64号)

为落实国务院完善固定资产加速折旧政策,促进企业技术改造,支持创业创新，根据《中华人民共和国企业所得税法》（以下简称企业所得税法）及其实施条例、《财政部、国家税务总局关于完善固定资产加速折旧企业所得税政策的通知》（财税〔2014〕75号）规定，现就落实完善固定资产加速折旧企业所得税政策有关问题公告如下：

一、对生物药品制造业，专用设备制造业，铁路、船舶、航空航天和其他运输设备制造业，计算机、通信和其他电子设备制造业，仪器仪表制造业，信息传输、软件和信息技术服务业等行业企业（以下简称六大行业），2014年1月1日后购进的固定资产（包括自行建造），允许按不低于企业所得税法规定折旧年限的60%缩短折旧年限，或选择采取双倍余额递减法或年数总和法进行加速折旧。

六大行业按照国家统计局《国民经济行业分类与代码（GB/4754－2011）》确定。今后国家有关部门更新国民经济行业分类与代码，从其规定。

六大行业企业是指以上述行业业务为主营业务，其固定资产投入使用当年主营业务收入占企业收入总额50%（不含）以上的企业。所称收入总额，是指企业所得税法第六条规定的收入总额。

二、企业在2014年1月1日后购进并专门用于研发活动的仪器、设备，单位价值不超过100万元的，可以一次性在计算应纳税所得额时扣除；单位价值超过100万元的，允许按不低于企业所得税法规定折旧年限的60%缩短折旧年限，或选择采取双倍余额递减法或年数总和法进行加速折旧。

用于研发活动的仪器、设备范围口径，按照《国家税务总局关于印发〈企业研究开发费用税前扣除管理办法（试行）〉的通知》（国税发〔2008〕116号）或《科学技术部财政部国家税务总局关于印发〈高新技术企业认定管理工作指引〉的通知》（国科发火〔2008〕362号）规定执行。

企业专门用于研发活动的仪器、设备已享受上述优惠政策的，在享受研发费加计扣除时，按照《国家税务总局关于印发〈企业研发费用税前扣除管理办法（试行）〉的通知》（国税发〔2008〕116号）、《财政部国家税务总局关于研究开发费用税前加计扣除有关政策问题的通知》（财税〔2013〕70号）的规定，就已经进行会计处理的折旧、费用等金额进行加计扣除。

六大行业中的小型微利企业研发和生产经营共用的仪器、设备，可以执行本条第一、二款的规定。所称小型微利企业，是指企业所得税法第二十八条规定的小型微利企业。

三、企业持有的固定资产，单位价值不超过5000元的，可以一次性在计算应纳税所得额时扣除。企业在2013年12月31日前持有的单位价值不超过5000元的固定资产，其折余价值部分，2014年1月1日以后可以一次性在计算应纳税所得额时扣除。

四、企业采取缩短折旧年限方法的，对其购置的新固定资产，最低折旧年限不得低于企业所得税法实施条例第六十条规定的折旧年限的60%；企业购置已使用过的固定资产，其最低折旧年限不得低于实施条例规定的最低折旧年限减去已使用年限后剩余年限的60%。最低折旧年限一经确定，一般不得变更。

五、企业的固定资产采取加速折旧方法的，可以采用双倍余额递减法或者年数总和法。加速折旧方法一经确定，一般不得变更。

所称双倍余额递减法或者年数总和法，按照《国家税务总局关于企业固定资产加速折旧所得税处理有关问题的通知》（国税发〔2009〕81号）第四条的规定执行。

六、企业的固定资产既符合本公告优惠政策条件，同时又符合《国家税务总局关于企业固定资产加速折旧所得税处理有关问题的通知》（国税发〔2009〕81号）、《财政部、国家税务总局关于进一步鼓励软件产业和集成电路产业发展企业所得税政策的通知》（财税〔2012〕27号）中相关加速折旧政策条件的，可由企业选择其中最优惠的政策执行，且一经选择，不得改变。

七、企业固定资产采取一次性税前扣除、缩短折旧年限或加速折旧方法的，预缴申报时，须同时报送《固定资产加速折旧（扣除）预缴情况统计表》（见附件1），年度申报时，实行事后备案管理，并按要求报送相关资料。[①]

企业应将购进固定资产的发票、记账凭证等有关凭证、凭据（购入已使用过的固定资产，应提供已使用年限的相关说明）等资料留存备查，并应建立台账，准确核算税法与会计差异情况。

主管税务机关应对适用本公告规定优惠政策的企业加强后续管理，对预缴申报时享受了优惠政策的企业，年终汇算清缴时应对企业全年主营业务收入占企业收入总额的比例进行重点审核。

八、本公告适用于2014年及以后纳税年度。

特此公告。

附件：1. 固定资产加速折旧（扣除）预缴情况统计表[②]（略）
2. 《固定资产加速折旧（扣除）预缴情况统计表》填报说明（略）

[①] 根据《关于公布全文失效废止和部分条款废止的税收规范性文件目录的公告》（国家税务总局公告2016年第34号），此文件中第七条第一款已被废止。

[②] 根据《国家税务总局关于发布〈中华人民共和国企业所得税月（季）度预缴纳税申报表（2015年版）等报表〉的公告》（国家税务总局公告2015年第31号），此文件中附件《固定资产加速折旧预缴情况统计表》及其填报说明已被废止。

《财政部　国家税务总局关于完善固定资产加速折旧企业所得税政策的通知》

（财税〔2014〕75号）

各省、自治区、直辖市、计划单列市财政厅（局）、国家税务局、地方税务局，新疆生产建设兵团财务局：

为贯彻落实国务院完善固定资产加速折旧政策精神，现就有关固定资产加速折旧企业所得税政策问题通知如下：

一、对生物药品制造业，专用设备制造业，铁路、船舶、航空航天和其他运输设备制造业，计算机、通信和其他电子设备制造业，仪器仪表制造业，信息传输、软件和信息技术服务业等6个行业的企业2014年1月1日后新购进的固定资产，可缩短折旧年限或采取加速折旧的方法。

对上述6个行业的小型微利企业2014年1月1日后新购进的研发和生产经营共用的仪器、设备，单位价值不超过100万元的，允许一次性计入当期成本费用在计算应纳税所得额时扣除，不再分年度计算折旧；单位价值超过100万元的，可缩短折旧年限或采取加速折旧的方法。

二、对所有行业企业2014年1月1日后新购进的专门用于研发的仪器、设备，单位价值不超过100万元的，允许一次性计入当期成本费用在计算应纳税所得额时扣除，不再分年度计算折旧；单位价值超过100万元的，可缩短折旧年限或采取加速折旧的方法。

三、对所有行业企业持有的单位价值不超过5000元的固定资产，允许一次性计入当期成本费用在计算应纳税所得额时扣除，不再分年度计算折旧。

四、企业按本通知第一条、第二条规定缩短折旧年限的，最低折旧年限不得低于企业所得税法实施条例第六十条规定折旧年限的60%；采取加速折旧方法的，可采取双倍余额递减法或者年数总和法。本通知第一至三条规定之外的企业固定资产加速折旧所得税处理问题，继续按照企业所得税法及其实施条例和现行税收政策规定执行。

五、本通知自2014年1月1日起执行。

《国家税务总局关于企业固定资产加速折旧所得税处理有关问题的通知》

（国税发〔2009〕81号）

各省、自治区、直辖市和计划单列市国家税务局、地方税务局：

第3章　企业所得税

根据《中华人民共和国企业所得税法》（以下简称《企业所得税法》）及《中华人民共和国企业所得税法实施条例》（以下简称《实施条例》）的有关规定，现就企业固定资产实行加速折旧的所得税处理问题通知如下：

一、根据《企业所得税法》第三十二条及《实施条例》第九十八条的相关规定，企业拥有并用于生产经营的主要或关键的固定资产，由于以下原因确需加速折旧的，可以缩短折旧年限或者采取加速折旧的方法：

（一）由于技术进步，产品更新换代较快的；

（二）常年处于强震动、高腐蚀状态的。

二、企业拥有并使用的固定资产符合本通知第一条规定的，可按以下情况分别处理：

（一）企业过去没有使用过与该项固定资产功能相同或类似的固定资产，但有充分的证据证明该固定资产的预计使用年限短于《实施条例》规定的计算折旧最低年限的，企业可根据该固定资产的预计使用年限和本通知的规定，对该固定资产采取缩短折旧年限或者加速折旧的方法。

（二）企业在原有的固定资产未达到《实施条例》规定的最低折旧年限前，使用功能相同或类似的新固定资产替代旧固定资产的，企业可根据旧固定资产的实际使用年限和本通知的规定，对新替代的固定资产采取缩短折旧年限或者加速折旧的方法。

三、企业采取缩短折旧年限方法的，对其购置的新固定资产，最低折旧年限不得低于《实施条例》第六十条规定的折旧年限的60%；若为购置已使用过的固定资产，其最低折旧年限不得低于《实施条例》规定的最低折旧年限减去已使用年限后剩余年限的60%。最低折旧年限一经确定，一般不得变更。

四、企业拥有并使用符合本通知第一条规定条件的固定资产采取加速折旧方法的，可以采用双倍余额递减法或者年数总和法。加速折旧方法一经确定，一般不得变更。

（一）双倍余额递减法，是指在不考虑固定资产预计净残值的情况下，根据每期期初固定资产原值减去累计折旧后的金额和双倍的直线法折旧率计算固定资产折旧的一种方法。应用这种方法计算折旧额时，由于每年年初固定资产净值没有减去预计净残值，所以在计算固定资产折旧额时，应在其折旧年限到期前的两年期间，将固定资产净值减去预计净残值后的余额平均摊销。计算公式如下：

$$年折旧率 = 2 \div 预计使用寿命(年) \times 100\%$$

$$月折旧率 = 年折旧率 \div 12$$

$$月折旧额 = 月初固定资产账面净值 \times 月折旧率$$

（二）年数总和法，又称年限合计法，是指将固定资产的原值减去预计净残值后的余额，乘以一个以固定资产尚可使用寿命为分子、以预计使用寿命逐年数字之和为分母的逐年递减的分数计算每年的折旧额。计算公式如下：

年折旧率 = 尚可使用年限 ÷ 预计使用寿命的年数总和 × 100%

月折旧率 = 年折旧率 ÷ 12

月折旧额 = (固定资产原值 − 预计净残值) × 月折旧率

五、企业确需对固定资产采取缩短折旧年限或者加速折旧方法的，应在取得该固定资产后一个月内，向其企业所得税主管税务机关（以下简称主管税务机关）备案，并报送以下资料[①]：

（一）固定资产的功能、预计使用年限短于《实施条例》规定计算折旧的最低年限的理由、证明资料及有关情况的说明；

（二）被替代的旧固定资产的功能、使用及处置等情况的说明；

（三）固定资产加速折旧拟采用的方法和折旧额的说明；

（四）主管税务机关要求报送的其他资料。

企业主管税务机关应在企业所得税年度纳税评估时，对企业采取加速折旧的固定资产的使用环境及状况进行实地核查。对不符合加速折旧规定条件的，主管税务机关有权要求企业停止该项固定资产加速折旧。

六、对于采取缩短折旧年限的固定资产，足额计提折旧后继续使用而未进行处置（包括报废等情形）超过12个月的，今后对其更新替代、改造改建后形成的功能相同或者类似的固定资产，不得再采取缩短折旧年限的方法。

七、对于企业采取缩短折旧年限或者采取加速折旧方法的，主管税务机关应设立相应的税收管理台账，并加强监督，实施跟踪管理。对发现不符合《实施条例》第九十八条及本通知规定的，主管税务机关要及时责令企业进行纳税调整。

八、适用总、分机构汇总纳税的企业，对其所属分支机构使用的符合《实施条例》第九十八条及本通知规定情形的固定资产采取缩短折旧年限或者采取加速折旧方法的，由其总机构向其所在地主管税务机关备案。分支机构所在地主管税务机关应负责配合总机构所在地主管税务机关实施跟踪管理。

九、本通知自 2008 年 1 月 1 日起执行。

[①] 根据《关于公布全文失效废止和部分条款废止的税收规范性文件目录的公告》（国家税务总局公告 2016 年第 34 号），此文件中第五条已被废止。

《国家税务总局关于促进残疾人就业税收优惠政策相关问题的公告》

（国家税务总局公告 2015 年第 55 号）

现将促进残疾人就业税收优惠政策相关问题公告如下：

一、以劳务派遣形式就业的残疾人，属于劳务派遣单位的职工。劳务派遣单位可按照《财政部、国家税务总局关于促进残疾人就业税收优惠政策的通知》（财税〔2007〕92 号，以下简称《通知》）规定，享受相关税收优惠政策。

二、安置残疾人的机关事业单位以及由机关事业单位改制后的企业，为残疾人缴纳的机关事业单位养老保险，属于《通知》第五条第（三）款规定的"基本养老保险"范畴，可按规定享受相关税收优惠政策。

本公告自 2015 年 9 月 1 日起施行。此前未处理的事项，按照本公告规定执行。

特此公告。

《国家税务总局关于促进残疾人就业税收优惠政策有关问题的公告》

（国家税务总局公告 2013 年第 78 号）

为进一步增强促进残疾人就业税收优惠政策的实施效果，保障和维护残疾人职工的合法权益，现将促进残疾人就业税收优惠政策有关问题公告如下：

《财政部、国家税务总局关于促进残疾人就业税收优惠政策的通知》（财税〔2007〕92 号）第五条第（三）款规定的"基本养老保险"和"基本医疗保险"是指"职工基本养老保险"和"职工基本医疗保险"，不含"城镇居民社会养老保险"、"新型农村社会养老保险"、"城镇居民基本医疗保险"和"新型农村合作医疗"。

本公告自 2014 年 1 月 1 日起施行。

特此公告。

《财政部 国家税务总局关于安置残疾人员就业有关企业所得税优惠政策问题的通知》

(财税〔2009〕70号)

各省、自治区、直辖市、计划单列市财政厅(局)、国家税务局、地方税务局,新疆生产建设兵团财务局:

根据《中华人民共和国企业所得税法》和《中华人民共和国企业所得税法实施条例》(国务院令第512号)的有关规定,现就企业安置残疾人员就业有关企业所得税优惠政策问题,通知如下:

一、企业安置残疾人员的,在按照支付给残疾职工工资据实扣除的基础上,可以在计算应纳税所得额时按照支付给残疾职工工资的100%加计扣除。

企业就支付给残疾职工的工资,在进行企业所得税预缴申报时,允许据实计算扣除;在年度终了进行企业所得税年度申报和汇算清缴时,再依照本条第一款的规定计算加计扣除。

二、残疾人员的范围适用《中华人民共和国残疾人保障法》的有关规定。

三、企业享受安置残疾职工工资100%加计扣除应同时具备如下条件:

(一)依法与安置的每位残疾人签订了1年以上(含1年)的劳动合同或服务协议,并且安置的每位残疾人在企业实际上岗工作。

(二)为安置的每位残疾人按月足额缴纳了企业所在区县人民政府根据国家政策规定的基本养老保险、基本医疗保险、失业保险和工伤保险等社会保险。

(三)定期通过银行等金融机构向安置的每位残疾人实际支付了不低于企业所在区县适用的经省级人民政府批准的最低工资标准的工资。

(四)具备安置残疾人上岗工作的基本设施。

四、企业应在年度终了进行企业所得税年度申报和汇算清缴时,向主管税务机关报送本通知第四条规定的相关资料、已安置残疾职工名单及其《中华人民共和国残疾人证》或《中华人民共和国残疾军人证(1至8级)》复印件和主管税务机关要求提供的其他资料,办理享受企业所得税加计扣除优惠的备案手续。

五、在企业汇算清缴结束后,主管税务机关在对企业进行日常管理、纳税评估和纳税检查时,应对安置残疾人员企业所得税加计扣除优惠的情况进行核实。

六、本通知自2008年1月1日起执行。

《国家税务总局关于企业重组业务企业所得税征收管理若干问题的公告》

(国家税务总局公告2015年第48号)[①]

根据《中华人民共和国企业所得税法》及其实施条例、《中华人民共和国税收征收管理法》及其实施细则、《国务院关于取消非行政许可审批事项的决定》(国发〔2015〕27号)、《财政部、国家税务总局关于企业重组业务企业所得税处理若干问题的通知》(财税〔2009〕59号)和《财政部、国家税务总局关于促进企业重组有关企业所得税处理问题的通知》(财税〔2014〕109号)等有关规定,现对企业重组业务企业所得税征收管理若干问题公告如下:

一、按照重组类型,企业重组的当事各方是指:

(一)债务重组中当事各方,指债务人、债权人。

(二)股权收购中当事各方,指收购方、转让方及被收购企业。

(三)资产收购中当事各方,指收购方、转让方。

(四)合并中当事各方,指合并企业、被合并企业及被合并企业股东。

(五)分立中当事各方,指分立企业、被分立企业及被分立企业股东。

上述重组交易中,股权收购中转让方、合并中被合并企业股东和分立中被分立企业股东,可以是自然人。

当事各方中的自然人应按个人所得税的相关规定进行税务处理。

二、重组当事各方企业适用特殊性税务处理的(指重组业务符合财税〔2009〕59号文件和财税〔2014〕109号文件第一条、第二条规定条件并选择特殊性税务处理的,下同),应按如下规定确定重组主导方:

(一)债务重组,主导方为债务人。

(二)股权收购,主导方为股权转让方,涉及两个或两个以上股权转让方,由转让被收购企业股权比例最大的一方作为主导方(转让股权比例相同的可协商确定主导方)。

(三)资产收购,主导方为资产转让方。

(四)合并,主导方为被合并企业,涉及同一控制下多家被合并企业的,以净资产最大的一方为主导方。

(五)分立,主导方为被分立企业。

三、财税〔2009〕59号文件第十一条所称重组业务完成当年,是指重组日

[①] 根据《国家税务总局关于修改部分税收规范性文件的公告》(国家税务总局公告2018年第31号),文件中的"国家税务局、地方税务局"修改为"税务局"。

所属的企业所得税纳税年度。

企业重组日的确定,按以下规定处理:

1. 债务重组,以债务重组合同(协议)或法院裁定书生效日为重组日。

2. 股权收购,以转让合同(协议)生效且完成股权变更手续日为重组日。关联企业之间发生股权收购,转让合同(协议)生效后12个月内尚未完成股权变更手续的,应以转让合同(协议)生效日为重组日。

3. 资产收购,以转让合同(协议)生效且当事各方已进行会计处理的日期为重组日。

4. 合并,以合并合同(协议)生效、当事各方已进行会计处理且完成工商新设登记或变更登记日为重组日。按规定不需要办理工商新设或变更登记的合并,以合并合同(协议)生效且当事各方已进行会计处理的日期为重组日。

5. 分立,以分立合同(协议)生效、当事各方已进行会计处理且完成工商新设登记或变更登记日为重组日。

四、企业重组业务适用特殊性税务处理的,除财税〔2009〕59号文件第四条第(一)项所称企业发生其他法律形式简单改变情形外,重组各方应在该重组业务完成当年,办理企业所得税年度申报时,分别向各自主管税务机关报送《企业重组所得税特殊性税务处理报告表及附表》(详见附件1)和申报资料(详见附件2)。合并、分立中重组一方涉及注销的,应在尚未办理注销税务登记手续前进行申报。

重组主导方申报后,其他当事方向其主管税务机关办理纳税申报。申报时还应附送重组主导方经主管税务机关受理的《企业重组所得税特殊性税务处理报告表及附表》(复印件)。

五、企业重组业务适用特殊性税务处理的,申报时,应从以下方面逐条说明企业重组具有合理的商业目的:

(一)重组交易的方式;

(二)重组交易的实质结果;

(三)重组各方涉及的税务状况变化;

(四)重组各方涉及的财务状况变化;

(五)非居民企业参与重组活动的情况。

六、企业重组业务适用特殊性税务处理的,申报时,当事各方还应向主管税务机关提交重组前连续12个月内有无与该重组相关的其他股权、资产交易情况的说明,并说明这些交易与该重组是否构成分步交易,是否作为一项企业重组业务进行处理。

七、根据财税〔2009〕59号文件第十条规定,若同一项重组业务涉及在连续 12 个月内分步交易，且跨两个纳税年度，当事各方在首个纳税年度交易完成时预计整个交易符合特殊性税务处理条件，经协商一致选择特殊性税务处理的，可以暂时适用特殊性税务处理，并在当年企业所得税年度申报时提交书面申报资料。

在下一纳税年度全部交易完成后，企业应判断是否适用特殊性税务处理。如适用特殊性税务处理的，当事各方应按本公告要求申报相关资料；如适用一般性税务处理的，应调整相应纳税年度的企业所得税年度申报表，计算缴纳企业所得税。

八、企业发生财税〔2009〕59 号文件第六条第（一）项规定的债务重组，应准确记录应予确认的债务重组所得，并在相应年度的企业所得税汇算清缴时对当年确认额及分年结转额的情况做出说明。

主管税务机关应建立台账，对企业每年申报的债务重组所得与台账进行比对分析，加强后续管理。

九、企业发生财税〔2009〕59 号文件第七条第（三）项规定的重组，居民企业应准确记录应予确认的资产或股权转让收益总额，并在相应年度的企业所得税汇算清缴时对当年确认额及分年结转额的情况做出说明。

主管税务机关应建立台账，对居民企业取得股权的计税基础和每年确认的资产或股权转让收益进行比对分析，加强后续管理。

十、适用特殊性税务处理的企业，在以后年度转让或处置重组资产（股权）时，应在年度纳税申报时对资产（股权）转让所得或损失情况进行专项说明，包括特殊性税务处理时确定的重组资产（股权）计税基础与转让或处置时的计税基础的比对情况，以及递延所得税负债的处理情况等。

适用特殊性税务处理的企业，在以后年度转让或处置重组资产（股权）时，主管税务机关应加强评估和检查，将企业特殊性税务处理时确定的重组资产（股权）计税基础与转让或处置时的计税基础及相关的年度纳税申报表比对，发现问题的，应依法进行调整。

十一、税务机关应对适用特殊性税务处理的企业重组做好统计和相关资料的归档工作。各省、自治区、直辖市和计划单列市国家税务局、地方税务局应于每年 8 月底前将《企业重组所得税特殊性税务处理统计表》（详见附件 3）上报税务总局（所得税司）。

十二、本公告适用于 2015 年度及以后年度企业所得税汇算清缴。《国家税务总局关于发布〈企业重组业务企业所得税管理办法〉的公告》（国家税务总局公告 2010 年第 4 号）第三条、第七条、第八条、第十六条、第十七条、第十八条、第二十二条、第二十三条、第二十四条、第二十五条、第二十七条、第三十二条同时废止。

本公告施行时企业已经签订重组协议，但尚未完成重组的，按本公告执行。

特此公告。

附件：1. 企业重组所得税特殊性税务处理报告表及附表（略）
2. 企业重组所得税特殊性税务处理申报资料一览表（略）
3. 企业重组所得税特殊性税务处理统计表（略）

《国家税务总局关于资产（股权）划转企业所得税征管问题的公告》

（国家税务总局公告2015年第40号）

《国务院关于进一步优化企业兼并重组市场环境的意见》（国发〔2014〕14号）和《财政部、国家税务总局关于促进企业重组有关企业所得税处理问题的通知》（财税〔2014〕109号，以下简称《通知》）下发后，各地陆续反映在企业重组所得税政策执行过程中有些征管问题亟需明确。经研究，现就股权或资产划转企业所得税征管问题公告如下：

一、《通知》第三条所称"100%直接控制的居民企业之间，以及受同一或相同多家居民企业100%直接控制的居民企业之间按账面净值划转股权或资产"，限于以下情形：

（一）100%直接控制的母子公司之间，母公司向子公司按账面净值划转其持有的股权或资产，母公司获得子公司100%的股权支付。母公司按增加长期股权投资处理，子公司按接受投资（包括资本公积，下同）处理。母公司获得子公司股权的计税基础以划转股权或资产的原计税基础确定。

（二）100%直接控制的母子公司之间，母公司向子公司按账面净值划转其持有的股权或资产，母公司没有获得任何股权或非股权支付。母公司按冲减实收资本（包括资本公积，下同）处理，子公司按接受投资处理。

（三）100%直接控制的母子公司之间，子公司向母公司按账面净值划转其持有的股权或资产，子公司没有获得任何股权或非股权支付。母公司按收回投资处理，或按接受投资处理，子公司按冲减实收资本处理。母公司应按被划转股权或资产的原计税基础，相应调减持有子公司股权的计税基础。

（四）受同一或相同多家母公司100%直接控制的子公司之间，在母公司主导下，一家子公司向另一家子公司按账面净值划转其持有的股权或资产，划出方没有获得任何股权或非股权支付。划出方按冲减所有者权益处理，划入方按接受投资处理。

二、《通知》第三条所称"股权或资产划转后连续12个月内不改变被划转股权或资产原来实质性经营活动",是指自股权或资产划转完成日起连续12个月内不改变被划转股权或资产原来实质性经营活动。

股权或资产划转完成日,是指股权或资产划转合同(协议)或批复生效,且交易双方已进行会计处理的日期。

三、《通知》第三条所称"划入方企业取得被划转股权或资产的计税基础,以被划转股权或资产的原账面净值确定",是指划入方企业取得被划转股权或资产的计税基础,以被划转股权或资产的原计税基础确定。

《通知》第三条所称"划入方企业取得的被划转资产,应按其原账面净值计算折旧扣除",是指划入方企业取得的被划转资产,应按被划转资产的原计税基础计算折旧扣除或摊销。

四、按照《通知》第三条规定进行特殊性税务处理的股权或资产划转,交易双方应在协商一致的基础上,采取一致处理原则统一进行特殊性税务处理。

五、交易双方应在企业所得税年度汇算清缴时,分别向各自主管税务机关报送《居民企业资产(股权)划转特殊性税务处理申报表》(详见附件)和相关资料(一式两份)。

相关资料包括:

1. 股权或资产划转总体情况说明,包括基本情况、划转方案等,并详细说明划转的商业目的;

2. 交易双方或多方签订的股权或资产划转合同(协议),需有权部门(包括内部和外部)批准的,应提供批准文件;

3. 被划转股权或资产账面净值和计税基础说明;

4. 交易双方按账面净值划转股权或资产的说明(需附会计处理资料);

5. 交易双方均未在会计上确认损益的说明(需附会计处理资料);

6. 12个月内不改变被划转股权或资产原来实质性经营活动的承诺书。

六、交易双方应在股权或资产划转完成后的下一年度的企业所得税年度申报时,各自向主管税务机关提交书面情况说明,以证明被划转股权或资产自划转完成日后连续12个月内,没有改变原来的实质性经营活动。

七、交易一方在股权或资产划转完成日后连续12个月内发生生产经营业务、公司性质、资产或股权结构等情况变化,致使股权或资产划转不再符合特殊性税务处理条件的,发生变化的交易一方应在情况发生变化的30日内报告其主管税务机关,同时书面通知另一方。另一方应在接到通知后30日内将有关变化报告其主管税务机关。

八、本公告第七条所述情况发生变化后60日内,原交易双方应按以下规定进行税务处理：

（一）属于本公告第一条第（一）项规定情形的，母公司应按原划转完成时股权或资产的公允价值视同销售处理，并按公允价值确认取得长期股权投资的计税基础；子公司按公允价值确认划入股权或资产的计税基础。

属于本公告第一条第（二）项规定情形的，母公司应按原划转完成时股权或资产的公允价值视同销售处理；子公司按公允价值确认划入股权或资产的计税基础。

属于本公告第一条第（三）项规定情形的，子公司应按原划转完成时股权或资产的公允价值视同销售处理；母公司应按撤回或减少投资进行处理。

属于本公告第一条第（四）项规定情形的，划出方应按原划转完成时股权或资产的公允价值视同销售处理；母公司根据交易情形和会计处理对划出方按分回股息进行处理，或者按撤回或减少投资进行处理，对划入方按以股权或资产的公允价值进行投资处理；划入方按接受母公司投资处理，以公允价值确认划入股权或资产的计税基础。

（二）交易双方应调整划转完成纳税年度的应纳税所得额及相应股权或资产的计税基础，向各自主管税务机关申请调整划转完成纳税年度的企业所得税年度申报表，依法计算缴纳企业所得税。

九、交易双方的主管税务机关应对企业申报适用特殊性税务处理的股权或资产划转加强后续管理。

十、本公告适用2014年度及以后年度企业所得税汇算清缴。此前尚未进行税务处理的股权、资产划转，符合《通知》第三条和本公告规定的可按本公告执行。

特此公告。

附件：居民企业资产（股权）划转特殊性税务处理申报表（略）

《财政部 国家税务总局关于促进企业重组有关企业所得税处理问题的通知》

（财税〔2014〕109号）

各省、自治区、直辖市、计划单列市财政厅（局）、国家税务局、地方税务局，新疆生产建设兵团财务局：

为贯彻落实《国务院关于进一步优化企业兼并重组市场环境的意见》（国发〔2014〕14号），根据《中华人民共和国企业所得税法》及其实施条例有关规定，现就企业重组有关企业所得税处理问题明确如下：

一、关于股权收购

将《财政部、国家税务总局关于企业重组业务企业所得税处理若干问题的通知》（财税〔2009〕59号）第六条第（二）项中有关"股权收购，收购企业购买的股权不低于被收购企业全部股权的75%"规定调整为"股权收购，收购企业购买的股权不低于被收购企业全部股权的50%"。

二、关于资产收购

将财税〔2009〕59号文件第六条第（三）项中有关"资产收购，受让企业收购的资产不低于转让企业全部资产的75%"规定调整为"资产收购，受让企业收购的资产不低于转让企业全部资产的50%"。

三、关于股权、资产划转

对100%直接控制的居民企业之间，以及受同一或相同多家居民企业100%直接控制的居民企业之间按账面净值划转股权或资产，凡具有合理商业目的、不以减少、免除或者推迟缴纳税款为主要目的，股权或资产划转后连续12个月内不改变被划转股权或资产原来实质性经营活动，且划出方企业和划入方企业均未在会计上确认损益的，可以选择按以下规定进行特殊性税务处理：

1. 划出方企业和划入方企业均不确认所得。

2. 划入方企业取得被划转股权或资产的计税基础，以被划转股权或资产的原账面净值确定。

3. 划入方企业取得的被划转资产，应按其原账面净值计算折旧扣除。

四、本通知自2014年1月1日起执行。本通知发布前尚未处理的企业重组，符合本通知规定的可按本通知执行。

《国家税务总局关于发布〈企业重组业务企业所得税管理办法〉的公告》

（国家税务总局公告2010年第4号）①

现将《企业重组业务企业所得税管理办法》予以发布，自2010年1月1日

---

① 根据《国家税务总局关于企业重组业务企业所得税征收管理若干问题的公告》（国家税务总局公告2015年第48号），此文件中第三条、第七条、第八条、第十六条、第十七条、第十八条、第二十二条、第二十三条、第二十四条、第二十五条、第二十七条、第三十二条已被废止。

根据《国家税务总局关于非居民企业所得税源泉扣缴有关问题的公告》（国家税务总局公告2017年第37号），此文件第三十六条已被废止。

起施行。

本办法发布时企业已经完成重组业务的,如适用《财政部、国家税务总局关于企业重组业务企业所得税处理若干问题的通知》(财税〔2009〕59号)特殊税务处理,企业没有按照本办法要求准备相关资料的,应补备相关资料;需要税务机关确认的,按照本办法要求补充确认。2008~2009年度企业重组业务尚未进行税务处理的,可按本办法处理。

特此公告。

企业重组业务企业所得税管理办法

第一章 总则及定义

第一条 为规范和加强对企业重组业务的企业所得税管理,根据《中华人民共和国企业所得税法》(以下简称《税法》)及其实施条例(以下简称《实施条例》)、《中华人民共和国税收征收管理法》及其实施细则(以下简称《征管法》)、《财政部、国家税务总局关于企业重组业务企业所得税处理若干问题的通知》(财税〔2009〕59号)(以下简称《通知》)等有关规定,制定本办法。

第二条 本办法所称企业重组业务,是指《通知》第一条所规定的企业法律形式改变、债务重组、股权收购、资产收购、合并、分立等各类重组。

第三条 企业发生各类重组业务,其当事各方,按重组类型,分别指以下企业:

(一)债务重组中当事各方,指债务人及债权人。

(二)股权收购中当事各方,指收购方、转让方及被收购企业。

(三)资产收购中当事各方,指转让方、受让方。

(四)合并中当事各方,指合并企业、被合并企业及各方股东。

(五)分立中当事各方,指分立企业、被分立企业及各方股东。

第四条 同一重组业务的当事各方应采取一致税务处理原则,即统一按一般性或特殊性税务处理。

第五条 《通知》第一条第(四)项所称实质经营性资产,是指企业用于从事生产经营活动、与产生经营收入直接相关的资产,包括经营所用各类资产、企业拥有的商业信息和技术、经营活动产生的应收款项、投资资产等。

第六条 《通知》第二条所称控股企业,是指由本企业直接持有股份的企业。

第七条 《通知》中规定的企业重组,其重组日的确定,按以下规定处理:

(一)债务重组,以债务重组合同或协议生效日为重组日。

（二）股权收购，以转让协议生效且完成股权变更手续日为重组日。

（三）资产收购，以转让协议生效且完成资产实际交割日为重组日。

（四）企业合并，以合并企业取得被合并企业资产所有权并完成工商登记变更日期为重组日。

（五）企业分立，以分立企业取得被分立企业资产所有权并完成工商登记变更日期为重组日。

第八条　重组业务完成年度的确定，可以按各当事方适用的会计准则确定，具体参照各当事方经审计的年度财务报告。由于当事方适用的会计准则不同导致重组业务完成年度的判定有差异时，各当事方应协商一致，确定同一个纳税年度作为重组业务完成年度。

第九条　本办法所称评估机构，是指具有合法资质的中国资产评估机构。

第二章　企业重组一般性税务处理管理

第十条　企业发生《通知》第四条第（一）项规定的由法人转变为个人独资企业、合伙企业等非法人组织，或将登记注册地转移至中华人民共和国境外（包括港澳台地区），应按照《财政部、国家税务总局关于企业清算业务企业所得税处理若干问题的通知》（财税〔2009〕60号）规定进行清算。

企业在报送《企业清算所得纳税申报表》时，应附送以下资料：

（一）企业改变法律形式的工商部门或其他政府部门的批准文件；

（二）企业全部资产的计税基础以及评估机构出具的资产评估报告；

（三）企业债权、债务处理或归属情况说明；

（四）主管税务机关要求提供的其他资料证明。

第十一条　企业发生《通知》第四条第（二）项规定的债务重组，应准备以下相关资料，以备税务机关检查。

（一）以非货币资产清偿债务的，应保留当事各方签订的清偿债务的协议或合同，以及非货币资产公允价格确认的合法证据等；

（二）债权转股权的，应保留当事各方签订的债权转股权协议或合同。

第十二条　企业发生《通知》第四条第（三）项规定的股权收购、资产收购重组业务，应准备以下相关资料，以备税务机关检查。

（一）当事各方所签订的股权收购、资产收购业务合同或协议；

（二）相关股权、资产公允价值的合法证据。

第十三条　企业发生《通知》第四条第（四）项规定的合并，应按照财税〔2009〕60号文件规定进行清算。

被合并企业在报送《企业清算所得纳税申报表》时，应附送以下资料：

（一）企业合并的工商部门或其他政府部门的批准文件；
（二）企业全部资产和负债的计税基础以及评估机构出具的资产评估报告；
（三）企业债务处理或归属情况说明；
（四）主管税务机关要求提供的其他资料证明。

第十四条　企业发生《通知》第四条第（五）项规定的分立，被分立企业不再继续存在，应按照财税〔2009〕60号文件规定进行清算。

被分立企业在报送《企业清算所得纳税申报表》时，应附送以下资料：
（一）企业分立的工商部门或其他政府部门的批准文件；
（二）被分立企业全部资产的计税基础以及评估机构出具的资产评估报告；
（三）企业债务处理或归属情况说明；
（四）主管税务机关要求提供的其他资料证明。

第十五条　企业合并或分立，合并各方企业或分立企业涉及享受《税法》第五十七条规定中就企业整体（即全部生产经营所得）享受的税收优惠过渡政策尚未期满的，仅就存续企业未享受完的税收优惠，按照《通知》第九条的规定执行；注销的被合并或被分立企业未享受完的税收优惠，不再由存续企业承继；合并或分立而新设的企业不得再承继或重新享受上述优惠。合并或分立各方企业按照《税法》的税收优惠规定和税收优惠过渡政策中就企业有关生产经营项目的所得享受的税收优惠承继问题，按照《实施条例》第八十九条规定执行。

第三章　企业重组特殊性税务处理管理

第十六条　企业重组业务，符合《通知》规定条件并选择特殊性税务处理的，应按照《通知》第十一条规定进行备案；如企业重组各方需要税务机关确认，可以选择由重组主导方向主管税务机关提出申请，层报省税务机关给予确认。

采取申请确认的，主导方和其他当事方不在同一省（自治区、市）的，主导方省税务机关应将确认文件抄送其他当事方所在地省税务机关。

省税务机关在收到确认申请时，原则上应在当年度企业所得税汇算清缴前完成确认。特殊情况，需要延长的，应将延长理由告知主导方。

第十七条　企业重组主导方，按以下原则确定：
（一）债务重组为债务人；
（二）股权收购为股权转让方；
（三）资产收购为资产转让方；
（四）吸收合并为合并后拟存续的企业，新设合并为合并前资产较大的企业；

（五）分立为被分立的企业或存续企业。

第十八条　企业发生重组业务，按照《通知》第五条第（一）项要求，企业在备案或提交确认申请时，应从以下方面说明企业重组具有合理的商业目的：

（一）重组活动的交易方式。即重组活动采取的具体形式、交易背景、交易时间、在交易之前和之后的运作方式和有关的商业常规；

（二）该项交易的形式及实质。即形式上交易所产生的法律权利和责任，也是该项交易的法律后果。另外，交易实际上或商业上产生的最终结果；

（三）重组活动给交易各方税务状况带来的可能变化；

（四）重组各方从交易中获得的财务状况变化；

（五）重组活动是否给交易各方带来了在市场原则下不会产生的异常经济利益或潜在义务；

（六）非居民企业参与重组活动的情况。

第十九条　《通知》第五条第（三）和第（五）项所称"企业重组后的连续12个月内"，是指自重组日起计算的连续12个月内。

第二十条　《通知》第五条第（五）项规定的原主要股东，是指原持有转让企业或被收购企业20%以上股权的股东。

第二十一条　《通知》第六条第（四）项规定的同一控制，是指参与合并的企业在合并前后均受同一方或相同的多方最终控制，且该控制并非暂时性的。能够对参与合并的企业在合并前后均实施最终控制权的相同多方，是指根据合同或协议的约定，对参与合并企业的财务和经营政策拥有决定控制权的投资者群体。在企业合并前，参与合并各方受最终控制方的控制在12个月以上，企业合并后所形成的主体在最终控制方的控制时间也应达到连续12个月。

第二十二条　企业发生《通知》第六条第（一）项规定的债务重组，根据不同情形，应准备以下资料：

（一）发生债务重组所产生的应纳税所得额占该企业当年应纳税所得额50%以上的，债务重组所得要求在5个纳税年度的期间内，均匀计入各年度应纳税所得额的，应准备以下资料：

1. 当事方的债务重组的总体情况说明（如果采取申请确认的，应为企业的申请，下同），情况说明中应包括债务重组的商业目的；

2. 当事各方所签订的债务重组合同或协议；

3. 债务重组所产生的应纳税所得额、企业当年应纳税所得额情况说明；

4. 税务机关要求提供的其他资料证明。

（二）发生债权转股权业务，债务人对债务清偿业务暂不确认所得或损失，

债权人对股权投资的计税基础以原债权的计税基础确定,应准备以下资料:

1. 当事方的债务重组的总体情况说明。情况说明中应包括债务重组的商业目的;

2. 双方所签订的债转股合同或协议;

3. 企业所转换的股权公允价格证明;

4. 工商部门及有关部门核准相关企业股权变更事项证明材料;

5. 税务机关要求提供的其他资料证明。

第二十三条 企业发生《通知》第六条第(二)项规定的股权收购业务,应准备以下资料:

(一)当事方的股权收购业务总体情况说明,情况说明中应包括股权收购的商业目的;

(二)双方或多方所签订的股权收购业务合同或协议;

(三)由评估机构出具的所转让及支付的股权公允价值;

(四)证明重组符合特殊性税务处理条件的资料,包括股权比例,支付对价情况,以及12个月内不改变资产原来的实质性经营活动和原主要股东不转让所取得股权的承诺书等;

(五)工商等相关部门核准相关企业股权变更事项证明材料;

(六)税务机关要求的其他材料。

第二十四条 企业发生《通知》第六条第(三)项规定的资产收购业务,应准备以下资料:

(一)当事方的资产收购业务总体情况说明,情况说明中应包括资产收购的商业目的;

(二)当事各方所签订的资产收购业务合同或协议;

(三)评估机构出具的资产收购所体现的资产评估报告;

(四)受让企业股权的计税基础的有效凭证;

(五)证明重组符合特殊性税务处理条件的资料,包括资产收购比例,支付对价情况,以及12个月内不改变资产原来的实质性经营活动、原主要股东不转让所取得股权的承诺书等;

(六)工商部门核准相关企业股权变更事项证明材料;

(七)税务机关要求提供的其他材料证明。

第二十五条 企业发生《通知》第六条第(四)项规定的合并,应准备以下资料:

(一)当事方企业合并的总体情况说明。情况说明中应包括企业合并的商业目的;

（二）企业合并的政府主管部门的批准文件；

（三）企业合并各方当事人的股权关系说明；

（四）被合并企业的净资产、各单项资产和负债及其账面价值和计税基础等相关资料；

（五）证明重组符合特殊性税务处理条件的资料，包括合并前企业各股东取得股权支付比例情况、以及12个月内不改变资产原来的实质性经营活动、原主要股东不转让所取得股权的承诺书等；

（六）工商部门核准相关企业股权变更事项证明材料；

（七）主管税务机关要求提供的其他资料证明。

第二十六条 《通知》第六条第（四）项所规定的可由合并企业弥补的被合并企业亏损的限额，是指按《税法》规定的剩余结转年限内，每年可由合并企业弥补的被合并企业亏损的限额。

第二十七条 企业发生《通知》第六条第（五）项规定的分立，应准备以下资料：

（一）当事方企业分立的总体情况说明。情况说明中应包括企业分立的商业目的；

（二）企业分立的政府主管部门的批准文件；

（三）被分立企业的净资产、各单项资产和负债账面价值和计税基础等相关资料；

（四）证明重组符合特殊性税务处理条件的资料，包括分立后企业各股东取得股权支付比例情况、以及12个月内不改变资产原来的实质性经营活动、原主要股东不转让所取得股权的承诺书等；

（五）工商部门认定的分立和被分立企业股东股权比例证明材料；分立后，分立和被分立企业工商营业执照复印件；分立和被分立企业分立业务账务处理复印件；

（六）税务机关要求提供的其他资料证明。

第二十八条 根据《通知》第六条第（四）项第2目规定，被合并企业合并前的相关所得税事项由合并企业承继，以及根据《通知》第六条第（五）项第2目规定，企业分立，已分立资产相应的所得税事项由分立企业承继，这些事项包括尚未确认的资产损失、分期确认收入的处理以及尚未享受期满的税收优惠政策承继处理问题等。其中，对税收优惠政策承继处理问题，凡属于依照《税法》第五十七条规定中就企业整体（即全部生产经营所得）享受税收优惠过渡政策的，合并或分立后的企业性质及适用税收优惠条件未发生改变的，可以继续享受合并前各企业或分立前被分立企业剩余期限的税收优惠。合并前各企业剩余的税收优惠年限不一致的,合并后企业每年度的应纳税所得额,应统一按合并日各合并前企业资产占合并后企业总资产的比例进行划分,再分别按相应的剩余优惠计算应纳税额。合并前各企业或分立前被分立企业按照《税法》的税收优惠规定以及税收优惠过渡政策中就有关生产经营项目所得享受的税收优惠承继处理问题,按照《实施条例》第八十九条规定执行。

第二十九条 适用《通知》第五条第(三)项和第(五)项的当事各方应在完成重组业务后的下一年度的企业所得税年度申报时,向主管税务机关提交书面情况说明,以证明企业在重组后的连续12个月内,有关符合特殊性税务处理的条件未发生改变。

第三十条 当事方的其中一方在规定时间内发生生产经营业务、公司性质、资产或股权结构等情况变化,致使重组业务不再符合特殊性税务处理条件的,发生变化的当事方应在情况发生变化的30天内书面通知其他所有当事方。主导方在接到通知后30日内将有关变化通知其主管税务机关。

上款所述情况发生变化后60日内,应按照《通知》第四条的规定调整重组业务的税务处理。原交易各方应各自按原交易完成时资产和负债的公允价值计算重组业务的收益或损失,调整交易完成纳税年度的应纳税所得额及相应的资产和负债的计税基础,并向各自主管税务机关申请调整交易完成纳税年度的企业所得税年度申报表。逾期不调整申报的,按照《征管法》的相关规定处理。

第三十一条 各当事方的主管税务机关应当对企业申报或确认适用特殊性税务处理的重组业务进行跟踪监管,了解重组企业的动态变化情况。发现问题,应及时与其他当事方主管税务机关沟通联系,并按照规定给予调整。

第三十二条 根据《通知》第十条规定,若同一项重组业务涉及在连续12个月内分步交易,且跨两个纳税年度,当事各方在第一步交易完成时预计整个交易可以符合特殊性税务处理条件,可以协商一致选择特殊性税务处理的,可在第一步交易完成后,适用特殊性税务处理。主管税务机关在审核有关资料后,符合条件的,可以暂认可适用特殊性税务处理。第二年进行下一步交易后,应按本办法要求,准备相关资料确认适用特殊性税务处理。

第三十三条 上述跨年度分步交易,若当事方在首个纳税年度不能预计整个交易是否符合特殊性税务处理条件,应适用一般性税务处理。在下一纳税年度全部交易完成后,适用特殊性税务处理的,可以调整上一纳税年度的企业所得税年度申报表,涉及多缴税款的,各主管税务机关应退税,或抵缴当年应纳税款。

第三十四条 企业重组的当事各方应该取得并保管与该重组有关的凭证、资料,保管期限按照《征管法》的有关规定执行。

第四章　跨境重组税收管理

第三十五条　发生《通知》第七条规定的重组，凡适用特殊性税务处理规定的，应按照本办法第三章相关规定执行。

第三十六条　发生《通知》第七条第（一）、（二）项规定的重组，适用特殊税务处理的，应按照《国家税务总局关于印发〈非居民企业所得税源泉扣缴管理暂行办法〉的通知》（国税发〔2009〕3号）和《国家税务总局关于加强非居民企业股权转让所得企业所得税管理的通知》（国税函〔2009〕698号）要求，准备资料。

第三十七条　发生《通知》第七条第（三）项规定的重组，居民企业应向其所在地主管税务机关报送以下资料：

1. 当事方的重组情况说明，申请文件中应说明股权转让的商业目的；
2. 双方所签订的股权转让协议；
3. 双方控股情况说明；
4. 由评估机构出具的资产或股权评估报告。报告中应分别列示涉及的各单项被转让资产和负债的公允价值；
5. 证明重组符合特殊性税务处理条件的资料，包括股权或资产转让比例，支付对价情况，以及12个月内不改变资产原来的实质性经营活动、不转让所取得股权的承诺书等；
6. 税务机关要求的其他材料。

《财政部　国家税务总局关于企业重组业务企业所得税处理若干问题的通知》

（财税〔2009〕59号）①

各省、自治区、直辖市、计划单列市财政厅（局）、国家税务局、地方税务局，新疆生产建设兵团财务局：

根据《中华人民共和国企业所得税法》第二十条和《中华人民共和国企业

---

① 根据《关于促进企业重组有关企业所得税处理问题的通知》，《财政部国家税务总局关于企业重组业务企业所得税处理若干问题的通知》（财税〔2009〕59号）第六条第（二）项中有关"股权收购，收购企业购买的股权不低于被收购企业全部股权的75%"规定调整为"股权收购，收购企业购买的股权不低于被收购企业全部股权的50%"。

财税〔2009〕59号文件第六条第（三）项中有关"资产收购，受让企业收购的资产不低于转让企业全部资产的75%"规定调整为"资产收购，受让企业收购的资产不低于转让企业全部资产的50%"。

所得税法实施条例》（国务院令第 512 号）第七十五条规定，现就企业重组所涉及的企业所得税具体处理问题通知如下：

一、本通知所称企业重组，是指企业在日常经营活动以外发生的法律结构或经济结构重大改变的交易，包括企业法律形式改变、债务重组、股权收购、资产收购、合并、分立等。

（一）企业法律形式改变，是指企业注册名称、住所以及企业组织形式等的简单改变，但符合本通知规定其他重组的类型除外。

（二）债务重组，是指在债务人发生财务困难的情况下，债权人按照其与债务人达成的书面协议或者法院裁定书，就其债务人的债务作出让步的事项。

（三）股权收购，是指一家企业（以下称为收购企业）购买另一家企业（以下称为被收购企业）的股权，以实现对被收购企业控制的交易。收购企业支付对价的形式包括股权支付、非股权支付或两者的组合。

（四）资产收购，是指一家企业（以下称为受让企业）购买另一家企业（以下称为转让企业）实质经营性资产的交易。受让企业支付对价的形式包括股权支付、非股权支付或两者的组合。

（五）合并，是指一家或多家企业（以下称为被合并企业）将其全部资产和负债转让给另一家现存或新设企业（以下称为合并企业），被合并企业股东换取合并企业的股权或非股权支付，实现两个或两个以上企业的依法合并。

（六）分立，是指一家企业（以下称为被分立企业）将部分或全部资产分离转让给现存或新设的企业（以下称为分立企业），被分立企业股东换取分立企业的股权或非股权支付，实现企业的依法分立。

二、本通知所称股权支付，是指企业重组中购买、换取资产的一方支付的对价中，以本企业或其控股企业的股权、股份作为支付的形式；所称非股权支付，是指以本企业的现金、银行存款、应收款项、本企业或其控股企业股权和股份以外的有价证券、存货、固定资产、其他资产以及承担债务等作为支付的形式。

三、企业重组的税务处理区分不同条件分别适用一般性税务处理规定和特殊性税务处理规定。

四、企业重组，除符合本通知规定适用特殊性税务处理规定的外，按以下规定进行税务处理：

（一）企业由法人转变为个人独资企业、合伙企业等非法人组织，或将登记注册地转移至中华人民共和国境外（包括港澳台地区），应视同企业进行清算、分配，股东重新投资成立新企业。企业的全部资产以及股东投资的计税基础均应以公允价值为基础确定。

企业发生其他法律形式简单改变的，可直接变更税务登记，除另有规定外，有关企业所得税纳税事项（包括亏损结转、税收优惠等权益和义务）由变更后企业承继，但因住所发生变化而不符合税收优惠条件的除外。

（二）企业债务重组，相关交易应按以下规定处理：

1. 以非货币资产清偿债务，应当分解为转让相关非货币性资产、按非货币性资产公允价值清偿债务两项业务，确认相关资产的所得或损失。

2. 发生债权转股权的，应当分解为债务清偿和股权投资两项业务，确认有关债务清偿所得或损失。

3. 债务人应当按照支付的债务清偿额低于债务计税基础的差额，确认债务重组所得；债权人应当按照收到的债务清偿额低于债权计税基础的差额，确认债务重组损失。

4. 债务人的相关所得税纳税事项原则上保持不变。

（三）企业股权收购、资产收购重组交易，相关交易应按以下规定处理：

1. 被收购方应确认股权、资产转让所得或损失。

2. 收购方取得股权或资产的计税基础应以公允价值为基础确定。

3. 被收购企业的相关所得税事项原则上保持不变。

（四）企业合并，当事各方应按下列规定处理：

1. 合并企业应按公允价值确定接受被合并企业各项资产和负债的计税基础。

2. 被合并企业及其股东都应按清算进行所得税处理。

3. 被合并企业的亏损不得在合并企业结转弥补。

（五）企业分立，当事各方应按下列规定处理：

1. 被分立企业对分立出去资产应按公允价值确认资产转让所得或损失。

2. 分立企业应按公允价值确认接受资产的计税基础。

3. 被分立企业继续存在时，其股东取得的对价应视同被分立企业分配进行处理。

4. 被分立企业不再继续存在时，被分立企业及其股东都应按清算进行所得税处理。

5. 企业分立相关企业的亏损不得相互结转弥补。

五、企业重组同时符合下列条件的，适用特殊性税务处理规定：

（一）具有合理的商业目的，且不以减少、免除或者推迟缴纳税款为主要目的。

（二）被收购、合并或分立部分的资产或股权比例符合本通知规定的比例。

（三）企业重组后的连续 12 个月内不改变重组资产原来的实质性经营活动。

（四）重组交易对价中涉及股权支付金额符合本通知规定比例。

（五）企业重组中取得股权支付的原主要股东，在重组后连续12个月内，不得转让所取得的股权。

六、企业重组符合本通知第五条规定条件的，交易各方对其交易中的股权支付部分，可以按以下规定进行特殊性税务处理：

（一）企业债务重组确认的应纳税所得额占该企业当年应纳税所得额50%以上，可以在5个纳税年度的期间内，均匀计入各年度的应纳税所得额。

企业发生债权转股权业务，对债务清偿和股权投资两项业务暂不确认有关债务清偿所得或损失，股权投资的计税基础以原债权的计税基础确定。企业的其他相关所得税事项保持不变。

（二）股权收购，收购企业购买的股权不低于被收购企业全部股权的75%，且收购企业在该股权收购发生时的股权支付金额不低于其交易支付总额的85%，可以选择按以下规定处理：

1. 被收购企业的股东取得收购企业股权的计税基础，以被收购股权的原有计税基础确定。

2. 收购企业取得被收购企业股权的计税基础，以被收购股权的原有计税基础确定。

3. 收购企业、被收购企业的原有各项资产和负债的计税基础和其他相关所得税事项保持不变。

（三）资产收购，受让企业收购的资产不低于转让企业全部资产的75%，且受让企业在该资产收购发生时的股权支付金额不低于其交易支付总额的85%，可以选择按以下规定处理：

1. 转让企业取得受让企业股权的计税基础，以被转让资产的原有计税基础确定。

2. 受让企业取得转让企业资产的计税基础，以被转让资产的原有计税基础确定。

（四）企业合并，企业股东在该企业合并发生时取得的股权支付金额不低于其交易支付总额的85%，以及同一控制下且不需要支付对价的企业合并，可以选择按以下规定处理：

1. 合并企业接受被合并企业资产和负债的计税基础，以被合并企业的原有计税基础确定。

2. 被合并企业合并前的相关所得税事项由合并企业承继。

3. 可由合并企业弥补的被合并企业亏损的限额＝被合并企业净资产公允价值×截至合并业务发生当年年末国家发行的最长期限的国债利率。

4. 被合并企业股东取得合并企业股权的计税基础,以其原持有的被合并企业股权的计税基础确定。

(五)企业分立,被分立企业所有股东按原持股比例取得分立企业的股权,分立企业和被分立企业均不改变原来的实质经营活动,且被分立企业股东在该企业分立发生时取得的股权支付金额不低于其交易支付总额的85%,可以选择按以下规定处理:

1. 分立企业接受被分立企业资产和负债的计税基础,以被分立企业的原有计税基础确定。

2. 被分立企业已分立出去资产相应的所得税事项由分立企业承继。

3. 被分立企业未超过法定弥补期限的亏损额可按分立资产占全部资产的比例进行分配,由分立企业继续弥补。

4. 被分立企业的股东取得分立企业的股权(以下简称"新股"),如需部分或全部放弃原持有的被分立企业的股权(以下简称"旧股"),"新股"的计税基础应以放弃"旧股"的计税基础确定。如不需放弃"旧股",则其取得"新股"的计税基础可从以下两种方法中选择确定:直接将"新股"的计税基础确定为零;或者以被分立企业分立出去的净资产占被分立企业全部净资产的比例先调减原持有的"旧股"的计税基础,再将调减的计税基础平均分配到"新股"上。

(六)重组交易各方按本条(一)至(五)项规定对交易中股权支付暂不确认有关资产的转让所得或损失的,其非股权支付仍应在交易当期确认相应的资产转让所得或损失,并调整相应资产的计税基础。

非股权支付对应的资产转让所得或损失=(被转让资产的公允价值-被转让资产的计税基础)×(非股权支付金额÷被转让资产的公允价值)

七、企业发生涉及中国境内与境外之间(包括港澳台地区)的股权和资产收购交易,除应符合本通知第五条规定的条件外,还应同时符合下列条件,才可选择适用特殊性税务处理规定:

(一)非居民企业向其100%直接控股的另一非居民企业转让其拥有的居民企业股权,没有因此造成以后该项股权转让所得预提税负担变化,且转让方非居民企业向主管税务机关书面承诺在3年(含3年)内不转让其拥有受让方非居民企业的股权;

(二)非居民企业向与其具有100%直接控股关系的居民企业转让其拥有的另一居民企业股权;

（三）居民企业以其拥有的资产或股权向其100%直接控股的非居民企业进行投资；

（四）财政部、国家税务总局核准的其他情形。

八、本通知第七条第（三）项所指的居民企业以其拥有的资产或股权向其100%直接控股关系的非居民企业进行投资，其资产或股权转让收益如选择特殊性税务处理，可以在10个纳税年度内均匀计入各年度应纳税所得额。

九、在企业吸收合并中，合并后的存续企业性质及适用税收优惠的条件未发生改变的，可以继续享受合并前该企业剩余期限的税收优惠，其优惠金额按存续企业合并前一年的应纳税所得额（亏损计为零）计算。

在企业存续分立中，分立后的存续企业性质及适用税收优惠的条件未发生改变的，可以继续享受分立前该企业剩余期限的税收优惠，其优惠金额按该企业分立前一年的应纳税所得额（亏损计为零）乘以分立后存续企业资产占分立前该企业全部资产的比例计算。

十、企业在重组发生前后连续12个月内分步对其资产、股权进行交易，应根据实质重于形式原则将上述交易作为一项企业重组交易进行处理。

十一、企业发生符合本通知规定的特殊性重组条件并选择特殊性税务处理的，当事各方应在该重组业务完成当年企业所得税年度申报时，向主管税务机关提交书面备案资料，证明其符合各类特殊性重组规定的条件。企业未按规定书面备案的，一律不得按特殊重组业务进行税务处理。

十二、对企业在重组过程中涉及的需要特别处理的企业所得税事项，由国务院财政、税务主管部门另行规定。

十三、本通知自2008年1月1日起执行。

《国家税务总局关于企业工资薪金和职工福利费等支出税前扣除问题的公告》

（国家税务总局公告2015年第34号）

根据《中华人民共和国企业所得税法》及其实施条例相关规定，现对企业工资薪金和职工福利费等支出企业所得税税前扣除问题公告如下：

一、企业福利性补贴支出税前扣除问题

列入企业员工工资薪金制度、固定与工资薪金一起发放的福利性补贴，符合《国家税务总局关于企业工资薪金及职工福利费扣除问题的通知》（国税函〔2009〕3号）第一条规定的，可作为企业发生的工资薪金支出，按规定在税前扣除。

不能同时符合上述条件的福利性补贴,应作为国税函〔2009〕3号文件第三条规定的职工福利费,按规定计算限额税前扣除。

二、企业年度汇算清缴结束前支付汇缴年度工资薪金税前扣除问题

企业在年度汇算清缴结束前向员工实际支付的已预提汇缴年度工资薪金,准予在汇缴年度按规定扣除。

三、企业接受外部劳务派遣用工支出税前扣除问题

企业接受外部劳务派遣用工所实际发生的费用,应分两种情况按规定在税前扣除:按照协议(合同)约定直接支付给劳务派遣公司的费用,应作为劳务费支出;直接支付给员工个人的费用,应作为工资薪金支出和职工福利费支出。其中属于工资薪金支出的费用,准予计入企业工资薪金总额的基数,作为计算其他各项相关费用扣除的依据。

四、施行时间

本公告适用于2014年度及以后年度企业所得税汇算清缴。本公告施行前尚未进行税务处理的事项,符合本公告规定的可按本公告执行。

《国家税务总局关于企业所得税应纳税所得额若干税务处理问题的公告》(税务总局公告2012年第15号)第一条有关企业接受外部劳务派遣用工的相关规定同时废止。

特此公告。

《国家税务总局关于税务机关代收工会经费企业所得税税前扣除凭据问题的公告》

(国家税务总局公告2011年第30号)

为进一步加强对工会经费企业所得税税前扣除的管理,现就税务机关代收工会经费税前扣除凭据问题公告如下:

自2010年1月1日起,在委托税务机关代收工会经费的地区,企业拨缴的工会经费,也可凭合法、有效的工会经费代收凭据依法在税前扣除。

特此公告。

《国家税务总局关于工会经费企业所得税税前扣除凭据问题的公告》

(国家税务总局公告2010年第24号)

根据《工会法》、《中国工会章程》和财政部颁布的《工会会计制度》,以

及财政票据管理的有关规定,全国总工会决定从 2010 年 7 月 1 日起,启用财政部统一印制并套印财政部票据监制章的《工会经费收入专用收据》,同时废止《工会经费拨缴款专用收据》。为加强对工会经费企业所得税税前扣除的管理,现就工会经费税前扣除凭据问题公告如下:

一、自 2010 年 7 月 1 日起,企业拨缴的职工工会经费,不超过工资薪金总额 2% 的部分,凭工会组织开具的《工会经费收入专用收据》在企业所得税税前扣除。

二、《国家税务总局关于工会经费税前扣除问题的通知》(国税函〔2000〕678 号)同时废止。

特此公告。

《国家税务总局关于企业工资薪金及职工福利费扣除问题的通知》

(国税函〔2009〕3 号)

各省、自治区、直辖市和计划单列市国家税务局、地方税务局:

为有效贯彻落实《中华人民共和国企业所得税法实施条例》(以下简称《实施条例》),现就企业工资薪金和职工福利费扣除有关问题通知如下:

一、关于合理工资薪金问题

《实施条例》第三十四条所称的"合理工资薪金",是指企业按照股东大会、董事会、薪酬委员会或相关管理机构制订的工资薪金制度规定实际发放给员工的工资薪金。税务机关在对工资薪金进行合理性确认时,可按以下原则掌握:

(一)企业制订了较为规范的员工工资薪金制度;

(二)企业所制订的工资薪金制度符合行业及地区水平;

(三)企业在一定时期所发放的工资薪金是相对固定的,工资薪金的调整是有序进行的;

(四)企业对实际发放的工资薪金,已依法履行了代扣代缴个人所得税义务;

(五)有关工资薪金的安排,不以减少或逃避税款为目的。

二、关于工资薪金总额问题

《实施条例》第四十、四十一、四十二条所称的"工资薪金总额",是指企业按照本通知第一条规定实际发放的工资薪金总和,不包括企业的职工福利费、职工教育经费、工会经费以及养老保险费、医疗保险费、失业保险费、工伤保险费、生育保险费等社会保险费和住房公积金。属于国有性质的企业,其工资薪金,不得超过政府有关部门给予的限定数额;超过部分,不得计入企业工资薪金总额,也不得在计算企业应纳税所得额时扣除。

三、关于职工福利费扣除问题

《实施条例》第四十条规定的企业职工福利费,包括以下内容:

(一)尚未实行分离办社会职能的企业,其内设福利部门所发生的设备、设施和人员费用,包括职工食堂、职工浴室、理发室、医务所、托儿所、疗养院等集体福利部门的设备、设施及维修保养费用和福利部门工作人员的工资薪金、社会保险费、住房公积金、劳务费等。

(二)为职工卫生保健、生活、住房、交通等所发放的各项补贴和非货币性福利,包括企业向职工发放的因公外地就医费用、未实行医疗统筹企业职工医疗费用、职工供养直系亲属医疗补贴、供暖费补贴、职工防暑降温费、职工困难补贴、救济费、职工食堂经费补贴、职工交通补贴等。

(三)按照其他规定发生的其他职工福利费,包括丧葬补助费、抚恤费、安家费、探亲假路费等。

四、关于职工福利费核算问题

企业发生的职工福利费,应该单独设置账册,进行准确核算。没有单独设置账册准确核算的,税务机关应责令企业在规定的期限内进行改正。逾期仍未改正的,税务机关可对企业发生的职工福利费进行合理的核定。

五、本通知自 2008 年 1 月 1 日起执行。

《财政部 国家税务总局关于补充养老保险费 补充医疗保险费有关企业所得税政策问题的通知》

(财税〔2009〕27 号)

各省、自治区、直辖市、计划单列市财政厅(局)、国家税务局、地方税务局,新疆生产建设兵团财务局:

根据《中华人民共和国企业所得税法》及其实施条例的有关规定,现就补充养老保险费、补充医疗保险费有关企业所得税政策问题通知如下:

自 2008 年 1 月 1 日起,企业根据国家有关政策规定,为在本企业任职或者受雇的全体员工支付的补充养老保险费、补充医疗保险费,分别在不超过职工工资总额 5% 标准内的部分,在计算应纳税所得额时准予扣除;超过的部分,不予扣除。

《国家税务总局关于非货币性资产投资企业所得税有关征管问题的公告》

(国家税务总局公告 2015 年第 33 号)

《国务院关于进一步优化企业兼并重组市场环境的意见》(国发〔2014〕14号)和《财政部、国家税务总局关于非货币性资产投资企业所得税政策问题的通知》(财税〔2014〕116号)发布后,各地陆续反映在非货币性资产投资企业所得税政策执行过程中有些征管问题亟需明确。经研究,现就非货币性资产投资企业所得税有关征管问题公告如下:

一、实行查账征收的居民企业(以下简称企业)以非货币性资产对外投资确认的非货币性资产转让所得,可自确认非货币性资产转让收入年度起不超过连续5个纳税年度的期间内,分期均匀计入相应年度的应纳税所得额,按规定计算缴纳企业所得税。

二、关联企业之间发生的非货币性资产投资行为,投资协议生效后12个月内尚未完成股权变更登记手续的,于投资协议生效时,确认非货币性资产转让收入的实现。

三、符合财税〔2014〕116号文件规定的企业非货币性资产投资行为,同时又符合《财政部、国家税务总局关于企业重组业务企业所得税处理若干问题的通知》(财税〔2009〕59号)、《财政部、国家税务总局关于促进企业重组有关企业所得税处理问题的通知》(财税〔2014〕109号)等文件规定的特殊性税务处理条件的,可由企业选择其中一项政策执行,且一经选择,不得改变。

四、企业选择适用本公告第一条规定进行税务处理的,应在非货币性资产转让所得递延确认期间每年企业所得税汇算清缴时,填报《中华人民共和国企业所得税年度纳税申报表》(A类,2014年版)中"A105100企业重组纳税调整明细表"第13行"其中:以非货币性资产对外投资"的相关栏目,并向主管税务机关报送《非货币性资产投资递延纳税调整明细表》(详见附件)。

五、企业应将股权投资合同或协议、对外投资的非货币性资产(明细)公允价值评估确认报告、非货币性资产(明细)计税基础的情况说明、被投资企业设立或变更的工商部门证明材料等资料留存备查,并单独准确核算税法与会计差异情况。

主管税务机关应加强企业非货币性资产投资递延纳税的后续管理。

六、本公告适用于2014年度及以后年度企业所得税汇算清缴。此前尚未处理的非货币性资产投资,符合财税〔2014〕116号文件和本公告规定的可按本公告执行。

特此公告。

附件：非货币性资产投资递延纳税调整明细表（略）

《财政部　国家税务总局关于非货币性资产投资企业所得税政策问题的通知》

（财税〔2014〕116号）

各省、自治区、直辖市、计划单列市财政厅（局）、国家税务局、地方税务局，新疆生产建设兵团财务局：

为贯彻落实《国务院关于进一步优化企业兼并重组市场环境的意见》（国发〔2014〕14号），根据《中华人民共和国企业所得税法》及其实施条例有关规定，现就非货币性资产投资涉及的企业所得税政策问题明确如下：

一、居民企业（以下简称企业）以非货币性资产对外投资确认的非货币性资产转让所得，可在不超过5年期限内，分期均匀计入相应年度的应纳税所得额，按规定计算缴纳企业所得税。

二、企业以非货币性资产对外投资，应对非货币性资产进行评估并按评估后的公允价值扣除计税基础后的余额，计算确认非货币性资产转让所得。

企业以非货币性资产对外投资，应于投资协议生效并办理股权登记手续时，确认非货币性资产转让收入的实现。

三、企业以非货币性资产对外投资而取得被投资企业的股权，应以非货币性资产的原计税成本为计税基础，加上每年确认的非货币性资产转让所得，逐年进行调整。

被投资企业取得非货币性资产的计税基础，应按非货币性资产的公允价值确定。

四、企业在对外投资5年内转让上述股权或投资收回的，应停止执行递延纳税政策，并就递延期内尚未确认的非货币性资产转让所得，在转让股权或投资收回当年的企业所得税年度汇算清缴时，一次性计算缴纳企业所得税；企业在计算股权转让所得时，可按本通知第三条第一款规定将股权的计税基础一次调整到位。

企业在对外投资5年内注销的，应停止执行递延纳税政策，并就递延期内尚未确认的非货币性资产转让所得，在注销当年的企业所得税年度汇算清缴时，一次性计算缴纳企业所得税。

五、本通知所称非货币性资产,是指现金、银行存款、应收账款、应收票据以及准备持有至到期的债券投资等货币性资产以外的资产。

本通知所称非货币性资产投资,限于以非货币性资产出资设立新的居民企业,或将非货币性资产注入现存的居民企业。

六、企业发生非货币性资产投资,符合《财政部、国家税务总局关于企业重组业务企业所得税处理若干问题的通知》(财税〔2009〕59号)等文件规定的特殊性税务处理条件的,也可选择按特殊性税务处理规定执行。

七、本通知自2014年1月1日起执行。本通知发布前尚未处理的非货币性资产投资,符合本通知规定的可按本通知执行。

《财政部 国家税务总局关于中国(上海)自由贸易试验区内企业以非货币性资产对外投资等资产重组行为有关企业所得税政策问题的通知》

(财税〔2013〕91号)

各省、自治区、直辖市、计划单列市财政厅(局)、国家税务局、地方税务局,新疆生产建设兵团财务局:

根据《国务院关于印发中国(上海)自由贸易试验区总体方案的通知》(国发〔2013〕38号)有关规定,现就中国(上海)自由贸易试验区(简称试验区)非货币性资产投资资产评估增值企业所得税政策通知如下:

一、注册在试验区内的企业,因非货币性资产对外投资等资产重组行为产生资产评估增值,据此确认的非货币性资产转让所得,可在不超过5年期限内,分期均匀计入相应年度的应纳税所得额,按规定计算缴纳企业所得税。

二、企业以非货币性资产对外投资,应于投资协议生效且完成资产实际交割并办理股权登记手续时,确认非货币性资产转让收入的实现。

企业以非货币性资产对外投资,应对非货币性资产进行评估并按评估后的公允价值扣除计税基础后的余额,计算确认非货币性资产转让所得。

三、企业以非货币性资产对外投资,其取得股权的计税基础应以非货币性资产的原计税基础为基础,加上每年计入的非货币性资产转让所得,逐年进行调整。

被投资企业取得非货币性资产的计税基础,可以非货币性资产的公允价值确定。

四、企业在对外投资5年内转让上述股权或投资收回的,应停止执行递延纳税政策，并将递延期内尚未计入的非货币性资产转让所得，在转让股权或投资收回当年的企业所得税年度汇算清缴时，一次性计算缴纳企业所得税；企业在计算股权转让所得时，可按本通知第三条第一款规定将股权的计税基础一次调整到位。

企业在对外投资5年内注销的，应停止执行递延纳税政策，并将递延期内尚未计入的非货币性资产转让所得，在歇业当年的企业所得税年度汇算清缴时，一次性计算缴纳企业所得税。

五、企业应于投资协议生效且完成资产实际交割并办理股权登记手续30日内，持相关资料向主管税务机关办理递延纳税备案登记手续。

主管税务机关应对报送资料进行审核，在规定时间内将备案登记结果回复企业。

六、企业应在确认收入实现的当年，以项目为单位，做好相应台账，准确记录应予确认的非货币性资产转让所得，并在相应年度的企业所得税汇算清缴时对当年计入额及分年结转额的情况做出说明。

主管税务机关应在备案登记结果回复企业的同时，将相关信息纳入系统管理，并及时做好企业申报信息与备案信息的比对工作。

七、主管税务机关在组织开展企业所得税汇算清缴后续管理工作时，应将企业递延纳税的执行情况纳入后续管理体系，并视风险高低情况，适时纳入纳税服务提醒平台或风险监控平台进行管理。

八、本通知所称注册在试验区内的企业，是指在试验区注册并在区内经营，实行查账征收的居民企业。

本通知所称非货币性资产对外投资等资产重组行为，是指以非货币性资产出资设立或注入公司，限于以非货币性资产出资设立新公司和符合《财政部、国家税务总局关于企业重组业务企业所得税处理若干问题的通知》（财税〔2009〕59号）第一条规定的股权收购、资产收购。

九、本通知自印发之日起执行。

《国家税务总局关于金融企业涉农贷款和中小企业贷款损失税前扣除问题的公告》

（国家税务总局公告2015年第25号）

为鼓励金融企业加大对涉农贷款和中小企业贷款力度，及时处置涉农贷款和中小企业贷款损失，增强金融企业抵御风险能力，根据《中华人民共和国企业所得税法》及其实施条例、《财政部、国家税务总局关于企业资产损失税前扣除政策的通知》（财税〔2009〕57 号）、《国家税务总局关于发布〈企业资产损失所得税税前扣除管理办法〉的公告》（国家税务总局公告 2011 年第 25 号）的规定，现就金融企业涉农贷款和中小企业贷款损失所得税前扣除问题公告如下：

一、金融企业涉农贷款、中小企业贷款逾期 1 年以上，经追索无法收回，应依据涉农贷款、中小企业贷款分类证明，按下列规定计算确认贷款损失进行税前扣除：

（一）单户贷款余额不超过 300 万元（含 300 万元）的，应依据向借款人和担保人的有关原始追索记录（包括司法追索、电话追索、信件追索和上门追索等原始记录之一，并由经办人和负责人共同签章确认），计算确认损失进行税前扣除。

（二）单户贷款余额超过 300 万元至 1000 万元（含 1000 万元）的，应依据有关原始追索记录（应当包括司法追索记录，并由经办人和负责人共同签章确认），计算确认损失进行税前扣除。

（三）单户贷款余额超过 1000 万元的，仍按《国家税务总局关于发布〈企业资产损失所得税税前扣除管理办法〉的公告》（国家税务总局公告 2011 年第 25 号）有关规定计算确认损失进行税前扣除。

二、金融企业涉农贷款和中小企业贷款的分类标准，按照《财政部、国家税务总局关于金融企业涉农贷款和中小企业贷款损失准备金税前扣除有关问题的通知》（财税〔2015〕3 号）规定执行。

三、金融企业应当建立健全贷款损失内部核销管理制度，严格内部责任认定和追究，及时收集、整理、编制、审核、申报、保存资产损失税前扣除证据材料。

对不符合法定条件扣除的贷款损失，或弄虚作假进行税前扣除的，应追溯调整以前年度的税务处理，并按《中华人民共和国税收征收管理法》有关规定进行处罚。

四、本公告适用 2014 年度及以后年度涉农贷款和中小企业贷款损失的税前扣除。

特此公告。

《财政部 国家税务总局关于金融企业贷款损失准备金企业所得税税前扣除有关政策的通知》

（财税〔2015〕9 号）

各省、自治区、直辖市、计划单列市财政厅（局）、国家税务局、地方税务局，

新疆生产建设兵团财务局：

根据《中华人民共和国企业所得税法》及《中华人民共和国企业所得税法实施条例》的有关规定，现就政策性银行、商业银行、财务公司、城乡信用社和金融租赁公司等金融企业提取的贷款损失准备金的企业所得税税前扣除政策问题，通知如下：

一、准予税前提取贷款损失准备金的贷款资产范围包括：

（一）贷款（含抵押、质押、担保等贷款）；

（二）银行卡透支、贴现、信用垫款（含银行承兑汇票垫款、信用证垫款、担保垫款等）、进出口押汇、同业拆出、应收融资租赁款等各项具有贷款特征的风险资产；

（三）由金融企业转贷并承担对外还款责任的国外贷款，包括国际金融组织贷款、外国买方信贷、外国政府贷款、日本国际协力银行不附条件贷款和外国政府混合贷款等资产。

二、金融企业准予当年税前扣除的贷款损失准备金计算公式如下：

准予当年税前扣除的贷款损失准备金＝本年末准予提取贷款损失准备金的贷款资产余额×1%－截至上年末已在税前扣除的贷款损失准备金的余额。

金融企业按上述公式计算的数额如为负数，应当相应调增当年应纳税所得额。

三、金融企业的委托贷款、代理贷款、国债投资、应收股利、上交央行准备金以及金融企业剥离的债权和股权、应收财政贴息、央行款项等不承担风险和损失的资产，不得提取贷款损失准备金在税前扣除。

四、金融企业发生的符合条件的贷款损失，应先冲减已在税前扣除的贷款损失准备金，不足冲减部分可据实在计算当年应纳税所得额时扣除。

五、金融企业涉农贷款和中小企业贷款损失准备金的税前扣除政策，凡按照《财政部、国家税务总局关于金融企业涉农贷款和中小企业贷款损失准备金税前扣除有关问题的通知》（财税〔2015〕3号）的规定执行的，不再适用本通知第一条至第四条的规定。

六、本通知自2014年1月1日起至2018年12月31日止执行。

《财政部　国家税务总局关于金融企业涉农贷款和中小企业贷款损失准备金税前扣除有关问题的通知》

（财税〔2015〕3号）

各省、自治区、直辖市、计划单列市财政厅（局）、国家税务局、地方税务局，

新疆生产建设兵团财务局：

根据《中华人民共和国企业所得税法》及《中华人民共和国企业所得税法实施条例》的有关规定，现就金融企业涉农贷款和中小企业贷款损失准备金的企业所得税税前扣除政策，通知如下：

一、金融企业根据《贷款风险分类指引》（银监发〔2007〕54号），对其涉农贷款和中小企业贷款进行风险分类后，按照以下比例计提的贷款损失准备金，准予在计算应纳税所得额时扣除：

（一）关注类贷款，计提比例为2%；

（二）次级类贷款，计提比例为25%；

（三）可疑类贷款，计提比例为50%；

（四）损失类贷款，计提比例为100%。

二、本通知所称涉农贷款，是指《涉农贷款专项统计制度》（银发〔2007〕246号）统计的以下贷款：

（一）农户贷款；

（二）农村企业及各类组织贷款。

本条所称农户贷款，是指金融企业发放给农户的所有贷款。农户贷款的判定应以贷款发放时的承贷主体是否属于农户为准。农户，是指长期（一年以上）居住在乡镇（不包括城关镇）行政管理区域内的住户，还包括长期居住在城关镇所辖行政村范围内的住户和户口不在本地而在本地居住一年以上的住户，国有农场的职工和农村个体工商户。位于乡镇（不包括城关镇）行政管理区域内和在城关镇所辖行政村范围内的国有经济的机关、团体、学校、企事业单位的集体户；有本地户口，但举家外出谋生一年以上的住户，无论是否保留承包耕地均不属于农户。农户以户为统计单位，既可以从事农业生产经营，也可以从事非农业生产经营。

本条所称农村企业及各类组织贷款，是指金融企业发放给注册地位于农村区域的企业及各类组织的所有贷款。农村区域，是指除地级及以上城市的城市行政区及其市辖建制镇之外的区域。

三、本通知所称中小企业贷款，是指金融企业对年销售额和资产总额均不超过2亿元的企业的贷款。

四、金融企业发生的符合条件的涉农贷款和中小企业贷款损失，应先冲减已在税前扣除的贷款损失准备金，不足冲减部分可据实在计算应纳税所得额时扣除。

五、本通知自2014年1月1日起至2018年12月31日止执行。

《国家税务总局关于居民企业报告境外投资和所得信息有关问题的公告》

(国家税务总局公告2014年第38号)

为规范居民企业境外投资和所得信息报告的内容和方式,根据《中华人民共和国税收征收管理法》(以下简称税收征管法)及其实施细则、《中华人民共和国企业所得税法》(以下简称企业所得税法)及其实施条例等有关规定,现就居民企业报告境外投资和所得信息有关问题公告如下:

一、居民企业成立或参股外国企业,或者处置已持有的外国企业股份或有表决权股份,符合以下情形之一,且按照中国会计制度可确认的,应当在办理企业所得税预缴申报时向主管税务机关填报《居民企业参股外国企业信息报告表》(附件1):

(一)在本公告施行之日,居民企业直接或间接持有外国企业股份或有表决权股份达到10%(含)以上;

(二)在本公告施行之日后,居民企业在被投资外国企业中直接或间接持有的股份或有表决权股份自不足10%的状态改变为达到或超过10%的状态;

(三)在本公告施行之日后,居民企业在被投资外国企业中直接或间接持有的股份或有表决权股份自达到或超过10%的状态改变为不足10%的状态。

二、居民企业在办理企业所得税年度申报时,还应附报以下与境外所得相关的资料信息:

(一)有适用企业所得税法第四十五条情形或者需要适用《特别纳税调整实施办法(试行)》(国税发〔2009〕2号文件印发)第八十四条规定的居民企业填报《受控外国企业信息报告表》(附件2);

(二)纳入企业所得税法第二十四条规定抵免范围的外国企业或符合企业所得税法第四十五条规定的受控外国企业按照中国会计制度编报的年度独立财务报表。

三、在税务检查(包括纳税评估、税务审计及特别纳税调整调查等)时,主管税务机关可以要求居民企业限期报告与其境外所得相关的必要信息。

四、居民企业能够提供合理理由,证明确实不能按照本办法规定期限报告境外投资和所得信息的,可以依法向主管税务机关提出延期要求。限制提供相关信息的境外法律规定、商业合同或协议,不构成合理理由。

五、主管税务机关应当为纳税人报告境外投资和所得信息提供便利,及时受理纳税人报告的各类信息,并依法保密。

六、居民企业未按照本办法规定报告境外投资和所得信息，经主管税务机关责令限期改正，逾期仍不改正的，主管税务机关可根据税收征管法及其实施细则以及其他有关法律、法规的规定，按已有信息合理认定相关事实，并据以计算或调整应纳税款。

七、非居民企业在境内设立机构、场所，取得发生在境外但与其所设机构、场所有实际联系的所得的，参照本公告规定报告相关信息。

八、本公告自 2014 年 9 月 1 日起施行。在施行之日以前发生，但与施行之日以后应报告信息相关或者属于施行之日以后纳税年度的应报告信息，仍适用本公告规定。《国家税务总局关于印发〈中华人民共和国企业年度关联业务往来报告表〉的通知》（国税发〔2008〕114 号）所附《对外投资情况表》同时废止。

附件：1. 居民企业参股外国企业信息报告表（略）
　　　2. 受控外国企业信息报告表（略）

《国家税务总局关于企业所得税应纳税所得额若干问题的公告》

（国家税务总局公告 2014 年第 29 号）

根据《中华人民共和国企业所得税法》及其实施条例（以下简称税法）的规定，现将企业所得税应纳税所得额若干问题公告如下：

一、企业接收政府划入资产的企业所得税处理

（一）县级以上人民政府（包括政府有关部门，下同）将国有资产明确以股权投资方式投入企业，企业应作为国家资本金（包括资本公积）处理。该项资产如为非货币性资产，应按政府确定的接收价值确定计税基础。

（二）县级以上人民政府将国有资产无偿划入企业，凡指定专门用途并按《财政部、国家税务总局关于专项用途财政性资金企业所得税处理问题的通知》（财税〔2011〕70 号）规定进行管理的，企业可作为不征税收入进行企业所得税处理。其中，该项资产属于非货币性资产的，应按政府确定的接收价值计算不征税收入。

县级以上人民政府将国有资产无偿划入企业，属于上述（一）、（二）项以外情形的，应按政府确定的接收价值计入当期收入总额计算缴纳企业所得税。政府没有确定接收价值的，按资产的公允价值计算确定应税收入。

二、企业接收股东划入资产的企业所得税处理

（一）企业接收股东划入资产（包括股东赠予资产、上市公司在股权分置

改革过程中接收原非流通股股东和新非流通股股东赠与的资产、股东放弃本企业的股权，下同)，凡合同、协议约定作为资本金（包括资本公积）且在会计上已做实际处理的，不计入企业的收入总额，企业应按公允价值确定该项资产的计税基础。

（二）企业接收股东划入资产，凡作为收入处理的，应按公允价值计入收入总额，计算缴纳企业所得税，同时按公允价值确定该项资产的计税基础。

三、保险企业准备金支出的企业所得税处理

根据《财政部、国家税务总局关于保险公司准备金支出企业所得税税前扣除有关政策问题的通知》（财税〔2012〕45号）有关规定，保险企业未到期责任准备金、寿险责任准备金、长期健康险责任准备金、已发生已报告未决赔款准备金和已发生未报告未决赔款准备金应按财政部下发的企业会计有关规定计算扣除。

保险企业在计算扣除上述各项准备金时，凡未执行财政部有关会计规定仍执行中国保险监督管理委员会有关监管规定的，应将两者之间的差额调整为当期应纳税所得额。

四、核电厂操纵员培养费的企业所得税处理

核力发电企业为培养核电厂操纵员发生的培养费用，可作为企业的发电成本在税前扣除。企业应将核电厂操纵员培养费与员工的职工教育经费严格区分，单独核算，员工实际发生的职工教育经费支出不得计入核电厂操纵员培养费直接扣除。

五、固定资产折旧的企业所得税处理

（一）企业固定资产会计折旧年限如果短于税法规定的最低折旧年限，其按会计折旧年限计提的折旧高于按税法规定的最低折旧年限计提的折旧部分，应调增当期应纳税所得额；企业固定资产会计折旧年限已期满且会计折旧已提足，但税法规定的最低折旧年限尚未到期且税收折旧尚未足额扣除，其未足额扣除的部分准予在剩余的税收折旧年限继续按规定扣除。

（二）企业固定资产会计折旧年限如果长于税法规定的最低折旧年限，其折旧应按会计折旧年限计算扣除，税法另有规定除外。

（三）企业按会计规定提取的固定资产减值准备，不得税前扣除，其折旧仍按税法确定的固定资产计税基础计算扣除。

（四）企业按税法规定实行加速折旧的，其按加速折旧办法计算的折旧额可全额在税前扣除。

（五）石油天然气开采企业在计提油气资产折耗（折旧）时，由于会计与税法规定计算方法不同导致的折耗（折旧）差异，应按税法规定进行纳税调整。

六、施行时间

本公告适用于 2013 年度及以后年度企业所得税汇算清缴。

企业 2013 年度汇算清缴前接收政府或股东划入资产，尚未进行企业所得税处理的，可按本公告执行。对于手续不齐全、证据不清的，企业应在 2014 年 12 月 31 日前补充完善。企业凡在 2014 年 12 月 31 日前不能补充完善的，一律作为应税收入或计入收入总额进行企业所得税处理。

特此公告。

《财政部　国家税务总局　证监会关于沪港股票市场交易互联互通机制试点有关税收政策的通知》

（财税〔2014〕81 号）

各省、自治区、直辖市、计划单列市财政厅（局）、国家税务局、地方税务局，新疆生产建设兵团财务局，上海、深圳证券交易所，中国证券登记结算公司：

经国务院批准，现就沪港股票市场交易互联互通机制试点涉及的有关税收政策问题明确如下：

一、关于内地投资者通过沪港通投资香港联合交易所有限公司（以下简称香港联交所）上市股票的所得税问题

（一）内地个人投资者通过沪港通投资香港联交所上市股票的转让差价所得税。

对内地个人投资者通过沪港通投资香港联交所上市股票取得的转让差价所得，自 2014 年 11 月 17 日起至 2017 年 11 月 16 日止，暂免征收个人所得税。

（二）内地企业投资者通过沪港通投资香港联交所上市股票的转让差价所得税。

对内地企业投资者通过沪港通投资香港联交所上市股票取得的转让差价所得，计入其收入总额，依法征收企业所得税。

（三）内地个人投资者通过沪港通投资香港联交所上市股票的股息红利所得税。

对内地个人投资者通过沪港通投资香港联交所上市 H 股取得的股息红利，H 股公司应向中国证券登记结算有限责任公司（以下简称中国结算）提出申请，由中国结算向 H 股公司提供内地个人投资者名册，H 股公司按照 20% 的税率代扣个人所得税。内地个人投资者通过沪港通投资香港联交所上市的非 H 股

取得的股息红利，由中国结算按照20%的税率代扣个人所得税。个人投资者在国外已缴纳的预提税，可持有效扣税凭证到中国结算的主管税务机关申请税收抵免。

对内地证券投资基金通过沪港通投资香港联交所上市股票取得的股息红利所得，按照上述规定计征个人所得税。

（四）内地企业投资者通过沪港通投资香港联交所上市股票的股息红利所得税。

1. 对内地企业投资者通过沪港通投资香港联交所上市股票取得的股息红利所得，计入其收入总额，依法计征企业所得税。其中，内地居民企业连续持有H股满12个月取得的股息红利所得，依法免征企业所得税。

2. 香港联交所上市H股公司应向中国结算提出申请，由中国结算向H股公司提供内地企业投资者名册，H股公司对内地企业投资者不代扣股息红利所得税款，应纳税款由企业自行申报缴纳。

3. 内地企业投资者自行申报缴纳企业所得税时，对香港联交所非H股上市公司已代扣代缴的股息红利所得税，可依法申请税收抵免。

二、关于香港市场投资者通过沪港通投资上海证券交易所（以下简称上交所）上市A股的所得税问题

1. 对香港市场投资者（包括企业和个人）投资上交所上市A股取得的转让差价所得，暂免征收所得税。

2. 对香港市场投资者（包括企业和个人）投资上交所上市A股取得的股息红利所得，在香港中央结算有限公司（以下简称香港结算）不具备向中国结算提供投资者的身份及持股时间等明细数据的条件之前，暂不执行按持股时间实行差别化征税政策，由上市公司按照10%的税率代扣所得税，并向其主管税务机关办理扣缴申报。对于香港投资者中属于其他国家税收居民且其所在国与中国签订的税收协定规定股息红利所得税率低于10%的，企业或个人可以自行或委托代扣代缴义务人，向上市公司主管税务机关提出享受税收协定待遇的申请，主管税务机关审核后，应按已征税款和根据税收协定税率计算的应纳税款的差额予以退税。

三、关于内地和香港市场投资者通过沪港通买卖股票的营业税问题

1. 对香港市场投资者（包括单位和个人）通过沪港通买卖上交所上市A股取得的差价收入，暂免征收营业税。

2. 对内地个人投资者通过沪港通买卖香港联交所上市股票取得的差价收入，按现行政策规定暂免征收营业税。

3. 对内地单位投资者通过沪港通买卖香港联交所上市股票取得的差价收

入,按现行政策规定征免营业税。

四、关于内地和香港市场投资者通过沪港通转让股票的证券(股票)交易印花税问题

香港市场投资者通过沪港通买卖、继承、赠与上交所上市A股,按照内地现行税制规定缴纳证券(股票)交易印花税。内地投资者通过沪港通买卖、继承、赠与联交所上市股票,按照香港特别行政区现行税法规定缴纳印花税。

中国结算和香港结算可互相代收上述税款。

五、本通知自2014年11月17日起执行。

《财政部 国家税务总局 证监会关于QFII和RQFII取得中国境内的股票等权益性投资资产转让所得暂免征收企业所得税问题的通知》

(财税〔2014〕79号)

各省、自治区、直辖市、计划单列市财政厅(局)、国家税务局、地方税务局,新疆生产建设兵团财务局,中国证券登记结算公司:

经国务院批准,从2014年11月17日起,对合格境外机构投资者(简称QFII)、人民币合格境外机构投资者(简称RQFII)取得来源于中国境内的股票等权益性投资资产转让所得,暂免征收企业所得税。在2014年11月17日之前QFII和RQFII取得的上述所得应依法征收企业所得税。

本通知适用于在中国境内未设立机构、场所,或者在中国境内虽设立机构、场所,但取得的上述所得与其所设机构、场所没有实际联系的QFII、RQFII。

《国家税务总局关于非居民企业所得税源泉扣缴有关问题的公告》

(国家税务总局公告2017年第37号)[①]

按照《国家税务总局关于进一步深化税务系统"放管服"改革优化税收环境的若干意见》(税总发〔2017〕101号)的安排,根据《中华人民共和国企业所得税法》(以下称"企业所得税法")及其实施条例、《中华人民共和国税收征收管理法》及其实施细则的有关规定,现就非居民企业所得税源泉扣缴有

---

① 根据《国家税务总局关于修改部分税收规范性文件的公告》(国家税务总局公告2018年第31号),文件中的"国税机关、国家(地方)税务局"修改为"税务机关、税务局"。

关问题公告如下：

一、依照企业所得税法第三十七条、第三十九条和第四十条规定办理非居民企业所得税源泉扣缴相关事项，适用本公告。与执行企业所得税法第三十八条规定相关的事项不适用本公告。

二、企业所得税法实施条例第一百零四条规定的支付人自行委托代理人或指定其他第三方代为支付相关款项，或者因担保合同或法律规定等原因由第三方保证人或担保人支付相关款项的，仍由委托人、指定人或被保证人、被担保人承担扣缴义务。

三、企业所得税法第十九条第二项规定的转让财产所得包含转让股权等权益性投资资产（以下称"股权"）所得。股权转让收入减除股权净值后的余额为股权转让所得应纳税所得额。

股权转让收入是指股权转让人转让股权所收取的对价，包括货币形式和非货币形式的各种收入。

股权净值是指取得该股权的计税基础。股权的计税基础是股权转让人投资入股时向中国居民企业实际支付的出资成本，或购买该项股权时向该股权的原转让人实际支付的股权受让成本。股权在持有期间发生减值或者增值，按照国务院财政、税务主管部门规定可以确认损益的，股权净值应进行相应调整。企业在计算股权转让所得时，不得扣除被投资企业未分配利润等股东留存收益中按该项股权所可能分配的金额。

多次投资或收购的同项股权被部分转让的，从该项股权全部成本中按照转让比例计算确定被转让股权对应的成本。

四、扣缴义务人支付或者到期应支付的款项以人民币以外的货币支付或计价的，分别按以下情形进行外币折算：

（一）扣缴义务人扣缴企业所得税的，应当按照扣缴义务发生之日人民币汇率中间价折合成人民币，计算非居民企业应纳税所得额。扣缴义务发生之日为相关款项实际支付或者到期应支付之日。

（二）取得收入的非居民企业在主管税务机关责令限期缴纳税款前自行申报缴纳应源泉扣缴税款的，应当按照填开税收缴款书之日前一日人民币汇率中间价折合成人民币，计算非居民企业应纳税所得额。

（三）主管税务机关责令取得收入的非居民企业限期缴纳应源泉扣缴税款的，应当按照主管税务机关作出限期缴税决定之日前一日人民币汇率中间价折合成人民币，计算非居民企业应纳税所得额。

五、财产转让收入或财产净值以人民币以外的货币计价的，分扣缴义务人扣缴税款、纳税人自行申报缴纳税款和主管税务机关责令限期缴纳税款三种情形,先将以非人民币计价项目金额比照本公告第四条规定折合成人民币金额;再按企业所得税法第十九条第二项及相关规定计算非居民企业财产转让所得应纳税所得额。

财产净值或财产转让收入的计价货币按照取得或转让财产时实际支付或收取的计价币种确定。原计价币种停止流通并启用新币种的,按照新旧货币市场转换比例转换为新币种后进行计算。

六、扣缴义务人与非居民企业签订与企业所得税法第三条第三款规定的所得有关的业务合同时,凡合同中约定由扣缴义务人实际承担应纳税款的,应将非居民企业取得的不含税所得换算为含税所得计算并解缴应扣税款。

七、扣缴义务人应当自扣缴义务发生之日起 7 日内向扣缴义务人所在地主管税务机关申报和解缴代扣税款。扣缴义务人发生到期应支付而未支付情形,应按照《国家税务总局关于非居民企业所得税管理若干问题的公告》(国家税务总局公告 2011 年第 24 号)第一条规定进行税务处理。

非居民企业取得应源泉扣缴的所得为股息、红利等权益性投资收益的,相关应纳税款扣缴义务发生之日为股息、红利等权益性投资收益实际支付之日。

非居民企业采取分期收款方式取得应源泉扣缴所得税的同一项转让财产所得的,其分期收取的款项可先视为收回以前投资财产的成本,待成本全部收回后,再计算并扣缴应扣税款。

八、扣缴义务人在申报和解缴应扣税款时,应填报《中华人民共和国扣缴企业所得税报告表》。

扣缴义务人可以在申报和解缴应扣税款前报送有关申报资料;已经报送的,在申报时不再重复报送。

九、按照企业所得税法第三十七条规定应当扣缴的所得税,扣缴义务人未依法扣缴或者无法履行扣缴义务的,取得所得的非居民企业应当按照企业所得税法第三十九条规定,向所得发生地主管税务机关申报缴纳未扣缴税款,并填报《中华人民共和国扣缴企业所得税报告表》。

非居民企业未按照企业所得税法第三十九条规定申报缴纳税款的,税务机关可以责令限期缴纳,非居民企业应当按照税务机关确定的期限申报缴纳税款;非居民企业在税务机关责令限期缴纳前自行申报缴纳税款的,视为已按期缴纳税款。

十、非居民企业取得的同一项所得在境内存在多个所得发生地,涉及多个主管税务机关的,在按照企业所得税法第三十九条规定自行申报缴纳未扣缴税款时,可以选择异地办理本公告第九条规定的申报缴税事宜。受理申报地主管税务机关应在受理申报后 5 个工作日内,向扣缴义务人所在地和同一项所得其他发生地主管税务机关发送《非居民企业税务事项联络函》（见附件），告知非居民企业涉税事项。

十一、主管税务机关可以要求纳税人、扣缴义务人和其他知晓情况的相关方提供与应扣缴税款有关的合同和其他相关资料。扣缴义务人应当设立代扣代缴税款账簿和合同资料档案，准确记录非居民企业所得税扣缴情况。

十二、按照企业所得税法第三十七条规定应当扣缴的税款，扣缴义务人应扣未扣的，由扣缴义务人所在地主管税务机关依照《中华人民共和国行政处罚法》第二十三条规定责令扣缴义务人补扣税款，并依法追究扣缴义务人责任；需要向纳税人追缴税款的，由所得发生地主管税务机关依法执行。扣缴义务人所在地与所得发生地不一致的，负责追缴税款的所得发生地主管税务机关应通过扣缴义务人所在地主管税务机关核实有关情况；扣缴义务人所在地主管税务机关应当自确定应纳税款未依法扣缴之日起5个工作日内，向所得发生地主管税务机关发送《非居民企业税务事项联络函》，告知非居民企业涉税事项。

十三、主管税务机关在按照本公告第十二条规定追缴非居民企业应纳税款时，可以采取以下措施：

（一）责令该非居民企业限期申报缴纳应纳税款。

（二）收集、查实该非居民企业在中国境内其他收入项目及其支付人的相关信息，并向该其他项目支付人发出《税务事项通知书》，从该非居民企业其他收入项目款项中依照法定程序追缴欠缴税款及应缴的滞纳金。

其他项目支付人所在地与未扣税所得发生地不一致的，其他项目支付人所在地主管税务机关应给予配合和协助。

十四、按照本公告规定应当源泉扣缴税款的款项已经由扣缴义务人实际支付，但未在规定的期限内解缴应扣税款，并具有以下情形之一的，应作为税款已扣但未解缴情形，按照有关法律、行政法规规定处理：

（一）扣缴义务人已明确告知收款人已代扣税款的；

（二）已在财务会计处理中单独列示应扣税款的；

（三）已在其纳税申报中单独扣除或开始单独摊销扣除应扣税款的；

（四）其他证据证明已代扣税款的。

除上款规定情形外，按本公告规定应该源泉扣缴的税款未在规定的期限内解缴入库的，均作为应扣未扣税款情形，按照有关法律、行政法规规定处理。

十五、本公告与税收协定及其相关规定不一致的，按照税收协定及其相关规定执行。

十六、扣缴义务人所在地主管税务机关为扣缴义务人所得税主管税务机关。对企业所得税法实施条例第七条规定的不同所得，所得发生地主管税务机关按以下原则确定：

（一）不动产转让所得，为不动产所在地国税机关。

（二）权益性投资资产转让所得，为被投资企业的所得税主管税务机关。

（三）股息、红利等权益性投资所得，为分配所得企业的所得税主管税务机关。

（四）利息所得、租金所得、特许权使用费所得，为负担、支付所得的单位或个人的所得税主管税务机关。

十七、本公告自 2017 年 12 月 1 日起施行。本公告第七条第二款和第三款、第九条第二款可以适用于在本公告施行前已经发生但未处理的所得。下列规定自 2017 年 12 月 1 日起废止：

（一）《国家税务总局关于印发〈非居民企业所得税源泉扣缴管理暂行办法〉的通知》（国税发〔2009〕3 号）。

（二）《国家税务总局关于进一步加强非居民税收管理工作的通知》（国税发〔2009〕32 号）第二条第（三）项中的以下表述：

"各地应按照《国家税务总局关于印发〈非居民企业所得税源泉扣缴管理暂行办法〉的通知》（国税发〔2009〕3 号）规定，落实扣缴登记和合同备案制度，辅导扣缴义务人及时准确扣缴应纳税款，建立管理台账和管理档案，追缴漏税"。

（三）《国家税务总局关于加强税种征管促进堵漏增收的若干意见》（国税发〔2009〕85 号）第四条第（二）项第 3 目中以下表述：

"按照《国家税务总局关于印发〈非居民企业所得税源泉扣缴管理暂行办法〉的通知》（国税发〔2009〕3 号）规定，落实扣缴登记和合同备案制度，辅导扣缴义务人及时准确扣缴应纳税款，建立管理台账和管理档案"。

（四）《国家税务总局关于加强非居民企业股权转让所得企业所得税管理的通知》（国税函〔2009〕698 号）。

（五）《国家税务总局关于印发〈非居民企业税收协同管理办法（试行）〉的通知》（国税发〔2010〕119 号）第九条。

（六）《国家税务总局关于发布〈企业重组业务企业所得税管理办法〉的公告》（国家税务总局公告 2010 年第 4 号）第三十六条。

（七）《国家税务总局关于非居民企业所得税管理若干问题的公告》（国家税务总局公告 2011 年第 24 号）第五条和第六条。

（八）《国家税务总局关于发布〈非居民企业从事国际运输业务税收管理暂行办法〉的公告》（国家税务总局公告 2014 年第 37 号）第二条第三款中以下表述：

"和《国家税务总局关于印发〈非居民企业所得税源泉扣缴管理暂行办法〉的通知》(国税发〔2009〕3号)"。

(九)《国家税务总局关于非居民企业间接转让财产企业所得税若干问题的公告》(国家税务总局公告2015年第7号)第八条第二款。

特此公告。

附件：非居民企业税务事项联络函（略）

《国家税务总局关于修改〈非居民企业所得税核定征收管理办法〉等文件的公告》

（国家税务总局公告2015年第22号）

根据《国务院关于取消和调整一批行政审批项目等事项的决定》（国发〔2015〕11号）和《国务院关于取消和下放一批行政审批项目的决定》（国发〔2014〕5号）有关取消非居民企业税收管理审批事项的要求，国家税务总局决定对相关文件规定进行修改，现公告如下：

一、《非居民企业所得税核定征收管理办法》（国税发〔2010〕19号）第九条修改为："主管税务机关应及时向非居民企业送达《非居民企业所得税征收方式鉴定表》（以下简称《鉴定表》），非居民企业应在收到《鉴定表》后10个工作日内，完成《鉴定表》的填写并送达主管税务机关，主管税务机关在受理《鉴定表》后20个工作日内，完成该项征收方式的确认工作。"

同时，对《鉴定表》做了相应修改。

二、《境外注册中资控股居民企业所得税管理办法（试行）》（国家税务总局公告2011年第45号发布）第五条修改为："本办法所称主管税务机关是指境外注册中资控股居民企业中国境内主要投资者登记注册地主管税务机关。"

三、《国家税务总局关于非居民企业股权转让适用特殊性税务处理有关问题的公告》（国家税务总局公告2013年第72号）第七条修改为："非居民企业股权转让适用特殊性税务处理备案后经调查核实不符合条件的，应调整适用一般性税务处理，按照有关规定缴纳企业所得税。非居民企业股权转让适用特殊性税务处理未进行备案的，税务机关应告知其按照本公告第二条、第三条的规定办理备案手续。"

四、本公告自2015年6月1日起施行。

特此公告。

《国家税务总局关于非居民企业股权转让适用特殊性税务处理有关问题的公告》

(国家税务总局公告2013年第72号)①

为规范和加强非居民企业股权转让适用特殊性税务处理的管理,根据《中华人民共和国企业所得税法》及其实施条例、《财政部、国家税务总局关于企业重组业务企业所得税处理若干问题的通知》(财税〔2009〕59号,以下简称《通知》)的有关规定,现就有关问题公告如下:

一、本公告所称股权转让是指非居民企业发生《通知》第七条第(一)、(二)项规定的情形;其中《通知》第七条第(一)项规定的情形包括因境外企业分立、合并导致中国居民企业股权被转让的情形。

二、非居民企业股权转让选择特殊性税务处理的,应于股权转让合同或协议生效且完成工商变更登记手续30日内进行备案。属于《通知》第七条第(一)项情形的,由转让方向被转让企业所在地所得税主管税务机关备案;属于《通知》第七条第(二)项情形的,由受让方向其所在地所得税主管税务机关备案。

股权转让方或受让方可以委托代理人办理备案事项;代理人在代为办理备案事项时,应向主管税务机关出具备案人的书面授权委托书。

三、股权转让方、受让方或其授权代理人(以下简称备案人)办理备案时应填报以下资料:

(一)《非居民企业股权转让适用特殊性税务处理备案表》(见附件1);

(二)股权转让业务总体情况说明,应包括股权转让的商业目的、证明股权转让符合特殊性税务处理条件、股权转让前后的公司股权架构图等资料;

(三)股权转让业务合同或协议(外文文本的同时附送中文译本);

(四)工商等相关部门核准企业股权变更事项证明资料;

(五)截至股权转让时,被转让企业历年的未分配利润资料;

(六)税务机关要求的其他材料。

以上资料已经向主管税务机关报送的,备案人可不再重复报送。其中以复

---

① 根据《国家税务总局关于修改部分税收规范性文件的公告》(国家税务总局公告2018年第31号),删除第六条中的且同属国税机关或地税机关和或分别由国税机关和地税机关;第七条修改为:"非居民企业股权转让适用特殊性税务处理备案后经调查核实不符合条件的,应调整适用一般性税务处理,按照有关规定缴纳企业所得税。非居民企业股权转让适用特殊性税务处理未进行备案的,税务机关应告知其按照本公告第二条、第三条的规定办理备案手续。"

印件向税务机关提交的资料，备案人应在复印件上注明"本复印件与原件一致"字样，并签字后加盖备案人印章；报送中文译本的，应在中文译本上注明"本译文与原文表述内容一致"字样，并签字后加盖备案人印章。

四、主管税务机关应当按规定受理备案，资料齐全的，应当场在《非居民企业股权转让适用特殊性税务处理备案表》上签字盖章，并退 1 份给备案人；资料不齐全的，不予受理，并告知备案人各应补正事项。

五、非居民企业发生股权转让属于《通知》第七条第（一）项情形的，主管税务机关应当自受理之日起 30 个工作日内就备案事项进行调查核实、提出处理意见，并将全部备案资料以及处理意见层报省（含自治区、直辖市和计划单列市，下同）税务机关。

税务机关在调查核实时，如发现此种股权转让情形造成以后该项股权转让所得预提税负担变化，包括转让方把股权由应征税的国家或地区转让到不征税或低税率的国家或地区，应不予适用特殊性税务处理。

六、非居民企业发生股权转让属于《通知》第七条第（二）项情形的，应区分以下两种情形予以处理：

（一）受让方和被转让企业在同一省且同属国税机关或地税机关管辖的，按照本公告第五条规定执行。

（二）受让方和被转让企业不在同一省或分别由国税机关和地税机关管辖的，受让方所在地省税务机关收到主管税务机关意见后 30 日内，应向被转让企业所在地省税务机关发出《非居民企业股权转让适用特殊性税务处理告知函》（见附件 2）。

七、非居民企业股权转让未进行特殊性税务处理备案或备案后经调查核实不符合条件的，适用一般性税务处理规定，应按照有关规定缴纳企业所得税。

八、非居民企业发生股权转让属于《通知》第七条第（一）项情形且选择特殊性税务处理的，转让方和受让方不在同一国家或地区的，若被转让企业股权转让前的未分配利润在转让后分配给受让方的，不享受受让方所在国家（地区）与中国签订的税收协定（含税收安排）的股息减税优惠待遇，并由被转让企业按税法相关规定代扣代缴企业所得税，到其所在地所得税主管税务机关申报缴纳。

九、省税务机关应做好辖区内非居民企业股权转让适用特殊性税务处理的管理工作，于年度终了后 30 日内向国家税务总局报送《非居民企业股权转让适用特殊性税务处理情况统计表》（见附件 3）。

十、本公告自发布之日起施行。本公告实施之前发生的非居民企业股权转让适用特殊性税务处理事项尚未处理的,可依据本公告规定办理。《国家税务总局关于加强非居民企业股权转让所得企业所得税管理的通知》(国税函〔2009〕698 号)第九条同时废止。

特此公告。

附件:1. 非居民企业股权转让适用特殊性税务处理备案表(略)
2. 非居民企业股权转让适用特殊性税务处理告知函(略)
3. 非居民企业股权转让适用特殊性税务处理情况统计表(略)

《国家税务总局关于非居民企业所得税管理若干问题的公告》

(国家税务总局公告 2011 年第 24 号)①

依据《中华人民共和国企业所得税法》及其实施条例(以下简称企业所得税法),现就非居民企业所得税管理有关问题公告如下:

一、关于到期应支付而未支付的所得扣缴企业所得税问题

中国境内企业(以下称为企业)和非居民企业签订与利息、租金、特许权使用费等所得有关的合同或协议,如果未按照合同或协议约定的日期支付上述所得款项,或者变更或修改合同或协议延期支付,但已计入企业当期成本、费用,并在企业所得税年度纳税申报中作税前扣除的,应在企业所得税年度纳税申报时按照企业所得税法有关规定代扣代缴企业所得税。

如果企业上述到期未支付的所得款项,不是一次性计入当期成本、费用,而是计入相应资产原价或企业筹办费,在该类资产投入使用或开始生产经营后分期摊入成本、费用,分年度在企业所得税前扣除的,应在企业计入相关资产的年度纳税申报时就上述所得全额代扣代缴企业所得税。

如果企业在合同或协议约定的支付日期之前支付上述所得款项的,应在实际支付时按照企业所得税法有关规定代扣代缴企业所得税。

二、关于担保费税务处理问题

非居民企业取得来源于中国境内的担保费,应按照企业所得税法对利息所得规定的税率计算缴纳企业所得税。上述来源于中国境内的担保费,是指中国境内企业、机构或个人在借贷、买卖、货物运输、加工承揽、租赁、工程承包等经济活动中,接受非居民企业提供的担保所支付或负担的担保费或相同性质的费用。

---

① 根据《国家税务总局关于非居民企业所得税源泉扣缴有关问题的公告》(国家税务总局公告 2017 年第 37 号),此文件第五条和第六条已被废止。

三、关于土地使用权转让所得征税问题

非居民企业在中国境内未设立机构、场所而转让中国境内土地使用权，或者虽设立机构、场所但取得的土地使用权转让所得与其所设机构、场所没有实际联系的，应以其取得的土地使用权转让收入总额减除计税基础后的余额作为土地使用权转让所得计算缴纳企业所得税，并由扣缴义务人在支付时代扣代缴。

四、关于融资租赁和出租不动产的租金所得税务处理问题

（一）在中国境内未设立机构、场所的非居民企业，以融资租赁方式将设备、物件等租给中国境内企业使用，租赁期满后设备、物件所有权归中国境内企业（包括租赁期满后作价转让给中国境内企业），非居民企业按照合同约定的期限收取租金，应以租赁费（包括租赁期满后作价转让给中国境内企业的价款）扣除设备、物件价款后的余额，作为贷款利息所得计算缴纳企业所得税，由中国境内企业在支付时代扣代缴。

（二）非居民企业出租位于中国境内的房屋、建筑物等不动产，对未在中国境内设立机构、场所进行日常管理的，以其取得的租金收入全额计算缴纳企业所得税，由中国境内的承租人在每次支付或到期应支付时代扣代缴。

如果非居民企业委派人员在中国境内或者委托中国境内其他单位或个人对上述不动产进行日常管理的，应视为其在中国境内设立机构、场所，非居民企业应在税法规定的期限内自行申报缴纳企业所得税。

五、关于股息、红利等权益性投资收益扣缴企业所得税处理问题

中国境内居民企业向未在中国境内设立机构、场所的非居民企业分配股息、红利等权益性投资收益，应在作出利润分配决定的日期代扣代缴企业所得税。如实际支付时间先于利润分配决定日期的，应在实际支付时代扣代缴企业所得税。

六、关于贯彻《国家税务总局关于加强非居民企业股权转让所得企业所得税管理的通知》（国税函〔2009〕698号，以下称为《通知》）有关问题

（一）非居民企业直接转让中国境内居民企业股权，如果股权转让合同或协议约定采取分期付款方式的，应于合同或协议生效且完成股权变更手续时，确认收入实现。

（二）《通知》第一条所称"在公开的证券市场上买入并卖出中国居民企业的股票"，是指股票买入和卖出的对象、数量和价格不是由买卖双方事先约定而是按照公开证券市场通常交易规则确定的行为。

（三）《通知》第五条、第六条和第八条的"境外投资方（实际控制方）"是指间接转让中国居民企业股权的所有投资者；《通知》第五条中的"实际税

负"是指股权转让所得的实际税负,"不征所得税"是指对股权转让所得不征企业所得税。

(四)两个及两个以上境外投资方同时间接转让中国居民企业股权的,可由其中一方按照《通知》第五条规定向被转让股权的中国居民企业所在地主管税务机关提供资料。

(五)境外投资方同时间接转让两个及两个以上且不在同一省(市)中国居民企业股权的,可以选择向其中一个中国居民企业所在地主管税务机关按照《通知》第五条规定提供资料,由该主管税务机关所在省(市)税务机关与其他省(市)税务机关协商确定是否征税,并向国家税务总局报告;如果确定征税的,应分别到各中国居民企业所在地主管税务机关缴纳税款。

七、本公告自 2011 年 4 月 1 日起施行。本公告施行前发生但未作税务处理的事项,依据本公告执行。

特此公告。

《国家税务总局关于企业混合性投资业务企业所得税处理问题的公告》

(国家税务总局公告 2013 年第 41 号)

根据《中华人民共和国企业所得税法》及其实施条例(以下简称税法)的规定,现就企业混合性投资业务企业所得税处理问题公告如下:

一、企业混合性投资业务,是指兼具权益和债权双重特性的投资业务。同时符合下列条件的混合性投资业务,按本公告进行企业所得税处理:

(一)被投资企业接受投资后,需要按投资合同或协议约定的利率定期支付利息(或定期支付保底利息、固定利润、固定股息,下同);

(二)有明确的投资期限或特定的投资条件,并在投资期满或者满足特定投资条件后,被投资企业需要赎回投资或偿还本金;

(三)投资企业对被投资企业净资产不拥有所有权;

(四)投资企业不具有选举权和被选举权;

(五)投资企业不参与被投资企业日常生产经营活动。

二、符合本公告第一条规定的混合性投资业务,按下列规定进行企业所得税处理:

(一)对于被投资企业支付的利息,投资企业应于被投资企业应付利息的日期,确认收入的实现并计入当期应纳税所得额;被投资企业应于应付利息的日期，确认利息支出，并按税法和《国家税务总局关于企业所得税若干问题的公告》(2011年第34号)第一条的规定，进行税前扣除。

(二)对于被投资企业赎回的投资，投资双方应于赎回时将赎价与投资成本之间的差额确认为债务重组损益，分别计入当期应纳税所得额。

三、本公告自2013年9月1日起执行。此前发生的已进行税务处理的混合性投资业务，不再进行纳税调整。

特此公告。

《国家税务总局关于企业政策性搬迁所得税有关问题的公告》

(国家税务总局公告2013年第11号)

现就《国家税务总局关于发布〈企业政策性搬迁所得税管理办法〉的公告》(国家税务总局2012年第40号公告)贯彻落实过程中有关问题，公告如下：

一、凡在国家税务总局2012年第40号公告生效前已经签订搬迁协议且尚未完成搬迁清算的企业政策性搬迁项目，企业在重建或恢复生产过程中购置的各类资产，可以作为搬迁支出，从搬迁收入中扣除。但购置的各类资产，应剔除该搬迁补偿收入后，作为该资产的计税基础，并按规定计算折旧或费用摊销。凡在国家税务总局2012年第40号公告生效后签订搬迁协议的政策性搬迁项目，应按国家税务总局2012年第40号公告有关规定执行。

二、企业政策性搬迁被征用的资产，采取资产置换的，其换入资产的计税成本按被征用资产的净值，加上换入资产所支付的税费(涉及补价，还应加上补价款)计算确定。

三、本公告自2012年10月1日起执行。国家税务总局2012年第40号公告第二十六条同时废止。

《国家税务总局关于发布〈企业政策性搬迁所得税管理办法〉的公告》

(国家税务总局公告2012年第40号)①

现将《企业政策性搬迁所得税管理办法》予以发布，自2012年10月1日

---

① 根据《国家税务总局关于企业政策性搬迁所得税有关问题的公告》(国家税务总局公告2013年第11号)，此文件中的第二十六条已被废止。

起施行。

特此公告。

企业政策性搬迁所得税管理办法

第一章 总 则

第一条 为规范企业政策性搬迁的所得税征收管理，根据《中华人民共和国企业所得税法》（以下简称《企业所得税法》）及其实施条例的有关规定，制定本办法。

第二条 本办法执行范围仅限于企业政策性搬迁过程中涉及的所得税征收管理事项，不包括企业自行搬迁或商业性搬迁等非政策性搬迁的税务处理事项。

第三条 企业政策性搬迁，是指由于社会公共利益的需要，在政府主导下企业进行整体搬迁或部分搬迁。企业由于下列需要之一，提供相关文件证明资料的，属于政策性搬迁：

（一）国防和外交的需要；

（二）由政府组织实施的能源、交通、水利等基础设施的需要；

（三）由政府组织实施的科技、教育、文化、卫生、体育、环境和资源保护、防灾减灾、文物保护、社会福利、市政公用等公共事业的需要；

（四）由政府组织实施的保障性安居工程建设的需要；

（五）由政府依照《中华人民共和国城乡规划法》有关规定组织实施的对危房集中、基础设施落后等地段进行旧城区改建的需要；

（六）法律、行政法规规定的其他公共利益的需要。

第四条 企业应按本办法的要求，就政策性搬迁过程中涉及的搬迁收入、搬迁支出、搬迁资产税务处理、搬迁所得等所得税征收管理事项，单独进行税务管理和核算。不能单独进行税务管理和核算的，应视为企业自行搬迁或商业性搬迁等非政策性搬迁进行所得税处理，不得执行本办法规定。

第二章 搬 迁 收 入

第五条 企业的搬迁收入，包括搬迁过程中从本企业以外（包括政府或其他单位）取得的搬迁补偿收入，以及本企业搬迁资产处置收入等。

第六条 企业取得的搬迁补偿收入，是指企业由于搬迁取得的货币性和非货币性补偿收入。具体包括：

（一）对被征用资产价值的补偿；
（二）因搬迁、安置而给予的补偿；
（三）对停产停业形成的损失而给予的补偿；
（四）资产搬迁过程中遭到毁损而取得的保险赔款；
（五）其他补偿收入。

第七条　企业搬迁资产处置收入，是指企业由于搬迁而处置企业各类资产所取得的收入。

企业由于搬迁处置存货而取得的收入，应按正常经营活动取得的收入进行所得税处理，不作为企业搬迁收入。

第三章　搬迁支出

第八条　企业的搬迁支出，包括搬迁费用支出以及由于搬迁所发生的企业资产处置支出。

第九条　搬迁费用支出，是指企业搬迁期间所发生的各项费用，包括安置职工实际发生的费用、停工期间支付给职工的工资及福利费、临时存放搬迁资产而发生的费用、各类资产搬迁安装费用以及其他与搬迁相关的费用。

第十条　资产处置支出，是指企业由于搬迁而处置各类资产所发生的支出，包括变卖及处置各类资产的净值、处置过程中所发生的税费等支出。

企业由于搬迁而报废的资产，如无转让价值，其净值作为企业的资产处置支出。

第四章　搬迁资产税务处理

第十一条　企业搬迁的资产，简单安装或不需要安装即可继续使用的，在该项资产重新投入使用后，就其净值按《企业所得税法》及其实施条例规定的该资产尚未折旧或摊销的年限，继续计提折旧或摊销。

第十二条　企业搬迁的资产，需要进行大修理后才能重新使用的，应就该资产的净值，加上大修理过程所发生的支出，为该资产的计税成本。在该项资产重新投入使用后，按该资产尚可使用的年限，计提折旧或摊销。

第十三条　企业搬迁中被征用的土地，采取土地置换的，换入土地的计税成本按被征用土地的净值，以及该换入土地投入使用前所发生的各项费用支出，为该换入土地的计税成本，在该换入土地投入使用后，按《企业所得税法》及其实施条例规定年限摊销。

第十四条　企业搬迁期间新购置的各类资产，应按《企业所得税法》及其实施条例等有关规定，计算确定资产的计税成本及折旧或摊销年限。企业发生的购置资产支出，不得从搬迁收入中扣除。

第五章 应税所得

第十五条 企业在搬迁期间发生的搬迁收入和搬迁支出，可以暂不计入当期应纳税所得额，而在完成搬迁的年度，对搬迁收入和支出进行汇总清算。

第十六条 企业的搬迁收入，扣除搬迁支出后的余额，为企业的搬迁所得。

企业应在搬迁完成年度，将搬迁所得计入当年度企业应纳税所得额计算纳税。

第十七条 下列情形之一的，为搬迁完成年度，企业应进行搬迁清算，计算搬迁所得：

（一）从搬迁开始，5年内（包括搬迁当年度）任何一年完成搬迁的。

（二）从搬迁开始，搬迁时间满5年（包括搬迁当年度）的年度。

第十八条 企业搬迁收入扣除搬迁支出后为负数的，应为搬迁损失。搬迁损失可在下列方法中选择其一进行税务处理：

（一）在搬迁完成年度，一次性作为损失进行扣除。

（二）自搬迁完成年度起分3个年度，均匀在税前扣除。

上述方法由企业自行选择，但一经选定，不得改变。

第十九条 企业同时符合下列条件的，视为已经完成搬迁：

（一）搬迁规划已基本完成；

（二）当年生产经营收入占规划搬迁前年度生产经营收入50%以上。

第二十条 企业边搬迁、边生产的，搬迁年度应从实际开始搬迁的年度计算。

第二十一条 企业以前年度发生尚未弥补的亏损的，凡企业由于搬迁停止生产经营无所得的，从搬迁年度次年起，至搬迁完成年度前一年度止，可作为停止生产经营活动年度，从法定亏损结转弥补年限中减除；企业边搬迁、边生产的，其亏损结转年度应连续计算。

第六章 征收管理

第二十二条 企业应当自搬迁开始年度，至次年5月31日前，向主管税务机关（包括迁出地和迁入地）报送政策性搬迁依据、搬迁规划等相关材料。逾期未报的，除特殊原因并经主管税务机关认可外，按非政策性搬迁处理，不得执行本办法的规定。

第二十三条 企业应向主管税务机关报送的政策性搬迁依据、搬迁规划等相关材料，包括：

（一）政府搬迁文件或公告；

（二）搬迁重置总体规划；

（三）拆迁补偿协议；

（四）资产处置计划；

（五）其他与搬迁相关的事项。

第二十四条 企业迁出地和迁入地主管税务机关发生变化的，由迁入地主管税务机关负责企业搬迁清算。

第二十五条 企业搬迁完成当年，其向主管税务机关报送企业所得税年度纳税申报表时，应同时报送《企业政策性搬迁清算损益表》及相关材料。

第二十六条 企业在本办法生效前尚未完成搬迁的，符合本办法规定的搬迁事项，一律按本办法执行。本办法生效年度以前已经完成搬迁且已按原规定进行税务处理的，不再调整。

第二十七条 本办法未规定的企业搬迁税务事项，按照《企业所得税法》及其实施条例等相关规定进行税务处理。

第二十八条 本办法施行后，《国家税务总局关于企业政策性搬迁或处置收入有关企业所得税处理问题的通知》（国税函〔2009〕118号）同时废止。

《财政部　国家税务总局关于地方政府债券利息免征所得税问题的通知》

（财税〔2013〕5号）

各省、自治区、直辖市、计划单列市财政厅（局）、国家税务局、地方税务局，新疆生产建设兵团财务局：

经国务院批准，现就地方政府债券利息有关所得税政策通知如下：

一、对企业和个人取得的2012年及以后年度发行的地方政府债券利息收入，免征企业所得税和个人所得税。

二、地方政府债券是指经国务院批准同意，以省、自治区、直辖市和计划单列市政府为发行和偿还主体的债券。

《国家税务总局关于印发〈跨地区经营汇总纳税企业所得税征收管理办法〉的公告》

(国家税务总局公告 2012 年第 57 号)①

为加强跨地区经营汇总纳税企业所得税的征收管理,根据《中华人民共和国企业所得税法》及其实施条例、《中华人民共和国税收征收管理法》及其实施细则和《财政部、国家税务总局、中国人民银行关于印发〈跨省市总分机构企业所得税分配及预算管理办法〉的通知》(财预〔2012〕40 号)等文件的精神,国家税务总局制定了《跨地区经营汇总纳税企业所得税征收管理办法》。现予发布,自 2013 年 1 月 1 日起施行。

特此公告。

跨地区经营汇总纳税企业所得税征收管理办法

第一章 总 则

第一条 为加强跨地区经营汇总纳税企业所得税的征收管理,根据《中华人民共和国企业所得税法》及其实施条例(以下简称《企业所得税法》)、《中华人民共和国税收征收管理法》及其实施细则(以下简称《征收管理法》)和《财政部、国家税务总局中国人民银行关于印发〈跨省市总分机构企业所得税分配及预算管理办法〉的通知》(财预〔2012〕40 号)等的有关规定,制定本办法。

第二条 居民企业在中国境内跨地区(指跨省、自治区、直辖市和计划单列市,下同)设立不具有法人资格分支机构的,该居民企业为跨地区经营汇总纳税企业(以下简称汇总纳税企业),除另有规定外,其企业所得税征收管理适用本办法。

国有邮政企业(包括中国邮政集团公司及其控股公司和直属单位)、中国工商银行股份有限公司、中国农业银行股份有限公司、中国银行股份有限公司、

---

① 根据《国家税务总局关于 3 项企业所得税事项取消审批后加强后续管理的公告》(国家税务总局公告 2015 年第 6 号),废止此文件第二十四条第三款"汇总纳税企业以后年度改变组织结构的,该分支机构应按本办法第二十三条规定报送相关证照,分支机构所在地主管税务机关重新进行审核鉴定"的规定。

根据《国家税务总局关于修改部分税收规范性文件的公告》(国家税务总局公告 2018 年第 31 号),文件中的"国家税务局、地方税务局"修改为"税务局"。

国家开发银行股份有限公司、中国农业发展银行、中国进出口银行、中国投资有限责任公司、中国建设银行股份有限公司、中国建银投资有限责任公司、中国信达资产管理股份有限公司、中国石油天然气股份有限公司、中国石油化工股份有限公司、海洋石油天然气企业［包括中国海洋石油总公司、中海石油（中国）有限公司、中海油田服务股份有限公司、海洋石油工程股份有限公司］、中国长江电力股份有限公司等企业缴纳的企业所得税（包括滞纳金、罚款）为中央收入，全额上缴中央国库，其企业所得税征收管理不适用本办法。

铁路运输企业所得税征收管理不适用本办法。

第三条 汇总纳税企业实行"统一计算、分级管理、就地预缴、汇总清算、财政调库"的企业所得税征收管理办法：

（一）统一计算，是指总机构统一计算包括汇总纳税企业所属各个不具有法人资格分支机构在内的全部应纳税所得额、应纳税额。

（二）分级管理，是指总机构、分支机构所在地的主管税务机关都有对当地机构进行企业所得税管理的责任，总机构和分支机构应分别接受机构所在地主管税务机关的管理。

（三）就地预缴，是指总机构、分支机构应按本办法的规定，分月或分季分别向所在地主管税务机关申报预缴企业所得税。

（四）汇总清算，是指在年度终了后，总机构统一计算汇总纳税企业的年度应纳税所得额、应纳所得税额，抵减总机构、分支机构当年已就地分期预缴的企业所得税款后，多退少补。

（五）财政调库，是指财政部定期将缴入中央国库的汇总纳税企业所得税待分配收入，按照核定的系数调整至地方国库。

第四条 总机构和具有主体生产经营职能的二级分支机构，就地分摊缴纳企业所得税。

二级分支机构，是指汇总纳税企业依法设立并领取非法人营业执照（登记证书），且总机构对其财务、业务、人员等直接进行统一核算和管理的分支机构。

第五条 以下二级分支机构不就地分摊缴纳企业所得税：

（一）不具有主体生产经营职能，且在当地不缴纳增值税、营业税的产品售后服务、内部研发、仓储等汇总纳税企业内部辅助性的二级分支机构，不就地分摊缴纳企业所得税。

（二）上年度认定为小型微利企业的，其二级分支机构不就地分摊缴纳企业所得税。

（三）新设立的二级分支机构，设立当年不就地分摊缴纳企业所得税。

（四）当年撤销的二级分支机构，自办理注销税务登记之日所属企业所得税预缴期间起，不就地分摊缴纳企业所得税。

（五）汇总纳税企业在中国境外设立的不具有法人资格的二级分支机构，不就地分摊缴纳企业所得税。

第二章 税款预缴和汇算清缴

第六条 汇总纳税企业按照《企业所得税法》规定汇总计算的企业所得税，包括预缴税款和汇算清缴应缴应退税款，50%在各分支机构间分摊，各分支机构根据分摊税款就地办理缴库或退库；50%由总机构分摊缴纳，其中25%就地办理缴库或退库，25%就地全额缴入中央国库或退库。具体的税款缴库或退库程序按照财预〔2012〕40号文件第五条等相关规定执行。

第七条 企业所得税分月或者分季预缴，由总机构所在地主管税务机关具体核定。

汇总纳税企业应根据当期实际利润额，按照本办法规定的预缴分摊方法计算总机构和分支机构的企业所得税预缴额，分别由总机构和分支机构就地预缴；在规定期限内按实际利润额预缴有困难的，也可以按照上一年度应纳税所得额的1/12或1/4，按照本办法规定的预缴分摊方法计算总机构和分支机构的企业所得税预缴额，分别由总机构和分支机构就地预缴。预缴方法一经确定，当年度不得变更。

第八条 总机构应将本期企业应纳所得税额的50%部分，在每月或季度终了后15日内就地申报预缴。总机构应将本期企业应纳所得税额的另外50%部分，按照各分支机构应分摊的比例，在各分支机构之间进行分摊，并及时通知到各分支机构；各分支机构应在每月或季度终了之日起15日内，就其分摊的所得税额就地申报预缴。

分支机构未按税款分配数额预缴所得税造成少缴税款的，主管税务机关应按照《征收管理法》的有关规定对其处罚，并将处罚结果通知总机构所在地主管税务机关。

第九条 汇总纳税企业预缴申报时，总机构除报送企业所得税预缴申报表和企业当期财务报表外，还应报送汇总纳税企业分支机构所得税分配表和各分支机构上一年度的年度财务报表（或年度财务状况和营业收支情况）；分支机构除报送企业所得税预缴申报表（只填列部分项目）外，还应报送经总机构所在地主管税务机关受理的汇总纳税企业分支机构所得税分配表。

在一个纳税年度内，各分支机构上一年度的年度财务报表（或年度财务状况和营业收支情况）原则上只需要报送一次。

第十条　汇总纳税企业应当自年度终了之日起 5 个月内，由总机构汇总计算企业年度应纳所得税额，扣除总机构和各分支机构已预缴的税款，计算出应缴应退税款，按照本办法规定的税款分摊方法计算总机构和分支机构的企业所得税应缴应退税款，分别由总机构和分支机构就地办理税款缴库或退库。

汇总纳税企业在纳税年度内预缴企业所得税税款少于全年应缴企业所得税税款的，应在汇算清缴期内由总、分机构分别结清应缴的企业所得税税款；预缴税款超过应缴税款的，主管税务机关应及时按有关规定分别办理退税，或者经总、分机构同意后分别抵缴其下一年度应缴企业所得税税款。

第十一条　汇总纳税企业汇算清缴时，总机构除报送企业所得税年度纳税申报表和年度财务报表外，还应报送汇总纳税企业分支机构所得税分配表、各分支机构的年度财务报表和各分支机构参与企业年度纳税调整情况的说明；分支机构除报送企业所得税年度纳税申报表（只填列部分项目）外，还应报送经总机构所在地主管税务机关受理的汇总纳税企业分支机构所得税分配表、分支机构的年度财务报表（或年度财务状况和营业收支情况）和分支机构参与企业年度纳税调整情况的说明。

分支机构参与企业年度纳税调整情况的说明，可参照企业所得税年度纳税申报表附表"纳税调整项目明细表"中列明的项目进行说明，涉及需由总机构统一计算调整的项目不进行说明。

第十二条　分支机构未按规定报送经总机构所在地主管税务机关受理的汇总纳税企业分支机构所得税分配表，分支机构所在地主管税务机关应责成该分支机构在申报期内报送，同时提请总机构所在地主管税务机关督促总机构按照规定提供上述分配表；分支机构在申报期内不提供的，由分支机构所在地主管税务机关对分支机构按照《征收管理法》的有关规定予以处罚；属于总机构未向分支机构提供分配表的，分支机构所在地主管税务机关还应提请总机构所在地主管税务机关对总机构按照《征收管理法》的有关规定予以处罚。

第三章　总分机构分摊税款的计算

第十三条　总机构按以下公式计算分摊税款：

总机构分摊税款 = 汇总纳税企业当期应纳所得税额 × 50%

第十四条　分支机构按以下公式计算分摊税款：

所有分支机构分摊税款总额 = 汇总纳税企业当期应纳所得税额 × 50%

某分支机构分摊税款 = 所有分支机构分摊税款总额 × 该分支机构分摊比例

第十五条　总机构应按照上年度分支机构的营业收入、职工薪酬和资产总额三个因素计算各分支机构分摊所得税款的比例；三级及以下分支机构，其营业收入、职工薪酬和资产总额统一计入二级分支机构；三因素的权重依次为 0.35、0.35、0.30。

计算公式如下：

某分支机构分摊比例 =（该分支机构营业收入/各分支机构营业收入之和）×0.35 +（该分支机构职工薪酬/各分支机构职工薪酬之和）×0.35 +（该分支机构资产总额/各分支机构资产总额之和）×0.30

分支机构分摊比例按上述方法一经确定后，除出现本办法第五条第（四）项和第十六条第二、三款情形外，当年不做调整。

第十六条　总机构设立具有主体生产经营职能的部门（非本办法第四条规定的二级分支机构），且该部门的营业收入、职工薪酬和资产总额与管理职能部门分开核算的，可将该部门视同一个二级分支机构，按本办法规定计算分摊并就地缴纳企业所得税；该部门与管理职能部门的营业收入、职工薪酬和资产总额不能分开核算的，该部门不得视同一个二级分支机构，不得按本办法规定计算分摊并就地缴纳企业所得税。

汇总纳税企业当年由于重组等原因从其他企业取得重组当年之前已存在的二级分支机构，并作为本企业二级分支机构管理的，该二级分支机构不视同当年新设立的二级分支机构，按本办法规定计算分摊并就地缴纳企业所得税。

汇总纳税企业内就地分摊缴纳企业所得税的总机构、二级分支机构之间，发生合并、分立、管理层级变更等形成的新设或存续的二级分支机构，不视同当年新设立的二级分支机构，按本办法规定计算分摊并就地缴纳企业所得税。

第十七条　本办法所称分支机构营业收入，是指分支机构销售商品、提供劳务、让渡资产使用权等日常经营活动实现的全部收入。其中，生产经营企业分支机构营业收入是指生产经营企业分支机构销售商品、提供劳务、让渡资产使用权等取得的全部收入。金融企业分支机构营业收入是指金融企业分支机构取得的利息、手续费、佣金等全部收入。保险企业分支机构营业收入是指保险企业分支机构取得的保费等全部收入。

本办法所称分支机构职工薪酬，是指分支机构为获得职工提供的服务而给予各种形式的报酬以及其他相关支出。

本办法所称分支机构资产总额，是指分支机构在经营活动中实际使用的应归属于该分支机构的资产合计额。

本办法所称上年度分支机构的营业收入、职工薪酬和资产总额，是指分支机构上年度全年的营业收入、职工薪酬数据和上年度12月31日的资产总额数据，是依照国家统一会计制度的规定核算的数据。

一个纳税年度内，总机构首次计算分摊税款时采用的分支机构营业收入、职工薪酬和资产总额数据，与此后经过中国注册会计师审计确认的数据不一致的，不作调整。

第十八条　对于按照税收法律、法规和其他规定，总机构和分支机构处于不同税率地区的，先由总机构统一计算全部应纳税所得额，然后按本办法第六条规定的比例和按第十五条计算的分摊比例，计算划分不同税率地区机构的应纳税所得额，再分别按各自的适用税率计算应纳税额后加总计算出汇总纳税企业的应纳所得税总额，最后按本办法第六条规定的比例和按第十五条计算的分摊比例，向总机构和分支机构分摊就地缴纳的企业所得税款。

第十九条　分支机构所在地主管税务机关应根据经总机构所在地主管税务机关受理的汇总纳税企业分支机构所得税分配表、分支机构的年度财务报表（或年度财务状况和营业收支情况）等，对其主管分支机构计算分摊税款比例的三个因素、计算的分摊税款比例和应分摊缴纳的所得税税款进行查验核对；对查验项目有异议的，应于收到汇总纳税企业分支机构所得税分配表后30日内向企业总机构所在地主管税务机关提出书面复核建议，并附送相关数据资料。

总机构所在地主管税务机关必须于收到复核建议后30日内，对分摊税款的比例进行复核，作出调整或维持原比例的决定，并将复核结果函复分支机构所在地主管税务机关。分支机构所在地主管税务机关应执行总机构所在地主管税务机关的复核决定。

总机构所在地主管税务机关未在规定时间内复核并函复复核结果的，上级税务机关应对总机构所在地主管税务机关按照有关规定进行处理。

复核期间，分支机构应先按总机构确定的分摊比例申报缴纳税款。

第二十条　汇总纳税企业未按照规定准确计算分摊税款，造成总机构与分支机构之间同时存在一方（或几方）多缴另一方（或几方）少缴税款的，其总机构或分支机构分摊缴纳的企业所得税低于按本办法规定计算分摊的数额的，应在下一税款缴纳期内，由总机构将按本办法规定计算分摊的税款差额分摊到总机构或分支机构补缴；其总机构或分支机构就地缴纳的企业所得税高于按本办法规定计算分摊的数额的，应在下一税款缴纳期内，由总机构将按本办法规定计算分摊的税款差额从总机构或分支机构的分摊税款中扣减。

第四章　日　常　管　理

第二十一条　汇总纳税企业总机构和分支机构应依法办理税务登记，接受所在地主管税务机关的监督和管理。

第二十二条　总机构应将其所有二级及以下分支机构（包括本办法第五条

规定的分支机构）信息报其所在地主管税务机关备案，内容包括分支机构名称、层级、地址、邮编、纳税人识别号及企业所得税主管税务机关名称、地址和邮编。

分支机构（包括本办法第五条规定的分支机构）应将其总机构、上级分支机构和下属分支机构信息报其所在地主管税务机关备案，内容包括总机构、上级机构和下属分支机构名称、层级、地址、邮编、纳税人识别号及企业所得税主管税务机关名称、地址和邮编。

上述备案信息发生变化的，除另有规定外，应在内容变化后30日内报总机构和分支机构所在地主管税务机关备案，并办理变更税务登记。

分支机构注销税务登记后15日内，总机构应将分支机构注销情况报所在地主管税务机关备案，并办理变更税务登记。

第二十三条 以总机构名义进行生产经营的非法人分支机构，无法提供汇总纳税企业分支机构所得税分配表，应在预缴申报期内向其所在地主管税务机关报送非法人营业执照（或登记证书）的复印件、由总机构出具的二级及以下分支机构的有效证明和支持有效证明的相关材料（包括总机构拨款证明、总分机构协议或合同、公司章程、管理制度等），证明其二级及以下分支机构身份。

二级及以下分支机构所在地主管税务机关应对二级及以下分支机构进行审核鉴定，对应按本办法规定就地分摊缴纳企业所得税的二级分支机构，应督促其及时就地缴纳企业所得税。

第二十四条 以总机构名义进行生产经营的非法人分支机构，无法提供汇总纳税企业分支机构所得税分配表，也无法提供本办法第二十三条规定相关证据证明其二级及以下分支机构身份的，应视同独立纳税人计算并就地缴纳企业所得税，不执行本办法的相关规定。

按上款规定视同独立纳税人的分支机构，其独立纳税人身份一个年度内不得变更。

汇总纳税企业以后年度改变组织结构的，该分支机构应按本办法第二十三条规定报送相关证据，分支机构所在地主管税务机关重新进行审核鉴定。

第二十五条 汇总纳税企业发生的资产损失，应按以下规定申报扣除：

（一）总机构及二级分支机构发生的资产损失，除应按专项申报和清单申报的有关规定各自向所在地主管税务机关申报外，二级分支机构还应同时上报总机构；三级及以下分支机构发生的资产损失不需向所在地主管税务机关申报，应并入二级分支机构，由二级分支机构统一申报。

（二）总机构对各分支机构上报的资产损失，除税务机关另有规定外，应以清单申报的形式向所在地主管税务机关申报。

（三）总机构将分支机构所属资产捆绑打包转让所发生的资产损失，由总机构向所在地主管税务机关专项申报。

二级分支机构所在地主管税务机关应对二级分支机构申报扣除的资产损失强化后续管理。

第二十六条　对于按照税收法律、法规和其他规定，由分支机构所在地主管税务机关管理的企业所得税优惠事项，分支机构所在地主管税务机关应加强审批（核）、备案管理，并通过评估、检查和台账管理等手段，加强后续管理。

第二十七条　总机构所在地主管税务机关应加强对汇总纳税企业申报缴纳企业所得税的管理，可以对企业自行实施税务检查，也可以与二级分支机构所在地主管税务机关联合实施税务检查。

总机构所在地主管税务机关应对查实项目按照《企业所得税法》的规定统一计算查增的应纳税所得额和应纳税额。

总机构应将查补所得税款（包括滞纳金、罚款，下同）的50%按照本办法第十五条规定计算的分摊比例，分摊给各分支机构（不包括本办法第五条规定的分支机构）缴纳，各分支机构根据分摊查补税款就地办理缴库；50%分摊给总机构缴纳，其中25%就地办理缴库，25%就地全额缴入中央国库。具体的税款缴库程序按照财预〔2012〕40号文件第五条等相关规定执行。

汇总纳税企业缴纳查补所得税款时，总机构应向其所在地主管税务机关报送汇总纳税企业分支机构所得税分配表和总机构所在地主管税务机关出具的税务检查结论，各分支机构也应向其所在地主管税务机关报送经总机构所在地主管税务机关受理的汇总纳税企业分支机构所得税分配表和税务检查结论。

第二十八条　二级分支机构所在地主管税务机关应配合总机构所在地主管税务机关对其主管二级分支机构实施税务检查，也可以自行对该二级分支机构实施税务检查。

二级分支机构所在地主管税务机关自行对其主管二级分支机构实施税务检查，可对查实项目按照《企业所得税法》的规定自行计算查增的应纳税所得额和应纳税额。

计算查增的应纳税所得额时，应减除允许弥补的汇总纳税企业以前年度亏损；对于需由总机构统一计算的税前扣除项目，不得由分支机构自行计算调整。

二级分支机构应将查补所得税款的50%分摊给总机构缴纳，其中25%就地办理缴库，25%就地全额缴入中央国库；50%分摊给该二级分支机构就地办理缴库。具体的税款缴库程序按照财预〔2012〕40号文件第五条等相关规定执行。

汇总纳税企业缴纳查补所得税款时，总机构应向其所在地主管税务机关报送经二级分支机构所在地主管税务机关受理的汇总纳税企业分支机构所得税分配表和二级分支机构所在地主管税务机关出具的税务检查结论，二级分支机构也应向其所在地主管税务机关报送汇总纳税企业分支机构所得税分配表和税务检查结论。

第二十九条 税务机关应将汇总纳税企业总机构、分支机构的税务登记信息、备案信息、总机构出具的分支机构有效证明情况及分支机构审核鉴定情况、企业所得税月（季）度预缴纳税申报表和年度纳税申报表、汇总纳税企业分支机构所得税分配表、财务报表（或年度财务状况和营业收支情况）、企业所得税款入库情况、资产损失情况、税收优惠情况、各分支机构参与企业年度纳税调整情况的说明、税务检查及查补税款分摊和入库情况等信息，定期分省汇总上传至国家税务总局跨地区经营汇总纳税企业管理信息交换平台。

第三十条 2008年底之前已成立的汇总纳税企业，2009年起新设立的分支机构，其企业所得税的征管部门应与总机构企业所得税征管部门一致；2009年起新增汇总纳税企业，其分支机构企业所得税的管理部门也应与总机构企业所得税管理部门一致。

第三十一条 汇总纳税企业不得核定征收企业所得税。

第五章 附 则

第三十二条 居民企业在中国境内没有跨地区设立不具有法人资格分支机构，仅在同一省、自治区、直辖市和计划单列市（以下称同一地区）内设立不具有法人资格分支机构的，其企业所得税征收管理办法，由各省、自治区、直辖市和计划单列市国家税务局、地方税务局参照本办法联合制定。

居民企业在中国境内既跨地区设立不具有法人资格分支机构，又在同一地区内设立不具有法人资格分支机构的，其企业所得税征收管理实行本办法。

第三十三条 本办法自2013年1月1日起施行。

《国家税务总局关于印发〈跨地区经营汇总纳税企业所得税征收管理暂行办法〉的通知》（国税发〔2008〕28号）、《国家税务总局关于跨地区经营汇总纳税企业所得税征收管理有关问题的通知》（国税函〔2008〕747号）、《国家税务总局关于跨地区经营外商独资银行汇总纳税问题的通知》（国税函〔2008〕958号）、《国家税务总局关于华能国际电力股份有限公司汇总计算缴纳企业所得税问题的通知》（国税函〔2009〕33号）、《国家税务总局关于跨地区经营汇总纳税企业所得税征收管理若干问题的通知》（国税函〔2009〕221号）和《国家税务总局关于华能国际电力股份有限公司所属分支机构2008年度预缴企业所得税款问题的通知》（国税函〔2009〕674号）同时废止。

《国家税务总局关于发布〈中华人民共和国企业所得税月（季）度预缴纳税申报表〉等报表的公告》（税务总局公告 2011 年第 64 号）和《国家税务总局关于发布〈中华人民共和国企业所得税月（季）度预缴纳税申报表〉等报表的补充公告》（税务总局公告 2011 年第 76 号）规定与本办法不一致的，按本办法执行。

《财政部 国家税务总局 中国人民银行关于印发〈跨省市总分机构企业所得税分配及预算管理办法〉的通知》

（财预〔2012〕40 号）

各省、自治区、直辖市、计划单列市财政厅（局），国家税务局，地方税务局，财政部驻各省、自治区、直辖市、计划单列市财政监察专员办事处，中国人民银行上海总部，各分行、营业管理部，省会（首府）城市中心支行，深圳、大连、青岛、厦门、宁波市中心支行：

现将《跨省市总分机构企业所得税分配及预算管理办法》印发给你们，请认真贯彻执行。

跨省市总分机构企业所得税分配及预算管理办法

为了保证《中华人民共和国企业所得税法》的顺利实施，妥善处理地区间利益分配关系，做好跨省市总分机构企业所得税收入的征缴和分配管理工作，制定本办法。

一、主要内容

（一）基本方法。属于中央与地方共享范围的跨省市总分机构企业缴纳的企业所得税，按照统一规范、兼顾总机构和分支机构所在地利益的原则，实行"统一计算、分级管理、就地预缴、汇总清算、财政调库"的处理办法，总分机构统一计算的当期应纳税额的地方分享部分中，25% 由总机构所在地分享，50% 由各分支机构所在地分享，25% 按一定比例在各地间进行分配。

统一计算，是指居民企业应统一计算包括各个不具有法人资格营业机构在内的企业全部应纳税所得额、应纳税额。总机构和分支机构适用税率不一致的，应分别按适用税率计算应纳所得税额。

分级管理，是指居民企业总机构、分支机构，分别由所在地主管税务机关属地进行监督和管理。

就地预缴,是指居民企业总机构、分支机构,应按本办法规定的比例分别就地按月或者按季向所在地主管税务机关申报、预缴企业所得税。

汇总清算,是指在年度终了后,总分机构企业根据统一计算的年度应纳税所得额、应纳所得税额,抵减总机构、分支机构当年已就地分期预缴的企业所得税款后,多退少补。

财政调库,是指财政部定期将缴入中央总金库的跨省市总分机构企业所得税待分配收入,按照核定的系数调整至地方国库。

(二)适用范围。跨省市总分机构企业是指跨省(自治区、直辖市和计划单列市,下同)设立不具有法人资格分支机构的居民企业。

总机构和具有主体生产经营职能的二级分支机构就地预缴企业所得税。三级及三级以下分支机构,其营业收入、职工薪酬和资产总额等统一并入二级分支机构计算。

按照现行财政体制的规定,国有邮政企业(包括中国邮政集团公司及其控股公司和直属单位)、中国工商银行股份有限公司、中国农业银行股份有限公司、中国银行股份有限公司、国家开发银行股份有限公司、中国农业发展银行、中国进出口银行、中国投资有限责任公司、中国建设银行股份有限公司、中国建银投资有限责任公司、中国信达资产管理股份有限公司、中国石油天然气股份有限公司、中国石油化工股份有限公司、海洋石油天然气企业(包括中国海洋石油总公司、中海石油(中国)有限公司、中海油田服务股份有限公司、海洋石油工程股份有限公司)、中国长江电力股份有限公司等企业总分机构缴纳的企业所得税(包括滞纳金、罚款收入)为中央收入,全额上缴中央国库,不实行本办法。

不具有主体生产经营职能且在当地不缴纳营业税、增值税的产品售后服务、内部研发、仓储等企业内部辅助性的二级分支机构以及上年度符合条件的小型微利企业及其分支机构,不实行本办法。

居民企业在中国境外设立不具有法人资格分支机构的,按本办法计算有关分期预缴企业所得税时,其应纳税所得额、应纳所得税额及分摊因素数额,均不包括其境外分支机构。

二、预算科目

从 2013 年起,在《政府收支分类科目》中增设 1010449 项"分支机构汇算清缴所得税"科目,其下设 01 目"国有企业分支机构汇算清缴所得税"、02 目"股份制企业分支机构汇算清缴所得税"、03 目"港澳台和外商投资企业分支机构汇算清缴所得税"、99 目"其他企业分支机构汇算清缴所得税",有关科目说明及其他修订情况见《2013 年政府收支分类科目》。

三、税款预缴

由总机构统一计算企业应纳税所得额和应纳所得税额,并分别由总机构、分支机构按月或按季就地预缴。

(一)分支机构分摊预缴税款。总机构在每月或每季终了之日起十日内,按照上年度各省市分支机构的营业收入、职工薪酬和资产总额三个因素,将统一计算的企业当期应纳税额的50%在各分支机构之间进行分摊(总机构所在省市同时设有分支机构的,同样按三个因素分摊),各分支机构根据分摊税款就地办理缴库,所缴纳税款收入由中央与分支机构所在地按60:40分享。分摊时三个因素权重依次为0.35、0.35和0.3。当年新设立的分支机构第二年起参与分摊;当年撤销的分支机构自办理注销税务登记之日起不参与分摊。

本办法所称的分支机构营业收入,是指分支机构销售商品、提供劳务、让渡资产使用权等日常经营活动实现的全部收入。其中,生产经营企业分支机构营业收入是指生产经营企业分支机构销售商品、提供劳务、让渡资产使用权等取得的全部收入;金融企业分支机构营业收入是指金融企业分支机构取得的利息、手续费、佣金等全部收入;保险企业分支机构营业收入是指保险企业分支机构取得的保费等全部收入。

本办法所称的分支机构职工薪酬,是指分支机构为获得职工提供的服务而给予职工的各种形式的报酬。

本办法所称的分支机构资产总额,是指分支机构在12月31日拥有或者控制的资产合计额。

各分支机构分摊预缴额按下列公式计算:

各分支机构分摊预缴额 = 所有分支机构应分摊的预缴总额 × 该分支机构分摊比例

其中:

所有分支机构应分摊的预缴总额 = 统一计算的企业当期应纳所得税额 × 50%

该分支机构分摊比例 = (该分支机构营业收入/各分支机构营业收入之和) × 0.35 + (该分支机构职工薪酬/各分支机构职工薪酬之和) × 0.35 + (该分支机构资产总额/各分支机构资产总额之和) × 0.30

以上公式中,分支机构仅指需要参与就地预缴的分支机构。

(二)总机构就地预缴税款。总机构应将统一计算的企业当期应纳税额的25%,就地办理缴库,所缴纳税款收入由中央与总机构所在地按60:40分享。

(三)总机构预缴中央国库税款。总机构应将统一计算的企业当期应纳税额的剩余25%,就地全额缴入中央国库,所缴纳税款收入60%为中央收入,40%由财政部按照2004~2006年各省市三年实际分享企业所得税占地方分享总额的比例定期向各省市分配。

四、汇总清算

企业总机构汇总计算企业年度应纳所得税额,扣除总机构和各境内分支机构已预缴的税款,计算出应补应退税款,分别由总机构和各分支机构(不包括当年已办理注销税务登记的分支机构)就地办理税款缴库或退库。

(一)补缴的税款按照预缴的分配比例,50%由各分支机构就地办理缴库,所缴纳税款收入由中央与分支机构所在地按60:40分享;25%由总机构就地办理缴库,所缴纳税款收入由中央与总机构所在地按60:40分享;其余25%部分就地全额缴入中央国库,所缴纳税款收入中60%为中央收入,40%由财政部按照2004~2006年各省市三年实际分享企业所得税占地方分享总额的比例定期向各省市分配。

(二)多缴的税款按照预缴的分配比例,50%由各分支机构就地办理退库,所退税款由中央与分支机构所在地按60:40分担;25%由总机构就地办理退库,所退税款由中央与总机构所在地按60:40分担;其余25%部分就地从中央国库退库,其中60%从中央级1010442项"总机构汇算清缴所得税"下有关科目退付,40%从中央级1010443项"企业所得税待分配收入"下有关科目退付。

五、税款缴库程序

(一)分支机构分摊的预缴税款、汇算补缴税款、查补税款(包括滞纳金和罚款)由分支机构办理就地缴库。分支机构所在地税务机关开具税收缴款书,预算科目栏按企业所有制性质对应填写1010440项"分支机构预缴所得税"、1010449项"分支机构汇算清缴所得税"和1010450项"企业所得税查补税款、滞纳金、罚款收入"下的有关目级科目名称及代码,"级次"栏填写"中央60%、地方40%"。

(二)总机构就地预缴、汇算补缴、查补税款(包括滞纳金和罚款)由总机构合并办理就地缴库。中央与地方分配方式为中央60%,企业所得税待分配收入(暂列中央收入)20%,总机构所在地20%。总机构所在地税务机关开具税收缴款书,预算科目栏按企业所有制性质对应填写1010441项"总机构预缴所得税"、1010442项"总机构汇算清缴所得税"和1010450项"企业所得税查补税款、滞纳金、罚款收入"下的有关目级科目名称及代码,"级次"栏按上述分配比例填写"中央60%、中央20%(待分配)、地方20%"。

国库部门收到税款(包括滞纳金和罚款)后,将其中60%列入中央级1010441项"总机构预缴所得税"、1010442项"总机构汇算清缴所得税"和1010450项"企业所得税查补税款、滞纳金、罚款收入"下有关目级科目,

20%列入中央级1010443项"企业所得税待分配收入"下有关目级科目，20%列入地方级1010441项"总机构预缴所得税"、1010442项"总机构汇算清缴所得税"和1010450项"企业所得税查补税款、滞纳金、罚款收入"下有关目级科目。

（三）多缴的税款由分支机构和总机构所在地税务机关开具收入退还书并按规定办理退库。收入退还书预算科目按企业所有制性质对应填写，预算级次按原缴款时的级次填写。

六、财政调库

财政部根据2004~2006年各省市三年实际分享企业所得税占地方分享总额的比例，定期向中央总金库按目级科目开具分地区调库划款指令，将"企业所得税待分配收入"全额划转至地方国库。地方国库收款后，全额列入地方级1010441项"总机构预缴所得税"下的目级科目办理入库，并通知同级财政部门。

七、其他

（一）跨省市总分机构企业缴纳的所得税查补税款、滞纳金、罚款收入，按中央与地方60：40分成比例就地缴库。需要退还的所得税查补税款、滞纳金和罚款收入仍按现行管理办法办理审批退库手续。

（二）财政部于每年1月初按中央总金库截至上年12月31日的跨省市总分机构企业所得税待分配收入进行分配，并在库款报解整理期（1月1日至1月10日）内划转至地方国库；地方国库收到下划资金后，金额纳入上年度地方预算收入。地方财政列入上年度收入决算。各省市分库在12月31日向中央总金库报解最后一份中央预算收入日报表后，整理期内再收纳的跨省市分机构企业缴纳的所得税，统一作为新年度的缴库收入处理。

（三）税务机关与国库部门在办理总机构缴纳的所得税对账时，需要将1010441项"总机构预缴所得税"、42项"总机构汇算清缴所得税"、43项"企业所得税待分配收入"下设的目级科目按级次核对一致。

（四）本办法自2013年1月1日起执行。《财政部、国家税务总局、中国人民银行关于印发〈跨省市总分机构企业所得税分配及预算管理暂行办法〉的通知》（财预〔2008〕10号）同时废止。

（五）分配给地方的跨省市总分机构企业所得税收入，以及省区域内跨市县经营企业缴纳的企业所得税收入，可参照本办法制定省以下分配与预算管理办法。

《国家税务总局关于企业所得税应纳税所得额若干税务处理问题的公告》

(国家税务总局公告 2012 年第 15 号)[①]

根据《中华人民共和国企业所得税法》(以下简称《企业所得税法》)及其实施条例(以下简称《实施条例》)以及相关规定,现就企业所得税应纳税所得额若干税务处理问题公告如下:

一、关于季节工、临时工等费用税前扣除问题

企业因雇用季节工、临时工、实习生、返聘离退休人员以及接受外部劳务派遣用工所实际发生的费用,应区分为工资薪金支出和职工福利费支出,并按《企业所得税法》规定在企业所得税前扣除。其中属于工资薪金支出的,准予计入企业工资薪金总额的基数,作为计算其他各项相关费用扣除的依据。

二、关于企业融资费用支出税前扣除问题

企业通过发行债券、取得贷款、吸收保户储金等方式融资而发生的合理的费用支出,符合资本化条件的,应计入相关资产成本;不符合资本化条件的,应作为财务费用,准予在企业所得税前据实扣除。

三、关于从事代理服务企业营业成本税前扣除问题

从事代理服务、主营业务收入为手续费、佣金的企业(如证券、期货、保险代理等企业),其为取得该类收入而实际发生的营业成本(包括手续费及佣金支出),准予在企业所得税前据实扣除。

四、关于电信企业手续费及佣金支出税前扣除问题

电信企业在发展客户、拓展业务等过程中(如委托销售电话入网卡、电话充值卡等),需向经纪人、代办商支付手续费及佣金的,其实际发生的相关手续费及佣金支出,不超过企业当年收入总额5%的部分,准予在企业所得税前据实扣除。

五、关于筹办期业务招待费等费用税前扣除问题

企业在筹建期间,发生的与筹办活动有关的业务招待费支出,可按实际发生额的60%计入企业筹办费,并按有关规定在税前扣除;发生的广告费和业务宣传费,可按实际发生额计入企业筹办费,并按有关规定在税前扣除。

六、关于以前年度发生应扣未扣支出的税务处理问题

根据《中华人民共和国税收征收管理法》的有关规定,对企业发现以前年

[①] 根据《国家税务总局关于企业工资薪金和职工福利费等支出税前扣除问题的公告》(国家税务总局公告 2015 年第 34 号),此文件中第一条有关企业接受外部劳务派遣用工的相关规定已被废止。

度实际发生的、按照税收规定应在企业所得税前扣除而未扣除或者少扣除的支出，企业做出专项申报及说明后，准予追补至该项目发生年度计算扣除，但追补确认期限不得超过 5 年。

企业由于上述原因多缴的企业所得税税款，可以在追补确认年度企业所得税应纳税款中抵扣，不足抵扣的，可以向以后年度递延抵扣或申请退税。

亏损企业追补确认以前年度未在企业所得税前扣除的支出，或盈利企业经过追补确认后出现亏损的，应首先调整该项支出所属年度的亏损额，然后再按照弥补亏损的原则计算以后年度多缴的企业所得税款，并按前款规定处理。

七、关于企业不征税收入管理问题

企业取得的不征税收入，应按照《财政部、国家税务总局关于专项用途财政性资金企业所得税处理问题的通知》（财税〔2011〕70号，以下简称《通知》）的规定进行处理。凡未按照《通知》规定进行管理的，应作为企业应税收入计入应纳税所得额，依法缴纳企业所得税。

八、关于税前扣除规定与企业实际会计处理之间的协调问题

根据《企业所得税法》第二十一条规定，对企业依据财务会计制度规定，并实际在财务会计处理上已确认的支出，凡没有超过《企业所得税法》和有关税收法规规定的税前扣除范围和标准的，可按企业实际会计处理确认的支出，在企业所得税前扣除，计算其应纳税所得额。

九、本公告施行时间

本公告规定适用于 2011 年度及以后各年度企业应纳税所得额的处理。

特此公告。

《国家税务总局关于企业所得税若干问题的公告》

（国家税务总局公告2011年第34号）[①]

根据《中华人民共和国企业所得税法》（以下简称税法）以及《中华人民共和国企业所得税法实施条例》（以下简称《实施条例》）的有关规定，现就企业所得税若干问题公告如下：

一、关于金融企业同期同类贷款利率确定问题

根据《实施条例》第三十八条规定，非金融企业向非金融企业借款的利息支出，不超过按照金融企业同期同类贷款利率计算的数额的部分，准予税前扣

[①] 根据《国家税务总局关于非居民企业所得税源泉扣缴有关问题的公告》（国家税务总局公告2017年第37号），此文件第五条和第六条已被废止。

除。鉴于目前我国对金融企业利率要求的具体情况，企业在按照合同要求首次支付利息并进行税前扣除时，应提供"金融企业的同期同类贷款利率情况说明"，以证明其利息支出的合理性。

"金融企业的同期同类贷款利率情况说明"中，应包括在签订该借款合同当时，本省任何一家金融企业提供同期同类贷款利率情况。该金融企业应为经政府有关部门批准成立的可以从事贷款业务的企业，包括银行、财务公司、信托公司等金融机构。"同期同类贷款利率"是指在贷款期限、贷款金额、贷款担保以及企业信誉等条件基本相同下，金融企业提供贷款的利率。既可以是金融企业公布的同期同类平均利率，也可以是金融企业对某些企业提供的实际贷款利率。

二、关于企业员工服饰费用支出扣除问题

企业根据其工作性质和特点，由企业统一制作并要求员工工作时统一着装所发生的工作服饰费用，根据《实施条例》第二十七条的规定，可以作为企业合理的支出给予税前扣除。

三、关于航空企业空勤训练费扣除问题

航空企业实际发生的飞行员养成费、飞行训练费、乘务训练费、空中保卫员训练费等空勤训练费用，根据《实施条例》第二十七条规定，可以作为航空企业运输成本在税前扣除。

四、关于房屋、建筑物固定资产改扩建的税务处理问题

企业对房屋、建筑物固定资产在未足额提取折旧前进行改扩建的，如属于推倒重置的，该资产原值减除提取折旧后的净值，应并入重置后的固定资产计税成本，并在该固定资产投入使用后的次月起，按照税法规定的折旧年限，一并计提折旧；如属于提升功能、增加面积的，该固定资产的改扩建支出，并入该固定资产计税基础，并从改扩建完工投入使用后的次月起，重新按税法规定的该固定资产折旧年限计提折旧，如该改扩建后的固定资产尚可使用的年限低于税法规定的最低年限的，可以按尚可使用的年限计提折旧。

五、投资企业撤回或减少投资的税务处理

投资企业从被投资企业撤回或减少投资，其取得的资产中，相当于初始出资的部分，应确认为投资收回；相当于被投资企业累计未分配利润和累计盈余公积按减少实收资本比例计算的部分，应确认为股息所得；其余部分确认为投资资产转让所得。

被投资企业发生的经营亏损，由被投资企业按规定结转弥补；投资企业不得调整减低其投资成本，也不得将其确认为投资损失。

六、关于企业提供有效凭证时间问题

企业当年度实际发生的相关成本、费用，由于各种原因未能及时取得该成

本、费用的有效凭证,企业在预缴季度所得税时,可暂按账面发生金额进行核算;但在汇算清缴时,应补充提供该成本、费用的有效凭证。

七、本公告自 2011 年 7 月 1 日起施行。本公告施行以前,企业发生的相关事项已经按照本公告规定处理的,不再调整;已经处理,但与本公告规定处理不一致的,凡涉及需要按照本公告规定调减应纳税所得额的,应当在本公告施行后相应调减 2011 年度企业应纳税所得额。

特此公告。

《国家税务总局关于贯彻落实企业所得税法若干税收问题的通知》

(国税函〔2010〕79 号)

各省、自治区、直辖市和计划单列市国家税务局、地方税务局:

根据《中华人民共和国企业所得税法》(以下简称企业所得税法)和《中华人民共和国企业所得税法实施条例》(以下简称《实施条例》)的有关规定,现就贯彻落实企业所得税法过程中若干问题,通知如下:

一、关于租金收入确认问题

根据《实施条例》第十九条的规定,企业提供固定资产、包装物或者其他有形资产的使用权取得的租金收入,应按交易合同或协议规定的承租人应付租金的日期确认收入的实现。其中,如果交易合同或协议中规定租赁期限跨年度,且租金提前一次性支付的,根据《实施条例》第九条规定的收入与费用配比原则,出租人可对上述已确认的收入,在租赁期内,分期均匀计入相关年度收入。

出租方如为在我国境内设有机构场所、且采取据实申报缴纳企业所得的非居民企业,也按本条规定执行。

二、关于债务重组收入确认问题

企业发生债务重组,应在债务重组合同或协议生效时确认收入的实现。

三、关于股权转让所得确认和计算问题

企业转让股权收入,应于转让协议生效、且完成股权变更手续时,确认收入的实现。转让股权收入扣除为取得该股权所发生的成本后,为股权转让所得。企业在计算股权转让所得时,不得扣除被投资企业未分配利润等股东留存收益中按该项股权所可能分配的金额。

四、关于股息、红利等权益性投资收益收入确认问题

企业权益性投资取得股息、红利等收入,应以被投资企业股东会或股东大会作出利润分配或转股决定的日期,确定收入的实现。

被投资企业将股权（票）溢价所形成的资本公积转为股本的，不作为投资方企业的股息、红利收入，投资方企业也不得增加该项长期投资的计税基础。

五、关于固定资产投入使用后计税基础确定问题

企业固定资产投入使用后，由于工程款项尚未结清未取得全额发票的，可暂按合同规定的金额计入固定资产计税基础计提折旧，待发票取得后进行调整。但该项调整应在固定资产投入使用后12个月内进行。

六、关于免税收入所对应的费用扣除问题

根据《实施条例》第二十七条、第二十八条的规定，企业取得的各项免税收入所对应的各项成本费用，除另有规定者外，可以在计算企业应纳税所得额时扣除。

七、企业筹办期间不计算为亏损年度问题

企业自开始生产经营的年度，为开始计算企业损益的年度。企业从事生产经营之前进行筹办活动期间发生筹办费用支出，不得计算为当期的亏损，应按照《国家税务总局关于企业所得税若干税务事项衔接问题的通知》（国税函〔2009〕98号）第九条规定执行。

八、从事股权投资业务的企业业务招待费计算问题

对从事股权投资业务的企业（包括集团公司总部、创业投资企业等），其从被投资企业所分配的股息、红利以及股权转让收入，可以按规定的比例计算业务招待费扣除限额。

《国家税务总局关于企业所得税若干税务事项衔接问题的通知》

（国税函〔2009〕98号）

各省、自治区、直辖市和计划单列市国家税务局、地方税务局：

《中华人民共和国企业所得税法》（以下简称新税法）及其实施条例（以下简称实施条例）自2008年1月1日正式实施，按照新税法第六十条规定，《中华人民共和国外商投资企业和外国企业所得税法》和《中华人民共和国企业所得税暂行条例》（以下简称原税法）同时废止。为便于各地汇算清缴工作的开展，现就新税法实施前企业发生的若干税务事项衔接问题通知如下：

一、关于已购置固定资产预计净残值和折旧年限的处理问题

新税法实施前已投入使用的固定资产，企业已按原税法规定预计净残值并计提的折旧，不做调整。新税法实施后，对此类继续使用的固定资产，可以重新确定其残值，并就其尚未计提折旧的余额，按照新税法规定的折旧年限减去

已经计提折旧的年限后的剩余年限，按照新税法规定的折旧方法计算折旧。新税法实施后，固定资产原确定的折旧年限不违背新税法规定原则的，也可以继续执行。

二、关于递延所得的处理

企业按原税法规定已作递延所得确认的项目，其余额可在原规定的递延期间的剩余期间内继续均匀计入各纳税期间的应纳税所得额。

三、关于利息收入、租金收入和特许权使用费收入的确认

新税法实施前已按其他方式计入当期收入的利息收入、租金收入、特许权使用费收入，在新税法实施后，凡与按合同约定支付时间确认的收入额发生变化的，应将该收入额减去以前年度已按照其他方式确认的收入额后的差额，确认为当期收入。

四、关于以前年度职工福利费余额的处理

根据《国家税务总局关于做好2007年度企业所得税汇算清缴工作的补充通知》（国税函〔2008〕264号）的规定，企业2008年以前按照规定计提但尚未使用的职工福利费余额，2008年及以后年度发生的职工福利费，应首先冲减上述的职工福利费余额，不足部分按新税法规定扣除；仍有余额的，继续留在以后年度使用。企业2008年以前节余的职工福利费，已在税前扣除，属于职工权益，如果改变用途的，应调整增加企业应纳税所得额。

五、关于以前年度职工教育经费余额的处理

对于在2008年以前已经计提但尚未使用的职工教育经费余额，2008年及以后新发生的职工教育经费应先从余额中冲减。仍有余额的，留在以后年度继续使用。

六、关于工效挂钩企业工资储备基金的处理

原执行工效挂钩办法的企业，在2008年1月1日以前已按规定提取，但因未实际发放而未在税前扣除的工资储备基金余额，2008年及以后年度实际发放时，可在实际发放年度企业所得税前据实扣除。

七、关于以前年度未扣除的广告费的处理

企业在2008年以前按照原政策规定已发生但尚未扣除的广告费，2008年实行新税法后，其尚未扣除的余额，加上当年度新发生的广告费和业务宣传费后，按照新税法规定的比例计算扣除。

八、关于技术开发费的加计扣除形成的亏损的处理

企业技术开发费加计扣除部分已形成企业年度亏损，可以用以后年度所得弥补，但结转年限最长不得超过5年。

九、关于开（筹）办费的处理

新税法中开（筹）办费未明确列作长期待摊费用，企业可以在开始经营之

日的当年一次性扣除，也可以按照新税法有关长期待摊费用的处理规定处理，但一经选定，不得改变。

企业在新税法实施以前年度的未摊销完的开办费，也可根据上述规定处理。

《国家税务总局关于企业所得税执行中若干税务处理问题的通知》

（国税函〔2009〕202号）

各省、自治区、直辖市和计划单列市国家税务局、地方税务局：

根据《中华人民共和国企业所得税法》（以下简称《企业所得税法》）及《中华人民共和国企业所得税法实施条例》（以下简称《实施条例》）的有关规定，现就企业所得税若干税务处理问题通知如下：

一、关于销售（营业）收入基数的确定问题

企业在计算业务招待费、广告费和业务宣传费等费用扣除限额时，其销售（营业）收入额应包括《实施条例》第二十五条规定的视同销售（营业）收入额。

二、2008年1月1日以前计提的各类准备金余额处理问题

根据《实施条例》第五十五条规定，除财政部和国家税务总局核准计提的准备金可以税前扣除外，其他行业、企业计提的各项资产减值准备、风险准备等准备金均不得税前扣除。

2008年1月1日前按照原企业所得税法规定计提的各类准备金，2008年1月1日以后，未经财政部和国家税务总局核准的，企业以后年度实际发生的相应损失，应先冲减各项准备金余额。

三、关于特定事项捐赠的税前扣除问题

企业发生为汶川地震灾后重建、举办北京奥运会和上海世博会等特定事项的捐赠，按照《财政部、海关总署、国家税务总局关于支持汶川地震灾后恢复重建有关税收政策问题的通知》（财税〔2008〕104号）、《财政部、国家税务总局、海关总署关于29届奥运会税收政策问题的通知》（财税〔2003〕10号）、《财政部、国家税务总局关于2010年上海世博会有关税收政策问题的通知》（财税〔2005〕180号）等相关规定，可以据实全额扣除。企业发生的其他捐赠，应按《企业所得税法》第九条及《实施条例》第五十一、五十二、五十三条的规定计算扣除。

四、软件生产企业职工教育经费的税前扣除问题

软件生产企业发生的职工教育经费中的职工培训费用，根据《财政部、国

家税务总局关于企业所得税若干优惠政策的通知》（财税〔2008〕1号）规定，可以全额在企业所得税前扣除。软件生产企业应准确划分职工教育经费中的职工培训费支出，对于不能准确划分的，以及准确划分后职工教育经费中扣除职工培训费用的余额，一律按照《实施条例》第四十二条规定的比例扣除。

《国家税务总局关于确认企业所得税收入若干问题的通知》

（国税函〔2008〕875号）

各省、自治区、直辖市和计划单列市国家税务局、地方税务局：

根据《中华人民共和国企业所得税法》（以下简称企业所得税法）及《中华人民共和国企业所得税法实施条例》（以下简称实施条例）规定的原则和精神，现对确认企业所得税收入的若干问题通知如下：

一、除企业所得税法及实施条例另有规定外，企业销售收入的确认，必须遵循权责发生制原则和实质重于形式原则。

（一）企业销售商品同时满足下列条件的，应确认收入的实现：

1. 商品销售合同已经签订，企业已将商品所有权相关的主要风险和报酬转移给购货方；

2. 企业对已售出的商品既没有保留通常与所有权相联系的继续管理权，也没有实施有效控制；

3. 收入的金额能够可靠地计量；

4. 已发生或将发生的销售方的成本能够可靠地核算。

（二）符合上款收入确认条件，采取下列商品销售方式的，应按以下规定确认收入实现时间：

1. 销售商品采用托收承付方式的，在办妥托收手续时确认收入。

2. 销售商品采取预收款方式的，在发出商品时确认收入。

3. 销售商品需要安装和检验的，在购买方接受商品以及安装和检验完毕时确认收入。如果安装程序比较简单，可在发出商品时确认收入。

4. 销售商品采用支付手续费方式委托代销的，在收到代销清单时确认收入。

（三）采用售后回购方式销售商品的，销售的商品按售价确认收入，回购的商品作为购进商品处理。有证据表明不符合销售收入确认条件的，如以销售商品方式进行融资，收到的款项应确认为负债，回购价格大于原售价的，差额应在回购期间确认为利息费用。

（四）销售商品以旧换新的，销售商品应当按照销售商品收入确认条件确认收入，回收的商品作为购进商品处理。

（五）企业为促进商品销售而在商品价格上给予的价格扣除属于商业折扣，商品销售涉及商业折扣的，应当按照扣除商业折扣后的金额确定销售商品收入金额。

债权人为鼓励债务人在规定的期限内付款而向债务人提供的债务扣除属于现金折扣，销售商品涉及现金折扣的，应当按扣除现金折扣前的金额确定销售商品收入金额，现金折扣在实际发生时作为财务费用扣除。

企业因售出商品的质量不合格等原因而在售价上给的减让属于销售折让；企业因售出商品质量、品种不符合要求等原因而发生的退货属于销售退回。企业已经确认销售收入的售出商品发生销售折让和销售退回，应当在发生当期冲减当期销售商品收入。

二、企业在各个纳税期末，提供劳务交易的结果能够可靠估计的，应采用完工进度（完工百分比）法确认提供劳务收入。

（一）提供劳务交易的结果能够可靠估计，是指同时满足下列条件：

1. 收入的金额能够可靠地计量；
2. 交易的完工进度能够可靠地确定；
3. 交易中已发生和将发生的成本能够可靠地核算。

（二）企业提供劳务完工进度的确定，可选用下列方法：

1. 已完工作的测量；
2. 已提供劳务占劳务总量的比例；
3. 发生成本占总成本的比例。

（三）企业应按照从接受劳务方已收或应收的合同或协议价款确定劳务收入总额，根据纳税期末提供劳务收入总额乘以完工进度扣除以前纳税年度累计已确认提供劳务收入后的金额，确认为当期劳务收入；同时，按照提供劳务估计总成本乘以完工进度扣除以前纳税期间累计已确认劳务成本后的金额，结转为当期劳务成本。

（四）下列提供劳务满足收入确认条件的，应按规定确认收入：

1. 安装费。应根据安装完工进度确认收入。安装工作是商品销售附带条件的，安装费在确认商品销售实现时确认收入。

2. 宣传媒介的收费。应在相关的广告或商业行为出现于公众面前时确认收入。广告的制作费，应根据制作广告的完工进度确认收入。

3. 软件费。为特定客户开发软件的收费，应根据开发的完工进度确认收入。

4. 服务费。包含在商品售价内可区分的服务费，在提供服务的期间分期确认收入。

5. 艺术表演、招待宴会和其他特殊活动的收费。在相关活动发生时确认收入。收费涉及几项活动的，预收的款项应合理分配给每项活动，分别确认收入。

6. 会员费。申请入会或加入会员，只允许取得会籍，所有其他服务或商品都要另行收费的，在取得该会员费时确认收入。申请入会或加入会员后，会员在会员期内不再付费就可得到各种服务或商品，或者以低于非会员的价格销售商品或提供服务的，该会员费应在整个受益期内分期确认收入。

7. 特许权费。属于提供设备和其他有形资产的特许权费，在交付资产或转移资产所有权时确认收入；属于提供初始及后续服务的特许权费，在提供服务时确认收入。

8. 劳务费。长期为客户提供重复的劳务收取的劳务费，在相关劳务活动发生时确认收入。

三、企业以买一赠一等方式组合销售本企业商品的，不属于捐赠，应将总的销售金额按各项商品的公允价值的比例来分摊确认各项的销售收入。

《国家税务总局关于印发〈境外注册中资控股居民企业所得税管理办法（试行）〉的公告》

（国家税务总局公告 2011 年第 45 号）①

为规范和加强对依据实际管理机构标准被认定为居民企业的境外注册中资控股企业的所得税管理，国家税务总局制定了《境外注册中资控股居民企业所得税管理办法（试行）》，现予以发布，自 2011 年 9 月 1 日起施行。

特此公告。

附件：1. 境外注册中资控股企业居民身份认定书（略）
　　　2. 境外注册中资控股居民企业所得税管理情况汇总表（略）

---

① 根据《国家税务总局关于修改〈非居民企业所得税核定征收管理办法〉等文件的公告》（国家税务总局公告 2015 年第 22 号），第五条修改为："本办法所称主管税务机关是指境外注册中资控股居民企业中国境内主要投资者登记注册地主管税务机关。"

根据《国家税务总局关于开具〈中国税收居民身份证明〉有关事项的公告》（国家税务总局公告 2016 年第 40 号），此文件第二十八条已被废止。

根据《国家税务总局关于修改部分税收规范性文件的公告》（国家税务总局公告 2018 年第 31 号），文件中的"国家税务局、地方税务局"修改为"税务局"。

境外注册中资控股居民企业所得税管理办法（试行）

第一章 总 则

第一条 为规范和加强境外注册中资控股居民企业的所得税税收管理，根据《中华人民共和国企业所得税法》（以下简称企业所得税法）及其实施条例、《中华人民共和国税收征收管理法》（以下简称税收征管法）及其实施细则、中国政府对外签署的避免双重征税协定（含与香港、澳门特别行政区签署的税收安排，以下简称税收协定）、《国家税务总局关于境外注册中资控股企业依据实际管理机构标准认定为居民企业有关问题的通知》（国税发〔2009〕82号，以下简称《通知》）和其他有关规定，制定本办法。

第二条 本办法所称境外注册中资控股企业（以下简称境外中资企业）是指由中国内地企业或者企业集团作为主要控股投资者，在中国内地以外国家或地区（含香港、澳门、台湾）注册成立的企业。

第三条 本办法所称境外注册中资控股居民企业（以下简称非境内注册居民企业）是指因实际管理机构在中国境内而被认定为中国居民企业的境外注册中资控股企业。

第四条 非境内注册居民企业应当按照企业所得税法及其实施条例和相关管理规定的要求，履行居民企业所得税纳税义务，并在向非居民企业支付企业所得税法第三条第三款规定的款项时，依法代扣代缴企业所得税。

第五条 本办法所称主管税务机关包括：

（一）非境内注册居民企业的实际管理机构所在地与境内主要控股投资者所在地一致的，为境内主要控股投资者的企业所得税主管税务机关。

（二）非境内注册居民企业的实际管理机构所在地与境内主要控股投资者所在地不一致的，为实际管理机构所在地的国税局主管机关；经共同的上级税务机关批准，企业也可以选择境内主要控股投资者的企业所得税主管税务机关为其主管税务机关。

（三）非境内注册居民企业存在多个实际管理机构所在地的，由相关税务机关报共同的上级税务机关确定。

主管税务机关确定后，不得随意变更；确需变更的，应当层报税务总局批准。

第二章 居民身份认定管理

第六条 境外中资企业居民身份的认定，采用企业自行判定提请税务机关认定和税务机关调查发现予以认定两种形式。

第七条 境外中资企业应当根据生产经营和管理的实际情况，自行判定实际管理机构是否设立在中国境内。如其判定符合《通知》第二条规定的居民企业条件，应当向其主管税务机关书面提出居民身份认定申请，同时提供以下资料：

（一）企业法律身份证明文件；

（二）企业集团组织结构说明及生产经营概况；

（三）企业上一个纳税年度的公证会计师审计报告；

（四）负责企业生产经营等事项的高层管理机构履行职责场所的地址证明；

（五）企业上一年度及当年度董事及高层管理人员在中国境内居住的记录；

（六）企业上一年度及当年度重大事项的董事会决议及会议记录；

（七）主管税务机关要求提供的其他资料。

第八条 主管税务机关发现境外中资企业符合《通知》第二条规定但未申请成为中国居民企业的，可以对该境外中资企业的实际管理机构所在地情况进行调查，并要求境外中资企业提供本办法第七条规定的资料。调查过程中，主管税务机关有权要求该企业的境内投资者提供相关资料。

第九条 主管税务机关依法对企业提供的相关资料进行审核，提出初步认定意见，将据以作出初步认定的相关事实（资料）、认定理由和结果层报税务总局确认。

税务总局认定境外中资企业居民身份的，应当将相关认定结果同时书面告知境内投资者、境内被投资者的主管税务机关。

第十条 非境内注册居民企业的主管税务机关收到税务总局关于境外中资企业居民身份的认定结果后，应当在10日内向该企业下达《境外注册中资控股企业居民身份认定书》，通知其从企业居民身份确认年度开始按照我国居民企业所得税管理规定及本办法规定办理有关税收事项。

第十一条 非境内注册居民企业发生下列重大变化情形之一的，应当自变化之日起15日内报告主管税务机关，主管税务机关应当按照本办法规定层报税务总局确定是否取消其居民身份。

（一）企业实际管理机构所在地变更为中国境外的；

（二）中方控股投资者转让企业股权，导致中资控股地位发生变化的。

第十二条 税务总局认定终止非境内注册居民企业居民身份的，应当将相关认定结果同时书面告知境内投资者、境内被投资者的主管税务机关。企业应当自主管税务机关书面告知之日起停止履行中国居民企业的所得税纳税义务与扣缴义务，同时停止享受中国居民企业税收待遇。上述主管税务机关应当依法做好减免税款追缴等后续管理工作。

第三章 税务登记管理

第十三条 非境内注册居民企业应当自收到居民身份认定书之日起 30 日内向主管税务机关提供以下资料申报办理税务登记，主管税务机关核发临时税务登记证及副本：

（一）居民身份认定书；

（二）境外注册登记证件；

（三）税务机关要求提供的其他资料。

第十四条 非境内注册居民企业经税务总局确认终止居民身份的，应当自收到主管税务机关书面通知之日起 15 日内向主管税务机关申报办理注销税务登记。

第十五条 发生本办法第四条扣缴义务的非境内注册居民企业应当自扣缴义务发生之日起 30 日内，向主管税务机关申报办理扣缴税款登记。

第四章 账簿凭证管理

第十六条 非境内注册居民企业应当按照中国有关法律、法规和国务院财政、税务主管部门的规定，编制财务、会计报表，并在领取税务登记证件之日起 15 日内将企业的财务、会计制度或者财务会计、处理办法及有关资料报送主管税务机关备案。

第十七条 非境内注册居民企业存放在中国境内的会计账簿和境内税务机关要求提供的报表等资料，应当使用中文。

第十八条 发生扣缴义务的非境内注册居民企业应当设立代扣代缴税款账簿和合同资料档案，准确记录扣缴企业所得税情况。

第十九条 非境内注册居民企业与境内单位或者个人发生交易的，应当按照发票管理办法规定使用发票，发票存根应当保存在中国境内，以备税务机关查验。

第五章 申报征收管理

第二十条 非境内注册居民企业按照分季预缴、年度汇算清缴方法申报缴纳所得税。

第二十一条 非境内注册居民企业发生终止生产经营或者居民身份变化情形的，应当自停止生产经营之日或者税务总局取消其居民企业之日起 60 日内，向其主管税务机关办理当期企业所得税汇算清缴。

非境内注册居民企业需要申报办理注销税务登记的,应在注销税务登记前,就其清算所得向主管税务机关申报缴纳企业所得税。

第二十二条　非境内注册居民企业应当以人民币计算缴纳企业所得税;所得以人民币以外的货币计算的,应当按照企业所得税法及其实施条例有关规定折合成人民币计算并缴纳企业所得税。

第二十三条　对非境内注册居民企业未依法履行居民企业所得税纳税义务的,主管税务机关应依据税收征管法及其实施细则的有关规定追缴税款、加收滞纳金,并处罚款。

主管税务机关应当在非境内注册居民企业年度申报和汇算清缴结束后两个月内,判定其构成居民身份的条件是否发生实质性变化。对实际管理机构转移至境外或者企业中资控股地位发生变化的,主管税务机关应层报税务总局终止其居民身份。

对于境外中资企业频繁转换企业身份,又无正当理由的,主管税务机关应层报国家税务总局核准后追回其已按居民企业享受的股息免税待遇。

第二十四条　主管税务机关应按季度核查非境内注册居民企业向非居民企业支付股息、利息、租金、特许权使用费、转让财产收入及其他收入依法扣缴企业所得税的情况,发现该企业未依法履行相关扣缴义务的,应按照税收征管法及其实施细则和企业所得税法及其实施条例等有关规定对其进行处罚,并向非居民企业追缴税款。

第六章　特定事项管理

第二十五条　非境内注册居民企业取得来源于中国境内的股息、红利等权益性投资收益和利息、租金、特许权使用费所得、转让财产所得以及其他所得,应当向相关支付方出具本企业的《境外注册中资控股企业居民身份认定书》复印件。

相关支付方凭上述复印件不予履行该所得的税款扣缴义务,并在对外支付上述外汇资金时凭该复印件向主管税务机关申请开具相关税务证明。其中涉及个人所得税、营业税等其他税种纳税事项的,仍按对外支付税务证明开具的有关规定办理。

第二十六条　非居民企业转让非境内注册居民企业股权所得,属于来源于中国境内所得,被转让的非境内注册居民企业应当自股权转让协议签订之日起30日内,向其主管税务机关报告并提供股权转让合同及相关资料。

第二十七条　非境内注册居民企业应当按照企业所得税法及其实施条例以及《特别纳税调整实施办法(试行)》(国税发〔2009〕2号)的相关规定,履行关联申报及同期资料准备等义务。

第二十八条 非境内注册居民企业同时被我国与其注册所在国家（地区）税务当局确认为税收居民的，应当按照双方签订的税收协定的有关规定确定其居民身份；如经确认为我国税收居民，可适用我国与其他国家（地区）签订的税收协定，并按照有关规定办理享受税收协定优惠待遇手续；需要证明其中国税收居民身份的，可向其主管税务机关申请开具《中国税收居民身份证明》，主管税务机关应在受理申请之日起10个工作日内办结。

第二十九条 境外税务当局拒绝给予非境内注册居民企业税收协定待遇，或者将其认定为所在国家（地区）税收居民的，该企业可按有关规定书面申请启动税务相互协商程序。

主管税务机关受理企业提请协商的申请后，应当及时将申请及有关资料层报税务总局，由税务总局与有关国家（地区）税务当局进行协商。

第七章 附 则

第三十条 主管税务机关应当做好非境内注册居民企业所得税管理情况汇总统计工作，于每年8月15日前向税务总局层报《境外注册中资控股居民企业所得税管理情况汇总表》。税务总局不定期对各地相关管理工作进行检查，并将检查情况通报各地。

第三十一条 本办法由税务总局负责解释。各省、自治区、直辖市和计划单列市国家税务局、地方税务局可根据本办法制定具体操作规程。

第三十二条 本办法自2011年9月1日起施行。此前根据《通知》规定已经被认定为非境内注册居民企业的，适用本办法相关规定处理。

《国家税务总局关于境外注册中资控股企业依据实际管理机构标准认定为居民企业有关问题的通知》

（国税发〔2009〕82号）[①]

各省、自治区、直辖市和计划单列市国家税务局、地方税务局：

根据《中华人民共和国企业所得税法》（以下简称企业所得税法）和《中

[①] 根据《国家税务总局关于公布失效废止的税务部门规章和税收规范性文件目录的决定》（国家税务总局令第42号），废止第七条第一款"境外中资企业可向其实际管理机构所在地或中国主要投资者所在地主管税务机关提出居民企业申请，主管税务机关对其居民企业身份进行初步审核后，层报国家税务总局确认。"的内容。

华人民共和国企业所得税法实施条例》（以下简称实施条例）的有关规定，为规范执行企业所得税法关于居民企业的判定标准，加强企业所得税管理，现对境外注册的中资控股企业（以下称境外中资企业）依据实际管理机构判定为中国居民企业的有关企业所得税问题通知如下：

一、境外中资企业是指由中国境内的企业或企业集团作为主要控股投资者，在境外依据外国（地区）法律注册成立的企业。

二、境外中资企业同时符合以下条件的，根据企业所得税法第二条第二款和实施条例第四条的规定，应判定其为实际管理机构在中国境内的居民企业（以下称非境内注册居民企业），并实施相应的税收管理，就其来源于中国境内、境外的所得征收企业所得税。

（一）企业负责实施日常生产经营管理运作的高层管理人员及其高层管理部门履行职责的场所主要位于中国境内；

（二）企业的财务决策（如借款、放款、融资、财务风险管理等）和人事决策（如任命、解聘和薪酬等）由位于中国境内的机构或人员决定，或需要得到位于中国境内的机构或人员批准；

（三）企业的主要财产、会计账簿、公司印章、董事会和股东会议纪要档案等位于或存放于中国境内；

（四）企业1/2（含1/2）以上有投票权的董事或高层管理人员经常居住于中国境内。

三、对于实际管理机构的判断，应当遵循实质重于形式的原则。

四、非境内注册居民企业从中国境内其他居民企业取得的股息、红利等权益性投资收益，按照企业所得税法第二十六条和实施条例第八十三条的规定，作为其免税收入。非境内注册居民企业的投资者从该居民企业分得的股息红利等权益性投资收益，根据实施条例第七条第（四）款的规定，属于来源于中国境内的所得，应当征收企业所得税；该权益性投资收益中符合企业所得税法第二十六条和实施条例第八十三条规定的部分，可作为收益人的免税收入。

五、非境内注册居民企业在中国境内投资设立的企业，其外商投资企业的税收法律地位不变。

六、境外中资企业被判定为非境内注册居民企业的，按照企业所得税法第四十五条以及受控外国企业管理的有关规定，不视为受控外国企业，但其所控制的其他受控外国企业仍应按照有关规定进行税务处理。

七、境外中资企业可向其实际管理机构所在地或中国主要投资者所在地主管税务机关提出居民企业申请，主管税务机关对其居民企业身份进行初步审核后，层报国家税务总局确认；境外中资企业未提出居民企业申请的，其中国主要投资者的主管税务机关可以根据所掌握的情况对其是否属于中国居民企业作出初步判定，层报国家税务总局确认。

境外中资企业或其中国主要投资者向税务机关提出居民企业申请时，应同时向税务机关提供如下资料：

（一）企业法律身份证明文件；

（二）企业集团组织结构说明及生产经营概况；

（三）企业最近一个年度的公证会计师审计报告；

（四）负责企业生产经营等事项的高层管理机构履行职责的场所的地址证明；

（五）企业董事及高层管理人员在中国境内居住记录；

（六）企业重大事项的董事会决议及会议记录；

（七）主管税务机关要求的其他资料。

八、境外中资企业被认定为中国居民企业后成为双重居民身份的，按照中国与相关国家（或地区）签署的税收协定（或安排）的规定执行。

九、本通知自 2008 年 1 月 1 日起执行。

《国家税务总局关于企业转让上市公司限售股有关所得税问题的公告》

（国家税务总局公告 2011 年第 39 号）

根据《中华人民共和国企业所得税法》（以下简称企业所得税法）及其实施条例的有关规定，现就企业转让上市公司限售股（以下简称限售股）有关所得税问题，公告如下：

一、纳税义务人的范围界定问题

根据企业所得税法第一条及其实施条例第三条的规定，转让限售股取得收入的企业（包括事业单位、社会团体、民办非企业单位等），为企业所得税的纳税义务人。

二、企业转让代个人持有的限售股征税问题

因股权分置改革造成原由个人出资而由企业代持有的限售股，企业在转让时按以下规定处理：

（一）企业转让上述限售股取得的收入，应作为企业应税收入计算纳税。

上述限售股转让收入扣除限售股原值和合理税费后的余额为该限售股转让所得。企业未能提供完整、真实的限售股原值凭证，不能准确计算该限售股原值的，主管税务机关一律按该限售股转让收入的 15%，核定为该限售股原值和合理税费。

依照本条规定完成纳税义务后的限售股转让收入余额转付给实际所有人时不再纳税。

（二）依法院判决、裁定等原因，通过证券登记结算公司，企业将其代持的个人限售股直接变更到实际所有人名下的，不视同转让限售股。

三、企业在限售股解禁前转让限售股征税问题

企业在限售股解禁前将其持有的限售股转让给其他企业或个人（以下简称受让方），其企业所得税问题按以下规定处理：

（一）企业应按减持在证券登记结算机构登记的限售股取得的全部收入，计入企业当年度应税收入计算纳税。

（二）企业持有的限售股在解禁前已签订协议转让给受让方，但未变更股权登记、仍由企业持有的，企业实际减持该限售股取得的收入，依照本条第一项规定纳税后，其余额转付给受让方的，受让方不再纳税。

四、本公告自 2011 年 7 月 1 日起执行。本公告生效后尚未处理的纳税事项，按照本公告规定处理；已经处理的纳税事项，不再调整。

特此公告。

《国家税务总局关于企业国债投资业务企业所得税处理问题的公告》

（国家税务总局公告 2011 年第 36 号）

根据《中华人民共和国企业所得税法》（以下简称企业所得税法）及其实施条例的规定，现对企业国债投资业务企业所得税处理问题，公告如下：

一、关于国债利息收入税务处理问题

（一）国债利息收入时间确认

1. 根据企业所得税法实施条例第十八条的规定，企业投资国债从国务院财政部门（以下简称发行者）取得的国债利息收入，应以国债发行时约定应付利息的日期，确认利息收入的实现。

2. 企业转让国债，应在国债转让收入确认时确认利息收入的实现。

（二）国债利息收入计算

企业到期前转让国债或者从非发行者投资购买的国债，其持有期间尚未兑付的国债利息收入，按以下公式计算确定：

国债利息收入 = 国债金额 ×（适用年利率 ÷ 365）× 持有天数

上述公式中的"国债金额"，按国债发行面值或发行价格确定；"适用年利

率"按国债票面年利率或折合年收益率确定；如企业不同时间多次购买同一品种国债的，"持有天数"可按平均持有天数计算确定。

（三）国债利息收入免税问题

根据企业所得税法第二十六条的规定，企业取得的国债利息收入，免征企业所得税。具体按以下规定执行：

1. 企业从发行者直接投资购买的国债持有至到期，其从发行者取得的国债利息收入，全额免征企业所得税。

2. 企业到期前转让国债、或者从非发行者投资购买的国债，其按本公告第一条第（二）项计算的国债利息收入，免征企业所得税。

二、关于国债转让收入税务处理问题

（一）国债转让收入时间确认

1. 企业转让国债应在转让国债合同、协议生效的日期，或者国债移交时确认转让收入的实现。

2. 企业投资购买国债，到期兑付的，应在国债发行时约定的应付利息的日期，确认国债转让收入的实现。

（二）国债转让收益（损失）计算

企业转让或到期兑付国债取得的价款，减除其购买国债成本，并扣除其持有期间按照本公告第一条计算的国债利息收入以及交易过程中相关税费后的余额，为企业转让国债收益（损失）。

（三）国债转让收益（损失）征税问题

根据企业所得税法实施条例第十六条规定，企业转让国债，应作为转让财产，其取得的收益（损失）应作为企业应纳税所得额计算纳税。

三、关于国债成本确定问题

（一）通过支付现金方式取得的国债，以买入价和支付的相关税费为成本；

（二）通过支付现金以外的方式取得的国债，以该资产的公允价值和支付的相关税费为成本；

四、关于国债成本计算方法问题

企业在不同时间购买同一品种国债的，其转让时的成本计算方法，可在先进先出法、加权平均法、个别计价法中选用一种。计价方法一经选用，不得随意改变。

五、本公告自 2011 年 1 月 1 日起施行。

特此公告。

《财政部　国家税务总局关于专项用途财政性资金企业所得税处理问题的通知》

（财税〔2011〕70号）

各省、自治区、直辖市、计划单列市财政厅（局）、国家税务局、地方税务局，新疆生产建设兵团财务局：

根据《中华人民共和国企业所得税法》及《中华人民共和国企业所得税法实施条例》（国务院令第512号，以下简称实施条例）的有关规定，经国务院批准，现就企业取得的专项用途财政性资金企业所得税处理问题通知如下：

一、企业从县级以上各级人民政府财政部门及其他部门取得的应计入收入总额的财政性资金，凡同时符合以下条件的，可以作为不征税收入，在计算应纳税所得额时从收入总额中减除：

（一）企业能够提供规定资金专项用途的资金拨付文件；

（二）财政部门或其他拨付资金的政府部门对该资金有专门的资金管理办法或具体管理要求；

（三）企业对该资金以及以该资金发生的支出单独进行核算。

二、根据实施条例第二十八条的规定，上述不征税收入用于支出所形成的费用，不得在计算应纳税所得额时扣除；用于支出所形成的资产，其计算的折旧、摊销不得在计算应纳税所得额时扣除。

三、企业将符合本通知第一条规定条件的财政性资金作不征税收入处理后，在5年（60个月）内未发生支出且未缴回财政部门或其他拨付资金的政府部门的部分，应计入取得该资金第六年的应税收入总额；计入应税收入总额的财政性资金发生的支出，允许在计算应纳税所得额时扣除。

四、本通知自2011年1月1日起执行。

《国家税务总局关于金融企业贷款利息收入确认问题的公告》

（国家税务总局公告2010年第23号）

根据《中华人民共和国企业所得税法》及其实施条例的规定，现对金融企业贷款利息收入所得税处理问题公告如下：

一、金融企业按规定发放的贷款，属于未逾期贷款（含展期，下同），应根据先收利息后收本金的原则，按贷款合同确认的利率和结算利息的期限计算利息，并于债务人应付利息的日期确认收入的实现；属于逾期贷款，其逾期后发生的应收利息，应于实际收到的日期，或者虽未实际收到，但会计上确认为利息收入的日期，确认收入的实现。

二、金融企业已确认为利息收入的应收利息，逾期 90 天仍未收回，且会计上已冲减了当期利息收入的，准予抵扣当期应纳税所得额。

三、金融企业已冲减了利息收入的应收未收利息，以后年度收回时，应计入当期应纳税所得额计算纳税。

四、本公告自发布之日起 30 日后施行。

特此公告。

《国家税务总局关于查增应纳税所得额弥补以前年度亏损处理问题的公告》

（国家税务总局公告 2010 年第 20 号）

现就税务机关检查调增的企业应纳税所得额弥补以前年度亏损问题公告如下：

一、根据《中华人民共和国企业所得税法》（以下简称企业所得税法）第五条的规定，税务机关对企业以前年度纳税情况进行检查时调增的应纳税所得额，凡企业以前年度发生亏损、且该亏损属于企业所得税法规定允许弥补的，应允许调增的应纳税所得额弥补该亏损。弥补该亏损后仍有余额的，按照企业所得税法规定计算缴纳企业所得税。对检查调增的应纳税所得额应根据其情节，依照《中华人民共和国税收征收管理法》有关规定进行处理或处罚。

二、本规定自 2010 年 12 月 1 日开始执行。以前（含 2008 年度之前）没有处理的事项，按本规定执行。

特此公告。

《国家税务总局关于企业取得财产转让等所得企业所得税处理问题的公告》

（国家税务总局公告 2010 年第 19 号）

根据《中华人民共和国企业所得税法实施条例》第二十五条规定，现就企业以不同形式取得财产转让等收入征收企业所得税问题公告如下：

一、企业取得财产（包括各类资产、股权、债权等）转让收入、债务重组收入、接受捐赠收入、无法偿付的应付款收入等，不论是以货币形式、还是非货币形式体现，除另有规定外，均应一次性计入确认收入的年度计算缴纳企业所得税。

二、本公告自发布之日起30日后施行。2008年1月1日至本公告施行前，各地就上述收入计算的所得，已分5年平均计入各年度应纳税所得额计算纳税的，在本公告发布后，对尚未计算纳税的应纳税所得额，应一次性作为本年度应纳税所得额计算纳税。

特此公告。

《国家税务总局关于融资性售后回租业务中承租方出售资产行为有关税收问题的公告》

（国家税务总局公告2010年第13号）

现就融资性售后回租业务中承租方出售资产行为有关税收问题公告如下：

融资性售后回租业务是指承租方以融资为目的将资产出售给经批准从事融资租赁业务的企业后，又将该项资产从该融资租赁企业租回的行为。融资性售后回租业务中承租方出售资产时，资产所有权以及与资产所有权有关的全部报酬和风险并未完全转移。

一、增值税和营业税

根据现行增值税和营业税有关规定，融资性售后回租业务中承租方出售资产的行为，不属于增值税和营业税征收范围，不征收增值税和营业税。

二、企业所得税

根据现行企业所得税法及有关收入确定规定，融资性售后回租业务中，承租人出售资产的行为，不确认为销售收入，对融资性租赁的资产，仍按承租人出售前原账面价值作为计税基础计提折旧。租赁期间，承租人支付的属于融资利息的部分，作为企业财务费用在税前扣除。

本公告自2010年10月1日起施行。此前因与本公告规定不一致而已征的税款予以退税。

特此公告。

《国家税务总局关于取消合并纳税后以前年度尚未弥补亏损有关企业所得税问题的公告》

(国家税务总局公告 2010 年第 7 号)

根据《财政部、国家税务总局关于试点企业集团缴纳企业所得税有关问题的通知》(财税〔2008〕119 号)规定,自 2009 年度开始,一些企业集团取消了合并申报缴纳企业所得税。现就取消合并申报缴纳企业所得税后,对汇总在企业集团总部、尚未弥补的累计亏损处理问题,公告如下:

一、企业集团取消了合并申报缴纳企业所得税后,截至 2008 年底,企业集团合并计算的累计亏损,属于符合《中华人民共和国企业所得税法》第十八条规定 5 年结转期限内的,可分配给其合并成员企业(包括企业集团总部)在剩余结转期限内,结转弥补。

二、企业集团应根据各成员企业截至 2008 年底的年度所得税申报表中的盈亏情况,凡单独计算是亏损的各成员企业,参与分配第一条所指的可继续弥补的亏损;盈利企业不参与分配。具体分配公式如下:

成员企业分配的亏损额 =(某成员企业单独计算盈亏尚未弥补的亏损额÷各成员企业单独计算盈亏尚未弥补的亏损额之和)× 集团公司合并计算累计可继续弥补的亏损额

三、企业集团在按照第二条所规定的方法分配亏损时,应根据集团每年汇总计算中这些亏损发生的实际所属年度,确定各成员企业所分配的亏损额中具体所属年度及剩余结转期限。

四、企业集团按照上述方法分配各成员企业亏损额后,应填写《企业集团公司累计亏损分配表》(见附件)并下发给各成员企业,同时抄送企业集团主管税务机关。

五、本公告自 2009 年 1 月 1 日起执行。

特此公告。

附件:企业集团公司累计亏损分配表(略)

《国家税务总局关于企业股权投资损失所得税处理问题的公告》

(国家税务总局公告 2010 年第 6 号)

根据《中华人民共和国企业所得税法》第八条及其有关规定,现就企业股权投资损失所得税处理问题公告如下：

一、企业对外进行权益性（以下简称股权）投资所发生的损失，在经确认的损失发生年度，作为企业损失在计算企业应纳税所得额时一次性扣除。

二、本规定自 2010 年 1 月 1 日起执行。本规定发布以前，企业发生的尚未处理的股权投资损失，按照本规定，准予在 2010 年度一次性扣除。

特此公告。

《国家税务总局关于企业向自然人借款的利息支出企业所得税税前扣除问题的通知》

（国税函〔2009〕777 号）

各省、自治区、直辖市和计划单列市国家税务局、地方税务局：

现就企业向自然人借款的利息支出企业所得税税前扣除问题，通知如下：

一、企业向股东或其他与企业有关联关系的自然人借款的利息支出，应根据《中华人民共和国企业所得税法》（以下简称税法）第四十六条及《财政部、国家税务总局关于企业关联方利息支出税前扣除标准有关税收政策问题的通知》（财税〔2008〕121 号）规定的条件，计算企业所得税扣除额。

二、企业向除第一条规定以外的内部职工或其他人员借款的利息支出，其借款情况同时符合以下条件的，其利息支出在不超过按照金融企业同期同类贷款利率计算的数额的部分，根据税法第八条和税法实施条例第二十七条规定，准予扣除。

（一）企业与个人之间的借贷是真实、合法、有效的，并且不具有非法集资目的或其他违反法律、法规的行为；

（二）企业与个人之间签订了借款合同。

《国家税务总局关于企业清算所得税有关问题的通知》

（国税函〔2009〕684 号）

各省、自治区、直辖市和计划单列市国家税务局、地方税务局：

根据《中华人民共和国企业所得税法》及其实施条例的有关规定，现就企业清算所得税有关问题通知如下：

一、企业清算时，应当以整个清算期间作为一个纳税年度，依法计算清算所得及其应纳所得税。企业应当自清算结束之日起 15 日内,向主管税务机关报送企业清算所得税纳税申报表,结清税款。

企业未按照规定的期限办理纳税申报或者未按照规定期限缴纳税款的,应根据《中华人民共和国税收征收管理法》的相关规定加收滞纳金。

二、进入清算期的企业应对清算事项,报主管税务机关备案。

《国家税务总局关于印发〈中华人民共和国企业清算所得税申报表〉的通知》

(国税函〔2009〕388号)

各省、自治区、直辖市和计划单列市国家税务局、地方税务局:

为贯彻落实《中华人民共和国企业所得税法》及其实施条例,税务总局制定了企业清算所得税申报表及其附表。现将《中华人民共和国企业清算所得税申报表》及附表印发给你们,请各地税务机关及时做好上述报表的印制、发放、学习、培训及软件修改等工作。执行中有何问题,请及时向税务总局(所得税司)报告。

附件:1. 中华人民共和国企业清算所得税申报表及附表(略)
   2. 中华人民共和国企业清算所得税申报表及附表填报说明(略)

《财政部 国家税务总局关于企业清算业务企业所得税处理若干问题的通知》

(财税〔2009〕60号)

各省、自治区、直辖市、计划单列市财政厅(局)、国家税务局、地方税务局,新疆生产建设兵团财务局:

根据《中华人民共和国企业所得税法》第五十三条、第五十五条和《中华人民共和国企业所得税法实施条例》(国务院令第512号)第十一条规定,现就企业清算有关所得税处理问题通知如下:

一、企业清算的所得税处理,是指企业在不再持续经营,发生结束自身业务、处置资产、偿还债务以及向所有者分配剩余财产等经济行为时,对清算所得、清算所得税、股息分配等事项的处理。

二、下列企业应进行清算的所得税处理:

(一)按《公司法》、《企业破产法》等规定需要进行清算的企业;

(二) 企业重组中需要按清算处理的企业。

三、企业清算的所得税处理包括以下内容：

(一) 全部资产均应按可变现价值或交易价格，确认资产转让所得或损失；

(二) 确认债权清理、债务清偿的所得或损失；

(三) 改变持续经营核算原则，对预提或待摊性质的费用进行处理；

(四) 依法弥补亏损，确定清算所得；

(五) 计算并缴纳清算所得税；

(六) 确定可向股东分配的剩余财产、应付股息等。

四、企业的全部资产可变现价值或交易价格，减除资产的计税基础、清算费用、相关税费，加上债务清偿损益等后的余额，为清算所得。

企业应将整个清算期作为一个独立的纳税年度计算清算所得。

五、企业全部资产的可变现价值或交易价格减除清算费用、职工的工资、社会保险费用和法定补偿金，结清清算所得税、以前年度欠税等税款，清偿企业债务，按规定计算可以向所有者分配的剩余资产。

被清算企业的股东分得的剩余资产的金额，其中相当于被清算企业累计未分配利润和累计盈余公积中按该股东所占股份比例计算的部分，应确认为股息所得；剩余资产减除股息所得后的余额，超过或低于股东投资成本的部分，应确认为股东的投资转让所得或损失。

被清算企业的股东从被清算企业分得的资产应按可变现价值或实际交易价格确定计税基础。

六、本通知自 2008 年 1 月 1 日起执行。

《国家税务总局关于企业所得税核定征收若干问题的通知》

(国税函〔2009〕377 号)[①]

各省、自治区、直辖市和计划单列市国家税务局、地方税务局：

《国家税务总局关于印发〈企业所得税核定征收办法〉(试行) 的通知》(国税发〔2008〕30 号) 下发后，各地反映需要对有关问题进一步明确。为规范企业所得税核定征收工作，现对企业所得税核定征收若干问题通知如下：

---

① 根据《国家税务总局关于修订企业所得税 2 个规范性文件的公告》(国家税务总局公告 2016 年第 88 号)，此文件第一条第 (一) 项修订为：享受《中华人民共和国企业所得税法》及其实施条例和国务院规定的一项或几项企业所得税优惠政策的企业 (不包括仅享受《中华人民共和国企业所得税法》第二十六条规定免税收入优惠政策的企业、第二十八条规定的符合条件的小型微利企业)。

一、国税发〔2008〕30 号文件第三条第二款所称"特定纳税人"包括以下类型的企业：

（一）享受《中华人民共和国企业所得税法》及其实施条例和国务院规定的一项或几项企业所得税优惠政策的企业（不包括仅享受《中华人民共和国企业所得税法》第二十六条规定免税收入优惠政策的企业）；

（二）汇总纳税企业；

（三）上市公司；

（四）银行、信用社、小额贷款公司、保险公司、证券公司、期货公司、信托投资公司、金融资产管理公司、融资租赁公司、担保公司、财务公司、典当公司等金融企业；

（五）会计、审计、资产评估、税务、房地产估价、土地估价、工程造价、律师、价格鉴证、公证机构、基层法律服务机构、专利代理、商标代理以及其他经济鉴证类社会中介机构；

（六）国家税务总局规定的其他企业。

对上述规定之外的企业，主管税务机关要严格按照规定的范围和标准确定企业所得税的征收方式，不得违规扩大核定征收企业所得税范围；对其中达不到查账征收条件的企业核定征收企业所得税，并促使其完善会计核算和财务管理，达到查账征收条件后要及时转为查账征收。

二、国税发〔2008〕30 号文件第六条中的"应税收入额"等于收入总额减去不征税收入和免税收入后的余额。用公式表示为：

应税收入额 = 收入总额 − 不征税收入 − 免税收入

其中，收入总额为企业以货币形式和非货币形式从各种来源取得的收入。

三、本通知从 2009 年 1 月 1 日起执行。

《国家税务总局关于印发〈企业所得税核定征收办法〉（试行）的通知》

（国税发〔2008〕30 号）[①]

各省、自治区、直辖市和计划单列市国家税务局、地方税务局：

为加强和规范企业所得税核定征收工作，税务总局制定了《企业所得税核定征收办法（试行）》，现印发给你们，请遵照执行。

---

① 根据《国家税务总局关于修改部分税收规范性文件的公告》（国家税务总局公告 2018 年第 31 号），第六条已删除。

一、严格按照规定的范围和标准确定企业所得税的征收方式。不得违规扩大核定征收企业所得税范围。严禁按照行业或者企业规模大小,"一刀切"地搞企业所得税核定征收。

二、按公平、公正、公开原则核定征收企业所得税。应根据纳税人的生产经营行业特点,综合考虑企业的地理位置、经营规模、收入水平、利润水平等因素,分类逐户核定应纳所得税额或者应税所得率,保证同一区域内规模相当的同类或者类似企业的所得税税负基本相当。

三、做好核定征收企业所得税的服务工作。核定征收企业所得税的工作部署与安排要考虑方便纳税人,符合纳税人的实际情况,并在规定的时限内及时办结鉴定和认定工作。

四、推进纳税人建账建制工作。税务机关应积极督促核定征收企业所得税的纳税人建账建制,改善经营管理,引导纳税人向查账征收方式过渡。对符合查账征收条件的纳税人,要及时调整征收方式,实行查账征收。

五、加强对核定征收方式纳税人的检查工作。对实行核定征收企业所得税方式的纳税人,要加大检查力度,将汇算清缴的审核检查和日常征管检查结合起来,合理确定年度稽查面,防止纳税人有意通过核定征收方式降低税负。

六、国家税务局和地方税务局密切配合。要联合开展核定征收企业所得税工作,共同确定分行业的应税所得率,共同协商确定分户的应纳所得税额,做到分属国家税务局和地方税务局管辖,生产经营地点、经营规模、经营范围基本相同的纳税人,核定的应纳所得税额和应税所得率基本一致。

附件:企业所得税核定征收鉴定表(略)

《国家税务总局关于保险公司再保险业务赔款支出税前扣除问题的通知》

(国税函〔2009〕313号)

各省、自治区、直辖市和计划单列市国家税务局:

现将保险公司再保险业务赔款支出税前扣除问题通知如下:

根据《中华人民共和国企业所得税法实施条例》第九条的规定,从事再保险业务的保险公司(以下称再保险公司)发生的再保险业务赔款支出,按照权责发生制的原则,应在收到从事直保业务公司(以下称直保公司)再保险业务赔款账单时,作为企业当期成本费用扣除。为便于再保险公司再保险业务的核算,凡在次年企业所得税汇算清缴前,再保险公司收到直保公司再保险业务赔款账单中属于上年度的赔款,准予调整作为上年度的成本费用扣除,同时调整已计提的未决赔款准备金;次年汇算清缴后收到直保公司再保险业务赔款账单的,按该赔款账单上发生的赔款支出,在收单年度作为成本费用扣除。

《国家税务总局关于企业投资者投资未到位而发生的利息支出企业所得税前扣除问题的批复》

(国税函〔2009〕312号)

大连市国家税务局:

你局《关于企业贷款中相当于投资者投资未到位部分的利息支出能否税前列支的请示》(大国税发〔2009〕68号)收悉。经研究,批复如下:

关于企业由于投资者投资未到位而发生的利息支出扣除问题,根据《中华人民共和国企业所得税法实施条例》第二十七条规定,凡企业投资者在规定期限内未缴足其应缴资本额的,该企业对外借款所发生的利息,相当于投资者实缴资本额与在规定期限内应缴资本额的差额应计付的利息,其不属于企业合理地支出,应由企业投资者负担,不得在计算企业应纳税所得额时扣除。

具体计算不得扣除的利息,应以企业一个年度内每一账面实收资本与借款余额保持不变的期间作为一个计算期,每一计算期内不得扣除的借款利息按该期间借款利息发生额乘以该期间企业未缴足的注册资本占借款总额的比例计算,公式为:

企业每一计算期不得扣除的借款利息 = 该期间借款利息额 × 该期间未缴足注册资本额 ÷ 该期间借款额

企业一个年度内不得扣除的借款利息总额为该年度内每一计算期不得扣除的借款利息额之和。

《国家税务总局关于印发〈企业所得税汇算清缴管理办法〉的通知》

(国税发〔2009〕79号)[①]

国家税务总局各省、自治区、直辖市和计划单列市国家税务局、地方税务局:

---

① 根据《国家税务总局关于修改部分税收规范性文件的公告》(国家税务总局公告2018年第31号),文件中"国家税务局、地方税务局"修改为"税务局"。

为加强企业所得税征收管理，进一步规范企业所得税汇算清缴工作，在总结近年来内、外资企业所得税汇算清缴工作经验的基础上，根据《中华人民共和国企业所得税法》及其实施条例，税务总局重新制定了《企业所得税汇算清缴管理办法》，现印发给你们，请遵照执行。执行中有何问题，请及时向税务总局报告。

企业所得税汇算清缴管理办法

第一条 为加强企业所得税征收管理，进一步规范企业所得税汇算清缴管理工作，根据《中华人民共和国企业所得税法》及其实施条例（以下简称企业所得税法及其实施条例）和《中华人民共和国税收征收管理法》及其实施细则（以下简称税收征管法及其实施细则）的有关规定，制定本办法。

第二条 企业所得税汇算清缴，是指纳税人自纳税年度终了之日起5个月内或实际经营终止之日起60日内，依照税收法律、法规、规章及其他有关企业所得税的规定，自行计算本纳税年度应纳税所得额和应纳所得税额，根据月度或季度预缴企业所得税的数额，确定该纳税年度应补或者应退税额，并填写企业所得税年度纳税申报表，向主管税务机关办理企业所得税年度纳税申报、提供税务机关要求提供的有关资料、结清全年企业所得税税款的行为。

第三条 凡在纳税年度内从事生产、经营（包括试生产、试经营），或在纳税年度中间终止经营活动的纳税人，无论是否在减税、免税期间，也无论盈利或亏损，均应按照企业所得税法及其实施条例和本办法的有关规定进行企业所得税汇算清缴。

实行核定定额征收企业所得税的纳税人，不进行汇算清缴。

第四条 纳税人应当自纳税年度终了之日起5个月内，进行汇算清缴，结清应缴应退企业所得税税款。

纳税人在年度中间发生解散、破产、撤销等终止生产经营情形，需进行企业所得税清算的，应在清算前报告主管税务机关，并自实际经营终止之日起60日内进行汇算清缴，结清应缴应退企业所得税税款；纳税人有其他情形依法终止纳税义务的，应当自停止生产、经营之日起60日内，向主管税务机关办理当期企业所得税汇算清缴。

第五条 纳税人12月份或者第四季度的企业所得税预缴纳税申报，应在纳税年度终了后15日内完成，预缴申报后进行当年企业所得税汇算清缴。

第六条 纳税人需要报经税务机关审批、审核或备案的事项，应按有关程序、时限和要求报送材料等有关规定，在办理企业所得税年度纳税申报前及时办理。

第七条　纳税人应当按照企业所得税法及其实施条例和企业所得税的有关规定，正确计算应纳税所得额和应纳所得税额，如实、正确填写企业所得税年度纳税申报表及其附表，完整、及时报送相关资料，并对纳税申报的真实性、准确性和完整性负法律责任。

第八条　纳税人办理企业所得税年度纳税申报时，应如实填写和报送下列有关资料：

（一）企业所得税年度纳税申报表及其附表；

（二）财务报表；

（三）备案事项相关资料；

（四）总机构及分支机构基本情况、分支机构征税方式、分支机构的预缴税情况；

（五）委托中介机构代理纳税申报的，应出具双方签订的代理合同，并附送中介机构出具的包括纳税调整的项目、原因、依据、计算过程、调整金额等内容的报告；

（六）涉及关联方业务往来的，同时报送《中华人民共和国企业年度关联业务往来报告表》；

（七）主管税务机关要求报送的其他有关资料。

纳税人采用电子方式办理企业所得税年度纳税申报的，应按照有关规定保存有关资料或附报纸质纳税申报资料。

第九条　纳税人因不可抗力，不能在汇算清缴期内办理企业所得税年度纳税申报或备齐企业所得税年度纳税申报资料的，应按照税收征管法及其实施细则的规定，申请办理延期纳税申报。

第十条　纳税人在汇算清缴期内发现当年企业所得税申报有误的，可在汇算清缴期内重新办理企业所得税年度纳税申报。

第十一条　纳税人在纳税年度内预缴企业所得税税款少于应缴企业所得税税款的，应在汇算清缴期内结清应补缴的企业所得税税款；预缴税款超过应纳税款的，主管税务机关应及时按有关规定办理退税，或者经纳税人同意后抵缴其下一年度应缴企业所得税税款。

第十二条　纳税人因有特殊困难，不能在汇算清缴期内补缴企业所得税款的，应按照税收征管法及其实施细则的有关规定，办理申请延期缴纳税款手续。

第十三条　实行跨地区经营汇总缴纳企业所得税的纳税人，由统一计算应纳税所得额和应纳所得税额的总机构,按照上述规定,在汇算清缴期内向所在地主管税务机关办理企业所得税年度纳税申报,进行汇算清缴。分支机构不进行汇算清缴,但应将分支机构的营业收支等情况在报总机构统一汇算清缴前报送分支机构所在地主管税务机关。总机构应将分支机构及其所属机构的营业收支纳入总机构汇算清缴等情况报送各分支机构所在地主管税务机关。

第十四条 经批准实行合并缴纳企业所得税的企业集团,由集团母公司(以下简称汇缴企业)在汇算清缴期内,向汇缴企业所在地主管税务机关报送汇缴企业及各个成员企业合并计算填写的企业所得税年度纳税申报表,以及本办法第八条规定的有关资料及各个成员企业的企业所得税年度纳税申报表,统一办理汇缴企业及其成员企业的企业所得税汇算清缴。

汇缴企业应根据汇算清缴的期限要求,自行确定其成员企业向汇缴企业报送本办法第八条规定的有关资料的期限。成员企业向汇缴企业报送的上述资料,应经成员企业所在地的主管税务机关审核。

第十五条 纳税人未按规定期限进行汇算清缴,或者未报送本办法第八条所列资料的,按照税收征管法及其实施细则的有关规定处理。

第十六条 各级税务机关要结合当地实际,对每一纳税年度的汇算清缴工作进行统一安排和组织部署。汇算清缴管理工作由具体负责企业所得税日常管理的部门组织实施。税务机关内部各职能部门应充分协调和配合,共同做好汇算清缴的管理工作。

第十七条 各级税务机关应在汇算清缴开始之前和汇算清缴期间,主动为纳税人提供税收服务。

(一)采用多种形式进行宣传,帮助纳税人了解企业所得税政策、征管制度和办税程序;

(二)积极开展纳税辅导,帮助纳税人知晓汇算清缴范围、时间要求、报送资料及其他应注意的事项。

(三)必要时组织纳税培训,帮助纳税人进行企业所得税自核自缴。

第十八条 主管税务机关应及时向纳税人发放汇算清缴的表、证、单、书。

第十九条 主管税务机关受理纳税人企业所得税年度纳税申报表及有关资料时,如发现企业未按规定报齐有关资料或填报项目不完整的,应及时告知企业在汇算清缴期内补齐补正。

第二十条 主管税务机关受理纳税人年度纳税申报后,应对纳税人年度纳税申报表的逻辑性和有关资料的完整性、准确性进行审核。审核重点主要包括:

（一）纳税人企业所得税年度纳税申报表及其附表与企业财务报表有关项目的数字是否相符，各项目之间的逻辑关系是否对应，计算是否正确。

（二）纳税人是否按规定弥补以前年度亏损额和结转以后年度待弥补的亏损额。

（三）纳税人是否符合税收优惠条件、税收优惠的确认和申请是否符合规定程序。

（四）纳税人税前扣除的财产损失是否真实、是否符合有关规定程序。跨地区经营汇总缴纳企业所得税的纳税人，其分支机构税前扣除的财产损失是否由分支机构所在地主管税务机关出具证明。

（五）纳税人有无预缴企业所得税的完税凭证，完税凭证上填列的预缴数额是否真实。跨地区经营汇总缴纳企业所得税的纳税人及其所属分支机构预缴的税款是否与《中华人民共和国企业所得税汇总纳税分支机构分配表》中分配的数额一致。

（六）纳税人企业所得税和其他各税种之间的数据是否相符、逻辑关系是否吻合。

第二十一条　主管税务机关应结合纳税人企业所得税预缴情况及日常征管情况，对纳税人报送的企业所得税年度纳税申报表及其附表和其他有关资料进行初步审核后，按规定程序及时办理企业所得税补、退税或抵缴其下一年度应纳所得税款等事项。

第二十二条　税务机关应做好跨地区经营汇总纳税企业和合并纳税企业汇算清缴的协同管理。

（一）总机构和汇缴企业所在地主管税务机关在对企业的汇总或合并纳税申报资料审核时，发现其分支机构或成员企业申报内容有疑点需进一步核实的，应向其分支机构或成员企业所在地主管税务机关发出有关税务事项协查函；该分支机构或成员企业所在地主管税务机关应在要求的时限内就协查事项进行调查核实，并将核查结果函复总机构或汇缴企业所在地主管税务机关。

（二）总机构和汇缴企业所在地主管税务机关收到分支机构或成员企业所在地主管税务机关反馈的核查结果后，应对总机构和汇缴企业申报的应纳税所得额及应纳所得税额作相应调整。

第二十三条　汇算清缴工作结束后，税务机关应组织开展汇算清缴数据分析、纳税评估和检查。纳税评估和检查的对象、内容、方法、程序等按照国家税务总局的有关规定执行。

第二十四条　汇算清缴工作结束后，各级税务机关应认真总结，写出书面总结报告逐级上报。各省、自治区、直辖市和计划单列市国家税务局、地方税务局应在每年 7 月底前将汇算清缴工作总结报告、年度企业所得税汇总报表报送国家税务总局（所得税司）。总结报告的内容应包括：

（一）汇算清缴工作的基本情况；

（二）企业所得税税源结构的分布情况；

（三）企业所得税收入增减变化及原因；

（四）企业所得税政策和征管制度贯彻落实中存在的问题和改进建议。

第二十五条　本办法适用于企业所得税居民企业纳税人。

第二十六条　各省、自治区、直辖市和计划单列市国家税务局、地方税务局可根据本办法制定具体实施办法。

第二十七条　本办法自 2009 年 1 月 1 日起执行。《国家税务总局关于印发〈企业所得税汇算清缴管理办法〉的通知》（国税发〔2005〕200 号）、《国家税务总局关于印发新修订的〈外商投资企业和外国企业所得税汇算清缴工作规程〉的通知》（国税发〔2003〕12 号）和《国家税务总局关于印发新修订的〈外商投资企业和外国企业所得税汇算清缴管理办法〉的通知》（国税发〔2003〕13 号）同时废止。

2008 年度企业所得税汇算清缴按本办法执行。

第二十八条　本办法由国家税务总局负责解释。

《国家税务总局关于印发〈特别纳税调整实施办法（试行）〉的通知》

（国税发〔2009〕2 号）①

各省、自治区、直辖市和计划单列市国家税务局、地方税务局：

为贯彻落实《中华人民共和国企业所得税法》及其实施条例，规范和加强

---

① 根据《国家税务总局关于规范成本分摊协议管理的公告》（国家税务总局公告 2015 年第 45 号），此文件第六十九条已被废止。

根据《国家税务总局关于完善关联申报和同期资料管理有关事项的公告》（国家税务总局公告 2016 年第 42 号），此文件第二章、第三章、第七十四条和第八十九条已被废止。

根据《国家税务总局关于完善预约定价安排管理有关事项的公告》（国家税务总局公告 2016 年第 64 号），此文件第六章已被废止。

根据《国家税务总局关于发布〈特别纳税调查调整及相互协商程序管理办法〉的公告》（国家税务总局公告 2017 年第 6 号），此文件第四章、第五章、第十一章和第十二章已被废止。

根据《国家税务总局关于公布全文失效废止和部分条款失效废止的税收规范性文件目录的公告》（国家税务总局公告 2018 年第 33 号），此文件中的第一百一十一条已被废止。

特别纳税调整管理,国家税务总局制定了《特别纳税调整实施办法(试行)》,现印发给你们,请遵照执行。

附件:1. 特别纳税调整实施办法(试行)
      2. 《特别纳税调整实施办法(试行)》表证单书(略)

特别纳税调整实施办法(试行)

第一章　总　　则

第一条　为了规范特别纳税调整管理,根据《中华人民共和国企业所得税法》(以下简称所得税法)、《中华人民共和国企业所得税法实施条例》(以下简称所得税法实施条例)、《中华人民共和国税收征收管理法》(以下简称征管法)、《中华人民共和国税收征收管理法实施细则》(以下简称征管法实施细则)以及我国政府与有关国家(地区)政府签署的避免双重征税协定(安排)(以下简称税收协定)的有关规定,制定本办法。

第二条　本办法适用于税务机关对企业的转让定价、预约定价安排、成本分摊协议、受控外国企业、资本弱化以及一般反避税等特别纳税调整事项的管理。

第三条　转让定价管理是指税务机关按照所得税法第六章和征管法第三十六条的有关规定,对企业与其关联方之间的业务往来(以下简称关联交易)是否符合独立交易原则进行审核评估和调查调整等工作的总称。

第四条　预约定价安排管理是指税务机关按照所得税法第四十二条和征管法实施细则第五十三条的规定,对企业提出的未来年度关联交易的定价原则和计算方法进行审核评估,并与企业协商达成预约定价安排等工作的总称。

第五条　成本分摊协议管理是指税务机关按照所得税法第四十一条第二款的规定,对企业与其关联方签署的成本分摊协议是否符合独立交易原则进行审核评估和调查调整等工作的总称。

第六条　受控外国企业管理是指税务机关按照所得税法第四十五条的规定,对受控外国企业不作利润分配或减少分配进行审核评估和调查,并对归属于中国居民企业所得进行调整等工作的总称。

第七条　资本弱化管理是指税务机关按照所得税法第四十六条的规定,对企业接受关联方债权性投资与企业接受的权益性投资的比例是否符合规定比例或独立交易原则进行审核评估和调查调整等工作的总称。

第八条　一般反避税管理是指税务机关按照所得税法第四十七条的规定,

对企业实施其他不具有合理商业目的的安排而减少其应纳税收入或所得额进行审核评估和调查调整等工作的总称。

第二章 关联申报

第九条 所得税法实施条例第一百零九条及征管法实施细则第五十一条所称关联关系，主要是指企业与其他企业、组织或个人具有下列之一关系：

（一）一方直接或间接持有另一方的股份总和达到25%以上，或者双方直接或间接同为第三方所持有的股份达到25%以上。若一方通过中间方对另一方间接持有股份，只要一方对中间方持股比例达到25%以上，则一方对另一方的持股比例按照中间方对另一方的持股比例计算。

（二）一方与另一方（独立金融机构除外）之间借贷资金占一方实收资本50%以上，或者一方借贷资金总额的10%以上是由另一方（独立金融机构除外）担保。

（三）一方半数以上的高级管理人员（包括董事会成员和经理）或至少一名可以控制董事会的董事会高级成员是由另一方委派，或者双方半数以上的高级管理人员（包括董事会成员和经理）或至少一名可以控制董事会的董事会高级成员同为第三方委派。

（四）一方半数以上的高级管理人员（包括董事会成员和经理）同时担任另一方的高级管理人员（包括董事会成员和经理），或者一方至少一名可以控制董事会的董事会高级成员同时担任另一方的董事会高级成员。

（五）一方的生产经营活动必须由另一方提供的工业产权、专有技术等特许权才能正常进行。

（六）一方的购买或销售活动主要由另一方控制。

（七）一方接受或提供劳务主要由另一方控制。

（八）一方对另一方的生产经营、交易具有实质控制，或者双方在利益上具有相关联的其他关系，包括虽未达到本条第（一）项持股比例，但一方与另一方的主要持股方享受基本相同的经济利益，以及家族、亲属关系等。

第十条 关联交易主要包括以下类型：

（一）有形资产的购销、转让和使用，包括房屋建筑物、交通工具、机器设备、工具、商品、产品等有形资产的购销、转让和租赁业务；

（二）无形资产的转让和使用，包括土地使用权、版权（著作权）、专利、商标、客户名单、营销渠道、牌号、商业秘密和专有技术等特许权，以及工业品外观设计或实用新型等工业产权的所有权转让和使用权的提供业务；

（三）融通资金，包括各类长短期资金拆借和担保以及各类计息预付款和延期付款等业务；

（四）提供劳务，包括市场调查、行销、管理、行政事务、技术服务、维修、设计、咨询、代理、科研、法律、会计事务等服务的提供。

第十一条　实行查账征收的居民企业和在中国境内设立机构、场所并据实申报缴纳企业所得税的非居民企业向税务机关报送年度企业所得税纳税申报表时，应附送《中华人民共和国企业年度关联业务往来报告表》，包括《关联关系表》、《关联交易汇总表》、《购销表》、《劳务表》、《无形资产表》、《固定资产表》、《融通资金表》、《对外投资情况表》和《对外支付款项情况表》。

第十二条　企业按规定期限报送本办法第十一条规定的报告表确有困难，需要延期的，应按征管法及其实施细则的有关规定办理。

第三章　同期资料管理

第十三条　企业应根据所得税法实施条例第一百一十四条的规定，按纳税年度准备、保存、并按税务机关要求提供其关联交易的同期资料。

第十四条　同期资料主要包括以下内容：

（一）组织结构

1. 企业所属的企业集团相关组织结构及股权结构；
2. 企业关联关系的年度变化情况；
3. 与企业发生交易的关联方信息，包括关联企业的名称、法定代表人、董事和经理等高级管理人员构成情况、注册地址及实际经营地址，以及关联个人的名称、国籍、居住地、家庭成员构成等情况，并注明对企业关联交易定价具有直接影响的关联方；
4. 各关联方适用的具有所得税性质的税种、税率及相应可享受的税收优惠。

（二）生产经营情况

1. 企业的业务概况，包括企业发展变化概况、所处的行业及发展概况、经营策略、产业政策、行业限制等影响企业和行业的主要经济和法律问题，集团产业链以及企业所处地位；
2. 企业的主营业务构成，主营业务收入及其占收入总额的比重，主营业务利润及其占利润总额的比重；
3. 企业所处的行业地位及相关市场竞争环境的分析；
4. 企业内部组织结构，企业及其关联方在关联交易中执行的功能、承担的风险以及使用的资产等相关信息，并参照填写《企业功能风险分析表》；
5. 企业集团合并财务报表，可视企业集团会计年度情况延期准备，但最迟不得超过关联交易发生年度的次年12月31日。

（三）关联交易情况

1. 关联交易类型、参与方、时间、金额、结算货币、交易条件等；
2. 关联交易所采用的贸易方式、年度变化情况及其理由；
3. 关联交易的业务流程，包括各个环节的信息流、物流和资金流，与非关联交易业务流程的异同；
4. 关联交易所涉及的无形资产及其对定价的影响；
5. 与关联交易相关的合同或协议副本及其履行情况的说明；
6. 对影响关联交易定价的主要经济和法律因素的分析；
7. 关联交易和非关联交易的收入、成本、费用和利润的划分情况，不能直接划分的，按照合理比例划分，说明确定该划分比例的理由，并参照填写《企业年度关联交易财务状况分析表》。

（四）可比性分析

1. 可比性分析所考虑的因素，包括交易资产或劳务特性、交易各方功能和风险、合同条款、经济环境、经营策略等；
2. 可比企业执行的功能、承担的风险以及使用的资产等相关信息；
3. 可比交易的说明，如：有形资产的物理特性、质量及其效用；融资业务的正常利率水平、金额、币种、期限、担保、融资人的资信、还款方式、计息方法等；劳务的性质与程度；无形资产的类型及交易形式，通过交易获得的使用无形资产的权利，使用无形资产获得的收益；
4. 可比信息来源、选择条件及理由；
5. 可比数据的差异调整及理由。

（五）转让定价方法的选择和使用

1. 转让定价方法的选用及理由，企业选择利润法时，须说明对企业集团整体利润或剩余利润水平所做的贡献；
2. 可比信息如何支持所选用的转让定价方法；
3. 确定可比非关联交易价格或利润的过程中所做的假设和判断；
4. 运用合理的转让定价方法和可比性分析结果，确定可比非关联交易价格或利润，以及遵循独立交易原则的说明；
5. 其他支持所选用转让定价方法的资料。

第十五条　属于下列情形之一的企业，可免于准备同期资料：

（一）年度发生的关联购销金额（来料加工业务按年度进出口报关价格计算）在2亿元人民币以下且其他关联交易金额（关联融通资金按利息收付金额计算）在4000万元人民币以下，上述金额不包括企业在年度内执行成本分摊协议或预约定价安排所涉及的关联交易金额；

（二）关联交易属于执行预约定价安排所涉及的范围；

（三）外资股份低于 50% 且仅与境内关联方发生关联交易。

第十六条　除本办法第七章另有规定外，企业应在关联交易发生年度的次年 5 月 31 日之前准备完毕该年度同期资料，并自税务机关要求之日起 20 日内提供。

企业因不可抗力无法按期提供同期资料的，应在不可抗力消除后 20 日内提供同期资料。

第十七条　企业按照税务机关要求提供的同期资料，须加盖公章，并由法定代表人或法定代表人授权的代表签字或盖章。同期资料涉及引用的信息资料，应标明出处来源。

第十八条　企业因合并、分立等原因变更或注销税务登记的，应由合并、分立后的企业保存同期资料。

第十九条　同期资料应使用中文。如原始资料为外文的，应附送中文副本。

第二十条　同期资料应自企业关联交易发生年度的次年 6 月 1 日起保存 10 年。

第四章　转让定价方法

第二十一条　企业发生关联交易以及税务机关审核、评估关联交易均应遵循独立交易原则，选用合理的转让定价方法。

根据所得税法实施条例第一百一十一条的规定，转让定价方法包括可比非受控价格法、再销售价格法、成本加成法、交易净利润法、利润分割法和其他符合独立交易原则的方法。

第二十二条　选用合理的转让定价方法应进行可比性分析。可比性分析因素主要包括以下五个方面：

（一）交易资产或劳务特性，主要包括：有形资产的物理特性、质量、数量等，劳务的性质和范围，无形资产的类型、交易形式、期限、范围、预期收益等；

（二）交易各方功能和风险，功能主要包括：研发、设计、采购、加工、装配、制造、存货管理、分销、售后服务、广告、运输、仓储、融资、财务、会计、法律及人力资源管理等，在比较功能时，应关注企业为发挥功能所使用资产的相似程度；风险主要包括：研发风险、采购风险、生产风险、分销风险、市场推广风险、管理及财务风险等；

（三）合同条款，主要包括：交易标的，交易数量、价格，收付款方式和条件、交货条件、售后服务范围和条件、提供附加劳务的约定、变更、修改合同内容的权利、合同有效期、终止或续签合同的权利；

（四）经济环境，主要包括：行业概况、地理区域、市场规模、市场层级、市场占有率、市场竞争程度、消费者购买力、商品或劳务可替代性、生产要素价格、运输成本、政府管制等；

（五）经营策略，主要包括：创新和开发策略、多元化经营策略、风险规避策略、市场占有策略等。

第二十三条　可比非受控价格法以非关联方之间进行的与关联交易相同或类似业务活动所收取的价格作为关联交易的公平成交价格。

可比性分析应特别考察关联交易与非关联交易在交易资产或劳务的特性、合同条款及经济环境上的差异，按照不同交易类型具体包括如下内容：

（一）有形资产的购销或转让

1. 购销或转让过程，包括交易的时间与地点、交货条件、交货手续、支付条件、交易数量、售后服务的时间和地点等；

2. 购销或转让环节，包括出厂环节、批发环节、零售环节、出口环节等；

3. 购销或转让货物，包括品名、品牌、规格、型号、性能、结构、外型、包装等；

4. 购销或转让环境，包括民族风俗、消费者偏好、政局稳定程度以及财政、税收、外汇政策等。

（二）有形资产的使用

1. 资产的性能、规格、型号、结构、类型、折旧方法；

2. 提供使用权的时间、期限、地点；

3. 资产所有者对资产的投资支出、维修费用等。

（三）无形资产的转让和使用

1. 无形资产类别、用途、适用行业、预期收益；

2. 无形资产的开发投资、转让条件、独占程度、受有关国家法律保护的程度及期限、受让成本和费用、功能风险情况、可替代性等。

（四）融通资金：融资的金额、币种、期限、担保、融资人的资信、还款方式、计息方法等。

（五）提供劳务：业务性质、技术要求、专业水准、承担责任、付款条件和方式、直接和间接成本等。

关联交易与非关联交易之间在以上方面存在重大差异的，应就该差异对价格的影响进行合理调整，无法合理调整的，应根据本章规定选择其他合理的转让定价方法。

可比非受控价格法可以适用于所有类型的关联交易。

第二十四条 再销售价格法以关联方购进商品再销售给非关联方的价格减去可比非关联交易毛利后的金额作为关联方购进商品的公平成交价格。其计算公式如下：

公平成交价格 = 再销售给非关联方的价格 × (1 - 可比非关联交易毛利率)

可比非关联交易毛利率 = 可比非关联交易毛利 / 可比非关联交易收入净额 × 100%

可比性分析应特别考察关联交易与非关联交易在功能风险及合同条款上的差异以及影响毛利率的其他因素，具体包括销售、广告及服务功能，存货风险，机器、设备的价值及使用年限，无形资产的使用及价值，批发或零售环节，商业经验，会计处理及管理效率等。

关联交易与非关联交易之间在以上方面存在重大差异的，应就该差异对毛利率的影响进行合理调整，无法合理调整的，应根据本章规定选择其他合理的转让定价方法。

再销售价格法通常适用于再销售者未对商品进行改变外型、性能、结构或更换商标等实质性增值加工的简单加工或单纯购销业务。

第二十五条 成本加成法以关联交易发生的合理成本加上可比非关联交易毛利作为关联交易的公平成交价格。其计算公式如下：

公平成交价格 = 关联交易的合理成本 × (1 + 可比非关联交易成本加成率)

可比非关联交易成本加成率 = 可比非关联交易毛利 / 可比非关联交易成本 × 100%

可比性分析应特别考察关联交易与非关联交易在功能风险及合同条款上的差异以及影响成本加成率的其他因素，具体包括制造、加工、安装及测试功能，市场及汇兑风险，机器、设备的价值及使用年限，无形资产的使用及价值，商业经验，会计处理及管理效率等。

关联交易与非关联交易之间在以上方面存在重大差异的，应就该差异对成本加成率的影响进行合理调整，无法合理调整的，应根据本章规定选择其他合理的转让定价方法。

成本加成法通常适用于有形资产的购销、转让和使用，劳务提供或资金融通的关联交易。

第二十六条 交易净利润法以可比非关联交易的利润率指标确定关联交易的净利润。利润率指标包括资产收益率、销售利润率、完全成本加成率、贝里比率等。

可比性分析应特别考察关联交易与非关联交易之间在功能风险及经济环境上的差异以及影响营业利润的其他因素，具体包括执行功能、承担风险和使用资产，行业和市场情况，经营规模，经济周期和产品生命周期，成本、费用、所得和资产在各交易间的分摊,会计处理及经营管理效率等。

关联交易与非关联交易之间在以上方面存在重大差异的,应就该差异对营业利润的影响进行合理调整,无法合理调整的,应根据本章规定选择其他合理的转让定价方法。

交易净利润法通常适用于有形资产的购销、转让和使用,无形资产的转让和使用以及劳务提供等关联交易。

第二十七条 利润分割法根据企业与其关联方对关联交易合并利润的贡献计算各自应该分配的利润额。利润分割法分为一般利润分割法和剩余利润分割法。

一般利润分割法根据关联交易各参与方所执行的功能、承担的风险以及使用的资产,确定各自应取得的利润。

剩余利润分割法将关联交易各参与方的合并利润减去分配给各方的常规利润的余额作为剩余利润,再根据各方对剩余利润的贡献程度进行分配。

可比性分析应特别考察交易各方执行的功能、承担的风险和使用的资产,成本、费用、所得和资产在各交易方之间的分摊,会计处理,确定交易各方对剩余利润贡献所使用信息和假设条件的可靠性等。

利润分割法通常适用于各参与方关联交易高度整合且难以单独评估各方交易结果的情况。

第五章 转让定价调查及调整

第二十八条 税务机关有权依据税收征管法及其实施细则有关税务检查的规定,确定调查企业,进行转让定价调查、调整。被调查企业必须据实报告其关联交易情况,并提供相关资料,不得拒绝或隐瞒。

第二十九条 转让定价调查应重点选择以下企业:
(一)关联交易数额较大或类型较多的企业;
(二)长期亏损、微利或跳跃性盈利的企业;
(三)低于同行业利润水平的企业;
(四)利润水平与其所承担的功能风险明显不相匹配的企业;
(五)与避税港关联方发生业务往来的企业;
(六)未按规定进行关联申报或准备同期资料的企业;
(七)其他明显违背独立交易原则的企业。

第三十条 实际税负相同的境内关联方之间的交易,只要该交易没有直接或间接导致国家总体税收收入的减少,原则上不做转让定价调查、调整。

第三十一条 税务机关应结合日常征管工作,开展案头审核,确定调查企业。案头审核应主要根据被调查企业历年报送的年度所得税申报资料及关联业务往来报告表等纳税资料，对企业的生产经营状况、关联交易等情况进行综合评估分析。

企业可以在案头审核阶段向税务机关提供同期资料。

第三十二条 税务机关对已确定的调查对象，应根据所得税法第六章、所得税法实施条例第六章、征管法第四章及征管法实施细则第六章的规定，实施现场调查。

（一）现场调查人员须2名以上。

（二）现场调查时调查人员应出示《税务检查证》，并送达《税务检查通知书》。

（三）现场调查可根据需要依照法定程序采取询问、调取账簿资料和实地核查等方式。

（四）询问当事人应有专人记录《询问（调查）笔录》，并告知当事人不如实提供情况应当承担的法律责任。《询问（调查）笔录》应交当事人核对确认。

（五）需调取账簿及有关资料的，应按照征管法实施细则第八十六条的规定，填制《调取账簿资料通知书》、《调取账簿资料清单》，办理有关法定手续，调取的账簿、记账凭证等资料，应妥善保管，并按法定时限如数退还。

（六）实地核查过程中发现的问题和情况，由调查人员填写《询问（调查）笔录》。《询问（调查）笔录》应由2名以上调查人员签字，并根据需要由被调查企业核对确认，若被调查企业拒绝，可由2名以上调查人员签认备案。

（七）可以以记录、录音、录像、照相和复制的方式索取与案件有关的资料，但必须注明原件的保存方及出处，由原件保存或提供方核对签注"与原件核对无误"字样，并盖章或押印。

（八）需要证人作证的，应事先告知证人不如实提供情况应当承担的法律责任。证人的证言材料应由本人签字或押印。

第三十三条 根据所得税法第四十三条第二款及所得税法实施条例第一百一十四条的规定，税务机关在实施转让定价调查时，有权要求企业及其关联方，以及与关联业务调查有关的其他企业（以下简称可比企业）提供相关资料，并送达《税务事项通知书》。

（一）企业应在《税务事项通知书》规定的期限内提供相关资料，因特殊情况不能按期提供的，应向税务机关提交书面延期申请，经批准，可以延期提供，但最长不得超过30日。税务机关应自收到企业延期申请之日起15日内函复，逾期未函复的，视同税务机关已同意企业的延期申请。

（二）企业的关联方以及可比企业应在与税务机关约定的期限内提供相关

资料，约定期限一般不应超过 60 日。

企业、关联方及可比企业应按税务机关要求提供真实、完整的相关资料。

第三十四条　税务机关应按本办法第二章的有关规定，核实企业申报信息，并要求企业填制《企业可比性因素分析表》。

税务机关在企业关联申报和提供资料的基础上，填制《企业关联关系认定表》、《企业关联交易认定表》和《企业可比性因素分析认定表》，并由被调查企业核对确认。

第三十五条　转让定价调查涉及向关联方和可比企业调查取证的，税务机关向企业送达《税务检查通知书》，进行调查取证。

第三十六条　税务机关审核企业、关联方及可比企业提供的相关资料，可采用现场调查、发函协查和查阅公开信息等方式核实。需取得境外有关资料的，可按有关规定启动税收协定的情报交换程序，或通过我驻外机构调查收集有关信息。涉及境外关联方的相关资料，税务机关也可要求企业提供公证机构的证明。

第三十七条　税务机关应选用本办法第四章规定的转让定价方法分析、评估企业关联交易是否符合独立交易原则，分析评估时可以使用公开信息资料，也可以使用非公开信息资料。

第三十八条　税务机关分析、评估企业关联交易时，因企业与可比企业营运资本占用不同而对营业利润产生的差异原则上不做调整。确需调整的，须层报国家税务总局批准。

第三十九条　按照关联方订单从事加工制造，不承担经营决策、产品研发、销售等功能的企业，不应承担由于决策失误、开工不足、产品滞销等原因带来的风险和损失，通常应保持一定的利润率水平。对出现亏损的企业，税务机关应在经济分析的基础上，选择适当的可比价格或可比企业，确定企业的利润水平。

第四十条　企业与关联方之间收取价款与支付价款的交易相互抵消的，税务机关在可比性分析和纳税调整时，原则上应还原抵消交易。

第四十一条　税务机关采用四分位法分析、评估企业利润水平时，企业利润水平低于可比企业利润率区间中位值的，原则上应按照不低于中位值进行调整。

第四十二条　经调查，企业关联交易符合独立交易原则的，税务机关应做出转让定价调查结论，并向企业送达《特别纳税调查结论通知书》。

第四十三条　经调查，企业关联交易不符合独立交易原则而减少其应纳税收入或者所得额的，税务机关应按以下程序实施转让定价纳税调整：

(一）在测算、论证和可比性分析的基础上，拟定特别纳税调查初步调整方案；

(二）根据初步调整方案与企业协商谈判，税企双方均应指定主谈人，调查人员应做好《协商内容记录》，并由双方主谈人签字确认，若企业拒签，可由 2 名以上调查人员签认备案；

(三）企业对初步调整方案有异议的，应在税务机关规定的期限内进一步提供相关资料，税务机关收到资料后，应认真审核，并及时做出审议决定；

(四）根据审议决定，向企业送达《特别纳税调查初步调整通知书》，企业对初步调整意见有异议的，应自收到通知书之日起 7 日内书面提出，税务机关收到企业意见后，应再次协商审议；企业逾期未提出异议的，视为同意初步调整意见；

(五）确定最终调整方案，向企业送达《特别纳税调查调整通知书》。

第四十四条　企业收到《特别纳税调查调整通知书》后，应按规定期限缴纳税款及利息。

第四十五条　税务机关对企业实施转让定价纳税调整后，应自企业被调整的最后年度的下一年度起 5 年内实施跟踪管理。在跟踪管理期内，企业应在跟踪年度的次年 6 月 20 日之前向税务机关提供跟踪年度的同期资料，税务机关根据同期资料和纳税申报资料重点分析、评估以下内容：

(一）企业投资、经营状况及其变化情况；

(二）企业纳税申报额变化情况；

(三）企业经营成果变化情况；

(四）关联交易变化情况等。

税务机关在跟踪管理期内发现企业转让定价异常等情况，应及时与企业沟通，要求企业自行调整，或按照本章有关规定开展转让定价调查调整。

第六章　预约定价安排管理

第四十六条　企业可以依据所得税法第四十二条、所得税法实施条例第一百一十三条及征管法实施细则第五十三条的规定，与税务机关就企业未来年度关联交易的定价原则和计算方法达成预约定价安排。预约定价安排的谈签与执行通常经过预备会谈、正式申请、审核评估、磋商、签订安排和监控执行 6 个阶段。预约定价安排包括单边、双边和多边 3 种类型。

第四十七条　预约定价安排应由设区的市、自治州以上的税务机关受理。

第四十八条　预约定价安排一般适用于同时满足以下条件的企业：

(一）年度发生的关联交易金额在 4000 万元人民币以上；

（二）依法履行关联申报义务；

（三）按规定准备、保存和提供同期资料。

第四十九条　预约定价安排适用于自企业提交正式书面申请年度的次年起3至5个连续年度的关联交易。

预约定价安排的谈签不影响税务机关对企业提交预约定价安排正式书面申请当年或以前年度关联交易的转让定价调查调整。

如果企业申请当年或以前年度的关联交易与预约定价安排适用年度相同或类似，经企业申请，税务机关批准，可将预约定价安排确定的定价原则和计算方法适用于申请当年或以前年度关联交易的评估和调整。

第五十条　企业正式申请谈签预约定价安排前，应向税务机关书面提出谈签意向，税务机关可以根据企业的书面要求，与企业就预约定价安排的相关内容及达成预约定价安排的可行性开展预备会谈，并填制《预约定价安排会谈记录》。预备会谈可以采用匿名的方式。

（一）企业申请单边预约定价安排的，应向税务机关书面提出谈签意向。在预备会谈期间，企业应就以下内容提供资料，并与税务机关进行讨论：

1. 安排的适用年度；
2. 安排涉及的关联方及关联交易；
3. 企业以前年度生产经营情况；
4. 安排涉及各关联方功能和风险的说明；
5. 是否应用安排确定的方法解决以前年度的转让定价问题；
6. 其他需要说明的情况。

（二）企业申请双边或多边预约定价安排的，应同时向国家税务总局和主管税务机关书面提出谈签意向，国家税务总局组织与企业开展预备会谈，预备会谈的内容除本条第（一）项外，还应特别包括：

1. 向税收协定缔约对方税务主管当局提出预备会谈申请的情况；
2. 安排涉及的关联方以前年度生产经营情况及关联交易情况；
3. 向税收协定缔约对方税务主管当局提出的预约定价安排拟采用的定价原则和计算方法。

（三）预备会谈达成一致意见的，税务机关应自达成一致意见之日起15日内书面通知企业，可以就预约定价安排相关事宜进行正式谈判，并向企业送达《预约定价安排正式会谈通知书》；预备会谈不能达成一致意见的，税务机关应自最后一次预备会谈结束之日起15日内书面通知企业，向企业送达《拒绝企业申请预约定价安排通知书》，拒绝企业申请预约定价安排，并说明理由。

第五十一条　企业应在接到税务机关正式会谈通知之日起3个月内，向税务机关提出预约定价安排书面申请报告,并报送《预约定价安排正式申请书》。企业申请双边或多边预约定价安排的,应将《预约定价安排正式申请书》和《启动相互协商程序申请书》同时报送国家税务总局和主管税务机关。

(一)预约定价安排书面申请报告应包括如下内容:

1. 相关的集团组织架构、公司内部结构、关联关系、关联交易情况;

2. 企业近三年财务、会计报表资料,产品功能和资产(包括无形资产和有形资产)的资料;

3. 安排所涉及的关联交易类别和纳税年度;

4. 关联方之间功能和风险划分,包括划分所依据的机构、人员、费用、资产等;

5. 安排适用的转让定价原则和计算方法,以及支持这一原则和方法的功能风险分析、可比性分析和假设条件等;

6. 市场情况的说明,包括行业发展趋势和竞争环境;

7. 安排预约期间的年度经营规模、经营效益预测以及经营规划等;

8. 与安排有关的关联交易、经营安排及利润水平等财务方面的信息;

9. 是否涉及双重征税等问题;

10. 涉及境内、外有关法律、税收协定等相关问题。

(二)企业因下列特殊原因无法按期提交书面申请报告的,可向税务机关提出书面延期申请,并报送《预约定价安排正式申请延期报送申请书》:

1. 需要特别准备某些方面的资料;

2. 需要对资料做技术上的处理,如文字翻译等;

3. 其他非主观原因。

税务机关应自收到企业书面延期申请后15日内,对其延期事项做出书面答复,并向企业送达《预约定价安排正式申请延期报送答复书》。逾期未做出答复的,视同税务机关已同意企业的延期申请。

(三)上述申请内容所涉及的文件资料和情况说明,包括能够支持拟选用的定价原则、计算方法和能证实符合预约定价安排条件的所有文件资料,企业和税务机关均应妥善保存。

第五十二条 税务机关应自收到企业提交的预约定价安排正式书面申请及所需文件、资料之日起5个月内,进行审核和评估。根据审核和评估的具体情况可要求企业补充提供有关资料,形成审核评估结论。

因特殊情况,需要延长审核评估时间的,税务机关应及时书面通知企业,并向企业送达《预约定价安排审核评估延期通知书》,延长期限不得超过3个月。

税务机关应主要审核和评估以下内容:

(一)历史经营状况,分析、评估企业的经营规划、发展趋势、经营范围等文件资料,重点审核可行性研究报告、投资预(决)算、董事会决议等,综合分析反映经营业绩的有关信息和资料,如财务、会计报表、审计报告等。

(二)功能和风险状况,分析、评估企业与其关联方之间在供货、生产、运输、销售等各环节以及在研究、开发无形资产等方面各自所拥有的份额,执行的功能以及在存货、信贷、外汇、市场等方面所承担的风险。

(三)可比信息,分析、评估企业提供的境内、外可比价格信息,说明可比企业和申请企业之间的实质性差异,并进行调整。若不能确认可比交易或经营活动的合理性,应明确企业须进一步提供的有关文件、资料,以证明其所选用的转让定价原则和计算方法公平地反映了被审核的关联交易和经营现状,并得到相关财务、经营等资料的证实。

(四)假设条件,分析、评估对行业盈利能力和对企业生产经营的影响因素及其影响程度,合理确定预约定价安排适用的假设条件。

(五)转让定价原则和计算方法,分析、评估企业在预约定价安排中选用的转让定价原则和计算方法是否以及如何真实地运用于以前、现在和未来年度的关联交易以及相关财务、经营资料之中,是否符合法律、法规的规定。

(六)预期的公平交易价格或利润区间,通过对确定的可比价格、利润率、可比企业交易等情况的进一步审核和评估,测算出税务机关和企业均可接受的价格或利润区间。

第五十三条 税务机关应自单边预约定价安排形成审核评估结论之日起30日内,与企业进行预约定价安排磋商,磋商达成一致的,应将预约定价安排草案和审核评估报告一并层报国家税务总局审定。

国家税务总局与税收协定缔约对方税务主管当局开展双边或多边预约定价安排的磋商,磋商达成一致的,根据磋商备忘录拟定预约定价安排草案。

预约定价安排草案应包括如下内容:

(一)关联方名称、地址等基本信息;

(二)安排涉及的关联交易及适用年度;

(三)安排选定的可比价格或交易、转让定价原则和计算方法、预期经营结果等;

(四)与转让定价方法运用和计算基础相关的术语定义;

(五)假设条件;

(六)企业年度报告、记录保存、假设条件变动通知等义务;

(七)安排的法律效力,文件资料等信息的保密性;

（八）相互责任条款；

（九）安排的修订；

（十）解决争议的方法和途径；

（十一）生效日期；

（十二）附则。

第五十四条　税务机关与企业就单边预约定价安排草案内容达成一致后，双方的法定代表人或法定代表人授权的代表正式签订单边预约定价安排。国家税务总局与税收协定缔约对方税务主管当局就双边或多边预约定价安排草案内容达成一致后，双方或多方税务主管当局授权的代表正式签订双边或多边预约定价安排。主管税务机关根据双边或多边预约定价安排与企业签订《双边（多边）预约定价安排执行协议书》。

第五十五条　在预约定价安排正式谈判后和预约定价安排签订前，税务机关和企业均可暂停、终止谈判。涉及双边或多边预约定价安排的，经缔约各方税务主管当局协商，可暂停、终止谈判。终止谈判的，双方应将谈判中相互提供的全部资料退还给对方。

第五十六条　税务机关应建立监控管理制度，监控预约定价安排的执行情况。

（一）在预约定价安排执行期内，企业应完整保存与安排有关的文件和资料（包括账簿和有关记录等），不得丢失、销毁和转移；并在纳税年度终了后5个月内，向税务机关报送执行预约定价安排情况的年度报告。

年度报告应说明报告期内经营情况以及企业遵守预约定价安排的情况，包括预约定价安排要求的所有事项，以及是否有修订或实质上终止该预约定价安排的要求。如有未决问题或将要发生的问题，企业应在年度报告中予以说明，以便与税务机关协商是否修订或终止安排。

（二）在预约定价安排执行期内，税务机关应定期（一般为半年）检查企业履行安排的情况。检查内容主要包括：企业是否遵守了安排条款及要求；为谈签安排而提供的资料和年度报告是否反映了企业的实际经营情况；转让定价方法所依据的资料和计算方法是否正确；安排所描述的假设条件是否仍然有效；企业对转让定价方法的运用是否与假设条件相一致等。

税务机关如发现企业有违反安排的一般情况，可视情况进行处理，直至终止安排；如发现企业存在隐瞒或拒不执行安排的情况，税务机关应认定预约定价安排自始无效。

（三）在预约定价安排执行期内，如果企业发生实际经营结果不在安排所预期的价格或利润区间之内的情况，税务机关应在报经上一级税务机关核准后，将实际经营结果调整到安排所确定的价格或利润区间内。涉及双边或多边预约定价安排的,应当层报国家税务总局核准。

(四)在预约定价安排执行期内,企业发生影响预约定价安排的实质性变化,应在发生变化后 30 日内向税务机关书面报告,详细说明该变化对预约定价安排执行的影响,并附相关资料。由于非主观原因而无法按期报告的,可以延期报告,但延长期不得超过 30 日。

税务机关应在收到企业书面报告之日起 60 日内,予以审核和处理,包括审查企业变化情况、与企业协商修订预约定价安排条款和相关条件,或根据实质性变化对预约定价安排的影响程度采取修订或终止安排等措施。原预约定价安排终止执行后,税务机关可以和企业按照本章规定的程序和要求,重新谈签新的预约定价安排。

(五)国家税务局和地方税务局与企业共同签订的预约定价安排,在执行期内,企业应分别向国家税务局和地方税务局报送执行预约定价安排情况的年度报告和实质性变化报告。国家税务局和地方税务局应对企业执行安排的情况,实行联合检查和审核。

第五十七条 预约定价安排期满后自动失效。如企业需要续签的,应在预约定价安排执行期满前 90 日内向税务机关提出续签申请,报送《预约定价安排续签申请书》,并提供可靠的证明材料,说明现行预约定价安排所述事实和相关环境没有发生实质性变化,并且一直遵守该预约定价安排中的各项条款和约定。税务机关应自收到企业续签申请之日起 15 日内做出是否受理的书面答复,向企业送达《预约定价安排申请续签答复书》。税务机关应审核、评估企业的续签申请资料,与企业协商拟定预约定价安排草案,并按双方商定的续签时间、地点等相关事宜,与企业完成续签工作。

第五十八条 预约定价安排的谈签或执行同时涉及两个以上省、自治区、直辖市和计划单列市税务机关,或者同时涉及国家税务局和地方税务局的,由国家税务总局统一组织协调。企业可以直接向国家税务总局书面提出谈签意向。

第五十九条 税务机关与企业达成的预约定价安排,只要企业遵守了安排的全部条款及其要求,各地国家税务局、地方税务局均应执行。

第六十条 税务机关与企业在预约定价安排预备会谈、正式谈签、审核、分析等全过程中所获取或得到的所有信息资料,双方均负有保密义务。税务机关和企业每次会谈,均应对会谈内容进行书面记录,同时载明每次会谈时相互提供资料的份数和内容,并由双方主谈人员签字或盖章。

第六十一条 税务机关与企业不能达成预约定价安排的,税务机关在会谈、协商过程中所获取的有关企业的提议、推理、观念和判断等非事实性信息,不得用于以后对该预约定价安排涉及交易行为的税务调查。

第六十二条 在预约定价安排执行期间，如果税务机关与企业发生分歧，双方应进行协商。协商不能解决的，可报上一级税务机关协调；涉及双边或多边预约定价安排的，须层报国家税务总局协调。对上一级税务机关或国家税务总局的协调结果或决定，下一级税务机关应当予以执行。但企业仍不能接受的，应当终止安排的执行。

第六十三条 税务机关应在与企业正式签订单边预约定价安排或双边或多边预约定价安排执行协议书后 10 日内，以及预约定价安排执行中发生修订、终止等情况后 20 日内，将单边预约定价安排正式文本、双边或多边预约定价安排执行协议书以及安排变动情况的说明层报国家税务总局备案。

第七章 成本分摊协议管理

第六十四条 根据所得税法第四十一条第二款及所得税法实施条例第一百一十二条的规定，企业与其关联方签署成本分摊协议，共同开发、受让无形资产，或者共同提供、接受劳务，应符合本章规定。

第六十五条 成本分摊协议的参与方对开发、受让的无形资产或参与的劳务活动享有受益权，并承担相应的活动成本。关联方承担的成本应与非关联方在可比条件下为获得上述受益权而支付的成本相一致。

参与方使用成本分摊协议所开发或受让的无形资产不需另支付特许权使用费。

第六十六条 企业对成本分摊协议所涉及无形资产或劳务的受益权应有合理的、可计量的预期收益，且以合理商业假设和营业常规为基础。

第六十七条 涉及劳务的成本分摊协议一般适用于集团采购和集团营销策划。

第六十八条 成本分摊协议主要包括以下内容：

（一）参与方的名称、所在国家（地区）、关联关系、在协议中的权利和义务；

（二）成本分摊协议所涉及的无形资产或劳务的内容、范围，协议涉及研发或劳务活动的具体承担者及其职责、任务；

（三）协议期限；

（四）参与方预期收益的计算方法和假设；

（五）参与方初始投入和后续成本支付的金额、形式、价值确认的方法以及符合独立交易原则的说明；

（六）参与方会计方法的运用及变更说明；

（七）参与方加入或退出协议的程序及处理规定；

（八）参与方之间补偿支付的条件及处理规定；

（九）协议变更或终止的条件及处理规定；

（十）非参与方使用协议成果的规定。

第六十九条 企业应自成本分摊协议达成之日起30日内，层报国家税务总局备案。税务机关判定成本分摊协议是否符合独立交易原则须层报国家税务总局审核。

第七十条 已经执行并形成一定资产的成本分摊协议，参与方发生变更或协议终止执行，应根据独立交易原则做如下处理：

（一）加入支付，即新参与方为获得已有协议成果的受益权应做出合理的支付；

（二）退出补偿，即原参与方退出协议安排，将已有协议成果的受益权转让给其他参与方应获得合理的补偿；

（三）参与方变更后，应对各方受益和成本分摊情况做出相应调整；

（四）协议终止时，各参与方应对已有协议成果做出合理分配。

企业不按独立交易原则对上述情况做出处理而减少其应纳税所得额的，税务机关有权做出调整。

第七十一条 成本分摊协议执行期间，参与方实际分享的收益与分摊的成本不相配比的，应根据实际情况做出补偿调整。

第七十二条 对于符合独立交易原则的成本分摊协议，有关税务处理如下：

（一）企业按照协议分摊的成本，应在协议规定的各年度税前扣除；

（二）涉及补偿调整的，应在补偿调整的年度计入应纳税所得额；

（三）涉及无形资产的成本分摊协议，加入支付、退出补偿或终止协议时对协议成果分配的，应按资产购置或处置的有关规定处理。

第七十三条 企业可根据本办法第六章的规定采取预约定价安排的方式达成成本分摊协议。

第七十四条 企业执行成本分摊协议期间，除遵照本办法第三章规定外，还应准备和保存以下成本分摊协议的同期资料：

（一）成本分摊协议副本；

（二）成本分摊协议各参与方之间达成的为实施该协议的其他协议；

（三）非参与方使用协议成果的情况、支付的金额及形式；

（四）本年度成本分摊协议的参与方加入或退出的情况，包括加入或退出的参与方名称、所在国家（地区）、关联关系，加入支付或退出补偿的金额及形式；

（五）成本分摊协议的变更或终止情况，包括变更或终止的原因、对已形成协议成果的处理或分配；

（六）本年度按照成本分摊协议发生的成本总额及构成情况；

（七）本年度各参与方成本分摊的情况，包括成本支付的金额、形式、对象，做出或接受补偿支付的金额、形式、对象；

（八）本年度协议预期收益与实际结果的比较及由此做出的调整。

企业执行成本分摊协议期间，无论成本分摊协议是否采取预约定价安排的方式，均应在本年度的次年 6 月 20 日之前向税务机关提供成本分摊协议的同期资料。

第七十五条　企业与其关联方签署成本分摊协议，有下列情形之一的，其自行分摊的成本不得税前扣除：

（一）不具有合理商业目的和经济实质；

（二）不符合独立交易原则；

（三）没有遵循成本与收益配比原则；

（四）未按本办法有关规定备案或准备、保存和提供有关成本分摊协议的同期资料；

（五）自签署成本分摊协议之日起经营期限少于 20 年。

第八章　受控外国企业管理

第七十六条　受控外国企业是指根据所得税法第四十五条的规定，由居民企业，或者由居民企业和居民个人（以下统称中国居民股东，包括中国居民企业股东和中国居民个人股东）控制的设立在实际税负低于所得税法第四条第一款规定税率水平50%的国家（地区），并非出于合理经营需要对利润不作分配或减少分配的外国企业。

第七十七条　本办法第七十六条所称控制，是指在股份、资金、经营、购销等方面构成实质控制。其中，股份控制是指由中国居民股东在纳税年度任何一天单层直接或多层间接单一持有外国企业 10% 以上有表决权股份，且共同持有该外国企业 50% 以上股份。

中国居民股东多层间接持有股份按各层持股比例相乘计算，中间层持有股份超过50%的，按100%计算。

第七十八条　中国居民企业股东应在年度企业所得税纳税申报时提供对外投资信息，附送《对外投资情况表》。

第七十九条　税务机关应汇总、审核中国居民企业股东申报的对外投资信息，向受控外国企业的中国居民企业股东送达《受控外国企业中国居民股东确认通知书》。中国居民企业股东符合所得税法第四十五条征税条件的，按照有关规定征税。

第八十条　计入中国居民企业股东当期的视同受控外国企业股息分配的所得，应按以下公式计算：

$$中国居民企业股东当期所得 = 视同股息分配额 \times 实际持股天数 \div 受控外国企业纳税年度天数 \times 股东持股比例$$

中国居民股东多层间接持有股份的，股东持股比例按各层持股比例相乘计算。

第八十一条　受控外国企业与中国居民企业股东纳税年度存在差异的，应将视同股息分配所得计入受控外国企业纳税年度终止日所属的中国居民企业股东的纳税年度。

第八十二条　计入中国居民企业股东当期所得已在境外缴纳的企业所得税税款，可按照所得税法或税收协定的有关规定抵免。

第八十三条　受控外国企业实际分配的利润已根据所得税法第四十五条规定征税的，不再计入中国居民企业股东的当期所得。

第八十四条　中国居民企业股东能够提供资料证明其控制的外国企业满足以下条件之一的，可免于将外国企业不作分配或减少分配的利润视同股息分配额，计入中国居民企业股东的当期所得：

（一）设立在国家税务总局指定的非低税率国家（地区）；

（二）主要取得积极经营活动所得；

（三）年度利润总额低于500万元人民币。

第九章　资本弱化管理

第八十五条　所得税法第四十六条所称不得在计算应纳税所得额时扣除的利息支出应按以下公式计算：

$$不得扣除利息支出 = 年度实际支付的全部关联方利息 \times (1 - 标准比例/关联债资比例)$$

其中：

标准比例是指《财政部　国家税务总局关于企业关联方利息支出税前扣除标准有关税收政策问题的通知》（财税〔2008〕121号）规定的比例。

关联债资比例是指根据所得税法第四十六条及所得税法实施条例第一百一十九的规定，企业从其全部关联方接受的债权性投资（以下简称关联债权投资）占企业接受的权益性投资（以下简称权益投资）的比例，关联债权投资包括关联方以各种形式提供担保的债权性投资。

第八十六条 关联债资比例的具体计算方法如下：

关联债资比例＝年度各月平均关联债权投资之和／年度各月平均权益投资之和

其中：

各月平均关联债权投资＝（关联债权投资月初账面余额＋月末账面余额）/2

各月平均权益投资＝（权益投资月初账面余额＋月末账面余额）/2

权益投资为企业资产负债表所列示的所有者权益金额。如果所有者权益小于实收资本（股本）与资本公积之和，则权益投资为实收资本（股本）与资本公积之和；如果实收资本（股本）与资本公积之和小于实收资本（股本）金额，则权益投资为实收资本（股本）金额。

第八十七条 所得税法第四十六条所称的利息支出包括直接或间接关联债权投资实际支付的利息、担保费、抵押费和其他具有利息性质的费用。

第八十八条 所得税法第四十六条规定不得在计算应纳税所得额时扣除的利息支出，不得结转到以后纳税年度；应按照实际支付给各关联方利息占关联方利息总额的比例，在各关联方之间进行分配，其中，分配给实际税负高于企业的境内关联方的利息准予扣除；直接或间接实际支付给境外关联方的利息应视同分配的股息，按照股息和利息分别适用的所得税税率差补征企业所得税，如已扣缴的所得税税款多于按股息计算应征所得税税款，多出的部分不予退税。

第八十九条 企业关联债资比例超过标准比例的利息支出，如要在计算应纳税所得额时扣除，除遵照本办法第三章规定外，还应准备、保存、并按税务机关要求提供以下同期资料，证明关联债权投资金额、利率、期限、融资条件以及债资比例等均符合独立交易原则：

（一）企业偿债能力和举债能力分析；

（二）企业集团举债能力及融资结构情况分析；

（三）企业注册资本等权益投资的变动情况说明；

（四）关联债权投资的性质、目的及取得时的市场状况；

（五）关联债权投资的货币种类、金额、利率、期限及融资条件；

（六）企业提供的抵押品情况及条件；

（七）担保人状况及担保条件；

（八）同类同期贷款的利率情况及融资条件；

（九）可转换公司债券的转换条件；

（十）其他能够证明符合独立交易原则的资料。

第九十条 企业未按规定准备、保存和提供同期资料证明关联债权投资金额、利率、期限、融资条件以及债资比例等符合独立交易原则的，其超过标准比例的关联方利息支出，不得在计算应纳税所得额时扣除。

第九十一条 本章所称"实际支付利息"是指企业按照权责发生制原则计入相关成本、费用的利息。

企业实际支付关联方利息存在转让定价问题的,税务机关应首先按照本办法第五章的有关规定实施转让定价调查调整。

第十章 一般反避税管理

第九十二条 税务机关可依据所得税法第四十七条及所得税法实施条例第一百二十条的规定对存在以下避税安排的企业,启动一般反避税调查:

(一)滥用税收优惠;
(二)滥用税收协定;
(三)滥用公司组织形式;
(四)利用避税港避税;
(五)其他不具有合理商业目的的安排。

第九十三条 税务机关应按照实质重于形式的原则审核企业是否存在避税安排,并综合考虑安排的以下内容:

(一)安排的形式和实质;
(二)安排订立的时间和执行期间;
(三)安排实现的方式;
(四)安排各个步骤或组成部分之间的联系;
(五)安排涉及各方财务状况的变化;
(六)安排的税收结果。

第九十四条 税务机关应按照经济实质对企业的避税安排重新定性,取消企业从避税安排获得的税收利益。对于没有经济实质的企业,特别是设在避税港并导致其关联方或非关联方避税的企业,可在税收上否定该企业的存在。

第九十五条 税务机关启动一般反避税调查时,应按照征管法及其实施细则的有关规定向企业送达《税务检查通知书》。企业应自收到通知书之日起60日内提供资料证明其安排具有合理的商业目的。企业未在规定期限内提供资料,或提供资料不能证明安排具有合理商业目的的,税务机关可根据已掌握的信息实施纳税调整,并向企业送达《特别纳税调查调整通知书》。

第九十六条 税务机关实施一般反避税调查,可按照征管法第五十七条的规定要求避税安排的筹划方如实提供有关资料及证明材料。

第九十七条 一般反避税调查及调整须层报国家税务总局批准。

第十一章 相应调整及国际磋商

第九十八条 关联交易一方被实施转让定价调查调整的,应允许另一方做相应调整，以消除双重征税。相应调整涉及税收协定国家（地区）关联方的，经企业申请，国家税务总局与税收协定缔约对方税务主管当局根据税收协定有关相互协商程序的规定开展磋商谈判。

第九十九条　涉及税收协定国家（地区）关联方的转让定价相应调整，企业应同时向国家税务总局和主管税务机关提出书面申请，报送《启动相互协商程序申请书》，并提供企业或其关联方被转让定价调整的通知书复印件等有关资料。

第一百条　企业应自企业或其关联方收到转让定价调整通知书之日起三年内提出相应调整的申请，超过三年的，税务机关不予受理。

第一百零一条　税务机关对企业实施转让定价调整，涉及企业向境外关联方支付利息、租金、特许权使用费等已扣缴的税款，不再做相应调整。

第一百零二条　国家税务总局按照本办法第六章规定接受企业谈签双边或多边预约定价安排申请的，应与税收协定缔约对方税务主管当局根据税收协定相互协商程序的有关规定开展磋商谈判。

第一百零三条　相应调整或相互磋商的结果，由国家税务总局以书面形式经主管税务机关送达企业。

第一百零四条　本办法第九章所称不得在计算应纳税所得额时扣除的利息支出以及视同股息分配的利息支出，不适用本章相应调整的规定。

第十二章　法律责任

第一百零五条　企业未按照本办法的规定向税务机关报送企业年度关联业务往来报告表，或者未保存同期资料或其他相关资料的，依照征管法第六十条和第六十二条的规定处理。

第一百零六条　企业拒绝提供同期资料等关联交易的相关资料，或者提供虚假、不完整资料，未能真实反映其关联业务往来情况的，依照征管法第七十条、征管法实施细则第九十六条、所得税法第四十四条及所得税法实施条例第一百一十五条的规定处理。

第一百零七条　税务机关根据所得税法及其实施条例的规定，对企业做出特别纳税调整的，应对2008年1月1日以后发生交易补征的企业所得税税款，按日加收利息。

（一）计息期间自税款所属纳税年度的次年6月1日起至补缴（预缴）税款入库之日止。

（二）利息率按照税款所属纳税年度12月31日实行的与补税期间同期的中国人民银行人民币贷款基准利率（以下简称"基准利率"）加5个百分点计算，并按一年365天折算日利息率。

（三）企业按照本办法规定提供同期资料和其他相关资料的，或者企业符合本办法第十五条的规定免于准备同期资料但根据税务机关要求提供其他相关资料的，可以只按基准利率计算加收利息。

企业按照本办法第十五条第（一）项的规定免于准备同期资料，但经税务机关调查，其实际关联交易额达到必须准备同期资料的标准的，税务机关对补征税款加收利息，适用本条第（二）项规定。

（四）按照本条规定加收的利息，不得在计算应纳税所得额时扣除。

第一百零八条　企业在税务机关做出特别纳税调整决定前预缴税款的，收到调整补税通知书后补缴税款时，按照应补缴税款所属年度的先后顺序确定已预缴税款的所属年度，以预缴入库日为截止日，分别计算应加收的利息额。

第一百零九条　企业对特别纳税调整应补征的税款及利息，应在税务机关调整通知书规定的期限内缴纳入库。企业有特殊困难，不能按期缴纳税款的，应依照征管法第三十一条及征管法实施细则第四十一条和第四十二条的有关规定办理延期缴纳税款。逾期不申请延期又不缴纳税款的，税务机关应按照征管法第三十二条及其他有关规定处理。

第十三章　附　　则

第一百一十条　税务机关对转让定价管理和预约定价安排管理以外的其他特别纳税调整事项实施的调查调整程序可参照适用本办法第五章的有关规定。

第一百一十一条　各级国家税务局和地方税务局对企业实施特别纳税调查调整要加强联系，可根据需要组成联合调查组进行调查。

第一百一十二条　税务机关及其工作人员应依据《国家税务总局关于纳税人涉税保密信息管理暂行办法》（国税发〔2008〕93号）等有关保密的规定保管、使用企业提供的信息资料。

第一百一十三条　本办法所规定期限的最后一日是法定休假日的，以休假日期满的次日为期限的最后一日；在期限内有连续3日以上法定休假日的，按休假日天数顺延。

第一百一十四条　本办法所涉及的"以上"、"以下"、"日内"、"之日"、"之前"、"少于"、"低于"、"超过"等均包含本数。

第一百一十五条　被调查企业在税务机关实施特别纳税调查调整期间申请变更经营地址或注销税务登记的，税务机关在调查结案前原则上不予办理税务变更、注销手续。

第一百一十六条　企业按本办法第三章的规定准备2008纳税年度发生关联交易的同期资料，可延期至2009年12月31日。

第一百一十七条　本办法由国家税务总局负责解释和修订。

第一百一十八条　本办法自 2008 年 1 月 1 日起施行。《国家税务总局关于关联企业间业务往来税务管理规程（试行）》（国税发〔1998〕59 号）、《国家税务总局关于修订〈关联企业间业务往来税务管理规程〉（试行）的通知》（国税发〔2004〕143 号）和《国家税务总局关于关联企业间业务往来预约定价实施规则》（国税发〔2004〕118 号）同时废止。在本办法发布前实施的有关规定与本办法不一致的，以本办法为准。

《财政部　国家税务总局关于企业手续费及佣金支出税前扣除政策的通知》

（财税〔2009〕29 号）

各省、自治区、直辖市、计划单列市财政厅（局）、国家税务局、地方税务局，新疆生产建设兵团财务局：

为规范企业所得税税前扣除，加强企业所得税管理，根据《中华人民共和国企业所得税法》和《中华人民共和国企业所得税法实施条例》（以下合称新税法）有关规定，现将企业发生的手续费及佣金支出税前扣除政策问题通知如下：

一、企业发生与生产经营有关的手续费及佣金支出，不超过以下规定计算限额以内的部分，准予扣除；超过部分，不得扣除。

1. 保险企业：财产保险企业按当年全部保费收入扣除退保金等后余额的 15%（含本数，下同）计算限额；人身保险企业按当年全部保费收入扣除退保金等后余额的 10% 计算限额。

2. 其他企业：按与具有合法经营资格中介服务机构或个人（不含交易双方及其雇员、代理人和代表人等）所签订服务协议或合同确认的收入金额的 5% 计算限额。

二、企业应与具有合法经营资格中介服务企业或个人签订代办协议或合同，并按国家有关规定支付手续费及佣金。除委托个人代理外，企业以现金等非转账方式支付的手续费及佣金不得在税前扣除。企业为发行权益性证券支付给有关证券承销机构的手续费及佣金不得在税前扣除。

三、企业不得将手续费及佣金支出计入回扣、业务提成、返利、进场费等费用。

四、企业已计入固定资产、无形资产等相关资产的手续费及佣金支出，应当通过折旧、摊销等方式分期扣除，不得在发生当期直接扣除。

五、企业支付的手续费及佣金不得直接冲减服务协议或合同金额,并如实入账。

六、企业应当如实向当地主管税务机关提供当年手续费及佣金计算分配表和其他相关资料,并依法取得合法真实凭证。

七、本通知自印发之日起实施。新税法实施之日至本通知印发之日前企业手续费及佣金所得税税前扣除事项按本通知规定处理。

《国家税务总局关于企业处置资产所得税处理问题的通知》

(国税函〔2008〕828号)[①]

各省、自治区、直辖市和计划单列市国家税务局、地方税务局:

根据《中华人民共和国企业所得税法实施条例》第二十五条规定,现就企业处置资产的所得税处理问题通知如下:

一、企业发生下列情形的处置资产,除将资产转移至境外以外,由于资产所有权属在形式和实质上均不发生改变,可作为内部处置资产,不视同销售确认收入,相关资产的计税基础延续计算。

(一)将资产用于生产、制造、加工另一产品;

(二)改变资产形状、结构或性能;

(三)改变资产用途(如,自建商品房转为自用或经营);

(四)将资产在总机构及其分支机构之间转移;

(五)上述两种或两种以上情形的混合;

(六)其他不改变资产所有权属的用途。

二、企业将资产移送他人的下列情形,因资产所有权属已发生改变而不属于内部处置资产,应按规定视同销售确定收入。

(一)用于市场推广或销售;

(二)用于交际应酬;

(三)用于职工奖励或福利;

(四)用于股息分配;

(五)用于对外捐赠;

(六)其他改变资产所有权属的用途。

三、企业发生本通知第二条规定情形时,属于企业自制的资产,应按企业

[①] 根据《国家税务总局关于企业所得税有关问题的公告》(国家税务总局公告2016年第80号),此文件中的第三条已被废止。

同类资产同期对外销售价格确定销售收入；属于外购的资产，可按购入时的价格确定销售收入。

四、本通知自 2008 年 1 月 1 日起执行。对 2008 年 1 月 1 日以前发生的处置资产，2008 年 1 月 1 日以后尚未进行税务处理的，按本通知规定执行。

《国家税务总局关于母子公司间提供服务支付费用有关企业所得税处理问题的通知》

（国税发〔2008〕86 号）

各省、自治区、直辖市和计划单列市国家税务局、地方税务局：

根据《中华人民共和国企业所得税法》及其实施条例的有关规定，现就在中国境内，属于不同独立法人的母子公司之间提供服务支付费用有关企业所得税处理问题通知如下：

一、母公司为其子公司（以下简称子公司）提供各种服务而发生的费用，应按照独立企业之间公平交易原则确定服务的价格，作为企业正常的劳务费用进行税务处理。

母子公司未按照独立企业之间的业务往来收取价款的，税务机关有权予以调整。

二、母公司向其子公司提供各项服务，双方应签订服务合同或协议，明确规定提供服务的内容、收费标准及金额等，凡按上述合同或协议规定所发生的服务费，母公司应作为营业收入申报纳税；子公司作为成本费用在税前扣除。

三、母公司向其多个子公司提供同类项服务，其收取的服务费可以采取分项签订合同或协议收取；也可以采取服务分摊协议的方式，即，由母公司与各子公司签订服务费用分摊合同或协议，以母公司为其子公司提供服务所发生的实际费用并附加一定比例利润作为向子公司收取的总服务费，在各服务受益子公司（包括盈利企业、亏损企业和享受减免税企业）之间按《中华人民共和国企业所得税法》第四十一条第二款规定合理分摊。

四、母公司以管理费形式向子公司提取费用，子公司因此支付给母公司的管理费，不得在税前扣除。

五、子公司申报税前扣除向母公司支付的服务费用，应向主管税务机关提供与母公司签订的服务合同或者协议等与税前扣除该项费用相关的材料。不能提供相关材料的，支付的服务费用不得税前扣除。

《财政部 国家税务总局关于企业所得税若干优惠政策的通知》

(财税〔2008〕1号)①

各省、自治区、直辖市,计划单列市财政厅(局)、国家税务局、地方税务局,新疆生产建设兵团财务局:

根据《中华人民共和国企业所得税法》第三十六条的规定,经国务院批准,现将有关企业所得税优惠政策问题通知如下:

一、关于鼓励软件产业和集成电路产业发展的优惠政策

(一)软件生产企业实行增值税即征即退政策所退还的税款,由企业用于研究开发软件产品和扩大再生产,不作为企业所得税应税收入,不予征收企业所得税。

(二)我国境内新办软件生产企业经认定后,自获利年度起,第一年和第二年免征企业所得税,第三年至第五年减半征收企业所得税。

(三)国家规划布局内的重点软件生产企业,如当年未享受免税优惠的,减按10%的税率征收企业所得税。

(四)软件生产企业的职工培训费用,可按实际发生额在计算应纳税所得额时扣除。

(五)企事业单位购进软件,凡符合固定资产或无形资产确认条件的,可以按照固定资产或无形资产进行核算,经主管税务机关核准,其折旧或摊销年限可以适当缩短,最短可为2年。

(六)集成电路设计企业视同软件企业,享受上述软件企业的有关企业所得税政策。

(七)集成电路生产企业的生产性设备,经主管税务机关核准,其折旧年限可以适当缩短,最短可为3年。

(八)投资额超过80亿元人民币或集成电路线宽小于0.25um的集成电路生产企业,可以减按15%的税率缴纳企业所得税,其中,经营期在15年以上的,从开始获利的年度起,第一年至第五年免征企业所得税,第六年至第十年减半征收企业所得税。

(九)对生产线宽小于0.8微米(含)集成电路产品的生产企业,经认定后,自获利年度起,第一年和第二年免征企业所得税,第三年至第五年减半征收企业所得税。

---

① 根据《关于进一步鼓励软件产业和集成电路产业发展企业所得税政策的通知》(财税〔2012〕27号),此文件中的第一条第(一)项至第(九)项自2011年1月1日起停止执行。

已经享受自获利年度起企业所得税"两免三减半"政策的企业,不再重复执行本条规定。

（十）自 2008 年 1 月 1 日起至 2010 年底,对集成电路生产企业、封装企业的投资者,以其取得的缴纳企业所得税后的利润,直接投资于本企业增加注册资本,或作为资本投资开办其他集成电路生产企业、封装企业,经营期不少于 5 年的,按 40% 的比例退还其再投资部分已缴纳的企业所得税税款。再投资不满 5 年撤出该项投资的,追缴已退的企业所得税税款。

自 2008 年 1 月 1 日起至 2010 年底,对国内外经济组织作为投资者,以其在境内取得的缴纳企业所得税后的利润,作为资本投资于西部地区开办集成电路生产企业、封装企业或软件产品生产企业,经营期不少于 5 年的,按 80% 的比例退还其再投资部分已缴纳的企业所得税税款。再投资不满 5 年撤出该项投资的,追缴已退的企业所得税税款。

二、关于鼓励证券投资基金发展的优惠政策

（一）对证券投资基金从证券市场中取得的收入,包括买卖股票、债券的差价收入,股权的股息、红利收入,债券的利息收入及其他收入,暂不征收企业所得税。

（二）对投资者从证券投资基金分配中取得的收入,暂不征收企业所得税。

（三）对证券投资基金管理人运用基金买卖股票、债券的差价收入,暂不征收企业所得税。

三、关于其他有关行业、企业的优惠政策

为保证部分行业、企业税收优惠政策执行的连续性,对原有关就业再就业,奥运会和世博会,社会公益,债转股、清产核资、重组、改制、转制等企业改革,涉农和国家储备,其他单项优惠政策共 6 类定期企业所得税优惠政策（见附件）,自 2008 年 1 月 1 日起,继续按原优惠政策规定的办法和时间执行到期。

四、关于外国投资者从外商投资企业取得利润的优惠政策

2008 年 1 月 1 日之前外商投资企业形成的累积未分配利润,在 2008 年以后分配给外国投资者的,免征企业所得税;2008 年及以后年度外商投资企业新增利润分配给外国投资者的,依法缴纳企业所得税。

五、除《中华人民共和国企业所得税法》、《中华人民共和国企业所得税法实施条例》、《国务院关于实施企业所得税过渡优惠政策的通知》（国发〔2007〕39 号）,《国务院关于经济特区和上海浦东新区新设立高新技术企业实行过渡性税收优惠的通知》（国发〔2007〕40 号）及本通知规定的优惠政策以外,2008 年 1 月 1 日之前实施的其他企业所得税优惠政策一律废止。各地区、各部门一

律不得越权制定企业所得税的优惠政策。

《财政部 国家税务总局关于财政性资金 行政事业性收费 政府性基金有关企业所得税政策问题的通知》

(财税〔2008〕151号)

各省、自治区、直辖市、计划单列市财政厅（局）、国家税务局、地方税务局，新疆生产建设兵团财务局：

根据《中华人民共和国企业所得税法》及《中华人民共和国企业所得税法实施条例》的有关规定，现对财政性资金、行政事业性收费、政府性基金有关企业所得税政策问题明确如下：

一、财政性资金

（一）企业取得的各类财政性资金，除属于国家投资和资金使用后要求归还本金的以外，均应计入企业当年收入总额。

（二）对企业取得的由国务院财政、税务主管部门规定专项用途并经国务院批准的财政性资金，准予作为不征税收入，在计算应纳税所得额时从收入总额中减除。

（三）纳入预算管理的事业单位、社会团体等组织按照核定的预算和经费报领关系收到的由财政部门或上级单位拨入的财政补助收入，准予作为不征税收入，在计算应纳税所得额时从收入总额中减除，但国务院和国务院财政、税务主管部门另有规定的除外。

本条所称财政性资金，是指企业取得的来源于政府及其有关部门的财政补助、补贴、贷款贴息，以及其他各类财政专项资金，包括直接减免的增值税和即征即退、先征后退、先征后返的各种税收，但不包括企业按规定取得的出口退税款；所称国家投资，是指国家以投资者身份投入企业、并按有关规定相应增加企业实收资本（股本）的直接投资。

二、关于政府性基金和行政事业性收费

（一）企业按照规定缴纳的、由国务院或财政部批准设立的政府性基金以及由国务院和省、自治区、直辖市人民政府及其财政、价格主管部门批准设立的行政事业性收费，准予在计算应纳税所得额时扣除。

企业缴纳的不符合上述审批管理权限设立的基金、收费，不得在计算应纳税所得额时扣除。

（二）企业收取的各种基金、收费，应计入企业当年收入总额。

(三）对企业依照法律、法规及国务院有关规定收取并上缴财政的政府性基金和行政事业性收费，准予作为不征税收入，于上缴财政的当年在计算应纳税所得额时从收入总额中减除；未上缴财政的部分，不得从收入总额中减除。

三、企业的不征税收入用于支出所形成的费用，不得在计算应纳税所得额时扣除；企业的不征税收入用于支出所形成的资产，其计算的折旧、摊销不得在计算应纳税所得额时扣除。

四、本通知自 2008 年 1 月 1 日起执行。

《财政部 国家税务总局关于企业关联方利息支出税前扣除标准有关税收政策问题的通知》

（财税〔2008〕121 号）

各省、自治区、直辖市、计划单列市财政厅（局）、国家税务局、地方税务局，新疆生产建设兵团财务局：

为规范企业利息支出税前扣除，加强企业所得税管理，根据《中华人民共和国企业所得税法》（以下简称税法）第四十六条和《中华人民共和国企业所得税法实施条例》（国务院令第 512 号，以下简称实施条例）第一百一十九条的规定，现将企业接受关联方债权性投资利息支出税前扣除的政策问题通知如下：

一、在计算应纳税所得额时，企业实际支付给关联方的利息支出，不超过以下规定比例和税法及其实施条例有关规定计算的部分，准予扣除，超过的部分不得在发生当期和以后年度扣除。

企业实际支付给关联方的利息支出，除符合本通知第二条规定外，其接受关联方债权性投资与其权益性投资比例为：

（一）金融企业，为 5:1；

（二）其他企业，为 2:1。

二、企业如果能够按照税法及其实施条例的有关规定提供相关资料，并证明相关交易活动符合独立交易原则的；或者该企业的实际税负不高于境内关联方的，其实际支付给境内关联方的利息支出，在计算应纳税所得额时准予扣除。

三、企业同时从事金融业务和非金融业务，其实际支付给关联方的利息支出，应按照合理方法分开计算；没有按照合理方法分开计算的，一律按本通知

第一条有关其他企业的比例计算准予税前扣除的利息支出。

四、企业自关联方取得的不符合规定的利息收入应按照有关规定缴纳企业所得税。

《财政部　国家税务总局关于广告费和业务宣传费支出税前扣除政策的通知》

(财税〔2012〕48号)

各省、自治区、直辖市、计划单列市财政厅（局）、国家税务局、地方税务局，新疆生产建设兵团财务局：

根据《中华人民共和国企业所得税法实施条例》（国务院令第512号）第四十四条规定，现就有关广告费和业务宣传费支出税前扣除政策通知如下：

1. 对化妆品制造与销售、医药制造和饮料制造（不含酒类制造，下同）企业发生的广告费和业务宣传费支出，不超过当年销售（营业）收入30%的部分，准予扣除；超过部分，准予在以后纳税年度结转扣除。

2. 对签订广告费和业务宣传费分摊协议（以下简称分摊协议）的关联企业，其中一方发生的不超过当年销售（营业）收入税前扣除限额比例内的广告费和业务宣传费支出可以在本企业扣除，也可以将其中的部分或全部按照分摊协议归集至另一方扣除。另一方在计算本企业广告费和业务宣传费支出企业所得税税前扣除限额时，可将按照上述办法归集至本企业的广告费和业务宣传费不计算在内。

3. 烟草企业的烟草广告费和业务宣传费支出，一律不得在计算应纳税所得额时扣除。

4. 本通知自2011年1月1日起至2015年12月31日止执行。

《财政部　税务总局　人力资源社会保障部　教育部关于支持和促进重点群体创业就业税收政策有关问题的补充通知》

(财税〔2015〕18号)

各省、自治区、直辖市、计划单列市财政厅（局）、国家税务局、地方税务局、人力资源社会保障厅（局）、教育厅（教委），新疆生产建设兵团财务局、人力资源社会保障局、教育局：

为进一步简化享受税收优惠政策程序，经国务院批准，现对《财政部、国家税务总局、人力资源社会保障部关于继续实施支持和促进重点群体创业就业有关税收政策的通知》（财税〔2014〕39号）补充通知如下：

一、将《就业失业登记证》更名为《就业创业证》，已发放的《就业失业登记证》继续有效，不再统一更换。《就业创业证》的发放、使用、管理等事项按人力资源社会保障部的有关规定执行。各地可印制一批《就业创业证》先向有需求的毕业年度内高校毕业生发放。

二、取消《高校毕业生自主创业证》，毕业年度内高校毕业生从事个体经营的，持《就业创业证》（注明"毕业年度内自主创业税收政策"）享受税收优惠政策。

三、毕业年度内高校毕业生在校期间凭学生证向公共就业服务机构按规定申领《就业创业证》，或委托所在高校就业指导中心向公共就业服务机构按规定代为其申领《就业创业证》；毕业年度内高校毕业生离校后直接向公共就业服务机构按规定申领《就业创业证》。

本通知自发布之日起施行，各地财政、税务、人力资源社会保障、教育部门要认真做好新旧政策的衔接工作，主动做好政策宣传和解释工作，加强部门间的协调配合，确保政策落实到位。

《国家税务总局关于国寿投资控股有限公司相关税收问题的公告》

（国家税务总局公告2013年第2号）

经财政部批准，中国人寿保险（集团）公司将其重组改制后留存资产划转至全资子公司国寿投资控股有限公司。现将国寿投资控股有限公司有关税收问题公告如下：

一、国寿投资控股有限公司在全国各地拥有房产的，应当按照税务登记管理办法的规定，向房产所在地主管税务机关申报办理税务登记。

二、国寿投资控股有限公司在各地发生固定资产应税销售行为时，由该公司统一开票收款的，由该公司向其机构所在地主管税务机关申报缴纳增值税。如果该公司委托其他公司销售的，则应按代销货物征收增值税的规定，由该公司和受托公司分别于各自的机构所在地缴纳增值税。

三、国寿投资控股有限公司对原属于中国人寿保险（集团）公司重组改制存量资产取得的财产租赁业务收入应缴纳的营业税由该公司向其机构所在地主管税务机关申报缴纳。

四、国寿投资控股有限公司企业所得税的申报缴纳，按照企业所得税的有关规定执行。

五、国寿投资控股有限公司在全国各地（公司总部所在地除外）的财产所涉及的房产税、城镇土地使用税、契税等地方税种，可由中国人寿保险（集团）公司控股的中国人寿保险股份有限公司代理向财产所在地主管税务机关申报缴纳；涉及的车船税、印花税，可由中国人寿保险股份有限公司依据相关法律法规的规定代理缴纳。

本公告自2013年2月1日起施行，《国家税务总局关于中国人寿保险（集团）公司重组改制后有关税务问题的通知》（国税函〔2004〕852号）第一、二、五条和第三条关于财产租赁业务收入的有关规定同时废止。对本公告生效以前国寿投资控股有限公司已完成税款缴纳的，不再做纳税入库地点调整。

特此公告。

《国家税务总局关于发布〈企业所得税税前扣除凭证管理办法〉的公告》

（国家税务总局公告2018年第28号）

为加强企业所得税税前扣除凭证管理，规范税收执法，优化营商环境，国家税务总局制定了《企业所得税税前扣除凭证管理办法》，现予以发布。

特此公告。

企业所得税税前扣除凭证管理办法

第一条 为规范企业所得税税前扣除凭证（以下简称"税前扣除凭证"）管理，根据《中华人民共和国企业所得税法》（以下简称"企业所得税法"）及其实施条例、《中华人民共和国税收征收管理法》及其实施细则、《中华人民共和国发票管理办法》及其实施细则等规定，制定本办法。

第二条 本办法所称税前扣除凭证，是指企业在计算企业所得税应纳税所得额时，证明与取得收入有关的、合理的支出实际发生，并据以税前扣除的各类凭证。

第三条 本办法所称企业是指企业所得税法及其实施条例规定的居民企业和非居民企业。

第四条 税前扣除凭证在管理中遵循真实性、合法性、关联性原则。真实性是指税前扣除凭证反映的经济业务真实，且支出已经实际发生；合法性是指税前扣除凭证的形式、来源符合国家法律、法规等相关规定；关联性是指税前扣除凭证与其反映的支出相关联且有证明力。

第五条 企业发生支出，应取得税前扣除凭证，作为计算企业所得税应纳税所得额时扣除相关支出的依据。

第六条 企业应在当年度企业所得税法规定的汇算清缴期结束前取得税前扣除凭证。

第七条 企业应将与税前扣除凭证相关的资料，包括合同协议、支出依据、付款凭证等留存备查，以证实税前扣除凭证的真实性。

第八条 税前扣除凭证按照来源分为内部凭证和外部凭证。

内部凭证是指企业自制用于成本、费用、损失和其他支出核算的会计原始凭证。内部凭证的填制和使用应当符合国家会计法律、法规等相关规定。

外部凭证是指企业发生经营活动和其他事项时，从其他单位、个人取得的用于证明其支出发生的凭证，包括但不限于发票（包括纸质发票和电子发票）、财政票据、完税凭证、收款凭证、分割单等。

第九条 企业在境内发生的支出项目属于增值税应税项目（以下简称"应税项目"）的，对方为已办理税务登记的增值税纳税人，其支出以发票（包括按照规定由税务机关代开的发票）作为税前扣除凭证；对方为依法无须办理税务登记的单位或者从事小额零星经营业务的个人，其支出以税务机关代开的发票或者收款凭证及内部凭证作为税前扣除凭证，收款凭证应载明收款单位名称、个人姓名及身份证号、支出项目、收款金额等相关信息。

小额零星经营业务的判断标准是个人从事应税项目经营业务的销售额不超过增值税相关政策规定的起征点。

税务总局对应税项目开具发票另有规定的，以规定的发票或者票据作为税前扣除凭证。

第十条 企业在境内发生的支出项目不属于应税项目的，对方为单位的，以对方开具的发票以外的其他外部凭证作为税前扣除凭证；对方为个人的，以内部凭证作为税前扣除凭证。

企业在境内发生的支出项目虽不属于应税项目，但按税务总局规定可以开具发票的，可以发票作为税前扣除凭证。

第十一条 企业从境外购进货物或者劳务发生的支出，以对方开具的发票或者具有发票性质的收款凭证、相关税费缴纳凭证作为税前扣除凭证。

第十二条 企业取得私自印制、伪造、变造、作废、开票方非法取得、虚开、填写不规范等不符合规定的发票（以下简称"不合规发票"），以及取得不符合国家法律、法规等相关规定的其他外部凭证（以下简称"不合规其他外部凭证"），不得作为税前扣除凭证。

第十三条　企业应当取得而未取得发票、其他外部凭证或者取得不合规发票、不合规其他外部凭证的，若支出真实且已实际发生，应当在当年度汇算清缴期结束前，要求对方补开、换开发票、其他外部凭证。补开、换开后的发票、其他外部凭证符合规定的，可以作为税前扣除凭证。

第十四条　企业在补开、换开发票、其他外部凭证过程中，因对方注销、撤销、依法被吊销营业执照、被税务机关认定为非正常户等特殊原因无法补开、换开发票、其他外部凭证的，可凭以下资料证实支出真实性后，其支出允许税前扣除：

（一）无法补开、换开发票、其他外部凭证原因的证明资料（包括工商注销、机构撤销、列入非正常经营户、破产公告等证明资料）；

（二）相关业务活动的合同或者协议；

（三）采用非现金方式支付的付款凭证；

（四）货物运输的证明资料；

（五）货物入库、出库内部凭证；

（六）企业会计核算记录以及其他资料。

前款第一项至第三项为必备资料。

第十五条　汇算清缴期结束后，税务机关发现企业应当取得而未取得发票、其他外部凭证或者取得不合规发票、不合规其他外部凭证并且告知企业的，企业应当自被告知之日起60日内补开、换开符合规定的发票、其他外部凭证。其中，因对方特殊原因无法补开、换开发票、其他外部凭证的，企业应当按照本办法第十四条的规定，自被告知之日起60日内提供可以证实其支出真实性的相关资料。

第十六条　企业在规定的期限未能补开、换开符合规定的发票、其他外部凭证，并且未能按照本办法第十四条的规定提供相关资料证实其支出真实性的，相应支出不得在发生年度税前扣除。

第十七条　除发生本办法第十五条规定的情形外，企业以前年度应当取得而未取得发票、其他外部凭证，且相应支出在该年度没有税前扣除的，在以后年度取得符合规定的发票、其他外部凭证或者按照本办法第十四条的规定提供可以证实其支出真实性的相关资料，相应支出可以追补至该支出发生年度税前扣除，但追补年限不得超过五年。

第十八条　企业与其他企业（包括关联企业）、个人在境内共同接受应纳增值税劳务（以下简称"应税劳务"）发生的支出，采取分摊方式的，应当按照独立交易原则进行分摊，企业以发票和分割单作为税前扣除凭证，共同接受应税劳务的其他企业以企业开具的分割单作为税前扣除凭证。

　　企业与其他企业、个人在境内共同接受非应税劳务发生的支出，采取分摊方式的，企业以发票外的其他外部凭证和分割单作为税前扣除凭证，共同接受非应税劳务的其他企业以企业开具的分割单作为税前扣除凭证。

　　第十九条　企业租用（包括企业作为单一承租方租用）办公、生产用房等资产发生的水、电、燃气、冷气、暖气、通讯线路、有线电视、网络等费用，出租方作为应税项目开具发票的，企业以发票作为税前扣除凭证；出租方采取分摊方式的，企业以出租方开具的其他外部凭证作为税前扣除凭证。

　　第二十条　本办法自2018年7月1日起施行。

《财政部　税务总局关于设备器具扣除有关企业所得税政策的通知》

（财税〔2018〕54号）

各省、自治区、直辖市、计划单列市财政厅（局）、国家税务局、地方税务局，新疆生产建设兵团财政局：

　　为引导企业加大设备、器具投资力度，现就有关企业所得税政策通知如下：

　　一、企业在2018年1月1日至2020年12月31日期间新购进的设备、器具，单位价值不超过500万元的，允许一次性计入当期成本费用在计算应纳税所得额时扣除，不再分年度计算折旧；单位价值超过500万元的，仍按企业所得税法实施条例、《财政部、国家税务总局关于完善固定资产加速折旧企业所得税政策的通知》（财税〔2014〕75号）、《财政部、国家税务总局关于进一步完善固定资产加速折旧企业所得税政策的通知》（财税〔2015〕106号）等相关规定执行。

　　二、本通知所称设备、器具，是指除房屋、建筑物以外的固定资产。

《财政部　税务总局关于企业职工教育经费税前扣除政策的通知》

（财税〔2018〕51号）

各省、自治区、直辖市、计划单列市财政厅（局）、国家税务局、地方税务局，新疆生产建设兵团财政局：

为鼓励企业加大职工教育投入,现就企业职工教育经费税前扣除政策通知如下:

一、企业发生的职工教育经费支出,不超过工资薪金总额8%的部分,准予在计算企业所得税应纳税所得额时扣除;超过部分,准予在以后纳税年度结转扣除。

二、本通知自2018年1月1日起执行。

《中华人民共和国企业所得税法》

第一章 总 则

第一条 在中华人民共和国境内,企业和其他取得收入的组织(以下统称企业)为企业所得税的纳税人,依照本法的规定缴纳企业所得税。

个人独资企业、合伙企业不适用本法。

第二条 企业分为居民企业和非居民企业。

本法所称居民企业,是指依法在中国境内成立,或者依照外国(地区)法律成立但实际管理机构在中国境内的企业。

本法所称非居民企业,是指依照外国(地区)法律成立且实际管理机构不在中国境内,但在中国境内设立机构、场所的,或者在中国境内未设立机构、场所,但有来源于中国境内所得的企业。

第三条 居民企业应当就其来源于中国境内、境外的所得缴纳企业所得税。

非居民企业在中国境内设立机构、场所的,应当就其所设机构、场所取得的来源于中国境内的所得,以及发生在中国境外但与其所设机构、场所有实际联系的所得,缴纳企业所得税。

非居民企业在中国境内未设立机构、场所的,或者虽设立机构、场所但取得的所得与其所设机构、场所没有实际联系的,应当就其来源于中国境内的所得缴纳企业所得税。

第四条 企业所得税的税率为25%。

非居民企业取得本法第三条第三款规定的所得,适用税率为20%。

第二章 应纳税所得额

第五条 企业每一纳税年度的收入总额,减除不征税收入、免税收入、各项扣除以及允许弥补的以前年度亏损后的余额,为应纳税所得额。

第六条 企业以货币形式和非货币形式从各种来源取得的收入,为收入总额。包括：

（一）销售货物收入；

（二）提供劳务收入；

（三）转让财产收入；

（四）股息、红利等权益性投资收益；

（五）利息收入；

（六）租金收入；

（七）特许权使用费收入；

（八）接受捐赠收入；

（九）其他收入。

第七条 收入总额中的下列收入为不征税收入：

（一）财政拨款；

（二）依法收取并纳入财政管理的行政事业性收费、政府性基金；

（三）国务院规定的其他不征税收入。

第八条 企业实际发生的与取得收入有关的、合理的支出，包括成本、费用、税金、损失和其他支出，准予在计算应纳税所得额时扣除。

第九条 企业发生的公益性捐赠支出，在年度利润总额12%以内的部分，准予在计算应纳税所得额时扣除；超过年度利润总额12%的部分，准予结转以后三年内在计算应纳税所得额时扣除。

第十条 在计算应纳税所得额时，下列支出不得扣除：

（一）向投资者支付的股息、红利等权益性投资收益款项；

（二）企业所得税税款；

（三）税收滞纳金；

（四）罚金、罚款和被没收财物的损失；

（五）本法第九条规定以外的捐赠支出；

（六）赞助支出；

（七）未经核定的准备金支出；

（八）与取得收入无关的其他支出。

第十一条 在计算应纳税所得额时，企业按照规定计算的固定资产折旧，准予扣除。

下列固定资产不得计算折旧扣除：

（一）房屋、建筑物以外未投入使用的固定资产；

（二）以经营租赁方式租入的固定资产；

（三）以融资租赁方式租出的固定资产；

（四）已足额提取折旧仍继续使用的固定资产；
（五）与经营活动无关的固定资产；
（六）单独估价作为固定资产入账的土地；
（七）其他不得计算折旧扣除的固定资产。

第十二条　在计算应纳税所得额时，企业按照规定计算的无形资产摊销费用，准予扣除。

下列无形资产不得计算摊销费用扣除：
（一）自行开发的支出已在计算应纳税所得额时扣除的无形资产；
（二）自创商誉；
（三）与经营活动无关的无形资产；
（四）其他不得计算摊销费用扣除的无形资产。

第十三条　在计算应纳税所得额时，企业发生的下列支出作为长期待摊费用，按照规定摊销的，准予扣除：
（一）已足额提取折旧的固定资产的改建支出；
（二）租入固定资产的改建支出；
（三）固定资产的大修理支出；
（四）其他应当作为长期待摊费用的支出。

第十四条　企业对外投资期间，投资资产的成本在计算应纳税所得额时不得扣除。

第十五条　企业使用或者销售存货，按照规定计算的存货成本，准予在计算应纳税所得额时扣除。

第十六条　企业转让资产，该项资产的净值，准予在计算应纳税所得额时扣除。

第十七条　企业在汇总计算缴纳企业所得税时，其境外营业机构的亏损不得抵减境内营业机构的盈利。

第十八条　企业纳税年度发生的亏损，准予向以后年度结转，用以后年度的所得弥补，但结转年限最长不得超过五年。

第十九条　非居民企业取得本法第三条第三款规定的所得，按照下列方法计算其应纳税所得额：
（一）股息、红利等权益性投资收益和利息、租金、特许权使用费所得，以收入全额为应纳税所得额；
（二）转让财产所得，以收入全额减除财产净值后的余额为应纳税所得额；
（三）其他所得，参照前两项规定的方法计算应纳税所得额。

第二十条　本章规定的收入、扣除的具体范围、标准和资产的税务处理的具体办法，由国务院财政、税务主管部门规定。

第二十一条 在计算应纳税所得额时，企业财务、会计处理办法与税收法律、行政法规的规定不一致的，应当依照税收法律、行政法规的规定计算。

第三章 应 纳 税 额

第二十二条 企业的应纳税所得额乘以适用税率，减除依照本法关于税收优惠的规定减免和抵免的税额后的余额，为应纳税额。

第二十三条 企业取得的下列所得已在境外缴纳的所得税税额，可以从其当期应纳税额中抵免，抵免限额为该项所得依照本法规定计算的应纳税额；超过抵免限额的部分，可以在以后五个年度内，用每年度抵免限额抵免当年应抵税额后的余额进行抵补：

（一）居民企业来源于中国境外的应税所得；

（二）非居民企业在中国境内设立机构、场所，取得发生在中国境外但与该机构、场所有实际联系的应税所得。

第二十四条 居民企业从其直接或者间接控制的外国企业分得的来源于中国境外的股息、红利等权益性投资收益，外国企业在境外实际缴纳的所得税税额中属于该项所得负担的部分，可以作为该居民企业的可抵免境外所得税税额，在本法第二十三条规定的抵免限额内抵免。

第四章 税 收 优 惠

第二十五条 国家对重点扶持和鼓励发展的产业和项目，给予企业所得税优惠。

第二十六条 企业的下列收入为免税收入：

（一）国债利息收入；

（二）符合条件的居民企业之间的股息、红利等权益性投资收益；

（三）在中国境内设立机构、场所的非居民企业从居民企业取得与该机构、场所有实际联系的股息、红利等权益性投资收益；

（四）符合条件的非营利组织的收入。

第二十七条 企业的下列所得，可以免征、减征企业所得税：

（一）从事农、林、牧、渔业项目的所得；

（二）从事国家重点扶持的公共基础设施项目投资经营的所得；

（三）从事符合条件的环境保护、节能节水项目的所得；

（四）符合条件的技术转让所得；

（五）本法第三条第三款规定的所得。

第二十八条　符合条件的小型微利企业，减按 20% 的税率征收企业所得税。

国家需要重点扶持的高新技术企业，减按 15% 的税率征收企业所得税。

第二十九条　民族自治地方的自治机关对本民族自治地方的企业应缴纳的企业所得税中属于地方分享的部分，可以决定减征或者免征。自治州、自治县决定减征或者免征的，须报省、自治区、直辖市人民政府批准。

第三十条　企业的下列支出，可以在计算应纳税所得额时加计扣除：

（一）开发新技术、新产品、新工艺发生的研究开发费用；

（二）安置残疾人员及国家鼓励安置的其他就业人员所支付的工资。

第三十一条　创业投资企业从事国家需要重点扶持和鼓励的创业投资，可以按投资额的一定比例抵扣应纳税所得额。

第三十二条　企业的固定资产由于技术进步等原因，确需加速折旧的，可以缩短折旧年限或者采取加速折旧的方法。

第三十三条　企业综合利用资源，生产符合国家产业政策规定的产品所取得的收入，可以在计算应纳税所得额时减计收入。

第三十四条　企业购置用于环境保护、节能节水、安全生产等专用设备的投资额，可以按一定比例实行税额抵免。

第三十五条　本法规定的税收优惠的具体办法，由国务院规定。

第三十六条　根据国民经济和社会发展的需要，或者由于突发事件等原因对企业经营活动产生重大影响的，国务院可以制定企业所得税专项优惠政策，报全国人民代表大会常务委员会备案。

第五章　源泉扣缴

第三十七条　对非居民企业取得本法第三条第三款规定的所得应缴纳的所得税，实行源泉扣缴，以支付人为扣缴义务人。税款由扣缴义务人在每次支付或者到期应支付时，从支付或者到期应支付的款项中扣缴。

第三十八条　对非居民企业在中国境内取得工程作业和劳务所得应缴纳的所得税，税务机关可以指定工程价款或者劳务费的支付人为扣缴义务人。

第三十九条　依照本法第三十七条、第三十八条规定应当扣缴的所得税，扣缴义务人未依法扣缴或者无法履行扣缴义务的，由纳税人在所得发生地缴纳。纳税人未依法缴纳的，税务机关可以从该纳税人在中国境内其他收入项目的支付人应付的款项中，追缴该纳税人的应纳税款。

第四十条　扣缴义务人每次代扣的税款，应当自代扣之日起七日内缴入国库，并向所在地的税务机关报送扣缴企业所得税报告表。

第六章 特别纳税调整

第四十一条 企业与其关联方之间的业务往来，不符合独立交易原则而减少企业或者其关联方应纳税收入或者所得额的，税务机关有权按照合理方法调整。

企业与其关联方共同开发、受让无形资产，或者共同提供、接受劳务发生的成本，在计算应纳税所得额时应当按照独立交易原则进行分摊。

第四十二条 企业可以向税务机关提出与其关联方之间业务往来的定价原则和计算方法，税务机关与企业协商、确认后，达成预约定价安排。

第四十三条 企业向税务机关报送年度企业所得税纳税申报表时，应当就其与关联方之间的业务往来，附送年度关联业务往来报告表。

税务机关在进行关联业务调查时，企业及其关联方，以及与关联业务调查有关的其他企业，应当按照规定提供相关资料。

第四十四条 企业不提供与其关联方之间业务往来资料，或者提供虚假、不完整资料，未能真实反映其关联业务往来情况的，税务机关有权依法核定其应纳税所得额。

第四十五条 由居民企业，或者由居民企业和中国居民控制的设立在实际税负明显低于本法第四条第一款规定税率水平的国家（地区）的企业，并非由于合理的经营需要而对利润不作分配或者减少分配的，上述利润中应归属于该居民企业的部分，应当计入该居民企业的当期收入。

第四十六条 企业从其关联方接受的债权性投资与权益性投资的比例超过规定标准而发生的利息支出，不得在计算应纳税所得额时扣除。

第四十七条 企业实施其他不具有合理商业目的的安排而减少其应纳税收入或者所得额的，税务机关有权按照合理方法调整。

第四十八条 税务机关依照本章规定作出纳税调整，需要补征税款的，应当补征税款，并按照国务院规定加收利息。

第七章 征收管理

第四十九条 企业所得税的征收管理除本法规定外，依照《中华人民共和国税收征收管理法》的规定执行。

第五十条 除税收法律、行政法规另有规定外，居民企业以企业登记注册地为纳税地点；但登记注册地在境外的，以实际管理机构所在地为纳税地点。

居民企业在中国境内设立不具有法人资格的营业机构的，应当汇总计算并缴纳企业所得税。

第五十一条　非居民企业取得本法第三条第二款规定的所得，以机构、场所所在地为纳税地点。非居民企业在中国境内设立两个或者两个以上机构、场所的，经税务机关审核批准，可以选择由其主要机构、场所汇总缴纳企业所得税。

非居民企业取得本法第三条第三款规定的所得，以扣缴义务人所在地为纳税地点。

第五十二条　除国务院另有规定外，企业之间不得合并缴纳企业所得税。

第五十三条　企业所得税按纳税年度计算。纳税年度自公历1月1日起至12月31日止。

企业在一个纳税年度中间开业，或者终止经营活动，使该纳税年度的实际经营期不足十二个月的，应当以其实际经营期为一个纳税年度。

企业依法清算时，应当以清算期间作为一个纳税年度。

第五十四条　企业所得税分月或者分季预缴。

企业应当自月份或者季度终了之日起十五日内，向税务机关报送预缴企业所得税纳税申报表，预缴税款。

企业应当自年度终了之日起五个月内，向税务机关报送年度企业所得税纳税申报表，并汇算清缴，结清应缴应退税款。

企业在报送企业所得税纳税申报表时，应当按照规定附送财务会计报告和其他有关资料。

第五十五条　企业在年度中间终止经营活动的，应当自实际经营终止之日起六十日内，向税务机关办理当期企业所得税汇算清缴。

企业应当在办理注销登记前，就其清算所得向税务机关申报并依法缴纳企业所得税。

第五十六条　依照本法缴纳的企业所得税，以人民币计算。所得以人民币以外的货币计算的，应当折合成人民币计算并缴纳税款。

第八章　附　　则

第五十七条　本法公布前已经批准设立的企业，依照当时的税收法律、行政法规规定，享受低税率优惠的，按照国务院规定，可以在本法施行后五年内，逐步过渡到本法规定的税率；享受定期减免税优惠的，按照国务院规定，可以在本法施行后继续享受到期满为止，但因未获利而尚未享受优惠的，优惠期限从本法施行年度起计算。

法律设置的发展对外经济合作和技术交流的特定地区内，以及国务院已规定执行上述地区特殊政策的地区内新设立的国家需要重点扶持的高新技术企业，可以享受过渡性税收优惠，具体办法由国务院规定。

国家已确定的其他鼓励类企业，可以按照国务院规定享受减免税优惠。

第五十八条　中华人民共和国政府同外国政府订立的有关税收的协定与本法有不同规定的，依照协定的规定办理。

第五十九条　国务院根据本法制定实施条例。

第六十条　本法自 2008 年 1 月 1 日起施行。1991 年 4 月 9 日第七届全国人民代表大会第四次会议通过的《中华人民共和国外商投资企业和外国企业所得税法》和 1993 年 12 月 13 日国务院发布的《中华人民共和国企业所得税暂行条例》同时废止。

《中华人民共和国企业所得税法实施条例》

（中华人民共和国国务院令第 512 号）

第一章　总　　则

第一条　根据《中华人民共和国企业所得税法》（以下简称企业所得税法）的规定，制定本条例。

第二条　企业所得税法第一条所称个人独资企业、合伙企业，是指依照中国法律、行政法规成立的个人独资企业、合伙企业。

第三条　企业所得税法第二条所称依法在中国境内成立的企业，包括依照中国法律、行政法规在中国境内成立的企业、事业单位、社会团体以及其他取得收入的组织。

企业所得税法第二条所称依照外国（地区）法律成立的企业，包括依照外国（地区）法律成立的企业和其他取得收入的组织。

第四条　企业所得税法第二条所称实际管理机构，是指对企业的生产经营、人员、账务、财产等实施实质性全面管理和控制的机构。

第五条　企业所得税法第二条第三款所称机构、场所，是指在中国境内从事生产经营活动的机构、场所，包括：

（一）管理机构、营业机构、办事机构；

（二）工厂、农场、开采自然资源的场所；

（三）提供劳务的场所；

（四）从事建筑、安装、装配、修理、勘探等工程作业的场所；

（五）其他从事生产经营活动的机构、场所。

非居民企业委托营业代理人在中国境内从事生产经营活动的，包括委托单位或者个人经常代其签订合同，或者储存、交付货物等，该营业代理人视为非居民企业在中国境内设立的机构、场所。

第六条　企业所得税法第三条所称所得，包括销售货物所得、提供劳务所得、转让财产所得、股息红利等权益性投资所得、利息所得、租金所得、特许权使用费所得、接受捐赠所得和其他所得。

第七条　企业所得税法第三条所称来源于中国境内、境外的所得，按照以下原则确定：

（一）销售货物所得，按照交易活动发生地确定；

（二）提供劳务所得，按照劳务发生地确定；

（三）转让财产所得，不动产转让所得按照不动产所在地确定，动产转让所得按照转让动产的企业或者机构、场所所在地确定，权益性投资资产转让所得按照被投资企业所在地确定；

（四）股息、红利等权益性投资所得，按照分配所得的企业所在地确定；

（五）利息所得、租金所得、特许权使用费所得，按照负担、支付所得的企业或者机构、场所所在地确定，或者按照负担、支付所得的个人的住所地确定；

（六）其他所得，由国务院财政、税务主管部门确定。

第八条　企业所得税法第三条所称实际联系，是指非居民企业在中国境内设立的机构、场所拥有据以取得所得的股权、债权，以及拥有、管理、控制据以取得所得的财产等。

第二章　应纳税所得额

第一节　一般规定

第九条　企业应纳税所得额的计算，以权责发生制为原则，属于当期的收入和费用，不论款项是否收付，均作为当期的收入和费用；不属于当期的收入和费用，即使款项已经在当期收付，均不作为当期的收入和费用。本条例和国务院财政、税务主管部门另有规定的除外。

第十条　企业所得税法第五条所称亏损，是指企业依照企业所得税法和本条例的规定将每一纳税年度的收入总额减除不征税收入、免税收入和各项扣除后小于零的数额。

第十一条　企业所得税法第五十五条所称清算所得，是指企业的全部资产可变现价值或者交易价格减除资产净值、清算费用以及相关税费等后的余额。

投资方企业从被清算企业分得的剩余资产，其中相当于从被清算企业累计未分配利润和累计盈余公积中应当分得的部分，应当确认为股息所得；剩余资产减除上述股息所得后的余额，超过或者低于投资成本的部分，应当确认为投资资产转让所得或者损失。

第二节 收 入

第十二条 企业所得税法第六条所称企业取得收入的货币形式，包括现金、存款、应收账款、应收票据、准备持有至到期的债券投资以及债务的豁免等。

企业所得税法第六条所称企业取得收入的非货币形式，包括固定资产、生物资产、无形资产、股权投资、存货、不准备持有至到期的债券投资、劳务以及有关权益等。

第十三条 企业所得税法第六条所称企业以非货币形式取得的收入，应当按照公允价值确定收入额。

前款所称公允价值，是指按照市场价格确定的价值。

第十四条 企业所得税法第六条第（一）项所称销售货物收入，是指企业销售商品、产品、原材料、包装物、低值易耗品以及其他存货取得的收入。

第十五条 企业所得税法第六条第（二）项所称提供劳务收入，是指企业从事建筑安装、修理修配、交通运输、仓储租赁、金融保险、邮电通信、咨询经纪、文化体育、科学研究、技术服务、教育培训、餐饮住宿、中介代理、卫生保健、社区服务、旅游、娱乐、加工以及其他劳务服务活动取得的收入。

第十六条 企业所得税法第六条第（三）项所称转让财产收入，是指企业转让固定资产、生物资产、无形资产、股权、债权等财产取得的收入。

第十七条 企业所得税法第六条第（四）项所称股息、红利等权益性投资收益，是指企业因权益性投资从被投资方取得的收入。

股息、红利等权益性投资收益，除国务院财政、税务主管部门另有规定外，按照被投资方作出利润分配决定的日期确认收入的实现。

第十八条 企业所得税法第六条第（五）项所称利息收入，是指企业将资金提供他人使用但不构成权益性投资，或者因他人占用本企业资金取得的收入，包括存款利息、贷款利息、债券利息、欠款利息等收入。

利息收入，按照合同约定的债务人应付利息的日期确认收入的实现。

第十九条 企业所得税法第六条第（六）项所称租金收入，是指企业提供固定资产、包装物或者其他有形资产的使用权取得的收入。

租金收入，按照合同约定的承租人应付租金的日期确认收入的实现。

第二十条 企业所得税法第六条第（七）项所称特许权使用费收入，是指企业提供专利权、非专利技术、商标权、著作权以及其他特许权的使用权取得的收入。

特许权使用费收入,按照合同约定的特许权使用人应付特许权使用费的日期确认收入的实现。

第二十一条　企业所得税法第六条第（八）项所称接受捐赠收入,是指企业接受的来自其他企业、组织或者个人无偿给予的货币性资产、非货币性资产。

接受捐赠收入,按照实际收到捐赠资产的日期确认收入的实现。

第二十二条　企业所得税法第六条第（九）项所称其他收入,是指企业取得的除企业所得税法第六条第（一）项至第（八）项规定的收入外的其他收入,包括企业资产溢余收入、逾期未退包装物押金收入、确实无法偿付的应付款项、已作坏账损失处理后又收回的应收款项、债务重组收入、补贴收入、违约金收入、汇兑收益等。

第二十三条　企业的下列生产经营业务可以分期确认收入的实现：

（一）以分期收款方式销售货物的,按照合同约定的收款日期确认收入的实现；

（二）企业受托加工制造大型机械设备、船舶、飞机,以及从事建筑、安装、装配工程业务或者提供其他劳务等,持续时间超过12个月的,按照纳税年度内完工进度或者完成的工作量确认收入的实现。

第二十四条　采取产品分成方式取得收入的,按照企业分得产品的日期确认收入的实现,其收入额按照产品的公允价值确定。

第二十五条　企业发生非货币性资产交换,以及将货物、财产、劳务用于捐赠、偿债、赞助、集资、广告、样品、职工福利或者利润分配等用途的,应当视同销售货物、转让财产或者提供劳务,但国务院财政、税务主管部门另有规定的除外。

第二十六条　企业所得税法第七条第（一）项所称财政拨款,是指各级人民政府对纳入预算管理的事业单位、社会团体等组织拨付的财政资金,但国务院和国务院财政、税务主管部门另有规定的除外。

企业所得税法第七条第（二）项所称行政事业性收费,是指依照法律法规等有关规定,按照国务院规定程序批准,在实施社会公共管理,以及在向公民、法人或者其他组织提供特定公共服务过程中,向特定对象收取并纳入财政管理的费用。

企业所得税法第七条第（二）项所称政府性基金,是指企业依照法律、行政法规等有关规定,代政府收取的具有专项用途的财政资金。

企业所得税法第七条第（三）项所称国务院规定的其他不征税收入,是指企业取得的，由国务院财政、税务主管部门规定专项用途并经国务院批准的财政性资金。

第三节 扣 除

第二十七条 企业所得税法第八条所称有关的支出，是指与取得收入直接相关的支出。

企业所得税法第八条所称合理的支出，是指符合生产经营活动常规，应当计入当期损益或者有关资产成本的必要和正常的支出。

第二十八条 企业发生的支出应当区分收益性支出和资本性支出。收益性支出在发生当期直接扣除；资本性支出应当分期扣除或者计入有关资产成本，不得在发生当期直接扣除。

企业的不征税收入用于支出所形成的费用或者财产，不得扣除或者计算对应的折旧、摊销扣除。

除企业所得税法和本条例另有规定外，企业实际发生的成本、费用、税金、损失和其他支出，不得重复扣除。

第二十九条 企业所得税法第八条所称成本，是指企业在生产经营活动中发生的销售成本、销货成本、业务支出以及其他耗费。

第三十条 企业所得税法第八条所称费用，是指企业在生产经营活动中发生的销售费用、管理费用和财务费用，已经计入成本的有关费用除外。

第三十一条 企业所得税法第八条所称税金，是指企业发生的除企业所得税和允许抵扣的增值税以外的各项税金及其附加。

第三十二条 企业所得税法第八条所称损失，是指企业在生产经营活动中发生的固定资产和存货的盘亏、毁损、报废损失，转让财产损失，呆账损失，坏账损失，自然灾害等不可抗力因素造成的损失以及其他损失。

企业发生的损失，减除责任人赔偿和保险赔款后的余额，依照国务院财政、税务主管部门的规定扣除。

企业已经作为损失处理的资产，在以后纳税年度又全部收回或者部分收回时，应当计入当期收入。

第三十三条 企业所得税法第八条所称其他支出，是指除成本、费用、税金、损失外，企业在生产经营活动中发生的与生产经营活动有关的、合理的支出。

第三十四条 企业发生的合理的工资、薪金支出，准予扣除。

前款所称工资、薪金，是指企业每一纳税年度支付给在本企业任职或者受雇的员工的所有现金形式或者非现金形式的劳动报酬，包括基本工资、奖金、津贴、补贴、年终加薪、加班工资,以及与员工任职或者受雇有关的其他支出。

第三十五条　企业依照国务院有关主管部门或者省级人民政府规定的范围和标准为职工缴纳的基本养老保险费、基本医疗保险费、失业保险费、工伤保险费、生育保险费等基本社会保险费和住房公积金,准予扣除。

企业为投资者或者职工支付的补充养老保险费、补充医疗保险费,在国务院财政、税务主管部门规定的范围和标准内,准予扣除。

第三十六条　除企业依照国家有关规定为特殊工种职工支付的人身安全保险费和国务院财政、税务主管部门规定可以扣除的其他商业保险费外,企业为投资者或者职工支付的商业保险费,不得扣除。

第三十七条　企业在生产经营活动中发生的合理的不需要资本化的借款费用,准予扣除。

企业为购置、建造固定资产、无形资产和经过12个月以上的建造才能达到预定可销售状态的存货发生借款的,在有关资产购置、建造期间发生的合理的借款费用,应当作为资本性支出计入有关资产的成本,并依照本条例的规定扣除。

第三十八条　企业在生产经营活动中发生的下列利息支出,准予扣除:

(一)非金融企业向金融企业借款的利息支出、金融企业的各项存款利息支出和同业拆借利息支出、企业经批准发行债券的利息支出;

(二)非金融企业向非金融企业借款的利息支出,不超过按照金融企业同期同类贷款利率计算的数额的部分。

第三十九条　企业在货币交易中,以及纳税年度终了时将人民币以外的货币性资产、负债按照期末即期人民币汇率中间价折算为人民币时产生的汇兑损失,除已经计入有关资产成本以及与向所有者进行利润分配相关的部分外,准予扣除。

第四十条　企业发生的职工福利费支出,不超过工资、薪金总额14%的部分,准予扣除。

第四十一条　企业拨缴的工会经费,不超过工资、薪金总额2%的部分,准予扣除。

第四十二条　除国务院财政、税务主管部门另有规定外,企业发生的职工教育经费支出,不超过工资、薪金总额2.5%的部分,准予扣除;超过部分,准予在以后纳税年度结转扣除。

第四十三条　企业发生的与生产经营活动有关的业务招待费支出,按照发生额的60%扣除,但最高不得超过当年销售(营业)收入的5‰。

第四十四条　企业发生的符合条件的广告费和业务宣传费支出,除国务院财政、税务主管部门另有规定外，不超过当年销售（营业）收入15%的部分，准予扣除；超过部分，准予在以后纳税年度结转扣除。

第四十五条　企业依照法律、行政法规有关规定提取的用于环境保护、生态恢复等方面的专项资金，准予扣除。上述专项资金提取后改变用途的，不得扣除。

第四十六条　企业参加财产保险，按照规定缴纳的保险费，准予扣除。

第四十七条　企业根据生产经营活动的需要租入固定资产支付的租赁费，按照以下方法扣除：

（一）以经营租赁方式租入固定资产发生的租赁费支出，按照租赁期限均匀扣除；

（二）以融资租赁方式租入固定资产发生的租赁费支出，按照规定构成融资租入固定资产价值的部分应当提取折旧费用，分期扣除。

第四十八条　企业发生的合理的劳动保护支出，准予扣除。

第四十九条　企业之间支付的管理费、企业内营业机构之间支付的租金和特许权使用费，以及非银行企业内营业机构之间支付的利息，不得扣除。

第五十条　非居民企业在中国境内设立的机构、场所，就其中国境外总机构发生的与该机构、场所生产经营有关的费用，能够提供总机构出具的费用汇集范围、定额、分配依据和方法等证明文件，并合理分摊的，准予扣除。

第五十一条　企业所得税法第九条所称公益性捐赠，是指企业通过公益性社会团体或者县级以上人民政府及其部门，用于《中华人民共和国公益事业捐赠法》规定的公益事业的捐赠。

第五十二条　本条例第五十一条所称公益性社会团体，是指同时符合下列条件的基金会、慈善组织等社会团体：

（一）依法登记，具有法人资格；

（二）以发展公益事业为宗旨，且不以营利为目的；

（三）全部资产及其增值为该法人所有；

（四）收益和营运结余主要用于符合该法人设立目的的事业；

（五）终止后的剩余财产不归属任何个人或者营利组织；

（六）不经营与其设立目的无关的业务；

（七）有健全的财务会计制度；

（八）捐赠者不以任何形式参与社会团体财产的分配；

（九）国务院财政、税务主管部门会同国务院民政部门等登记管理部门规定的其他条件。

第五十三条　企业发生的公益性捐赠支出，不超过年度利润总额12%的部分，准予扣除。

年度利润总额，是指企业依照国家统一会计制度的规定计算的年度会计利润。

第五十四条　企业所得税法第十条第（六）项所称赞助支出，是指企业发生的与生产经营活动无关的各种非广告性质支出。

第五十五条　企业所得税法第十条第（七）项所称未经核定的准备金支出，是指不符合国务院财政、税务主管部门规定的各项资产减值准备、风险准备等准备金支出。

第四节　资产的税务处理

第五十六条　企业的各项资产，包括固定资产、生物资产、无形资产、长期待摊费用、投资资产、存货等，以历史成本为计税基础。

前款所称历史成本，是指企业取得该项资产时实际发生的支出。

企业持有各项资产期间资产增值或者减值，除国务院财政、税务主管部门规定可以确认损益外，不得调整该资产的计税基础。

第五十七条　企业所得税法第十一条所称固定资产，是指企业为生产产品、提供劳务、出租或者经营管理而持有的、使用时间超过12个月的非货币性资产，包括房屋、建筑物、机器、机械、运输工具以及其他与生产经营活动有关的设备、器具、工具等。

第五十八条　固定资产按照以下方法确定计税基础：

（一）外购的固定资产，以购买价款和支付的相关税费以及直接归属于使该资产达到预定用途发生的其他支出为计税基础；

（二）自行建造的固定资产，以竣工结算前发生的支出为计税基础；

（三）融资租入的固定资产，以租赁合同约定的付款总额和承租人在签订租赁合同过程中发生的相关费用为计税基础，租赁合同未约定付款总额的，以该资产的公允价值和承租人在签订租赁合同过程中发生的相关费用为计税基础；

（四）盘盈的固定资产，以同类固定资产的重置完全价值为计税基础；

（五）通过捐赠、投资、非货币性资产交换、债务重组等方式取得的固定资产，以该资产的公允价值和支付的相关税费为计税基础；

（六）改建的固定资产，除企业所得税法第十三条第（一）项和第（二）项规定的支出外，以改建过程中发生的改建支出增加计税基础。

第五十九条　固定资产按照直线法计算的折旧，准予扣除。

企业应当自固定资产投入使用月份的次月起计算折旧；停止使用的固定资产，应当自停止使用月份的次月起停止计算折旧。

企业应当根据固定资产的性质和使用情况，合理确定固定资产的预计净残值。固定资产的预计净残值一经确定，不得变更。

第六十条　除国务院财政、税务主管部门另有规定外，固定资产计算折旧的最低年限如下：

（一）房屋、建筑物，为 20 年；

（二）飞机、火车、轮船、机器、机械和其他生产设备，为 10 年；

（三）与生产经营活动有关的器具、工具、家具等，为 5 年；

（四）飞机、火车、轮船以外的运输工具，为 4 年；

（五）电子设备，为 3 年。

第六十一条　从事开采石油、天然气等矿产资源的企业，在开始商业性生产前发生的费用和有关固定资产的折耗、折旧方法，由国务院财政、税务主管部门另行规定。

第六十二条　生产性生物资产按照以下方法确定计税基础：

（一）外购的生产性生物资产，以购买价款和支付的相关税费为计税基础；

（二）通过捐赠、投资、非货币性资产交换、债务重组等方式取得的生产性生物资产，以该资产的公允价值和支付的相关税费为计税基础。

前款所称生产性生物资产，是指企业为生产农产品、提供劳务或者出租等而持有的生物资产，包括经济林、薪炭林、产畜和役畜等。

第六十三条　生产性生物资产按照直线法计算的折旧，准予扣除。

企业应当自生产性生物资产投入使用月份的次月起计算折旧；停止使用的生产性生物资产，应当自停止使用月份的次月起停止计算折旧。

企业应当根据生产性生物资产的性质和使用情况，合理确定生产性生物资产的预计净残值。生产性生物资产的预计净残值一经确定，不得变更。

第六十四条　生产性生物资产计算折旧的最低年限如下：

（一）林木类生产性生物资产，为 10 年；

（二）畜类生产性生物资产，为 3 年。

第六十五条　企业所得税法第十二条所称无形资产，是指企业为生产产品、提供劳务、出租或者经营管理而持有的、没有实物形态的非货币性长期资产，包括专利权、商标权、著作权、土地使用权、非专利技术、商誉等。

第六十六条　无形资产按照以下方法确定计税基础：

（一）外购的无形资产，以购买价款和支付的相关税费以及直接归属于使该资产达到预定用途发生的其他支出为计税基础；

（二）自行开发的无形资产，以开发过程中该资产符合资本化条件后至达到预定用途前发生的支出为计税基础；

第 3 章 企业所得税

（三）通过捐赠、投资、非货币性资产交换、债务重组等方式取得的无形资产，以该资产的公允价值和支付的相关税费为计税基础。

第六十七条 无形资产按照直线法计算的摊销费用，准予扣除。

无形资产的摊销年限不得低于 10 年。

作为投资或者受让的无形资产，有关法律规定或者合同约定了使用年限的，可以按照规定或者约定的使用年限分期摊销。

外购商誉的支出，在企业整体转让或者清算时，准予扣除。

第六十八条 企业所得税法第十三条第（一）项和第（二）项所称固定资产的改建支出，是指改变房屋或者建筑物结构、延长使用年限等发生的支出。

企业所得税法第十三条第（一）项规定的支出，按照固定资产预计尚可使用年限分期摊销；第（二）项规定的支出，按照合同约定的剩余租赁期限分期摊销。

改建的固定资产延长使用年限的，除企业所得税法第十三条第（一）项和第（二）项规定外，应当适当延长折旧年限。

第六十九条 企业所得税法第十三条第（三）项所称固定资产的大修理支出，是指同时符合下列条件的支出：

（一）修理支出达到取得固定资产时的计税基础 50% 以上；

（二）修理后固定资产的使用年限延长 2 年以上。

企业所得税法第十三条第（三）项规定的支出，按照固定资产尚可使用年限分期摊销。

第七十条 企业所得税法第十三条第（四）项所称其他应当作为长期待摊费用的支出，自支出发生月份的次月起，分期摊销，摊销年限不得低于 3 年。

第七十一条 企业所得税法第十四条所称投资资产，是指企业对外进行权益性投资和债权性投资形成的资产。

企业在转让或者处置投资资产时，投资资产的成本，准予扣除。

投资资产按照以下方法确定成本：

（一）通过支付现金方式取得的投资资产，以购买价款为成本；

（二）通过支付现金以外的方式取得的投资资产，以该资产的公允价值和支付的相关税费为成本。

第七十二条 企业所得税法第十五条所称存货，是指企业持有以备出售的产品或者商品、处在生产过程中的在产品、在生产或者提供劳务过程中耗用的材料和物料等。

存货按照以下方法确定成本：

（一）通过支付现金方式取得的存货，以购买价款和支付的相关税费为成本；

（二）通过支付现金以外的方式取得的存货，以该存货的公允价值和支付的相关税费为成本；

（三）生产性生物资产收获的农产品，以产出或者采收过程中发生的材料费、人工费和分摊的间接费用等必要支出为成本。

第七十三条　企业使用或者销售的存货的成本计算方法，可以在先进先出法、加权平均法、个别计价法中选用一种。计价方法一经选用，不得随意变更。

第七十四条　企业所得税法第十六条所称资产的净值和第十九条所称财产净值，是指有关资产、财产的计税基础减除已经按照规定扣除的折旧、折耗、摊销、准备金等后的余额。

第七十五条　除国务院财政、税务主管部门另有规定外，企业在重组过程中，应当在交易发生时确认有关资产的转让所得或者损失，相关资产应当按照交易价格重新确定计税基础。

第三章　应纳税额

第七十六条　企业所得税法第二十二条规定的应纳税额的计算公式为：

$$应纳税额 = 应纳税所得额 \times 适用税率 - 减免税额 - 抵免税额$$

公式中的减免税额和抵免税额，是指依照企业所得税法和国务院的税收优惠规定减征、免征和抵免的应纳税额。

第七十七条　企业所得税法第二十三条所称已在境外缴纳的所得税税额，是指企业来源于中国境外的所得依照中国境外税收法律以及相关规定应当缴纳并已经实际缴纳的企业所得税性质的税款。

第七十八条　企业所得税法第二十三条所称抵免限额，是指企业来源于中国境外的所得，依照企业所得税法和本条例的规定计算的应纳税额。除国务院财政、税务主管部门另有规定外，该抵免限额应当分国（地区）不分项计算，计算公式如下：

$$抵免限额 = 中国境内、境外所得依照企业所得税法和本条例的规定计算的应纳税总额 \times 来源于某国（地区）的应纳税所得额 \div 中国境内、境外应纳税所得总额$$

第七十九条　企业所得税法第二十三条所称5个年度，是指从企业取得的来源于中国境外的所得，已经在中国境外缴纳的企业所得税性质的税额超过抵免限额的当年的次年起连续5个纳税年度。

第八十条　企业所得税法第二十四条所称直接控制，是指居民企业直接持有外国企业20%以上股份。

企业所得税法第二十四条所称间接控制，是指居民企业以间接持股方式持有外国企业20%以上股份，具体认定办法由国务院财政、税务主管部门另行制定。

第八十一条　企业依照企业所得税法第二十三条、第二十四条的规定抵免企业所得税税额时，应当提供中国境外税务机关出具的税款所属年度的有关纳税凭证。

第四章　税　收　优　惠

第八十二条　企业所得税法第二十六条第（一）项所称国债利息收入，是指企业持有国务院财政部门发行的国债取得的利息收入。

第八十三条　企业所得税法第二十六条第（二）项所称符合条件的居民企业之间的股息、红利等权益性投资收益，是指居民企业直接投资于其他居民企业取得的投资收益。企业所得税法第二十六条第（二）项和第（三）项所称股息、红利等权益性投资收益，不包括连续持有居民企业公开发行并上市流通的股票不足12个月取得的投资收益。

第八十四条　企业所得税法第二十六条第（四）项所称符合条件的非营利组织，是指同时符合下列条件的组织：

（一）依法履行非营利组织登记手续；

（二）从事公益性或者非营利性活动；

（三）取得的收入除用于与该组织有关的、合理的支出外，全部用于登记核定或者章程规定的公益性或者非营利性事业；

（四）财产及其孳息不用于分配；

（五）按照登记核定或者章程规定，该组织注销后的剩余财产用于公益性或者非营利性目的，或者由登记管理机关转赠给与该组织性质、宗旨相同的组织，并向社会公告；

（六）投入人对投入该组织的财产不保留或者享有任何财产权利；

（七）工作人员工资福利开支控制在规定的比例内，不变相分配该组织的财产。

前款规定的非营利组织的认定管理办法由国务院财政、税务主管部门会同国务院有关部门制定。

第八十五条　企业所得税法第二十六条第（四）项所称符合条件的非营利组织的收入，不包括非营利组织从事营利性活动取得的收入，但国务院财政、税务主管部门另有规定的除外。

第八十六条　企业所得税法第二十七条第（一）项规定的企业从事农、

林、牧、渔业项目的所得，可以免征、减征企业所得税，是指：

（一）企业从事下列项目的所得，免征企业所得税：

1. 蔬菜、谷物、薯类、油料、豆类、棉花、麻类、糖料、水果、坚果的种植；

2. 农作物新品种的选育；

3. 中药材的种植；

4. 林木的培育和种植；

5. 牲畜、家禽的饲养；

6. 林产品的采集；

7. 灌溉、农产品初加工、兽医、农技推广、农机作业和维修等农、林、牧、渔服务业项目；

8. 远洋捕捞。

（二）企业从事下列项目的所得，减半征收企业所得税：

1. 花卉、茶以及其他饮料作物和香料作物的种植；

2. 海水养殖、内陆养殖。

企业从事国家限制和禁止发展的项目，不得享受本条规定的企业所得税优惠。

第八十七条　企业所得税法第二十七条第（二）项所称国家重点扶持的公共基础设施项目，是指《公共基础设施项目企业所得税优惠目录》规定的港口码头、机场、铁路、公路、城市公共交通、电力、水利等项目。

企业从事前款规定的国家重点扶持的公共基础设施项目的投资经营的所得，自项目取得第一笔生产经营收入所属纳税年度起，第一年至第三年免征企业所得税，第四年至第六年减半征收企业所得税。

企业承包经营、承包建设和内部自建自用本条规定的项目，不得享受本条规定的企业所得税优惠。

第八十八条　企业所得税法第二十七条第（三）项所称符合条件的环境保护、节能节水项目，包括公共污水处理、公共垃圾处理、沼气综合开发利用、节能减排技术改造、海水淡化等。项目的具体条件和范围由国务院财政、税务主管部门商国务院有关部门制定，报国务院批准后公布施行。

企业从事前款规定的符合条件的环境保护、节能节水项目的所得，自项目取得第一笔生产经营收入所属纳税年度起，第一年至第三年免征企业所得税，第四年至第六年减半征收企业所得税。

第八十九条　依照本条例第八十七条和第八十八条规定享受减免税优惠的项目，在减免税期限内转让的，受让方自受让之日起，可以在剩余期限内享受规定的减免税优惠；减免税期限届满后转让的，受让方不得就该项目重复享受减免税优惠。

第九十条　企业所得税法第二十七条第（四）项所称符合条件的技术转让所得免征、减征企业所得税，是指一个纳税年度内，居民企业技术转让所得不超过500万元的部分，免征企业所得税；超过500万元的部分，减半征收企业所得税。

第九十一条　非居民企业取得企业所得税法第二十七条第（五）项规定的所得，减按10%的税率征收企业所得税。

下列所得可以免征企业所得税：

（一）外国政府向中国政府提供贷款取得的利息所得；

（二）国际金融组织向中国政府和居民企业提供优惠贷款取得的利息所得；

（三）经国务院批准的其他所得。

第九十二条　企业所得税法第二十八条第一款所称符合条件的小型微利企业，是指从事国家非限制和禁止行业，并符合下列条件的企业：

（一）工业企业，年度应纳税所得额不超过30万元，从业人数不超过100人，资产总额不超过3000万元；

（二）其他企业，年度应纳税所得额不超过30万元，从业人数不超过80人，资产总额不超过1000万元。

第九十三条　企业所得税法第二十八条第二款所称国家需要重点扶持的高新技术企业，是指拥有核心自主知识产权，并同时符合下列条件的企业：

（一）产品（服务）属于《国家重点支持的高新技术领域》规定的范围；

（二）研究开发费用占销售收入的比例不低于规定比例；

（三）高新技术产品（服务）收入占企业总收入的比例不低于规定比例；

（四）科技人员占企业职工总数的比例不低于规定比例；

（五）高新技术企业认定管理办法规定的其他条件。

《国家重点支持的高新技术领域》和高新技术企业认定管理办法由国务院科技、财政、税务主管部门商国务院有关部门制定，报国务院批准后公布施行。

第九十四条　企业所得税法第二十九条所称民族自治地方，是指依照《中华人民共和国民族区域自治法》的规定，实行民族区域自治的自治区、自治州、自治县。

对民族自治地方内国家限制和禁止行业的企业，不得减征或者免征企业所得税。

第九十五条　企业所得税法第三十条第（一）项所称研究开发费用的加计扣除，是指企业为开发新技术、新产品、新工艺发生的研究开发费用，未形成无形资产计入当期损益的,在按照规定据实扣除的基础上,按照研究开发费用的50%加计扣除;形成无形资产的,按照无形资产成本的150%摊销。

第九十六条　企业所得税法第三十条第(二)项所称企业安置残疾人员所支付的工资的加计扣除,是指企业安置残疾人员的,在按照支付给残疾职工工资据实扣除的基础上,按照支付给残疾职工工资的100%加计扣除。残疾人员的范围适用《中华人民共和国残疾人保障法》的有关规定。

企业所得税法第三十条第(二)项所称企业安置国家鼓励安置的其他就业人员所支付的工资的加计扣除办法,由国务院另行规定。

第九十七条　企业所得税法第三十一条所称抵扣应纳税所得额,是指创业投资企业采取股权投资方式投资于未上市的中小高新技术企业2年以上的,可以按照其投资额的70%在股权持有满2年的当年抵扣该创业投资企业的应纳税所得额;当年不足抵扣的,可以在以后纳税年度结转抵扣。

第九十八条　企业所得税法第三十二条所称可以采取缩短折旧年限或者采取加速折旧的方法的固定资产,包括:

(一)由于技术进步,产品更新换代较快的固定资产;

(二)常年处于强震动、高腐蚀状态的固定资产。

采取缩短折旧年限方法的,最低折旧年限不得低于本条例第六十条规定折旧年限的60%;采取加速折旧方法的,可以采取双倍余额递减法或者年数总和法。

第九十九条　企业所得税法第三十三条所称减计收入,是指企业以《资源综合利用企业所得税优惠目录》规定的资源作为主要原材料,生产国家非限制和禁止并符合国家和行业相关标准的产品取得的收入,减按90%计入收入总额。

前款所称原材料占生产产品材料的比例不得低于《资源综合利用企业所得税优惠目录》规定的标准。

第一百条　企业所得税法第三十四条所称税额抵免,是指企业购置并实际使用《环境保护专用设备企业所得税优惠目录》、《节能节水专用设备企业所得税优惠目录》和《安全生产专用设备企业所得税优惠目录》规定的环境保护、节能节水、安全生产等专用设备的,该专用设备的投资额的10%可以从企业当年的应纳税额中抵免;当年不足抵免的,可以在以后5个纳税年度结转抵免。

享受前款规定的企业所得税优惠的企业,应当实际购置并自身实际投入使用前款规定的专用设备;企业购置上述专用设备在5年内转让、出租的,应当停止享受企业所得税优惠,并补缴已经抵免的企业所得税税款。

第一百零一条　本章第八十七条、第九十九条、第一百条规定的企业所得税优惠目录，由国务院财政、税务主管部门商国务院有关部门制定，报国务院批准后公布施行。

第一百零二条　企业同时从事适用不同企业所得税待遇的项目的，其优惠项目应当单独计算所得，并合理分摊企业的期间费用；没有单独计算的，不得享受企业所得税优惠。

第五章　源泉扣缴

第一百零三条　依照企业所得税法对非居民企业应当缴纳的企业所得税实行源泉扣缴的，应当依照企业所得税法第十九条的规定计算应纳税所得额。

企业所得税法第十九条所称收入全额，是指非居民企业向支付人收取的全部价款和价外费用。

第一百零四条　企业所得税法第三十七条所称支付人，是指依照有关法律规定或者合同约定对非居民企业直接负有支付相关款项义务的单位或者个人。

第一百零五条　企业所得税法第三十七条所称支付，包括现金支付、汇拨支付、转账支付和权益兑价支付等货币支付和非货币支付。

企业所得税法第三十七条所称到期应支付的款项，是指支付人按照权责发生制原则应当计入相关成本、费用的应付款项。

第一百零六条　企业所得税法第三十八条规定的可以指定扣缴义务人的情形，包括：

（一）预计工程作业或者提供劳务期限不足一个纳税年度，且有证据表明不履行纳税义务的；

（二）没有办理税务登记或者临时税务登记，且未委托中国境内的代理人履行纳税义务的；

（三）未按照规定期限办理企业所得税纳税申报或者预缴申报的。

前款规定的扣缴义务人，由县级以上税务机关指定，并同时告知扣缴义务人所扣税款的计算依据、计算方法、扣缴期限和扣缴方式。

第一百零七条　企业所得税法第三十九条所称所得发生地，是指依照本条例第七条规定的原则确定的所得发生地。在中国境内存在多处所得发生地的，由纳税人选择其中之一申报缴纳企业所得税。

第一百零八条　企业所得税法第三十九条所称该纳税人在中国境内其他收入，是指该纳税人在中国境内取得的其他各种来源的收入。

税务机关在追缴该纳税人应纳税款时，应当将追缴理由、追缴数额、缴纳期限和缴纳方式等告知该纳税人。

第六章 特别纳税调整

第一百零九条 企业所得税法第四十一条所称关联方，是指与企业有下列关联关系之一的企业、其他组织或者个人：

（一）在资金、经营、购销等方面存在直接或者间接的控制关系；

（二）直接或者间接地同为第三者控制；

（三）在利益上具有相关联的其他关系。

第一百一十条 企业所得税法第四十一条所称独立交易原则，是指没有关联关系的交易各方，按照公平成交价格和营业常规进行业务往来遵循的原则。

第一百一十一条 企业所得税法第四十一条所称合理方法，包括：

（一）可比非受控价格法，是指按照没有关联关系的交易各方进行相同或者类似业务往来的价格进行定价的方法；

（二）再销售价格法，是指按照从关联方购进商品再销售给没有关联关系的交易方的价格，减除相同或者类似业务的销售毛利进行定价的方法；

（三）成本加成法，是指按照成本加合理的费用和利润进行定价的方法；

（四）交易净利润法，是指按照没有关联关系的交易各方进行相同或者类似业务往来取得的净利润水平确定利润的方法；

（五）利润分割法，是指将企业与其关联方的合并利润或者亏损在各方之间采用合理标准进行分配的方法；

（六）其他符合独立交易原则的方法。

第一百一十二条 企业可以依照企业所得税法第四十一条第二款的规定，按照独立交易原则与其关联方分摊共同发生的成本，达成成本分摊协议。

企业与其关联方分摊成本时，应当按照成本与预期收益相配比的原则进行分摊，并在税务机关规定的期限内，按照税务机关的要求报送有关资料。

企业与其关联方分摊成本时违反本条第一款、第二款规定的，其自行分摊的成本不得在计算应纳税所得额时扣除。

第一百一十三条 企业所得税法第四十二条所称预约定价安排，是指企业就其未来年度关联交易的定价原则和计算方法，向税务机关提出申请，与税务机关按照独立交易原则协商、确认后达成的协议。

第一百一十四条 企业所得税法第四十三条所称相关资料，包括：

（一）与关联业务往来有关的价格、费用的制定标准、计算方法和说明等同期资料；

（二）关联业务往来所涉及的财产、财产使用权、劳务等的再销售（转让）价格或者最终销售（转让）价格的相关资料；

（三）与关联业务调查有关的其他企业应当提供的与被调查企业可比的产品价格、定价方式以及利润水平等资料；

（四）其他与关联业务往来有关的资料。

企业所得税法第四十三条所称与关联业务调查有关的其他企业，是指与被调查企业在生产经营内容和方式上相类似的企业。

企业应当在税务机关规定的期限内提供与关联业务往来有关的价格、费用的制定标准、计算方法和说明等资料。关联方以及与关联业务调查有关的其他企业应当在税务机关与其约定的期限内提供相关资料。

第一百一十五条　税务机关依照企业所得税法第四十四条的规定核定企业的应纳税所得额时，可以采用下列方法：

（一）参照同类或者类似企业的利润率水平核定；

（二）按照企业成本加合理的费用和利润的方法核定；

（三）按照关联企业集团整体利润的合理比例核定；

（四）按照其他合理方法核定。

企业对税务机关按照前款规定的方法核定的应纳税所得额有异议的，应当提供相关证据，经税务机关认定后，调整核定的应纳税所得额。

第一百一十六条　企业所得税法第四十五条所称中国居民，是指根据《中华人民共和国个人所得税法》的规定，就其从中国境内、境外取得的所得在中国缴纳个人所得税的个人。

第一百一十七条　企业所得税法第四十五条所称控制，包括：

（一）居民企业或者中国居民直接或者间接单一持有外国企业10%以上有表决权股份，且由其共同持有该外国企业50%以上股份；

（二）居民企业，或者居民企业和中国居民持股比例没有达到第（一）项规定的标准，但在股份、资金、经营、购销等方面对该外国企业构成实质控制。

第一百一十八条　企业所得税法第四十五条所称实际税负明显低于企业所得税法第四条第一款规定税率水平，是指低于企业所得税法第四条第一款规定税率的50%。

第一百一十九条　企业所得税法第四十六条所称债权性投资，是指企业直接或者间接从关联方获得的，需要偿还本金和支付利息或者需要以其他具有支付利息性质的方式予以补偿的融资。

企业间接从关联方获得的债权性投资，包括：

（一）关联方通过无关联第三方提供的债权性投资；

（二）无关联第三方提供的、由关联方担保且负有连带责任的债权性投资；

（三）其他间接从关联方获得的具有负债实质的债权性投资。

企业所得税法第四十六条所称权益性投资，是指企业接受的不需要偿还本金和支付利息，投资人对企业净资产拥有所有权的投资。

企业所得税法第四十六条所称标准，由国务院财政、税务主管部门另行规定。

第一百二十条　企业所得税法第四十七条所称不具有合理商业目的，是指以减少、免除或者推迟缴纳税款为主要目的。

第一百二十一条　税务机关根据税收法律、行政法规的规定，对企业作出特别纳税调整的，应当对补征的税款，自税款所属纳税年度的次年6月1日起至补缴税款之日止的期间，按日加收利息。

前款规定加收的利息，不得在计算应纳税所得额时扣除。

第一百二十二条　企业所得税法第四十八条所称利息，应当按照税款所属纳税年度中国人民银行公布的与补税期间同期的人民币贷款基准利率加5个百分点计算。

企业依照企业所得税法第四十三条和本条例的规定提供有关资料的，可以只按前款规定的人民币贷款基准利率计算利息。

第一百二十三条　企业与其关联方之间的业务往来，不符合独立交易原则，或者企业实施其他不具有合理商业目的安排的，税务机关有权在该业务发生的纳税年度起10年内，进行纳税调整。

第七章　征收管理

第一百二十四条　企业所得税法第五十条所称企业登记注册地，是指企业依照国家有关规定登记注册的住所地。

第一百二十五条　企业汇总计算并缴纳企业所得税时，应当统一核算应纳税所得额，具体办法由国务院财政、税务主管部门另行制定。

第一百二十六条　企业所得税法第五十一条所称主要机构、场所，应当同时符合下列条件：

（一）对其他各机构、场所的生产经营活动负有监督管理责任；

（二）设有完整的账簿、凭证，能够准确反映各机构、场所的收入、成本、费用和盈亏情况。

第一百二十七条　企业所得税法第五十一条所称经税务机关审核批准，是指经各机构、场所所在地税务机关的共同上级税务机关审核批准。

非居民企业经批准汇总缴纳企业所得税后，需要增设、合并、迁移、关闭机构、场所或者停止机构、场所业务的，应当事先由负责汇总申报缴纳企业所得税的主要机构、场所向其所在地税务机关报告；需要变更汇总缴纳企业所得税的主要机构、场所的，依照前款规定办理。

第一百二十八条 企业所得税分月或者分季预缴，由税务机关具体核定。

企业根据企业所得税法第五十四条规定分月或者分季预缴企业所得税时，应当按照月度或者季度的实际利润额预缴；按照月度或者季度的实际利润额预缴有困难的，可以按照上一纳税年度应纳税所得额的月度或者季度平均额预缴，或者按照经税务机关认可的其他方法预缴。预缴方法一经确定，该纳税年度内不得随意变更。

第一百二十九条 企业在纳税年度内无论盈利或者亏损，都应当依照企业所得税法第五十四条规定的期限，向税务机关报送预缴企业所得税纳税申报表、年度企业所得税纳税申报表、财务会计报告和税务机关规定应当报送的其他有关资料。

第一百三十条 企业所得以人民币以外的货币计算的，预缴企业所得税时，应当按照月度或者季度最后一日的人民币汇率中间价，折合成人民币计算应纳税所得额。年度终了汇算清缴时，对已经按照月度或者季度预缴税款的，不再重新折合计算，只就该纳税年度内未缴纳企业所得税的部分，按照纳税年度最后一日的人民币汇率中间价，折合成人民币计算应纳税所得额。

经税务机关检查确认，企业少计或者多计前款规定的所得的，应当按照检查确认补税或者退税时的上一个月最后一日的人民币汇率中间价，将少计或者多计的所得折合成人民币计算应纳税所得额，再计算应补缴或者应退的税款。

第八章 附 则

第一百三十一条 企业所得税法第五十七条第一款所称本法公布前已经批准设立的企业，是指企业所得税法公布前已经完成登记注册的企业。

第一百三十二条 在香港特别行政区、澳门特别行政区和台湾地区成立的企业，参照适用企业所得税法第二条第二款、第三款的有关规定。

第一百三十三条 本条例自 2008 年 1 月 1 日起施行。1991 年 6 月 30 日国务院发布的《中华人民共和国外商投资企业和外国企业所得税法实施细则》和 1994 年 2 月 4 日财政部发布的《中华人民共和国企业所得税暂行条例实施细则》同时废止。

《全国人民代表大会常务委员会关于修改〈中华人民共和国企业所得税法〉的决定》

（中华人民共和国主席令第 64 号）

《全国人民代表大会常务委员会关于修改〈中华人民共和国企业所得税法〉

的决定》已由中华人民共和国第十二届全国人民代表大会常务委员会第二十六次会议于 2017 年 2 月 24 日通过,现予公布,自公布之日起施行。

全国人民代表大会常务委员会关于修改
《中华人民共和国企业所得税法》的决定

(2017 年 2 月 24 日第十二届全国人民代表
大会常务委员会第二十六次会议通过)

第十二届全国人民代表大会常务委员会第二十六次会议决定对《中华人民共和国企业所得税法》作如下修改:

将第九条修改为:"企业发生的公益性捐赠支出,在年度利润总额 12% 以内的部分,准予在计算应纳税所得额时扣除;超过年度利润总额 12% 的部分,准予结转以后三年内在计算应纳税所得额时扣除。"

本决定自公布之日起施行。

《中华人民共和国企业所得税法》根据本决定作相应修改,重新公布。

第 4 章　个人所得税

个人所得税是以自然人取得的各类应税所得为征税对象而征收的一种所得税，是政府利用税收对个人收入进行调节的一种手段。

个人所得税的纳税义务人，包括中国公民、个体工商业户、个人独资企业、合伙企业投资者、在中国有所得的外籍人员（包括无国籍人员）和香港、澳门、台湾同胞。

个人所得税的征税范围，包括以下各项个人所得：工资、薪金所得，个体工商户的生产、经营所得，对企事业单位的承包经营、承租经营所得，劳务报酬所得，稿酬所得，特许权使用费所得，利息、股息、红利所得，财产租赁所得，财产转让所得，偶然所得，经国务院财政部门确定征税的其他所得。现将有关规定列示如下（按时间先后）。

《中华人民共和国个人所得税法》（2018 年修订）

（中华人民共和国主席令第 9 号）

（1980 年 9 月 10 日第五届全国人民代表大会第三次会议通过　根据 1993 年 10 月 31 日第八届全国人民代表大会常务委员会第四次会议《关于修改〈中华人民共和国个人所得税法〉的决定》第一次修正　根据 1999 年 8 月 30 日第九届全国人民代表大会常务委员会第十一次会议《关于修改〈中华人民共和国个人所得税法〉的决定》第二次修正　根据 2005 年 10 月 27 日第十届全国人民代表大会常务委员会第十八次会议《关于修改〈中华人民共和国个人所得税法〉的决定》第三次修正　根据 2007 年 6 月 29 日第十届全国人民代表大会常务委员会第二十八次会议《关于修改〈中华人民共和国个人所得税法〉的决定》第四次修正　根据 2007 年 12 月 29 日第十届全国人民代表大会常务委员会第三十一次会议《关于修改〈中华人民共和国个人所得税法〉的决定》第五次修正　根据 2011 年 6 月 30 日第十一届全国人民代表大会常务委员会第二十一

次会议《关于修改〈中华人民共和国个人所得税法〉的决定》第六次修正 根据 2018 年 8 月 31 日第十三届全国人民代表大会常务委员会第五次会议《关于修改〈中华人民共和国个人所得税法〉的决定》第七次修正）

第一条 在中国境内有住所，或者无住所而一个纳税年度内在中国境内居住累计满一百八十三天的个人，为居民个人。居民个人从中国境内和境外取得的所得，依照本法规定缴纳个人所得税。

在中国境内无住所又不居住，或者无住所而一个纳税年度内在中国境内居住累计不满一百八十三天的个人，为非居民个人。非居民个人从中国境内取得的所得，依照本法规定缴纳个人所得税。

纳税年度，自公历一月一日起至十二月三十一日止。

第二条 下列各项个人所得，应当缴纳个人所得税：

（一）工资、薪金所得；

（二）劳务报酬所得；

（三）稿酬所得；

（四）特许权使用费所得；

（五）经营所得；

（六）利息、股息、红利所得；

（七）财产租赁所得；

（八）财产转让所得；

（九）偶然所得。

居民个人取得前款第一项至第四项所得（以下称综合所得），按纳税年度合并计算个人所得税；非居民个人取得前款第一项至第四项所得，按月或者按次分项计算个人所得税。纳税人取得前款第五项至第九项所得，依照本法规定分别计算个人所得税。

第三条 个人所得税的税率：

（一）综合所得，适用百分之三至百分之四十五的超额累进税率（税率表附后）；

（二）经营所得，适用百分之五至百分之三十五的超额累进税率（税率表附后）；

（三）利息、股息、红利所得，财产租赁所得，财产转让所得和偶然所得，适用比例税率，税率为百分之二十。

第四条 下列各项个人所得，免征个人所得税：

（一）省级人民政府、国务院部委和中国人民解放军军以上单位，以及外国组织、国际组织颁发的科学、教育、技术、文化、卫生、体育、环境保护等方面的奖金；

（二）国债和国家发行的金融债券利息；

（三）按照国家统一规定发给的补贴、津贴；

（四）福利费、抚恤金、救济金；

（五）保险赔款；

（六）军人的转业费、复员费、退役金；

（七）按照国家统一规定发给干部、职工的安家费、退职费、基本养老金或者退休费、离休费、离休生活补助费；

（八）依照有关法律规定应予免税的各国驻华使馆、领事馆的外交代表、领事官员和其他人员的所得；

（九）中国政府参加的国际公约、签订的协议中规定免税的所得；

（十）国务院规定的其他免税所得。

前款第十项免税规定，由国务院报全国人民代表大会常务委员会备案。

第五条　有下列情形之一的，可以减征个人所得税，具体幅度和期限，由省、自治区、直辖市人民政府规定，并报同级人民代表大会常务委员会备案：

（一）残疾、孤老人员和烈属的所得；

（二）因自然灾害遭受重大损失的。

国务院可以规定其他减税情形，报全国人民代表大会常务委员会备案。

第六条　应纳税所得额的计算：

（一）居民个人的综合所得，以每一纳税年度的收入额减除费用六万元以及专项扣除、专项附加扣除和依法确定的其他扣除后的余额，为应纳税所得额。

（二）非居民个人的工资、薪金所得，以每月收入额减除费用五千元后的余额为应纳税所得额；劳务报酬所得、稿酬所得、特许权使用费所得，以每次收入额为应纳税所得额。

（三）经营所得，以每一纳税年度的收入总额减除成本、费用以及损失后的余额，为应纳税所得额。

（四）财产租赁所得，每次收入不超过四千元的，减除费用八百元；四千元以上的，减除百分之二十的费用，其余额为应纳税所得额。

（五）财产转让所得，以转让财产的收入额减除财产原值和合理费用后的余额，为应纳税所得额。

（六）利息、股息、红利所得和偶然所得，以每次收入额为应纳税所得额。

劳务报酬所得、稿酬所得、特许权使用费所得以收入减除百分之二十的费用后的余额为收入额。稿酬所得的收入额减按百分之七十计算。

个人将其所得对教育、扶贫、济困等公益慈善事业进行捐赠,捐赠额未超过纳税人申报的应纳税所得额百分之三十的部分,可以从其应纳税所得额中扣除;国务院规定对公益慈善事业捐赠实行全额税前扣除的,从其规定。

本条第一款第一项规定的专项扣除,包括居民个人按照国家规定的范围和标准缴纳的基本养老保险、基本医疗保险、失业保险等社会保险费和住房公积金等;专项附加扣除,包括子女教育、继续教育、大病医疗、住房贷款利息或者住房租金、赡养老人等支出,具体范围、标准和实施步骤由国务院确定,并报全国人民代表大会常务委员会备案。

第七条 居民个人从中国境外取得的所得,可以从其应纳税额中抵免已在境外缴纳的个人所得税税额,但抵免额不得超过该纳税人境外所得依照本法规定计算的应纳税额。

第八条 有下列情形之一的,税务机关有权按照合理方法进行纳税调整:

(一)个人与其关联方之间的业务往来不符合独立交易原则而减少本人或者其关联方应纳税额,且无正当理由;

(二)居民个人控制的,或者居民个人和居民企业共同控制的设立在实际税负明显偏低的国家(地区)的企业,无合理经营需要,对应当归属于居民个人的利润不作分配或者减少分配;

(三)个人实施其他不具有合理商业目的的安排而获取不当税收利益。

税务机关依照前款规定作出纳税调整,需要补征税款的,应当补征税款,并依法加收利息。

第九条 个人所得税以所得人为纳税人,以支付所得的单位或者个人为扣缴义务人。

纳税人有中国公民身份号码的,以中国公民身份号码为纳税人识别号;纳税人没有中国公民身份号码的,由税务机关赋予其纳税人识别号。扣缴义务人扣缴税款时,纳税人应当向扣缴义务人提供纳税人识别号。

第十条 有下列情形之一的,纳税人应当依法办理纳税申报:

(一)取得综合所得需要办理汇算清缴;

(二)取得应税所得没有扣缴义务人;

(三)取得应税所得,扣缴义务人未扣缴税款;

(四)取得境外所得;

(五)因移居境外注销中国户籍;

(六)非居民个人在中国境内从两处以上取得工资、薪金所得;

(七)国务院规定的其他情形。

扣缴义务人应当按照国家规定办理全员全额扣缴申报,并向纳税人提供其个人所得和已扣缴税款等信息。

第十一条 居民个人取得综合所得，按年计算个人所得税；有扣缴义务人的，由扣缴义务人按月或者按次预扣预缴税款；需要办理汇算清缴的，应当在取得所得的次年三月一日至六月三十日内办理汇算清缴。预扣预缴办法由国务院税务主管部门制定。

居民个人向扣缴义务人提供专项附加扣除信息的，扣缴义务人按月预扣预缴税款时应当按照规定予以扣除，不得拒绝。

非居民个人取得工资、薪金所得，劳务报酬所得，稿酬所得和特许权使用费所得，有扣缴义务人的，由扣缴义务人按月或者按次代扣代缴税款，不办理汇算清缴。

第十二条 纳税人取得经营所得，按年计算个人所得税，由纳税人在月度或者季度终了后十五日内向税务机关报送纳税申报表，并预缴税款；在取得所得的次年三月三十一日前办理汇算清缴。

纳税人取得利息、股息、红利所得，财产租赁所得，财产转让所得和偶然所得，按月或者按次计算个人所得税，有扣缴义务人的，由扣缴义务人按月或者按次代扣代缴税款。

第十三条 纳税人取得应税所得没有扣缴义务人的，应当在取得所得的次月十五日内向税务机关报送纳税申报表，并缴纳税款。

纳税人取得应税所得，扣缴义务人未扣缴税款的，纳税人应当在取得所得的次年六月三十日前，缴纳税款；税务机关通知限期缴纳的，纳税人应当按照期限缴纳税款。

居民个人从中国境外取得所得的，应当在取得所得的次年三月一日至六月三十日内申报纳税。

非居民个人在中国境内从两处以上取得工资、薪金所得的，应当在取得所得的次月十五日内申报纳税。

纳税人因移居境外注销中国户籍的，应当在注销中国户籍前办理税款清算。

第十四条 扣缴义务人每月或者每次预扣、代扣的税款，应当在次月十五日内缴入国库，并向税务机关报送扣缴个人所得税申报表。

纳税人办理汇算清缴退税或者扣缴义务人为纳税人办理汇算清缴退税的，税务机关审核后，按照国库管理的有关规定办理退税。

第十五条 公安、人民银行、金融监督管理等相关部门应当协助税务机关确认纳税人的身份、金融账户信息。教育、卫生、医疗保障、民政、人力资源社会保障、住房城乡建设、公安、人民银行、金融监督管理等相关部门应当向税务机关提供纳税人子女教育、继续教育、大病医疗、住房贷款利息、住房租金、赡养老人等专项附加扣除信息。

个人转让不动产的，税务机关应当根据不动产登记等相关信息核验应缴的个人所得税，登记机构办理转移登记时，应当查验与该不动产转让相关的个人所得税的完税凭证。个人转让股权办理变更登记的，市场主体登记机关应当查验与该股权交易相关的个人所得税的完税凭证。

有关部门依法将纳税人、扣缴义务人遵守本法的情况纳入信用信息系统，并实施联合激励或者惩戒。

第十六条 各项所得的计算，以人民币为单位。所得为人民币以外的货币的，按照人民币汇率中间价折合成人民币缴纳税款。

第十七条 对扣缴义务人按照所扣缴的税款，付给百分之二的手续费。

第十八条 对储蓄存款利息所得开征、减征、停征个人所得税及其具体办法，由国务院规定，并报全国人民代表大会常务委员会备案。

第十九条 纳税人、扣缴义务人和税务机关及其工作人员违反本法规定的，依照《中华人民共和国税收征收管理法》和有关法律法规的规定追究法律责任。

第二十条 个人所得税的征收管理，依照本法和《中华人民共和国税收征收管理法》的规定执行。

第二十一条 国务院根据本法制定实施条例。

第二十二条 本法自公布之日起施行。

个人所得税税率表一（综合所得适用）

级数	全年应纳税所得额	税率（%）
1	不超过 36000 元的	3
2	超过 36000 元至 144000 元的部分	10
3	超过 144000 元至 300000 元的部分	20
4	超过 300000 元至 420000 元的部分	25
5	超过 420000 元至 660000 元的部分	30
6	超过 660000 元至 960000 元的部分	35
7	超过 960000 元的部分	45

注1：本表所称全年应纳税所得额是指依照本法第六条的规定，居民个人取得综合所得以每一纳税年度收入额减除费用六万元以及专项扣除、专项附加扣除和依法确定的其他扣除后的余额。

2：非居民个人取得工资、薪金所得，劳务报酬所得，稿酬所得和特许权使用费所得，依照本表按月换算后计算应纳税额。

个人所得税税率表二（经营所得适用）

级数	全年应纳税所得额	税率（%）
1	不超过 30000 元的	5
2	超过 30000 元至 90000 元的部分	10
3	超过 90000 元至 300000 元的部分	20
4	超过 300000 元至 500000 元的部分	30
5	超过 500000 元的部分	35

注：本表所称全年应纳税所得额是指依照本法第六条的规定，以每一纳税年度的收入总额减除成本、费用以及损失后的余额。

《国务院　中华人民共和国个人所得税法实施条例》

（国令第 707 号）

中华人民共和国个人所得税法实施条例

（1994 年 1 月 28 日中华人民共和国国务院令第 142 号发布　根据 2005 年 12 月 19 日《国务院关于修改〈中华人民共和国个人所得税法实施条例〉的决定》第一次修订　根据 2008 年 2 月 18 日《国务院关于修〈中华人民共和国个人所得税法实施条例〉的决定》第二次修订　根据 2011 年 7 月 19 日《国务院关于修改〈中华人民共和国个人所得税法实施条例〉的决定》第三次修订　2018 年 12 月 18 日中华人民共和国国务院令第 707 号第四次修订）

第一条　根据《中华人民共和国个人所得税法》（以下简称个人所得税法），制定本条例。

第二条　个人所得税法所称在中国境内有住所，是指因户籍、家庭、经济利益关系而在中国境内习惯性居住；所称从中国境内和境外取得的所得，分别是指来源于中国境内的所得和来源于中国境外的所得。

第三条　除国务院财政、税务主管部门另有规定外，下列所得，不论支付地点是否在中国境内，均为来源于中国境内的所得：

（一）因任职、受雇、履约等在中国境内提供劳务取得的所得；

（二）将财产出租给承租人在中国境内使用而取得的所得；

（三）许可各种特许权在中国境内使用而取得的所得；

（四）转让中国境内的不动产等财产或者在中国境内转让其他财产取得的

所得；

（五）从中国境内企业、事业单位、其他组织以及居民个人取得的利息、股息、红利所得。

第四条　在中国境内无住所的个人，在中国境内居住累计满183天的年度连续不满六年的，经向主管税务机关备案，其来源于中国境外且由境外单位或者个人支付的所得，免予缴纳个人所得税；在中国境内居住累计满183天的任一年度中有一次离境超过30天的，其在中国境内居住累计满183天的年度的连续年限重新起算。

第五条　在中国境内无住所的个人，在一个纳税年度内在中国境内居住累计不超过90天的，其来源于中国境内的所得，由境外雇主支付并且不由该雇主在中国境内的机构、场所负担的部分，免予缴纳个人所得税。

第六条　个人所得税法规定的各项个人所得的范围：

（一）工资、薪金所得，是指个人因任职或者受雇取得的工资、薪金、奖金、年终加薪、劳动分红、津贴、补贴以及与任职或者受雇有关的其他所得。

（二）劳务报酬所得，是指个人从事劳务取得的所得，包括从事设计、装潢、安装、制图、化验、测试、医疗、法律、会计、咨询、讲学、翻译、审稿、书画、雕刻、影视、录音、录像、演出、表演、广告、展览、技术服务、介绍服务、经纪服务、代办服务以及其他劳务取得的所得。

（三）稿酬所得，是指个人因其作品以图书、报刊等形式出版、发表而取得的所得。

（四）特许权使用费所得，是指个人提供专利权、商标权、著作权、非专利技术以及其他特许权的使用权取得的所得；提供著作权的使用权取得的所得，不包括稿酬所得。

（五）经营所得，是指：

1. 个体工商户从事生产、经营活动取得的所得，个人独资企业投资人、合伙企业的个人合伙人来源于境内注册的个人独资企业、合伙企业生产、经营的所得；

2. 个人依法从事办学、医疗、咨询以及其他有偿服务活动取得的所得；

3. 个人对企业、事业单位承包经营、承租经营以及转包、转租取得的所得；

4. 个人从事其他生产、经营活动取得的所得。

（六）利息、股息、红利所得，是指个人拥有债权、股权等而取得的利息、股息、红利所得。

（七）财产租赁所得，是指个人出租不动产、机器设备、车船以及其他财产取得的所得。

（八）财产转让所得，是指个人转让有价证券、股权、合伙企业中的财产份额、不动产、机器设备、车船以及其他财产取得的所得。

（九）偶然所得，是指个人得奖、中奖、中彩以及其他偶然性质的所得。

个人取得的所得，难以界定应纳税所得项目的，由国务院税务主管部门确定。

第七条　对股票转让所得征收个人所得税的办法，由国务院另行规定，并报全国人民代表大会常务委员会备案。

第八条　个人所得的形式，包括现金、实物、有价证券和其他形式的经济利益；所得为实物的，应当按照取得的凭证上所注明的价格计算应纳税所得额，无凭证的实物或者凭证上所注明的价格明显偏低的，参照市场价格核定应纳税所得额；所得为有价证券的，根据票面价格和市场价格核定应纳税所得额；所得为其他形式的经济利益的，参照市场价格核定应纳税所得额。

第九条　个人所得税法第四条第一款第二项所称国债利息，是指个人持有中华人民共和国财政部发行的债券而取得的利息；所称国家发行的金融债券利息，是指个人持有经国务院批准发行的金融债券而取得的利息。

第十条　个人所得税法第四条第一款第三项所称按照国家统一规定发给的补贴、津贴，是指按照国务院规定发给的政府特殊津贴、院士津贴，以及国务院规定免予缴纳个人所得税的其他补贴、津贴。

第十一条　个人所得税法第四条第一款第四项所称福利费，是指根据国家有关规定，从企业、事业单位、国家机关、社会组织提留的福利费或者工会经费中支付给个人的生活补助费；所称救济金，是指各级人民政府民政部门支付给个人的生活困难补助费。

第十二条　个人所得税法第四条第一款第八项所称依照有关法律规定应予免税的各国驻华使馆、领事馆的外交代表、领事官员和其他人员的所得，是指依照《中华人民共和国外交特权与豁免条例》和《中华人民共和国领事特权与豁免条例》规定免税的所得。

第十三条　个人所得税法第六条第一款第一项所称依法确定的其他扣除，包括个人缴付符合国家规定的企业年金、职业年金，个人购买符合国家规定的商业健康保险、税收递延型商业养老保险的支出，以及国务院规定可以扣除的其他项目。

专项扣除、专项附加扣除和依法确定的其他扣除，以居民个人一个纳税年度的应纳税所得额为限额；一个纳税年度扣除不完的，不结转以后年度扣除。

第十四条　个人所得税法第六条第一款第二项、第四项、第六项所称每次，分别按照下列方法确定：

（一）劳务报酬所得、稿酬所得、特许权使用费所得，属于一次性收入的，以取得该项收入为一次；属于同一项目连续性收入的，以一个月内取得的收入为一次。

（二）财产租赁所得，以一个月内取得的收入为一次。

（三）利息、股息、红利所得，以支付利息、股息、红利时取得的收入为一次。

（四）偶然所得，以每次取得该项收入为一次。

第十五条　个人所得税法第六条第一款第三项所称成本、费用，是指生产、经营活动中发生的各项直接支出和分配计入成本的间接费用以及销售费用、管理费用、财务费用；所称损失，是指生产、经营活动中发生的固定资产和存货的盘亏、毁损、报废损失，转让财产损失，坏账损失，自然灾害等不可抗力因素造成的损失以及其他损失。

取得经营所得的个人，没有综合所得的，计算其每一纳税年度的应纳税所得额时，应当减除费用6万元、专项扣除、专项附加扣除以及依法确定的其他扣除。专项附加扣除在办理汇算清缴时减除。

从事生产、经营活动，未提供完整、准确的纳税资料，不能正确计算应纳税所得额的，由主管税务机关核定应纳税所得额或者应纳税额。

第十六条　个人所得税法第六条第一款第五项规定的财产原值，按照下列方法确定：

（一）有价证券，为买入价以及买入时按照规定交纳的有关费用；

（二）建筑物，为建造费或者购进价格以及其他有关费用；

（三）土地使用权，为取得土地使用权所支付的金额、开发土地的费用以及其他有关费用；

（四）机器设备、车船，为购进价格、运输费、安装费以及其他有关费用。

其他财产，参照前款规定的方法确定财产原值。

纳税人未提供完整、准确的财产原值凭证，不能按照本条第一款规定的方法确定财产原值的，由主管税务机关核定财产原值。

个人所得税法第六条第一款第五项所称合理费用，是指卖出财产时按照规定支付的有关税费。

第十七条　财产转让所得，按照一次转让财产的收入额减除财产原值和合理费用后的余额计算纳税。

第十八条　两个以上的个人共同取得同一项目收入的，应当对每个人取得的收入分别按照个人所得税法的规定计算纳税。

第十九条　个人所得税法第六条第三款所称个人将其所得对教育、扶贫、济困等公益慈善事业进行捐赠,是指个人将其所得通过中国境内的公益性社会组织、国家机关向教育、扶贫、济困等公益慈善事业的捐赠;所称应纳税所得额,是指计算扣除捐赠额之前的应纳税所得额。

第二十条 居民个人从中国境内和境外取得的综合所得、经营所得,应当分别合并计算应纳税额;从中国境内和境外取得的其他所得,应当分别单独计算应纳税额。

第二十一条 个人所得税法第七条所称已在境外缴纳的个人所得税税额,是指居民个人来源于中国境外的所得,依照该所得来源国家(地区)的法律应当缴纳并且实际已经缴纳的所得税税额。

个人所得税法第七条所称纳税人境外所得依照本法规定计算的应纳税额,是居民个人抵免已在境外缴纳的综合所得、经营所得以及其他所得的所得税税额的限额(以下简称抵免限额)。除国务院财政、税务主管部门另有规定外,来源于中国境外一个国家(地区)的综合所得抵免限额、经营所得抵免限额以及其他所得抵免限额之和,为来源于该国家(地区)所得的抵免限额。

居民个人在中国境外一个国家(地区)实际已经缴纳的个人所得税税额,低于依照前款规定计算出的来源于该国家(地区)所得的抵免限额的,应当在中国缴纳差额部分的税款;超过来源于该国家(地区)所得的抵免限额的,其超过部分不得在本纳税年度的应纳税额中抵免,但是可以在以后纳税年度来源于该国家(地区)所得的抵免限额的余额中补扣。补扣期限最长不得超过五年。

第二十二条 居民个人申请抵免已在境外缴纳的个人所得税税额,应当提供境外税务机关出具的税款所属年度的有关纳税凭证。

第二十三条 个人所得税法第八条第二款规定的利息,应当按照税款所属纳税申报期最后一日中国人民银行公布的与补税期间同期的人民币贷款基准利率计算,自税款纳税申报期满次日起至补缴税款期限届满之日止按日加收。纳税人在补缴税款期限届满前补缴税款的,利息加收至补缴税款之日。

第二十四条 扣缴义务人向个人支付应税款项时,应当依照个人所得税法规定预扣或者代扣税款,按时缴库,并专项记载备查。

前款所称支付,包括现金支付、汇拨支付、转账支付和以有价证券、实物以及其他形式的支付。

第二十五条 取得综合所得需要办理汇算清缴的情形包括:

(一)从两处以上取得综合所得,且综合所得年收入额减除专项扣除的余额超过6万元;

(二)取得劳务报酬所得、稿酬所得、特许权使用费所得中一项或者多项

所得,且综合所得年收入额减除专项扣除的余额超过6万元;

(三)纳税年度内预缴税额低于应纳税额;

(四)纳税人申请退税。

纳税人申请退税,应当提供其在中国境内开设的银行账户,并在汇算清缴地就地办理税款退库。

汇算清缴的具体办法由国务院税务主管部门制定。

第二十六条 个人所得税法第十条第二款所称全员全额扣缴申报,是指扣缴义务人在代扣税款的次月十五日内,向主管税务机关报送其支付所得的所有个人的有关信息、支付所得数额、扣除事项和数额、扣缴税款的具体数额和总额以及其他相关涉税信息资料。

第二十七条 纳税人办理纳税申报的地点以及其他有关事项的具体办法,由国务院税务主管部门制定。

第二十八条 居民个人取得工资、薪金所得时,可以向扣缴义务人提供专项附加扣除有关信息,由扣缴义务人扣缴税款时减除专项附加扣除。纳税人同时从两处以上取得工资、薪金所得,并由扣缴义务人减除专项附加扣除的,对同一专项附加扣除项目,在一个纳税年度内只能选择从一处取得的所得中减除。

居民个人取得劳务报酬所得、稿酬所得、特许权使用费所得,应当在汇算清缴时向税务机关提供有关信息,减除专项附加扣除。

第二十九条 纳税人可以委托扣缴义务人或者其他单位和个人办理汇算清缴。

第三十条 扣缴义务人应当按照纳税人提供的信息计算办理扣缴申报,不得擅自更改纳税人提供的信息。

纳税人发现扣缴义务人提供或者扣缴申报的个人信息、所得、扣缴税款等与实际情况不符的,有权要求扣缴义务人修改。扣缴义务人拒绝修改的,纳税人应当报告税务机关,税务机关应当及时处理。

纳税人、扣缴义务人应当按照规定保存与专项附加扣除相关的资料。税务机关可以对纳税人提供的专项附加扣除信息进行抽查,具体办法由国务院税务主管部门另行规定。税务机关发现纳税人提供虚假信息的,应当责令改正并通知扣缴义务人;情节严重的,有关部门应当依法予以处理,纳入信用信息系统并实施联合惩戒。

第三十一条 纳税人申请退税时提供的汇算清缴信息有错误的,税务机关应当告知其更正;纳税人更正的,税务机关应当及时办理退税。

扣缴义务人未将扣缴的税款解缴入库的,不影响纳税人按照规定申请退税,税务机关应当凭纳税人提供的有关资料办理退税。

第三十二条　所得为人民币以外货币的,按照办理纳税申报或者扣缴申报的上一月最后一日人民币汇率中间价,折合成人民币计算应纳税所得额。年度终了后办理汇算清缴的,对已经按月、按季或者按次预缴税款的人民币以外货币所得,不再重新折算;对应当补缴税款的所得部分,按照上一纳税年度最后一日人民币汇率中间价,折合成人民币计算应纳税所得额。

第三十三条　税务机关按照个人所得税法第十七条的规定付给扣缴义务人手续费,应当填开退还书;扣缴义务人凭退还书,按照国库管理有关规定办理退库手续。

第三十四条　个人所得税纳税申报表、扣缴个人所得税报告表和个人所得税完税凭证式样,由国务院税务主管部门统一制定。

第三十五条　军队人员个人所得税征收事宜,按照有关规定执行。

第三十六条　本条例自 2019 年 1 月 1 日起施行。

《财政部　税务总局关于个人所得税法修改后有关优惠政策衔接问题的通知》

(财税〔2018〕164 号)

各省、自治区、直辖市、计划单列市财政厅(局),国家税务总局各省、自治区、直辖市、计划单列市税务局,新疆生产建设兵团财政局:

为贯彻落实修改后的《中华人民共和国个人所得税法》,现将个人所得税优惠政策衔接有关事项通知如下:

一、关于全年一次性奖金、中央企业负责人年度绩效薪金延期兑现收入和任期奖励的政策

(一)居民个人取得全年一次性奖金,符合《国家税务总局关于调整个人取得全年一次性奖金等计算征收个人所得税方法问题的通知》(国税发〔2005〕9 号)规定的,在 2021 年 12 月 31 日前,不并入当年综合所得,以全年一次性奖金收入除以 12 个月得到的数额,按照本通知所附按月换算后的综合所得税率表(以下简称月度税率表),确定适用税率和速算扣除数,单独计算纳税。计算公式为:

$$应纳税额 = 全年一次性奖金收入 \times 适用税率 - 速算扣除数$$

居民个人取得全年一次性奖金,也可以选择并入当年综合所得计算纳税。

自 2022 年 1 月 1 日起,居民个人取得全年一次性奖金,应并入当年综合所得计算缴纳个人所得税。

（二）中央企业负责人取得年度绩效薪金延期兑现收入和任期奖励，符合《国家税务总局关于中央企业负责人年度绩效薪金延期兑现收入和任期奖励征收个人所得税问题的通知》（国税发〔2007〕118号）规定的，在2021年12月31日前，参照本通知第一条第（一）项执行；2022年1月1日之后的政策另行明确。

二、关于上市公司股权激励的政策

（一）居民个人取得股票期权、股票增值权、限制性股票、股权奖励等股权激励（以下简称股权激励），符合《财政部 国家税务总局关于个人股票期权所得征收个人所得税问题的通知》（财税〔2005〕35号）、《财政部国家税务总局关于股票增值权所得和限制性股票所得征收个人所得税有关问题的通知》（财税〔2009〕5号）、《财政部 国家税务总局关于将国家自主创新示范区有关税收试点政策推广到全国范围实施的通知》（财税〔2015〕116号）第四条、《财政部国家税务总局关于完善股权激励和技术入股有关所得税政策的通知》（财税〔2016〕101号）第四条第（一）项规定的相关条件的，在2021年12月31日前，不并入当年综合所得，全额单独适用综合所得税率表，计算纳税。计算公式为：

应纳税额＝股权激励收入×适用税率－速算扣除数

（二）居民个人一个纳税年度内取得两次以上（含两次）股权激励的，应合并按本通知第二条第（一）项规定计算纳税。

（三）2022年1月1日之后的股权激励政策另行明确。

三、关于保险营销员、证券经纪人佣金收入的政策

保险营销员、证券经纪人取得的佣金收入，属于劳务报酬所得，以不含增值税的收入减除20%的费用后的余额为收入额，收入额减去展业成本以及附加税费后，并入当年综合所得，计算缴纳个人所得税。保险营销员、证券经纪人展业成本按照收入额的25%计算。

扣缴义务人向保险营销员、证券经纪人支付佣金收入时，应按照《个人所得税扣缴申报管理办法（试行）》（国家税务总局公告2018年第61号）规定的累计预扣法计算预扣税款。

四、关于个人领取企业年金、职业年金的政策

个人达到国家规定的退休年龄，领取的企业年金、职业年金，符合《财政部 人力资源社会保障部 国家税务总局关于企业年金 职业年金个人所得税有关问题的通知》（财税〔2013〕103号）规定的，不并入综合所得，全额单独计算应纳税款。其中按月领取的，适用月度税率表计算纳税；按季领取的，平均分摊计入各月，按每月领取额适用月度税率表计算纳税；按年领取的，适用

综合所得税率表计算纳税。

个人因出境定居而一次性领取的年金个人账户资金，或个人死亡后，其指定的受益人或法定继承人一次性领取的年金个人账户余额，适用综合所得税率表计算纳税。对个人除上述特殊原因外一次性领取年金个人账户资金或余额的，适用月度税率表计算纳税。

五、关于解除劳动关系、提前退休、内部退养的一次性补偿收入的政策

（一）个人与用人单位解除劳动关系取得一次性补偿收入（包括用人单位发放的经济补偿金、生活补助费和其他补助费），在当地上年职工平均工资3倍数额以内的部分，免征个人所得税；超过3倍数额的部分，不并入当年综合所得，单独适用综合所得税率表，计算纳税。

（二）个人办理提前退休手续而取得的一次性补贴收入，应按照办理提前退休手续至法定离退休年龄之间实际年度数平均分摊，确定适用税率和速算扣除数，单独适用综合所得税率表，计算纳税。计算公式：

$$应纳税额 = \{[(一次性补贴收入 \div 办理提前退休手续至法定退休年龄的实际年度数) - 费用扣除标准] \times 适用税率 - 速算扣除数\} \times 办理提前退休手续至法定退休年龄的实际年度数$$

（三）个人办理内部退养手续而取得的一次性补贴收入，按照《国家税务总局关于个人所得税有关政策问题的通知》（国税发〔1999〕58号）规定计算纳税。

六、关于单位低价向职工售房的政策

单位按低于购置或建造成本价格出售住房给职工，职工因此而少支出的差价部分，符合《财政部 国家税务总局关于单位低价向职工售房有关个人所得税问题的通知》（财税〔2007〕13号）第二条规定的，不并入当年综合所得，以差价收入除以12个月得到的数额，按照月度税率表确定适用税率和速算扣除数，单独计算纳税。计算公式为：

$$应纳税额 = 职工实际支付的购房价款低于该房屋的购置或建造成本价格的差额 \times 适用税率 - 速算扣除数$$

七、关于外籍个人有关津补贴的政策

（一）2019年1月1日至2021年12月31日期间，外籍个人符合居民个人条件的，可以选择享受个人所得税专项附加扣除，也可以选择按照《财政部 国家税务总局关于个人所得税若干政策问题的通知》（财税〔1994〕20号）、《国家税务总局关于外籍个人取得有关补贴征免个人所得税执行问题的通知》（国税发〔1997〕54号）和《财政部 国家税务总局关于外籍个人取得港澳地

区住房等补贴征免个人所得税的通知》（财税〔2004〕29号）规定，享受住房补贴、语言训练费、子女教育费等津补贴免税优惠政策，但不得同时享受。外籍个人一经选择，在一个纳税年度内不得变更。

（二）自2022年1月1日起，外籍个人不再享受住房补贴、语言训练费、子女教育费津补贴免税优惠政策，应按规定享受专项附加扣除。

八、除上述衔接事项外，其他个人所得税优惠政策继续按照原文件规定执行。

九、本通知自2019年1月1日起执行。下列文件或文件条款同时废止：

（一）《财政部 国家税务总局关于个人与用人单位解除劳动关系取得的一次性补偿收入征免个人所得税问题的通知》（财税〔2001〕157号）第一条；

（二）《财政部 国家税务总局关于个人股票期权所得征收个人所得税问题的通知》（财税〔2005〕35号）第四条第（一）项；

（三）《财政部 国家税务总局关于单位低价向职工售房有关个人所得税问题的通知》（财税〔2007〕13号）第三条；

（四）《财政部 人力资源社会保障部 国家税务总局关于企业年金职业年金个人所得税有关问题的通知》（财税〔2013〕103号）第三条第1项和第3项；

（五）《国家税务总局关于个人认购股票等有价证券而从雇主取得折扣或补贴收入有关征收个人所得税问题的通知》（国税发〔1998〕9号）；

（六）《国家税务总局关于保险企业营销员（非雇员）取得的收入计征个人所得税问题的通知》（国税发〔1998〕13号）；

（七）《国家税务总局关于个人因解除劳动合同取得经济补偿金征收个人所得税问题的通知》（国税发〔1999〕178号）；

（八）《国家税务总局关于国有企业职工因解除劳动合同取得一次性补偿收入征免个人所得税问题的通知》（国税发〔2000〕77号）；

（九）《国家税务总局关于调整个人取得全年一次性奖金等计算征收个人所得税方法问题的通知》（国税发〔2005〕9号）第二条；

（十）《国家税务总局关于保险营销员取得佣金收入征免个人所得税问题的通知》（国税函〔2006〕454号）；

（十一）《国家税务总局关于个人股票期权所得缴纳个人所得税有关问题的补充通知》（国税函〔2006〕902号）第七条、第八条；

（十二）《国家税务总局关于中央企业负责人年度绩效薪金延期兑现收入和任期奖励征收个人所得税问题的通知》（国税发〔2007〕118号）第一条；

（十三）《国家税务总局关于个人提前退休取得补贴收入个人所得税问题的

公告》（国家税务总局公告 2011 年第 6 号）第二条；

（十四）《国家税务总局关于证券经纪人佣金收入征收个人所得税问题的公告》（国家税务总局公告 2012 年第 45 号）。

附件：按月换算后的综合所得税率表

按月换算后的综合所得税率表

级数	全月应纳税所得额	税率（%）	速算扣除数
1	不超过 3000 元的	3	0
2	超过 3000 元至 12000 元的部分	10	210
3	超过 12000 元至 25000 元的部分	20	1410
4	超过 25000 元至 35000 元的部分	25	2660
5	超过 35000 元至 55000 元的部分	30	4410
6	超过 55000 元至 80000 元的部分	35	7160
7	超过 80000 元的部分	45	15160

《国务院关于印发个人所得税专项附加扣除暂行办法的通知》

（国发〔2018〕41 号）

各省、自治区、直辖市人民政府，国务院各部委、各直属机构：

现将《个人所得税专项附加扣除暂行办法》印发给你们，请认真贯彻执行。

国务院

2018 年 12 月 13 日

个人所得税专项附加扣除暂行办法

第一章　总　　则

第一条　根据《中华人民共和国个人所得税法》（以下简称个人所得税法）规定，制定本办法。

第二条　本办法所称个人所得税专项附加扣除，是指个人所得税法规定的子女教育、继续教育、大病医疗、住房贷款利息或者住房租金、赡养老人等6项专项附加扣除。

第三条　个人所得税专项附加扣除遵循公平合理、利于民生、简便易行的原则。

第四条　根据教育、医疗、住房、养老等民生支出变化情况，适时调整专项附加扣除范围和标准。

第二章　子女教育

第五条　纳税人的子女接受全日制学历教育的相关支出，按照每个子女每月1000元的标准定额扣除。

学历教育包括义务教育（小学、初中教育）、高中阶段教育（普通高中、中等职业、技工教育）、高等教育（大学专科、大学本科、硕士研究生、博士研究生教育）。

年满3岁至小学入学前处于学前教育阶段的子女，按本条第一款规定执行。

第六条　父母可以选择由其中一方按扣除标准的100%扣除，也可以选择由双方分别按扣除标准的50%扣除，具体扣除方式在一个纳税年度内不能变更。

第七条　纳税人子女在中国境外接受教育的，纳税人应当留存境外学校录取通知书、留学签证等相关教育的证明资料备查。

第三章　继续教育

第八条　纳税人在中国境内接受学历（学位）继续教育的支出，在学历（学位）教育期间按照每月400元定额扣除。同一学历（学位）继续教育的扣除期限不能超过48个月。纳税人接受技能人员职业资格继续教育、专业技术人员职业资格继续教育的支出，在取得相关证书的当年，按照3600元定额扣除。

第九条　个人接受本科及以下学历（学位）继续教育，符合本办法规定扣除条件的，可以选择由其父母扣除，也可以选择由本人扣除。

第十条　纳税人接受技能人员职业资格继续教育、专业技术人员职业资格继续教育的，应当留存相关证书等资料备查。

第四章　大病医疗

第十一条　在一个纳税年度内，纳税人发生的与基本医保相关的医药费用支出，扣除医保报销后个人负担（指医保目录范围内的自付部分）累计超过15000元的部分，由纳税人在办理年度汇算清缴时，在80000元限额内据实扣除。

第十二条 纳税人发生的医药费用支出可以选择由本人或者其配偶扣除；未成年子女发生的医药费用支出可以选择由其父母一方扣除。

纳税人及其配偶、未成年子女发生的医药费用支出，按本办法第十一条规定分别计算扣除额。

第十三条 纳税人应当留存医药服务收费及医保报销相关票据原件（或者复印件）等资料备查。医疗保障部门应当向患者提供在医疗保障信息系统记录的本人年度医药费用信息查询服务。

第五章 住房贷款利息

第十四条 纳税人本人或者配偶单独或者共同使用商业银行或者住房公积金个人住房贷款为本人或者其配偶购买中国境内住房，发生的首套住房贷款利息支出，在实际发生贷款利息的年度，按照每月1000元的标准定额扣除，扣除期限最长不超过240个月。纳税人只能享受一次首套住房贷款的利息扣除。

本办法所称首套住房贷款是指购买住房享受首套住房贷款利率的住房贷款。

第十五条 经夫妻双方约定，可以选择由其中一方扣除，具体扣除方式在一个纳税年度内不能变更。

夫妻双方婚前分别购买住房发生的首套住房贷款，其贷款利息支出，婚后可以选择其中一套购买的住房，由购买方按扣除标准的100%扣除，也可以由夫妻双方对各自购买的住房分别按扣除标准的50%扣除，具体扣除方式在一个纳税年度内不能变更。

第十六条 纳税人应当留存住房贷款合同、贷款还款支出凭证备查。

第六章 住 房 租 金

第十七条 纳税人在主要工作城市没有自有住房而发生的住房租金支出，可以按照以下标准定额扣除：

（一）直辖市、省会（首府）城市、计划单列市以及国务院确定的其他城市，扣除标准为每月1500元；

（二）除第一项所列城市以外，市辖区户籍人口超过100万的城市，扣除标准为每月1100元；市辖区户籍人口不超过100万的城市，扣除标准为每月800元。

纳税人的配偶在纳税人的主要工作城市有自有住房的，视同纳税人在主要工作城市有自有住房。

市辖区户籍人口，以国家统计局公布的数据为准。

第十八条　本办法所称主要工作城市是指纳税人任职受雇的直辖市、计划单列市、副省级城市、地级市（地区、州、盟）全部行政区域范围；纳税人无任职受雇单位的，为受理其综合所得汇算清缴的税务机关所在城市。

夫妻双方主要工作城市相同的，只能由一方扣除住房租金支出。

第十九条　住房租金支出由签订租赁住房合同的承租人扣除。

第二十条　纳税人及其配偶在一个纳税年度内不能同时分别享受住房贷款利息和住房租金专项附加扣除。

第二十一条　纳税人应当留存住房租赁合同、协议等有关资料备查。

第七章　赡养老人

第二十二条　纳税人赡养一位及以上被赡养人的赡养支出，统一按照以下标准定额扣除：

（一）纳税人为独生子女的，按照每月2000元的标准定额扣除；

（二）纳税人为非独生子女的，由其与兄弟姐妹分摊每月2000元的扣除额度，每人分摊的额度不能超过每月1000元。可以由赡养人均摊或者约定分摊，也可以由被赡养人指定分摊。约定或者指定分摊的须签订书面分摊协议，指定分摊优先于约定分摊。具体分摊方式和额度在一个纳税年度内不能变更。

第二十三条　本办法所称被赡养人是指年满60岁的父母，以及子女均已去世的年满60岁的祖父母、外祖父母。

第八章　保障措施

第二十四条　纳税人向收款单位索取发票、财政票据、支出凭证，收款单位不能拒绝提供。

第二十五条　纳税人首次享受专项附加扣除，应当将专项附加扣除相关信息提交扣缴义务人或者税务机关，扣缴义务人应当及时将相关信息报送税务机关，纳税人对所提交信息的真实性、准确性、完整性负责。专项附加扣除信息发生变化的，纳税人应当及时向扣缴义务人或者税务机关提供相关信息。

前款所称专项附加扣除相关信息，包括纳税人本人、配偶、子女、被赡养人等个人身份信息，以及国务院税务主管部门规定的其他与专项附加扣除相关的信息。

本办法规定纳税人需要留存备查的相关资料应当留存五年。

第二十六条　有关部门和单位有责任和义务向税务部门提供或者协助核实以下与专项附加扣除有关的信息：

（一）公安部门有关户籍人口基本信息、户成员关系信息、出入境证件信息、相关出国人员信息、户籍人口死亡标识等信息；

（二）卫生健康部门有关出生医学证明信息、独生子女信息；

（三）民政部门、外交部门、法院有关婚姻状况信息；

（四）教育部门有关学生学籍信息（包括学历继续教育学生学籍、考籍信息）、在相关部门备案的境外教育机构资质信息；

（五）人力资源社会保障等部门有关技工院校学生学籍信息、技能人员职业资格继续教育信息、专业技术人员职业资格继续教育信息；

（六）住房城乡建设部门有关房屋（含公租房）租赁信息、住房公积金管理机构有关住房公积金贷款还款支出信息；

（七）自然资源部门有关不动产登记信息；

（八）人民银行、金融监督管理部门有关住房商业贷款还款支出信息；

（九）医疗保障部门有关在医疗保障信息系统记录的个人负担的医药费用信息；

（十）国务院税务主管部门确定需要提供的其他涉税信息。

上述数据信息的格式、标准、共享方式，由国务院税务主管部门及各省、自治区、直辖市和计划单列市税务局商有关部门确定。

有关部门和单位拥有专项附加扣除涉税信息，但未按规定要求向税务部门提供的，拥有涉税信息的部门或者单位的主要负责人及相关人员承担相应责任。

第二十七条　扣缴义务人发现纳税人提供的信息与实际情况不符的，可以要求纳税人修改。纳税人拒绝修改的，扣缴义务人应当报告税务机关，税务机关应当及时处理。

第二十八条　税务机关核查专项附加扣除情况时，纳税人任职受雇单位所在地、经常居住地、户籍所在地的公安派出所、居民委员会或者村民委员会等有关单位和个人应当协助核查。

第九章　附　　则

第二十九条　本办法所称父母，是指生父母、继父母、养父母。本办法所称子女，是指婚生子女、非婚生子女、继子女、养子女。父母之外的其他人担任未成年人的监护人的，比照本办法规定执行。

第三十条　个人所得税专项附加扣除额一个纳税年度扣除不完的，不能结转以后年度扣除。

第三十一条　个人所得税专项附加扣除具体操作办法，由国务院税务主管部门另行制定。

第三十二条　本办法自2019年1月1日起施行。

《国家税务总局关于个人所得税自行纳税申报有关问题的公告》

(国家税务总局公告2018年第62号)

根据新修改的《中华人民共和国个人所得税法》及其实施条例，现就个人所得税自行纳税申报有关问题公告如下：

一、取得综合所得需要办理汇算清缴的纳税申报

取得综合所得且符合下列情形之一的纳税人，应当依法办理汇算清缴：

（一）从两处以上取得综合所得，且综合所得年收入额减除专项扣除后的余额超过6万元；

（二）取得劳务报酬所得、稿酬所得、特许权使用费所得中一项或者多项所得，且综合所得年收入额减除专项扣除的余额超过6万元；

（三）纳税年度内预缴税额低于应纳税额；

（四）纳税人申请退税。

需要办理汇算清缴的纳税人，应当在取得所得的次年3月1日至6月30日内，向任职、受雇单位所在地主管税务机关办理纳税申报，并报送《个人所得税年度自行纳税申报表》。纳税人有两处以上任职、受雇单位的，选择向其中一处任职、受雇单位所在地主管税务机关办理纳税申报；纳税人没有任职、受雇单位的，向户籍所在地或经常居住地主管税务机关办理纳税申报。

纳税人办理综合所得汇算清缴，应当准备与收入、专项扣除、专项附加扣除、依法确定的其他扣除、捐赠、享受税收优惠等相关的资料，并按规定留存备查或报送。

纳税人取得综合所得办理汇算清缴的具体办法，另行公告。

二、取得经营所得的纳税申报

个体工商户业主、个人独资企业投资者、合伙企业个人合伙人、承包承租经营者个人以及其他从事生产、经营活动的个人取得经营所得，包括以下情形：

（一）个体工商户从事生产、经营活动取得的所得，个人独资企业投资人、合伙企业的个人合伙人来源于境内注册的个人独资企业、合伙企业生产、经营的所得；

（二）个人依法从事办学、医疗、咨询以及其他有偿服务活动取得的所得；

（三）个人对企业、事业单位承包经营、承租经营以及转包、转租取得的所得；

（四）个人从事其他生产、经营活动取得的所得。

纳税人取得经营所得，按年计算个人所得税，由纳税人在月度或季度终了

后 15 日内，向经营管理所在地主管税务机关办理预缴纳税申报，并报送《个人所得税经营所得纳税申报表（A 表）》。在取得所得的次年 3 月 31 日前，向经营管理所在地主管税务机关办理汇算清缴，并报送《个人所得税经营所得纳税申报表（B 表）》；从两处以上取得经营所得的，选择向其中一处经营管理所在地主管税务机关办理年度汇总申报，并报送《个人所得税经营所得纳税申报表（C 表）》。

三、取得应税所得，扣缴义务人未扣缴税款的纳税申报

纳税人取得应税所得，扣缴义务人未扣缴税款的，应当区别以下情形办理纳税申报：

（一）居民个人取得综合所得的，按照本公告第一条办理。

（二）非居民个人取得工资、薪金所得，劳务报酬所得，稿酬所得，特许权使用费所得的，应当在取得所得的次年 6 月 30 日前，向扣缴义务人所在地主管税务机关办理纳税申报，并报送《个人所得税自行纳税申报表（A 表）》。有两个以上扣缴义务人均未扣缴税款的，选择向其中一处扣缴义务人所在地主管税务机关办理纳税申报。

非居民个人在次年 6 月 30 日前离境（临时离境除外）的，应当在离境前办理纳税申报。

（三）纳税人取得利息、股息、红利所得，财产租赁所得，财产转让所得和偶然所得的，应当在取得所得的次年 6 月 30 日前，按相关规定向主管税务机关办理纳税申报，并报送《个人所得税自行纳税申报表（A 表）》。

税务机关通知限期缴纳的，纳税人应当按照期限缴纳税款。

四、取得境外所得的纳税申报

居民个人从中国境外取得所得的，应当在取得所得的次年 3 月 1 日至 6 月 30 日内，向中国境内任职、受雇单位所在地主管税务机关办理纳税申报；在中国境内没有任职、受雇单位的，向户籍所在地或中国境内经常居住地主管税务机关办理纳税申报；户籍所在地与中国境内经常居住地不一致的，选择其中一地主管税务机关办理纳税申报；在中国境内没有户籍的，向中国境内经常居住地主管税务机关办理纳税申报。

纳税人取得境外所得办理纳税申报的具体规定，另行公告。

五、因移居境外注销中国户籍的纳税申报

纳税人因移居境外注销中国户籍的，应当在申请注销中国户籍前，向户籍所在地主管税务机关办理纳税申报，进行税款清算。

（一）纳税人在注销户籍年度取得综合所得的，应当在注销户籍前，办理当年综合所得的汇算清缴，并报送《个人所得税年度自行纳税申报表》。尚未

办理上一年度综合所得汇算清缴的,应当在办理注销户籍纳税申报时一并办理。

(二)纳税人在注销户籍年度取得经营所得的,应当在注销户籍前,办理当年经营所得的汇算清缴,并报送《个人所得税经营所得纳税申报表(B表)》。从两处以上取得经营所得的,还应当一并报送《个人所得税经营所得纳税申报表(C表)》。尚未办理上一年度经营所得汇算清缴的,应当在办理注销户籍纳税申报时一并办理。

(三)纳税人在注销户籍当年取得利息、股息、红利所得,财产租赁所得,财产转让所得和偶然所得的,应当在注销户籍前,申报当年上述所得的完税情况,并报送《个人所得税自行纳税申报表(A表)》。

(四)纳税人有未缴或者少缴税款的,应当在注销户籍前,结清欠缴或未缴的税款。纳税人存在分期缴税且未缴纳完毕的,应当在注销户籍前,结清尚未缴纳的税款。

(五)纳税人办理注销户籍纳税申报时,需要办理专项附加扣除、依法确定的其他扣除的,应当向税务机关报送《个人所得税专项附加扣除信息表》《商业健康保险税前扣除情况明细表》《个人税收递延型商业养老保险税前扣除情况明细表》等。

六、非居民个人在中国境内从两处以上取得工资、薪金所得的纳税申报

非居民个人在中国境内从两处以上取得工资、薪金所得的,应当在取得所得的次月15日内,向其中一处任职、受雇单位所在地主管税务机关办理纳税申报,并报送《个人所得税自行纳税申报表(A表)》。

七、纳税申报方式

纳税人可以采用远程办税端、邮寄等方式申报,也可以直接到主管税务机关申报。

八、其他有关问题

(一)纳税人办理自行纳税申报时,应当一并报送税务机关要求报送的其他有关资料。首次申报或者个人基础信息发生变化的,还应报送《个人所得税基础信息表(B表)》。

本公告涉及的有关表证单书,由国家税务总局统一制定式样,另行公告。

(二)纳税人在办理纳税申报时需要享受税收协定待遇的,按照享受税收协定待遇有关办法办理。

九、施行时间

本公告自2019年1月1日起施行。

特此公告。

《国家税务总局关于发布《个人所得税扣缴申报管理办法（试行）》的公告》

（国家税务总局公告2018年第61号）

为贯彻落实新修改的《中华人民共和国个人所得税法》及其实施条例，国家税务总局制定了《个人所得税扣缴申报管理办法（试行）》，现予以发布，自2019年1月1日起施行。

特此公告。

附件：个人所得税税率表及预扣率表

国家税务总局
2018年12月21日

个人所得税扣缴申报管理办法（试行）

第一条 为规范个人所得税扣缴申报行为，维护纳税人和扣缴义务人合法权益，根据《中华人民共和国个人所得税法》及其实施条例、《中华人民共和国税收征收管理法》及其实施细则等法律法规的规定，制定本办法。

第二条 扣缴义务人，是指向个人支付所得的单位或者个人。扣缴义务人应当依法办理全员全额扣缴申报。

全员全额扣缴申报，是指扣缴义务人应当在代扣税款的次月十五日内，向主管税务机关报送其支付所得的所有个人的有关信息、支付所得数额、扣除事项和数额、扣缴税款的具体数额和总额以及其他相关涉税信息资料。

第三条 扣缴义务人每月或者每次预扣、代扣的税款，应当在次月十五日内缴入国库，并向税务机关报送《个人所得税扣缴申报表》。

第四条 实行个人所得税全员全额扣缴申报的应税所得包括：

（一）工资、薪金所得；

（二）劳务报酬所得；

（三）稿酬所得；

（四）特许权使用费所得：

（五）利息、股息、红利所得；

（六）财产租赁所得；

（七）财产转让所得；

（八）偶然所得。

第五条　扣缴义务人首次向纳税人支付所得时，应当按照纳税人提供的纳税人识别号等基础信息，填写《个人所得税基础信息表（A表）》，并于次月扣缴申报时向税务机关报送。

扣缴义务人对纳税人向其报告的相关基础信息变化情况，应当于次月扣缴申报时向税务机关报送。

第六条　扣缴义务人向居民个人支付工资、薪金所得时，应当按照累计预扣法计算预扣税款，并按月办理扣缴申报。

累计预扣法，是指扣缴义务人在一个纳税年度内预扣预缴税款时，以纳税人在本单位截至当前月份工资、薪金所得累计收入减除累计免税收入、累计减除费用、累计专项扣除、累计专项附加扣除和累计依法确定的其他扣除后的余额为累计预扣预缴应纳税所得额，适用个人所得税预扣率表一（见附件），计算累计应预扣预缴税额，再减除累计减免税额和累计已预扣预缴税额，其余额为本期应预扣预缴税额。余额为负值时，暂不退税。纳税年度终了后余额仍为负值时，由纳税人通过办理综合所得年度汇算清缴，税款多退少补。

具体计算公式如下：

本期应预扣预缴税额 =（累计预扣预缴应纳税所得额 × 预扣率 − 速算扣除数）− 累计减免税额 − 累计已预扣预缴税额

累计预扣预缴应纳税所得额 = 累计收入 − 累计免税收入 − 累计减除费用 − 累计专项扣除 − 累计专项附加扣除 − 累计依法确定的其他扣除

其中：累计减除费用，按照 5000 元/月乘以纳税人当年截至本月在本单位的任职受雇月份数计算。

第七条　居民个人向扣缴义务人提供有关信息并依法要求办理专项附加扣除的，扣缴义务人应当按照规定在工资、薪金所得按月预扣预缴税款时予以扣除，不得拒绝。

第八条　扣缴义务人向居民个人支付劳务报酬所得、稿酬所得、特许权使用费所得时，应当按照以下方法按次或者按月预扣预缴税款：

劳务报酬所得、稿酬所得、特许权使用费所得以收入减除费用后的余额为收入额；其中，稿酬所得的收入额减按百分之七十计算。

减除费用：预扣预缴税款时，劳务报酬所得、稿酬所得、特许权使用费所得每次收入不超过四千元的，减除费用按八百元计算；每次收入四千元以上的，减除费用按收入的百分之二十计算。

应纳税所得额；劳务报酬所得、稿酬所得、特许权使用费所得，以每次收入额为预扣预缴应纳税所得额，计算应预扣预缴税额。劳务报酬所得适用个人所得税预扣率表二（见附件），稿酬所得、特许权使用费所得适用百分之二十的比例预扣率。

居民个人办理年度综合所得汇算清缴时，应当依法计算劳务报酬所得、稿酬所得、特许权使用费所得的收入额，并入年度综合所得计算应纳税款，税款多退少补。

第九条 扣缴义务人向非居民个人支付工资、薪金所得，劳务报酬所得，稿酬所得和特许权使用费所得时，应当按照以下方法按月或者按次代扣代缴税款：

非居民个人的工资、薪金所得，以每月收入额减除费用五千元后的余额为应纳税所得额；劳务报酬所得、稿酬所得、特许权使用费所得，以每次收入额为应纳税所得额，适用个人所得税税率表三（见附件）计算应纳税额。劳务报酬所得、稿酬所得、特许权使用费所得以收入减除百分之二十的费用后的余额为收入额；其中，稿酬所得的收入额减按百分之七十计算。

非居民个人在一个纳税年度内税款扣缴方法保持不变，达到居民个人条件时，应当告知扣缴义务人基础信息变化情况，年度终了后按照居民个人有关规定办理汇算清缴。

第十条 扣缴义务人支付利息、股息、红利所得，财产租赁所得，财产转让所得或者偶然所得时，应当依法按次或者按月代扣代缴税款。

第十一条 劳务报酬所得、稿酬所得、特许权使用费所得，属于一次性收入的，以取得该项收入为一次；属于同一项目连续性收入的，以一个月内取得的收入为一次。

财产租赁所得，以一个月内取得的收入为一次。

利息、股息、红利所得，以支付利息、股息、红利时取得的收入为一次。

偶然所得，以每次取得该项收入为一次。

第十二条 纳税人需要享受税收协定待遇的，应当在取得应税所得时主动向扣缴义务人提出，并提交相关信息、资料，扣缴义务人代扣代缴税款时按照享受税收协定待遇有关办法办理。

第十三条 支付工资、薪金所得的扣缴义务人应当于年度终了后两个月内，向纳税人提供其个人所得和已扣缴税款等信息。纳税人年度中间需要提供上述信息的，扣缴义务人应当提供。

纳税人取得除工资、薪金所得以外的其他所得，扣缴义务人应当在扣缴税款后，及时向纳税人提供其个人所得和已扣缴税款等信息。

第十四条 扣缴义务人应当按照纳税人提供的信息计算税款、办理扣缴申报，不得擅自更改纳税人提供的信息。

扣缴义务人发现纳税人提供的信息与实际情况不符的，可以要求纳税人修改。纳税人拒绝修改的，扣缴义务人应当报告税务机关，税务机关应当及时处理。

纳税人发现扣缴义务人提供或者扣缴申报的个人信息、支付所得、扣缴税款等信息与实际情况不符的，有权要求扣缴义务人修改。扣缴义务人拒绝修改的，纳税人应当报告税务机关，税务机关应当及时处理。

第十五条 扣缴义务人对纳税人提供的《个人所得税专项附加扣除信息表》，应当按照规定妥善保存备查。

第十六条 扣缴义务人应当依法对纳税人报送的专项附加扣除等相关涉税信息和资料保密。

第十七条 对扣缴义务人按照规定扣缴的税款，按年付给百分之二的手续费。不包括税务机关、司法机关等查补或者责令补扣的税款。

扣缴义务人领取的扣缴手续费可用于提升办税能力、奖励办税人员。

第十八条 扣缴义务人依法履行代扣代缴义务，纳税人不得拒绝。纳税人拒绝的，扣缴义务人应当及时报告税务机关。

第十九条 扣缴义务人有未按照规定向税务机关报送资料和信息、未按照纳税人提供信息虚报虚扣专项附加扣除、应扣未扣税款、不缴或少缴已扣税款、借用或冒用他人身份等行为的，依照《中华人民共和国税收征收管理法》等相关法律、行政法规处理。

第二十条 本办法相关表证单书式样，由国家税务总局另行制定发布。

第二十一条 本办法自 2019 年 1 月 1 日起施行。《国家税务总局关于印发〈个人所得税全员全额扣缴申报管理暂行办法〉的通知》（国税发〔2005〕205号）同时废止。

附件：

个人所得税预扣率表一
（居民个人工资、薪金所得预扣预缴适用）

级数	累计预扣预缴应纳税所得额	预扣率（%）	速算扣除数
1	不超过 36000 元	3	0
2	超过 36000 元至 144000 元的部分	10	2520
3	超过 144000 元至 300000 元的部分	20	16920
4	超过 300000 元至 420000 元的部分	25	31920
5	超过 420000 元至 660000 元的部分	30	52920
6	超过 660000 元至 960000 元的部分	35	85920
7	超过 960000 元的部分	45	181920

个人所得税预扣率表二

（居民个人劳务报酬所得预扣预缴适用）

级数	预扣预缴应纳税所得额	预扣率（%）	速算扣除数
1	不超过20000元	20	0
2	超过20000元至50000元的部分	30	2000
3	超过50000元的部分	40	7000

个人所得税税率表三

（非居民个人工资、薪金所得，劳务报酬所得，稿酬所得，特许权使用费所得适用）

级数	应纳税所得额	税率（%）	速算扣除数
1	不超过3000元	3	0
2	超过3000元至12000元的部分	10	210
3	超过12000元至25000元的部分	20	1410
4	超过25000元至35000元的部分	25	2660
5	超过35000元至55000元的部分	30	4410
6	超过55000元至80000元的部分	35	7160
7	超过80000元的部分	45	15160

《国家税务总局关于发布《个人所得税专项附加扣除操作办法（试行）》的公告》

（国家税务总局公告2018年第60号）

为贯彻落实新修改的《中华人民共和国个人所得税法》和《国务院关于印发个人所得税专项附加扣除暂行办法的通知》（国发〔2018〕41号），国家税务总局制定了《个人所得税专项附加扣除操作办法（试行）》。现予以发布，自2019年1月1日起施行。

特此公告。

附件：个人所得税专项附加扣除信息表及填表说明

国家税务总局
2018年12月21日

个人所得税专项附加扣除操作办法（试行）

第一章　总　则

第一条　为了规范个人所得税专项附加扣除行为，切实维护纳税人合法权益，根据新修改的《中华人民共和国个人所得税法》及其实施条例、《中华人民共和国税收征收管理法》及其实施细则、《国务院关于印发个人所得税专项附加扣除暂行办法的通知》（国发〔2018〕41号）的规定，制定本办法。

第二条　纳税人享受子女教育、继续教育、大病医疗、住房贷款利息或者住房租金、赡养老人专项附加扣除的，依照本办法规定办理。

第二章　享受扣除及办理时间

第三条　纳税人享受符合规定的专项附加扣除的计算时间分别为：

（一）子女教育。学前教育阶段，为子女年满3周岁当月至小学入学前一月。学历教育，为子女接受全日制学历教育入学的当月至全日制学历教育结束的当月。

（二）继续教育。学历（学位）继续教育，为在中国境内接受学历（学位）继续教育入学的当月至学历（学位）继续教育结束的当月，同一学历（学位）继续教育的扣除期限最长不得超过48个月。技能人员职业资格继续教育、专业技术人员职业资格继续教育，为取得相关证书的当年。

（三）大病医疗。为医疗保障信息系统记录的医药费用实际支出的当年。

（四）住房贷款利息。为贷款合同约定开始还款的当月至贷款全部归还或贷款合同终止的当月，扣除期限最长不得超过240个月。

（五）住房租金。为租赁合同（协议）约定的房屋租赁期开始的当月至租赁期结束的当月。提前终止合同（协议）的，以实际租赁期限为准。

（六）赡养老人。为被赡养人年满60周岁的当月至赡养义务终止的年末。

前款第一项、第二项规定的学历教育和学历（学位）继续教育的期间，包含因病或其他非主观原因休学但学籍继续保留的休学期间，以及施教机构按规定组织实施的寒暑假等假期。

第四条　享受子女教育、继续教育、住房贷款利息或者住房租金、赡养老人专项附加扣除的纳税人，自符合条件开始，可以向支付工资、薪金所得的扣缴义务人提供上述专项附加扣除有关信息，由扣缴义务人在预扣预缴税款时，按其在本单位本年可享受的累计扣除额办理扣除；也可以在次年3月1日至6

月 30 日内，向汇缴地主管税务机关办理汇算清缴申报时扣除。

纳税人同时从两处以上取得工资、薪金所得，并由扣缴义务人办理上述专项附加扣除的，对同一专项附加扣除项目，一个纳税年度内，纳税人只能选择从其中一处扣除。

享受大病医疗专项附加扣除的纳税人，由其在次年 3 月 1 日至 6 月 30 日内，自行向汇缴地主管税务机关办理汇算清缴申报时扣除。

第五条　扣缴义务人办理工资、薪金所得预扣预缴税款时，应当根据纳税人报送的《个人所得税专项附加扣除信息表》（以下简称《扣除信息表》，见附件）为纳税人办理专项附加扣除。

纳税人年度中间更换工作单位的，在原单位任职、受雇期间已享受的专项附加扣除金额，不得在新任职、受雇单位扣除。原扣缴义务人应当自纳税人离职不再发放工资薪金所得的当月起，停止为其办理专项附加扣除。

第六条　纳税人未取得工资、薪金所得，仅取得劳务报酬所得、稿酬所得、特许权使用费所得需要享受专项附加扣除的，应当在次年 3 月 1 日至 6 月 30 日内，自行向汇缴地主管税务机关报送《扣除信息表》，并在办理汇算清缴申报时扣除。

第七条　一个纳税年度内，纳税人在扣缴义务人预扣预缴税款环节未享受或未足额享受专项附加扣除的，可以在当年内向支付工资、薪金的扣缴义务人申请在剩余月份发放工资、薪金时补充扣除，也可以在次年 3 月 1 日至 6 月 30 日内，向汇缴地主管税务机关办理汇算清缴时申报扣除。

第三章　报送信息及留存备查资料

第八条　纳税人选择在扣缴义务人发放工资、薪金所得时享受专项附加扣除的，首次享受时应当填写并向扣缴义务人报送《扣除信息表》；纳税年度中间相关信息发生变化的，纳税人应当更新《扣除信息表》相应栏次，并及时报送给扣缴义务人。

更换工作单位的纳税人，需要由新任职、受雇扣缴义务人办理专项附加扣除的，应当在入职的当月，填写并向扣缴义务人报送《扣除信息表》。

第九条　纳税人次年需要由扣缴义务人继续办理专项附加扣除的，应当于每年 12 月份对次年享受专项附加扣除的内容进行确认，并报送至扣缴义务人。纳税人未及时确认的，扣缴义务人于次年 1 月起暂停扣除，待纳税人确认后再行办理专项附加扣除。

扣缴义务人应当将纳税人报送的专项附加扣除信息，在次月办理扣缴申报时一并报送至主管税务机关。

第十条　纳税人选择在汇算清缴申报时享受专项附加扣除的，应当填写并向汇缴地主管税务机关报送《扣除信息表》。

第十一条　纳税人将需要享受的专项附加扣除项目信息填报至《扣除信息表》相应栏次。填报要素完整的，扣缴义务人或者主管税务机关应当受理；填报要素不完整的，扣缴义务人或者主管税务机关应当及时告知纳税人补正或重新填报。纳税人未补正或重新填报的，暂不办理相关专项附加扣除，待纳税人补正或重新填报后再行办理。

第十二条　纳税人享受子女教育专项附加扣除，应当填报配偶及子女的姓名、身份证件类型及号码、子女当前受教育阶段及起止时间、子女就读学校以及本人与配偶之间扣除分配比例等信息。

纳税人需要留存备查资料包括：子女在境外接受教育的，应当留存境外学校录取通知书、留学签证等境外教育佐证资料。

第十三条　纳税人享受继续教育专项附加扣除，接受学历（学位）继续教育的，应当填报教育起止时间、教育阶段等信息；接受技能人员或者专业技术人员职业资格继续教育的，应当填报证书名称、证书编号、发证机关、发证（批准）时间等信息。

纳税人需要留存备查资料包括：纳税人接受技能人员职业资格继续教育、专业技术人员职业资格继续教育的，应当留存职业资格相关证书等资料。

第十四条　纳税人享受住房贷款利息专项附加扣除，应当填报住房权属信息、住房坐落地址、贷款方式、贷款银行、贷款合同编号、贷款期限、首次还款日期等信息；纳税人有配偶的，填写配偶姓名、身份证件类型及号码。

纳税人需要留存备查资料包括：住房贷款合同、贷款还款支出凭证等资料。

第十五条　纳税人享受住房租金专项附加扣除，应当填报主要工作城市、租赁住房坐落地址、出租人姓名及身份证件类型和号码或者出租方单位名称及纳税人识别号（社会统一信用代码）、租赁起止时间等信息；纳税人有配偶的，填写配偶姓名、身份证件类型及号码。

纳税人需要留存备查资料包括：住房租赁合同或协议等资料。

第十六条　纳税人享受赡养老人专项附加扣除，应当填报纳税人是否为独生子女、月扣除金额、被赡养人姓名及身份证件类型和号码、与纳税人关系；有共同赡养人的，需填报分摊方式、共同赡养人姓名及身份证件类型和号码等信息。

纳税人需要留存备查资料包括：约定或指定分摊的书面分摊协议等资料。

第十七条　纳税人享受大病医疗专项附加扣除，应当填报患者姓名、身份证件类型及号码、与纳税人关系、与基本医保相关的医药费用总金额、医保目录范围内个人负担的自付金额等信息。

纳税人需要留存备查资料包括：大病患者医药服务收费及医保报销相关票据原件或复印件，或者医疗保障部门出具的纳税年度医药费用清单等资料。

第十八条　纳税人应当对报送的专项附加扣除信息的真实性、准确性、完整性负责。

第四章　信息报送方式

第十九条　纳税人可以通过远程办税端、电子或者纸质报表等方式，向扣缴义务人或者主管税务机关报送个人专项附加扣除信息。

第二十条　纳税人选择纳税年度内由扣缴义务人办理专项附加扣除的，按下列规定办理：

（一）纳税人通过远程办税端选择扣缴义务人并报送专项附加扣除信息的，扣缴义务人根据接收的扣除信息办理扣除。

（二）纳税人通过填写电子或者纸质《扣除信息表》直接报送扣缴义务人的，扣缴义务人将相关信息导入或者录入扣缴端软件，并在次月办理扣缴申报时提交给主管税务机关。《扣除信息表》应当一式两份，纳税人和扣缴义务人签字（章）后分别留存备查。

第二十一条　纳税人选择年度终了后办理汇算清缴申报时享受专项附加扣除的，既可以通过远程办税端报送专项附加扣除信息，也可以将电子或者纸质《扣除信息表》（一式两份）报送给汇缴地主管税务机关。

报送电子《扣除信息表》的，主管税务机关受理打印，交由纳税人签字后，一份由纳税人留存备查，一份由税务机关留存；报送纸质《扣除信息表》的，纳税人签字确认、主管税务机关受理签章后，一份退还纳税人留存备查，一份由税务机关留存。

第二十二条　扣缴义务人和税务机关应当告知纳税人办理专项附加扣除的方式和渠道，鼓励并引导纳税人采用远程办税端报送信息。

第五章　后续管理

第二十三条　纳税人应当将《扣除信息表》及相关留存备查资料，自法定汇算清缴期结束后保存五年。

纳税人报送给扣缴义务人的《扣除信息表》，扣缴义务人应当自预扣预缴年度的次年起留存五年。

第二十四条　纳税人向扣缴义务人提供专项附加扣除信息的，扣缴义务人应当按照规定予以扣除，不得拒绝。扣缴义务人应当为纳税人报送的专项附加扣除信息保密。

第二十五条 扣缴义务人应当及时按照纳税人提供的信息计算办理扣缴申报，不得擅自更改纳税人提供的相关信息。

扣缴义务人发现纳税人提供的信息与实际情况不符，可以要求纳税人修改。纳税人拒绝修改的，扣缴义务人应当向主管税务机关报告，税务机关应当及时处理。

除纳税人另有要求外，扣缴义务人应当于年度终了后两个月内，向纳税人提供已办理的专项附加扣除项目及金额等信息。

第二十六条 税务机关定期对纳税人提供的专项附加扣除信息开展抽查。

第二十七条 税务机关核查时，纳税人无法提供留存备查资料，或者留存备查资料不能支持相关情况的，税务机关可以要求纳税人提供其他佐证；不能提供其他佐证材料，或者佐证材料仍不足以支持的，不得享受相关专项附加扣除。

第二十八条 税务机关核查专项附加扣除情况时，可以提请有关单位和个人协助核查，相关单位和个人应当协助。

第二十九条 纳税人有下列情形之一的，主管税务机关应当责令其改正；情形严重的，应当纳入有关信用信息系统，并按照国家有关规定实施联合惩戒；涉及违反税收征管法等法律法规的，税务机关依法进行处理：

（一）报送虚假专项附加扣除信息；

（二）重复享受专项附加扣除；

（三）超范围或标准享受专项附加扣除；

（四）拒不提供留存备查资料；

（五）税务总局规定的其他情形。

纳税人在任职、受雇单位报送虚假扣除信息的，税务机关责令改正的同时，通知扣缴义务人。

第三十条 本办法自2019年1月1日起施行。

《国家税务总局关于自然人纳税人识别号有关事项的公告》

（国家税务总局公告2018年第59号）

根据新修改的《中华人民共和国个人所得税法》，为便利纳税人办理涉税业务，现就自然人纳税人识别号有关事项公告如下：

一、自然人纳税人识别号，是自然人纳税人办理各类涉税事项的唯一代码标识。

二、有中国公民身份号码的，以其中国公民身份号码作为纳税人识别号；没有中国公民身份号码的，由税务机关赋予其纳税人识别号。

三、纳税人首次办理涉税事项时，应当向税务机关或者扣缴义务人出示有效身份证件，并报送相关基础信息。

四、税务机关应当在赋予自然人纳税人识别号后告知或者通过扣缴义务人告知纳税人其纳税人识别号，并为自然人纳税人查询本人纳税人识别号提供便利。

五、自然人纳税人办理纳税申报、税款缴纳、申请退税、开具完税凭证、纳税查询等涉税事项时应当向税务机关或扣缴义务人提供纳税人识别号。

六、本公告所称"有效身份证件"，是指：

（一）纳税人为中国公民且持有有效《中华人民共和国居民身份证》（以下简称"居民身份证"）的，为居民身份证。

（二）纳税人为华侨且没有居民身份证的，为有效的《中华人民共和国护照》和华侨身份证明。

（三）纳税人为港澳居民的，为有效的《港澳居民来往内地通行证》或《中华人民共和国港澳居民居住证》。

（四）纳税人为台湾居民的，为有效的《台湾居民来往大陆通行证》或《中华人民共和国台湾居民居住证》。

（五）纳税人为持有有效《中华人民共和国外国人永久居留身份证》（以下简称永久居留证）的外籍个人的，为永久居留证和外国护照；未持有永久居留证但持有有效《中华人民共和国外国人工作许可证》（以下简称工作许可证）的，为工作许可证和外国护照；其他外籍个人，为有效的外国护照。

本公告自2019年1月1日起施行。

特此公告。

《国家税务总局关于全面实施新个人所得税法若干征管衔接问题的公告》

（国家税务总局公告2018年第56号）

为贯彻落实新修改的《中华人民共和国个人所得税法》（以下简称"新个人所得税法"），现就全面实施新个人所得税法后扣缴义务人对居民个人工资、薪金所得，劳务报酬所得，稿酬所得，特许权使用费所得预扣预缴个人所得税的计

算方法,对非居民个人上述四项所得扣缴个人所得税的计算方法,公告如下:

一、居民个人预扣预缴方法

扣缴义务人向居民个人支付工资、薪金所得,劳务报酬所得,稿酬所得,特许权使用费所得时,按以下方法预扣预缴个人所得税,并向主管税务机关报送《个人所得税扣缴申报表》(见附件1)。年度预扣预缴税额与年度应纳税额不一致的,由居民个人于次年3月1日至6月30日向主管税务机关办理综合所得年度汇算清缴,税款多退少补。

(一)扣缴义务人向居民个人支付工资、薪金所得时,应当按照累计预扣法计算预扣税款,并按月办理全员全额扣缴申报。具体计算公式如下:

本期应预扣预缴税额=(累计预扣预缴应纳税所得额×预扣率-速算扣除数)-累计减免税额-累计已预扣预缴税额

累计预扣预缴应纳税所得额=累计收入-累计免税收入-累计减除费用-累计专项扣除-累计专项附加扣除-累计依法确定的其他扣除

其中:累计减除费用,按照5000元/月乘以纳税人当年截至本月在本单位的任职受雇月份数计算。

上述公式中,计算居民个人工资、薪金所得预扣预缴税额的预扣率、速算扣除数,按《个人所得税预扣率表一》(见附件2)执行。

(二)扣缴义务人向居民个人支付劳务报酬所得、稿酬所得、特许权使用费所得,按次或者按月预扣预缴个人所得税。具体预扣预缴方法如下:

劳务报酬所得、稿酬所得、特许权使用费所得以收入减除费用后的余额为收入额。其中,稿酬所得的收入额减按百分之七十计算。

减除费用:劳务报酬所得、稿酬所得、特许权使用费所得每次收入不超过四千元的,减除费用按八百元计算;每次收入四千元以上的,减除费用按百分之二十计算。

应纳税所得额:劳务报酬所得、稿酬所得、特许权使用费所得,以每次收入额为预扣预缴应纳税所得额。劳务报酬所得适用百分之二十至百分之四十的超额累进预扣率(见附件2《个人所得税预扣率表二》),稿酬所得、特许权使用费所得适用百分之二十的比例预扣率。

劳务报酬所得应预扣预缴税额=预扣预缴应纳税所得额×预扣率-速算扣除数

稿酬所得、特许权使用费所得应预扣预缴税额=预扣预缴应纳税所得额×20%

二、非居民个人扣缴方法

扣缴义务人向非居民个人支付工资、薪金所得,劳务报酬所得,稿酬所得和特许权使用费所得时,应当按以下方法按月或者按次代扣代缴个人所得税:

非居民个人的工资、薪金所得,以每月收入额减除费用五千元后的余额为应纳税所得额;劳务报酬所得、稿酬所得、特许权使用费所得,以每次收入额为应纳税所得额,适用按月换算后的非居民个人月度税率表(见附件2《个人所得税税率表三》)计算应纳税额。其中,劳务报酬所得、稿酬所得、特许权使用费所得以收入减除百分之二十的费用后的余额为收入额。稿酬所得的收入额减按百分之七十计算。

非居民个人工资、薪金所得,劳务报酬所得,稿酬所得,特许权使用费所得应纳税额 = 应纳税所得额 × 税率 − 速算扣除数

本公告自 2019 年 1 月 1 日起施行。

特此公告。

附件:1.《个人所得税扣缴申报表》及填表说明(略)
  2. 个人所得税税率表及预扣率表

个人所得税预扣率表一
(居民个人工资、薪金所得预扣预缴适用)

级数	累计预扣预缴应纳税所得额	预扣率(%)	速算扣除数
1	不超过 36000 元的部分	3	0
2	超过 36000 元至 144000 元的部分	10	2520
3	超过 144000 元至 300000 元的部分	20	16920
4	超过 300000 元至 420000 元的部分	25	31920
5	超过 420000 元至 660000 元的部分	30	52920
6	超过 660000 元至 960000 元的部分	35	85920
7	超过 960000 元的部分	45	181920

个人所得税预扣率表二
(居民个人劳务报酬所得预扣预缴适用)

级数	预扣预缴应纳税所得额	预扣率(%)	速算扣除数
1	不超过 20000 元的	20	0
2	超过 20000 元至 50000 元的部分	30	2000
3	超过 50000 元的部分	40	7000

个人所得税税率表三

（非居民个人工资、薪金所得，劳务报酬所得，稿酬所得，特许权使用费所得适用）

级数	应纳税所得额	税率（%）	速算扣除数
1	不超过3000元的	3	0
2	超过3000元至12000元的部分	10	210
3	超过12000元至25000元的部分	20	1410
4	超过25000元至35000元的部分	25	2660
5	超过35000元至55000元的部分	30	4410
6	超过55000元至80000元的部分	35	7160
7	超过80000元的部分	45	15160

《财政部 税务总局关于2018年第四季度个人所得税减除费用和税率适用问题的通知》

（财税〔2018〕98号）

各省、自治区、直辖市、计划单列市财政厅（局），国家税务总局各省、自治区、直辖市、计划单列市税务局，新疆生产建设兵团财政局：

根据第十三届全国人大常委会第五次会议审议通过的《全国人民代表大会常务委员会关于修改〈中华人民共和国个人所得税法〉的决定》，现就2018年第四季度纳税人适用个人所得税减除费用和税率有关问题通知如下：

一、关于工资、薪金所得适用减除费用和税率问题

对纳税人在2018年10月1日（含）后实际取得的工资、薪金所得，减除费用统一按照5000元/月执行，并按照本通知所附个人所得税税率表一计算应纳税额。对纳税人在2018年9月30日（含）前实际取得的工资、薪金所得，减除费用按照税法修改前规定执行。

二、关于个体工商户业主、个人独资企业和合伙企业自然人投资者、企事业单位承包承租经营者的生产经营所得计税方法问题

（一）对个体工商户业主、个人独资企业和合伙企业自然人投资者、企事业单位承包承租经营者2018年第四季度取得的生产经营所得，减除费用按照5000元/月执行，前三季度减除费用按照3500元/月执行。

（二）对个体工商户业主、个人独资企业和合伙企业自然人投资者、企事业单位承包承租经营者2018年取得的生产经营所得，用全年应纳税所得额分别计算应纳前三季度税额和应纳第四季度税额，其中应纳前三季度税额按照税法修改前规定的税率和前三季度实际经营月份的权重计算，应纳第四季度税额按

照本通知所附个人所得税税率表二（以下称税法修改后规定的税率）和第四季度实际经营月份的权重计算。具体计算方法：

1. 月（季）度预缴税款的计算。

本期应缴税额＝累计应纳税额－累计已缴税额

累计应纳税额＝应纳10月1日以前税额＋应纳10月1日以后税额

应纳10月1日以前税额＝（累计应纳税所得额×税法修改前规定的税率－税法修改前规定的速算扣除数）×10月1日以前实际经营月份数÷累计实际经营月份数

应纳10月1日以后税额＝（累计应纳税所得额×税法修改后规定的税率－税法修改后规定的速算扣除数）×10月1日以后实际经营月份数÷累计实际经营月份数

2. 年度汇算清缴税款的计算。

汇缴应补退税额＝全年应纳税额－累计已缴税额

全年应纳税额＝应纳前三季度税额＋应纳第四季度税额

应纳前三季度税额＝（全年应纳税所得额×税法修改前规定的税率－税法修改前规定的速算扣除数）×前三季度实际经营月份数÷全年实际经营月份数

应纳第四季度税额＝（全年应纳税所得额×税法修改后规定的税率－税法修改后规定的速算扣除数）×第四季度实际经营月份数÷全年实际经营月份数

三、《财政部 国家税务总局关于调整个体工商户业主 个人独资企业和合伙企业自然人投资者个人所得税费用扣除标准的通知》（财税〔2011〕62号）自2018年10月1日起废止。

附件：1. 个人所得税税率表一（工资薪金所得适用）

级数	全月应纳税所得额	税率	速算扣除数
1	不超过3000元的	3%	0
2	超过3000元至12000元的部分	10%	210
3	超过12000元至25000元的部分	20%	1410
4	超过25000元至35000元的部分	25%	2660
5	超过35000元至55000元的部分	30%	4410
6	超过55000元至80000元的部分	35%	7160
7	超过80000元的部分	45%	15160

2. 个人所得税税率表二（个体工商户的生产、经营所得和对企事业单位的承包经营、承租经营所得适用）

级数	全年应纳税所得额	税率	速算扣除数
1	不超过30000元的	5%	0
2	超过30000元至90000元的部分	10%	1500
3	超过90000元至300000元的部分	20%	10500
4	超过300000元至500000元的部分	30%	40500
5	超过500000元的部分	35%	65500

《财政部 税务总局 人力资源社会保障部 中国银行保险监督管理委员会 证监会关于开展个人税收递延型商业养老保险试点的通知》

（财税〔2018〕22号）

上海市、江苏省、福建省、厦门市财政厅（局）、地方税务局、人力资源社会保障厅（局）、银监局、证监局、保监局：

为贯彻落实党的十九大精神，推进多层次养老保险体系建设，对养老保险第三支柱进行有益探索，现就开展个人税收递延型商业养老保险试点有关问题通知如下：

一、关于试点政策

（一）试点地区及时间。

自2018年5月1日起，在上海市、福建省（含厦门市）和苏州工业园区实施个人税收递延型商业养老保险试点。试点期限暂定一年。

（二）试点政策内容。

对试点地区个人通过个人商业养老资金账户购买符合规定的商业养老保险产品的支出，允许在一定标准内税前扣除；计入个人商业养老资金账户的投资收益，暂不征收个人所得税；个人领取商业养老金时再征收个人所得税。具体规定如下：

1. 个人缴费税前扣除标准。取得工资薪金、连续性劳务报酬所得的个人，其缴纳的保费准予在申报扣除当月计算应纳税所得额时予以限额据实扣除，扣除限额按照当月工资薪金、连续性劳务报酬收入的6%和1000元孰低办法确定。

取得个体工商户生产经营所得、对企事业单位的承包承租经营所得的个体工商户业主、个人独资企业投资者、合伙企业自然人合伙人和承包承租经营者，其缴纳的保费准予在申报扣除当年计算应纳税所得额时予以限额据实扣除，扣除限额按照不超过当年应税收入的6%和12000元孰低办法确定。

2. 账户资金收益暂不征税。计入个人商业养老资金账户的投资收益，在缴费期间暂不征收个人所得税。

3. 个人领取商业养老金征税。个人达到国家规定的退休年龄时，可按月或按年领取商业养老金，领取期限原则上为终身或不少于15年。个人身故、发生保险合同约定的全残或罹患重大疾病的，可以一次性领取商业养老金。

对个人达到规定条件时领取的商业养老金收入，其中25%部分予以免税，其余75%部分按照10%的比例税率计算缴纳个人所得税，税款计入"其他所得"项目。

（三）试点政策适用对象。

适用试点税收政策的纳税人，是指在试点地区取得工资薪金、连续性劳务报酬所得的个人，以及取得个体工商户生产经营所得、对企事业单位的承包承租经营所得的个体工商户业主、个人独资企业投资者、合伙企业自然人合伙人和承包承租经营者，其工资薪金、连续性劳务报酬的个人所得税扣缴单位，或者个体工商户、承包承租单位、个人独资企业、合伙企业的实际经营地均位于试点地区内。

取得连续性劳务报酬所得，是指纳税人连续6个月以上（含6个月）为同一单位提供劳务而取得的所得。

（四）试点期间个人商业养老资金账户和信息平台。

1. 个人商业养老资金账户是由纳税人指定的、用于归集税收递延型商业养老保险缴费、收益以及资金领取等的商业银行个人专用账户。该账户封闭运行，与居民身份证件绑定，具有唯一性。

2. 试点期间使用中国保险信息技术管理有限责任公司建立的信息平台（以下简称"中保信平台"）。个人商业养老资金账户在中保信平台进行登记，校验其唯一性。个人商业养老资金账户变更银行须经中保信平台校验后，进行账户结转，每年允许结转一次。中保信平台与税务系统、商业保险机构和商业银行对接，提供账户管理、信息查询、税务稽核、外部监管等基础性服务。

（五）试点期间商业养老保险产品及管理。

个人商业养老保险产品按稳健型产品为主、风险型产品为辅的原则选择，采取名录方式确定。试点期间的产品是指由保险公司开发，符合"收益稳健、长期锁定、终身领取、精算平衡"原则，满足参保人对养老账户资金安全性、收益性和长期性管理要求的商业养老保险产品。具体商业养老保险产品指引由中国银行保险监督管理委员会提出，商财政部、人社部、税务总局后发布。

（六）试点期间税收征管。

1. 关于缴费税前扣除。个人购买符合规定的商业养老保险产品、享受递延纳税优惠时，以中保信平台出具的税延养老扣除凭证为扣税凭据。取得工资、薪金所得和连续性劳务报酬所得的个人，应及时将相关凭证提供给扣缴单位。扣缴单位应按照本通知有关要求，认真落实个人税收递延型商业养老保险试点政策，为纳税人办理税前扣除有关事项。

个人在试点地区范围内从两处或者两处以上取得所得的，只能选择在其中一处享受试点政策。

2. 关于领取商业养老金时的税款征收。个人按规定领取商业养老金时，由保险公司代扣代缴其应缴的个人所得税。

二、试点期间其他相关准备工作

试点期间，中国银行保险监督管理委员会、证监会做好相关准备工作，完善养老账户管理制度，制定银行、公募基金类产品指引等相关规定，指导相关金融机构产品开发。做好中国证券登记结算有限责任公司信息平台（以下简称"中登公司平台"）与商业银行、税务等信息系统的对接准备工作。同时，由人社部、财政部牵头，联合税务总局、中国银行保险监督管理委员会、证监会等单位，共同研究建立第三支柱制度和管理服务信息平台。

试点结束后，根据试点情况，结合养老保险第三支柱制度建设的有关情况，有序扩大参与的金融机构和产品范围，将公募基金等产品纳入个人商业养老账户投资范围，相应将中登公司平台作为信息平台，与中保信平台同步运行。第三支柱制度和管理服务信息平台建成以后，中登公司平台、中保信平台与第三支柱制度和管理服务信息平台对接，实现养老保险第三支柱宏观监管。

三、部门协作

（一）信息平台应向税务机关提供个人税收递延型商业养老保险有关信息，并配合税务机关做好相关税收征管工作。

（二）保险公司在销售个人税收递延型商业养老保险产品时，应为购买商业养老保险产品的个人开具发票和保单凭证，载明产品名称及缴费金额等信息。保险公司与信息平台实时对接，保证信息真实准确。

（三）试点地区财政、人社、税务、金融监管等相关部门应各司其职，密切配合，认真组织落实本通知，并及时总结、动态评估试点经验。对实施过程中遇到的困难和问题，及时向财政部、人社部、税务总局和金融监管部门反映。

《国家税务总局关于推广实施商业健康保险个人所得税政策有关征管问题的公告》

(国家税务总局公告2017年第17号)

为贯彻落实《财政部、税务总局、保监会关于将商业健康保险个人所得税试点政策推广到全国范围实施的通知》（财税〔2017〕39号，以下简称《通知》），现就有关征管问题公告如下：

一、取得工资薪金所得、连续性劳务报酬所得的个人，以及取得个体工商户的生产经营所得、对企事业单位的承包承租经营所得的个体工商户业主、个人独资企业投资者、合伙企业个人合伙人和承包承租经营者，对其购买符合规定的商业健康保险产品支出，可按照《通知》规定标准在个人所得税前扣除。

二、《通知》所称取得连续性劳务报酬所得，是指个人连续3个月以上（含3个月）为同一单位提供劳务而取得的所得。

三、有扣缴义务人的个人自行购买、单位统一组织为员工购买或者单位和个人共同负担购买符合规定的商业健康保险产品，扣缴义务人在填报《扣缴个人所得税报告表》或《特定行业个人所得税年度申报表》时，应将当期扣除的个人购买商业健康保险支出金额填至申报表"税前扣除项目"的"其他"列中（需注明商业健康保险扣除金额），并同时填报《商业健康保险税前扣除情况明细表》（见附件）。

其中，个人自行购买符合规定的商业健康保险产品的，应及时向扣缴义务人提供保单凭证，扣缴义务人应当依法为其税前扣除，不得拒绝。个人从中国境内两处或者两处以上取得工资薪金所得，且自行购买商业健康保险的，只能选择在其中一处扣除。

个人未续保或退保的，应于未续保或退保当月告知扣缴义务人终止商业健康保险税前扣除。

四、个体工商户业主、个人独资企业投资者、合伙企业个人合伙人和企事业单位承包承租经营者购买符合规定的商业健康保险产品支出，在年度申报填报《个人所得税生产经营所得纳税申报表（B表）》、享受商业健康保险税前扣除政策时，应将商业健康保险税前扣除金额填至"允许扣除的其他费用"行（需注明商业健康保险扣除金额），并同时填报《商业健康保险税前扣除情况明细表》。

实行核定征收的纳税人，应向主管税务机关报送《商业健康保险税前扣除情况明细表》，主管税务机关按程序相应调减其应纳税所得额或应纳税额。

纳税人未续保或退保的，应当及时告知主管税务机关，终止商业健康保险税前扣除。

五、保险公司销售符合规定的商业健康保险产品，及时为购买保险的个人开具发票和保单凭证，并在保单凭证上注明税优识别码。

个人购买商业健康保险未获得税优识别码的，其支出金额不得税前扣除。

六、本公告所称税优识别码，是指为确保税收优惠商业健康保险保单的唯一性、真实性和有效性，由商业健康保险信息平台按照"一人一单一码"的原则对投保人进行校验后，下发给保险公司，并在保单凭证上打印的数字识别码。

七、本公告自2017年7月1日起施行。《国家税务总局关于实施商业健康保险个人所得税政策试点有关征管问题的公告》（国家税务总局公告2015年第93号）同时废止。

特此公告。

附件：商业健康保险税前扣除情况明细表（略）

《财政部 税务总局 保监会关于将商业健康保险个人所得税试点政策推广到全国范围实施的通知》

（财税〔2017〕39号）

各省、自治区、直辖市、计划单列市财政厅（局）、地方税务局、保监局，新疆生产建设兵团财务局：

自2017年7月1日起，将商业健康保险个人所得税试点政策推广到全国范围实施。现将有关问题通知如下：

一、关于政策内容

对个人购买符合规定的商业健康保险产品的支出，允许在当年（月）计算应纳税所得额时予以税前扣除，扣除限额为2400元/年（200元/月）。单位统一为员工购买符合规定的商业健康保险产品的支出，应分别计入员工个人工资薪金，视同个人购买，按上述限额予以扣除。

2400元/年（200元/月）的限额扣除为个人所得税法规定减除费用标准之外的扣除。

二、关于适用对象

适用商业健康保险税收优惠政策的纳税人，是指取得工资薪金所得、连续性劳务报酬所得的个人，以及取得个体工商户生产经营所得、对企事业单位的承包承租经营所得的个体工商户业主、个人独资企业投资者、合伙企业合伙人和承包承租经营者。

三、关于商业健康保险产品的规范和条件

符合规定的商业健康保险产品，是指保险公司参照个人税收优惠型健康保险产品指引框架及示范条款（见附件）开发的、符合下列条件的健康保险产品：

（一）健康保险产品采取具有保障功能并设立有最低保证收益账户的万能险方式，包含医疗保险和个人账户积累两项责任。被保险人个人账户由其所投保的保险公司负责管理维护。

（二）被保险人为16周岁以上、未满法定退休年龄的纳税人群。保险公司不得因被保险人既往病史拒保，并保证续保。

（三）医疗保险保障责任范围包括被保险人医保所在地基本医疗保险基金支付范围内的自付费用及部分基本医疗保险基金支付范围外的费用，费用的报销范围、比例和额度由各保险公司根据具体产品特点自行确定。

（四）同一款健康保险产品，可依据被保险人的不同情况，设置不同的保险金额，具体保险金额下限由保监会规定。

（五）健康保险产品坚持"保本微利"原则，对医疗保险部分的简单赔付率低于规定比例的，保险公司要将实际赔付率与规定比例之间的差额部分返还到被保险人的个人账户。

根据目标人群已有保障项目和保障需求的不同，符合规定的健康保险产品共有三类，分别适用于：1. 对公费医疗或基本医疗保险报销后个人负担的医疗费用有报销意愿的人群；2. 对公费医疗或基本医疗保险报销后个人负担的特定大额医疗费用有报销意愿的人群；3. 未参加公费医疗或基本医疗保险，对个人负担的医疗费用有报销意愿的人群。

符合上述条件的个人税收优惠型健康保险产品，保险公司应按《保险法》规定程序上报保监会审批。

四、关于税收征管

（一）单位统一组织为员工购买或者单位和个人共同负担购买符合规定的商业健康保险产品，单位负担部分应当实名计入个人工资薪金明细清单，视同个人购买，并自购买产品次月起，在不超过200元/月的标准内按月扣除。一年内保费金额超过2400元的部分，不得税前扣除。以后年度续保时，按上述规定执行。个人自行退保时，应及时告知扣缴单位。个人相关退保信息保险公司应及时传递给税务机关。

（二）取得工资薪金所得或连续性劳务报酬所得的个人，自行购买符合规定的商业健康保险产品的，应当及时向代扣代缴单位提供保单凭证。扣缴单位自个人提交保单凭证的次月起，在不超过 200 元/月的标准内按月扣除。一年内保费金额超过 2400 元的部分，不得税前扣除。以后年度续保时，按上述规定执行。个人自行退保时，应及时告知扣缴义务人。

（三）个体工商户业主、企事业单位承包承租经营者、个人独资和合伙企业投资者自行购买符合条件的商业健康保险产品的，在不超过 2400 元/年的标准内据实扣除。一年内保费金额超过 2400 元的部分，不得税前扣除。以后年度续保时，按上述规定执行。

五、关于部门协作

商业健康保险个人所得税税前扣除政策涉及环节和部门多，各相关部门应密切配合，切实落实好商业健康保险个人所得税政策。

（一）财政、税务、保监部门要做好商业健康保险个人所得税优惠政策宣传解释，优化服务。税务、保监部门应建立信息共享机制，及时共享商业健康保险涉税信息。

（二）保险公司在销售商业健康保险产品时，要为购买健康保险的个人开具发票和保单凭证，载明产品名称及缴费金额等信息，作为个人税前扣除的凭据。保险公司要与商业健康保险信息平台保持实时对接，保证信息真实准确。

（三）扣缴单位应按照本通知及税务机关有关要求，认真落实商业健康保险个人所得税前扣除政策。

（四）保险公司或商业健康保险信息平台应向税务机关提供个人购买商业健康保险的相关信息，并配合税务机关做好相关税收征管工作。

六、关于实施时间

本通知自 2017 年 7 月 1 日起执行。自 2016 年 1 月 1 日起开展商业健康保险个人所得税政策试点的地区，自 2017 年 7 月 1 日起继续按本通知规定的政策执行。《财政部、国家税务总局、保监会关于开展商业健康保险个人所得税政策试点工作的通知》（财税〔2015〕56 号）、《财政部、国家税务总局、保监会关于实施商业健康保险个人所得税政策试点的通知》（财税〔2015〕126 号）同时废止。

附件：1. 个人税收优惠型健康保险产品指引框架（略）
2. 个人税收优惠型健康保险（万能型）A 款示范条款（略）
3. 个人税收优惠型健康保险（万能型）B 款示范条款（略）
4. 个人税收优惠型健康保险（万能型）C 款示范条款（略）

《国家税务总局关于个人保险代理人税收征管有关问题的公告》

(国家税务总局公告 2016 年第 45 号)①

现将个人保险代理人为保险企业提供保险代理服务税收征管有关问题公告如下：

一、个人保险代理人为保险企业提供保险代理服务应当缴纳的增值税和城市维护建设税、教育费附加、地方教育附加，税务机关可以根据《国家税务总局关于发布〈委托代征管理办法〉的公告》(国家税务总局公告 2013 年第 24 号) 的有关规定，委托保险企业代征。

个人保险代理人为保险企业提供保险代理服务应当缴纳的个人所得税，由保险企业按照现行规定依法代扣代缴。

二、个人保险代理人以其取得的佣金、奖励和劳务费等相关收入（以下简称"佣金收入"，不含增值税）减去地方税费附加及展业成本，按照规定计算个人所得税。

展业成本，为佣金收入减去地方税费附加余额的 40%。

三、接受税务机关委托代征税款的保险企业，向个人保险代理人支付佣金费用后，可代个人保险代理人统一向主管国税机关申请汇总代开增值税普通发票或增值税专用发票。

四、保险企业代个人保险代理人申请汇总代开增值税发票时，应向主管国税机关出具个人保险代理人的姓名、身份证号码、联系方式、付款时间、付款金额、代征税款的详细清单。

保险企业应将个人保险代理人的详细信息，作为代开增值税发票的清单，随发票入账。

五、主管国税机关为个人保险代理人汇总代开增值税发票时，应在备注栏内注明"个人保险代理人汇总代开"字样。

六、本公告所称个人保险代理人，是指根据保险企业的委托，在保险企业授权范围内代为办理保险业务的自然人，不包括个体工商户。

七、证券经纪人、信用卡和旅游等行业的个人代理人比照上述规定执行。信用卡、旅游等行业的个人代理人计算个人所得税时，不执行本公告第二条有关展业成本的规定。

个人保险代理人和证券经纪人其他个人所得税问题，按照《国家税务总局

---

① 根据《国家税务总局关于修改部分税收规范性文件的公告》(国家税务总局公告 2018 年第 31 号)，文件中的"国税机关"修改为"税务机关"。

关于保险营销员取得佣金收入征免个人所得税问题的通知》（国税函〔2006〕454号）、《国家税务总局关于证券经纪人佣金收入征收个人所得税问题的公告》（国家税务总局公告2012年第45号）执行。

本公告自发布之日起施行。

特此公告。

《财政部 国家税务总局关于完善股权激励和技术入股有关所得税政策的通知》

（财税〔2016〕101号）

各省、自治区、直辖市、计划单列市财政厅（局）、国家税务局、地方税务局，新疆生产建设兵团财务局：

为支持国家大众创业、万众创新战略的实施，促进我国经济结构转型升级，经国务院批准，现就完善股权激励和技术入股有关所得税政策通知如下：

一、对符合条件的非上市公司股票期权、股权期权、限制性股票和股权奖励实行递延纳税政策

（一）非上市公司授予本公司员工的股票期权、股权期权、限制性股票和股权奖励，符合规定条件的，经向主管税务机关备案，可实行递延纳税政策，即员工在取得股权激励时可暂不纳税，递延至转让该股权时纳税；股权转让时，按照股权转让收入减除股权取得成本以及合理税费后的差额，适用"财产转让所得"项目，按照20%的税率计算缴纳个人所得税。

股权转让时，股票（权）期权取得成本按行权价确定，限制性股票取得成本按实际出资额确定，股权奖励取得成本为零。

（二）享受递延纳税政策的非上市公司股权激励（包括股票期权、股权期权、限制性股票和股权奖励，下同）须同时满足以下条件：

1. 属于境内居民企业的股权激励计划。

2. 股权激励计划经公司董事会、股东（大）会审议通过。未设股东（大）会的国有单位，经上级主管部门审核批准。股权激励计划应列明激励目的、对象、标的、有效期、各类价格的确定方法、激励对象获取权益的条件、程序等。

3. 激励标的应为境内居民企业的本公司股权。股权奖励的标的可以是技术成果投资入股到其他境内居民企业所取得的股权。激励标的股票（权）包括通过增发、大股东直接让渡以及法律法规允许的其他合理方式授予激励对象的股票（权）。

4. 激励对象应为公司董事会或股东（大）会决定的技术骨干和高级管理人员，激励对象人数累计不得超过本公司最近 6 个月在职职工平均人数的 30%。

5. 股票（权）期权自授予日起应持有满 3 年，且自行权日起持有满 1 年；限制性股票自授予日起应持有满 3 年，且解禁后持有满 1 年；股权奖励自获得奖励之日起应持有满 3 年。上述时间条件须在股权激励计划中列明。

6. 股票（权）期权自授予日至行权日的时间不得超过 10 年。

7. 实施股权奖励的公司及其奖励股权标的公司所属行业均不属于《股权奖励税收优惠政策限制性行业目录》范围。公司所属行业按公司上一纳税年度主营业务收入占比最高的行业确定。

（三）本通知所称股票（权）期权是指公司给予激励对象在一定期限内以事先约定的价格购买本公司股票（权）的权利；所称限制性股票是指公司按照预先确定的条件授予激励对象一定数量的本公司股权，激励对象只有工作年限或业绩目标符合股权激励计划规定条件的才可以处置该股权；所称股权奖励是指企业无偿授予激励对象一定份额的股权或一定数量的股份。

（四）股权激励计划所列内容不同时满足第一条第（二）款规定的全部条件，或递延纳税期间公司情况发生变化，不再符合第一条第（二）款第 4 至 6 项条件的，不得享受递延纳税优惠，应按规定计算缴纳个人所得税。

二、对上市公司股票期权、限制性股票和股权奖励适当延长纳税期限

（一）上市公司授予个人的股票期权、限制性股票和股权奖励，经向主管税务机关备案，个人可自股票期权行权、限制性股票解禁或取得股权奖励之日起，在不超过 12 个月的期限内缴纳个人所得税。《财政部、国家税务总局关于上市公司高管人员股票期权所得缴纳个人所得税有关问题的通知》（财税〔2009〕40 号）自本通知施行之日起废止。

（二）上市公司股票期权、限制性股票应纳税款的计算，继续按照《财政部、国家税务总局关于个人股票期权所得征收个人所得税问题的通知》（财税〔2005〕35 号）、《财政部、国家税务总局关于股票增值权所得和限制性股票所得征收个人所得税有关问题的通知》（财税〔2009〕5 号）、《国家税务总局关于股权激励有关个人所得税问题的通知》（国税函〔2009〕461 号）等相关规定执行。股权奖励应纳税款的计算比照上述规定执行。

三、对技术成果投资入股实施选择性税收优惠政策

（一）企业或个人以技术成果投资入股到境内居民企业，被投资企业支付的对价全部为股票（权）的，企业或个人可选择继续按现行有关税收政策执行，也可选择适用递延纳税优惠政策。

选择技术成果投资入股递延纳税政策的，经向主管税务机关备案，投资入

股当期可暂不纳税，允许递延至转让股权时，按股权转让收入减去技术成果原值和合理税费后的差额计算缴纳所得税。

（二）企业或个人选择适用上述任一项政策，均允许被投资企业按技术成果投资入股时的评估值入账并在企业所得税前摊销扣除。

（三）技术成果是指专利技术（含国防专利）、计算机软件著作权、集成电路布图设计专有权、植物新品种权、生物医药新品种，以及科技部、财政部、国家税务总局确定的其他技术成果。

（四）技术成果投资入股，是指纳税人将技术成果所有权让渡给被投资企业、取得该企业股票（权）的行为。

四、相关政策

（一）个人从任职受雇企业以低于公平市场价格取得股票（权）的，凡不符合递延纳税条件，应在获得股票（权）时，对实际出资额低于公平市场价格的差额，按照"工资、薪金所得"项目，参照《财政部、国家税务总局关于个人股票期权所得征收个人所得税问题的通知》（财税〔2005〕35号）有关规定计算缴纳个人所得税。

（二）个人因股权激励、技术成果投资入股取得股权后，非上市公司在境内上市的，处置递延纳税的股权时，按照现行限售股有关征税规定执行。

（三）个人转让股权时，视同享受递延纳税优惠政策的股权优先转让。递延纳税的股权成本按照加权平均法计算，不与其他方式取得的股权成本合并计算。

（四）持有递延纳税的股权期间，因该股权产生的转增股本收入，以及以该递延纳税的股权再进行非货币性资产投资的，应在当期缴纳税款。

（五）全国中小企业股份转让系统挂牌公司按照本通知第一条规定执行。

适用本通知第二条规定的上市公司是指其股票在上海证券交易所、深圳证券交易所上市交易的股份有限公司。

五、配套管理措施

（一）对股权激励或技术成果投资入股选择适用递延纳税政策的，企业应在规定期限内到主管税务机关办理备案手续。未办理备案手续的，不得享受本通知规定的递延纳税优惠政策。

（二）企业实施股权激励或个人以技术成果投资入股，以实施股权激励或取得技术成果的企业为个人所得税扣缴义务人。递延纳税期间，扣缴义务人应在每个纳税年度终了后向主管税务机关报告递延纳税有关情况。

（三）工商部门应将企业股权变更信息及时与税务部门共享，暂不具备联网实时共享信息条件的，工商部门应在股权变更登记3个工作日内将信息与税务部门共享。

六、本通知自 2016 年 9 月 1 日起施行。

中关村国家自主创新示范区 2016 年 1 月 1 日至 8 月 31 日之间发生的尚未纳税的股权奖励事项，符合本通知规定的相关条件的，可按本通知有关政策执行。

《国家税务总局关于股权奖励和转增股本个人所得税征管问题的公告》

（国家税务总局公告 2015 年第 80 号）

为贯彻落实《财政部、国家税务总局关于将国家自主创新示范区有关税收试点政策推广到全国范围实施的通知》（财税〔2015〕116 号）规定，现就股权奖励和转增股本个人所得税征管有关问题公告如下：

一、关于股权奖励

（一）股权奖励的计税价格参照获得股权时的公平市场价格确定，具体按以下方法确定：

1. 上市公司股票的公平市场价格，按照取得股票当日的收盘价确定。取得股票当日为非交易时间的，按照上一个交易日收盘价确定。

2. 非上市公司股权的公平市场价格，依次按照净资产法、类比法和其他合理方法确定。

（二）计算股权奖励应纳税额时，规定月份数按员工在企业的实际工作月份数确定。员工在企业工作月份数超过 12 个月的，按 12 个月计算。

二、关于转增股本

（一）非上市及未在全国中小企业股份转让系统挂牌的中小高新技术企业以未分配利润、盈余公积、资本公积向个人股东转增股本，并符合财税〔2015〕116 号文件有关规定的，纳税人可分期缴纳个人所得税；非上市及未在全国中小企业股份转让系统挂牌的其他企业转增股本，应及时代扣代缴个人所得税。

（二）上市公司或在全国中小企业股份转让系统挂牌的企业转增股本（不含以股票发行溢价形成的资本公积转增股本），按现行有关股息红利差别化政策执行。

三、关于备案办理

（一）获得股权奖励的企业技术人员、企业转增股本涉及的股东需要分期缴纳个人所得税的，应自行制定分期缴税计划，由企业于发生股权奖励、转增股本的次月 15 日内，向主管税务机关办理分期缴税备案手续。

办理股权奖励分期缴税，企业应向主管税务机关报送高新技术企业认定证书、股东大会或董事会决议、《个人所得税分期缴纳备案表（股权奖励）》、相关技术人员参与技术活动的说明材料、企业股权奖励计划、能够证明股权或股票价格的有关材料、企业转化科技成果的说明、最近一期企业财务报表等。

办理转增股本分期缴税，企业应向主管税务机关报送高新技术企业认定证书、股东大会或董事会决议、《个人所得税分期缴纳备案表（转增股本）》、上年度及转增股本当月企业财务报表、转增股本有关情况说明等。

高新技术企业认定证书、股东大会或董事会决议的原件，主管税务机关进行形式审核后退还企业，复印件及其他有关资料税务机关留存。

（二）纳税人分期缴税期间需要变更原分期缴税计划的，应重新制定分期缴税计划，由企业向主管税务机关重新报送《个人所得税分期缴纳备案表》。

四、关于代扣代缴

（一）企业在填写《扣缴个人所得税报告表》时，应将纳税人取得股权奖励或转增股本情况单独填列，并在"备注"栏中注明"股权奖励"或"转增股本"字样。

（二）纳税人在分期缴税期间取得分红或转让股权的，企业应及时代扣股权奖励或转增股本尚未缴清的个人所得税，并于次月 15 日内向主管税务机关申报纳税。

本公告自 2016 年 1 月 1 日起施行。

特此公告。

附件：1.《个人所得税分期缴纳备案表（股权奖励）》及填报说明（略）
2.《个人所得税分期缴纳备案表（转增股本）》及填报说明（略）

《财政部　国家税务总局关于将国家自主创新示范区有关税收试点政策推广到全国范围实施的通知》

（财税〔2015〕116 号）

各省、自治区、直辖市、计划单列市财政厅（局）、国家税务局、地方税务局，新疆生产建设兵团财务局：

根据国务院常务会议决定精神，将国家自主创新示范区试点的四项所得税政策推广至全国范围实施。现就有关税收政策问题明确如下：

一、关于有限合伙制创业投资企业法人合伙人企业所得税政策

1. 自 2015 年 10 月 1 日起，全国范围内的有限合伙制创业投资企业采取股权投资方式投资于未上市的中小高新技术企业满 2 年（24 个月）的，该有限合伙制创业投资企业的法人合伙人可按照其对未上市中小高新技术企业投资额的

70%抵扣该法人合伙人从该有限合伙制创业投资企业分得的应纳税所得额，当年不足抵扣的，可以在以后纳税年度结转抵扣。

2. 有限合伙制创业投资企业的法人合伙人对未上市中小高新技术企业的投资额，按照有限合伙制创业投资企业对中小高新技术企业的投资额和合伙协议约定的法人合伙人占有限合伙制创业投资企业的出资比例计算确定。

二、关于技术转让所得企业所得税政策

1. 自2015年10月1日起，全国范围内的居民企业转让5年以上非独占许可使用权取得的技术转让所得，纳入享受企业所得税优惠的技术转让所得范围。居民企业的年度技术转让所得不超过500万元的部分，免征企业所得税；超过500万元的部分，减半征收企业所得税。

2. 本通知所称技术，包括专利（含国防专利）、计算机软件著作权、集成电路布图设计专有权、植物新品种权、生物医药新品种，以及财政部和国家税务总局确定的其他技术。其中，专利是指法律授予独占权的发明、实用新型以及非简单改变产品图案和形状的外观设计。

三、关于企业转增股本个人所得税政策

1. 自2016年1月1日起，全国范围内的中小高新技术企业以未分配利润、盈余公积、资本公积向个人股东转增股本时，个人股东一次缴纳个人所得税确有困难的，可根据实际情况自行制定分期缴税计划，在不超过5个公历年度内（含）分期缴纳，并将有关资料报主管税务机关备案。

2. 个人股东获得转增的股本，应按照"利息、股息、红利所得"项目，适用20%税率征收个人所得税。

3. 股东转让股权并取得现金收入的，该现金收入应优先用于缴纳尚未缴清的税款。

4. 在股东转让该部分股权之前，企业依法宣告破产，股东进行相关权益处置后没有取得收益或收益小于初始投资额的，主管税务机关对其尚未缴纳的个人所得税可不予追征。

5. 本通知所称中小高新技术企业，是指注册在中国境内实行查账征收的、经认定取得高新技术企业资格，且年销售额和资产总额均不超过2亿元、从业人数不超过500人的企业。

6. 上市中小高新技术企业或在全国中小企业股份转让系统挂牌的中小高新技术企业向个人股东转增股本，股东应纳的个人所得税，继续按照现行有关股息红利差别化个人所得税政策执行，不适用本通知规定的分期纳税政策。

四、关于股权奖励个人所得税政策

1. 自2016年1月1日起，全国范围内的高新技术企业转化科技成果，给予本企业相关技术人员的股权奖励，个人一次缴纳税款有困难的，可根据实际情况自行制定分期缴税计划，在不超过 5 个公历年度内（含）分期缴纳，并将有关资料报主管税务机关备案。

2. 个人获得股权奖励时，按照"工资薪金所得"项目，参照《财政部、国家税务总局关于个人股票期权所得征收个人所得税问题的通知》（财税〔2005〕35 号）有关规定计算确定应纳税额。股权奖励的计税价格参照获得股权时的公平市场价格确定。

3. 技术人员转让奖励的股权（含奖励股权滋生的送、转股）并取得现金收入的，该现金收入应优先用于缴纳尚未缴清的税款。

4. 技术人员在转让奖励的股权之前企业依法宣告破产，技术人员进行相关权益处置后没有取得收益或资产，或取得的收益和资产不足以缴纳其取得股权尚未缴纳的应纳税款的部分，税务机关可不予追征。

5. 本通知所称相关技术人员，是指经公司董事会和股东大会决议批准获得股权奖励的以下两类人员：

（1）对企业科技成果研发和产业化作出突出贡献的技术人员，包括企业内关键职务科技成果的主要完成人、重大开发项目的负责人、对主导产品或者核心技术、工艺流程作出重大创新或者改进的主要技术人员。

（2）对企业发展作出突出贡献的经营管理人员，包括主持企业全面生产经营工作的高级管理人员、负责企业主要产品（服务）生产经营合计占主营业务收入（或者主营业务利润）50% 以上的中、高级经营管理人员。

企业面向全体员工实施的股权奖励，不得按本通知规定的税收政策执行。

6. 本通知所称股权奖励，是指企业无偿授予相关技术人员一定份额的股权或一定数量的股份。

7. 本通知所称高新技术企业，是指实行查账征收、经省级高新技术企业认定管理机构认定的高新技术企业。

《财政部　人力资源社会保障部　国家税务总局关于企业年金职业年金个人所得税有关问题的通知》

（财税〔2013〕103 号）①

各省、自治区、直辖市、计划单列市财政厅（局）、人力资源社会保障厅

---

① 根据《关于个人所得税法修改后有关优惠政策衔接问题的通知》（财税〔2018〕164 号），此文件第三条第 1 项和第 3 项已被废止。

（局）、地方税务局，新疆生产建设兵团财务局、人力资源社会保障局：

为促进我国多层次养老保险体系的发展，根据个人所得税法相关规定，现就企业年金和职业年金个人所得税有关问题通知如下：

一、企业年金和职业年金缴费的个人所得税处理

1. 企业和事业单位（以下统称"单位"）根据国家有关政策规定的办法和标准，为在本单位任职或者受雇的全体职工缴付的企业年金或职业年金（以下统称"年金"）单位缴费部分，在计入个人账户时，个人暂不缴纳个人所得税。

2. 个人根据国家有关政策规定缴付的年金个人缴费部分，在不超过本人缴费工资计税基数的4%标准内的部分，暂从个人当期的应纳税所得额中扣除。

3. 超过本通知第一条第1项和第2项规定的标准缴付的年金单位缴费和个人缴费部分，应并入个人当期的工资、薪金所得，依法计征个人所得税。税款由建立年金的单位代扣代缴，并向主管税务机关申报解缴。

4. 企业年金个人缴费工资计税基数为本人上一年度月平均工资。月平均工资按国家统计局规定列入工资总额统计的项目计算。月平均工资超过职工工作地所在设区城市上一年度职工月平均工资300%以上的部分，不计入个人缴费工资计税基数。

职业年金个人缴费工资计税基数为职工岗位工资和薪级工资之和。职工岗位工资和薪级工资之和超过职工工作地所在设区城市上一年度职工月平均工资300%以上的部分，不计入个人缴费工资计税基数。

二、年金基金投资运营收益的个人所得税处理

年金基金投资运营收益分配计入个人账户时，个人暂不缴纳个人所得税。

三、领取年金的个人所得税处理

1. 个人达到国家规定的退休年龄，在本通知实施之后按月领取的年金，全额按照"工资、薪金所得"项目适用的税率，计征个人所得税；在本通知实施之后按年或按季领取的年金，平均分摊计入各月，每月领取额全额按照"工资、薪金所得"项目适用的税率，计征个人所得税。

2. 对单位和个人在本通知实施之前开始缴付年金缴费，个人在本通知实施之后领取年金的，允许其从领取的年金中减除在本通知实施之前缴付的年金单位缴费和个人缴费且已经缴纳个人所得税的部分，就其余额按照本通知第三条第1项的规定征税。在个人分期领取年金的情况下，可按本通知实施之前缴付的年金缴费金额占全部缴费金额的百分比减计当期的应纳税所得额，减计后的余额，按照本通知第三条第1项的规定，计算缴纳个人所得税。

3. 对个人因出境定居而一次性领取的年金个人账户资金，或个人死亡后，其指定的受益人或法定继承人一次性领取的年金个人账户余额，允许领取人将

一次性领取的年金个人账户资金或余额按 12 个月分摊到各月,就其每月分摊额,按照本通知第三条第 1 项和第 2 项的规定计算缴纳个人所得税。对个人除上述特殊原因外一次性领取年金个人账户资金或余额的,则不允许采取分摊的方法,而是就其一次性领取的总额,单独作为一个月的工资薪金所得,按照本通知第三条第 1 项和第 2 项的规定,计算缴纳个人所得税。

4. 个人领取年金时,其应纳税款由受托人代表委托人委托托管人代扣代缴。年金账户管理人应及时向托管人提供个人年金缴费及对应的个人所得税纳税明细。托管人根据受托人指令及账户管理人提供的资料,按照规定计算扣缴个人当期领取年金待遇的应纳税款,并向托管人所在地主管税务机关申报解缴。

5. 建立年金计划的单位、年金托管人,应按照个人所得税法和税收征收管理法的有关规定,实行全员全额扣缴明细申报。受托人有责任协调相关管理人依法向税务机关办理扣缴申报、提供相关资料。

四、建立年金计划的单位应于建立年金计划的次月 15 日内,向其所在地主管税务机关报送年金方案、人力资源社会保障部门出具的方案备案函、计划确认函以及主管税务机关要求报送的其他相关资料。年金方案、受托人、托管人发生变化的,应于发生变化的次月 15 日内重新向其主管税务机关报送上述资料。

五、财政、税务、人力资源社会保障等相关部门以及年金机构之间要加强协调,通力合作,共同做好政策实施各项工作。

六、本通知所称企业年金,是指根据《企业年金试行办法》(原劳动和社会保障部令第 20 号)的规定,企业及其职工在依法参加基本养老保险的基础上,自愿建立的补充养老保险制度。所称职业年金是指根据《事业单位职业年金试行办法》(国办发〔2011〕37 号)的规定,事业单位及其工作人员在依法参加基本养老保险的基础上,建立的补充养老保险制度。

七、本通知自 2014 年 1 月 1 日起执行。《国家税务总局关于企业年金个人所得税征收管理有关问题的通知》(国税函〔2009〕694 号)、《国家税务总局关于企业年金个人所得税有关问题补充规定的公告》(国家税务总局公告 2011 年第 9 号)同时废止。

《财政部 国家税务总局关于企业促销展业赠送礼品有关个人所得税问题的通知》

(财税〔2011〕50 号)

各省、自治区、直辖市、计划单列市财政厅(局)、地方税务局、西藏、宁夏、青海省（自治区）国家税务局，新疆生产建设兵团财务局：

根据《中华人民共和国个人所得税法》及其实施条例有关规定，现对企业和单位（包括企业、事业单位、社会团体、个人独资企业、合伙企业和个体工商户等，以下简称企业）在营销活动中以折扣折让、赠品、抽奖等方式，向个人赠送现金、消费券、物品、服务等（以下简称礼品）有关个人所得税问题通知如下：

一、企业在销售商品（产品）和提供服务过程中向个人赠送礼品，属于下列情形之一的，不征收个人所得税：

1. 企业通过价格折扣、折让方式向个人销售商品（产品）和提供服务；

2. 企业在向个人销售商品（产品）和提供服务的同时给予赠品，如通信企业对个人购买手机赠话费、入网费，或者购话费赠手机等；

3. 企业对累积消费达到一定额度的个人按消费积分反馈礼品。

二、企业向个人赠送礼品，属于下列情形之一的，取得该项所得的个人应依法缴纳个人所得税，税款由赠送礼品的企业代扣代缴：

1. 企业在业务宣传、广告等活动中，随机向本单位以外的个人赠送礼品，对个人取得的礼品所得，按照"其他所得"项目，全额适用20%的税率缴纳个人所得税。

2. 企业在年会、座谈会、庆典以及其他活动中向本单位以外的个人赠送礼品，对个人取得的礼品所得，按照"其他所得"项目，全额适用20%的税率缴纳个人所得税。

3. 企业对累积消费达到一定额度的顾客，给予额外抽奖机会，个人的获奖所得，按照"偶然所得"项目，全额适用20%的税率缴纳个人所得税。

三、企业赠送的礼品是自产产品（服务）的，按该产品（服务）的市场销售价格确定个人的应税所得；是外购商品（服务）的，按该商品（服务）的实际购置价格确定个人的应税所得。

四、本通知自发布之日起执行。《国家税务总局关于个人所得税有关问题的批复》（国税函〔2000〕57号）、《国家税务总局关于个人所得税若干政策问题的批复》（国税函〔2002〕629号）第二条同时废止。

《国家税务总局关于雇主为雇员承担全年一次性奖金部分税款有关个人所得税计算方法问题的公告》

（国家税务总局公告2011年第28号）

为公平税负，规范管理，根据《中华人民共和国个人所得税法》、《国家税务总局关于雇主为其雇员负担个人所得税税款计征问题的通知》(国税发〔1996〕199号)和《国家税务总局关于调整个人取得全年一次性奖金等计算征收个人所得税方法问题的通知》(国税发〔2005〕9号)等规定,现对雇员取得全年一次性奖金并由雇主负担部分税款有关个人所得税计算方法问题公告如下:

一、雇主为雇员负担全年一次性奖金部分个人所得税款,属于雇员又额外增加了收入,应将雇主负担的这部分税款并入雇员的全年一次性奖金,换算为应纳税所得额后,按照规定方法计征个人所得税。

二、将不含税全年一次性奖金换算为应纳税所得额的计算方法

(一)雇主为雇员定额负担税款的计算公式:

应纳税所得额=雇员取得的全年一次性奖金+雇主替雇员定额负担的税款-当月工资薪金低于费用扣除标准的差额

(二)雇主为雇员按一定比例负担税款的计算公式:

1. 查找不含税全年一次性奖金的适用税率和速算扣除数

未含雇主负担税款的全年一次性奖金收入÷12,根据其商数找出不含税级距对应的适用税率A和速算扣除数A

2. 计算含税全年一次性奖金

应纳税所得额=(未含雇主负担税款的全年一次性奖金收入-当月工资薪金低于费用扣除标准的差额-不含税级距的速算扣除数A×雇主负担比例)÷(1-不含税级距的适用税率A×雇主负担比例)

三、对上述应纳税所得额,扣缴义务人应按照国税发〔2005〕9号文件规定的方法计算应扣缴税款。即:将应纳税所得额÷12,根据其商数找出对应的适用税率B和速算扣除数B,据以计算税款。计算公式:

应纳税额=应纳税所得额×适用税率B-速算扣除数B

实际缴纳税额=应纳税额-雇主为雇员负担的税额

四、雇主为雇员负担的个人所得税款,应属于个人工资薪金的一部分。凡单独作为企业管理费列支的,在计算企业所得税时不得税前扣除。

本公告自2011年5月1日起施行。

特此公告。

《国家税务总局关于股权激励有关个人所得税问题的通知》

(国税函〔2009〕461号)①

各省、自治区、直辖市和计划单列市地方税务局,西藏、宁夏、青海省(自治区)国家税务局:

为适应上市公司(含境内、境外上市公司,下同)薪酬制度改革和实施股权激励计划,根据《中华人民共和国个人所得税法》(以下简称个人所得税法)、《中华人民共和国个人所得税法实施条例》(以下简称实施条例)有关精神,财政部、国家税务总局先后下发了《关于个人股票期权所得征收个人所得税问题的通知》(财税〔2005〕35号)和《关于股票增值权所得和限制性股票所得征收个人所得税有关问题的通知》(财税〔2009〕5号)等文件。现就执行上述文件有关事项通知如下:

一、关于股权激励所得项目和计税方法的确定

根据个人所得税法及其实施条例和财税〔2009〕5号文件等规定,个人因任职、受雇从上市公司取得的股票增值权所得和限制性股票所得,由上市公司或其境内机构按照"工资、薪金所得"项目和股票期权所得个人所得税计税方法,依法扣缴其个人所得税。

二、关于股票增值权应纳税所得额的确定

股票增值权被授权人获取的收益,是由上市公司根据授权日与行权日股票差价乘以被授权股数,直接向被授权人支付的现金。上市公司应于向股票增值权被授权人兑现时依法扣缴其个人所得税。被授权人股票增值权应纳税所得额计算公式为:

股票增值权某次行权应纳税所得额=(行权日股票价格-授权日股票价格)×行权股票份数

三、关于限制性股票应纳税所得额的确定

按照个人所得税法及其实施条例等有关规定,原则上应在限制性股票所有权归属于被激励对象时确认其限制性股票所得的应纳税所得额。即:上市公司实施限制性股票计划时,应以被激励对象限制性股票在中国证券登记结算公司(境外为证券登记托管机构)进行股票登记日期的股票市价(指当日收盘价,下同)和本批次解禁股票当日市价(指当日收盘价,下同)的平均价格乘以本批次解禁股票份数,减去被激励对象本批次解禁股份数所对应的为获取限制性

---

① 根据《国家税务总局关于个人所得税有关问题的公告》(国家税务总局公告2011年第27号),此文件中第七条第(一)项括号内"间接控股限于上市公司对二级子公司的持股"废止。

股票实际支付资金数额,其差额为应纳税所得额。被激励对象限制性股票应纳税所得额计算公式为:

$$应纳税所得额 = (股票登记日股票市价 + 本批次解禁股票当日市价) \div 2 \times 本批次解禁股票份数 - 被激励对象实际支付的资金总额 \times (本批次解禁股票份数 \div 被激励对象获取的限制性股票总份数)$$

四、关于股权激励所得应纳税额的计算

(一)个人在纳税年度内第一次取得股票期权、股票增值权所得和限制性股票所得的,上市公司应按照财税〔2005〕35号文件第四条第一项所列公式计算扣缴其个人所得税。

(二)个人在纳税年度内两次以上(含两次)取得股票期权、股票增值权和限制性股票等所得,包括两次以上(含两次)取得同一种股权激励形式所得或者同时兼有不同股权激励形式所得的,上市公司应将其纳税年度内各次股权激励所得合并,按照《国家税务总局关于个人股票期权所得缴纳个人所得税有关问题的补充通知》(国税函〔2006〕902号)第七条、第八条所列公式计算扣缴个人所得税。

五、关于纳税义务发生时间

(一)股票增值权个人所得税纳税义务发生时间为上市公司向被授权人兑现股票增值权所得的日期;

(二)限制性股票个人所得税纳税义务发生时间为每一批次限制性股票解禁的日期。

六、关于报送资料的规定

(一)实施股票期权、股票增值权计划的境内上市公司,应按照财税〔2005〕35号文件第五条第(三)项规定报送有关资料。

(二)实施限制性股票计划的境内上市公司,应在中国证券登记结算公司(境外为证券登记托管机构)进行股票登记、并经上市公司公示后15日内,将本公司限制性股票计划或实施方案、协议书、授权通知书、股票登记日期及当日收盘价、禁售期限和股权激励人员名单等资料报送主管税务机关备案。

境外上市公司的境内机构,应向其主管税务机关报送境外上市公司实施股权激励计划的中(外)文资料备案。

(三)扣缴义务人和自行申报纳税的个人在代扣代缴税款或申报纳税时,应在税法规定的纳税申报期限内,将个人接受或转让的股权以及认购的股票情况(包括种类、数量、施权价格、行权价格、市场价格、转让价格等)、股权激励人员名单、应纳税所得额、应纳税额等资料报送主管税务机关。

七、其他有关问题的规定

(一) 财税〔2005〕35 号、国税函〔2006〕902 号和财税〔2009〕5 号以及本通知有关股权激励个人所得税政策,适用于上市公司(含所属分支机构)和上市公司控股企业的员工,其中上市公司占控股企业股份比例最低为 30%(间接控股限于上市公司对二级子公司的持股)。

间接持股比例,按各层持股比例相乘计算,上市公司对一级子公司持股比例超过 50% 的,按 100% 计算。

(二) 具有下列情形之一的股权激励所得,不适用本通知规定的优惠计税方法,直接计入个人当期所得征收个人所得税:

1. 除本条第(一)项规定之外的集团公司、非上市公司员工取得的股权激励所得;

2. 公司上市之前设立股权激励计划,待公司上市后取得的股权激励所得;

3. 上市公司未按照本通知第六条规定向其主管税务机关报备有关资料的。

(三) 被激励对象为缴纳个人所得税款而出售股票,其出售价格与原计税价格不一致的,按原计税价格计算其应纳税所得额和税额。

八、本通知自发文之日起执行。本文下发之前已发生但尚未处理的事项,按本通知执行。

《财政部 国家税务总局关于股票增值权所得和限制性股票所得征收个人所得税有关问题的通知》

(财税〔2009〕5 号)

各省、自治区、直辖市、计划单列市财政厅(局)、地方税务局,宁夏、西藏、青海省(自治区)国家税务局,新疆生产建设兵团财务局:

根据《中华人民共和国个人所得税法》、《中华人民共和国税收征收管理法》等有关规定,现就股票增值权所得和限制性股票所得征收个人所得税有关问题通知如下:

一、对于个人从上市公司(含境内、外上市公司,下同)取得的股票增值权所得和限制性股票所得,比照《财政部、国家税务总局关于个人股票期权所得征收个人所得税问题的通知》(财税〔2005〕35 号)、《国家税务总局关于个人股票期权所得缴纳个人所得税有关问题的补充通知》(国税函〔2006〕902 号)的有关规定,计算征收个人所得税。

二、本通知所称股票增值权,是指上市公司授予公司员工在未来一定时期和约定条件下，获得规定数量的股票价格上升所带来收益的权利。被授权人在约定条件下行权，上市公司按照行权日与授权日二级市场股票差价乘以授权股票数量，发放给被授权人现金。

三、本通知所称限制性股票，是指上市公司按照股权激励计划约定的条件，授予公司员工一定数量本公司的股票。

四、实施股票增值权计划或限制性股票计划的境内上市公司，应在向中国证监会报备的同时，将企业股票增值权计划、限制性股票计划或实施方案等有关资料报送主管税务机关备案。

五、实施股票增值权计划或限制性股票计划的境内上市公司，应在做好个人所得税扣缴工作的同时，按照《国家税务总局关于印发〈个人所得税全员全额扣缴申报管理暂行办法〉的通知》（国税发〔2005〕205号）的有关规定，向主管税务机关报送其员工行权等涉税信息。

《国家税务总局关于明确个人所得税若干政策执行问题的通知》

（国税发〔2009〕121号）

各省、自治区、直辖市和计划单列市地方税务局，西藏、宁夏、青海省（自治区）国家税务局：

近期，部分地区反映个人所得税若干政策执行口径不够明确，为公平税负，加强征管，根据《中华人民共和国个人所得税法》及其实施条例等相关规定，现就个人所得税若干政策执行口径问题通知如下：

一、《国家税务总局关于个人所得税若干政策问题的批复》（国税函〔2002〕629号）第一条有关"双薪制"计税方法停止执行。

二、关于董事费征税问题

（一）《国家税务总局关于印发〈征收个人所得税若干问题的规定〉的通知》（国税发〔1994〕089号）第八条规定的董事费按劳务报酬所得项目征税方法，仅适用于个人担任公司董事、监事，且不在公司任职、受雇的情形。

（二）个人在公司（包括关联公司）任职、受雇，同时兼任董事、监事的，应将董事费、监事费与个人工资收入合并，统一按工资、薪金所得项目缴纳个人所得税。

（三）《国家税务总局关于外商投资企业的董事担任直接管理职务征收个人所得税问题的通知》（国税发〔1996〕214号）第一条停止执行。

三、关于华侨身份界定和适用附加费用扣除问题

（一）华侨身份的界定

根据《国务院侨务办公室关于印发〈关于界定华侨外籍华人归侨侨眷身份的规定〉的通知》（国侨发〔2009〕5号）的规定，华侨是指定居在国外的中国公民。具体界定如下：

1. "定居"是指中国公民已取得住在国长期或者永久居留权，并已在住在国连续居留两年，两年内累计居留不少于18个月。

2. 中国公民虽未取得住在国长期或者永久居留权，但已取得住在国连续5年以上（含5年）合法居留资格，5年内在住在国累计居留不少于30个月，视为华侨。

3. 中国公民出国留学（包括公派和自费）在外学习期间，或因公务出国（包括外派劳务人员）在外工作期间，均不视为华侨。

（二）关于华侨适用附加扣除费用问题

对符合国侨发〔2009〕5号文件规定的华侨身份的人员，其在中国工作期间取得的工资、薪金所得，税务机关可根据纳税人提供的证明其华侨身份的有关证明材料，按照《中华人民共和国个人所得税法实施条例》第三十条规定在计算征收个人所得税时，适用附加扣除费用。

四、关于个人转让离婚析产房屋的征税问题

（一）通过离婚析产的方式分割房屋产权是夫妻双方对共同共有财产的处置，个人因离婚办理房屋产权过户手续，不征收个人所得税。

（二）个人转让离婚析产房屋所取得的收入，允许扣除其相应的财产原值和合理费用后，余额按照规定的税率缴纳个人所得税；其相应的财产原值，为房屋初次购置全部原值和相关税费之和乘以转让者占房屋所有权的比例。

（三）个人转让离婚析产房屋所取得的收入，符合家庭生活自用五年以上唯一住房的，可以申请免征个人所得税，其购置时间按照《国家税务总局关于房地产税收政策执行中几个具体问题的通知》（国税发〔2005〕172号）执行。

《财政部　国家税务总局关于基本养老保险费　基本医疗保险费　失业保险费　住房公积金有关个人所得税政策的通知》

（财税〔2006〕10号）

各省、自治区、直辖市、计划单列市财政厅（局）、国家税务局、地方税务局，

财政部驻各省、自治区、直辖市、计划单列市财政监察专员办事处，新疆生产建设兵团财务局：

根据国务院 2005 年 12 月公布的《中华人民共和国个人所得税法实施条例》有关规定，现对基本养老保险费、基本医疗保险费、失业保险费、住房公积金有关个人所得税政策问题通知如下：

一、企事业单位按照国家或省（自治区、直辖市）人民政府规定的缴费比例或办法实际缴付的基本养老保险费、基本医疗保险费和失业保险费，免征个人所得税；个人按照国家或省（自治区、直辖市）人民政府规定的缴费比例或办法实际缴付的基本养老保险费、基本医疗保险费和失业保险费，允许在个人应纳税所得额中扣除。

企事业单位和个人超过规定的比例和标准缴付的基本养老保险费、基本医疗保险费和失业保险费，应将超过部分并入个人当期的工资、薪金收入，计征个人所得税。

二、根据《住房公积金管理条例》、《建设部、财政部、中国人民银行关于住房公积金管理若干具体问题的指导意见》（建金管〔2005〕5 号）等规定精神，单位和个人分别在不超过职工本人上一年度月平均工资 12% 的幅度内，其实际缴存的住房公积金，允许在个人应纳税所得额中扣除。单位和职工个人缴存住房公积金的月平均工资不得超过职工工作地所在设区城市上一年度职工月平均工资的 3 倍，具体标准按照各地有关规定执行。

单位和个人超过上述规定比例和标准缴付的住房公积金，应将超过部分并入个人当期的工资、薪金收入，计征个人所得税。

三、个人实际领（支）取原提存的基本养老保险金、基本医疗保险金、失业保险金和住房公积金时，免征个人所得税。

四、上述职工工资口径按照国家统计局规定列入工资总额统计的项目计算。

五、各级财政、税务机关要按照依法治税的要求，严格执行本通知的各项规定。对于各地擅自提高上述保险费和住房公积金税前扣除标准的，财政、税务机关应予坚决纠正。

六、本通知发布后，《财政部、国家税务总局关于住房公积金医疗保险金养老保险金征收个人所得税问题的通知》（财税字〔1997〕144 号）第一条、第二条和《国家税务总局关于失业保险费（金）征免个人所得税问题的通知》（国税发〔2000〕83 号）同时废止。

《国家税务总局关于印发〈个人所得税自行纳税申报办法（试行）〉的通知》

（国税发〔2006〕162号）①

各省、自治区、直辖市和计划单列市国家税务局、地方税务局：

为加强个人所得税征收管理，完善个人所得税自行纳税申报制度，维护纳税人的合法权益，根据《中华人民共和国个人所得税法》及其实施条例、《中华人民共和国税收征收管理法》及其实施细则和税收有关规定，国家税务总局制定了《个人所得税自行纳税申报办法（试行）》，现印发给你们，请认真贯彻执行。

附件：个人所得税纳税申报表式样

个人所得税自行纳税申报办法（试行）

第一章 总 则

第一条 为进一步加强个人所得税征收管理，保障国家税收收入，维护纳税人的合法权益，方便纳税人自行纳税申报，规范自行纳税申报行为，根据《中华人民共和国个人所得税法》（以下简称个人所得税法）及其实施条例、《中华人民共和国税收征收管理法》（以下简称税收征管法）及其实施细则和其他法律、法规的有关规定，制定本办法。

第二条 凡依据个人所得税法负有纳税义务的纳税人，有下列情形之一的，应当按照本办法的规定办理纳税申报：

（一）年所得12万元以上的；

（二）从中国境内两处或者两处以上取得工资、薪金所得的；

（三）从中国境外取得所得的；

（四）取得应税所得，没有扣缴义务人的；

---

① 根据《国家税务总局关于修改部分税收规范性文件的公告》（国家税务总局公告2018年第31号），文件中的"地方税务局"修改为"税务局"。

根据《关于公布全文失效废止部分条款失效废止的税收规范性文件目录的公告》（国家税务总局公告2011年第2号），此文件中的附件1《个人所得税纳税申报表（适用于年所得12万元以上纳税人申报）》失效。

根据《国家税务总局关于发布个人所得税申报表的公告》（国家税务总局公告2013年第21号），此文件中的附件2至附件9已被废止。

（五）国务院规定的其他情形。

第三条　本办法第二条第一项年所得 12 万元以上的纳税人，无论取得的各项所得是否已足额缴纳了个人所得税，均应当按照本办法的规定，于纳税年度终了后向主管税务机关办理纳税申报。

本办法第二条第二项至第四项情形的纳税人，均应当按照本办法的规定，于取得所得后向主管税务机关办理纳税申报。

本办法第二条第五项情形的纳税人，其纳税申报办法根据具体情形另行规定。

第四条　本办法第二条第一项所称年所得 12 万元以上的纳税人，不包括在中国境内无住所，且在一个纳税年度中在中国境内居住不满 1 年的个人。

本办法第二条第三项所称从中国境外取得所得的纳税人，是指在中国境内有住所，或者无住所而在一个纳税年度中在中国境内居住满 1 年的个人。

第二章　申报内容

第五条　年所得 12 万元以上的纳税人，在纳税年度终了后，应当填写《个人所得税纳税申报表（适用于年所得 12 万元以上的纳税人申报）》（见附表1），并在办理纳税申报时报送主管税务机关，同时报送个人有效身份证件复印件，以及主管税务机关要求报送的其他有关资料。

有效身份证件，包括纳税人的身份证、护照、回乡证、军人身份证件等。

第六条　本办法所称年所得 12 万元以上，是指纳税人在一个纳税年度取得以下各项所得的合计数额达到 12 万元：

（一）工资、薪金所得；

（二）个体工商户的生产、经营所得；

（三）对企事业单位的承包经营、承租经营所得；

（四）劳务报酬所得；

（五）稿酬所得；

（六）特许权使用费所得；

（七）利息、股息、红利所得；

（八）财产租赁所得；

（九）财产转让所得；

（十）偶然所得；

（十一）经国务院财政部门确定征税的其他所得。

第七条　本办法第六条规定的所得不含以下所得：

（一）个人所得税法第四条第一项至第九项规定的免税所得，即：

1. 省级人民政府、国务院部委、中国人民解放军军以上单位,以及外国组织、国际组织颁发的科学、教育、技术、文化、卫生、体育、环境保护等方面的奖金;

2. 国债和国家发行的金融债券利息;

3. 按照国家统一规定发给的补贴、津贴,即个人所得税法实施条例第十三条规定的按照国务院规定发放的政府特殊津贴、院士津贴、资深院士津贴以及国务院规定免纳个人所得税的其他补贴、津贴;

4. 福利费、抚恤金、救济金;

5. 保险赔款;

6. 军人的转业费、复员费;

7. 按照国家统一规定发给干部、职工的安家费、退职费、退休工资、离休工资、离休生活补助费;

8. 依照我国有关法律规定应予免税的各国驻华使馆、领事馆的外交代表、领事官员和其他人员的所得;

9. 中国政府参加的国际公约、签订的协议中规定免税的所得。

(二) 个人所得税法实施条例第六条规定可以免税的来源于中国境外的所得。

(三) 个人所得税法实施条例第二十五条规定的按照国家规定单位为个人缴付和个人缴付的基本养老保险费、基本医疗保险费、失业保险费、住房公积金。

第八条 本办法第六条所指各项所得的年所得按照下列方法计算:

(一) 工资、薪金所得,按照未减除费用(每月1600元)及附加减除费用(每月3200元)的收入额计算。

(二) 个体工商户的生产、经营所得,按照应纳税所得额计算。实行查账征收的,按照每一纳税年度的收入总额减除成本、费用以及损失后的余额计算;实行定期定额征收的,按照纳税人自行申报的年度应纳税所得额计算,或者按照其自行申报的年度应纳税经营额乘以应税所得率计算。

(三) 对企事业单位的承包经营、承租经营所得,按照每一纳税年度的收入总额计算,即按照承包经营、承租经营者实际取得的经营利润,加上从承包、承租的企事业单位中取得的工资、薪金性质的所得计算。

(四) 劳务报酬所得,稿酬所得,特许权使用费所得,按照未减除费用(每次800元或者每次收入的20%)的收入额计算。

(五) 财产租赁所得,按照未减除费用(每次800元或者每次收入的20%)和修缮费用的收入额计算。

（六）财产转让所得，按照应纳税所得额计算，即按照以转让财产的收入额减除财产原值和转让财产过程中缴纳的税金及有关合理费用后的余额计算。

（七）利息、股息、红利所得，偶然所得和其他所得，按照收入额全额计算。

第九条 纳税人取得本办法第二条第二项至第四项所得，应当按规定填写并向主管税务机关报送相应的纳税申报表（见附表2—附表9），同时报送主管税务机关要求报送的其他有关资料。

第三章 申报地点

第十条 年所得12万元以上的纳税人，纳税申报地点分别为：

（一）在中国境内有任职、受雇单位的，向任职、受雇单位所在地主管税务机关申报。

（二）在中国境内有两处或者两处以上任职、受雇单位的，选择并固定向其中一处单位所在地主管税务机关申报。

（三）在中国境内无任职、受雇单位，年所得项目中有个体工商户的生产、经营所得或者对企事业单位的承包经营、承租经营所得（以下统称生产、经营所得）的，向其中一处实际经营所在地主管税务机关申报。

（四）在中国境内无任职、受雇单位，年所得项目中无生产、经营所得的，向户籍所在地主管税务机关申报。在中国境内有户籍，但户籍所在地与中国境内经常居住地不一致的，选择并固定向其中一地主管税务机关申报。在中国境内没有户籍的，向中国境内经常居住地主管税务机关申报。

第十一条 取得本办法第二条第二项至第四项所得的纳税人，纳税申报地点分别为：

（一）从两处或者两处以上取得工资、薪金所得的，选择并固定向其中一处单位所在地主管税务机关申报。

（二）从中国境外取得所得的，向中国境内户籍所在地主管税务机关申报。在中国境内有户籍，但户籍所在地与中国境内经常居住地不一致的，选择并固定向其中一地主管税务机关申报。在中国境内没有户籍的，向中国境内经常居住地主管税务机关申报。

（三）个体工商户向实际经营所在地主管税务机关申报。

（四）个人独资、合伙企业投资者兴办两个或两个以上企业的，区分不同情形确定纳税申报地点：

1. 兴办的企业全部是个人独资性质的，分别向各企业的实际经营管理所在地主管税务机关申报。

2. 兴办的企业中含有合伙性质的，向经常居住地主管税务机关申报。

3. 兴办的企业中含有合伙性质，个人投资者经常居住地与其兴办企业的经营管理所在地不一致的，选择并固定向其参与兴办的某一合伙企业的经营管理所在地主管税务机关申报。

（五）除以上情形外，纳税人应当向取得所得所在地主管税务机关申报。

第十二条　纳税人不得随意变更纳税申报地点，因特殊情况变更纳税申报地点的，须报原主管税务机关备案。

第十三条　本办法第十一条第四项第三目规定的纳税申报地点，除特殊情况外，5年以内不得变更。

第十四条　本办法所称经常居住地，是指纳税人离开户籍所在地最后连续居住一年以上的地方。

第四章　申报期限

第十五条　年所得12万元以上的纳税人，在纳税年度终了后3个月内向主管税务机关办理纳税申报。

第十六条　个体工商户和个人独资、合伙企业投资者取得的生产、经营所得应纳的税款，分月预缴的，纳税人在每月终了后7日内办理纳税申报；分季预缴的，纳税人在每个季度终了后7日内办理纳税申报。纳税年度终了后，纳税人在3个月内进行汇算清缴。

第十七条　纳税人年终一次性取得对企事业单位的承包经营、承租经营所得的，自取得所得之日起30日内办理纳税申报；在1个纳税年度内分次取得承包经营、承租经营所得的，在每次取得所得后的次月7日内申报预缴，纳税年度终了后3个月内汇算清缴。

第十八条　从中国境外取得所得的纳税人，在纳税年度终了后30日内向中国境内主管税务机关办理纳税申报。

第十九条　除本办法第十五条至第十八条规定的情形外，纳税人取得其他各项所得须申报纳税的，在取得所得的次月7日内向主管税务机关办理纳税申报。

第二十条　纳税人不能按照规定的期限办理纳税申报，需要延期的，按照税收征管法第二十七条和税收征管法实施细则第三十七条的规定办理。

第五章　申报方式

第二十一条　纳税人可以采取数据电文、邮寄等方式申报，也可以直接到主管税务机关申报，或者采取符合主管税务机关规定的其他方式申报。

第二十二条　纳税人采取数据电文方式申报的，应当按照税务机关规定的期限和要求保存有关纸质资料。

第二十三条　纳税人采取邮寄方式申报的，以邮政部门挂号信函收据作为申报凭据，以寄出的邮戳日期为实际申报日期。

第二十四条　纳税人可以委托有税务代理资质的中介机构或者他人代为办理纳税申报。

第六章　申报管理

第二十五条　主管税务机关应当将各类申报表，登载到税务机关的网站上，或者摆放到税务机关受理纳税申报的办税服务厅，免费供纳税人随时下载或取用。

第二十六条　主管税务机关应当在每年法定申报期间，通过适当方式，提醒年所得12万元以上的纳税人办理自行纳税申报。

第二十七条　受理纳税申报的主管税务机关根据纳税人的申报情况，按照规定办理税款的征、补、退、抵手续。

第二十八条　主管税务机关按照规定为已经办理纳税申报并缴纳税款的纳税人开具完税凭证。

第二十九条　税务机关依法为纳税人的纳税申报信息保密。

第三十条　纳税人变更纳税申报地点，并报原主管税务机关备案的，原主管税务机关应当及时将纳税人变更纳税申报地点的信息传递给新的主管税务机关。

第三十一条　主管税务机关对已办理纳税申报的纳税人建立纳税档案，实施动态管理。

第七章　法律责任

第三十二条　纳税人未按照规定的期限办理纳税申报和报送纳税资料的，依照税收征管法第六十二条的规定处理。

第三十三条　纳税人采取伪造、变造、隐匿、擅自销毁账簿、记账凭证，或者在账簿上多列支出或者不列、少列收入，或者经税务机关通知申报而拒不申报或者进行虚假的纳税申报，不缴或者少缴应纳税款的，依照税收征管法第六十三条的规定处理。

第三十四条　纳税人编造虚假计税依据的，依照税收征管法第六十四条第一款的规定处理。

第三十五条　纳税人有扣缴义务人支付的应税所得，扣缴义务人应扣未扣、应收未收税款的，依照税收征管法第六十九条的规定处理。

第三十六条　税务人员徇私舞弊或者玩忽职守，不征或者少征应征税款的，依照税收征管法第八十二条第一款的规定处理。

第三十七条　税务人员滥用职权，故意刁难纳税人的，依照税收征管法第八十二条第二款的规定处理。

第三十八条　税务机关和税务人员未依法为纳税人保密的，依照税收征管法第八十七条的规定处理。

第三十九条　税务代理人违反税收法律、行政法规，造成纳税人未缴或者少缴税款的，依照税收征管法实施细则第九十八条的规定处理。

第四十条　其他税收违法行为，依照税收法律、法规的有关规定处理。

第八章　附　　则

第四十一条　纳税申报表由各省、自治区、直辖市和计划单列市地方税务局按照国家税务总局规定的式样统一印制。

第四十二条　纳税申报的其他事项，依照税收征管法、个人所得税法及其他有关法律、法规的规定执行。

第四十三条　本办法第二条第一项年所得12万元以上情形的纳税申报，按照第十届全国人民代表大会常务委员会第十八次会议通过的《关于修改〈中华人民共和国个人所得税法〉的决定》规定的施行时间，自2006年1月1日起执行。

第四十四条　本办法有关第二条第二项至第四项情形的纳税申报规定，自2007年1月1日起执行，《国家税务总局关于印发〈个人所得税自行申报纳税暂行办法〉的通知》（国税发〔1995〕077号）同时废止。

《国家税务总局关于个人股票期权所得缴纳个人所得税有关问题的补充通知》

（国税函〔2006〕902号）①

各省、自治区、直辖市和计划单列市地方税务局：

关于员工取得股票期权所得有关个人所得税处理问题，《财政部国家税务总局关于个人股票期权所得征收个人所得税问题的通知》（财税〔2005〕35号）已经做出规定。现就有关执行问题补充通知如下：

一、员工接受雇主（含上市公司和非上市公司）授予的股票期权，凡该股

---

① 根据《关于个人所得税法修改后有关优惠政策衔接问题的通知》（财税〔2018〕164号），此文件第七条、第八条已被废止。

票期权指定的股票为上市公司（含境内、外上市公司）股票的，均应按照财税〔2005〕35号文件进行税务处理。

二、财税〔2005〕35号文件第二条第（二）项所述"股票期权的转让净收入"，一般是指股票期权转让收入。如果员工以折价购入方式取得股票期权的，可以股票期权转让收入扣除折价购入股票期权时实际支付的价款后的余额，作为股票期权的转让净收入。

三、财税〔2005〕35号文件第二条第（二）项公式中所述"员工取得该股票期权支付的每股施权价"，一般是指员工行使股票期权购买股票实际支付的每股价格。如果员工以折价购入方式取得股票期权的，上述施权价可包括员工折价购入股票期权时实际支付的价格。

四、凡取得股票期权的员工在行权日不实际买卖股票，而按行权日股票期权所指定股票的市场价与施权价之间的差额，直接从授权企业取得价差收益的，该项价差收益应作为员工取得的股票期权形式的工资薪金所得，按照财税〔2005〕35号文件的有关规定计算缴纳个人所得税。

五、在确定员工取得股票期权所得的来源地时，按照财税〔2005〕35号文件第三条规定需划分境、内外工作期间月份数。该境、内外工作期间月份总数是指员工按企业股票期权计划规定，在可行权以前须履行工作义务的月份总数。

六、部分股票期权在授权时即约定可以转让，且在境内或境外存在公开市场及挂牌价格（以下称可公开交易的股票期权）。员工接受该可公开交易的股票期权时，应作为财税〔2005〕35号文件第二条第（一）项所述的另有规定情形，按以下规定进行税务处理：

（一）员工取得可公开交易的股票期权，属于员工已实际取得有确定价值的财产，应按授权日股票期权的市场价格，作为员工授权日所在月份的工资薪金所得，并按财税〔2005〕35号文件第四条第（一）项规定计算缴纳个人所得税。如果员工以折价购入方式取得股票期权的，可以授权日股票期权的市场价格扣除折价购入股票期权时实际支付的价款后的余额，作为授权日所在月份的工资薪金所得。

（二）员工取得上述可公开交易的股票期权后，转让该股票期权所取得的所得，属于财产转让所得，按财税〔2005〕35号文件第四条第（二）项规定进行税务处理。

（三）员工取得本条第（一）项所述可公开交易的股票期权后，实际行使该股票期权购买股票时，不再计算缴纳个人所得税。

七、员工以在一个公历月份中取得的股票期权形式工资薪金所得为一次。员工在一个纳税年度中多次取得股票期权形式工资薪金所得的，其在该纳税年度内首次取得股票期权形式的工资薪金所得应按财税〔2005〕35号文件第四条第（一）项规定的公式计算应纳税款；本年度内以后每次取得股票期权形式的工资薪金所得，应按以下公式计算应纳税款：

应纳税款=（本纳税年度内取得的股票期权形式工资薪金所得累计应纳税所得额÷规定月份数×适用税率－速算扣除数）×规定月份数－本纳税年度内股票期权形式的工资薪金所得累计已纳税款

上款公式中的本纳税年度内取得的股票期权形式工资薪金所得累计应纳税所得额，包括本次及本次以前各次取得的股票期权形式工资薪金所得应纳税所得额；上款公式中的规定月份数，是指员工取得来源于中国境内的股票期权形式工资薪金所得的境内工作期间月份数，长于12个月的，按12个月计算；上款公式中的适用税率和速算扣除数，以本纳税年度内取得的股票期权形式工资薪金所得累计应纳税所得额除以规定月份数后的商数，对照《国家税务总局关于印发〈征收个人所得税若干问题的规定〉的通知》（国税发〔1994〕089号）所附税率表确定；上款公式中的本纳税年度内股票期权形式的工资薪金所得累计已纳税款，不含本次股票期权形式的工资薪金所得应纳税款。

八、员工多次取得或者一次取得多项来源于中国境内的股票期权形式工资薪金所得，而且各次或各项股票期权形式工资薪金所得的境内工作期间月份数不相同的，以境内工作期间月份数的加权平均数为财税〔2005〕35号文件第四条第（一）项规定公式和本通知第七条规定公式中的规定月份数，但最长不超过12个月，计算公式如下：

规定月份数 = ∑ 各次或各项股票期权形式工资薪金应纳税所得额与该次或该项所得境内工作期间月份数的乘积 / ∑ 各次或各项股票期权形式工资薪金应纳税所得额

《财政部　国家税务总局关于个人股票期权所得征收个人所得税问题的通知》

（财税〔2005〕35号）①

各省、自治区、直辖市、计划单列市财政厅（局）、地方税务局：

---

① 根据《关于个人所得税法修改后有关优惠政策衔接问题的通知》（财税〔2018〕164号），此文件第四条第（一）项已被废止。

为适应企业（包括内资企业、外商投资企业和外国企业在中国境内设立的机构场所）薪酬制度改革，加强个人所得税征管，现对企业员工（包括在中国境内有住所和无住所的个人）参与企业股票期权计划而取得的所得征收个人所得税问题通知如下：

一、关于员工股票期权所得征税问题

实施股票期权计划企业授予该企业员工的股票期权所得，应按《中华人民共和国个人所得税法》及其实施条例有关规定征收个人所得税。

企业员工股票期权（以下简称股票期权）是指上市公司按照规定的程序授予本公司及其控股企业员工的一项权利，该权利允许被授权员工在未来时间内以某一特定价格购买本公司一定数量的股票。

上述"某一特定价格"被称为"授予价"或"施权价"，即根据股票期权计划可以购买股票的价格，一般为股票期权授予日的市场价格或该价格的折扣价格，也可以是按照事先设定的计算方法约定的价格；"授予日"，也称"授权日"，是指公司授予员工上述权利的日期；"行权"，也称"执行"，是指员工根据股票期权计划选择购买股票的过程；员工行使上述权利的当日为"行权日"，也称"购买日"。

二、关于股票期权所得性质的确认及其具体征税规定

（一）员工接受实施股票期权计划企业授予的股票期权时，除另有规定外，一般不作为应税所得征税。

（二）员工行权时，其从企业取得股票的实际购买价（施权价）低于购买日公平市场价（指该股票当日的收盘价，下同）的差额，是因员工在企业的表现和业绩情况而取得的与任职、受雇有关的所得，应按"工资、薪金所得"适用的规定计算缴纳个人所得税。

对因特殊情况，员工在行权日之前将股票期权转让的，以股票期权的转让净收入，作为工资薪金所得征收个人所得税。

员工行权日所在期间的工资薪金所得，应按下列公式计算工资薪金应纳税所得额：

股票期权形式的工资薪金应纳税所得额 =（行权股票的每股市场价 － 员工取得该股票期权支付的每股施权价）× 股票数量

（三）员工将行权后的股票再转让时获得的高于购买日公平市场价的差额，是因个人在证券二级市场上转让股票等有价证券而获得的所得，应按照"财产转让所得"适用的征免规定计算缴纳个人所得税。

（四）员工因拥有股权而参与企业税后利润分配取得的所得，应按照"利

息、股息、红利所得"适用的规定计算缴纳个人所得税。

三、关于工资薪金所得境内外来源划分

按照《国家税务局关于在中国境内无住所个人以有价证券形式取得工资薪金所得确定纳税义务有关问题的通知》（国税函〔2000〕190号）有关规定，需对员工因参加企业股票期权计划而取得的工资薪金所得确定境内或境外来源的，应按照该员工据以取得上述工资薪金所得的境内、外工作期间月份数比例计算划分。

四、关于应纳税款的计算

（一）认购股票所得（行权所得）的税款计算。员工因参加股票期权计划而从中国境内取得的所得，按本通知规定应按工资薪金所得计算纳税的，对该股票期权形式的工资薪金所得可区别于所在月份的其他工资薪金所得，单独按下列公式计算当月应纳税款：

应纳税额=（股票期权形式的工资薪金应纳税所得额/规定月份数×适用税率－速算扣除数）×规定月份数上款公式中的规定月份数，是指员工取得来源于中国境内的股票期权形式工资薪金所得的境内工作期间月份数，长于12个月的，按12个月计算；上款公式中的适用税率和速算扣除数，以股票期权形式的工资薪金应纳税所得额除以规定月份数后的商数，对照《国家税务总局关于印发〈征收个人所得税若干问题〉的通知》（国税发〔1994〕089号）所附税率表确定。

（二）转让股票（销售）取得所得的税款计算。对于员工转让股票等有价证券取得的所得，应按现行税法和政策规定征免个人所得税。即：个人将行权后的境内上市公司股票再行转让而取得的所得，暂不征收个人所得税；个人转让境外上市公司的股票而取得的所得，应按税法的规定计算应纳税所得额和应纳税额，依法缴纳税款。

（三）参与税后利润分配取得所得的税款计算。员工因拥有股权参与税后利润分配而取得的股息、红利所得，除依照有关规定可以免税或减税的外，应全额按规定税率计算纳税。

五、关于征收管理

（一）扣缴义务人。实施股票期权计划的境内企业为个人所得税的扣缴义务人，应按税法规定履行代扣代缴个人所得税的义务。

（二）自行申报纳税。员工从两处或两处以上取得股票期权形式的工资薪金所得和没有扣缴义务人的，该个人应在个人所得税法规定的纳税申报期限内自行申报缴纳税款。

（三）报送有关资料。实施股票期权计划的境内企业，应在股票期权计划实施之前，将企业的股票期权计划或招生方案、股票期权协议书、授权通知书等资料报送主管税务机关;应在员工行权之前,将股票期权行权通知书和行权调整通知书等资料报送主管税务机关。

扣缴义务人和自行申报纳税的个人在申报纳税或代扣代缴税款时,应在税法规定的纳税申报期限内,将个人接受或转让的股票期权以及认购的股票情况(包括种类、数量、施权价格、行权价格、市场价格、转让价格等)报送主管税务机关。

(四)处罚。实施股票期权计划的企业和因股票期权计划而取得应税所得的自行申报员工,未按规定报送上述有关报表和资料,未履行申报纳税义务或者扣缴税款义务的,按《中华人民共和国税收征收管理法》)及其实施细则的有关规定进行处理。

六、关于执行时间

本通知自 2005 年 7 月 1 日起执行。《国家税务总局关于个人认购股票等有价证券而从雇主取得折扣或补贴收入有关征收个人所得税问题的通知》(国税发〔1998〕9 号)的规定与本通知不一致的,按本通知规定执行。

《国家税务总局关于调整个人取得全年一次性奖金等计算征收个人所得税方法问题的通知》

(国税发〔2005〕9 号)[①]

各省、自治区、直辖市和计划单列市地方税务局,局内各单位:

为了合理解决个人取得全年一次性奖金征税问题,经研究,现就调整征收个人所得税的有关办法通知如下:

一、全年一次性奖金是指行政机关、企事业单位等扣缴义务人根据其全年经济效益和对雇员全年工作业绩的综合考核情况,向雇员发放的一次性奖金。

上述一次性奖金也包括年终加薪、实行年薪制和绩效工资办法的单位根据考核情况兑现的年薪和绩效工资。

二、纳税人取得全年一次性奖金,单独作为一个月工资、薪金所得计算纳税,并按以下计税办法,由扣缴义务人发放时代扣代缴:

(一)先将雇员当月内取得的全年一次性奖金,除以 12 个月,按其商数确定适用税率和速算扣除数。

如果在发放年终一次性奖金的当月,雇员当月工资薪金所得低于税法规定

---

① 根据《关于个人所得税法修改后有关优惠政策衔接问题的通知》(财税〔2018〕164 号),此文件第二条已被废止。

的费用扣除额,应将全年一次性奖金减除"雇员当月工资薪金所得与费用扣除额的差额"后的余额,按上述办法确定全年一次性奖金的适用税率和速算扣除数。

(二)将雇员个人当月内取得的全年一次性奖金,按本条第(一)项确定的适用税率和速算扣除数计算征税,计算公式如下:

1. 如果雇员当月工资薪金所得高于(或等于)税法规定的费用扣除额的,适用公式为:

应纳税额 = 雇员当月取得全年一次性奖金 × 适用税率 – 速算扣除数

2. 如果雇员当月工资薪金所得低于税法规定的费用扣除额的,适用公式为:

应纳税额 =(雇员当月取得全年一次性奖金 – 雇员当月工资薪金所得与费用扣除额的差额)× 适用税率 – 速算扣除数

三、在一个纳税年度内,对每一个纳税人,该计税办法只允许采用一次。

四、实行年薪制和绩效工资的单位,个人取得年终兑现的年薪和绩效工资按本通知第二条、第三条执行。

五、雇员取得除全年一次性奖金以外的其它各种名目奖金,如半年奖、季度奖、加班奖、先进奖、考勤奖等,一律与当月工资、薪金收入合并,按税法规定缴纳个人所得税。

六、对无住所个人取得本通知第五条所述的各种名目奖金,如果该个人当月在我国境内没有纳税义务,或者该个人由于出入境原因导致当月在我国工作时间不满一个月的,仍按照《国家税务总局关于在我国境内无住所的个人取得奖金征税问题的通知》(国税发〔1996〕183号)计算纳税。

七、本通知自2005年1月1日起实施,以前规定与本通知不一致的,按本通知规定执行。《国家税务总局关于在中国境内有住所的个人取得奖金征税问题的通知》(国税发〔1996〕206号)和《国家税务总局关于企业经营者试行年薪制后如何计征个人所得税的通知》(国税发〔1996〕107号)同时废止。

《财政部 国家税务总局关于企业以免费旅游方式提供对营销人员个人奖励有关个人所得税政策的通知》

(财税〔2004〕11号)

各省、自治区、直辖市、计划单列市财政厅(局)、地方税务局,新疆生产建设兵团财务局:

近来，部分地区财税部门来函反映，一些企业和单位通过组织境内外免费培训班、研讨会、工作考察等形式奖励营销业绩突出人员的现象比较普遍，要求国家对此类奖励如何征收个人所得税政策问题予以进一步明确。经研究，现就企业和单位以免费培训班、研讨会、工作考察等形式提供个人营销业绩奖励有关个人所得税政策明确如下：

按照我国现行个人所得税法律法规有关规定，对商品营销活动中，企业和单位对营销业绩突出人员以培训班、研讨会、工作考察等名义组织旅游活动，通过免收差旅费、旅游费对个人实行的营销业绩奖励（包括实物、有价证券等），应根据所发生费用全额计入营销人员应税所得，依法征收个人所得税，并由提供上述费用的企业和单位代扣代缴。其中，对企业雇员享受的此类奖励，应与当期的工资薪金合并，按照"工资、薪金所得"项目征收个人所得税；对其他人员享受的此类奖励，应作为当期的劳务收入，按照"劳务报酬所得"项目征收个人所得税。

上述规定自文发之日起执行。

《国家税务总局关于个人所得税若干政策问题的批复》

（国税函〔2002〕629号）①

黑龙江省地方税务局：

你局《关于个人所得税有关政策问题的请示》（黑地税发〔2002〕35号）收悉，经研究，现批复如下：

一、国家机关、事业单位、企业和其他单位在实行"双薪制"（按照国家有关规定，单位为其雇员多发放一个月的工资）后，个人因此而取得的"双薪"，应单独作为一个月的工资、薪金所得计征个人所得税。对上述"双薪"所得原则上不再扣除费用，应全额作为应纳税所得额按适用税率计算纳税，但如果纳税人取得"双薪"当月的工资、薪金所得不足800元的，应以"双薪"所得与当月工资、薪金所得合并减除800元后的余额作为应纳税所得额，计算缴纳个人所得税。

二、个人因参加企业的有奖销售活动而取得的赠品所得，应按"偶然所得"项目计征个人所得税。赠品所得为实物的，应以《中华人民共和国个人所

---

① 根据《关于公布全文失效废止部分条款失效废止的税收规范性文件目录的公告》（国家税务总局公告2011年第2号），此文件中的第一条失效。

根据《关于企业促销展业赠送礼品有关个人所得税问题的通知》，此文件中的第二条同时废止。

得税法实施条例》第十条规定的方法确定应纳税所得额，计算缴纳个人所得税。税款由举办有奖销售活动的企业（单位）负责代扣代缴。

三、个人因从事彩票代销业务而取得所得，应按照"个体工商户的生产、经营所得"项目计征个人所得税。

四、在纳税人享受减免个人所得税优惠政策时，是否须经税务机关审核或批准，应按照以下原则执行：

（一）税收法律、行政法规、部门规章和规范性文件中未明确规定纳税人享受减免税必须经税务机关审批的，且纳税人取得的所得完全符合减免税条件的，无须经主管税务机关审批，纳税人可自行享受减免税。

（二）税收法律、行政法规、部门规章和规范性文件中明确规定纳税人享受减免税必须经税务机关审批的，或者纳税人无法准确判断其取得的所得是否应享受个人所得税减免的，必须经主管税务机关按照有关规定审核或批准后，方可减免个人所得税。

（三）纳税人有个人所得税法第五条规定情形之一的，必须经主管税务机关批准，方可减征个人所得税。

《国家税务总局关于生活补助费范围确定问题的通知》

（国税发〔1998〕155号）

近据一些地区反映，《中华人民共和国个人所得税法实施条例》第十四条所说的从福利费或者工会经费中支付给个人的生活补助费，由于缺乏明确的范围，在实际执行中难以具体界定，各地掌握尺度不一，须统一明确规定，以利执行。经研究，现明确如下：

一、上述所称生活补助费，是指由于某些特定事件或原因而给纳税人或其家庭的正常生活造成一定困难，其任职单位按国家规定从提留的福利费或者工会经费中向其支付的临时性生活困难补助。

二、下列收入不属于免税的福利费范围，应当并入纳税人的工资、薪金收入计征个人所得税：

（一）从超出国家规定的比例或基数计提的福利费、工会经费中支付给个人的各种补贴、补助；

（二）从福利费和工会经费中支付给单位职工的人人有份的补贴、补助；

（三）单位为个人购买汽车、住房、电子计算机等不属于临时性生活困难补助性质的支出。

三、以上规定从1998年11月1日起执行。

《财政部　国家税务总局关于个人提供非有形商品推销代理等服务活动取得收入征收营业税和个人所得税有关问题的通知》

(财税字〔1997〕第103号)①

各省、自治区、直辖市和计划单列市国家税务局、地方税务局：

据反映，有些在境内从事保险、旅游等非有形商品经营的企业（包括从事此类业务的国有企业、集体企业、股份制企业、外商投资企业、外国企业及其他企业），通过其雇员或非雇员个人的推销、代理等服务活动开展业务。雇员或非雇员个人根据其推销、代理等服务活动的业绩从企业或其服务对象取得佣金、奖励和劳务费等名目的收入。根据《中华人民共和国营业税暂行条例》、《中华人民共和国个人所得税法》和《中华人民共和国税收征收管理法》的有关规定，现对雇员或非雇员个人为企业提供非有形商品推销、代理等服务活动取得收入征收营业税和个人所得税的有关问题明确如下：

一、对雇员的税务处理

雇员为本企业提供非有形商品推销、代理等服务活动取得佣金、奖励和劳务费等名目的收入，无论该收入采用何种计取方法和支付方式，均应计入该雇员的当期工资、薪金所得，按照《中华人民共和国个人所得税法》及其实施条例和其他有关规定计算征收个人所得税；但可适用《中华人民共和国营业税暂行条例实施细则》第4条第1款的规定，不征收营业税。

二、对非雇员的税务处理

非本企业雇员为企业提供非有形商品推销、代理等服务活动取得的佣金、奖励和劳务费等名目的收入，无论该收入采用何种计取方法和支付方式，均应计入个人从事服务业应税劳务的营业税，按照《中华人民共和国营业税暂行条例》及其实施细则和其他有关规定计算征收营业税；上述收入除已缴纳的营业税税款后，应计入个人的劳务报酬所得，按照《中华人民共和国个人所得税法》及其实施条例和其他有关规定计算征收个人所得税。

三、税款征收方式

（一）雇员或非雇员从聘用的企业取得收入的，该企业即为雇员或非雇员应纳税款的扣缴义务人，应按照有关规定按期向主管税务机关申报并代扣代缴

---

① 根据《关于公布若干废止和失效的营业税规范性文件的通知》（财税〔2009〕61号），此文件中的第一条有关营业税规定已被废止。

上述税款。

（二）对雇员或非雇员直接从其服务对象或其他方面取得收入的部分，由其主动向主管税务机关申报缴纳营业税和个人所得税。

（三）有关企业和个人拒绝申报纳税或代扣代缴税款，将按《中华人民共和国税收征收管理法》及其实施细则的有关规定处理。

《国家税务总局关于印发〈征收个人所得税若干问题的规定〉的通知》

（国税发〔1994〕89号）[①]

各省、自治区、直辖市税务局，各计划单列市税务局，海洋石油税务管理局各分局：

现将我们制定的《征收个人所得税若干问题的法规》印发给你们，请认真遵照执行。本法规自1994年1月1日起施行。

附件：征收个人所得税若干问题的规定

附件：

征收个人所得税若干问题的规定

为了更好地贯彻执行《中华人民共和国个人所得税法》（以下简称税法）及其实施条例（以下简称条例），认真做好个人所得税的征收管理，根据税法及条例的法规精神，现将一些具体问题明确如下：

一、关于如何掌握"习惯性居住"的问题

条例第二条规定，在中国境内有住所的个人，是指因户籍、家庭、经济利益关系而在中国境内习惯性居住的个人。所谓习惯性居住，是判定纳税义务人是居民或非居民的一个法律意义上的标准，不是指实际居住或在某一个特定时期内的居住地。如因学习、工作、探亲、旅游等而在中国境外居住的，在其原因消除之后，必须回到中国境内居住的个人，则中国即为该纳税人习惯性居住地。

二、关于工资、薪金所得的征税问题

条例第八条第一款第一项对工资、薪金所得的具体内容和征税范围作了明确规定，应严格按照规定进行征税。对于补贴、津贴等一些具体收入项目应否

[①] 根据《关于公布全文废止和部分条款废止的税务部门规章目录的决定》（国家税务总局令第40号），此文件中第十二条所附税率表一、税率表二，第十三条，第十五条已被废止。

计入工资、薪金所得的征税范围问题，按下述情况掌握执行：

（一）条例第十三条规定，对按照国务院规定发给的政府特殊津贴和国务院规定免纳个人所得税的补贴、津贴，免予征收个人所得税。其他各种补贴、津贴均应计入工资、薪金所得项目征税。

（二）下列不属于工资、薪金性质的补贴、津贴或者不属于纳税人本人工资、薪金所得项目的收入，不征税：

1. 独生子女补贴；

2. 执行公务员工资制度未纳入基本工资总额的补贴、津贴差额和家属成员的副食品补贴；

3. 托儿补助费；

4. 差旅费津贴、误餐补助。

三、关于在外商投资企业、外国企业和外国驻华机构工作的中方人员取得的工资、薪金所得的征税的问题

（一）在外商投资企业、外国企业和外国驻华机构工作的中方人员取得的工资、薪金收入，凡是由雇佣单位和派遣单位分别支付的，支付单位应依照税法第八条的规定代扣代缴个人所得税。按照税法第六条第一款第一项的规定，纳税义务人应以每月全部工资、薪金收入减除规定费用后的余额为应纳税所得额。为了有利于征管，对雇佣单位和派遣单位分别支付工资、薪金的，采取由支付者中的一方减除费用的方法，即只由雇佣单位在支付工资、薪金时，按税法规定减除费用，计算扣缴个人所得税；派遣单位支付的工资、薪金不再减除费用，以支付全额直接确定适用税率，计算扣缴个人所得税。

上述纳税义务人，应持两处支付单位提供的原始明细工资、薪金单（书）和完税凭证原件，选择并固定到一地税务机关申报每月工资、薪金收入，汇算清缴其工资、薪金收入的个人所得税，多退少补。具体申报期限，由各省、自治区、直辖市税务局确定。

（二）对外商投资企业、外国企业和外国驻华机构发放给中方工作人员的工资、薪金所得，应全额征税。但对可以提供有效合同或有关凭证，能够证明其工资、薪金所得的一部分按照有关规定上交派遣（介绍）单位的，可扣除其实际上交的部分，按其余额计征个人所得税。

四、关于稿酬所得的征税问题

（一）个人每次以图书、报刊方式出版、发表同一作品（文字作品、书画作品、摄影作品以及其他作品），不论出版单位是预付还是分笔支付稿酬，或者加印该作品后再付稿酬，均应合并其稿酬所得按一次计征个人所得税。在两处或两处以上出版、发表或再版同一作品而取得稿酬所得，则可分别各处取得的

所得或再版所得按分次所得计征个人所得税。

（二）个人的同一作品在报刊上连载，应合并其因连载而取得的所有稿酬所得为一次，按税法规定计征个人所得税。在其连载之后又出书取得稿酬所得，或先出书后连载取得稿酬所得，应视同再版稿酬分次计征个人所得税。

（三）作者去世后，对取得其遗作稿酬的个人，按稿酬所得征收个人所得税。

五、关于拍卖文稿所得的征税问题

作者将自己的文字作品手稿原件或复印件公开拍卖（竞价）取得的所得，应按特许权使用费所得项目征收个人所得税。

六、关于财产租赁所得的征税问题

（一）纳税义务人在出租财产过程中缴纳的税金和国家能源交通重点建设基金、国家预算调节基金、教育费附加，可持完税（缴款）凭证，从其财产租赁收入中扣除。

（二）纳税义务人出租财产取得财产租赁收入，在计算征税时，除可依法减除规定费用和有关税、费外，还准予扣除能够提供有效、准确凭证，证明由纳税义务人负担的该出租财产实际开支的修缮费用。允许扣除的修缮费用，以每次800元为限，一次扣除不完的，准予在下一次继续扣除，直至扣完为止。

（三）确认财产租赁所得的纳税义务人，应以产权凭证为依据。无产权凭证的，由主管税务机关根据实际情况确定纳税义务人。

（四）产权所有人死亡，在未办理产权继承手续期间，该财产出租而有租金收入的，以领取租金的个人为纳税义务人。

七、关于如何确定转让债权财产原值的问题

转让债权，采用"加权平均法"确定其应予减除的财产原值和合理费用。即以纳税人购进的同一种类债券买入价和买进过程中缴纳的税费总和，除以纳税人购进的该种类债券数量之和，乘以纳税人卖出的该种类债券数量，再加上卖出的该种类债券过程中缴纳的税费。用公式表示为：

一次卖出某一种类债券允许扣除的买入价和费用 =（纳税人购进的该种类债券买入价和买进过程中交纳的税费总和/纳税人购进的该种类债券总数量）× 一次卖出的该种类债券的数量 + 卖出该种类债券过程中缴纳的税费

八、关于董事费的征税问题

个人由于担任董事职务所取得的董事费收入，属于劳务报酬所得性质，按照劳务报酬所得项目征收个人所得税。

九、关于个人取得不同项目劳务报酬所得的征税问题

条例第二十一条第一款第一项中所述的"同一项目",是指劳务报酬所得列举具体劳务项目中的某一单项,个人兼有不同的劳务报酬所得,应当分别减除费用,计算缴纳个人所得税。

十、关于外籍纳税人在中国几地工作如何确定纳税地点的问题

(一)在几地工作或提供劳务的临时来华人员,应以税法所规定的申报纳税的日期为准,在某一地达到申报纳税的日期,即在该地申报纳税。但准予其提出申请,经批准后,也可固定在一地申报纳税。

(二)凡由在华企业或办事机构发放工资、薪金的外籍纳税人,由在华企业或办事机构集中向当地税务机关申报纳税。

十一、关于派发红股的征税问题

股份制企业在分配股息、红利时,以股票形式向股东个人支付应得的股息、红利(即派发红股),应以派发红股的股票票面金额为收入额,按利息、股息、红利项目计征个人所得税。

十二、关于运用速算扣除数法计算应纳税额的问题

为简便计算应纳个人所得税额,可对适用超额累进税率的工资、薪金所得,个体工商户的生产、经营所得,对企事业单位的承包经营、承租经营所得,以及适用加成征收税率的劳务报酬所得,运用速算扣除数法计算其应纳税额。应纳税额的计算公式为:

$$应纳税额 = 应纳税所得额 \times 适用税率 - 速算扣除数$$

适用超额累进税率的应税所得计算应纳税额的速算扣除数,详见附表一、二、三。

十三、关于纳税人一次取得属于数月的奖金或年终加薪、劳动分红的征税问题

纳税人一次取得属于数月的奖金或年终加薪、劳动分红,一般应将全部奖金或年终加薪、劳动分红同当月份的工资、薪金合并计征个人所得税。但对于合并计算后提高适用税率的,可采取以月份所属奖金或年终加薪、劳动分红加当月份工资、薪金,减去当月份费用扣除标准后的余额为基数确定适用税率,然后,将当月份工资、薪金加上全部奖金或年终加薪、劳动分红,减去当月份费用扣除标准后的余额,按适用税率计算征收个人所得税。对按上述方法计算无应纳税所得额的,免予征税。

十四、关于单位或个人为纳税义务人负担税款的计征办法问题

单位或个人为纳税义务人负担个人所得税税款,应将纳税义务人取得的不含税收入换算为应纳税所得额,计算征收个人所得税。计算公式如下:

（一）应纳税所得额 =（不含税收入额 - 费用扣除标准 - 速算扣除数）÷（1 - 税率）

（二）应纳税额 = 应纳税所得额 × 适用税率 - 速算扣除数

公式（一）中的税率，是指不含税所得按不含税级距（详见所附税率表一、二、三）对应的税率；公式（二）中的税率，是指应纳税所得额按含税级距对应的税率。

十五、关于纳税人所得为外国货币如何办理退税和补税的问题

（一）纳税人所得为外国货币并已按照中国人民银行公布的外汇牌价以外国货币兑换成人民币缴纳税款后，如发生多缴税款需要办理退税，凡属于1993年12月31日以前取得应税所得的，可以将应退的人民币税款，按照缴纳税款时的外汇牌价（买入价，以下同）折合成外国货币，再将该外国货币数额按照填开退税凭证当日的外汇牌价折合成人民币退还税款；凡属于1994年1月1日以后取得应税所得的，应直接退还多缴的人民币税款。

（二）纳税人所得为外国货币的，发生少缴税款需要办理补税时，除依照税法规定汇算清缴以外的，应当按照填开补税凭证前一月最后一日的外汇牌价折合成人民币计算应纳税所得额补缴税款。

十六、关于在境内、境外分别取得工资、薪金所得，如何计征税款的问题

纳税义务人在境内、境外同时取得工资、薪金所得的，应根据条例第五条规定的原则，判断其境内、境外取得的所得是否来源于一国的所得。纳税义务人能够提供在境内、境外同时任职或者受雇及其工资、薪金标准的有效证明文件，可判定其所得是来源于境内和境外所得，应按税法和条例的规定分别减除费用并计算纳税；不能提供上述证明文件的，应视为来源于一国的所得，如其任职或者受雇单位在中国境内，应为来源于中国境内的所得，如其任职或受雇单位在中国境外，应为来源于中国境外的所得。

十七、关于承包、承租期不足一年如何计征税款的问题

实行承包、承租经营的纳税义务人，应以每一纳税年度取得的承包、承租经营所得计算纳税，在一个纳税年度内，承包、承租经营不足12个月的，以其实际承包、承租经营的月份数为一个纳税年度计算纳税。计算公式为：

应纳税所得额 = 该年度承包、承租经营收入额 -（800 × 该年度实际承包、承租经营月份数）

应纳税额 = 应纳税所得额 × 适用税率 - 速算扣除数

十八、关于利息、股息、红利的扣缴义务人问题

利息、股息、红利所得实行源泉扣缴的征收方式，其扣缴义务人应是直接向纳税义务人支付利息、股息、红利的单位。

十九、关于工资、薪金所得与劳务报酬所得的区分问题

工资、薪金所得是属于非独立个人劳务活动，即在机关、团体、学校、部队、企事业单位及其他组织中任职、受雇而得到的报酬；劳务报酬所得则是个人独立从事各种技艺、提供各项劳务取得的报酬。两者的主要区别在于，前者存在雇佣与被雇佣关系，后者则不存在这种关系。

二十、以前规定与本规定抵触的，按本规定执行。

附件：

一、税率表一（工资、薪金所得适用）

级数	含税级距	不含税级距	税率	速算扣除数
1	不超过 500 元的	不超过 475 元的	5%	0
2	超过 500 元至 2000 元的部分	超过 475 元至 1825 元的部分	10%	25
3	超过 2000 元至 5000 元的部分	超过 1825 元至 4375 元的部分	15%	125
4	超过 5000 元至 20000 元的部分	超过 4375 元至 16375 元的部分	20%	375
5	超过 20000 元至 40000 元的部分	超过 16375 元至 31375 元的部分	25%	1375
6	超过 40000 元至 60000 元的部分	超过 31375 元至 45375 元的部分	30%	3375
7	超过 60000 元至 80000 元的部分	超过 45375 元至 58375 元的部分	35%	6375
8	超过 80000 元至 100000 元的部分	超过 58375 元至 70375 元的部分	40%	10375
9	超过 100000 元的部分	超过 70375 元的部分	45%	15375

注：1. 表中所列含税级距与不含税级距、均为按照税法规定减除有关费用后的所得额。

2. 含税级距适用于由纳税人负担税款的工资、薪金所得；不含税级距适用于由他人（单位）代付税款的工资、薪金所得。

二、税率表二（个体工商户的生产、经营所得和对企事业单位的承包经营、承租经营所得适用）

级数	含税级距	不含税级距	税率	速算扣除数
1	不超过 5000 元的	不超过 4750 元的	5%	0
2	超过 5000 元至 10000 元的部分	超过 4750 元至 9250 元的部分	10%	250
3	超过 10000 元至 30000 元的部分	超过 9250 元至 25250 元的部分	20%	1250
4	超过 30000 元至 50000 元的部分	超过 25250 元至 39250 元的部分	30%	4250
5	超过 50000 元的部分	超过 39250 元的部分	35%	6750

注：1. 表中所列含税级距与不含税级距，均为按照税法规定减除有关费用（成本、损失）后的所得额。

2. 含税级距适用于个体工商户的生产、经营所得和由纳税人负担税款的承包经营、承租经营所得；不含税级距适用于由他人（单位）代付税数的承包经营、承租经营所得。

三、税率表三（劳务报酬所得适用）

级数	含税级距	不含税级距	税率	速算扣除数
1	不超过 20000 元的	不超过 16000 元的	20%	0
2	超过 20000 元至 50000 元的部分	超过 16000 元至 37000 元的部分	30%	2000
3	超过 50000 元的部分	超过 37000 元的部分	40%	7000

注：1. 表中的含税级距、不含税级距，均为按照税法规定减除有关费用后的所得额。
  2. 含税级距适用于由纳税人负担税款的劳务报酬所得；不含税级距运用于由他人（单位）代付税款的劳务报酬所得。

第 5 章 印 花 税

印花税是以经济活动和经济交往中，书立、领受应税凭证的行为为征税对象征收的一种税。

印花税的纳税义务人，是在中国境内书立、使用、领受印花税法所列举的凭证并应依法履行纳税义务的单位和个人。

有关印花税的规定如下（按时间先后）。

《财政部　税务总局关于对营业账簿减免印花税的通知》

（财税〔2018〕50号）

各省、自治区、直辖市、计划单列市财政厅（局）、国家税务局、地方税务局，新疆生产建设兵团财政局：

为减轻企业负担，鼓励投资创业，现就减免营业账簿印花税有关事项通知如下：

自2018年5月1日起，对按万分之五税率贴花的资金账簿减半征收印花税，对按件贴花五元的其他账簿免征印花税。

请遵照执行。

《国家税务总局关于发布〈印花税管理规程（试行）〉的公告》

（国家税务总局公告2016年第77号）①

为进一步规范印花税管理，便利纳税人，国家税务总局制定了《印花税管理规程（试行）》，现予发布，自2017年1月1日起施行。

特此公告。

---

① 根据《国家税务总局关于修改部分税收规范性文件的公告》（国家税务总局公告2018年第31号），文件中"地方税务机关"修改为"税务机关"。

印花税管理规程（试行）

第一章 总 则

第一条 为进一步规范印花税管理，便利纳税人，根据《中华人民共和国税收征收管理法》（以下简称《征管法》）及其实施细则、《中华人民共和国印花税暂行条例》（以下简称《条例》）及其施行细则等相关法律法规，制定本规程。

第二条 本规程适用于除证券交易外的印花税税源管理、税款征收、减免税和退税管理、风险管理等事项，其他管理事项按照有关规定执行。

第三条 印花税管理应当坚持依法治税原则，按照法定权限与程序，严格执行相关法律法规和税收政策，坚决维护税法的权威性和严肃性，切实保护纳税人合法权益。

第四条 税务机关应当根据《条例》和相关法律法规要求，优化纳税服务，减轻纳税人办税负担，加强部门协作，提高印花税征管质效，实现信息管税。

第二章 税源管理

第五条 纳税人应当如实提供、妥善保存印花税应纳税凭证（以下简称"应纳税凭证"）等有关纳税资料，统一设置、登记和保管《印花税应纳税凭证登记簿》（以下简称《登记簿》），及时、准确、完整记录应纳税凭证的书立、领受情况。

《登记簿》的内容包括：应纳税凭证种类、应纳税凭证编号、凭证书立各方（或领受人）名称、书立（领受）时间、应纳税凭证金额、件数等。

应纳税凭证保存期限按照《征管法》的有关规定执行。

第六条 税务机关可与银行、保险、工商、房地产管理等有关部门建立定期信息交换制度，利用相关信息加强印花税税源管理。

第七条 税务机关应当通过多种渠道和方式广泛宣传印花税政策，强化纳税辅导，提高纳税人的纳税意识和税法遵从度。

第三章 税款征收

第八条 纳税人书立、领受或者使用《条例》列举的应纳税凭证和经财政部确定征税的其他凭证时，即发生纳税义务，应当根据应纳税凭证的性质，分别按《条例》所附《印花税税目税率表》对应的税目、税率，自行计算应纳税额，购买并一次贴足印花税票（以下简称"贴花"）。

第九条　一份凭证应纳税额超过 500 元的，纳税人可以采取将税收缴款书、完税证明其中一联粘贴在凭证上或者由地方税务机关在凭证上加注完税标记代替贴花。

第十条　同一种类应纳税凭证，需频繁贴花的，可由纳税人根据实际情况自行决定是否采用按期汇总申报缴纳印花税的方式。汇总申报缴纳的期限不得超过一个月。

采用按期汇总申报缴纳方式的，一年内不得改变。

第十一条　纳税人应按规定据实计算、缴纳印花税。

第十二条　税务机关可以根据《征管法》及相关规定核定纳税人应纳税额。

第十三条　税务机关应分行业对纳税人历年印花税的纳税情况、主营业务收入情况、应税合同的签订情况等进行统计、测算，评估各行业印花税纳税状况及税负水平，确定本地区不同行业应纳税凭证的核定标准。

第十四条　实行核定征收印花税的，纳税期限为一个月，税额较小的，纳税期限可为一个季度，具体由主管税务机关确定。纳税人应当自纳税期满之日起 15 日内，填写国家税务总局统一制定的纳税申报表申报缴纳核定征收的印花税。

第十五条　纳税人对主管税务机关核定的应纳税额有异议的，或因生产经营情况发生变化需要重新核定的，可向主管税务机关提供相关证据，主管税务机关核实后进行调整。

第十六条　主管税务机关核定征收印花税，应当向纳税人送达《税务事项通知书》，并注明核定征收的方法和税款缴纳期限。

第十七条　税务机关应当建立印花税基础资料库，内容包括分行业印花税纳税情况、分户纳税资料等，并确定科学的印花税评估方法或模型，据此及时、合理地做好印花税征收管理工作。

第十八条　税务机关根据印花税征收管理的需要，本着既加强源泉控管，又方便纳税人的原则，按照《国家税务总局关于发布〈委托代征管理办法〉的公告》（国家税务总局公告 2013 年第 24 号，以下简称《委托代征管理办法》）有关规定，可委托银行、保险、工商、房地产管理等有关部门，代征借款合同、财产保险合同、权利许可证照、产权转移书据、建设工程承包合同等的印花税。

第十九条　税务机关和受托代征人应严格按照《委托代征管理办法》的规

定履行各自职责。违反规定的,应当追究相应的法律责任。

第二十条　税务机关在印花税征管中要加强部门协作,实现相关信息共享,构建综合治税机制。

第四章　减免税和退税管理

第二十一条　税务机关应当依照《条例》和相关规定做好印花税的减免税工作。

第二十二条　印花税实行减免税备案管理,减免税备案资料应当包括:

(一)纳税人减免税备案登记表;

(二)《登记簿》复印件;

(三)减免税依据的相关法律、法规规定的其他资料。

第二十三条　印花税减免税备案管理的其他事项,按照《国家税务总局关于发布〈税收减免管理办法〉的公告》(国家税务总局公告2015年第43号)的有关规定执行。

第二十四条　多贴印花税票的,不得申请退税或者抵用。

第五章　风险管理

第二十五条　税务机关应当按照国家税务总局关于税收风险管理的总体要求以及财产行为税风险管理工作的具体要求开展印花税风险管理工作,探索建立适合本地区的印花税风险管理指标,依托现代化信息技术,对印花税管理的风险点进行识别、预警、监控,做好风险应对工作。

第二十六条　税务机关通过将掌握的涉税信息与纳税人申报(报告)的征收信息、减免税信息进行比对,分析查找印花税风险点。

(一)将纳税人分税目已缴纳印花税的信息与其对应的营业账簿、权利和许可证照、应税合同的应纳税款进行比对,防范少征该类账簿、证照、合同印花税的风险;

(二)将纳税人主营业务收入与其核定的应纳税额进行比对,防范纳税人少缴核定征收印花税的风险。

第二十七条　税务机关要充分利用税收征管系统中已有信息、第三方信息等资源,不断加强和完善印花税管理,提高印花税管理的信息化水平。

第六章　附　　则

第二十八条　各省、自治区、直辖市税务机关可根据本规程制定具体实施办法。

第二十九条　本规程自 2017 年 1 月 1 日起施行。

《财政部　国家税务总局关于融资租赁合同有关印花税政策的通知》

（财税〔2015〕144 号）

各省、自治区、直辖市、计划单列市财政厅（局）、地方税务局，西藏、宁夏回族自治区国家税务局，新疆生产建设兵团财务局：

根据《国务院办公厅关于加快融资租赁业发展的指导意见》（国办发〔2015〕68 号）有关规定，为促进融资租赁业健康发展，公平税负，现就融资租赁合同有关印花税政策通知如下：

一、对开展融资租赁业务签订的融资租赁合同（含融资性售后回租），统一按照其所载明的租金总额依照"借款合同"税目，按万分之零点五的税率计税贴花。

二、在融资性售后回租业务中，对承租人、出租人因出售租赁资产及购回租赁资产所签订的合同，不征收印花税。

三、本通知自印发之日起执行。此前未处理的事项，按照本通知规定执行。

请遵照执行。

《国家税务总局关于中国人寿保险（集团）公司重组过程中印花税问题的通知》

（国税函〔2004〕315 号）

各省、自治区、直辖市和计划单列市地方税务局：

经国务院有关部门批准，原中国人寿保险公司变更为中国人寿保险（集团）公司（以下简称集团公司），并独家发起设立了中国人寿保险股份有限公司（以下简称股份公司），同时，集团公司又与股份公司共同发起设立了中国人寿资产管理有限公司（以下简称资产管理公司）。对集团公司、股份公司、资产管理公司在重组过程中涉及的资金账簿、改变执行主体的各类应税合同及产权转移书据的印花税，请各地根据《财政部　国家税务总局关于企业改制过程中有关印花税政策的通知》（财税〔2003〕183 号）的有关规定办理征免税事宜。

鉴于股份公司及其分公司分布在全国各地，为便于各地征管，现将股份公司、资产管理公司资金账簿印花税的问题具体明确如下：

股份公司、资产管理公司新设立的资金账簿记载的资金，凡重组前已贴花的，免征印花税。

《国家税务总局关于中国人民保险公司重组改制过程中有关印花税和契税问题的通知》

（国税函〔2003〕第1027号）

各省、自治区、直辖市和计划单列市国家税务局、地方税务局：

经国务院批准，原中国人民保险公司独家发起设立中国人民财产股份有限公司，原中国人民保险公司变更注册为中国人保控股公司，并由中国人保控股公司独家发起设立中国人保资产管理公司。现将原中国人民保险公司重组改制过程中的印花税和契税政策问题明确如下：

一、关于印花税

（一）中国人保控股公司新启用的资金账簿记载的资金，凡原已贴花的部分可不再贴花，未贴花的部分和以后新增加的资金按规定贴花。其在改制中经评估增加的资金按规定贴花。

（二）中国人民财产保险股份有限公司和中国人保资产管理公司新成立时设立的资金账簿记载的资金免征印花税，以后新增的资金按规定贴花。

（三）原中国人民保险公司改制前签订但尚未履行完的各类应税合同，改制后需要变更执行主体的，对仅改变执行主体，其余条款未作变动，同时改制前已贴花的合同，可不再贴花。

（四）上述企业因改制签订的产权转移书据免征印花税。

二、关于契税

（一）原中国人民保险公司重组改制中为完善产权登记手续而办理的土地、房屋权属确认登记，因其不发生权属转移，不属于契税征收范围，不征收契税。

（二）对重组改制后设立的中国人保控股公司、中国人民财产保险股份有限公司和中国人保资产管理公司承受原中国人民保险公司土地、房屋权属应缴纳的契税，予以免征。

（三）对原中国人民保险公司重组过程中因划拨土地使用权改出让土地使用权所涉及的契税，应照章予以征收。

《国家税务局地方税管理司关于改变保险合同计税依据适用范围的批复》

(国税地函发〔1990〕20号)

湖北省税务局:

你局鄂税二便字(90)第52号文收悉。关于国税函发〔1990〕428号文《关于改变保险合同印花税计税办法的通知》中第一条"对印花税暂行条例中列举征税的各类保险合同,其计税依据由投保金额改为保险费收入。"是指保险合同的应税金额由按投保方的"投保金额"计算改为按承保方的"保险费收入"计算,并不改变其纳税人和缴纳方法。因此,签订保险合同的投保方和承保方对各自所持的保险合同,均应按其保险费金额计税贴花。

《国家税务总局关于改变保险合同印花税计税办法的通知》

(国税函发〔1990〕428号)

印花税开征以来,各地反映对保险合同以投保金额为计税依据的办法不尽合理,征管检查难度较大。经多方征求意见和反复测算,并报送国务院领导同志批准,决定作如下改进:

一、对印花税暂行条例中列举征税的各类保险合同,其计税依据由投保金额改为保险费收入。

二、计算征收的适用税率,由万分之零点三改为千分之一。

本通知自1990年7月1日起执行。

《国家税务局关于对保险公司征收印花税有关问题的通知》

(国税地字〔1988〕第37号)[①]

根据《中华人民共和国印花税暂行条例》及其施行细则的规定,现将对保险公司征收印花税有关问题,具体明确如下:

一、关于自有流动资金贴花问题。按照保险公司会计制度规定,"保险总准

[①] 根据《国家税务总局关于公布失效废止的税务部门规章和税收规范性文件目录的决定》(国家税务总局令第42号),废止第三条。

备金"科目反映的资金即为保险公司的自有流动资金。财政拨付的部分,在总公司和省分公司核算,利润中提留的部分,分别在各级公司核算。对保险总准备金,应由各级保险公司按其账面数额计税贴花。

二、关于财产保险合同的贴花问题。目前,保险公司的财产保险分为企业财产保险、机动车辆保险、货物运输保险、家庭财产保险和农牧业保险五大类。为了支持农村保险事业的发展,照顾农牧业生产的负担,除对农林作物,牧业畜类保险合同暂不贴花外,对其他几类财产保险合同均应按照规定计税贴花。其中,家庭财产保险由单位集体办理的,可分别按个人投保金额计税。

三、对责任保险,保证保险和信用保险合同,暂按定额五元贴花。

四、保险公司委托其他单位或者个人代办的保险业务,在与投保方签订保险合同时,应由代办单位或者个人,负责代保险公司办理计税贴花手续。

《国家税务局关于对印花税暂行条例施行前书立、领受的凭证贴花问题的规定》

(国税地字〔1988〕第13号)①

《中华人民共和国印花税暂行条例》(以下简称《条例》)自1988年10月1日起施行。现对《条例》中规定的应税凭证具体征免印花税问题,明确如下:

一、凡从1988年10月1日起书立、领受的条例所列举的凭证,均应按规定贴花;在此以前,书立、领受的条例所列举的凭证,除继续使用的营业账簿和权利、许可证照应按规定贴花外,其余凭证无论是否继续使用,均不贴花。

二、记载资金的账簿,按1988年10月1日的固定资产原值与自有流动资金合计金额计税贴花;以后年度均以年初固定资产与自有流动资金合计金额计算,就增加部分贴花。

《国家税务总局关于资金账簿印花税问题的通知》

(国税发〔1994〕25号)

财政部发布的和自1993年7月1日起施行。按照"两则"及有关规定,各

---

① 根据《关于公布全文失效废止部分条款失效废止的税收规范性文件目录的公告》(国家税务总局公告2011年第2号),此文件中的第二条被国税发〔1994〕25号修改。

类生产经营单位执行新会计制度,统一更换会计科目和账簿后,不再设置"自有流动资金"科目。因此,税目税率表中"记载资金的账簿"的计税依据已不适用,需要重新确定。为了便于执行,现就有关问题通知如下:

一、生产经营单位执行"两则"后,其"记载资金的账簿"的印花税计税依据改为"实收资本"与"资本公积"两项的合计金额。

二、企业执行"两则"启用新账簿后,其"实收资本"和"资本公积"两项的合计金额大于原已贴花资金的,就增加的部分补贴印花。

本通知自 1994 年 1 月 1 日起执行。

《中华人民共和国印花税暂行条例施行细则》

(财税字〔1988〕第 255 号)

第一条 本施行细则依据《中华人民共和国印花税暂行条例》(以下简称条例)第十五条的规定制定。

第二条 条例第一条所说的在中华人民共和国境内书立、领受本条例所列举凭证,是指在中国境内具有法律效力,受中国法律保护的凭证。

上述凭证无论在中国境内或者境外书立,均应依照条例规定贴花。

条例第一条所说的单位和个人,是指国内各类企业、事业、机关、团体、部队以及中外合资企业、合作企业、外资企业、外国公司企业和其他经济组织及其在华机构等单位和个人。

凡是缴纳工商统一税的中外合资企业、合作企业、外资企业、外国公司企业和其他经济组织,其缴纳的印花税,可以从所缴纳的工商统一税中如数抵扣。

第三条 条例第二条所说的建设工程承包合同,是指建设工程勘察设计合同和建筑安装工程承包合同。

建设工程承包合同包括总包合同、分包合同和转包合同。

第四条 条例第二条所说的合同,是指根据《中华人民共和国经济合同法》、《中华人民共和国涉外经济合同法》和其他有关合同法规订立的合同。

具有合同性质的凭证,是指具有合同效力的协议、契约、合约、单据、确认书及其他各种名称的凭证。

第五条 条例第二条所说的产权转移书据,是指单位和个人产权的买卖、继承、赠与、交换、分割等所立的书据。

第六条 条例第二条所说的营业账簿,是指单位或者个人记载生产经营活动的财务会计核算账簿。

第七条 税目税率表中的记载资金的账簿,是指载有固定资产原值和自有流动资金的总分类账簿,或者专门设置的记载固定资产原值和自有流动资金的账簿。

其他账簿,是指除上述账簿以外的账簿,包括日记账簿和各明细分类账簿。

第八条 记载资金的账簿按固定资产原值和自有流动资金总额贴花后,以后年度资金总额比已贴花资金总额增加的,增加部分应按规定贴花。

第九条 税目税率表中自有流动资金的确定,按有关财务会计制度的规定执行。

第十条 印花税只对税目税率表中列举的凭证和经财政部确定征税的其他凭证征税。

第十一条 条例第四条所说的已缴纳印花税的凭证的副本或者抄本免纳印花税,是指凭证的正式签署本已按规定缴纳了印花税,其副本或者抄本对外不发生权利义务关系,仅备存查的免贴印花。

以副本或者抄本视同正本使用的,应另贴印花。

第十二条 条例第四条所说的社会福利单位,是指抚养孤老伤残的社会福利单位。

第十三条 根据条例第四条第(3)款规定,对下列凭证免纳印花税:

1. 国家指定的收购部门与村民委员会、农民个人书立的农副产品收购合同;

2. 无息、贴息贷款合同;

3. 外国政府或者国际金融组织向我国政府及国家金融机构提供优惠贷款所书立的合同。

第十四条 条例第七条所说的书立或者领受时贴花,是指在合同的签订时、书据的立据时、账簿的启用时和证照的领受时贴花。

如果合同在国外签订的,应在国内使用时贴花。

第十五条 条例第八条所说的当事人,是指对凭证有直接权利义务关系的单位和个人,不包括保人、证人、鉴定人。

税目税率表中的立合同人,是指合同的当事人。

当事人的代理人有代理纳税的义务。

第十六条 产权转移书据由立据人贴花,如未贴或者少贴印花,书据的持有人应负责补贴印花。所立书据以合同方式签订的,应由持有书据的各方分别按全额贴花。

第十七条 同一凭证,因载有两个或者两个以上经济事项而适用不同税目税率,如分别记载金额的,应分别计算应纳税额,相加后按合计税额贴花;如未分别记载金额的，按税率高的计税贴花。

第十八条 按金额比例贴花的应税凭证，未标明金额的，应按照凭证所载数量及国家牌价计算金额；没有国家牌价的，按市场价格计算金额，然后按规定税率计算应纳税额。

第十九条 应纳税凭证所载金额为外国货币的，纳税人应按照凭证书立当日的中华人民共和国国家外汇管理局公布的外汇牌价折合人民币，计算应纳税额。

第二十条 应纳税凭证粘贴印花税票后应即注销。纳税人有印章的，加盖印章注销；纳税人没有印章的，可用钢笔（圆珠笔）画几条横线注销。注销标记应与骑缝处相交。G366骑缝处是指粘贴的印花税票与凭证及印花税票之间的交接处。

第二十一条 一份凭证应纳税额超过五百元的，应向当地税务机关申请填写缴款书或者完税证，将其中一联粘贴在凭证上或者由税务机关在凭证上加注完税标记代替贴花。

第二十二条 同一种类应纳税凭证，需频繁贴花的，应向当地税务机关申请按期汇总缴纳印花税。

税务机关对核准汇总缴纳印花税的单位，应发给汇缴许可证。汇总缴纳的限期限额由当地税务机关确定，但最长期限不得超过一个月。

第二十三条 凡汇总缴纳印花税的凭证，应加注税务机关指定的汇缴戳记、编号并装订成册后，将已贴印花或者缴款书的一联粘附册后，盖章注销，保存备查。

第二十四条 凡多贴印花税票者，不得申请退税或者抵用。

第二十五条 纳税人对纳税凭证应妥善保存。凭证的保存期限，凡国家已有明确规定的，按规定办；其余凭证均应在履行完毕后保存一年。

第二十六条 纳税人对凭证不能确定是否应当纳税的，应及时携带凭证，到当地税务机关鉴别。

纳税人同税务机关对凭证的性质发生争议的，应检附该凭证报请上一级税务机关核定。

第二十七条 条例第十二条所说的发放或者办理应纳税凭证的单位，是指发放权利、许可证照的单位和办理凭证的鉴证、公证及其他有关事项的单位。

第二十八条 条例第十二条所说的负有监督纳税人依法纳税的义务，是指发放或者办理应纳税凭证的单位应对以下纳税事项监督：

1. 应纳税凭证是否已粘贴印花；

2. 粘贴的印花是否足额；

3. 粘贴的印花是否按规定注销。

对未完成以上纳税手续的，应督促纳税人当场贴花。

第二十九条　印花税票的票面金额以人民币为单位，分为壹角、贰角、伍角、壹元、贰元、伍元、拾元、伍拾元、壹百元九种。

第三十条　印花税票为有价证券，各地税务机关应按照国家税务局制定的管理办法严格管理，具体管理办法另定。

第三十一条　印花税票可以委托单位或者个人代售，并由税务机关付给代售金额5%的手续费。支付来源从实征印花税款中提取。

第三十二条　凡代售印花税票者，应先向当地税务机关提出代售申请，必要G367时须提供保证人。税务机关调查核准后，应与代售户签订代售合同，发给代售许可证。

第三十三条　代售户所售印花税票取得的税款，须专户存储，并按照规定的期限，向当地税务机关结报，或者填开专用缴款书直接向银行缴纳。不得逾期不缴或者挪作他用。

第三十四条　代售户领存的印花税票及所售印花税票的税款，如有损失，应负责赔偿。

第三十五条　代售户所领印花税票，除合同另有规定者外，不得转托他人代售或者转至其他地区销售。

第三十六条　对代售户代售印花税票的工作，税务机关应经常进行指导、检查和监督。代售户须详细提供领售印花税票的情况，不得拒绝。

第三十七条　印花税的检查，由税务机关执行。税务人员进行检查时，应当出示税务检查证。纳税人不得以任何借口加以拒绝。

第三十八条　税务人员查获违反条例规定的凭证，应按有关规定处理。如需将凭证带回的，应出具收据，交被检查人收执。

第三十九条　纳税人违反本细则第二十二条规定，超过税务机关核定的纳税期限，未缴或者少缴印花税款的，税务机关除令其限期补缴税款外，并从滞纳之日起，按日加收5‰的滞纳金。

第四十条　纳税人违反本细则第二十三条规定的，酌情处以五千元以下罚款；情节严重的，撤销其汇缴许可证。

第四十一条　纳税人违反本细则第二十五条规定的，酌情处以五千元以下罚款。

第四十二条　代售户违反本细则第三十三条、第三十五条、第三十六条规定的，视其情节轻重，给予警告处分或者取消代售资格。

第四十三条 纳税人不按规定贴花，逃避纳税的，任何单位和个人都有权检举揭发，经税务机关查实处理后，可按规定奖励检举揭发人，并为其保密。

第四十四条 本细则由国家税务局负责解释。

第四十五条 本细则与条例同时施行。

第6章 其 他

第1节 增值税附加税

目前开征的增值税附加税有城市维护建设税、教育费附加及地方教育附加。

城市维护建设税是对从事工商经营，缴纳增值税、消费税的单位和个人征收的一种税，属于附加税的一种，以纳税人实际缴纳的增值税、消费税税额为计税依据，随"两税"同时征收。

根据纳税人所在地的不同，城市维护建设税设置了三档地区差别比例税率，如下：

1. 纳税人所在地为市区的，税率为7%；
2. 纳税人所在地为县城、镇的，税率为5%；
3. 纳税人所在地不在市区、县城或者镇的，税率为1%。

教育费附加和地方教育附加是对缴纳增值税、消费税的单位和个人，就其实际缴纳的税额为计算依据征收的一种附加费。现行教育费附加的征收比率为3%，地方教育附加的征收比率为2%。

有关附加税的规定列示如下（按时间先后）：

《财政部 国家税务总局关于纳税人异地预缴增值税有关城市维护建设税和教育费附加政策问题的通知》

（财税〔2016〕74号）

各省、自治区、直辖市、计划单列市财政厅（局）、国家税务局、地方税务局，新疆生产建设兵团财务局：

根据全面推开"营改增"试点后增值税政策调整情况，现就纳税人异地预缴增值税涉及的城市维护建设税和教育费附加政策执行问题通知如下：

一、纳税人跨地区提供建筑服务、销售和出租不动产的,应在建筑服务发生地、不动产所在地预缴增值税时,以预缴增值税税额为计税依据,并按预缴增值税所在地的城市维护建设税适用税率和教育费附加征收率就地计算缴纳城市维护建设税和教育费附加。

二、预缴增值税的纳税人在其机构所在地申报缴纳增值税时,以其实际缴纳的增值税税额为计税依据,并按机构所在地的城市维护建设税适用税率和教育费附加征收率就地计算缴纳城市维护建设税和教育费附加。

三、本通知自 2016 年 5 月 1 日起执行。

《财政部 国家税务总局关于对外资企业征收城市维护建设税和教育费附加有关问题的通知》

(财税〔2010〕103 号)

各省、自治区、直辖市、计划单列市财政厅(局)、国家税务局、地方税务局,新疆生产建设兵团财务局:

根据《国务院关于统一内外资企业和个人城市维护建设税和教育费附加制度的通知》(国发〔2010〕35 号)决定,自 2010 年 12 月 1 日起,对外商投资企业、外国企业及外籍个人(以下简称外资企业)征收城市维护建设税和教育费附加。现将有关问题通知如下:

对外资企业 2010 年 12 月 1 日(含)之后发生纳税义务的增值税、消费税、营业税(以下简称"三税")征收城市维护建设税和教育费附加;对外资企业 2010 年 12 月 1 日之前发生纳税义务的"三税",不征收城市维护建设税和教育费附加。

各级财政、税务机关要增强服务意识,加强政策宣传,做好征管工作。对政策执行中遇到的问题,要认真研究,妥善解决,重大问题及时上报财政部、国家税务总局。

《财政部 国家税务总局关于增值税 营业税 消费税实行先征后返等办法有关城建税和教育费附加政策的通知》

(财税〔2005〕72 号)

各省、自治区、直辖市、计划单列市财政厅(局)、地方税务局,财政部驻各省、自治区、直辖市、计划单列市财政监察专员办事处:

经研究,现对增值税、营业税、消费税(以下简称"三税")实行先征后返、先征后退、即征即退办法有关的城市维护建设税和教育费附加政策问题明确如下:

对"三税"实行先征后返、先征后退、即征即退办法的,除另有规定外,对随"三税"附征的城市维护建设税和教育费附加,一律不予退(返)还。

《中华人民共和国城市维护建设税暂行条例》

(国发〔1985〕19号)①

第一条 为了加强城市的维护建设,扩大和稳定城市维护建设资金的来源,特制定本条例。

第二条 凡缴纳产品税、增值税、营业税的单位和个人,都是城市维护建设税的纳税义务人(以下简称纳税人),都应当依照本条例的规定缴纳城市维护建设税。

第三条 城市维护建设税,以纳税人实际缴纳的产品税、增值税、营业税税额为计税依据,分别与产品税、增值税、营业税同时缴纳。

第四条 城市维护建设税税率如下:

纳税人所在地在市区的,税率为7%;

纳税人所在地在县城、镇的,税率为5%;

纳税人所在地不在市区、县城或镇的,税率为1%。

第五条 城市维护建设税的征收、管理、纳税环节、奖罚等事项,比照产品税、增值税、营业税的有关规定办理。

第六条 城市维护建设税应当保证用于城市的公用事业和公共设施的维护建设,具体安排由地方人民政府确定。

第七条 按照本条例第四条第三项规定缴纳的税款,应当专用于乡镇的维护和建设。

第八条 开征城市维护建设税后,任何地区和部门,都不得再向纳税人摊派资金或物资。遇到摊派情况,纳税人有权拒绝执行。

第九条 省、自治区、直辖市人民政府可以根据本条例,制定实施细则,并送财政部备案。

第十条 本条例自1985年度起施行。

---

① 根据《国务院关于废止和修改部分行政法规的决定》(中华人民共和国国务院令第588号),将《中华人民共和国城市维护建设税暂行条例》第二条、第三条、第五条中的"产品税"修改为"消费税"。

《财政部关于贯彻执行〈中华人民共和国城市维护建设税暂行条例〉几个具体问题的规定》

(财税字〔1985〕第69号)

为了更好地贯彻执行国务院发布的《中华人民共和国城市维护建设税暂行条例》，现就几个具体问题作如下规定：

一、凡由中央主管部门集中缴纳产品税、增值税、营业税的单位，如铁路运输、人民银行、工商银行、农业银行、中国银行、建设银行等五个银行总行和保险总公司等单位，在其缴纳产品税、增值税、营业税的同时，应按规定缴纳城市维护建设税。税款作为中央预算收入。

二、石油部、电力部、石化总公司、有色金属总公司直属企业缴纳的产品税、增值税、营业税，按财政部（84）财预字第197号文件规定，70%作为中央预算收入入库，30%作为地方预算收入入库。这些单位按产品税、增值税、营业税税额缴纳的城市维护建设税，不按比例上缴中央，一律留给地方，作为地方预算固定收入。

三、海关对进口产品代征的产品税、增值税，不征收城市维护建设税。

四、国营和集体批发企业以及其他批发单位，在批发环节代扣代缴零售环节或临时经营的营业税时，不代扣城市维护建设税，而由纳税单位或个人回到其所在地申报纳税。

五、根据全国人大常委会关于授权国务院改革工商税制发布有关税收条例草案试行的决定，国务院发布试行的税收条例草案，不适用于中外合资经营企业和外资企业。因此，对中外合资企业和外资企业不征收城市维护建设税。

六、纳税单位或个人缴纳城市维护建设税的适用税率，一律按其纳税所在地的规定税率执行。县政府设在城市市区，其在市区办的企业，按市区的规定税率计算纳税。

七、纳税人在被查补产品税、增值税、营业税和被处以罚款时，依照城市维护建设税暂行条例第五条规定，应同时对其偷漏的城市维护建设税进行补税和罚款。

八、个体商贩及个人在集市上出售商品，对其征收临时经营营业税或产品税，是否同时按其实缴税额征收城市维护建设税，由各省、自治区、直辖市人民政府根据实际情况确定。

九、纳税人所在地为工矿区的，依照城市维护建设税暂行条例第四条规定，应根据行政区划分别按照7%、5%、1%的税率缴纳城市维护建设税。

第6章 其 他

《征收教育费附加的暂行规定》

(国发〔1986〕50号)①

第一条 为贯彻落实《中共中央关于教育体制改革的决定》，加快发展地方教育事业，扩大地方教育经费的资金来源，特制定本规定。

第二条 凡缴纳产品税、增值税、营业税的单位和个人，除按照《国务院关于筹措农村学校办学经费的通知》的规定，缴纳农村教育事业费附加的单位外，都应当依照本规定缴纳教育费附加。

第三条 教育费附加，以各单位和个人实际缴纳的产品税、增值、营业税的税额为计征依据，教育费附加率为1%，分别与产品税、增值税、营业税同时缴纳。

对从事生产卷烟和经营烟叶产品的单位，减半征收教育费附加。

第四条 依照现行有关规定，除铁道、人民银行、专业银行和保险总公司等汇总缴纳营业税的单位集中向指定的银行缴款外，其余的单位和个人，向其所在地银行缴款。

第五条 教育费附加由税务机关负责征收，各级银行要为同级教育部门设立教育费附加专户。

第六条 教育费附加的征收管理，按照产品税、增值税、营业税的有关规定办理。

第七条 企业缴纳的教育费附加，一律在销售收入（或营业收入）中支付。

第八条 地方征收的教育费附加，按专项资金管理，由教育部门统筹安排，提出分配方案，商同级财政部门同意后，用于改善中小学教学设施和办学条件，不得用于职工福利和发放奖金。

铁道、人民银行、专业银行和保险总公司等汇总缴纳营业税的单位集中缴纳的教育费附加，由国家教育委员会按年度提出分配方案，商财政部同意后，用于基础教育的薄弱环节。

地方征收的教育费附加，主要留归当地安排使用。省、自治区、直辖市可根据各地征收教育费附加的实际情况，适当提取一部分数额，用于地区之间的

---

① 1986年4月28日国务院发布，根据1990年6月7日《国务院关于修改〈征收教育费附加的暂行规定〉的决定》（国务院令〔1990〕第60号）第一次修订，根据2005年8月20日《国务院关于修改〈征收教育费附加的暂行规定〉的决定》（国务院令第448号）第二次修订，根据2011年1月8日《国务院关于废止和修改部分行政法规的决定》（国务院令第588号）第三次修订将《征收教育费附加的暂行规定》第二条、第六条中的"产品税"修改为"消费税"。

调剂、平衡。

第九条 地方各级教育部门每年应定期向当地人民政府、上级主管部门和财政部门，报告教育费附加的收支情况。

第十条 凡办有职工子弟学校的单位，应当先按本规定缴纳教育费附加；教育部门可根据它们办学的情况酌情返还给办学单位，作为对所办学校经费的补帖。办学单位不得借口缴纳教育费附加而撤并学校，或者缩小办学规模。

第十一条 征收教育附加以后，地方各级教育部门和学校，不准以任何名目向学生家长和单位集资，或者变相集资，不准以任何借口不让学生入学。

第十二条 本规定由财政部负责解释。各省、自治区、直辖市人民政府可结合当地实际情况制定实施办法。

第十三条 本规定从一九八六年七月一日起施行

《国务院关于修改《征收教育费附加的暂行规定》的决定》

（1990年6月7日中华人民共和国国务院令第60号发布）

国务院决定对《征收教育费附加的暂行规定》作如下修改：

一、第三条修改为：

教育费附加，以各单位和个人实际缴纳的产品税、增值税、营业税的税额为计征依据，教育费附加率为2%，分别与产品税、增值税、营业税同时缴纳。

对从事生产卷烟和经营烟叶产品的单位，减半征收教育费附加。

除国务院另有规定者外，任何地区、部门不得擅自提高或者降低教育费附加率。

二、第四条修改为：

依照现行有关规定，除铁道系统、中国人民银行总行、各专业银行总行、保险总公司的教育费附加随同营业税上缴中央财政外，其余单位和个人的教育费附加，均就地上缴地方财政。

三、第五条修改为：

教育费附加由税务机关负责征收。

教育费附加纳入预算管理。作为教育专项资金，根据"先收后支，列收列支，收支平衡"的原则使用和管理。地方各级人民政府应当依照国家有关规定，使预算内教育事业费逐步增长，不得因教育费附加纳入预算专项资金管理而抵顶教育事业费拨款。

四、第八条第二款修改为：

铁道系统、中国人民银行总行，各专业银行总行、保险总公司随同营业税上缴的教育费附加，由国家教育委员会按年度提出分配方案，商财政部同意后，用于基础教育的薄弱环节。

本决定自一九九〇年八月一日起施行。

附：《征收教育费附加的暂行规定》第三条、第四条、第五条、第八条修改前的条文

第三条　教育费附加，以各单位和个人实际缴纳的产品税、增值税、营业税的税额为计征依据，教育费附加率为1%，分别与产品税、增值税、营业税同时缴纳。对从事生产卷烟和经营烟叶产品的单位，减半征收教育费附加。

第四条　依照现行有关规定，除铁道、人民银行、专业银行和保险总公司等汇总缴纳营业税的单位集中向指定的银行缴款外，其余的单位和个人，向其所在地银行缴款。

第五条　教育费附加由税务机关负责征收，各级银行要为同级教育部门设立教育费附加专户。

第八条　地方征收的教育费附加，按专项资金管理，由教育部门统筹安排，提出分配方案，商同级财政部门同意后，用于改善中小学教学设施和办学条件，不得用于职工福利和发放奖金。

铁道、人民银行、专业银行和保险总公司等汇总缴纳营业税的单位集中缴纳的教育费附加，由国家教育委员会按年度提出分配方案，商财政部同意后，用于基础教育的薄弱环节。

地方征收的教育费附加，主要留归当地安排使用，省、自治区、直辖市可根据各地征收教育费附加的实际情况，适当提取一部分数额，用于地区之间调剂、平衡。

《国务院关于修改〈征收教育费附加的暂行规定〉的决定》

（中华人民共和国国务院令第448号）

国务院决定对《征收教育费附加的暂行规定》作如下修改：

删去第三条第二款。

将第三条修改为："教育费附加，以各单位和个人实际缴纳的增值税、营业税、消费税的税额为计征依据，教育费附加率为3%，分别与增值税、营业税、消费税同时缴纳。

除国务院另有规定者外,任何地区、部门不得擅自提高或者降低教育费附加率。"

本决定自 2005 年 10 月 1 日起施行。

第 2 节 房产税、契税、土地增值税和城镇土地使用税

房产税是以房屋为征税对象,按照房屋的计税余值或租金收入,向产权所有人征收的一种财产税,以在征税范围内的房屋产权所有人为纳税人。

房产税采用比例税率,分为从价计征和从租计征两种形式。从价计征按房产原值一次减除 10%~30% 后的余值计征,税率为 1.2%;从租计征按房产出租的租金收入计征,税率为 12%。

契税是以在我国境内转移土地、房屋权属为征税对象,向产权承受人征收的一种财产税。征税范围包括:国有土地使用权出让、土地使用权转让、房屋买卖、房屋赠与、房屋交换。

契税实行 3%~5% 的幅度税率,由各省、自治区、直辖市人民政府在规定范围内按照本地区的实际情况决定,计税依据为不动产的价格。

土地增值税是对有偿转让国有土地使用权及地上建筑物和其他附着物产权,取得增值收入的单位和个人征收的一种税。

土地增值税实行四级超率累进税率:

1. 增值额未超过扣除项目金额 50% 的,部分,税率为 30%;

2. 增值额超过扣除项目金额 50%、未超过扣除项目金额 100% 的部分,税率为 40%;

3. 增值额超过扣除项目金额 100%、未超过扣除项目金额 200% 的部分,税率为 50%;

4. 增值额超过扣除项目金额 200% 的部分,税率为 60%。

城镇土地使用税是以国有土地和集体土地为征税对象,对拥有土地使用权的单位和个人征收的一种税。

城镇土地使用税采用定额税率,即采用有幅度的差别税额,按大、中、小城市和县城、建制镇、工矿区分别规定每平方米土地使用税税年应纳税额。具体标准如下:

1. 大城市 1.5~30 元;

2. 中等城市 1.2~24 元;

3. 小城市 0.9~18 元;

4. 县城、建制镇、工矿区 0.6~12 元。

有关房产税、契税、土地增值税和城镇土地使用税的规定列示如下（按时间先后）：

《国家税务总局关于营改增后土地增值税若干征管规定的公告》

（国家税务总局公告 2016 年第 70 号）

为进一步做好营改增后土地增值税征收管理工作，根据《中华人民共和国土地增值税暂行条例》及其实施细则、《财政部、国家税务总局关于营改增后契税 房产税 土地增值税 个人所得税计税依据问题的通知》（财税〔2016〕43 号）等规定，现就土地增值税若干征管问题明确如下：

一、关于营改增后土地增值税应税收入确认问题

营改增后，纳税人转让房地产的土地增值税应税收入不含增值税。适用增值税一般计税方法的纳税人，其转让房地产的土地增值税应税收入不含增值税销项税额；适用简易计税方法的纳税人，其转让房地产的土地增值税应税收入不含增值税应纳税额。

为方便纳税人，简化土地增值税预征税款计算，房地产开发企业采取预收款方式销售自行开发的房地产项目的，可按照以下方法计算土地增值税预征计征依据：

土地增值税预征的计征依据＝预收款－应预缴增值税税款

二、关于营改增后视同销售房地产的土地增值税应税收入确认问题

纳税人将开发产品用于职工福利、奖励、对外投资、分配给股东或投资人、抵偿债务、换取其他单位和个人的非货币性资产等，发生所有权转移时应视同销售房地产，其收入应按照《国家税务总局关于房地产开发企业土地增值税清算管理有关问题的通知》（国税发〔2006〕187 号）第三条规定执行。纳税人安置回迁户，其拆迁安置用房应税收入和扣除项目的确认，应按照《国家税务总局关于土地增值税清算有关问题的通知》（国税函〔2010〕220 号）第六条规定执行。

三、关于与转让房地产有关的税金扣除问题

（一）营改增后，计算土地增值税增值额的扣除项目中"与转让房地产有关的税金"不包括增值税。

（二）营改增后，房地产开发企业实际缴纳的城市维护建设税（以下简称"城建税"）、教育费附加，凡能够按清算项目准确计算的，允许据实扣除。凡不能按清算项目准确计算的，则按该清算项目预缴增值税时实际缴纳的城建税、

教育费附加扣除。

其他转让房地产行为的城建税、教育费附加扣除比照上述规定执行。

四、关于营改增前后土地增值税清算的计算问题

房地产开发企业在营改增后进行房地产开发项目土地增值税清算时，按以下方法确定相关金额：

（一）土地增值税应税收入＝营改增前转让房地产取得的收入＋营改增后转让房地产取得的不含增值税收入

（二）与转让房地产有关的税金＝营改增前实际缴纳的营业税、城建税、教育费附加＋营改增后允许扣除的城建税、教育费附加

五、关于营改增后建筑安装工程费支出的发票确认问题

营改增后，土地增值税纳税人接受建筑安装服务取得的增值税发票，应按照《国家税务总局关于全面推开营业税改征增值税试点有关税收征收管理事项的公告》（国家税务总局公告2016年第23号）规定，在发票的备注栏注明建筑服务发生地县（市、区）名称及项目名称，否则不得计入土地增值税扣除项目金额。

六、关于旧房转让时的扣除计算问题

营改增后，纳税人转让旧房及建筑物，凡不能取得评估价格，但能提供购房发票的，《中华人民共和国土地增值税暂行条例》第六条第一、三项规定的扣除项目的金额按照下列方法计算：

（一）提供的购房凭据为营改增前取得的营业税发票的，按照发票所载金额（不扣减营业税）并从购买年度起至转让年度止每年加计5%计算。

（二）提供的购房凭据为营改增后取得的增值税普通发票的，按照发票所载价税合计金额从购买年度起至转让年度止每年加计5%计算。

（三）提供的购房发票为营改增后取得的增值税专用发票的，按照发票所载不含增值税金额加上不允许抵扣的增值税进项税额之和，并从购买年度起至转让年度止每年加计5%计算。

本公告自公布之日起施行。

特此公告。

《财政部　国家税务总局关于营改增后契税　房产税　土地增值税　个人所得税计税依据问题的通知》

（财税〔2016〕43号）

各省、自治区、直辖市、计划单列市财政厅（局）、地方税务局，西藏、宁夏、

青海省（自治区）国家税务局，新疆生产建设兵团财务局：

经研究，现将营业税改征增值税后契税、房产税、土地增值税、个人所得税计税依据有关问题明确如下：

一、计征契税的成交价格不含增值税。

二、房产出租的，计征房产税的租金收入不含增值税。

三、土地增值税纳税人转让房地产取得的收入为不含增值税收入。

《中华人民共和国土地增值税暂行条例》等规定的土地增值税扣除项目涉及的增值税进项税额，允许在销项税额中计算抵扣的，不计入扣除项目，不允许在销项税额中计算抵扣的，可以计入扣除项目。

四、个人转让房屋的个人所得税应税收入不含增值税，其取得房屋时所支付价款中包含的增值税计入财产原值，计算转让所得时可扣除的税费不包括本次转让缴纳的增值税。

个人出租房屋的个人所得税应税收入不含增值税，计算房屋出租所得可扣除的税费不包括本次出租缴纳的增值税。个人转租房屋的，其向房屋出租方支付的租金及增值税额，在计算转租所得时予以扣除。

五、免征增值税的，确定计税依据时，成交价格、租金收入、转让房地产取得的收入不扣减增值税额。

六、在计征上述税种时，税务机关核定的计税价格或收入不含增值税。

本通知自 2016 年 5 月 1 日起执行。

《财政部 国家税务总局关于房产税城镇土地使用税有关问题的通知》

（财税〔2008〕152 号）

各省、自治区、直辖市、计划单列市财政厅（局）、地方税务局，新疆生产建设兵团财务局：

为统一政策，规范执行，现将房产税、城镇土地使用税有关问题明确如下：

一、关于房产原值如何确定的问题

对依照房产原值计税的房产，不论是否记载在会计账簿固定资产科目中，均应按照房屋原价计算缴纳房产税。房屋原价应根据国家有关会计制度规定进行核算。对纳税人未按国家会计制度规定核算并记载的，应按规定予以调整或重新评估。

《财政部、税务总局关于房产税若干具体问题的解释和暂行规定》（财税地字〔1986〕第008号）第十五条同时废止。

二、关于索道公司经营用地应否缴纳城镇土地使用税的问题

公园、名胜古迹内的索道公司经营用地，应按规定缴纳城镇土地使用税。

三、关于房产税、城镇土地使用税纳税义务截止时间的问题

纳税人因房产、土地的实物或权利状态发生变化而依法终止房产税、城镇土地使用税纳税义务的，其应纳税款的计算应截止到房产、土地的实物或权利状态发生变化的当月月末。

四、本通知自2009年1月1日起执行。

《中华人民共和国城镇土地使用税暂行条例》

（中华人民共和国国务院令第483号）①

国务院决定对《中华人民共和国城镇土地使用税暂行条例》作如下修改：

一、第二条增加一款，作为第二款："前款所称单位，包括国有企业、集体企业、私营企业、股份制企业、外商投资企业、外国企业以及其他企业和事业单位、社会团体、国家机关、军队以及其他单位；所称个人，包括个体工商户以及其他个人。"

二、第四条修改为："土地使用税每平方米年税额如下：

（一）大城市1.5元至30元；

（二）中等城市1.2元至24元；

（三）小城市0.9元至18元；

（四）县城、建制镇、工矿区0.6元至12元。"

三、第十三条修改为："本条例的实施办法由省、自治区、直辖市人民政府制定。"

此外，对本条例个别条文的文字作修改。

本决定自2007年1月1日起施行。

《中华人民共和国城镇土地使用税暂行条例》根据本决定作相应的修订，重新公布。

---

① 根据《国务院关于废止和修改部分行政法规的决定》（中华人民共和国国务院令第588号），将《中华人民共和国城镇土地使用税暂行条例》第九条中的"征用"修改为"征收"。

中华人民共和国城镇土地使用税暂行条例

(1988年9月27日中华人民共和国国务院令第17号发布 根据2006年12月31日《国务院关于修改〈中华人民共和国城镇土地使用税暂行条例〉的决定》修订)

第一条 为了合理利用城镇土地，调节土地级差收入，提高土地使用效益，加强土地管理，制定本条例。

第二条 在城市、县城、建制镇、工矿区范围内使用土地的单位和个人，为城镇土地使用税（以下简称土地使用税）的纳税人，应当依照本条例的规定缴纳土地使用税。

前款所称单位，包括国有企业、集体企业、私营企业、股份制企业、外商投资企业、外国企业以及其他企业和事业单位、社会团体、国家机关、军队以及其他单位；所称个人，包括个体工商户以及其他个人。

第三条 土地使用税以纳税人实际占用的土地面积为计税依据，依照规定税额计算征收。

前款土地占用面积的组织测量工作，由省、自治区、直辖市人民政府根据实际情况确定。

第四条 土地使用税每平方米年税额如下：

（一）大城市1.5元至30元；

（二）中等城市1.2元至24元；

（三）小城市0.9元至18元；

（四）县城、建制镇、工矿区0.6元至12元。

第五条 省、自治区、直辖市人民政府，应当在本条例第四条规定的税额幅度内，根据市政建设状况、经济繁荣程度等条件，确定所辖地区的适用税额幅度。

市、县人民政府应当根据实际情况，将本地区土地划分为若干等级，在省、自治区、直辖市人民政府确定的税额幅度内，制定相应的适用税额标准，报省、自治区、直辖市人民政府批准执行。

经省、自治区、直辖市人民政府批准，经济落后地区土地使用税的适用税额标准可以适当降低，但降低额不得超过本条例第四条规定最低税额的30%。经济发达地区土地使用税的适用税额标准可以适当提高，但须报经财政部批准。

第六条 下列土地免缴土地使用税：

（一）国家机关、人民团体、军队自用的土地；

（二）由国家财政部门拨付事业经费的单位自用的土地；

（三）宗教寺庙、公园、名胜古迹自用的土地；

（四）市政街道、广场、绿化地带等公共用地；

（五）直接用于农、林、牧、渔业的生产用地；

（六）经批准开山填海整治的土地和改造的废弃土地，从使用的月份起免缴土地使用税5年至10年；

（七）由财政部另行规定免税的能源、交通、水利设施用地和其他用地。

第七条 除本条例第六条规定外，纳税人缴纳土地使用税确有困难需要定期减免的，由省、自治区、直辖市税务机关审核后，报国家税务局批准。

第八条 土地使用税按年计算、分期缴纳。缴纳期限由省、自治区、直辖市人民政府确定。

第九条 新征用的土地，依照下列规定缴纳土地使用税：

（一）征用的耕地，自批准征用之日起满1年时开始缴纳土地使用税；

（二）征用的非耕地，自批准征用次月起缴纳土地使用税。

第十条 土地使用税由土地所在地的税务机关征收。土地管理机关应当向土地所在地的税务机关提供土地使用权属资料。

第十一条 土地使用税的征收管理，依照《中华人民共和国税收征收管理法》及本条例的规定执行。

第十二条 土地使用税收入纳入财政预算管理。

第十三条 本条例的实施办法由省、自治区、直辖市人民政府制定。

第十四条 本条例自1988年11月1日起施行，各地制定的土地使用费办法同时停止执行。

《中华人民共和国城镇土地使用税暂行条例》

（国务院令第17号）

第一条 为了合理利用城镇土地，调节土地级差收入，提高土地使用效益，加强土地管理，制定本条例。

第二条 在城市、县城、建制镇、工矿区范围内使用土地的单位和个人，为城镇土地使用税（以下简称土地使用税）的纳税义务人（以下简称纳税人），应当依照本条例的规定缴纳土地使用税。

第三条 土地使用税以纳税人实际占用的土地面积为计税依据，依照规定税额计算征收。

前款土地占用面积的组织测量工作,由省、自治区、直辖市人民政府根据实际情况确定。

第四条　土地使用税每平方米年税额如下:

一、大城市0.5元至10元;

二、中等城市0.4元至8元;

三、小城市0.3元至6元;

四、县城、建制镇、工矿区0.2元至4元。

第五条　省、自治区、直辖市人民政府,应当在前条所列税额幅度内,根据市政建设状况、经济繁荣程度等条件,确定所辖地区的适用税额幅度。

市、县人民政府应当根据实际情况,将本地区土地划分为若干等级,在省、自治区、直辖市人民政府确定的税额幅度内,制定相应的适用税额标准,报省、自治区、直辖市人民政府批准执行。

经省、自治区、直辖市人民政府批准,经济落后地区土地使用税的适用税额标准可以适当降低,但降低额不得超过本条例第四条规定最低税额的30%。经济发达地区土地使用税的适用税额标准可以适当提高,但须报经财政部批准。

第六条　下列土地免缴土地使用税:

一、国家机关、人民团体、军队自用的土地;

二、由国家财政部门拨付事业经费的单位自用的土地;

三、宗教寺庙、公园、名胜古迹自用的土地;

四、市政街道、广场、绿化地带等公共用地;

五、直接用于农、林、牧、渔业的生产用地;

六、经批准开山填海整治的土地和改造的废弃土地,从使用的月份起免缴土地使用税5～10年;

七、由财政部另行规定免税的能源、交通、水利设施用地和其他用地。

第七条　除本条例第六条规定外,纳税人缴纳土地使用税确有困难需要定期减免的,由省、自治区、直辖市税务机关审核后,报国家税务局批准。

第八条　土地使用税按年计算,分期缴纳。缴纳期限由省、自治区、直辖市人民政府确定。

第九条　新征用的土地,依照下列规定缴纳土地使用税:

一、征用的耕地,自批准征用之日起满一年时开始缴纳土地使用税;

二、征用的非耕地,自批准征用次月起缴纳土地使用税。

第十条　土地使用税由土地所在地的税务机关征收。土地管理机关应当向土地所在地的税务机关提供土地使用权属资料。

第十一条　土地使用税的征收管理,依照《中华人民共和国税收征收管理暂行条例》的规定办理。

第十二条　土地使用税收入纳入财政预算管理。

第十三条　本条例由财政部负责解释；实施办法由各省、自治区、直辖市人民政府制定并报财政部备案。

第十四条　本条例自1988年11月1日起施行，各地制定的土地使用费办法同时停止执行。

《国家税务局关于检发〈关于土地使用税若干具体问题的解释和暂行规定〉的通知》

（国税地字〔1988〕15号）①

关于土地使用税若干具体问题的解释和暂行规定

一、关于城市、县城、建制镇、工矿区范围内土地的解释

城市、县城、建制镇、工矿区范围内土地，是指在这些区域范围内属于国家所有和集体所有的土地。

二、关于城市、县城、建制镇、工矿区的解释

城市是指经国务院批准设立的市。

县城是指县人民政府所在地。

建制镇是指经省、自治区、直辖市人民政府批准设立的建制镇。

工矿区是指工商业比较发达，人口比较集中，符合国务院规定的建制镇标准，但尚未设立镇建制的大中型工矿企业所在地。工矿区须经省、自治区、直辖市人民政府批准。

三、关于征税范围的解释

城市的征税范围为市区和郊区。

县城的征税范围为县人民政府所在的城镇。

建制镇的征税范围为镇人民政府所在地。

城市、县城、建制镇、工矿区的具体征税范围，由各省、自治区、直辖市

---

① 根据《关于安置残疾人就业单位城镇土地使用税等政策的通知》（财税〔2010〕121号），此文件中的第十八条第四项已被废止。

根据《国家税务总局关于公布失效废止的税务部门规章和税收规范性文件目录的决定》（国家税务总局令第42号），废止第十七条。

人民政府划定。

四、关于纳税人的确定

土地使用税由拥有土地使用权的单位或个人缴纳。拥有土地使用权的纳税人不在土地所在地的，由代管人或实际使用人纳税；土地使用权未确定或权属纠纷未解决的，由实际使用人纳税；土地使用权共有的，由共有各方分别纳税。

五、关于土地使用权共有的，如何计算缴纳土地使用税

土地使用权共有的各方，应按其实际使用的土地面积占总面积的比例，分别计算缴纳土地使用税。

六、关于纳税人实际占用的土地面积的确定

纳税人实际占用的土地面积，是指由省、自治区、直辖市人民政府确定的单位组织测定的土地面积。尚未组织测量，但纳税人持有政府部门核发的土地使用证书的，以证书确认的土地面积为准；尚未核发土地使用证书的，应由纳税人据实申报土地面积。

七、关于大中小城市的解释

大、中、小城市以公安部门登记在册的非农业正式户口人数为依据，按照国务院颁布的《城市规划条例》中规定的标准划分。现行的划分标准是：市区及郊区非农业人口总计在50万以上的，为大城市；市区及郊区非农业人口总计在20万至50万的，为中等城市；市区及郊区非农业人口总计在20万以下的，为小城市。

八、关于人民团体的解释

人民团体是指经国务院授权的政府部门批准设立或登记备案并由国家拨付行政事业费的各种社会团体。

九、关于由国家财政部门拨付事业经费的单位的解释

由国家财政部门拨付事业经费的单位，是指由国家财政部门拨付经费、实行全额预算管理或差额预算管理的事业单位。不包括实行自收自支、自负盈亏的事业单位。

十、关于免税单位自用土地的解释

国家机关、人民团体、军队自用的土地，是指这些单位本身的办公用地和公务用地。

事业单位自用的土地，是指这些单位本身的业务用地。

宗教寺庙自用的土地，是指举行宗教仪式等的用地和寺庙内的宗教人员生活用地。

公园、名胜古迹自用的土地，是指供公共参观游览的用地及其管理单位的办公用地。

以上单位的生产、营业用地和其他用地，不属于免税范围，应按规定缴纳土地使用税。

十一、关于直接用于农、林、牧、渔业的生产用地的解释

直接用于农、林、牧、渔业的生产用地，是指直接从事于种植、养殖、饲养的专业用地，不包括农副产品加工场地和生活、办公用地。

十二、关于征用的耕地与非耕地的确定

征用的耕地与非耕地，以土地管理机关批准征地的文件为依据确定。

十三、关于开山填海整治的土地和改造的废弃土地及其免税期限的确定

开山填海整治的土地和改造的废弃土地，以土地管理机关出具的证明文件为依据确定；具体免税期限由各省、自治区、直辖市税务局在土地使用税暂行条例规定的期限内自行确定。

十四、关于纳税人使用的土地不属于同一省（自治区、直辖市）管辖范围的，如何确定纳税地点

纳税人使用的土地不属于同一省（自治区、直辖市）管辖范围的，应由纳税人分别向土地所在地的税务机关缴纳土地使用税。

在同一省（自治区、直辖市）管辖范围内，纳税人跨地区使用的土地，如何确定纳税地点，由各省、自治区、直辖市税务局确定。

十五、关于公园、名胜古迹中附设的营业单位使用的土地，应否征收土地使用税

公园、名胜古迹中附设的营业单位，如影剧院、饮食部、茶社、照相馆等使用的土地，应征收土地使用税。

十六、关于对房管部门经租的公房用地，如何征收土地使用税

房管部门经租的公房用地，凡土地使用权属于房管部门的，由房管部门缴纳土地使用税。

十七、关于企业办的学校、医院、托儿所、幼儿园自用的土地，可否免征土地使用税

企业办的学校、医院、托儿所、幼儿园，其用地能与企业其他用地明确区分的，可以比照由国家财政部门拨付事业经费的单位自用的土地，免征土地使用税。

十八、下列土地的征免税，由省、自治区、直辖市税务局确定：

1. 个人所有的居住房屋及院落用地；
2. 房产管理部门在房租调整改革前经租的居民住房用地；
3. 免税单位职工家属的宿舍用地；
4. 民政部门举办的安置残疾人占一定比例的福利工厂用地；

5. 集体和个人办的各类学校、医院、托儿所、幼儿园用地。

《财政部 税务总局关于印发〈关于房产税若干具体问题的解释和暂行规定〉、〈关于车船使用税若干具体问题的解释和暂行规定〉的通知》

(财税地字〔1986〕第8号)①

各省、自治区、直辖市税务局,计划单列市税务局,加发南京市税务局,海洋石油税务局各分局:

《中华人民共和国房产税暂行条例》和《中华人民共和国车船使用税暂行条例》已经发布。为了便于各地贯彻执行,税务总局在征求各地意见的基础上,对这两个条例作了一些解释和规定,现将《关于房产税若干具体问题的解释和暂行规定》、《关于车船使用税若干具体问题的解释和暂行规定》发给你们,请结合本地的实际情况,一并研究贯彻执行。执行中有什么问题,请及时报告税务总局。

关于房产税若干具体问题的解释和暂行规定

一、关于城市、县城、建制镇、工矿区的解释

城市是指经国务院批准设立的市。

县城是指未设立建制镇的县人民政府所在地。

建制镇是指经省、自治区、直辖市人民政府批准设立的建制镇。

工矿区是指工商业比较发达,人口比较集中,符合国务院规定的建制镇标准,但尚未设立镇建制的大中型工矿企业所在地。开征房产税的工矿区须经省、自治区、直辖市人民政府批准。

二、关于城市、建制镇征税范围的解释

城市的征税范围为市区、郊区和市辖县县城。不包括农村。

建制镇的征税范围为镇人民政府所在地。不包括所辖的行政村。

三、关于"人民团体"的解释

"人民团体"是指经国务院授权的政府部门批准设立或登记备案并由国家

---

① 根据《关于公布全文失效废止部分条款失效废止的税收规范性文件目录的公告》(国家税务总局公告2011年第2号),《财政部税务总局关于房产税若干具体问题的解释和暂行规定》第五条,第七条,第十一条,第十五条,第十八条,第二十条废止;第二十四条"税务机关审核"的内容废止。

拨付行政事业费的各种社会团体。

四、关于"由国家财政部门拨付事业经费的单位",是否包括由国家财政部门拨付事业经费,实行差额预算管理的事业单位?

实行差额预算管理的事业单位,虽然有一定的收入,但收入不够本身经费开支的部分,还要由国家财政部门拨付经费补助。因此,对实行差额预算管理的事业单位,也属于是由国家财政部门拨付事业经费的单位,对其本身自用的房产免征房产税。

五、关于由国家财政部门拨付事业经费的单位,其经费来源实行自收自支后,有无减免税优待?

由国家财政部门拨付事业经费的单位,其经费来源实行自收自支后,应征收房产税,但为了鼓励事业单位经济自立,由国家财政部门拨付事业经费的单位,其经费来源实行自收自支后,从事业单位经费实行自收自支的年度起,免征房产税三年。

六、关于免税单位自用房产的解释

国家机关、人民团体、军队自用的房产,是指这些单位本身的办公用房和公务用房。

事业单位自用的房产,是指这些单位本身的业务用房。

宗教寺庙自用的房产,是指举行宗教仪式等的房屋和宗教人员使用的生活用房屋。

公园、名胜古迹自用的房产,是指供公共参观游览的房屋及其管理单位的办公用房屋。

上述免税单位出租的房产以及非本身业务用的生产、营业用房产不属于免税范围,应征收房产税。

七、关于纳税单位和个人无租使用其他单位的房产,如何征收房产税?

纳税单位和个人无租使用房产管理部门、免税单位及纳税单位的房产,应由使用人代缴纳房产税。

八、关于房产不在一地的纳税人,如何确定纳税地点?

房产税暂行条例第九条规定,"房产税由房产所在地的税务机关征收。"房产不在一地的纳税人,应按房产的坐落地点,分别向房产所在地的税务机关缴纳房产税。

九、关于在开征地区范围之外的工厂、仓库,可否征收房产税?

根据房产税暂行条例的规定,不在开征地区范围之内的工厂、仓库,不应征收房产税。

十、关于企业办的各类学校、医院、托儿所、幼儿园自用的房产,可否免

第6章 其 他

征房产税?

企业办的各类学校、医院、托儿所、幼儿园自用的房产,可以比照由国家财政部门拨付事业经费的单位自用的房产,免征房产税。

十一、关于作营业用的地下人防设施,应否征收房产税?

为鼓励利用地下人防设施,暂不征收房产税。

十二、关于个人所有的房产用于出租的,应否征收房产税?

个人出租的房产,不分用途,均应征收房产税。

十三、关于个人所有的居住房屋,可否由当地核定面积标准,就超过面积标准的部分征收房产税?

根据房产税暂行条例规定,个人所有的非营业用的房产免征房产税。因此,对个人所有的居住用房,不分面积多少,均免征房产税。

十四、关于个人所有的出租房屋,是按房产余值计算缴纳房产税还是按房产租金收入计算缴纳房产税?

根据房产税暂行条例规定,房产出租的,以房产租金收入为房产税的计税依据。因此,个人出租房屋,应按房屋租金收入征税。

十五、关于房产原值如何确定?

房产原值是指纳税人按照会计制度规定,在账簿"固定资产"科目中记载的房屋原价。对纳税人未按会计制度规定记载的,在计征房产税时,应按规定调整房产原值,对房产原值明显不合理的,应重新予以评估。

十六、关于毁损不堪居住的房屋和危险房屋,可否免征房产税?

经有关部门鉴定,对毁损不堪居住的房屋和危险房屋,在停止使用后,可免征房产税。

十七、关于依照房产原值一次减除10%至30%后的余值计算缴纳房产税,其减除幅度,可否按照房屋的新旧程度分别确定?对有些房屋的减除幅度,可否超过这个规定?

根据房产税暂行条例规定,具体减除幅度以及是否区别房屋新旧程度分别确定减除幅度,由省、自治区、直辖市人民政府规定,减除幅度只能在10%至30%以内。

十八、关于对微利企业和亏损企业的房产,可否免征房产税?

房产税属于财产税性质的税,对微利企业和亏损企业的房产,依照规定应征收房产税,以促进企业改善经营管理,提高经济效益。但为了照顾企业的实际负担能力,可由地方根据实际情况在一定期限内暂免征收房产税。

十九、关于新建的房屋如何征税?

纳税人自建的房屋,自建成之次月起征收房产税。

纳税人委托施工企业建设的房屋，从办理验收手续之次月起征收房产税。

纳税人在办理验收手续前已使用或出租、出借的新建房屋，应按规定征收房产税。

二十、关于企业停产、撤销后应否停征房产税？

企业停产、撤销后，对他们原有的房产闲置不用的，经省、自治区、直辖市税务局批准可暂不征收房产税；如果这些房产转给其他征税单位使用或者企业恢复生产的时候，应依照规定征收房产税。

二十一、关于基建工地的临时性房屋，应否征收房产税？

凡是在基建工地为基建工地服务的各种工棚、材料棚、休息棚和办公室、食堂、茶炉房、汽车房等临时性房屋，不论是施工企业自行建造还是由基建单位出资建造交施工企业使用的，在施工期间，一律免征房产税。但是，如果在基建工程结束以后，施工企业将这种临时性房屋交还或者估价转让给基建单位的，应当从基建单位接收的次月起，依照规定征收房产税。

二十二、关于公园、名胜古迹中附设的营业单位使用或出租的房产，应否征收房产税？

公园、名胜古迹中附设的营业单位，如影剧院、饮食部、茶社、照相馆等所使用的房产及出租的房产，应征收房产税。

二十三、关于房产出租，由承租人修理，不支付房租，应否征收房产税？

承租人使用房产，以支付修理费抵交房产租金，仍应由房产的产权所有人依照规定交纳房产税。

二十四、关于房屋大修停用期间，可否免征房产税？

房屋大修停用在半年以上的，经纳税人申请，税务机关审核，在大修期间可免征房产税。

二十五、关于纳税单位与免税单位共同使用的房屋，如何征收房产税？

纳税单位与免税单位共同使用的房屋，按各自使用的部分划分，分别征收或免征房产税。

关于车船使用税若干具体问题的解释和暂行规定

一、关于"纳税义务人"的解释

车船使用税是就使用的车船征税，不使用的车船不征税。因此，原则上应由车船使用人为纳税义务人。车船使用税暂行条例规定，"凡在中华人民共和国境内拥有并且使用车船的单位和个人，为车船使用税的纳税义务人。"在通常情况下，拥有并且使用车船的单位和个人同属一人，纳税义务人既是车船的使用人,又是车船的拥有人。如有租赁关系,拥有人与使用人不一致时,则应由租赁双方商妥由何方为纳税义务人;租赁双方未商定的,由使用人纳税。如无租使用的车船,由使用人纳税。

二、关于"纳税人所在地"的解释

车船使用税的"纳税人所在地",对单位是指经营所在地或机构所在地;对个人是指住所所在地。

三、关于企业内部行驶的车辆应否征收车船使用税?

企业内部行驶的车辆,不领取行驶执照,也不上公路行驶的,可免征车船使用税。

四、关于车船计税吨位及挂车的税额如何确定?

车辆净吨位尾数在0.5吨以下者,按0.5吨计算;超过0.5吨者,按1吨计算。船舶不论净吨位或载重吨位,其尾数在0.5吨以下者免算,超过0.5吨者,按1吨计算;但不及1吨的小型船只,一律按1吨计算。拖轮本身不能载货,其计税标准,可按马力(每一马力,折合净吨位1/2)计算。拖轮所拖的非机动船,按其载重吨位计征车船使用税。

机动车挂车,按机动载货汽车税额的七折计算征收车船使用税。

五、关于拖拉机如何征税?税额如何确定?

拖拉机主要用于农业生产的免税,主要从事运输业务的应征税,具体征免界限由省、自治区、直辖市人民政府确定。

从事运输业务的,按拖拉机所挂拖车的净吨位计算,税额按机动载货汽车税额的五折计征车船使用税。

六、关于客货两用汽车如何征收车船使用税?

客货两用汽车,载人部分按乘人汽车税额减半征税,载货部分按机动载货汽车税额征税。具体办法由各省、自治区、直辖市人民政府规定。

七、关于新购置的车辆暂不使用应否征收车船使用税?

新购置的车辆如果暂不使用,即尚未享受市政建设利益,可以不向税务机关申报登记纳税。但要使用时,则应于使用前,依照车船使用税的有关规定办理。否则,按违章论处。

八、关于残疾人专用的车辆应否征收车船使用税?

为便利残疾人行动而特制的车辆,是专为残疾者使用的,与其他一般车辆不同,可免征车船使用税。

九、关于国家机关、人民团体、军队等免税单位非自用的车船应否征收车船使用税?

国家机关、人民团体、军队等免税单位自用的车船,依照规定是免征车船使用税的。但对其出租等非本身使用的车船,已不符合免税条件,应对非本身使用的车船征收车船使用税。

十、关于国营交通部门用银行贷款购买的车船,可否给予减免车船使用税优待?

车船使用税是对使用车船的行为征收的一种税,国营交通运输部门用贷款购买的车船,应按规定征收车船使用税。但为照顾这种实际情况,国营交通运输部门用银行贷款购买的车船,在规定的还款期间,可免征车船使用税。免征的税款,用于归还贷款。

十一、关于市内公共汽车、电车,目前票价偏低,可否暂给予减免税优待?

市内公共汽车、电车,由于目前票价偏低,可暂免征车船使用税。何时征税,由各省、自治区、直辖市人民政府根据各地具体情况确定。对出租汽车不免征车船使用税。

十二、关于"载重量不超过一吨的渔船"的解释

依照车船使用税暂行条例的规定,载重量不超过1吨的渔船,可以免征车船使用税,是指1吨或1吨以下的渔船而言的。至于超过1吨而在1.5吨以下的渔船,在计征车船使用税时,可以按照非机动船1吨税额计征车船使用税。为了避免与1吨免税渔船混淆,可在税票上注明实际载重量,以资查考。

十三、关于免税单位与纳税单位合并办公所用车辆如何计算征收车船使用税?

免税单位与纳税单位合并办公,所用车辆,能划分者分别征免车船使用税,不能划分者,应一律照章征收车船使用税。

《财政部关于对银行　保险系统征免房产税的通知》

(财税字〔1987〕第36号)

根据国务院国发〔1986〕90号《中华人民共和国房产税暂行条例》规定,现对银行、保险系统征免房产税问题通知如下:

一、中国人民银行总行是国家机关,对其自用的房产免征房产税;中国人民银行总行所属并由国家财政部门拨付事业经费单位的房产,按房产税有关规定办理;中国人民银行各省、自治区、直辖市分行及其所属机构的房产,应征收房产税。

二、根据国务院发布的《中华人民共和国银行管理暂行条例》的规定,各专业银行都是独立核算的经济实体,对其房产应征收房产税。

三、对其他金融机构（包括信托投资公司、城乡信用合作社，以及经中国人民银行批准设立的其他金融组织）和保险公司的房产，均应按规定征收房产税。

《中华人民共和国房产税暂行条例》

（国发〔1986〕90号）①

第一条　房产税在城市、县城、建制镇和工矿区征收。

第二条　房产税由产权所有人缴纳。产权属于全民所有的，由经营管理的单位缴纳。产权出典的，由承典人缴纳。产权所有人、承典人不在房产所在地的，或者产权未确定及租典纠纷未解决的，由房产代管人或者使用人缴纳。

前款列举的产权所有人、经营管理单位、承典人、房产代管人或者使用人，统称为纳税义务人（以下简称纳税人）。

第三条　房产税依照房产原值一次减除10%至30%后的余值计算缴纳。具体减除幅度，由省、自治区、直辖市人民政府规定。

没有房产原值作为依据的，由房产所在地税务机关参考同类房产核定。

房产出租的，以房产租金收入为房产税的计税依据。

第四条　房产税的税率，依照房产余值计算缴纳的，税率为1.2%；依照房产租金收入计算缴纳的，税率为12%。

第五条　下列房产免纳房产税：

一、国家机关、人民团体、军队自用的房产；

二、由国家财政部门拨付事业经费的单位自用的房产；

三、宗教寺庙、公园、名胜古迹自用的房产；

四、个人所有非营业用的房产；

五、经财政部批准免税的其他房产。

第六条　除本条例第五条规定者外，纳税人纳税确有困难的，可由省、自治区、直辖市人民政府确定，定期减征或者免征房产税。

第七条　房产税按年征收、分期缴纳。纳税期限由省、自治区、直辖市人民政府规定。

第八条　房产税的征收管理，依照《中华人民共和国税收征收管理暂行条例》的规定办理。

---

① 根据《国务院关于废止和修改部分行政法规的决定》（中华人民共和国国务院令第588号），将《中华人民共和国房产税暂行条例》第八条中的"《中华人民共和国税收征收管理暂行条例》"修改为"《中华人民共和国税收征收管理法》"。

第九条　房产税由房产所在地的税务机关征收。

第十条　本条例由财政部负责解释；施行细则由省、自治区、直辖市人民政府制定，抄送财政部备案。

第十一条　本条例自 1986 年 10 月 1 日起施行。

第 3 节　车辆购置税

车辆购置税是以在中国境内购置规定车辆为课税对象、在特定的环节向车辆购置者征收的一种税。

车辆购置税的纳税人是指在我国境内购置应税车辆的单位和个人。其中购置是指购买使用行为、进口使用行为、受赠使用行为、自产自用行为、获奖使用行为以及以拍卖、抵债、走私、罚没等方式取得并使用的行为，这些行为都属于车辆购置税的应税行为。

车辆购置税征税范围包括汽车、摩托车、电车、挂车、农用运输车。

车辆购置税实行统一比例税率，税率为 10%。

有关车辆购置税的规定如下。

《财政部　国家税务总局关于减征 1.6 升及以下排量乘用车车辆购置税的通知》

（财税〔2016〕136 号）

各省、自治区、直辖市、计划单列市财政厅（局）、国家税务局，新疆生产建设兵团财务局：

经国务院批准，现就减征 1.6 升及以下排量乘用车车辆购置税有关事项通知如下：

一、自 2017 年 1 月 1 日起至 12 月 31 日止，对购置 1.6 升及以下排量的乘用车减按 7.5% 的税率征收车辆购置税。自 2018 年 1 月 1 日起，恢复按 10% 的法定税率征收车辆购置税。

二、本通知所称乘用车，是指在设计和技术特性上主要用于载运乘客及其随身行李和（或）临时物品、含驾驶员座位在内最多不超过 9 个座位的汽车。具体包括：

（一）国产轿车："中华人民共和国机动车整车出厂合格证"（以下简称合格证）中"车辆型号"项的车辆类型代号（车辆型号的第一位数字，下同）为

"7","排量和功率（ml/kw）"项中排量不超过1600ml,"额定载客（人）"项不超过9人。

（二）国产专用乘用车：合格证中"车辆型号"项的车辆类型代号为"5","排量和功率（ml/kw）"项中排量不超过1600ml,"额定载客（人）"项不超过9人,"额定载质量（kg）"项小于额定载客人数和65kg的乘积。

（三）其他国产乘用车：合格证中"车辆型号"项的车辆类型代号为"6","排量和功率（ml/kw）"项中排量不超过1600ml,"额定载客（人）"项不超过9人。

（四）进口乘用车。参照国产同类车型技术参数认定。

三、乘用车购置日期按照《机动车销售统一发票》或《海关关税专用缴款书》等有效凭证的开具日期确定。

四、新能源汽车车辆购置税政策按照《财政部、国家税务总局、工业和信息化部关于免征新能源汽车车辆购置税的公告》（财政部国家税务总局 工业和信息化部公告2014年第53号）执行。

第4节 车 船 税

车船税，是指在我国境内的车辆、船舶的所有人或者管理人按照我国车船税法缴纳的一种税。

车船税的纳税义务人，是指在我国境内，车辆、船舶的所有人或者管理人。车船税实行定额税率，即对征税的车船规定单位固定税额。

有关车辆购置税的规定如下（按时间先后）。

《国家税务总局关于保险机构代收车船税开具增值税发票问题的公告》

（国家税务总局公告2016年第51号）

现对保险机构代收车船税开具增值税发票问题公告如下：

保险机构作为车船税扣缴义务人，在代收车船税并开具增值税发票时，应在增值税发票备注栏中注明代收车船税税款信息。具体包括：保险单号、税款所属期（详细至月）、代收车船税金额、滞纳金金额、金额合计等。该增值税发票可作为纳税人缴纳车船税及滞纳金的会计核算原始凭证。

本公告自2016年5月1日起施行。

特此公告。

《国家税务总局　中国保险监督管理委员会关于机动车车船税代收代缴有关事项的公告》

(国家税务总局　中国保险监督管理委员会公告 2011 年第 75 号)

《中华人民共和国车船税法》(以下简称车船税法)及其实施条例将于 2012 年 1 月 1 日起施行。根据车船税法及其实施条例规定，从事机动车交通事故责任强制保险(以下简称交强险)业务的保险机构(以下简称保险机构)为机动车车船税的扣缴义务人，应当在收取交强险保险费时依法代收车船税。为了贯彻落实车船税法及其实施条例，做好机动车车船税代收代缴工作，现将有关事项公告如下：

一、扎实做好贯彻落实车船税法及其实施条例的准备工作

各级税务机关要在深入领会和准确把握车船税法及其实施条例政策精神的基础上，通过多种途径，做好对扣缴义务人的宣传与政策解释工作，使扣缴义务人熟悉车船税法及其实施条例和本地区实施办法的政策规定，知晓不依法履行扣缴义务应承担的法律责任，提高扣缴义务人代收代缴车船税的业务水平。

各省、自治区、直辖市和计划单列市税务机关要总结本地区代收代缴工作经验，认真分析工作中存在问题，结合车船税法及其实施条例的相关规定，在征求当地保险监管部门和在当地从事交强险业务的保险机构意见的基础上，进一步完善本地区代收代缴管理办法，规范代收代缴车船税的工作流程。在代收代缴管理办法中，要进一步明确扣缴义务人申报、结报税款的具体方式和期限，代收代缴手续费支付办法，双方信息交换的内容、方式和期限，纳税人对保险机构代收代缴税款数额有异议时的受理程序和期限等事项。

各保险机构要在税务机关协助下做好对保险从业人员的培训工作，使他们熟练掌握车船税法及其实施条例的有关政策和相关征管规定，掌握代收代缴税款的操作程序和应纳税额的计算方法，以便顺利开展机动车车船税代收代缴工作。各保险机构要根据车船税法律法规的变化及当地省、自治区、直辖市人民政府确定的具体适用税额，及时修改交强险业务和财务系统。

有条件的地区，保险监管部门、保险机构与税务机关要积极探索车险信息共享平台与税务机关相关信息系统的联网工作，提高数据交换、业务处理的质量和效率。

二、认真履行代收代缴义务，严格执行代收代缴规定

各保险机构要严格按照车船税的有关政策和相关征管规定，认真履行代收

代缴机动车车船税的法定义务,确保税款及时、足额解缴国库。

(一)各保险机构要协助税务机关做好车船税的宣传工作,在营业场所张贴或摆放有关车船税的宣传材料,着重宣传车船税法及其实施条例与原来车船税政策的区别,公布纳税人在购买交强险时缴纳车船税的办理流程,认真回答纳税人有关车船税的问题,提高纳税人依法纳税的自觉性。

(二)对军队和武警专用车辆、警用车辆、拖拉机、临时入境的外国机动车和香港特别行政区、澳门特别行政区、台湾地区的机动车,保险机构在销售交强险时不代收代缴车船税。其中,军队、武警专用车辆以军队、武警车船管理部门核发的军车号牌和武警号牌作为认定依据;警用车辆以公安机关核发的警车号牌(最后一位登记编号为红色的"警"字)作为认定依据;拖拉机以在农业(农业机械)部门登记、并拥有拖拉机登记证书或拖拉机行驶证书作为认定依据;临时入境的外国机动车以中国海关等部门出具的准许机动车入境的凭证作为认定依据;香港特别行政区、澳门特别行政区、台湾地区的机动车根据公安交通管理部门核发的批准文书作为认定依据,具体操作办法由进入内地或大陆口岸所在地税务机关制定。

(三)在财政部、国家税务总局会同汽车行业主管部门公布了享受车船税优惠政策的节约能源、使用新能源的车型目录后,对纳入车型目录的机动车,保险机构销售交强险时,根据车型目录的规定免征或减征车船税。

(四)对于拥有公安交通管理部门核发的外国使馆、领事馆专用号牌的机动车,保险机构销售交强险时,不代收代缴车船税。

(五)对已经向主管税务机关申报缴纳车船税的纳税人,保险机构在销售交强险时,不再代收代缴车船税,但应根据纳税人出示的完税凭证原件,将上述车辆的完税凭证号和出具该凭证的税务机关名称录入交强险业务系统。

(六)对税务机关出具减免税证明的车辆,保险机构在销售交强险时,对免税车辆不代收代缴车船税;对减税车辆根据减税证明的规定处理。保险机构应将减免税证明号和出具该证明的税务机关名称录入交强险业务系统。

(七)除上述(二)、(三)、(四)、(五)、(六)项中规定的不代收代缴车船税的情形外,保险机构在销售交强险时一律按照保险机构所在地的车船税税额标准和所在地税务机关的具体规定代收代缴车船税;投保人无法立即足额缴纳车船税的,保险机构不得将保单、保险标志和保费发票等票据交给投保人,直至投保人缴纳车船税或提供税务机关出具的完税证明或免税证明。纳税人对保险机构代收代缴税款数额有异议的,根据本地区代收代缴管理办法规定的受理程序和期限进行处理。

（八）保险机构在计算机动车应纳税额时，机动车的相关技术信息以车辆登记证书或行驶证书所载相应数据为准。

对于纳税人无法提供车辆登记证书的乘用车，保险机构可以参照税务机关提供的汽车管理部门发布的车辆生产企业及产品公告确定乘用车的排气量。在车辆生产企业及产品公告中未纳入的老旧车辆，纳税人应提请保险机构所在地的税务机关核定排气量。

购置的新机动车，相关技术信息以机动车整车出厂合格证或进口车辆的车辆一致性证书所载相应数据为准。

（九）购置的新机动车，购置当年的应纳税款从购买日期的当月起至该年度终了按月计算。对于在国内购买的机动车，购买日期以《机动车销售统一发票》所载日期为准；对于进口机动车，购买日期以《海关关税专用缴款书》所载日期为准。

（十）保险机构在销售交强险时，要严格按照有关规定代收代缴车船税，并将相关信息据实录入交强险业务系统中。不得擅自多收、少收或不收机动车车船税，不得以任何形式擅自减免、赠送机动车车船税，不得遗漏应录入的信息或录入虚假信息。各保险机构不得将代收代缴的机动车车船税计入交强险保费收入，不得向保险中介机构支付代收车船税的手续费。

（十一）保险机构在代收代缴机动车车船税时，应向投保人开具注明已收税款信息的交强险保险单和保费发票，作为代收税款凭证。纳税人需要另外开具完税凭证的，保险机构应告知纳税人凭交强险保单到保险机构所在地的税务机关开具。

（十二）各保险机构应按照本地区代收代缴管理办法规定的期限和方式，及时向保险机构所在地的税务机关办理申报、结报手续，报送代收代缴报告表，报告投保、缴税机动车的明细信息。有条件的地区，要积极探索保险机构向地（市）或省税务机关申报、结报的模式。对保险机构和税务机关已实现信息联网的地区，税务机关可根据当地实际自行确定保险机构报送代收代缴报告表的方式。

（十三）各保险机构要做好机动车投保、缴税信息以及其他相关信息的档案保存、整理工作，并接受税务机关和保险监管部门的检查。对于税务机关提供的信息，保险机构应予保密，除办理涉税事项外，不得用于其他目的。

（十四）保险机构委托保险中介机构销售交强险的，应加强对中介机构的培训，并要求中介机构根据本公告的要求在销售交强险时代收车船税，录入相关信息，保存相关涉税凭证的复印件。保险中介机构应自觉接受税务机关和保险监管部门的检查。

三、加强指导和监督，确保代收代缴工作依法有序开展

各级税务机关要与当地保险监管部门密切配合，加强对保险机构的指导，支持保险机构做好代收代缴工作。同时，要按照车船税相关政策和《中华人民共和国税收征收管理法》的规定，加强对扣缴义务人的管理和监督。

（一）税务机关要为保险机构向纳税人宣传车船税政策提供支持，应免费向保险机构提供车船税宣传资料。

（二）对于纳税人直接向税务机关申报缴纳车船税的，税务机关应向纳税人开具含有车辆号牌号码等机动车信息的完税凭证。纳税人一次缴纳多辆机动车车船税的，可合并开具一张完税凭证，分行填列每辆机动车的完税情况；也可合并开具一张完税凭证，同时附缴税车辆的明细表，列明每辆缴税机动车的完税情况，并加盖征税专用章。税务机关应将相关纳税信息及时传递给保险机构。

（三）对于外国驻华使馆、领事馆和国际组织驻华机构及其有关人员的车辆，因保险机构通过车辆号牌难以判别是否属于免税范围，税务机关应审查纳税人提供的本机构或个人身份的证明文件和车辆所有权证明文件，以及国际组织驻华机构及其有关人员提供的相关国际条约或协定。对符合免税规定的，税务机关应向纳税人开具免税证明，并将免税证明的相关信息传递给保险机构。

（四）对于自车船税法实施之日起5年内免征车船税的机场、港口、铁路站场内部行驶或者作业的机动车，需要购买交强险的，税务机关应向纳税人开具免税证明，并将免税证明的相关信息传递给保险机构。

（五）对于按照省级人民政府根据车船税法及其实施条例的规定予以减免车船税的机动车，由各省、自治区、直辖市税务机关规定保险机构销售交强险时的具体操作方法。

（六）纳税人对保险机构代收代缴税款数额有异议的，可以直接向税务机关申报缴纳，也可以在保险机构代收代缴税款后向税务机关提出申诉，税务机关应在接到纳税人申诉后按照本地区代收代缴管理办法规定的程序和期限受理。

（七）保险机构向税务机关办理申报、结报手续后，完税车辆被盗抢、报废、灭失而申请车船税退税的，由保险机构所在地的税务机关按照有关规定办理。

（八）对纳税人通过保险机构代收代缴方式缴纳车船税后需要另外开具完税凭证的，由保险机构所在地的税务机关办理。在办理完税凭证时，税务机关应根据纳税人所持注明已收税款信息的保险单，开具《税收转账专用完税证》，并在保险单上注明"完税凭证已开具"字样。《税收转账专用完税证》的第一联（存根）和保险单复印件由税务机关留存备查，第二联（收据）由纳税人收执，作为纳税人缴纳车船税的完税凭证。

（九）各级税务机关要严格审查保险机构报送的车船税代收代缴信息。有条件的地区，要探索利用信息化的手段对代收代缴信息进行审核。

（十）税务机关应按照规定向各保险机构及时足额支付手续费。

（十一）对于保险监管部门和保险机构提供的信息，各级税务机关应予保密，除办理涉税事项外，不得用于其他目的。

（十二）各级税务机关要与当地保险监管部门协调配合，建立工作协调机制和信息交换机制，联合对保险机构代收代缴情况进行监督和检查。对于违反车船税政策和相关征管规定的保险机构，税务机关要按照《中华人民共和国税收征收管理法》的有关规定进行处理，并将处理情况以书面形式及时通报当地保险监管部门。

（十三）各级税务机关要主动征求当地保险监管部门、保险行业协会和各保险机构的意见和建议，及时改进工作方法，不断完善代收代缴管理办法。

四、积极协调，严格监督，共同做好代收代缴的管理工作

各地保险监管部门要与当地税务机关和各保险机构积极沟通，协助税务机关做好代收代缴车船税的监督管理工作。

（一）各地保险监管部门要督促各保险机构做好贯彻落实车船税法及其实施条例的各项准备工作，并会同税务机关对各保险机构的准备情况进行检查。

（二）各地保险监管部门要加大对保险机构交强险业务和机动车代收代缴车船税工作的监管力度，保障机动车车船税按时入库。对于以任何形式诱导、怂恿投保人不缴、少缴或缓缴车船税进行恶性竞争、扰乱保险市场秩序的，保险监管部门应依据相关规定对该机构及其责任人进行严肃处理。

（三）各地保险监管部门要加强与税务机关的联系，及时配合税务机关向保险机构传达车船税的有关政策精神，并向税务机关如实反映保险机构的意见和要求，使代收代缴工作顺利开展。

保险机构在销售交强险时代收代缴机动车车船税，加强了车船税税源控管力度，提高了车船税征管的科学化、精细化水平，方便了纳税人。各级税务机关、各地保险监管部门和各保险机构要充分认识代收代缴机动车车船税的重要意义，高度重视该项工作，要指定人员负责代收代缴车船税的相关工作，并相互通报人员的确定和变更情况。对于代收代缴工作中出现的问题，要加强沟通和协调，积极予以解决；无法解决的，要及时向各自的上级机关报告。

本公告自 2012 年 1 月 1 日起施行。《国家税务总局、中国保险监督管理委员会关于做好车船税代收代缴工作的通知》（国税发〔2007〕55 号）、《国家税务总局、中国保险监督管理委员会关于保险机构代收代缴车船税有关问题的通知》（国税发〔2007〕98 号）、《国家税务总局、中国保险监督管理委员会关于

进一步做好车船税代收代缴工作的通知》（国税发〔2008〕74号）同时废止。

特此公告。

第5节 其他与保险公司有关的规定

通常情况下，国内保险公司在经营活动中，还需缴纳保险保障基金、监管费等费用。

一、保险保障基金

按照《中华人民共和国保险法》和《保险保障基金管理办法》的有关规定，保险公司应当提存保险保障基金，由中国保监会集中管理，统筹使用。

保险保障基金分为财产保险保障基金和人身保险保障基金，分别由财产保险公司和人身保险公司缴纳。保险公司应当按照下列比例缴纳保险保障基金：

1. 非投资型财产保险按照保费收入的0.8%缴纳，投资型财产保险，有保证收益的，按照业务收入的0.08%缴纳，无保证收益的，按照业务收入的0.05%缴纳；

2. 有保证收益的人寿保险按照业务收入的0.15%缴纳，无保证收益的人寿保险按照业务收入的0.05%缴纳；

3. 短期健康保险按照保费收入的0.8%缴纳，长期健康保险按照保费收入的0.15%缴纳；

4. 非投资型意外伤害保险按照保费收入的0.8%缴纳，投资型意外伤害保险，有保证收益的，按照业务收入的0.08%缴纳，无保证收益的，按照业务收入的0.05%缴纳。

保险公司应当及时、足额将保险保障基金缴纳到保险保障基金公司的专门账户，有下列情形之一的，可以暂停缴纳：

1. 财产保险公司的保险保障基金余额达到公司总资产6%的；

2. 人身保险公司的保险保障基金余额达到公司总资产1%的。

其他有关保险保障基金的规定可查阅《中国保险监督管理委员会、中华人民共和国财政部、中国人民银行令》（2008年第2号）、《保险保障基金管理办法》。

二、保险监管费

根据《中国保监会关于调整保险业监管费收费标准等有关事项的通知》（保监发〔2016〕9号）文的有关规定，对各类保险公司、保险资产管理公司、专门从事保险中介业务的机构、外国保险机构代表处以及其他经批准成立的保险机构收取保险业监管费。

保险业监管费由机构监管费和业务监管费两部分组成，具体收费标准如下：

（一）机构监管费

1. 对各类保险公司按照注册资本金（外国保险公司分公司按照营运资金）的 0.4‰收取，其中，保险集团公司、保险控股公司每年每家不超过 200 万元。

2. 对保险资产管理公司按照注册资本金的 1‰收取，每年每家不低于 30 万元，最高不超过 100 万元。

3. 对专门从事保险中介业务的保险代理、保险经纪、保险公估机构以及保险中介集团公司按照注册资本金的 0.4‰收取，每年每家不低于 3000 元，最高不超过 5 万元。

4. 对外国保险机构代表处按照每年每家 2 万元收取。

（二）业务监管费

1. 对保险公司经营的责任保险、信用保险和短期健康保险按年度自留保费的 0.6‰收取；对意外伤害保险、除责任保险和信用保险以外的其他财产保险按年度自留保费的 0.8‰收取；对人寿保险、长期健康保险业务按年度自留保费的 0.4‰收取。

2. 对专门从事保险中介业务的机构按年度代办业务营业收入的 0.4‰收取。

保险业监管费在以下方面有减免：

1. 对政策性保险公司免收保险机构监管费，对政策性保险公司经营的政策性业务免收保险业务监管费。

2. 对农村保险互助社免收保险机构监管费和业务监管费。

3. 对保险公司经营的农业保险、新型农村合作医疗保险、农村小额人身保险、计划生育保险和城乡居民大病保险业务免收保险业务监管费。

4. 对开业不满（含）3 年（以开业时间的自然年份计算）的保险公司和专门从事保险中介业务的机构，减半收取保险机构监管费。

根据《关于暂免征银行业监管费和保险业监管费的通知》（财税〔2017〕52 号）文的规定，自 2017 年 7 月 1 日至 2020 年 12 月 31 日，为进一步减轻企业负担，促进实体经济发展，暂免征收保险业监管费。

综合上述国内的各项规定，目前，我国保险公司主要缴纳增值税及附加、企业所得税、印花税、保险保障基金、监管费等税费。